ピカトリクス　中世星辰魔術集成

PICATRIX

ピカトリクス

中世星辰魔術集成

大橋喜之【訳】

八坂書房

Picatrix

ピカトリクス　中世星辰魔術集成　目次

第Ⅲ書　201

付録 『ピカトリクス』を読むために 553

邦訳にあたっては、David Pingree が、十九写本を校合して公刊した羅語版 *Picatrix. The Latin version of the Ghāyat Al-Ḥakīm*, London The Warburg Institute, 1986 を底本とし、Vittoria Perrone Compagni, Picatrix Latinus, *Medioevo* I, 1975, pp.286-337 と照合した。また亞独版 Hellmut Ritter – Martin Plessner, *Picatrix. Das Ziel des Weisen von Pseudo-Mağrīṭī*, London 1962；亞英版 Hashem Atallah, *Picatrix. Ghayat Al-Hakim. The Goal of the Wise*, Seattle 2002；羅伊版 D. Arecco – I. Li Vigni – S. Zuffi, *Picatrix, Ghayat al-hakim, Il fine del saggio dello pseudo Maslama al-Magriti*, Milano 1999 を参観した。註記に「——版」と略示したのは、それぞれ上記刊本を指している。

D. Pingree の羅語版は、ワールブルク（ウォーバーグ）研究所のピカトリクス三部作（第四部として俗語訳集が予定されていたが未刊）の三冊目となる書で、第一の亞語版 Hellmut Ritter, *Pseudo-Mağrīṭī: Das Ziel des Weisen. 1. Arabischer Text*. Studien der Bibliothek Warburg 12, Leibzig, 1933 の頁づけが、第二の亞独版（Ritter – Plessner 校訂独訳、右記参照）でも、また第三の羅語版でも、継承して付記されている。本書本文の欄外上部、［ ］内の数字はこの亞版頁づけを、また本文中の〓印は亞版での改頁箇所を示したものである。

参考図版

[**1**] – [**20**]	クラクフ写本 Krakow, Biblioteka Jagiellonska (Bibl. Jag.), MS 793 15世紀後半（1460年頃）、クラクフ、ヤギェウォ大学図書館蔵
[**21**] – [**30**]	パリ写本 Paris, Bibliothèque nationale de France (BN), MS Latin 17871 16世紀前半（1500-1525年）、パリ、フランス国立図書館蔵
[**31**] – [**32**]	ウィーン写本 Wien, Österreichische Nationalbibliothek (NB), MS 3317 1466年、ウィーン、オーストリア国立図書館蔵

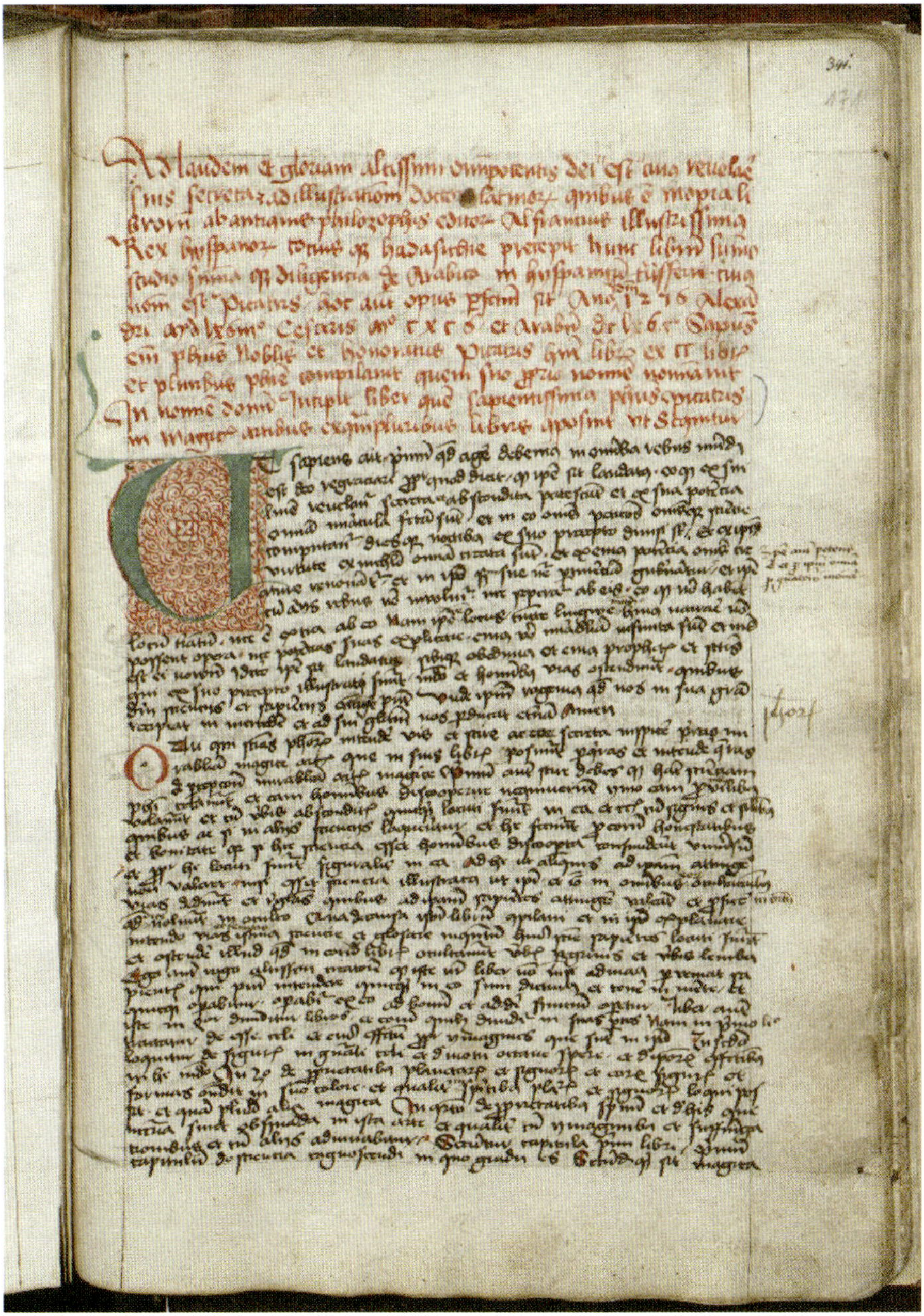

［1］クラクフ写本『ピカトリクス』巻頭頁

Krakow, Bibl. Jag., MS 793, p.341 (f.171r)

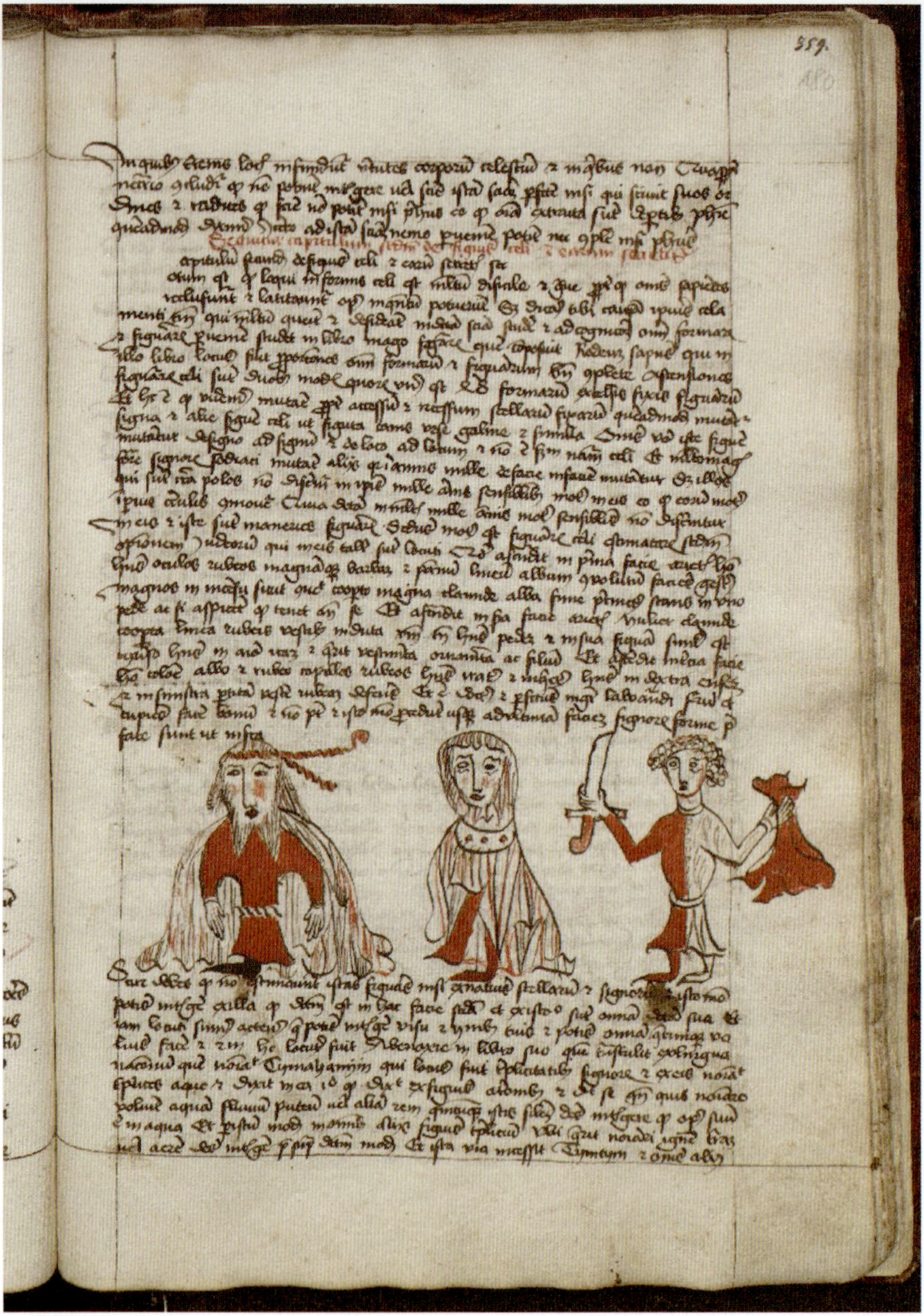

［2］白羊宮の三つのデカンの図像形象

クラクフ写本 p.359 (f.180r)　▶第Ⅱ書 2 章【2】参照

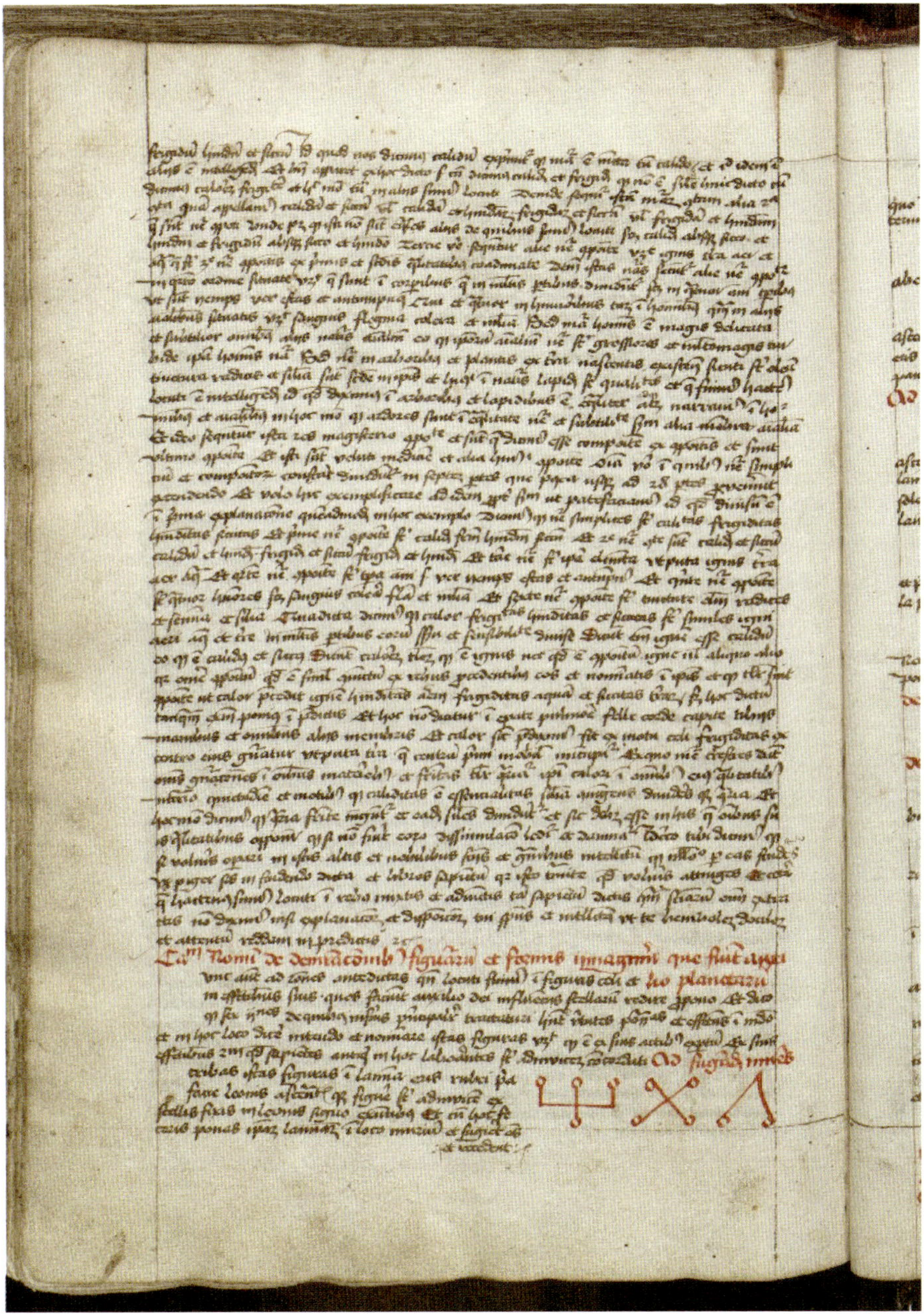

［3］下部に第一の星辰形象

クラクフ写本 p.376 (f.188v)　▶第Ⅱ書 9 章参照

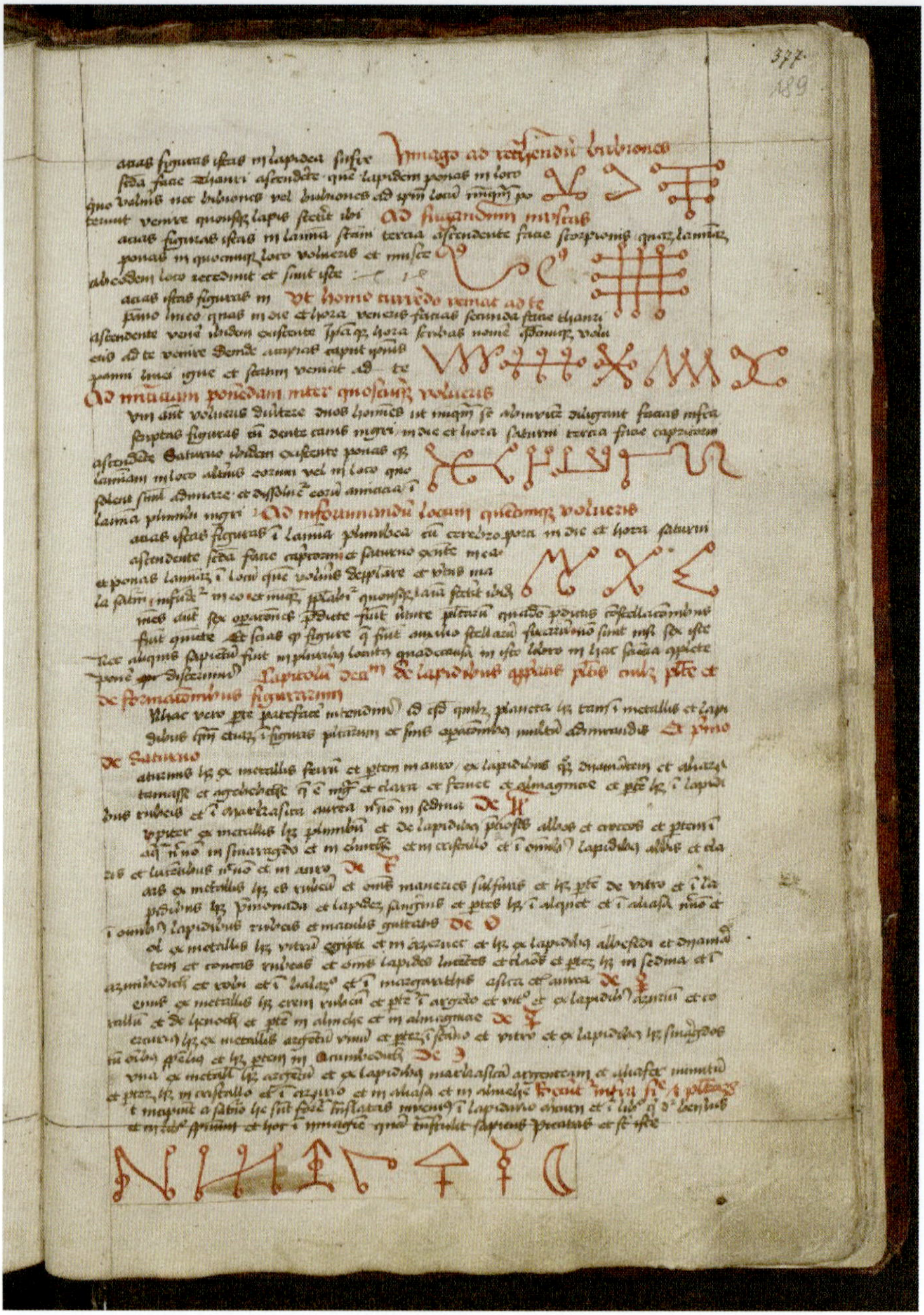

［4］第二から第六の星辰形象および惑星形象

クラクフ写本 p.377 (f.189r)　▶第Ⅱ書 9–10 章参照

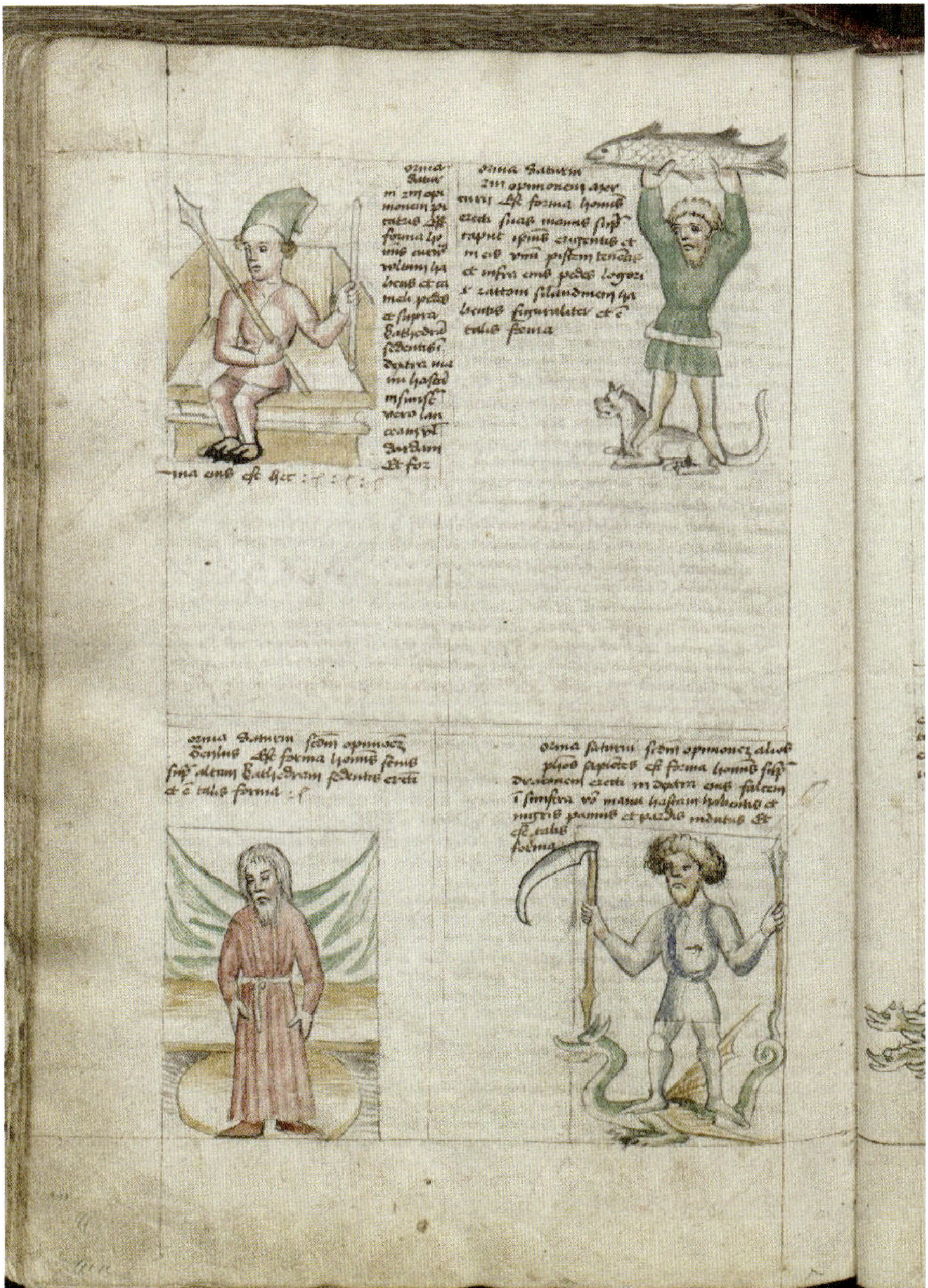

［5］土星（サトゥルヌス）の諸形象

クラクフ写本 p.378 (f.189v)　▶第II書 10 章参照

【11】【13】
【12】【14】

【15】【17】
【16】【18】

［6］木星（ユピテル）の諸形象

クラクフ写本 p.379 (f.190r)　▶第II書 10 章参照

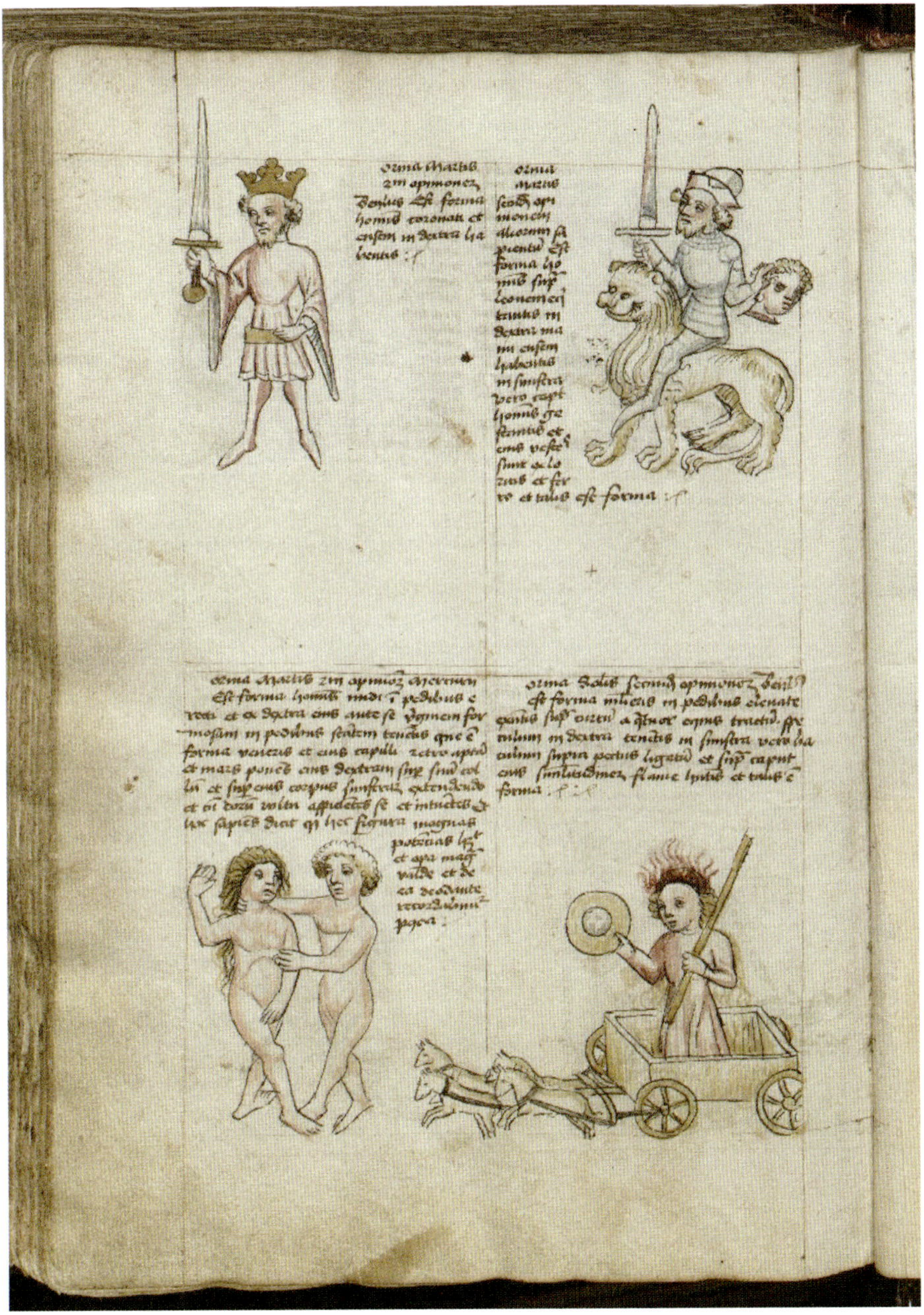

［7］火星（マルス）三図と太陽（ソリス）の形象

クラクフ写本 p.380 (f.190v)　▶第Ⅱ書 10 章参照

【19】【21】
【20】【22】（太陽）

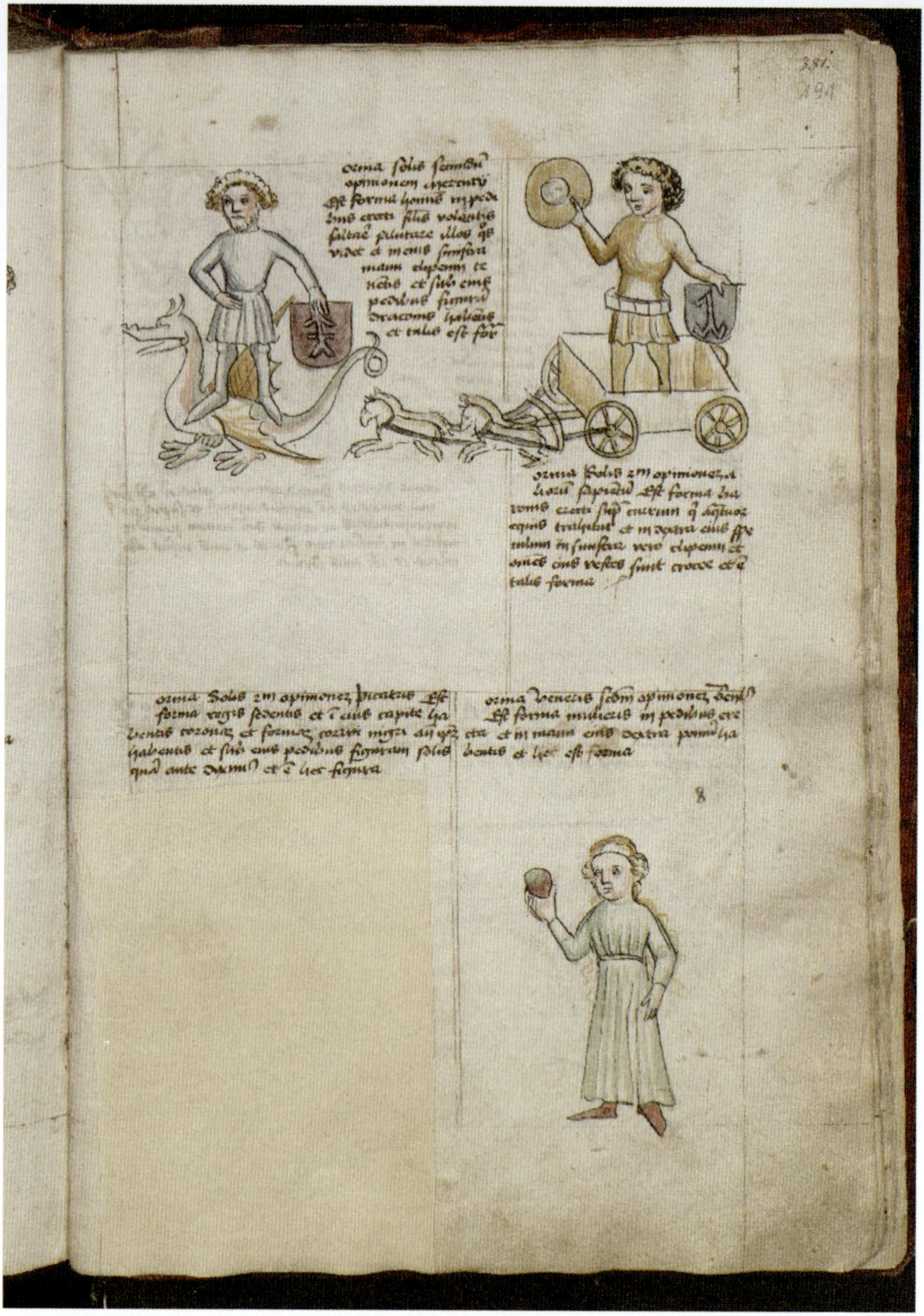

【23】｜【25】
【24】｜【26】
（切取跡）（金星）

［8］太陽（ソリス）三図と金星（ヴェヌス）の形象

クラクフ写本 p.381 (f.191r)　▶第Ⅱ書 10 章参照

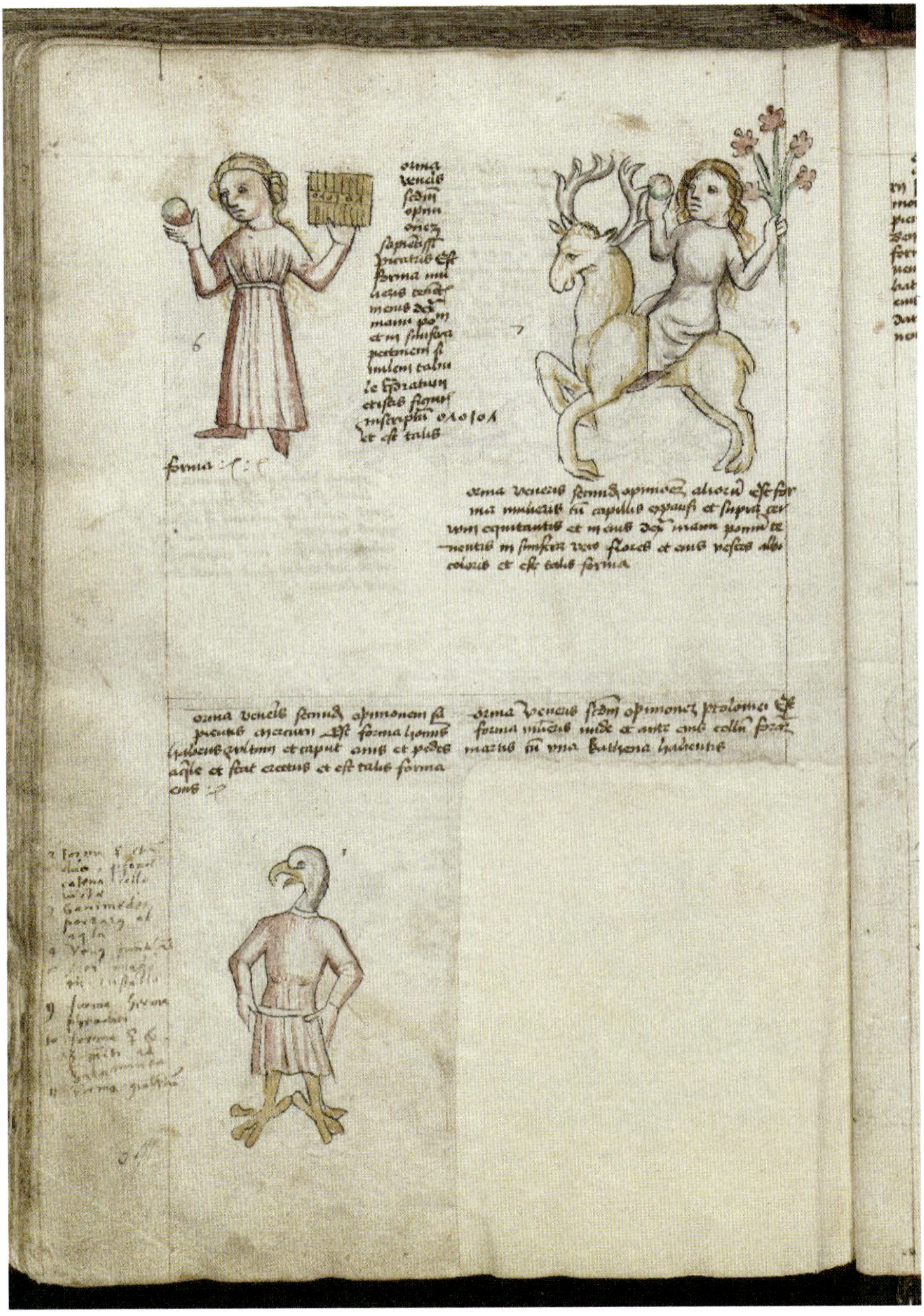

［9］金星(ヴェヌス)の諸形象

クラクフ写本 p.382 (f.191v)　▶第Ⅱ書 10 章参照

【27】	【30】
【28】	【29】

(切取跡)

【31】【33】
【32】【34】

［**10**］水星（メルクリウス）の諸形象

クラクフ写本 p.383 (f.192r)　▶第Ⅱ書 10 章参照

［**11**］月の諸形象

クラクフ写本 p.384 (f.192v)　▶第Ⅱ書 10 章参照

【35】	【37】
【36】	【38】

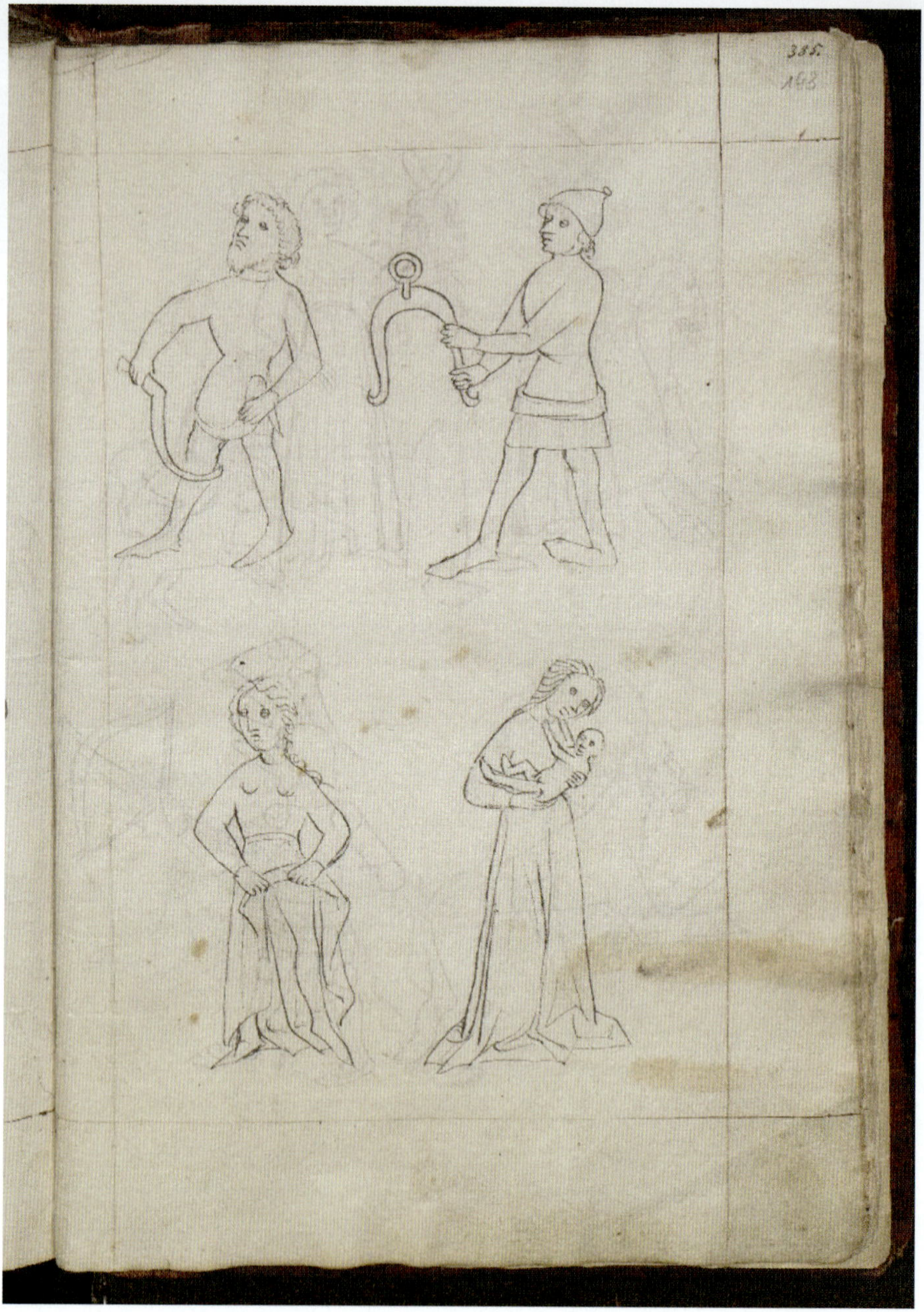

【3】	【5】
【4】	【6】

［12］白羊宮の三相（ファキエス）および金牛宮第一相（ファキエス）

クラクフ写本 p.385 (f.193r)　▶第Ⅱ書 11 章参照

［13］金牛宮第二、三相（ファキエス）および双子宮第一、第二相（ファキエス）

クラクフ写本 p.386 (f.193v)　▶第Ⅱ書 11 章参照

【7】【9】
【8】【10】

【11】【13】
【12】【14】

［**14**］双子宮第三相(ファキエス) および巨蟹宮諸相(ファキエス)

クラクフ写本 p.387 (f.194r)　▶第Ⅱ書 11 章参照

［**15**］獅子宮諸相（ファキエス）および処女宮第一相（ファキエス）

クラクフ写本 p.388 (f.194v)　▶第Ⅱ書 11 章参照

【15】【17】
【16】【18】

【19】|【21】
【20】|【22】

［**16**］処女宮第二、第三 相（ファキエス） および天秤宮第一、第二 相（ファキエス）

クラクフ写本 p.389 (f.195r)　▶第Ⅱ書 11 章参照

［**17**］天秤宮第三相（ファキエス）および天蠍宮諸相（ファキエス）

クラクフ写本 p.390 (f.195v)　▶第II書 11 章参照

【23】【25】
【24】【26】

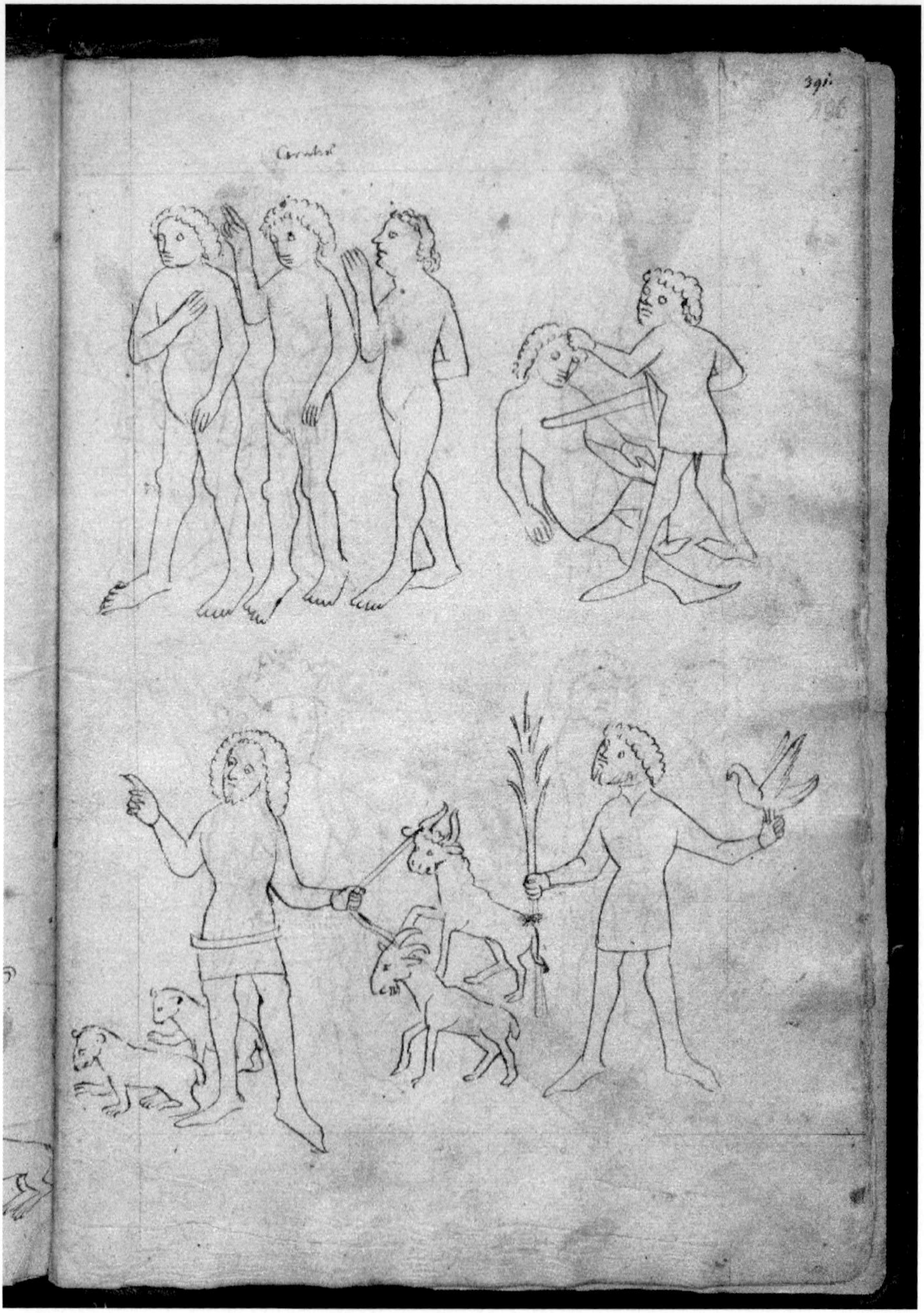

【27】【29】
【28】【30】

［**18**］人馬宮諸相（ファキエス）および磨羯宮第一相（ファキエス）

クラクフ写本 p.391 (f.196r)　▶第Ⅱ書 11 章参照

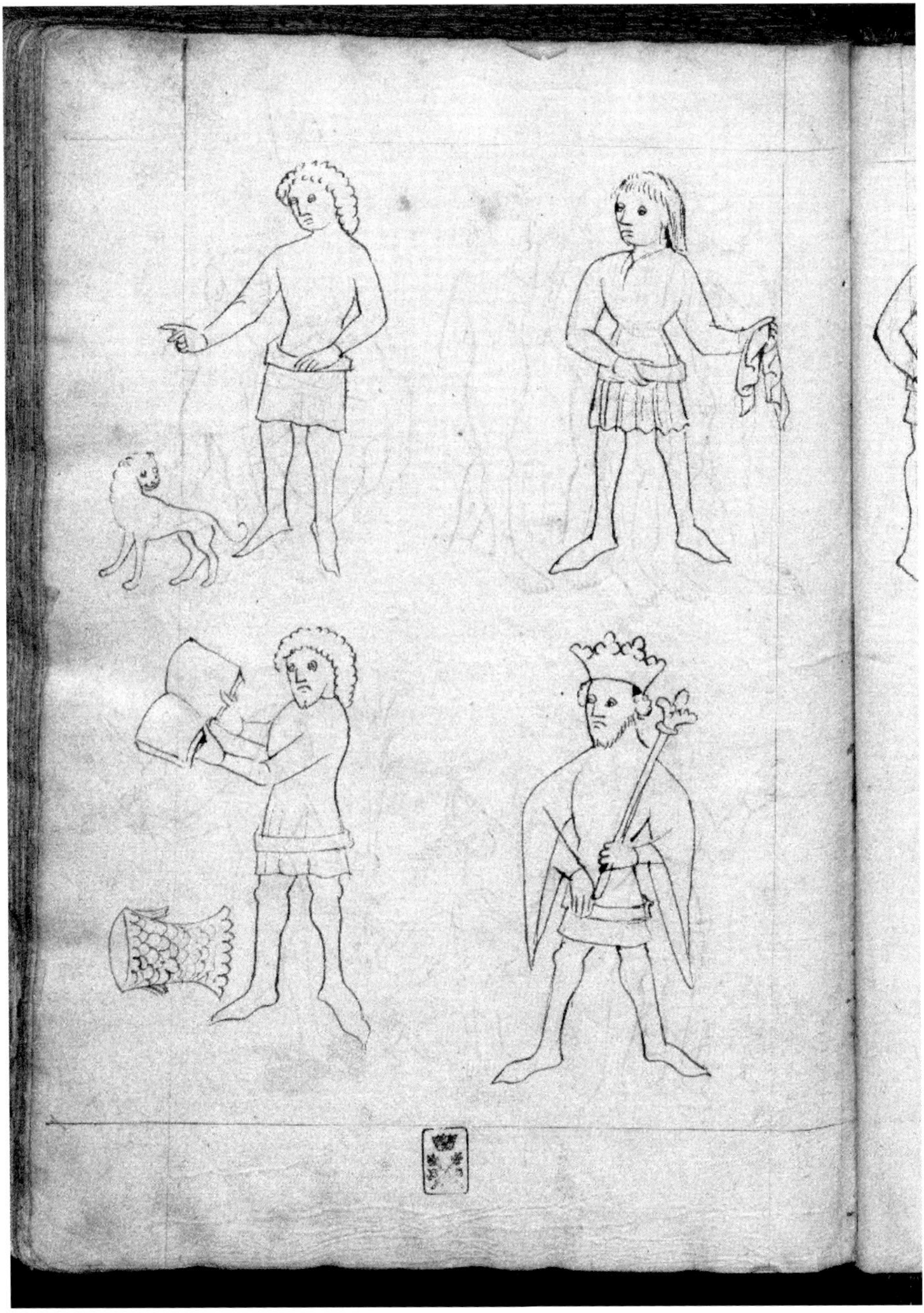

［**19**］磨羯宮第二、第三 相（ファキエス） および宝瓶宮第一、第二 相（ファキエス）

クラクフ写本 p.392 (f.196v)　▶第Ⅱ書 11 章参照

【31】	【33】
【32】	【34】

【35】【37】
【36】【38】

［**20**］宝瓶宮第三相（ファキエス）および双魚宮諸相（ファキエス）

クラクフ写本 p.393 (f.197r)　▶第Ⅱ書 11 章参照

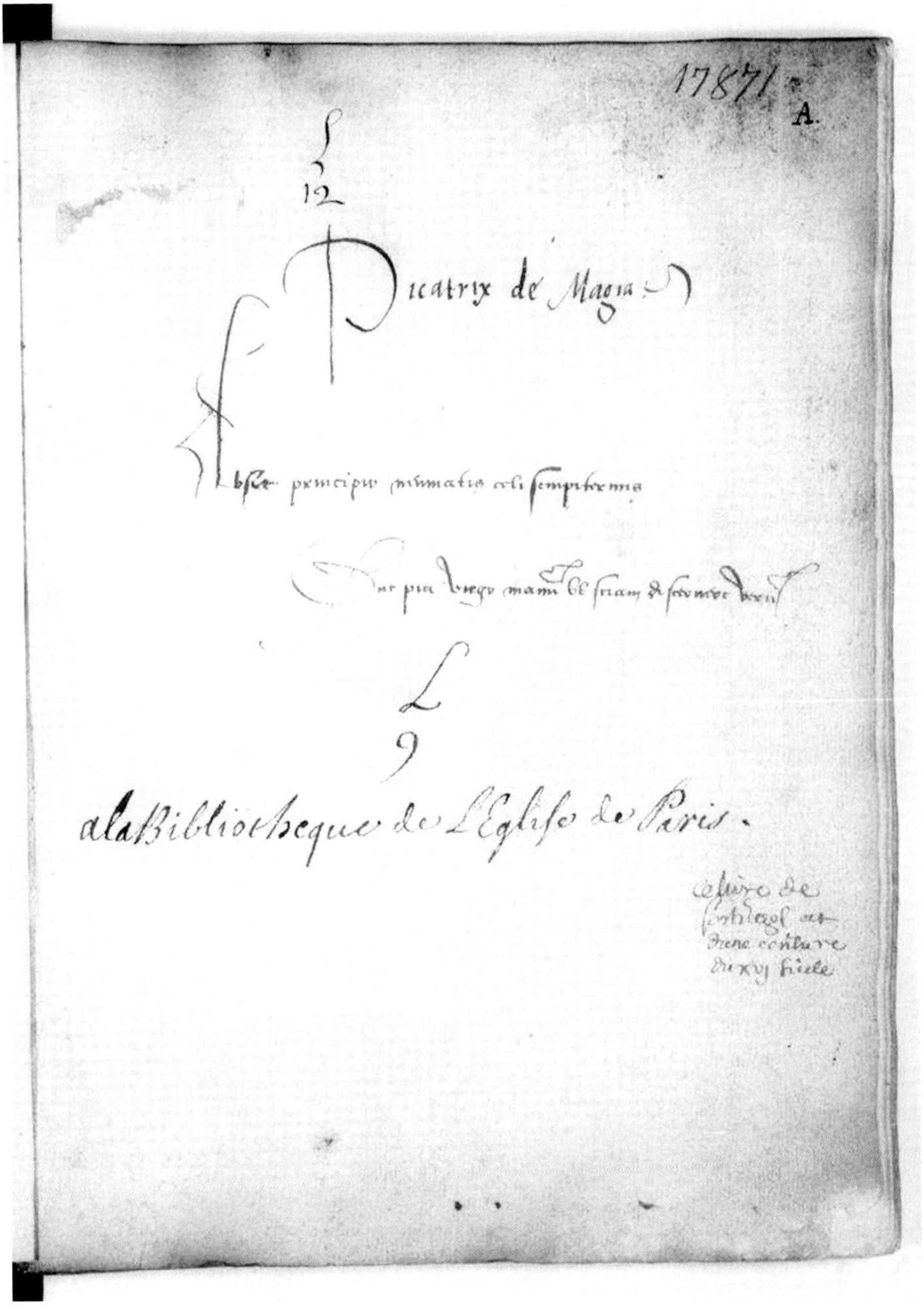

［21］パリ写本（MS Latin 17871）扉頁
Paris, Bibliothèque nationale de France, MS Latin 17871, f.124r

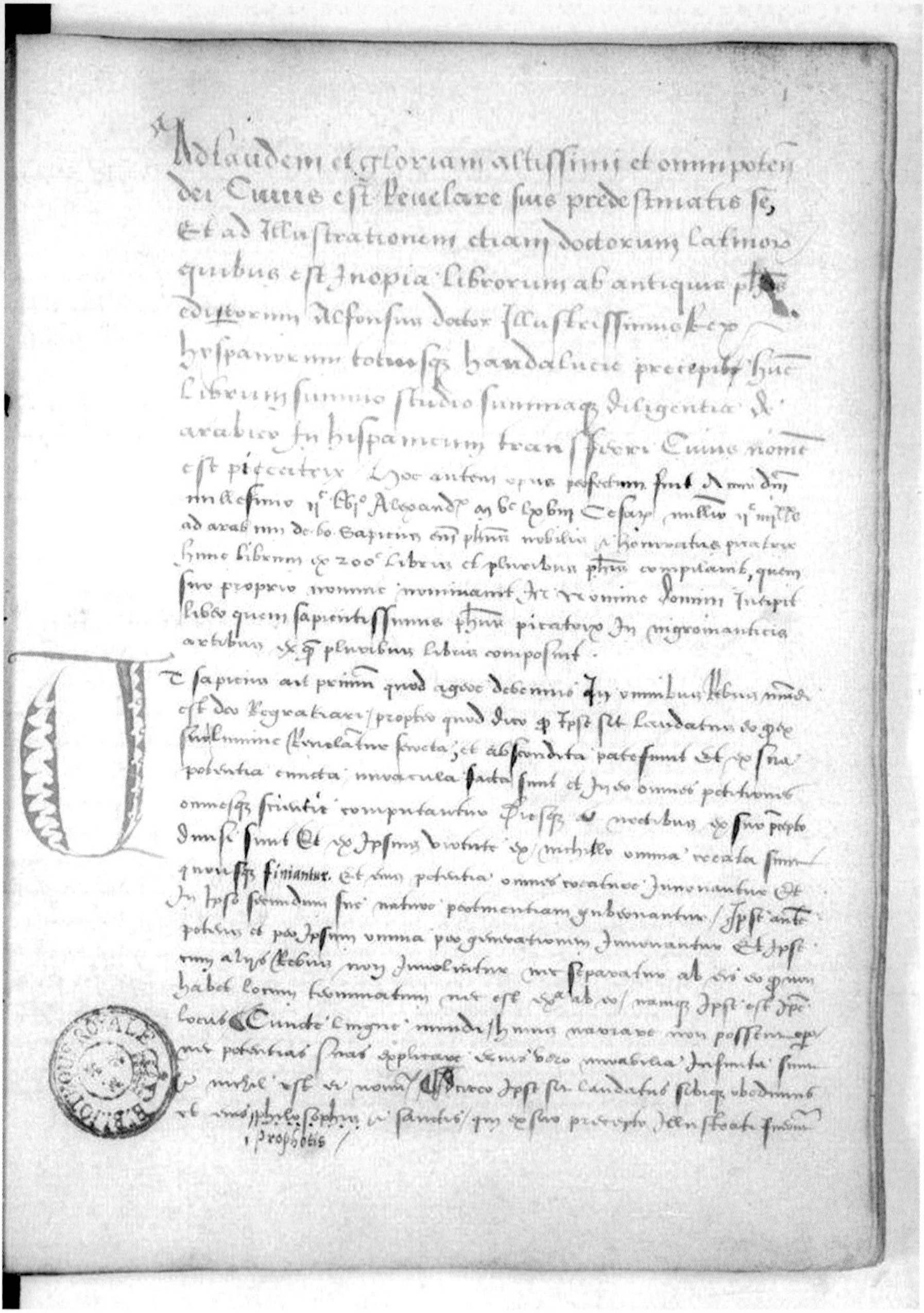

Ad laudem et gloriam altissimi et omnipoten
dei Cuius est revelare suis predestinatis se,
Et ad illustrationem etiam doctorum latinorum
quibus est inopia librorum ab antiquis ph[ilosophis]
editorum Alfonsum dator illustrissimus Rex
hispanorum totiusque handalucie precepit hunc
librum summo studio summaque diligentia de
arabico in hispanicum transferri Cuius nome
est picatrix

［22］『ピカトリクス』巻頭頁
パリ写本 MS Latin 17871, f.125r

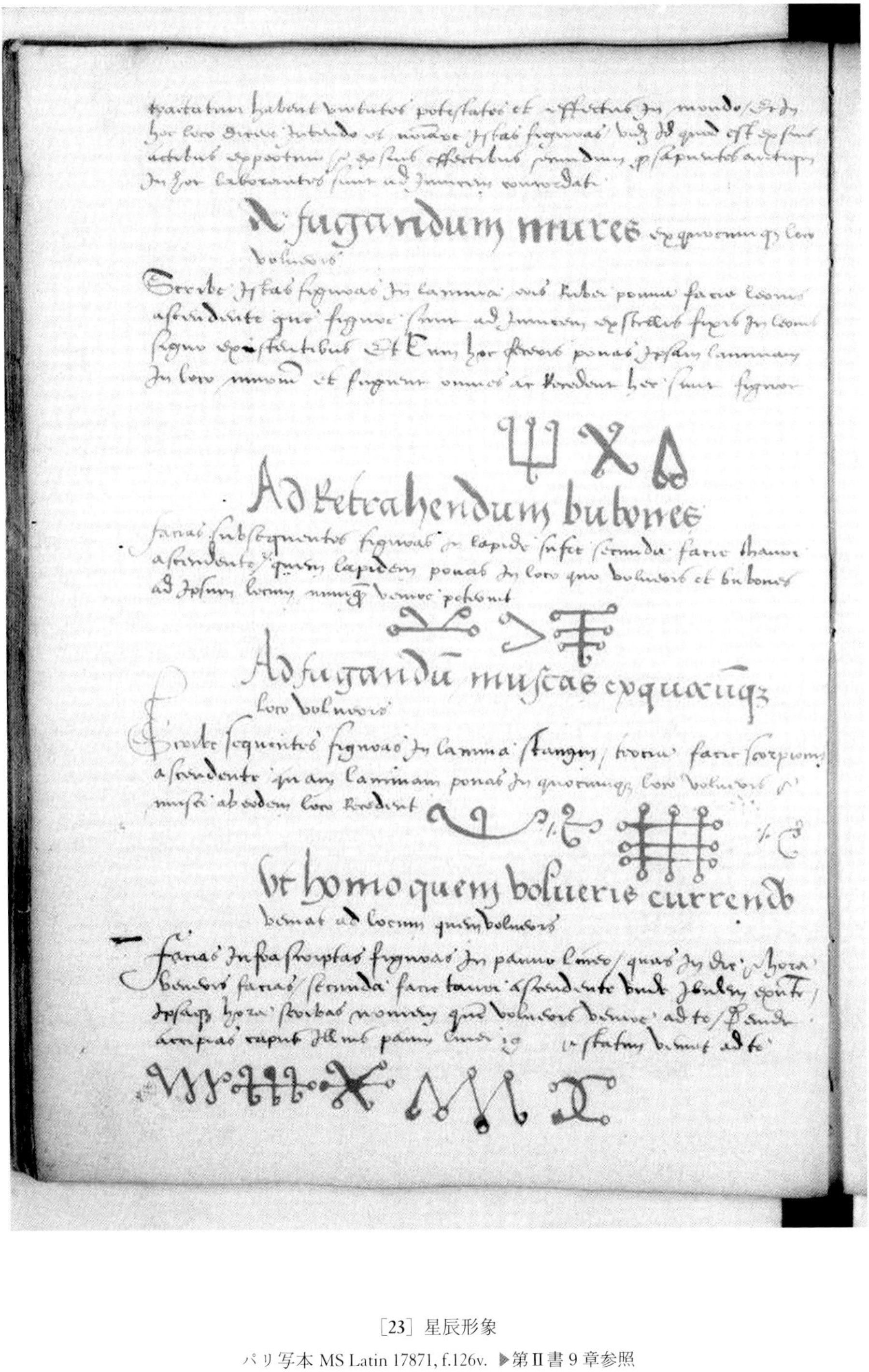

［23］星辰形象

パリ写本 MS Latin 17871, f.126v. ▶第Ⅱ書 9 章参照

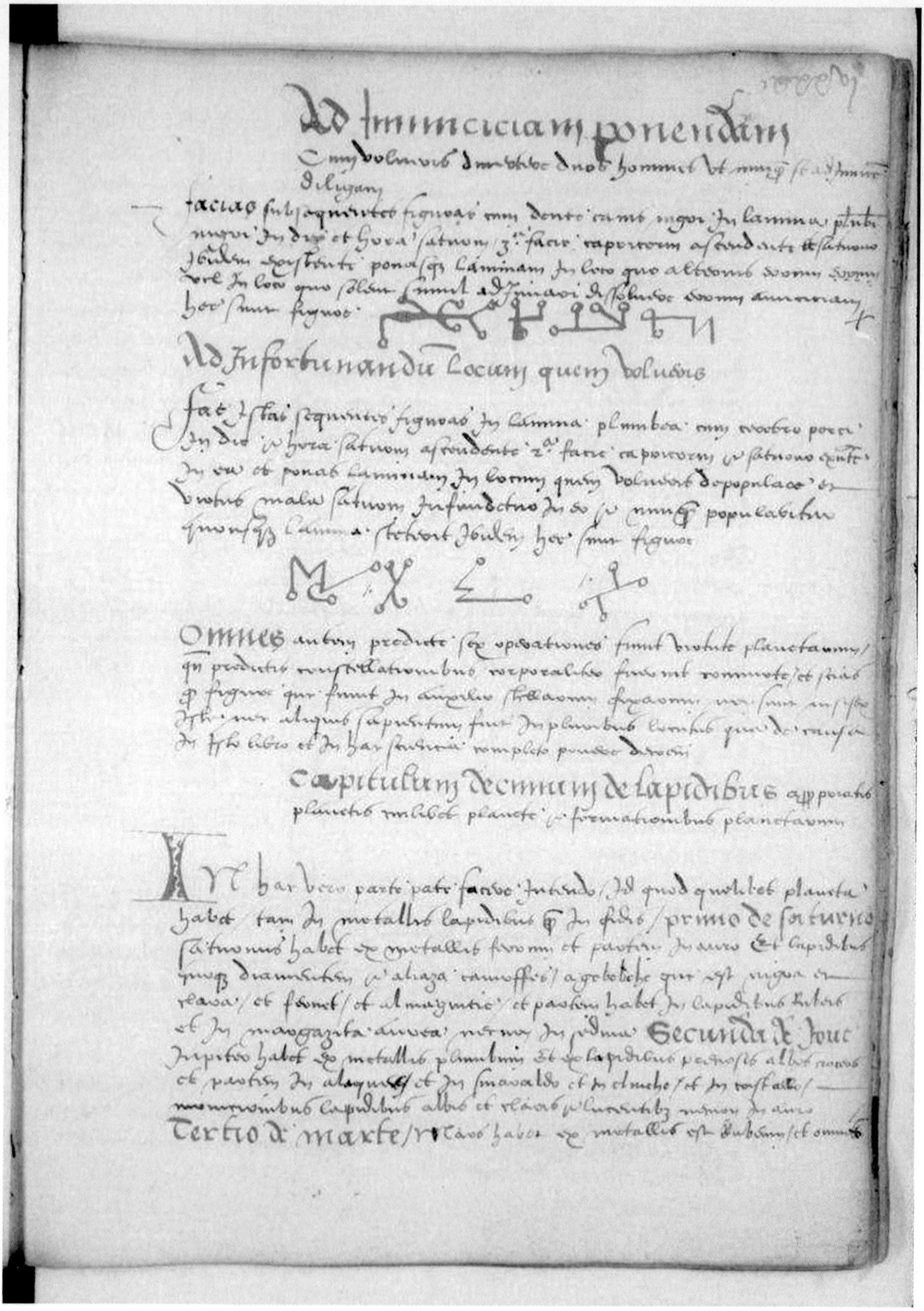

［24］星辰形象

パリ写本 MS Latin 17871 .f.163r.　▶第Ⅱ書 10 章参照

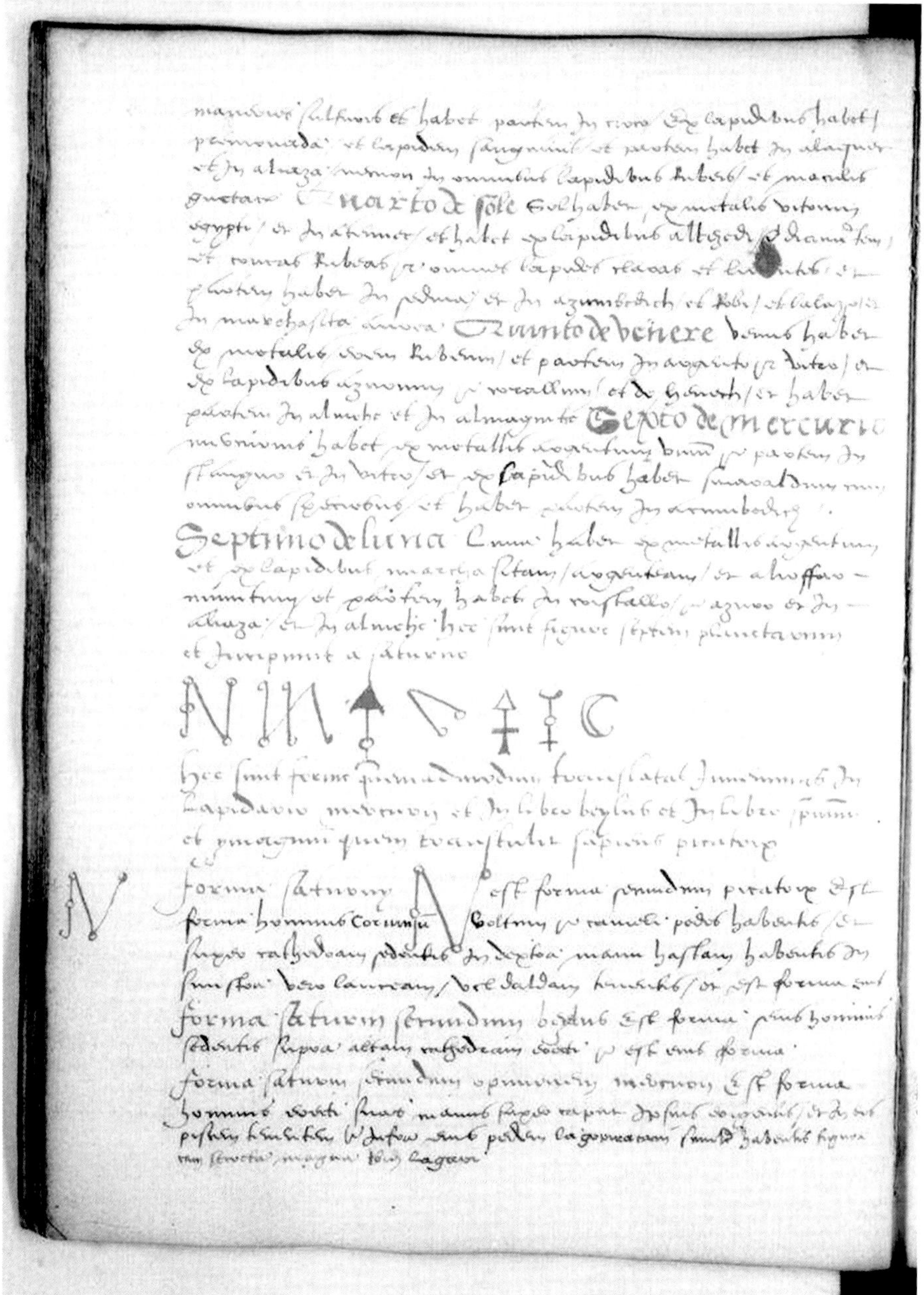

［25］惑星形象

パリ写本 MS Latin 17871, f.163v.　▶第Ⅱ書 10 章参照

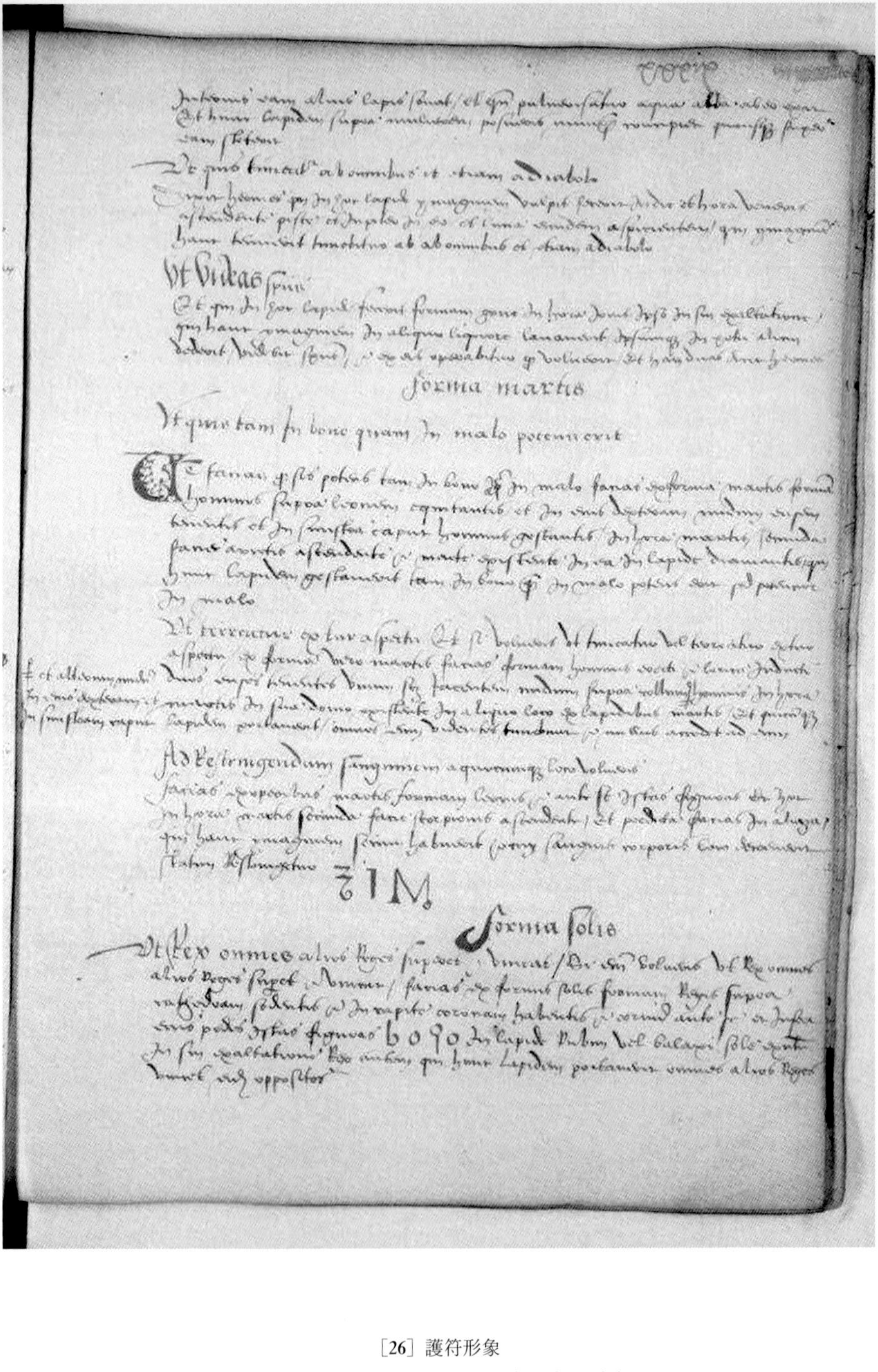
Forma martis

Forma solis

［26］護符形象

パリ写本 MS Latin 17871.f.166r.　▶第II書 10 章参照

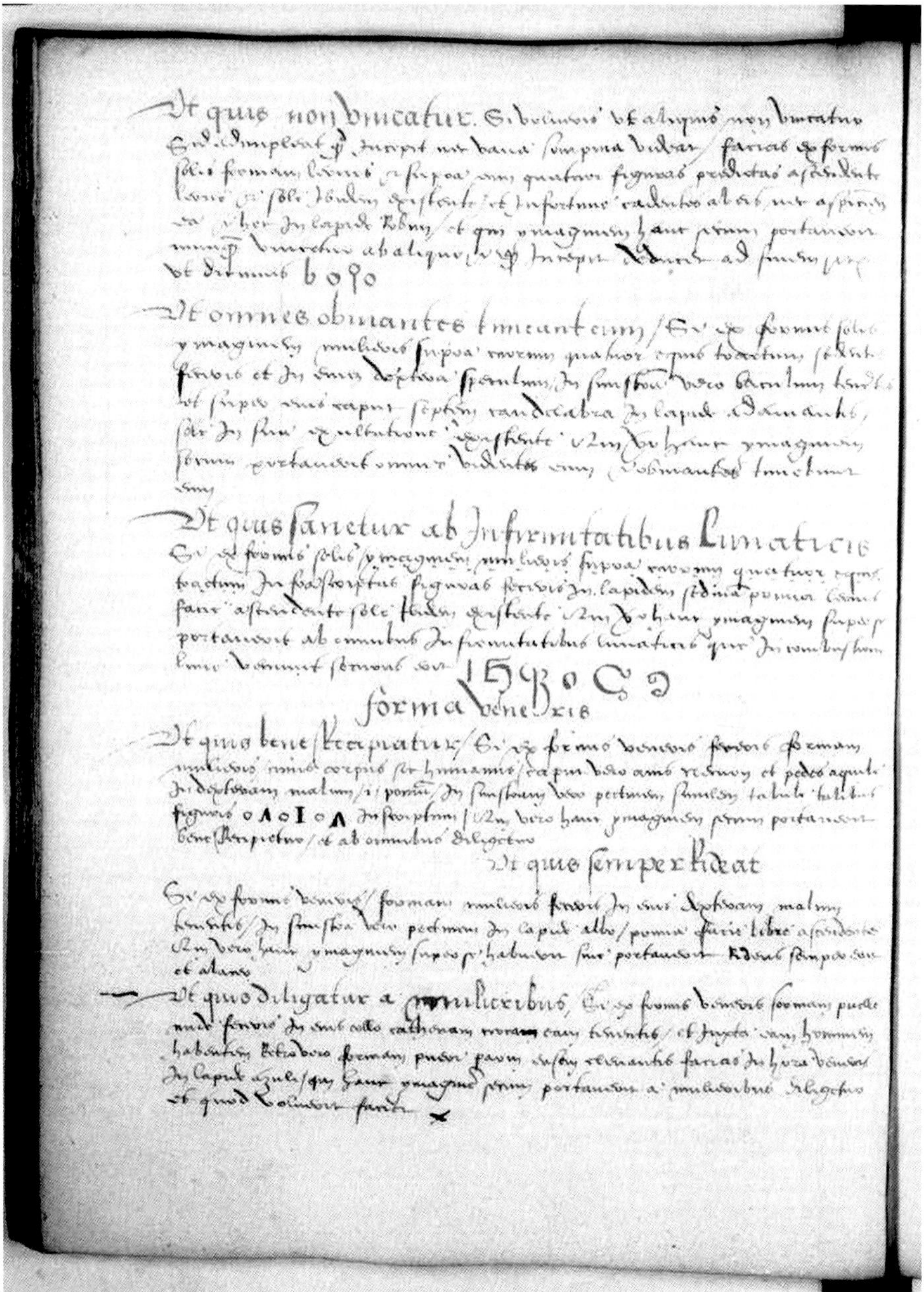
Ut quis non vincatur.

Ut omnes obviantes timeant eum

Ut quis sanetur ab infirmitatibus lunaticis

forma veneris

Ut quis semper rideat

Ut quis diligatur a mulieribus

［27］護符形象

パリ写本 MS Latin 17871.f.166v.　▶第Ⅱ書 10 章参照

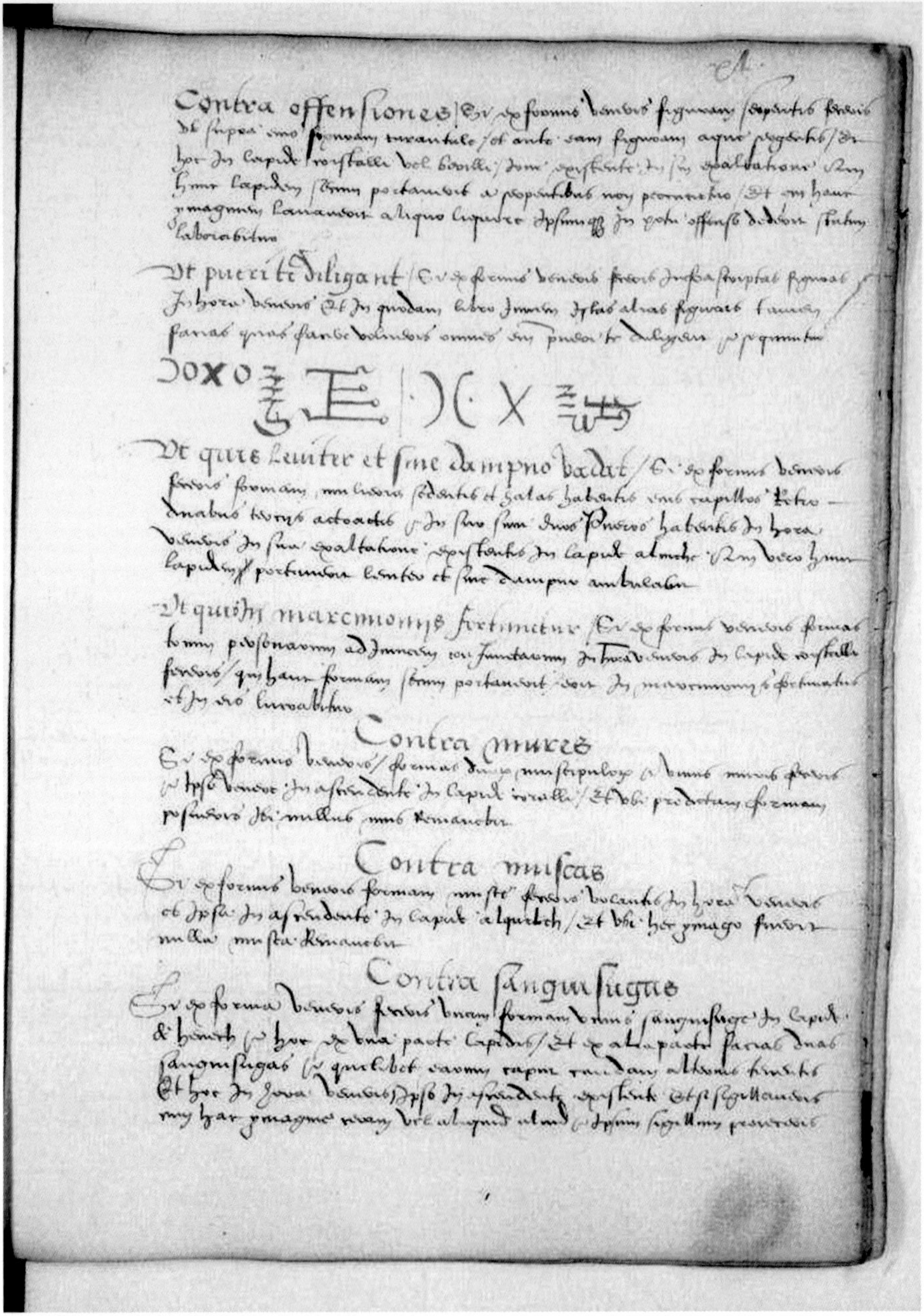

［28］護符形象

パリ写本 MS Latin 17871, f.167v.　▶第Ⅱ書 10 章参照

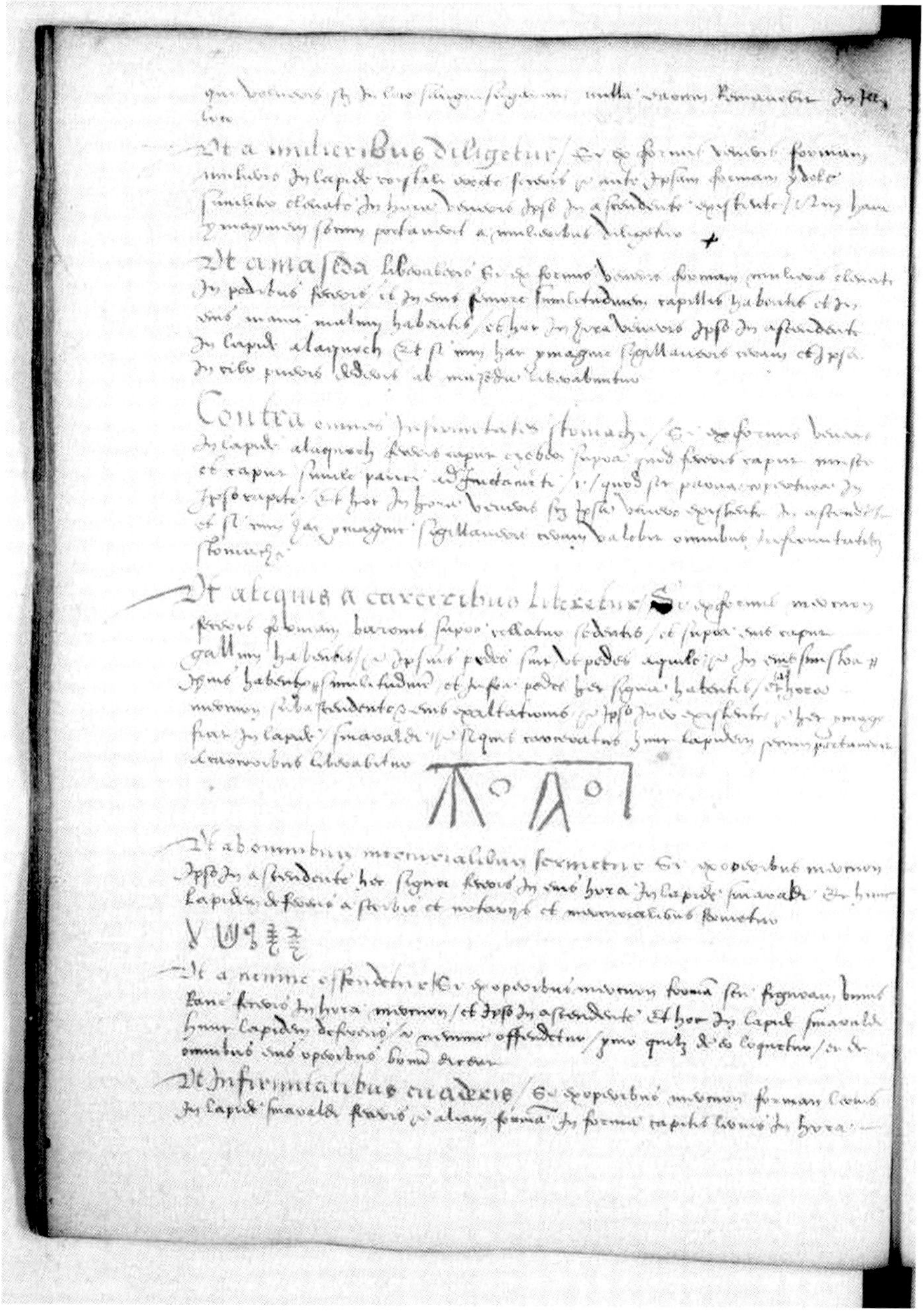

［29］護符形象

パリ写本 MS Latin 17871, f.167r.　▶第Ⅱ書 10 章参照

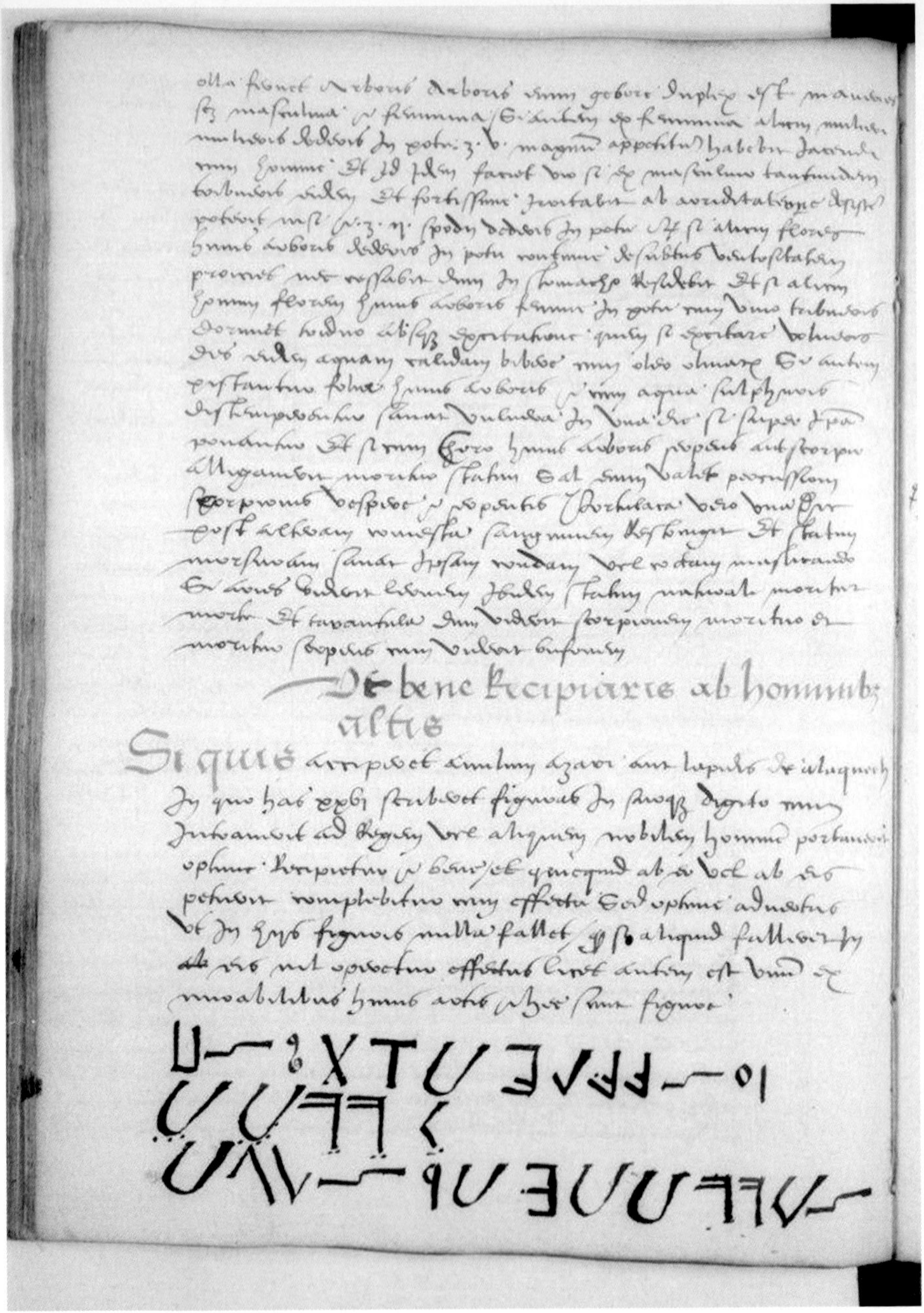
De bene recipiaris ab hominibus altis

［**30**］護符形象

パリ写本 MS Latin 17871.f.254v.　▶第Ⅳ書 8 章【36】参照

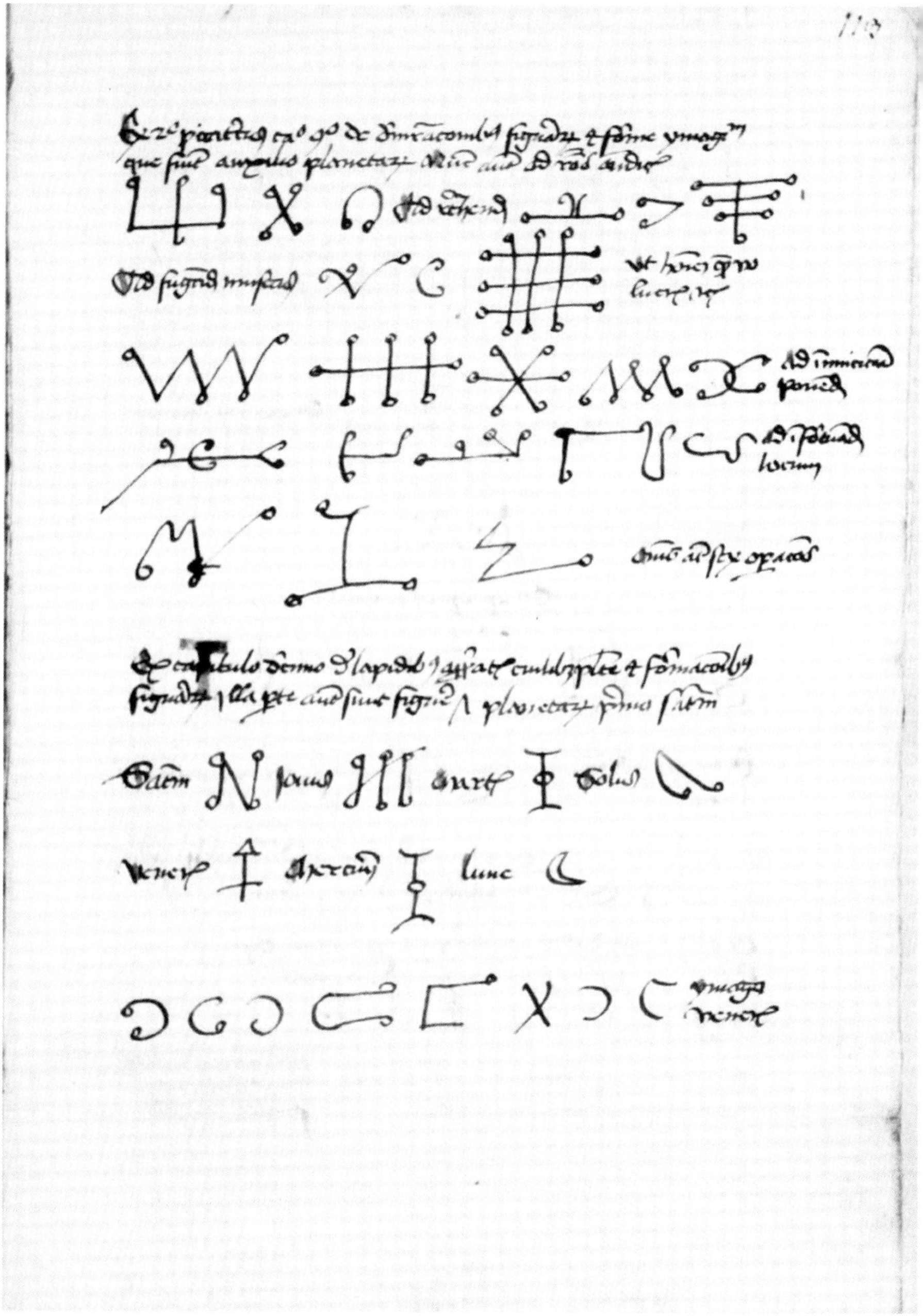

［31］星辰護符形象　ウィーン写本

Wien, Österreichische Nationalbibliothek, MS 3317, f.113r

［32］星辰護符形象

ウィーン写本 MS 3317, f.113v.

序

【一】知識の秘鑰を約束された者たちへの啓示である至高なる万能の神の栄光を讃えつつ、ここに古の賢者たちが公にした書物をもたぬラテン人識者たちにその教説を説くこととしよう。ヒスパニアおよびアンダルシアの尊い王であるアルフォンソ殿(1)は、精魂こめて入念にこの書をアラビア語からヒスパニア語に訳すよう命じたまうた。その書名がピカトリクスである。この著作は主の一二五六年、アレクサンドロスより一五六八年、カエサルより一二九五年、アラビア暦六五五年に完成した(2)。賢者にして哲学者、高貴にして尊いピカトリクス、二百巻を越える哲学書から本書を編纂した人の名を冠して、この書の表題とする。‖

[1] 【二】神の名にかけて、かくあれかし。ここに叡知溢れる哲学者ピカトリク

(1) Alfonso X (1221-1284) はカスティリアとレオンの王。アラビア文書の翻訳移入に努め、賢王 el-Sabio の添え名を付して呼ばれる。

(2) この完成年代は本書羅版の原本にあたるスペイン語版翻訳の年と考えられている。

スがさまざまな書冊から編んだ降霊術（ネグロマンツィア）の業に関する書はじまる。賢者は言う。この世のすべてのことがらの中でわれわれが最初になすべきことは神に感謝することである、と。まず唱えておこう、神は讃美されてあれ、と。その光こそが秘密を明かし、隠されたものを顕わしたまうのだから。その権能(3)こそがあらゆる奇蹟を成し遂げるのだから。またそのうちにあらゆる祈請、あらゆる知識が算入される。その秩序（おきて）をもって昼は夜によって分けられ、無からすべてを創造されたその権能によりいつまでもすべてが贖われ、その潜在力(4)によりすべての創造物が新たにされ、そのうちにあって一々のものはそれぞれその自然本性にしたがって統御されている。それはまさに潜在力そのものであり、それによりすべては新たに生成する。そしてそれは諸他のものどもに包接されることもなく、それから分離されることもない。なぜといってそれは場所としての終端をもたず、それを超えるところもなく、それが場所そのものなのであるから。この世のいかなる言語をもってしても、それの業あるいはその潜在力を語り尽すことはできない。じつにそれは驚嘆すべき無限（かぎりなさ）なのであり、それにとって新たなるものはなにもない。そうであってみれば、それは讃美されてあれ。われわれはそれに服従する。預言者たち聖人たちはそれの命ずるところに照らされて神の知識と叡智を汲むことができ

(3) virtute 本訳書では神の場合に限って「権能」としたが「神徳」でもある。その他に用いられる場合は「力能」とした。

(4) potencia これまた「権能」としてもいい語だが、アリストテレス式に解せば「可能態」でもあり、プラトンの「イデア」をも連想させるものとなる。本書では上註のヴィルトゥと対にして頻用されるので、力能と並列するかたちで「潜在力」とした。

るように、この世の人々にいろいろな途を示したのだった。それゆえわれわれもその恩恵と慈悲に浴すことが適い、その栄光が永遠につづきますように、と祈ることとしよう。かくあれかし（アーメン）。

[2] 【三】あなた、哲学の知識を解し、その秘鑰を洞察することを知る者よ、大いなる業のはじめの驚きは、これに関する諸著を繙くうち、降霊術（ネグロマンツィア）の驚嘆すべき知識に遭遇するところにある。第一に知らねばならないことは、この知識を＝哲学者たちは秘匿し、それを人々に見出し難くしたということ。それを人々に包み隠したばかりか、それを語るに彼らは隠秘なことばを使い、また諸他の知識について語る時のように符号（しるし）やらそれに類したものを用いたものだった。これはかえって人々にこの知識が明かされたなら、世界に混乱を招くことになるから、という彼らの誠実さと善意に出たものだった。これがまさに形象化されて語られるのは、この知識についてすでに説き知らされておらず、これを知るにふさわしくない者が知るにいたることがないようにするためだった。つまりそれは、このようにすべて秘匿された途へと誘うものであり、これを汲みとることができるとともに言いたいことのすべてを隠秘に語る賢者たちだけの規範となる。それゆえにこそ本書は編まれた。この中でその知識の小道について説き、この知識について賢者たちが語ってきた

ことの語釈をなすとともに、諸書にみられる途を踏み誤らせる隠秘なことばや簡潔すぎることばについて明らかにする。

【四】至高なる創造者よ、吾は祈る。吾が語るところを解し善意をもって観るとともに、これを善用し神のためにのみ実修する賢者たちの手にだけ、本書が渡りますように、と。

[3] 【五】本書は四書に分けられ、またそれぞれが諸章に分けられている。第Ⅰ書では諸天の存在(ものたち)とそれらがそこでなす像(イマジネ)の効果について論じる。‖第Ⅱ書では諸天の形象全般、そして第八天の運動およびそれがこの世にもたらす諸効果について語る。第Ⅲ書では諸惑星および星座の数々の徴(しるし)の特徴およびそれらの形象(フィグーラ)と形相(フォルマ)をそれらの色とともに明らかにし、諸惑星の霊(スピリトゥス)の性質また降霊術(ネグロマンツィア)についてもできるだけ述べることとする。第Ⅳ書では霊(スピリトゥス)の諸特徴およびこの業において遵守しなくてはならないことども、そして図像(イマジネ)と燻香その他の補助的なことがらについて語る。

第I書

〔3〕（承前）

第Ⅰ書諸章は以下のとおり。

第一章　段階度数に関する知識について。
第二章　降霊術（ネグロマンツィア）とは何かおよびその諸特性。
第三章　天とは何でありどのような質料からなっているか。
第四章　図像（イマジネ）をなすにあたっての諸天の一般的な比と組み合わせについて。
第五章　比率の諸例。像（イマジネ）をつくるにあたって必要となるところ。
第六章　この世における各人の段階度数について。人は小世界であり、大世界の写しであるということについて。
第七章　この世の一々のものはいかなる段階度数にあるか。また本書で明らかにしたい諸他の隠秘な叡知の深淵なることども。

第一章　段階度数に関する知識について

【一】親しき兄弟よ、神がこの世の人々に授けたまうた高貴にして最大の賜は知るということに尽きる。(1) 知ることにより古のものごとに関する知見が
[4] 得られ、この世のあらゆる事物の原因が知られる。‖また偶因の多くは他の事物(ものごと)によるものであることが。いかにしてある事物は他と共通するものをもつのか。(2) まさにここからあらゆる存在物とその性質が知られ、いかにある事物は他よりも高い段階(3)にあるか、それらがある場所(ロコ)こそがこの世に存する万物の礎であり端緒原理であること、またそこ(ロコ)にすべては解消されていくことが、また古今のすべてが知られる。それ（知ること）こそがじつに第一の真実であり、それには何の欠如もなく、それ自身以外になにか他のものを必要とすることも、他の事物を原因とするのでもなく、他の諸性質を受けとるのでもない。

（1） Scias, o frater carissime, quod maius donum et nobilius quod Deus hominibus huius mundi dederit est scire ...「知るということこそ……と知りたまえ」という同義反復あるいは循環論法。魔術書、錬金術書で踏襲されるアリストテレスの『形而上学』のはじめの一節「総ての人は、生まれつき、知ることを欲する」の木霊。

（2） Qualiter una res cum alia conveniencium habet「共有性質」

（3） in ordine elevatur 章題には gradus（度）が用いられている。「高位秩序」がすなわち天空の「度数」と観念される本書の主題語。

それは物体(コルプス)ではなく、なんらかの物体(コルプス)と複合したものでもなく、それ自身の外なる何かと混合したものでもなく、すべてがそれ自身のうちにある。(4) それは一とより他に言いあらわし難いもの。つまりそれこそがまさに一つの真実、唯一の一性であり、その一性によってこそどのような事物も一性をもつ。それは第一の真実であり、諸他の真実を必要とせず、どのような事物もそれから真実を受けとる。つまりそれなしにはすべて不完全である一方、それだけが完全である。それの真実が一性であるのでなければ完全な真実というものもない。それだけが真実つまり完全な一性と言い得るものである。じつにすべてはそれの下にあり、真実も一性も、生成も壊敗も、いずれその原因をそれから享けている。(5) まさにこのように、どの程度、いかに、どのようにとして知られることとは、一々の事物がそれによって上述したところを受けとる(6)ことに他ならない。(7) それが知るのはただ、一々の被造物の生成と壊敗の秩序序列と段階程度、またどれが先(はじめ)、中、(8)後(おわり)であるか、だけである。この後なるものどもこそ壊敗の諸原因であり、これらはなんら生成の諸原因ではない。また中なるものどももそうした壊敗を引き起こし、それのもとにあるものす
[5] べての壊敗の原因である。‖(9) 先なるものは、それのもとにある諸他のすべての事物の生成と壊敗の原因であり、この生成と壊敗の原因よりも高く完全なる

(4) totus est in se ipso「その(知の)総体がそれ自身としてある」

(5)「それ(知ること)により述定を蒙る(あらかじめ述べられたことばを受けとる)こと」、知るということは、事物を知識として自らのうちに貯め込むのではなく、場所に名指すことによって配置することである。ただしその場所すらもが全一であるとすると、それはどこのことか。すると場所とは万有宇宙そのもの。

(6) predictis「上述したところ」、「ここに述べたこと」だが、本書を読み進むうち、頻出するこの語が「予言」あるいは「魔術」というものの「あらかじめ述べられてある定式」のようなある種の連合観念を指したことば、つまり「知ること」の全一性としての「一冊の書物」の幻像を浮かび上がらせる不思議なことばとなる。

(7) quam partem et quomodo et qualiter quelibet res ab ipso recipit de predictis.「一々の事物の部分、様相、性質とは上述したことを受けとること」。

(8) que medie 順序としての「中間」は前と後の「媒介」でもあり、「今」で時間の先後を区分割することで「予言」の照応関係が示唆されることとなる。

ものはない。完全な知とは事物をなす諸要素の秩序序列づけに他ならない。後のものが先のものとどのような共通性をもっているかあれこれと較べ、それが先のものからいかにして、どのような序列秩序をもって後のものに降り来るのかに約言することによって[10]。この先なるものだけが完全な愛知であり[11]真実の知識である。知ることこそ至高にして高貴なものであり、日々、神のうちに――つまりその命じられるところ[12]とその善性のうちに――この知識を、それに発する覚知(センスス)と善とを学ばねばならない。その霊(スピリトゥス)は高貴にして高き光(ルクス)である。そのうちに学ぼうとする者は、終わりがあり定かならぬ[13]この世のものごとを蔑しなければならない。それつまり高き世界から人の霊(スピリトゥス)は降り来たのであり、それが欲するのは、それが来た場所つまりそれの根源であるところへと帰還する[14]ことであるに違いない。そこでこそ、この世はどのようなものでありこれの諸効果(はたらき)はどのようなものであるか、またいかにしてこれらを創造者は造られたのか、が知られる。こうした知解の原因こそ真の叡知である。神こそこの世のすべて、そこにあるすべての事物(ものごと)の制作者にして創造者であり、この世とそのうちにあるすべてはその至高なるものによって創造された、ということを知りたまえ。その理拠(ラチオ)[15]は深遠であり、了解するには難い。とはいえ、学び、知識を得ることにより、それを了解できる。学び、

(9) prima「第一」

(10)「後なる諸事物をあれこれ勘案することで、そこからその様相と性質を抽象し、これを先なるものからの下降段階として秩序づける（理拠の先行性として掲げる）」。

(11) ipse solus primums est philosophia perfecta → ipse scilicet prima philosophia perficit「それが第一哲学（形而上学）である」

(12) mandatis「使者」とも。後出「諸天使」参照。羅伊版：sua concessione

(13) cum finem habeant et nulla in eis sit stabilitas「有限にして一切安定のない」

(14) reverti「向き直る」、新プラトン派（プロティヌス）の発出と帰還を想起させる。vult「向く」とともに霊(スピリトゥス)の旅程を示唆すると同時に業の実修における所作をも含意することになることば。

(15) racio 哲学的文脈では「理性」、算術的には「比例」をあらわす。

知り、了解すること、これこそ神が人に与えたまうた最大の賜である。学ぶことこそが神に仕えることである。知ることには三つの特徴があることに留意しておこう。まず第一に、それは獲得されるばかりで決して減ずることがない。第二に、それはつねに登攀しつづけ決して降階(16)することがない。第三に、それはいよいよ明らかとなり決して隠秘されることがない。またそれは三つの堅牢さ(17)をもっている。その第一は、この世の諸事物を蔑させるところ。第二は、善き習慣の獲得。第三は、自ら愛することにだけ向かい(18)、それを理拠と意志をもって尋ね求めるところ。‖

[6] 【二】本書において明らかにしたい秘鑰(19)は、まず知ることを獲ている(20)のでなければ得られない、ということである。ここで知るとは諸知識を学び獲得することであり、その序列秩序を探求することでなければならない。叡知をもって序列秩序の知識を学ぶことなくしては、この秘鑰を得ることはできないのだから。この秘鑰にはあなたを援けてやまない大いなる純粋さ(21)がある(22)。

(16) degradatur「劣化」
(17) fortitudines 枢要徳としては「剛毅」。本書ではおおむね「堅牢さ」としたが、ところにより「強壮」をも充てた。
(18) ipse vult 上註 reverti 参照。(私見にわたるが、quibus vult subtrahit としてアウグスティヌス解釈の一節にあらわれる玄妙な表現については拙訳『カルターリ古代神話図像大鑑』あとがき参照。)
(19) secretum「秘密」
(20) acquiratur scire アリストテレス『魂論』の解釈として中世広く論じられる「獲得知性 intellectus acquisti」を想わせる。第Ⅲ書十二章—第Ⅳ書一章参照。
(21) puritas「純潔」
(22) 本章(第Ⅰ書一章)に対応する亞独版巻頭の試訳を▼**補註**[1]に掲げた。参照されたい。

第二章　降霊術（ネグロマンツィア）とは何かおよびその諸特性

【一】ここで降霊術（ネグロマンツィア）(1)と名指される知識について説いておこう。降霊術（ネグロマンツィア）と[7]は＝すべて人による業であり、覚知（センスス）と霊（スピリトゥス）はあらゆる部分においてこの業を追い、覚知がこれを省察し驚嘆しつつ追随して、事物（ものごと）に驚くべきはたらきをなすもの。これを理拠ある意味づけにおいて知解することも、その似像群(2)に隠されているところを視る(3)のも困難である。これはまさに神の潜在力が事物の上にはたらいて、上述したようなことが起こるのであり、この知識ははるかに深く、知性のはたらきをも阻むほどである。この知識のある部分は実のところ霊（スピリトゥス）により霊（スピリトゥス）のうちにおこなわれる業であり、これは本質ではない事物の似像をつくりなすこと(4)によって行われる。この図像（イマジネ）の組み合わせとは物体（コルプス）の中への霊（スピリトゥス）の複合(5)であり、錬金術による組み合わせとは物体の

(1) negromanzia 亞独版：Zauber [sihr]

(2) similitudinibus「類同」、「神像」等々。

(3) visui latent suis similitudinibus「その類同が見えない」、羅伊版：siamo privi di termini di paragone「これを類比的に語ることばも欠けている」

(4) in faciendo res similes que non sunt essencia

(5) ymaginum composicio est spiritus in corpore「物体（コルプス）への霊（スピリトゥス）の複合」

中への物体の複合である。(6) 一般に降霊術(ネグロマンツィア)と言われるのは、覚知にとって隠蔽されたものごとすべて(7)のことであり、おおかたの人にはそれがどのようにして起こったか、何が原因でそうなったか把握できないようなものである。この図像(イマジネ)を賢者たちは護符(テルサム)(8)と呼ぶが、これは侵犯するもの(9)と解釈され、こうした図像(イマジネ)がなすところは何であれ侵犯であり、そこに組み合わされたものをうち負かす。(10) この業に勝利をおさめるには(11)、算術的比例と諸天からの注入(12)のはたらきを利する。そして先述したところを満たすため、それにふさわしい時間に、その物体群(コルプス)を組み合わせる。(13) また霊(スピリトゥス)をこの図像(イマジネ)に強く引き寄せるために燻香をなす。これは諸物体(コルプス)を打ち負かし、これらを変じ、もっとも清浄な他の物体(コルプス)に還すエリクシル(14)にも等しいものである、ということを知っておきたまえ。この図像(イマジネ)もまた、すべてを侵犯によってなす。それはからだ(コルプス)を巡りつつ、その自然本性を変じ減じる毒と同じようにはたらき、それ（図像）の中にある組み合わせの力によって、この物体(コルプス)は他の物体(コルプス)に転じる。エリク

[8] シルと呼ばれる高貴な特性(15)が土、=気、火、水の組み合わせからなっている、ということを知っておくといい。これら四つの堅牢さ(16)はその中で合わさり、その洗浄力(17)がいずれかの物体(コルプス)に浸透し貫入して諸部分に散らばると、それに大いに援けられうまくそれに従い操られるままに変化して、それの特性と自

(6) et composicio alchimie est corpus in corpore.「錬金術における複合とは物体と物体の複合」

(7) pro omnibus rebus absconditis a sensu「意味の隠蔽されたものごとすべて」

(8) telsam, talisman 亞独版：tilasm, tlsm, テルサム（タリスマン）とアムレトについては▼**補註2**を参照。

(9) violator「冒瀆」→ vinculator「繋縛」、ただしそうした書写と翻読の問題をみる前に、「タルサムという語の文字は逆転している」という亞独版の記述の方が興味深い。tlsm (talsam) の文字を逆にし mslt (maslat) とすると亞語では「支配」、「操作」という意味の語になる、と。つまりこの逆転が羅訳では「扱き」、「侵犯」と訳されたということ。

(10) pro vincendo → cum vinculum そこに組み合わされて描かれたものによってその本体と結ぶ

(11) victorie → vinculum「繋縛の業をなすためには」

(12) influencis 影響

(13) composite corporibus propriis ad implendum「諸星辰(コルプス)を組み合わせ星座をつくる」

(14) Elixir 亞独版：al-iksīr

(15) lavatur（高貴な elevatur）→ levatur

然本性へと還る。エリクシルもまた同様に錬金術において容易にある物体(コルプス)[18]の自然本性を別の高貴なものへと転じるのであり、まず最初は堅く軋む霊(スピリトゥス)と協働して音と汚れをとり去る。これが古の賢者たちによるエリクシルの秘鑰である。エリクシルという名は堅牢さあるいはあるものの特性を他に変じ転じ自らの似像[19]へと還す破砕力[20]と解される。またエリクシルとは動物、木、草および鉱物の組み合わせより他のものではない。それはこの世の似姿と言われてきた複合産物であり、この世とはここにあげた諸事物の組み合わせからなっているのだから。またエリクシルはそれぞれの部分が一方から他方へ受容され、一方から他方へ貫入するのであってみれば、類同な諸事物の組み合わせからなるものでなければならない。木が他の植物と一緒にでなければあり得ず、動物が植物なしにはあり得ず、鉱物が加熱を要し、火が湿と気を要するように等々。これは『諸秩序の書(リーベル・デ・オルディナチオーニブス)』[21]に観られるとおり。ではそろそろ本題に戻ることとしよう。

【二】降霊術(ネグロマンツィア)は二部つまり理論と実践に分かたれる。理論とは諸恒星の場所に関する知識であり、これをもって天の形象および諸天の形相(かたち)[22]が組み合わせられ、どのようにその光線[23]が動いている諸惑星に投じられるかを知り、欲
［9］する時に天の形象＝を探しだす手段を学ぶもの。またここで古の賢者たちが

(とり去る、潤滑にする、洗浄力?)、lieviter 発酵させる、と解したいところ。

(16) fortitudines ここで elememta を指して使われていることに注意しておきたい。つまり強壮にして壊れない元素? 羅伊版：能動原理 principi attivi (この訳語だと水や土の受動 passivi 原理が捨象されてしまう?)

(17) lavatura → lievitura 発酵力、前註参照。

(18) leviter → lieviter 発酵により、同前。

(19) reducit eam ad sui similitudinem 類同なるもの、あるいは同一なるものへと還し

(20) fortitudo 羅伊版：principio attivo 上註参照。

(21) *Liber de ordinacionibus* 亞独版：*Buch der Rangstufe* (*rutba*). 余談になるが、トマス・ノートンの高名な英語錬金術書『錬金術式目』も、この『秩序論』という表題の誤解あるいはこれに触発されたもの、と考えられる。

(22) celestes figure et forme celi 諸星座と天圏つまり諸惑星

(23) radios「放射」。光の発出と放射をあらわすこのことばはアル・ラージの魔術書の表題 *de radiis* でもあり、遠隔(オカルト)作用すべてを喚起させる。

図像（イマジネ）の業(24)をなす時宜(25)と呼んだところが完全に了解される。図像（イマジネ）の制作について知ると同時に、図像（イマジネ）の力能がまさに星座がもつ時宜に完全に依存したものであること、そしてこれら図像（イマジネ）を鋳るのに要する諸事物について知る。また祈禱詞（ことば）も降霊術（ネグロマンツィア）の一部であり、詞には降霊術（ネグロマンツィア）の力能(26)がある。これはプラトン(27)が、友に悪口や侮辱のことばを吐けば敵となり、善良な親しいことばをかければ敵も友となる、と言うとおり。ここに明らかなように、ことばそのものには降霊術（ネグロマンツィア）の潜在力がある。複数の堅牢さがお互いに合わさる時により大きな堅牢さとなるのであり、これが降霊術（ネグロマンツィア）の完璧な力能である。以上が理論である。

【三】実践は三つの自然本性に注がれる諸恒星の力能の組み合わせからなっている。賢者たちはこれを諸力能と呼ぶが、それがどのようなものか、先述したような力能をいかに引き寄せるべきかについてはなにも知らない。これらを一緒に引き寄せることで上述したような力能を得たなら、それに元素熱(28)が与えられねばならない。これが燻香で、いまだ未完成な力能を完成に導くためのもの。それにまた自然本性熱(29)ももたねばならない。これは消化のためのもの。そして、人や動物の霊（スピリトゥス）なしには、これら二つを完成させることも援けとすることもできない。

(24) opus ymaginum 護符制作
(25) electionibus horarum 運機、時の選択
(26) nigromancie virtutem「蠱惑的な力」
(27) 亜独版：「プラトンがその著『格言集 *Buch der Aphorismen (Al-Fusul)*』で言うように」
(28) calorem elementarem 元素的な熱というより要素としての熱？
(29) calorem naturalem 本性的な熱？
(30) *libro de alfilaha, al-Filaha an-Nabatiya.* イブン・ワッシーヤ Abu Bakr Ibn Wahshiyya（十世紀）が古シリア語からアラビア語に翻訳編纂した書。第Ⅳ書七章、また▼補註31参照。Cfr. Jaakko Hameem-Antila, *Ibn Wahshiyya and Magic, Anaquel de Estudios Arabes* X (1999), pp.39-48; id., *The Last Pagans of Iraq, Ibn Wahshiyya and his Nabatean Agriculture*, Brill Leiden-Boston 2006.
(31) 亜独版：「四羽の鳥を捕え、汝のもとへ戻って来るよう飼い慣らす」。「創世記」一五の生贄奉献と関連あるか。ちなみに典拠と想定される『コーラン』二：二六〇は「四羽の鳥を捕え、ばらばらにして（身を引き裂いて？）それぞれ別の山に置いてから、呼ぶがよい。みな汝のもとに戻り来るだろう。神はかくも権能あり叡知に満ちておられる」。

【四】また降霊術は一方で業の実修により、他方で精妙なものにより獲得される、ということを知っておきたまえ。業の実修と作業への習熟については師伝により獲得されるものであり、〔10〕〝作業する者は月の周回に習熟し、『農事書』[30]という書物で語られる四羽の鳥を捕える手法[31]に通暁していなくてはならない。一方、精妙なるものを得るためには、実修する者はその業が土星の周回運動に、また金星の周回運動に関する叡知に則ってなされるものであることに精通していなければならない。[32] これら二つの叡知についても上掲書に語られている。

【五】古のギリシャの賢者たちはさまざまな精妙なるものによって視覚を変じ、そこにないものを顕れさせたものだった。[33] これを図像の知識ユェテレゲフス[34]と称し、天の諸霊を引き寄せることと説いている。この名は降霊術のすべてを指して用いられる。この知識は占星術によるより他には得難いものであり、占星術の知識としてすくなくとも第八天に存する諸形象、これおよび諸他の天球の運動、十二の宮[35]およびそれらの度数とそれぞれの自然本性、また一々の宮の性質とそのそれぞれが地上の諸事物に対してもつ意味、一々の惑星の十二の宮の中への区分、[36] 獣帯の運動、その他ここにあげたことがらに関連したことども、そして七つの惑星の自然本性、龍の頭と尾[37]およびこれ

(32) Cfr. Hugo Winckler, *Die babylonische Geisteskultur*, 1907「単位、時間区分、暦算」章。

(33) faciendum apparere ea que non sunt 素朴に「存在しないものを顕れさせる」だが、西欧語脈では「がある」と「である」の区別が明瞭でないところから（ほんとうはそんなことはなく、「ある」と「もつ」で区別され、そこに偶有性が「もたれる」という存在論の基底があるのだが）、非在は non esse という存在の一様相と化す論理学と哲学の陥穽を覗わせもする。

(34) yetelegehuz ▼補註3参照。

(35) 12 signorum 獣帯の十二星座

(36)「星座への配当」「宿への分配」

(37) 天の黄道と赤道の二つの交点を「龍の頭 caput draconis」、「龍の尾 coda draconis」と称する。終末論的に語られるビヒモスあるいは時の循環を指して描かれる尾を加えた蛇の形象はすべてこの天文用語に由来する幻像としてある。漢訳語から本邦では「ラーフとケトゥ」という名で知られる。Cfr. Willy Hartner, The Pseudoplanetary Nodes of the Moons Orbit in Hindu and Islamic Iconographies, in *Ars Islamica*, V (1938), pp. 112-154.

らの位置およびこれが地上の諸事物に対してもつ意味、昇機（アシェンダント）[38]と降機（コンチェデント）それ自体および諸他との関係の予測、および根本つまり天文学の諸基礎の意味するところを弁え、そして七つの惑星のいずれがどの形象の中の主（ドミヌス）となるか、またその主（ドミヌス）のなす序列秩序を知り獣帯中の諸惑星の位置を導出することができなければならない。これらなしにはその業の知識に到達することはできない。〟[11] これらはすべて天文学書に観られるところ。また最初の賢者が語ったところが上掲の『農事書（デ・アルフィラハ）』[39]に載せられている。吾は七つの天を超えて挙げられる、と。これはつまり、意味判断力によって彼はそれらの一々の動きをそれらの自然本性とともに熟知していた、ということである。神もまた次のように言われる時、まさに同じことを言っておられる。いと高きにあるものを讃えよう[40]、と。つまり、高みにある知識へと到り得るように主は覚知（センスス）と知性能力とを授けたまうた、と。

(38) ascendentium 以下、「東に昇る」とする。通常占星術でアセンダントは誕生日星図占いにおける東に昇る星辰をあらわすのに用いられるようだが、本書は特に誕生日に限らずこの語が広く用いられているところから、特別な用語をもちいなかった（ただしルビで用例を探ることができるようにしておいた）。頻度は少ないが「降機」についても同様。

(39) *De alfilaha* 上註参照。

(40) 亜独版註：「われわれは彼（預言者イドリス）を天の高みに挙げよう」（『コーラン』一九：五七）。周知のように、イドリス（メルクリウス）は羅文脈ではヘルメス・トリスメギストスと化す。

第三章　天とは何でありどのような質料からなっているか

【一】天の形相（かたち）は球であり、その表面は均等に丸く（なめらかで）(1)、そこにあるものすべてそのさまざまな性質と時間(2)を共有している。天はある時間にあたり(3)その性質は丸くあらわれない、と言う者があるが、これは誤りである。天の形相（かたち）はまさにその形相（かたち）であらねばならず、霊（スピリトゥス）的形相であるところの形相（かたち）以外ではあり得ない。それは、霊（スピリトゥス）こそが最初にしてこの世の最古のものである、と言うのに等しい。最初にして最古のものは、この世において完全な形相（かたち）をもつのでなければならない。完全な形相（かたち）つまり形象とは円(4)であり、これがあらゆる形象の中で最初のものであり、それはただ一本の線が接合した
[12] ものである(5)。‖また地上の物体（コルプス）の生成と壊敗はいっさい天にはあり得ず、また逆に天のいずれかの部分に生成や壊敗が起こることもあり得ない。これがこ

(1) rotunda et equalis in sua superficie「その表面の曲率は均等で」
(2) temporibus 時 → temperibus 諸気質
(3) tempore apparet non rotundum in suis qualitatibus「ある時間にその諸性質を均等にあらわさない」
(4) circulus「循環形」
(5) linea continetur「絶えることのない一本の線」

の世にある存在（もの）の本質であり、なにもこれを超えることはできない。[6] 上述したとおり、天はそのあらゆる部分が丸い（なめらかな）球であり、均等に丸く（なめらかで）、円をなす線が結び合っている。[7] その中央に点があり、ここから周縁へと向かって引かれる線はすべて等しい。[8] その点を中心と呼ぶ。またこれらの線を光線[9]と称する意味は、それを諸星辰が地上また中心へと投じるところに由来する。ここにこそ図像（イマジネ）の業と力能があり、これによって業は実修される。また先に、天はそのうちに、その容量（おおきさ）においてこの世を包み込む完全に丸い球である、と言った。この球を超えて場所はなく、それ自体が永劫の形象であり、そこから霊（スピリトゥス）の潜在力[10]のすべてが降りくる。恒星天はそれの下にあり、これの中心はこれ自身とは離れており、[11] これの中心は地の中心そのものである。天の自然本性は唯一の自然本性であり、[12] 物体（コルプス）の運動も自然本性の運動もすべて天の運動に従っている。またあらゆる熱はそれに由来するのであってみれば、地上のものは何であれそれに依拠するものである、と解される。天の度数は最初の分割により三六〇とされ、形象化にあたっても同じである。それゆえ占星術におけるあらゆる予見（うらない）はこれに準じて分かたれ、天の図像（イマジネ）の数々に従って予見される（うらなわれる）ことになる。天こそが下位なるあらゆる作用（はたらき）の原因であるのだから。‖

(6) per essenciam esse in mundo; et hoc nullatenus esse potest nisi vi et superacione.「天地の諸存在の本質は神的力能あるいは超越的なはたらきなしにはこれを超えることはできない。」

(7) lineaque circulari contentum「線は円をなして繋がっている」

(8) deducte sunt equales「（すべて）同一と演繹される」

(9) radios 放射状の線、つまり「半径」でもある。

(10)「霊の権能」とするなら神学的に響く。本書ではvirtusを「美徳」ではなく「力能」と、potencieを「権能」あるいはアリストテレス的な「可能態」ではなく「潜在力」と訳したが、こうした含意をも勘案されたい。特にアリストテレス的な「可能態」に対するactus「現勢態」は魔術的な文脈では、perfectio「業の成就」、「完成」、「完璧」等々にあたる。

(11) eius centrum ab ipso est separatum cum eius centrum sit idem cum centro terre.「これの中心は、中心と言い条それにはなく、これの中心は土つまり大地の中心と同一である。」これは天文学的な導天円 deferent の中心と大地の中心が「異なっている」こと

〔13〕 【二】諸惑星がそれらのうちにあり、その相(アスペクト)やお互いが合致してとどまる合の作用(はたらき)と潜在力、および諸惑星が地上の事物にもたらす作用(はたらき)は次のとおり。土星(サトゥルヌス)は冷・湿である事物にはたらき(をうごかし)、木星(ユピテル)は熱・湿、火星(マルス)は熱・乾、金星(ヴェヌス)は中熱・多湿、水星(メルクリウス)は弱熱・多乾に、月(ルナ)は冷・湿にはたらく(をうごかす)一方、諸恒星はその潜在力を月を介してはたらかせる。いずれかの惑星が天のある角度をとり、この惑星が熱をあらわし、湿・乾については弱く、太陽がその力能を引き寄せる(とらえる)ときには、その効果は増大すると予測される(うらなわれる)。同様に、惑星が事物の自然本性や堅牢さ(13)への作用を強めると、その事物はその効果により強化され潜在力を得るが、惑星が逆にはたらけば、その作用の効果もそのはたらきの堅牢さに準じて弱くなる。この効果によって惑星を知るなら、決して過たない。これらについては占星術諸書から学ばれる。‖

を言おうとしたもののようにみえるが、本文は誤解あるいは誤訳の賜か。亞独版の対応箇所については▼補註4参照。

(12) Natura celi est una natura 単一である。あるいは、天の実体は唯一である→唯一、第五元素からなっている？

(13) fortitudine 枢要徳として挙げられる時には「剛毅」、天使の名としては「威力」とされる。既述のとおり事物の「堅牢さ」からいのちの「強壮」まで語義は豊富。

〔14〕

第四章　図像（イマジネ）をなすにあたっての諸天の一般的な比と組み合わせについて

【一】古の賢者たちは図像（イマジネ）をつくるにあたり、星座を無視することはできなかった。これが図像（イマジネ）知識の礎[1]であり、これによりその効果が明らかにされる。この言を、星座こそあなたが一々の図像（イマジネ）の業を実修するにあたって役立つ礎であり、またこの礎[2]が図像（イマジネ）によって引き起こされる効果に対する天の作用（はたらき）である、と解しておこう。さて、図像（イマジネ）をつくるにあたり、まず探求されるべきは諸惑星の配置にかかわる知識であり、それに加えて諸他の星座との位置関係および運動が探られねばならない。それに図像（イマジネ）をもってなされる業の数々において、その実修が真であり疑問の余地なく、その諸効果についても疑いないものと確信されていなければならない。彼らはそれが真であるかどうか

（1）radices 頻出するこの語は先の radios と紛らわしい。
（2）ここはかえって「光線」と読みたくなる。上註参照。
（3）spiritus rationabilis → anima rationale 理性的魂。
（4）spiritus agentes → intellectus agente 能動知性。つまり、この一節をスコラの語彙に読み替えるなら「理性魂は強化され、その力能は図像に下った能動知性本来の高位世界に届く」。
（5）operantis que magis「マギの業をなす」
（6）以下の一覧はそれぞれの言語、写本によってかなり相違を含む（▼補註⑤参照）。また以下月齢に与えられているアラビア語音綴名辞がそれぞれの星座の星の名であることについては、Ch. Burnett, Arabic, Greek, and Latin works on Astrological Magic attributed to Aristotle, *Warburg Institute Survey and Texts 11*, *Pseudo-Aristotle in the Middle Ages*, 1986, pp.84-96 参照。ここには、本書後段で頻出する『イスタマヒスの書』（第Ⅲ書六章、七章、十章、十一章）との関連が指摘されている。

詮索し試みるためにそれをなした訳ではなく、彼らの意図するところが真であることを確信していた。こうして理拠的な霊(スピリトゥス)(3)は強められ、その力能は高い世界に、図像(イマジネ)においてはたらく霊(スピリトゥス)(4)が発出してくるところに届くことになる。まさにこれが求めるところである。ここでこの業の実修に不可欠なこと、この世でその最大の成果をあげる(5)ために必要なことを一つあなたに教えておきたい。それはつまり、月がその実修にふさわしく時宜にかなった度数にないときにはこの業を実修してはならない、ということ。月はこの下なる諸階層に隠れない潜在力と顕わな作用(はたらき)とを誇っているのだから。ではつづいてこれらの作用(はたらき)について結論を要説しておこう。これによりこれらの実修にあなたは大きな一歩を踏み出すこととなるだろう。ともあれここでは月の効力と作用(はたらき)(6)を月齢(マンシオ)(7)に関する語彙をもって説いておこう。これはインドの賢者たちが一致して認める二十八の月齢である。

【一】第一の月齢はアルナト(8)と呼ばれ、白羊宮の端緒(9)から、この星座(しるし)の十二度五十一分二十六秒まで。インドの賢者たちは月齢がこれにあたる時、旅をはじめ、薬を飲んだものだった。[15] この月齢に、‖旅程の安全を守り、無事に戻ることを祈念してつくられるあらゆる図像(イマジネ)の礎が据えられねばならない。これはまた夫婦の間に不和と憎悪を据え、二人の友の間に敵意を、二人の同僚

(7) mansio「月齢」、「宿曜」、本書ではこれを月の「二十八宿(マンシオ)」としたかったが、天空を十二分割した「宿(ドムス)」と区別するために、前者を「月齢」とした。月に「宿」を用いる場合にはフリガナをふって区別を図った。ちなみに、二十八宿(あるいは牛宿を除く二十七宿)の梵名、漢名については、若原敬道『宿曜教占真伝』(明治四十一年)、一一〇頁以下参照。また▼補註5「月齢」も参照。各宿の名称を対照した一覧も掲げておいた。

(8) Alnath 亞独版：al-Šaraṭān (al-Naṭḥ)、亞英版(十四世紀の『驚異の書 *Kitab al-bulhan*』MS. Bodleian, Oriental 133, f.27v, Ch. Burnett 上掲論文掲載の音綴を採ったもの、以下同)：Al-Sharatain ; sartan は白羊宮の角 (MS. P. Liechtenstein, *Sacratissime astronomie Ptholemei liber diversarum rerum*, Venezia 1509, ff.13r-v 余白注記、cfr. Ch. Burnett 上掲論考＝以下 [L] と略記)。

(9) 起点、という意味で primo grado が用いられている。直訳すると「一度」になってしまうが、これは零表記を用い得ない時代の常套であるので、本文中のように訳した。以下同。

［16］

の間に翻意を起こさせる礎を置くものでもあり、使用人を逃亡させようと思う時にもこれをつくる。よい作用（はたらき）と実修の一々をなすにあたり観ておくべき礎と基本として、月が土星（サトゥルヌス）と火星（マルス）の影響を蒙らず、太陽の炎熱[10]をも免れているのを見極めねばならない。逆に悪い作用（はたらき）をなすにあたっては、月が太陽の炎熱および土星（サトゥルヌス）と火星（マルス）の影響を蒙っているか、これらのどちらかと関係がない時を。

【三】第二の月齢はアルボタイン[11]と呼ばれ、白羊宮十二度五十一分二十六秒から、同星座（しるし）の二十五度四十二分五十二秒まで。この月齢にある時、用水路や井戸を掘るにあたっての、また隠れた財宝をみつけるための、播いた小麦の豊穣を願うための、家が完成前に破壊されるようにするための[12]図像（イマジネ）をつくる。またこの時に、ある人を別の人に向かって怒らせたり、牢獄の囚人たちのより厳格な収監を願う図像（イマジネ）をつくる。

【四】第三の月齢はアゾラーヤ[13]と呼ばれ、上述の度数から、金牛宮の八度三十四分二秒[14]まで。この月齢にある時、海上航海の安全と無事の帰還、また捕囚のより厳格な収監、錬金術の業の成就、また火を用いる作業すべて、狩猟の成功、夫婦間の親愛を願う図像（イマジネ）[15]をつくる。‖

【五】第四の月齢はアルデバラン[16]と呼ばれ、金牛宮の八度三十四分二秒から、

（10）combustione Solis「惑星が太陽とともにあって、太陽との合まで残り一六分以下にある時、または太陽との合の後同じだけ通過した時、その惑星は「内奥にある」（ṣamīm）と呼ばれる。三つの上位惑星について言えば、順行の中間にある時だけそのことが起る。二つの下位惑星では、順行の中間と逆行の中間のそれぞれでそのことが起る……上位惑星が内奥の分を越えてから、また逆行の中間にある二つの下位惑星がその分を越えてから、惑星から太陽までの距離が六度になるまで、すべての惑星は「燃焼している」（muḥtaraq）と呼ばれる。」（山本啓二・矢野道雄訳アル-ビールーニー『占星術教程の書』三、「イスラーム世界研究」六、二〇一三年三月、五一八―九頁）

（11）Albotain 亞独版：al-Buṭain, 亞英版：Al-Botein；[L]：albotaim は白羊宮の下腹。

（12）ここで謂われる「家」は「家庭」のことで、夫婦関係を指す語の羅訳にあたっての曖昧化だという指摘がある。本章以下の項の「家」にも注意。

（13）Azoraya 亞独版：al Ṯuraijā, 亞英版：Al-Thurayya〔プレアデス星座〕；[L]：（名辞の記載なし）

同じ星座(しるし)の終端つまり二十一度二十五分四十四秒まで。この月齢にある時、町の破壊や荘館その他の建物が早々に壊れ長もちしないよう、また主人が使用人を憎み、夫妻間に不和を起こさせ、泉や井戸に損害を与え、地中に埋められた財宝を探し出し、地を這う獣や害獣のすべての駆除または捕捉を願う図像(イマジネ)をつくる。

【六】第五の月齢はアルミセスと呼ばれ(17)、金牛宮の二十一度二十五分四十四秒から、双子宮の四度十七分十秒まで。この月齢にある時、子供たちに業や職を覚えさせ、順調な旅と早い帰還を、航海の安寧を祈り、建物を改修し、また二人の同僚の関係を壊し、夫妻間に親和をもたらす図像(イマジネ)をつくる。これをなすのは、月が人を象った星座(しるし)にあり、東(アシェンダント)から昇り、先に第一の月齢で述べたように土星(サトゥルヌス)と火星(マルス)および太陽の炎熱を免れてある時だけとする。ちなみに、人を象った星座(しるし)とは双子宮、処女宮、天秤宮、人馬宮、宝瓶宮のこと。‖

[17] 【七】第六の月齢はアターヤと呼ばれ(18)、双子宮の四度十七分十秒から、同十七度八分三十六秒まで。この月齢にある時、町や邑の損壊、そのための軍隊の派遣、王に敵する者たちが復讐を遂げることを、収穫や樹木の破損を、二人の同僚間に友情が生まれること、狩猟の獲物が増すことを、薬を摂っても

(14) 亞独版：8°34'18"
(15) Aldebaran 亞独版：al-Dabarān, 亞英版：Al-Debaran, [L]: Belubran は金牛宮の眼。
(16) 亞独版：8°34'18"
(17) Almices 亞独版：al-Haq'a, 亞英版：Al-Haq'a, [L]: belcata は屈強な犬の頭。
(18) Athaya 亞独版：al-Han'a, 亞英版：Al-Han'ah

効果があらわれずかえってそれが害するように祈る図像（イマジネ）をつくる。

【八】第七の月齢はアルディラー[19]と呼ばれ、双子宮の十七度八分三十六秒から、これの終端まで。この月齢にある時、交易およびそれによる利益の増大、収穫の増大、航海の安寧を願い、友人や同僚間に親愛が生まれ、あなたの思いどおり蝿が入ってこないように駆除し、指導者[20]を滅ぼすよう祈る図像（イマジネ）をつくる。またこの時は王や貴顕たちのもとへと伺候する好機であり、王や貴顕たちの好意をあなたの欲するままに得させてくれるものでもある。

【九】第八の月齢はアンナトラ[21]と呼ばれ、巨蟹宮の端緒から、その十二度五十一分二十六秒まで。この月齢にある時は、愛情と友情に関するもの、徒歩また荷車で旅する者の安寧、二人の同僚間の親愛、捕囚の厳格な収監、捕囚の重罰断罪、あなたの意図する場所からの鼠や虱（しらみ）の駆除を願う図像（イマジネ）をつくるにふさわしい。‖

[18] 【一〇】第九の月齢はアタルフ[22]と呼ばれ、同十二度五十一分二十六秒から、二十五度四十二分五十一秒[23]まで。この月齢にある時は、収穫への損害、旅する者あるいは悪事をはたらこうとする者たちすべてに対する阻害、同僚間の分裂と敵対、誰かを他の誰かの呪詛から護る図像（イマジネ）をつくるにふさわしい。

【一一】第十の月齢はアルジェブハ[24]と呼ばれ、巨蟹宮の二十五度四十二分五

(19) Aldirah 亞独版：al-Ḏirāʿ, 亞英版：Al-Dhira

(20) magisteria 職人、自然変性力？

(21) Annathra 亞独版：al-Naṯra, 亞英版：Al-Nathrah

(22) Atarf 亞独版：al-Ṭarf(a), 亞英版：Al-Tarf

(23) 亞独版：25°42′52″

(24) Algebha 亞独版：al-Ǧabha, 亞英版：Al-Jabhah

［19］

十一秒(25)から、獅子宮の八度三十四分十八秒まで。この月齢にある時は、夫妻間の愛情、敵や旅人(26)に対する断罪、捕囚の厳格な収監、建物の堅牢さおよびその完成、同僚の善意および相互扶助を願う図像（イマジネ）をつくるにふさわしい。

【一二】第十一の月齢はアゾブラ(27)と呼ばれ、獅子宮の八度三十四分十八秒から、同二十一度二十五分四十四秒まで。この月齢にある時、捕囚の解放、町や邑への軍隊駐屯、交易による収益増進、旅の安全と無事、建物の堅牢さと安定、同僚の収益増大を祈る図像（イマジネ）をつくる。

【一三】第十二の月齢はアカルファ(28)と呼ばれ、獅子宮の二十一度二十五分四十四秒から、処女宮の四度十七分＝六秒(29)まで。この月齢にある時、収穫増大や植物の成長、誰かの富の喪失、船の損壊、また同僚、指導者(30)、囚人、使用人が静穏に善良にあるように祈る図像（イマジネ）をつくる。

【一四】第十三の月齢はアラフエ(31)と呼ばれ、処女宮の四度十七分六秒(32)から、同十七度八分三十六秒まで。この月齢にある時、商品およびその利益の増大、収穫の増加、旅人の安寧、建物の完成、囚人の解放、貴顕たちと関係をもち好尚を得るための図像（イマジネ）をつくる。

【一五】第十四の月齢はアジメク(33)と呼ばれ、処女宮の十七度八分三十六秒から、これの終端まで。この月齢にある時、夫妻間の愛情、体軀（からだ）の病の治癒薬、

(25) 亞独版：25°42' 52"
(26) caminantes 旅人 → peccaminantes 姦夫？
(27) Azobra 亞独版：al-Zubra, 亞英版：Al-Zubrah
(28) Acarfa 亞独版：al-Sarfa, 亞英版：Al-Sarfah
(29) 亞独版：4°17' 10"
(30) magisteria 前註参照。
(31) Alahue 亞独版：al-'Auwā', 亞英版：Al-Awwa'
(32) 亞独版：4°17' 10"
(33) Azimech 亞独版：al-Simāk, 亞英版：Al-Simak

収穫の損害、性欲不能、旅にあたっての歩行障害、王の厚遇獲得、王国での昇進、航海の安全、同僚間での友情を願う図像（イマジネ）をつくる。

【一六】第十五の月齢はアイガフラ(34)と呼ばれ、天秤宮の端緒から、同十二度五十一分二十六秒まで。この月齢にある時、井戸掘り、地下に埋められた財宝の探求、旅人の行程阻害、夫婦の性交渉を阻害し別れさせ、友人や同僚間に不和をもたらし、敵をその場から退散させたり敵の家を壊したりすることを祈る図像（イマジネ）をつくる。‖

〔20〕

【一七】第十六の月齢はアズベーネ(35)と呼ばれ、天秤宮の十二度五十一分二十六秒から、同二十五度四十二分五十二秒まで。この月齢にある時、商品や収穫の毀損、友人や夫妻間の不和、あなたが思うところの婦女に対する損害、旅人の行程完了の阻害、友人の不和(36)、囚人の解放を祈る図像（イマジネ）をつくる。

【一八】第十七の月齢はアリキル(37)と呼ばれ、天秤宮の二十五度四十二分五十二秒から、天蠍宮の八度三十六(38)分二秒まで。この月齢にある時、失意から回復し善いことが起こるよう、また町や邑への軍隊配備、建物の堅牢安定、航海の安全を祈る図像（イマジネ）をつくる。皆の一致した見解によれば、月がこの月齢にある時に友情が結ばれるなら、この友情は長くつづき、決して壊れない。それゆえこの月齢にある時にこそ、愛が長つづきするためになすべきことはす

(34) Aigafra 亞独版：al-Ġafr, 亞英版：Al-Ghafar

(35) Azubene 亞独版：al-Zubānā, 亞英版：Al-Zubana

(36) 重複

(37) Alichil 亞独版：al-Iklīl, 亞英版：Al-Iklil

(38) 「三十六」、次の月齢のはじまり「三十八」と一致しない。どちらが誤りか？ 亞独版：8°34'18"

べてなすがいい。

【一九】第十八の月齢はアルカルプ(39)と呼ばれ、天蠍宮の八度三十八分(40)二秒から、同二十一度二十五分四十四秒まで。この月齢にある時、王に叛く敵たちの共謀、敵その他あなたの欲する者に対する復讐、建物の堅牢なる建造、囚人の牢からの解放、友人の不和を祈る図像（イマジネ）をつくる。‖

【二〇】第十九の月齢はエザウラ(41)と呼ばれ、天蠍宮の二十一度二十五分四十
[21] 四秒から、人馬宮の四度十七分十秒まで。この月齢にある時、町や邑への軍隊の駐屯、侵攻、占拠その他欲するところ、誰かの富の破綻、ある場所からの人払い、道行く旅人の状況改善、収穫の増大、囚人の逃亡、船舶の破壊と難破、同僚たちの富の分配と破滅、囚人の処刑を祈る図像（イマジネ）をつくる。

【二一】第二十の月齢はナハユム(42)と呼ばれ、人馬宮の四度十七分十秒から、同十七度八分四十六秒(43)まで。この月齢にある時、邪で不服従な獣を飼い慣らし、旅人の早い帰還を願い、思いのままの力を得、善き人々をお互い引き合わせ、囚人の厳格な収監を、また同僚の災厄や富の破綻を祈る図像（イマジネ）をつくる。

【二二】第二十一の月齢はエルベルダ(44)と呼ばれ、人馬宮の十七度八分四十六秒(45)から、これのおわりまでつづく。この月齢にある時、建物を堅牢となし、収穫を増大し、確かな金儲けをもたらし、旅人を安全に守り、妻が夫から離

(39) Alcalb 亞独版：al-Qalb, 亞英版：Al-Kalb

(40) 「三十八」、上註参照前月齢は「三十六」でおわっている。亞独版：8°34′18″

(41) Exaula 亞独版：al-Šaula, 亞英版：Al-Shaulah

(42) Nahaym 亞独版：al-Na'ā'im, 亞英版：Al-Na'aim

(43) 亞独版：17°8′36″

(44) Elbelda 亞独版：al-Balda, 亞英版：Al-Bal'dah

(45) 亞独版：17°8′36″

別することを願う図像（イマジネ）をつくる。

【二三】第二十二の月齢はカアダルデバ(46)と呼ばれ、磨羯宮の端緒から、同十[22]二度五十一分二十六秒まで。この月齢にある時、〃病気の完治、二人の男の間の不和、使用人や囚人の逃亡、同僚間の善意、囚人の脱走を願う図像（イマジネ）をつくる。

【二四】第二十三の月齢はカアデボラク(47)と呼ばれ、磨羯宮の十二度五十一分二十六秒から、同二十五度四十二分五十二秒まで。この月齢にある時、病気の完治、友人たちの連携、夫の妻からの離別、囚人の監獄からの脱走を願う図像（イマジネ）をつくる。

【二五】第二十四の月齢はカアダコホオ(48)と呼ばれ、磨羯宮の二十五度四十二分五十二秒から、宝瓶宮の八度三十四分二十八秒(49)まで。この月齢にある時、商売繁盛と利益の向上、夫妻間の良好な関係、軍隊の敵に対する勝利、同僚の富の破綻、指導者の目標達成の阻害を願う図像（イマジネ）をつくる。

【二六】第二十五の月齢はカアダルハキア(50)と呼ばれ、宝瓶宮の八度三十四分二十八秒(51)から、同二十一度二十五分四十四秒まで。この月齢にある時、軍隊の町や邑への駐屯、あなたの思いのままの災厄による敵への報復、使者の派[23]遣と〃その使命の完遂および早い帰還、妻の夫からの別離、収穫の損害を、

(46) Caadaldeba 亞独版：Sa'd al-Ḏābiḥ, 亞英版：Sa'd Al-Da'bih
(47) Caaddebolach 亞独版：Sa'd bula', 亞英版：Sa'd Bula
(48) Caadacohot 亞独版：Sa'd al-Su'ūd, 亞英版：a'd Al-Su'ud
(49) 亞独版：8°34' 18"
(50) Caadalhachia 亞独版：Sa'd al-aḫbija, 亞英版：Sa'd Al-Alibiya
(51) 亞独版：8°34' 18"

〔24〕

夫を妻とまた妻を夫と性交渉ができないように、またどこなりとあなたの思いのままにその四肢を自由にできないように縛り、囚人を牢獄に厳しく収監するとともに、建物の堅牢を願う図像(イマジネ)をつくる。

【二七】第二十六の月齢はアルミクェダム(52)と呼ばれ、宝瓶宮の二十一度二十五分四十四秒から、双魚宮の四度十七分十秒まで。この月齢にある時、人々が親しく結ばれるように近づけ、旅人の安寧、建物や牢獄の堅牢、および囚人の災厄を願って図像(イマジネ)をつくる。

【二八】第二十七の月齢はアルガルフ(53)と呼ばれ、双魚宮の四度十七分十秒から、同十七度八分三十六秒まで。この月齢にある時、商売繁盛と利益の向上、同僚の合意、収穫増大、病気平癒、あなたの思う者の破産、建築の障害、航海の危難、囚人の収監期間の延長またなんらかの災厄が降りかかることを願う図像(イマジネ)をつくる。

【二九】第二十八の月齢はアレクセエ(54)と呼ばれ、双魚宮の十七度八分三十六秒から、同終端まで。この月齢にある時、商売繁盛、町の占拠、収穫増大、事物の償還、遊興での散財、財宝の遺失、旅人の行程の安全と早い帰還、夫妻の平安と和合、囚人の厳格な収監、航海者の船の災厄を願う図像(イマジネ)をつくる。‖

【三〇】インドの賢者たちはこれら二十八の月齢を彼らのあらゆる行為(おこない)と選

(52) Almiquedam 亞独版：al-Farġ al-muqaddam, 亞英版：Al-Fargh Al-Mukdim

(53) Algarf 亞独版：al-Farġ al-mu'aḫḫar, 亞英版：Al-Fargh Al-Mu'hir

(54) Arrexhe 亞独版：al-Rišā', 亞英版：Al-Risha, Batn Al-Hut

択の礎とした。

【三一】これを礎に、善き業（はたらき）のすべてにおいて月は土星（サトゥルヌス）と火星（マルス）との相（アスペクト）[55]および太陽の炎熱を免れているとともに、幸運諸惑星と善い相（アスペクト）[56]——三角および六角相（アスペクト）——を結ぶことを看てとらなければならない。また月が幸運惑星[57]を離れ、別の幸運諸星と結ぶのが観られるときに。これと逆の場合、悪しき業（はたらき）をなす。

【三二】魔術の業を実修する者は、自ら実修するところについてはまったく疑うことなく信じ、それらは実修者の準備[58]による作用（はたらき）であり、準備が調うと先述した作用（はたらき）と力能を受けとり、それによってこの業が成し遂げられるものと考えるのが妥当である。ここに言う準備つまりその保持[59]は人のうちにしかないものである。この準備により、諸他の可感的事物の中にあるものがそれらの自然本性の意味として受けとられる[60]。それは滑らかな蜜蠟がこれに捺された形相（かたち）を受けとるようなもの、あるいはからだが悪鬼的なものを受け入れる準備が調うと、なんらか悪鬼の悪鬼的な力能を外から受けとるように[61]。これに抵抗するには四肢は弱く無能である。同様に準備の衰弱消耗した場所（ところ）に、図像（イマジネ）の組み合わせをもたらす事物を準備配置することにより堅牢さがもたらされる。これ（図像）のすべては諸他のはたらきを一所に集めようとする準

（55）ここでいう aspectibus は特に coniunctio 合を指し、あるいはこの語に換えるべきところか。第一月齢、第五月齢項参照。

（56）fortunis 羅伊版：le figure celesti 諸星辰、第Ⅲ書七章参照。

（57）fortuna

（58）disposicio operantis 可能態が現勢するにあたり、可能態の側にそれが実現される「下準備」、「資質」が整っていなければならない、という議論。ここから可能態としての「質料」にものごとをかたちづくりはじめる力 inchoatio formae があるという議論が起こる（たとえばアルベルトゥス・マグヌス）。これがトマス・アクィナス等々の自由意志論と交錯し、アヴェロエス主義的「能動知性論」の否認、パリでの断罪となるのが一二七七年。本書スペイン語訳の二十年後ということになる。

（59）maneriei「慣習化」であり、「手段」、「流儀」、とすると「人為的なもの」としての作業となり、「滞留」として「諸星辰の配置」の意味にとることもできる。下註訳参照。

（60）ここは disposicio に関し、別様にとってみることもできる。つまり disposicio, operantis を業を実修する人とする

〔25〕

備配置である。(62) ここにこそこの業の礎があり、みなこの点については合意をみせている。こうした受容の準備（配置）ができると、受容が完了する。このように受容が起こるとその作用（はたらき）が明白にあらわれ、形象は堅牢さを受けとる。この業（はたらき）こそ、鏡や水の中に人の形姿が結ばれるように、あなたの思いのままに質料と形相を一つに結びつけるものであり、これこそがまさに霊（スピリトゥス）とからだ（コルプス）の合一である。(63)‖

【三三】あなたが業（はたらき）を日中になそうとするときには、月が東に昇り（アシェンデンテ）、日中(64)の諸星座（しるし）も東に昇る（アシェンデンテ）時に準備する。夜間になそうとするときには、夜の(65)諸星（しるし）

なら（作用をもたらす惑星および星座の「配置」は「彼がなすところ……実修者の十分な資質（準備）」となり、「十分な準備が上述したはたらきと力能を受けとらせ、これにより業がなされるものと考えるのでなければならない」。すると、本文は「それらがはたらくところについてまったく疑うことなく信じ、それらは作用するもの（星辰）の配置によるはたらきであり、よい配置が先述したはたらきと力能を送り届け、それによってこの業が成し遂げられるものと考えるのが適当である。ここに言う配置つまりその滞留は人のなかにある（観念）以外のものではない。しかしここに言う配置は諸他の可感的な諸物の中にあるものが、まさにそれらの自然本性の意味（センスス）として覚知されるものである」と解される。

(61) demonium demoniacus virtute alterius propter quod corpus eius est dispositum ad recipiendum tale demonium

(62) omnia enim sunt disposita ad recipiendum aliquod opus congruum eis「図像（イマジネ）はどれもそこに諸他の作用を纏めて受け入れる配置である。」あるいは「どの事物もそれ自体、諸他のはたらきを受け入れる準備ができている。」

(63) プレスナーは亞独版序で護符図像のはたらきに関するこのあたりの所説を、シドンのドロテウスによるものと示唆しているばかりか、インドの月齢および図像のはたらきに関する議論はイブン・アビ・ルーリジャル Ibn abi 'l-Rijal に（羅名 Haly Abenragel）よる要説から採られているとしている。ちなみに本書中ドロテウスの名は僅かに第II書三章【一〇】に出るのみ。

(64) Signis diurnis「昼の宮」、男性宮（熱の宮）のすべて。つまり磨羯宮、双子宮、獅子宮、天秤宮、人馬宮、宝瓶宮。（太陽性（霊性）の星座？ Cfr. 山内雅夫『占星術の世界』、一三一頁）

(65) signis nocturnis「夜の宮」、女性宮（冷の宮）のすべて。金牛宮、巨蟹宮、処女宮、天蠍宮、白羊宮、双魚宮。「この点について人々は、ルーム人の『選集』(*al-Bizidag*) で述べられていることに矛盾している。彼らは、おひつじ宮、かに宮、しし宮、いて宮が昼で、それらの反対側にあるてんびん宮、やぎ宮、みずがめ宮、ふたご宮が夜であり、残りが昼と夜に共通だと言うのである。」山本啓二・矢野道雄訳ビールーニー前掲書、四六八頁参照。（月性（魂性）の星座？）

座が東に昇る時（アシェンダント）になければならない。（月が）東からまっすぐ昇る諸星座（しるし）[66]とともに昇る時には業（はたらき）は容易で確実である一方、真東を逸れて昇る諸星座（しるし）[67]に昇る時には業（はたらき）は困難である。これを改善したり阻害したりするのは諸幸運惑星[68]の相（アスペクト）で、（月が）まっすぐ昇る諸星座（しるし）に昇るにしても、そこに災厄惑星[69]があるなら業（はたらき）は阻害され滅ぼされ、これによって困難となる。（月が）真東を逸れて昇る諸星座（しるし）に昇るとき、そこに幸運惑星があるかそれが善く親しい相（アスペクト）に眺められるなら、業（はたらき）は容易となる。同様に昼の諸星座が夜に昇り、夜の諸星座が昼に昇り、幸運惑星を眺めるなら堅牢[70]になされ、災厄惑星を眺めると[71]阻害される。図像（イマジネ）をつくるためには、真東から逸れて昇るものとまっすぐ昇るもの、固定（フィクサ）、流動（モビリア）、一般（コムニア）[72]、昼および夜の星座（しるし）、幸運および災厄惑星の一々を、また月がさまざまな相反関係を免れていることを知っておかねばならず、これらの図像（イマジネ）が諸惑星およびすべての星座（しるし）に準えられたもの[73]であることを弁えておかねばならない。業の実修にあたりその潜在力を十分に引き出し、よい効果が得られるのは、月蝕にあたる時もしくは太陽の光線と前後十二度にある時である。

［26］‖こうして土星（サトゥルヌス）と火星（マルス）を免れ、また天の子午線の緯度[74]において上記した十二度を越えることのないよう、またその逆[75]に留意する。この行跡が遅延することはなく、一日に十二度未満しか進まないとするならそれは

(66) Signis directe「直立宮」(muntasiba)。白羊宮、天秤宮、人馬宮。次註の tortuose と対になった概念。「直立宮とはおひつじ宮、てんびん宮、いて宮である。書物にはこのように書かれているが、その他の宮については何も書かれていない。インド人は、おひつじ宮、おうし宮、かに宮、いて宮、やぎ宮が背を上に直立して昇り、しし宮、おとめ宮、てんびん宮、さそり宮、みずがめ宮が頭を上に直立して昇り、さらにふたご宮とうお宮が側面を上にして昇る、と考えている。しかし私はこのように二つに分ける意図については自信がない。またほとんどの星座の構図もこれとは一致しないし、そのことを証明してはいない。」ビールーニー前掲訳書、四六八頁参照。(cardinal 運動宮のことか？ 亞英版：short ascension or direct ascension 磨羯宮、宝瓶宮、双魚宮、白羊宮、金牛宮、双子宮)

(67) Signis tortuose「非直立宮」(gayr muntasiba) 上註参照。(mutable 流動宮？ 亞英版：long ascension or oblique ascension その他)

(68) fortuna; 木星（ユピテル）と金星（ヴェヌス）

(69) infortuna; 土星（サトゥルヌス）と火星（マルス）

(70)「よい相（アスペクト）をとれば」、どうやら相（アスペクト）

土星の運動に近接するし、炎熱道上(76)にないこととなってしまう。また最大の注意を要するのは、天秤宮の十八度から天蠍宮の三度までであり――災厄の終端であるこの星座(しるし)の末尾でも、天頂の第九宿(ドムス)にあたるのでもないということ。またなんらか業(はたらき)において偶然にみえることも必然のあらわれであり、月が上述した災厄惑星の数々と呼応関係に入ったなら、どうしてもそれを免れることはできない。そのときには木星(ユピテル)および金星(ヴェヌス)を東(アシェンダント)あるいは中天におくと、月の災厄を矯すこととなる。ここに語ったところは、賢者たちの諸著に記された秘鑰の数々を明らかにしようとしたまでのこと。本書が賢者および善良なる人の手より他に渡ることありませんように、と全能の神の慈悲と慈愛に祈る。あなたも上述した業について守秘し、決してこれにふさわしくない者に明かさぬように。

関係には方向性があり、相方が眺め合うのでなく、一方から眺める関係にあるものとみえる。

（71）「相(アスペクト)関係をなす」

（72）fixa, mobilia, comunia = 不動宮 fix ♈♋♎♑, 流動宮 mutable ♉♌♏♒, 運動宮 cardinal ♊♍♐♓

（73）appropriati「対応した」

（74）in latitudine meridionali 天空の配置と観測器具の測量値が同義的に語られているので、日時計の昼夜平分線(メリディオナーリ)としても可。ただし「南緯」ではないだろう。「南中時に」としてもいいかもしれない。Meridionali については第II書五章【二】参照。

（75）「十二度以上を減じることがないように」

（76）via combusta：天秤宮十五度から天蠍宮十五度まで広がる道。

第五章 比率の諸例。図像（イマジネ）をつくるにあたって必要となるところ

【一】二人の間に愛を注ぎ、その愛と歓びが堅牢なものとなるよう願う図像（イマジネ）のつくり方。両者によく似せた図像（イマジネ）をつくる。[1]これは木星（ユピテル）あるいは金星（ヴェヌス）の時、[2]龍頭[3]が東（アシェンデンス）にあり、月が金星とともにある[4]いはこれをよい相（アスペクト）に眺め、第七宿の主（ドミヌス）が第一宿の主（ドミヌス）[5]を三分（トリノ）[6]あるいは六分の（セスティリ）[7]相（アスペクト）に眺める時につくる。[8]そして両図像（イマジネ）を一緒に抱擁させ、二人のうちより強い力でもう一方を愛するようにしたい方の住処（ロコ）の地中に埋める。そうすれば思いどおりになるだろう。‖

〔31〕【二】二人の間に平安と愛情を生む図像（イマジネ）。二つの像（イマジネ）を以下の条件の[9]昇機（アシェンダント）にあたりつくる。（ひとつ目の図像（イマジネ）[10]は、）幸運諸惑星が第十宿（ドムス）[11]と東（アシェンダント）にあり、災厄諸惑星が東（アシェンダント）から取り払われてある時、第十宿（ドムス）の主（ドミヌス）に幸運惑星を置き、

(1) これはひとがたなのか、それとも二人の星図なのか。本章と類縁関係にあるタービット・イブン・クッラの『図像の書』のバースのアデラルドゥスによる羅訳異本 *Liber prestigiorum* 1.15 では「鋳造物」との示唆がある。Cfr. Ch. Burnett, Tabit ibn Qurra the Harranian on Talismans and the Spirits of the Planets, *La Coronica* 36.1 (2007), p.25. また、ここで偽ラージー『明礬と塩』の一節のクレモナのゲラルドゥス羅訳が引かれていることが興味を引く。『図像の書』羅訳異本の詳細は▼補註6を参照。

(2) 木曜日か金曜日、あるいは木星時、金星時。いずれとも定め難い。

(3) Caput Dragonis

(4) 「合」

(5) 第七宿の支配星（ドミナント）が第一宿の支配星（ドミナント）を。

(6) trino 英語カタカナ読みでトライン（天の三角）。地を中心に百二十度

これが東(アシェンダント)の宿(ドムス)の主を三分(トリノ)あるいは六分(セスティリ)の相(アスペクト)に眺めるように据える。(12)

【三】ここで相(アスペクト)に関して必要(必然的)な知見がいくつか得られる。三分相(トリノ・アスペクト)が歓びを補完して成就させるのは、火の自然本性をもつ星座(しるし)の一々が同じ自然本性の他の星座(しるし)を三分相(トリノ・アスペクト)に眺めるときであり、土の自然本性をもつ星座(しるし)も同じ自然本性の他の星座(しるし)を三分相(トリノ・アスペクト)に眺め、気および水の星座(しるし)もこれと同様であるからに他ならない。それゆえこの相(アスペクト)により完全な友情が成就される。また六分相(セクスティリ・アスペクト)が中位の友情を与えるのは、(13)星座(しるし)がこの相(アスペクト)に能動的な自然本性をもつ星辰を眺め、受動的なものを眺めるのでないときであり、これにより中位の友情を与える相(アスペクト)と言われる。四分相(クアルト・アスペクト)はそこに二つの逆性の自然本性が眺められる時、中位の敵意を与える。(14)逆相(アスペクト・オッポジト)は、星座(しるし)が四つの自然本性においてお互いに逆性をもって眺めるなら、完全な敵意となる。さて本題に戻ろう。

【四】二人を友人となすための二つ目の図像(イマジネ)のつくり方。東(アシェンダント)には一つ目の図像の第十一宿が第一宿に来るようにする。夫妻の間に親愛を生じさせるためには、二つ目の図像(イマジネ)の東天(アシェンダント)を一つ目の図像の第七宿にする。そして友情を得たいと願う者の東(アシェンダント)の主(ドミヌス)(15)がもう一方をよい相(アスペクト)に眺め、またよく受け入れられるようにする。(16)そして二つの図像(イマジネ)を一緒にして友情を得たく

(7) sextili セクシタイル、地を中心に六十度

(8) 亞英版：「東(アシェンデンス)が♃の時間で、Al-Ras と☽が♀と合あるいは衝にあり、Al-Sabi の星座が東(アシェンダント)の星座と三角形あるいは六角形の関係にあるとき」

(9) Interrogacionis 占断における星位、尋求、「運気」と捉えると分かりやすいか。

(10) この【二】項で一つ、つづきは【四】項に二つ目の図像(イマジネ)。

(11) 天頂あるいは南天。

(12) 亞英版：「一つ目の護符(タリスマン)は想う者のアシェンダントの時間、幸運惑星をアシェンダントと Al-Ashir に、これらから災厄惑星を外し、Al-Hadi-Ashir のアシェンダントに幸運惑星を三角か六角形で調和的に結ぶ。」

(13) medie amicicie「友情を媒介する」とも。亞英版：「愛でなく友情を」。

(14) Medie inimicicie これまた、「敵意を媒介する」とも。

(15) 支配星(ドミナント)

(16) 亞英版：「友を得たいのなら東(アシェンダント)に Al-Hadi-Ashar を配し、婚約者を得たいのなら東(アシェンダント)に Al-Sabi を配し、恩顧を期待するならその者の主(ドミヌス)と調和的に結ぶ。」

思う者の住処(ロコ)の地中に埋める。するとそれ以降、以前にもまして友情が厚くなる。‖

〔32〕【五】二人の間に愛情を据える図像(イマジネ)。巨蟹宮の第一相(ファキエス)が金星とともに東に昇る(アシェンダント)時および、月が金牛宮の第一相(ファキエス)にあり第十一宿にあたる時に(17)、二つの図像(イマジネ)をつくる。図像(イマジネ)ができたなら、お互いに抱擁させてもう一人の住処(ロコ)の地下に埋める。そうすればその者を愛し、お互いの間に長くつづく愛情が得られるだろう。これは相互形象(フィグーラス・アルテラチオーニス)(18)と呼ばれ、これについてはプトレマイオスがその書『百言集(チェンティロクィウム)』(19)三十三で語っている。われわれもこれについては、神の望みにかなうならば、本書第Ⅳ書で解説を加えつつ語ることにしたい。

【六】愛がつづくことを願う図像(イマジネ)。二つの図像(イマジネ)をつくり、幸運惑星を東(アシェンダント)に、月を金星(ヴェヌス)とともに金牛宮に据える。そして一方の図像(イマジネ)に数字——つまり
〔33〕アラビア式形象(アルゴリスミ)(20)で0を用い、220を記す。‖ もう一方の図像(イマジネ)に同じ形象をもって284を記す(21)。そして二つを抱擁させればたちまち彼らの間の愛は長つづきすることとなるだろう。‖

〔28〕【七】王や貴顕たちからの寵愛を期待する図像(イマジネ)。その人の姿と名において、以下のように図像(イマジネ)をつくる。幸運諸惑星が東(アシェンダント)にあたり、決して強運惑星が失墜(カデンス)することなく、逆行しておらず炎熱道にもないように(22)。また東(アシェンダント)の星

(17) 亞英版：「二つの図像(イマジネ)をつくる。(一つは)♋の第一相で、☽が♉の第一相にある時に。(もう一つは)♀が東(アシェンダント)に、☽がAl-Hadi-Asharにある時に。」

(18) figuras alteracionis

(19) Ptolomeus, *libro Centiloquii* verbo 33,「愛憎は光輝の和合あるいは不和に出るもので、それは両性が一緒に東に昇る時に認められる。それは善意と服従が増するし。」"Amor odiumque tum ex luminarium concordia discordiaque, tum ex utriusque geniturae ascendentibus lentiam obedientia signa." *Claudii Ptolemaei Pelusiensis Alexandrini Omnia, Quae extant. Opera*..., Basileae 1541.

(20) figuram algorismi「アラビア数字」

(21) 亞英版：「二つの図像を幸運惑星が東(アシェンダント)に、☽と♀が♉にある時につくる。一つ目の図像に220という数を千あるいは0を用いて書き、二つ目に284という数を千あるいは0を用いて書く。」

220と284——これはピタゴラスの謂う「友愛数あるいは親和数」numeri amicabili, 1+2+4+5+10+11+20+22+44+55+110=1+2+4+71+142。友愛数については▼**補註**7を参照。第Ⅲ書十一章

座の主星(23)が、強運惑星であり、昂揚へと向かうように。(24) そして第十宿の
[29] 主が東の主を三分あるいは六分に眺め、‖強運惑星を受け入れ、東の主が支配的な諸星座(25)のうちにあり、第十の主が服従的な諸星座の中にある時に。(26) このようにしてつくられた図像を掌中にしている限り、寵愛され賞賛され、親交を得た主人からなんなりと思いのままに得ることができるだろう。‖

[30] 【八】主人が従臣たちから愛され、つねに彼に服従するようになすための図像。二つの図像をつくる。その一つは、木星の時、(27) 月が太陽をよい相に眺め、災厄諸惑星から離れており、龍頭が東天にあるときにつくる。(28) もう一つの図像は、最初の図像の東天から五番目の宿が東天にあるとき、また金星の時(29)で龍頭が東天にあるとき、あるいは（龍頭が）東をよい相で

【一二五】でも再論されている。

(22) Fortunabis ascendens fortuna forti que non sit cadens. retrograda aut combusta「幸運惑星が強運惑星と善い相をなしており」、あるいは、cadens は「昂揚 exaltacio」に逆立する（衝にある）配置、ということか。「惑星の失墜（habut）は、昂揚（asraf）に向かい合う宮の、すでに述べた度数と同じ所にある。惑星はそこでは威厳を失い、その状態は悪くなる。」ビールーニ前掲書、四九七頁。

(23) dominus → domus ?

(24) et dominus ascendentis sit fortis et in bono esse et directus et in sua exaltacione

(25) プトレマイオス『四書』(I.15) では、天宮を春分点と秋分点で二分し、黄道の北側の宮を「支配的な星座（命令する宮）」と、南側の宮を「従属的な星座（従う宮）」としている。第II書三章【一二】、▼補註12を参照。

(26) 亞英版：「強力な Sa'ad によって東に幸運を置く。Sa'ad が逆行、落下（declining）、炎熱にないように、東の主がその幸運をもって、強力、壮健、正義であるように。そして Al-Ashir の主が東の主と三角形あるいは六角形で結ばれ、前者が後者に幸運を授けるように。Al-Asher の主は意志をもって東の主と繋がる［東をよい相に眺める］ように。（東の主は）指導宮 commanding signs であり、Al-Ashir の主は従属宮 obeying signs である。」

(27) 木曜日あるいは木星時。

(28) unam facias in hora Iovis. et Luna Solem aspiciente bono aspectu et separata ab infortuniis; et ponas Caput Draconis in ascendente. 亞英版：「♃の時、☽が☉と祝福され壮健に繋がり、いずれの災厄惑星をも免れ、龍頭が東にあるかそれ（?）を眺めるように。」

(29) 金曜日あるいは金星時。

眺める月の時で(30)、月が災厄諸惑星から離れているときに(31)。そして東天(アシェンダント)にいずれかの恒星のしるしがある土星(サトゥルヌス)の時に、図像(イマジネ)を地中に埋める。そうすればすべての従臣たちから愛され、また彼に服従するようになる。‖

[29] 【九】使用人たちがその主人を愛するようにする図像(イマジネ)。二つの図像(イマジネ)をつくる。その一つはいずれかの高位惑星の時で(32)、その高位惑星が東天(アシェンダント)にあり、月が満ち、龍頭が東(アシェンダント)、四、七あるいは十宿にある時に(33)。二つ目の図像(イマジネ)はいずれかの下位惑星の時で(34)、東天(アシェンダント)が先のもう一つの図像(イマジネ)の東天(アシェンダント)から十番目の宿にあたり、龍尾が東(アシェンダント)、四、七あるいは十宿にある時につくる(35)。二つの図像(イマジネ)をこのようにつくったなら、二つを抱擁させ、愛してほしい者の住処(ロコ)に埋める。‖

[28] 【一〇】主人から尊重されるようにする図像(イマジネ)。図像(イマジネ)をつくるのは、幸運諸惑星が東(アシェンダント)と第十宿にあり、東(アシェンダント)(の星座)の主星も同様(幸運惑星)であり、この宿から災厄諸惑星が外れている時、および幸運諸惑星が第十一宿にあり、東(アシェンダント)にある宿をたいへんよい相(アスペクト)に眺め、第十宿の主(ドミヌス)が東天(アシェンダント)の主(ドミヌス)をよい相(アスペクト)に眺め、相互に受け入れあう時(36)。図像(イマジネ)を完成したなら、これを誰にも見られないよう密かに身につける。そうすればあなたの思いどおり主人に伺候する時、丁重で慇懃な処遇を得るだろう。

(30) 月曜日あるいは月時。

(31) aliam ymaginem cuius ascendens sit quinta domus ab ascendente prime ymaginis, et hoc in hora Veneris; et Caput Draconis sit in ascendente vel aspiciat ipsum ascendens bono aspectu, et hoc in hora Lune; et Luna sit libera ab infortuniis. 亞英版：「二つ目は♀の時、Al-Khamis が東に初度を昇らせる時、♀が龍（頭？）とともにあるか、これを眺める時、☽をすべての災厄惑星から外して（つくる）。」

(32) 木星か土星の時間。

(33) つまり四枢要点のいずれか。亞英版：「高位惑星の時間、高位惑星が東にあり、☽が満ちつつあり、Al-Rass あるいは二つの極 poles のうちの一つを東にして」

(34) 火星か水星の時間。

(35) 亞英版：「もう一つは下位惑星の時間、東に下位惑星と Al-Ashir の初度があり、（龍の）尾が東あるいは二極 poles の一方にある時に」

(36) 亞英版：「幸運惑星と Al-Ashir をその主とともに東に、災厄惑星を東とその主から外して。また Al-Hadi-Ashar の主に幸運惑星を据え、東の主を眺めるようにする。Al-Ashir の主が東の主によい相で眺められるように」

【一一】財産と商益を増やす図像。図像をつくるのは、幸運諸惑星が第十宿に、第十宿の主とともに東に昇り、月も主としてこの宿にあり、第二宿の主が東にある主を三分あるいは六分の相で受け入れ、幸運惑星が第二宿にある時。(37) つまり幸運惑星の一つを東天すなわち第十宿に据え、この幸運惑星のある宿が第十一宿にある幸運惑星をよい(38)相に眺めるようにする。(39) この時に図像をなし、誰にも見られないよう密かに身につけるなら、あなたのなすことすべて利益をもたらし、不断に富を得ることとなるだろう。‖

[27] 【一二】善いことがつづくように町での権勢を増す図像。図像をつくるのは、幸運諸惑星が東と第十宿にあり、その幸運惑星が他の幸運諸惑星を第二宿および第八宿の主として眺める時。東の主が幸運をかなえてくれるように。(40) また幸運諸惑星を主とする宿が東天にあたり、月も月を主とする宿にある時。(41) この時にあたり図像を完成し、これをその町の地中に埋めるなら望みどおりとなる。‖

[29] 【一三】誰かの愛を得るための図像。図像を二つつくる。一つは、木星が処女宮とともに東にあり、月が満ちる時にあたり、東、第四、七、十宿にある時につくる。(42) 二つめの図像は、金星の時でこれが木星を眺めており、そして災厄惑星が東天になく、(43) これの東が前図の第七宿となり、東

(37) 亞英版：「幸運惑星を東に、その宮の主となし、Al-Ashir にその主を、☽をまた東の主にする。またAl-Thani にも幸運惑星をその主となし、Al-Thani の宮が東の宮と相互に三角形か六角形で眺め合うようにする」

(38) 第十と第十一の関係不明。これだとセクスティリの半分の semisextile、三〇度になってしまう。あるいは第十と十一の両端で六〇度。

(39) 亞英版：「また幸運惑星を Al-Thani に据え、東あるいは Al-Ashir の幸運惑星（と幸運を分かち合い）眺め合うように。そして幸運惑星を Al-Hadi-Ashar の主とし、これをも眺めるようにする」

(40) 「他の幸運惑星を眺めるように」

(41) 亞英版：「東に昇る Sa'ad（幸運惑星）が Al-Ashir に幸運をもたらし（と一緒にあるかよい相に眺めるか）、Al-Thani の主と Al-Thamin の主にも幸運をもたらす時に。またこれが☽と☽の宮にも幸運をもたらすように」

(42) 亞英版：「♃の時間、♏が東にあり、☽が二つの極の一方で輝きわたる時に」

(43) cadentes ab ascendente これは「東から」とあるので「失墜にある」という意味ではないのだろう。前註25参照。

の主星が前図の東（アシエンダント）の主星と三分あるいは六分（セクスティリ）に眺める時につくる。(44) それをこのようにつくりお互いに抱擁させて、愛と歓びを得たいと思う者の住処の土中に埋める。‖

[27] 【一四】敵を滅ぼすための図像（イマジネ）。悪しざまに力を揮いたく思う者に似た形相（かたち）に図像（イマジネ）を、火星の時、月が天蠍宮にある時につくる。またできれば災厄惑星が東（アシエンダント）にあるよう、災厄惑星を東（アシエンダント）に、あるいは悪い相（アスペクト）に眺めるところに据え、災厄惑星と東（アシエンダント）の主（ドミヌス）がお互いに眺め合うようにする。できれば災厄惑星を第四宿の主となし、東（アシエンダント）の主とお互いに眺め合うようにする。災厄諸惑星を第四宿および東（アシエンダント）の主とする、つまり東（アシエンダント）の主星である災厄惑星が第四宿にあり、第四宿あるいは東（アシエンダント）が災厄惑星と相をなすように。(45) こうしてつくった図像（イマジネ）をあなたの敵がいる町の外の土中に頭を下にして埋める。こうすれば望みどおりになる。

[28] 【一五】町を破壊する図像（イマジネ）。図像（イマジネ）を土星（サトゥルヌス）の時につくる。また災厄惑星がその町から昇り、それとともに災厄諸惑星も東（アシエンダント）の宿および東（アシエンダント）の主とともに‖ある時に。あるいは幸運諸惑星を東（アシエンダント）から、あるいはその主の東（アシエンデンテ）からの三角相(46)あるいは第四、七、十宿から外す。(47) こうして図像（イマジネ）をつくったなら、これを町なかの土中に埋めると奇瑞があらわれる。‖

(44) 亞英版：「♀の時間、(☽が) ♃♄♂をよい相に眺める時に。災厄惑星を東から外し、Al-Sabi を東に、第一の像の一部とし（?）、この宮が最初の図の東（アシエンダント）と三角形をなすように」

(45) 亞英版：「♂の時間、☽が♏にある時に、また災厄惑星をできる限り東の宮の主とし、また災厄惑星を宿命の宿に据え、東の主が宿命の宿と連関するようにする。加えて、災厄惑星を東（アシエンダント）の宿に、また宿命の宿に災厄惑星を Al-Rabi あるいは Al-Sabi とともに据える」

(46) triplicitate ascendentis 東（アシエンデンス）から引いた三角形。

(47) 四、七、十宿は東（アシエンデンス）と四角形をなすもの。三角形ばかりか四角形配置も外すという意味か。ちなみに亞英版では四角形配置の記述はない（悪い効果を排除することになってしまうから?）。亞英版：「♃の時間、災厄惑星が、汝が災厄をもたらしたいと思う町の東の宮の主として宿命の宿に昇る時、Al-Su'ud（幸運惑星）を東から外して。加えて、Al-Su'ud を東（アシエンデンス）がなす三角形の二極から落として」

[29] 【一六】建物が完成しないよう阻害する図像(イマジネ)(48)。二つの図像(イマジネ)をつくる。その一つは太陽の時、獅子宮が東(アシェンダント)にある時に、もう一つは月の時、巨蟹宮が東(アシェンダント)にあり、月が満ちる時で、災厄惑星を免れ、迅速に軌道を進む時に(49)。この時につくったものを金星(ヴェヌス)の時に土中に埋めるなら、建設は阻害される。‖

[30] 【一七】囚人を牢獄から逃亡させる図像(イマジネ)。あなたが牢獄から出したいと思う囚人の姿の図像(イマジネ)を、満ちる月が災厄惑星から離れ、迅速に進む時(50)につくり、これの第十宿が東(アシェンダント)に昇る時、図像(イマジネ)の顔を囚人が収監されている建物に向けてその町の土中に埋める。

【一八】敵を破滅させる図像(イマジネ)。図像(イマジネ)を二つつくる。一つは太陽の時、獅子宮が東(アシェンダント)に昇り、月が東と相(アスペクト)をなさない時に。もう一つは火星(マルス)の時、東(アシェンダント)に巨蟹宮があり、火星(マルス)が月から落ちている(相(アスペクト)をなしていない)時に(51)。これらの似像(シミリトゥーディネ)の一方が他方に殴りかかるようにして、火星(マルス)の時、白羊宮の初相が昇る時に埋める。そうすればこれがあなたの敵を思いどおりにするようはたらくだろう。

[31] 【一九】誰かをその住処(ロコ)から追い払う図像(イマジネ)。東(アシェンダント)を逸れて昇る星座(しるし)(52)のいずれかが昇る時に‖図像(イマジネ)をつくる。その主(ドミヌス)が東、第四、七、十宿から落ち(と相をなさず)、月もまた同様である時に。そしてこの図像(イマジネ)の顔(ファキエス)を、ある者を

(48) 亞英版ではこれは「男をある婦女と結婚させないための図像」になっている。「建物」と「夫婦」あるいは「家族」の相互変換的誤解か。前註参照。

(49) 亞英版：「一つを♃の時間、♌が東に昇る時に。もう一つを☽の時間、♋が昇り、☽が光を満ちさせ、速く動き、(東と)相をなしている時に」、災厄惑星については記述なし。次項からの嵌入か。

(50) 亞英版：「☽の時間、これが満ちつつあり、災厄惑星に妨げられず、速く動いている時に」

(51) in hora Martis et ascendente Cancro et Marte cadente a Luna; あるいは亞英版にみるように単に「西に沈む月」か。亞英版：「一つを☉の時間、♌が昇り、☽が沈む時に。もう一つを♂の時間、♋が昇り、☽が沈む時に」

(52) signorum tortuose 本書四章【三三】参照。

遠ざけたいと思う場所に向けて、十字路に（炎熱道と交差する時に？）埋める。(53) すると驚きの結果が見られるだろう。

【二〇】二人の友をお互いに離反させる図像（イマジネ）。図像（イマジネ）をなすにあたり東の星座（アシェンダント）を選ばず、‖[32] 強力な災厄惑星を東（アシェンダント）と第十宿に据える。また災厄諸惑星（ドミヌス）を東（アシェンダント）と第十宿に据え、災厄惑星がそれを第四あるいは逆相（アスペクト）に眺めるようにし、幸運諸惑星を東（アシェンダント）と第十宿およびその主（ドミヌス）から落ちるようにして（主星と相をなさぬようにして）。(54) もう一つの図像（イマジネ）もすべて上述したところに従ってつくる。そしてこれを埋め、龍頭にあたる災厄の恒星群あるいはその他の災厄惑星が昇るのを待ってもう一つを埋める。こうすれば、憎悪しあい決してお互いに愛さない。

【二一】誰かに王の怒りを蒙らせる図像（イマジネ）。上に伝授したところに従い図像（イマジネ）を二つつくる。東（アシェンダント）の主（ドミヌス）は第十宿から落ちる（と相をなさない）ように、あるいは災厄惑星がそこにあるように。また第四宿の主（ドミヌス）を四分あるいは逆位の相（アスペクト）に眺めるように。これを災厄惑星の星座（しるし）が東（アシェンダント）にある時に埋める。そうすれば王はその者を憎悪するだろう。‖

[33] 【二二】魚をたくさん漁るための図像（イマジネ）。双魚宮が東（アシェンダント）にあり、木星（ユピテル）がその中にあり、主星（ドミヌス）が金星（ヴェヌス）の時に、その川にいる魚たちの形に図像（イマジネ）をつくる。そ

(53) Et subterra ymaginem in quadrivio vie combuste ここで「炎熱道 combuste」がうまく解釈できない。たとえば「炎熱道と交差する時に」とするとこれの主語が不明。あるいは「四枢要点にある時」か。亞独版では「……東を逸れて昇る星座が東に昇り、その主星が諸枢要点を逸れ、月も枢要点を逸れている時に。〝炎熱道〟（が昇る時）に図像の顔を遠ざけたい者の住居に向けて埋める。」Man macht ein Bild in einem mobilen Aszendenten, während sein Signifikator und der Mond von den cardines abfallen. Man vergräbt es beim [Aufgang eines] Stückes des „verbrannten Weges", das Gesicht des Bildes nach dem Ort, wohin man jenen vertreiben will.

(54) 亞英版：「♎（天秤宮）を東に、また大災厄惑星を東に、そして Al-Ashir に災厄惑星を据える。そして大災厄惑星を東の宮と Al-Ashir の主とし、両者を対極（衝）あるいは四角形に据え、両者の間に調和が起こらないようにする。東の宮から幸運惑星をすべて外し、Al-Ashir からも外して」

のつくり方は以下のとおり。まずその頭とからだをつくり、その後で尾をつくり、上述の時にこれらを繋ぐ。そして精銀で細い一本の竿をつくり、この先に図像(イマジネ)を据える。また壺あるいは鉛の細い口のあるうつわをつくり、その中に竿の上に魚を掲げた竿をまっすぐにたてる。このうつわに水を満たし、うつわの水が漏れないようにその口を蜜蠟で封じる。そしてこのうつわを川の深みに投じると、散らばっていた魚がすべてこれに集まってくる。‖

〔35〕【二三】魚を漁るための図像(イマジネ)。アルハネミ(55)はこの業に関する書でこれをもって実践したところ、そのとおりになった、と次のように語っている。魚のかたちに図像(イマジネ)をつくり、これを双魚宮の後半相(56)が昇り、月と水星(メルクリウス)がその中にある月の時にこれを立てる。このように図像(イマジネ)をつくったなら、これを汝が漁をしたいと思う川へ投じる。すると驚くべきことに、そこに数多の魚が集まってくるのが見られるだろう、と。‖

〔33〕【二四】蠍を追い払う図像(イマジネ)。太陽の時、月が東天(アシェンダント)にあり、第四、七、十宿に金牛宮、宝瓶宮、獅子宮がある時に、純金で蠍の図像(イマジネ)をつくる。その中でも一番いいのが蠍と真逆の自然本性である獅子宮の時。そして太陽が獅子宮にあり、土星(サトゥルヌス)が逆行する時。まず尾をつくり、つづいて両足、そして両手、最後に頭をつくる。すべての作業(はたらき)があなたの思いのままになるよう、その違

(55) Alhanemi 亞英版では Mohammed Ben Bayt Al-Khawarizmi

(56) secunda facie Piscis 亞英版では「双魚宮の第一相 the first phase of ♓」

いに十分注意を払いそれを熟知するように。これらの部分ができたなら、左手の鋏を右手の場所に、右足を左足の場所に据え、その頭を持ち上げられた尾の場所に置く。そこで棘をつくり、その脊椎の上に逆向きにして、自らを
[34] 自らの尾で打つように棘の頭を本来の場所に据える。‖このようにつくった図像（イマジネ）を、鉱脈に穴をあけた石の中に埋める(57)。町の神聖な場所にこの石を埋めると（蠍は）そこからいなくなるばかりか、この図像（イマジネ）の場所から四十五マイル以内に近づかなくなる。

【二五】蠍の刺傷を癒す図像（イマジネ）。ベザハル石(58)で蠍の図像（イマジネ）をつくる。月の時、それが天蠍宮の後半相にあり(59)、東（アシェンダント）に獅子宮、金牛宮あるいは宝瓶宮がある時に(60)。この石を黄金の指輪に嵌めこみ、上述した星座配置の時にこれをもって柔らかくした(61)抹香(62)に捺す。この捺印した抹香を一つ、刺された者に飲ませるとたちまち癒え、痛みも鎮まる(63)。

【二六】これを常用するとともにその効用と知識の正しさを証したという黒土（エジプト）の地から来た者は(64)、泥（ラートナ）の板にある名を書き、これを持ち歩いていた。誰か蠍に刺されると、彼はこの板を水で洗い刺された者にこれを飲ませるとたちまち癒え、痛みも鎮まった。この泥（ラートナ）の板がない時には、その名を書くことができるようなサフラン（クロコ）等々を飲むことができるような陶器の清潔な皿に、飲むことができるようなサフラン（クロコ）等々を

(57) subterra eam in lapide perforato. et sit de minera 鉱脈からとり出してきた石に穴をあけてその中に隠し入れる？
(58) bezahar, lapis bezoar orientale ベザハル／ベアゾルはペルシャの野生の羊から採れる石。▼補註8参照。
(59) 亞英版：「太陽がそれ（天蠍宮）の初度にあり」
(60) 天蠍宮を加え、四分相をなす三つの星座。
(61)「嚙んで柔らかくした」
(62) 亞英版：Kundur の樹脂
(63) cfr. Fisal (Ibn Hazm, *Kitab al-fisal fi 'l-milal wa 'l-ahwa' wa 'l-nihal*, tt.5, Cairo 1317-21H; Asin Palacios, M. Abenhazam de Cordoba y su historia critica de las ideas religiosas, tt.5, Madrid 1927-32.) t.5, pp.4-5:「魔術についてはさまざまな類型がある。そのうちに、諸惑星にかかわるもので、印章に蠍の図像（イマジネ）を月が天蠍宮にあるときに刻み、これを身につけて蠍を遠ざけるのに用いるものがある。この類型は護符に属する。しかしこれは自然本性の変成ではなく、本質の破壊でもない。これはかえって神――権能溢れ卓越した――の権能が他の力能を撥ね返すべく企図されたもので、熱が冷を、冷が熱を撥ね返すように月

もって書く。そしてこれを水で洗い、傷を負った者に飲ませるとたちまち痛みは消えた、という。

【二七】話が冗長になることを恐れず、これらの名をもってなされる驚くべきことがらについて語っておこう。こうした飲料に拘泥する者は数知れず、これを略述して済ますことはできないから。いずれわたしはこうした名を用いる者を実見したこともあり、これらの名を本書の本章に挙げておくこととする。それは次のとおり。ザアレ、ザアレ、ラアム、ザアレ、ザアレ、フェゲム、ボホリム、ボラユン、ネスフィス、アルブネ、フェドラザ、アフェティヘ、タウトゥタ、タニュン、ザバハト、アユラトリシュン、ハウラネ、ラハンニエ、アユン、ラトゥミネ、クェウェ、アカテュエリュ、ニミエリ、クイバリ、ユェフユァ、ヌユム、ラトリユン、ハムタウエリュ、ヴエリュン、カトゥヘ、カフエネ、センヘ、ベュネ。✡[65]。これらの名は一行も違わず正確に七行に書かねばならない。そして七行目の最初にソロモンの印章を。また、これを五月の最初の木星の日に書かねばならない、と言う者もあり、何月で

の光があらわになった動物たちの傷に射すとこれを癒すようなものである。……」cfr. P. Carusi, Alchimia Islamica e religione..., *Oriente Moderno* 2000, p.481. また▼補註8参照。

(64) 第II書一章【一】以下を参照。cfr. Andalius de Nigro Januensis, *Expositio in supradictos canones Thabit Ben Qurra, De Imaginibus Andalius de Nigro Januensis, Tractatus de sphaera Andalius de Nigro Januensis, etc.* Paris BNF Mss Lat.7272

(65) zaare zaare raam zaare zaare / fegem bohorim borayn nesfis albune / fedraza affetihe taututa tanyn zabahat / aylatricyn haurane rahannie ayn latumine / queue acatyery nimieri quibari yehuyha / nuym latritryn hamtauery vueryn / catuhe cahuene cenhe beyne ✡. 亞英版は別の二事例をも挙げている。Caare zaare raam zaare / fegem bohorim vabarayn nense albime / fedrata offetihe traveuta tanin tribabat / aylatricyn haurauc rahaune ayn latumine / quene atatyery canyn cahabat / ay latricyn haurauc rahannye ayn lataminie / quene acatyery mynere quibari yehay kanny / ym latricyn hamtavery verieryn / canene tenothe beyne.

miniere quibari yehaybari / ymlateyoyn hanitanery veveryn / cahuene theonhe beyne ✡.

caare zaare regem boorum / vabara yn nefx albune / federata effocyn tantuca

もよいが最初の木星の日に書くように、と言う者もあるが、わたしが実見したところではそれは好みのままにいつでも書かれていた。とはいえそれらの名を過たぬように、またその形式（かたち）も図形も決して過たぬように注意を要する。ここにボホリムと書いた名を、ある賢者がノホリムとnをもって書くところを実見したことがあるが、ここでは上掲のようにbに矯しておく。ここであなたに明かしたこの知識をあなたは秘匿するように忠言しておく。

【二八】夫妻を愛し合わせる図像（イマジネ）。娘の図像（イマジネ）を冷・乾の金属でつくる。その時、処女宮が東（アシエンダント）にあり、水星（メルクリウス）がその中にあり、円環いっぱいに(66)その石（形象）にアルムタス(67)を彫り、水星（メルクリウス）の時に図像（イマジネ）を完成する。つづいてもう一つの図像（イマジネ）を若者の姿につくる。一つ目の図像（イマジネ）をつくった時同様、水星が処女宮にあるか双子宮にある時に。いずれにせよ東天（アシエンダント）の相違に注意する必要がある。つまり、水星（メルクリウス）が処女宮にある時には、双子宮が東（アシエンダント）にないように、あるいは水星（メルクリウス）が双子宮にある時には、処女宮が東（アシエンダント）にないように注意する。その他が東（アシエンダント）にあるなら何でもよいから、そこに水星（メルクリウス）を据える。こうして二つの図像（イマジネ）が完成したなら、お互いに抱擁させ、どちらか一方の両手を他方の腰に置く。これを水星（メルクリウス）の時、処女宮か双子宮が東（アシエンダント）にある時になす。また図像（イマジネ）を鋳たのと同じ金属の帯で結び、人通りの多い界隈に埋める。

(66) et in circulo augis

(67) Almutaz 支配惑星。亞 Almubtazz, 羅 almuten, 希 epikratetor (imperium)
▼補註[9]参照。

そうすれば夫たちは妻たちと睦まじく交わり、お互い愛し合うようになる。誰かが誰か愛する者から愛されたいという時には同様になし、睦まじく交わりたいと思う者の住処（ロコ）にこれを埋める。‖

[27] 【二九】町、家等々を破壊するための図像（イマジネ）。その町の星座（しるし）を知っているなら、それが東（アシエンダント）にある時に、知らないならこれを判ずる（要件を満たす）(68)星座が東天（アシエンダント）にある時にあたり図像（イマジネ）をつくる。つまり、第四宿とその主（ドミヌス）が昇る時、また月と月の宿の主（ドミヌス）が第十宿の主（ドミヌス）であり災厄諸惑星とともにその宿が昇る時(69)に上述した図像をつくり、町中の土中に埋める。そうすれば望みのようになるだろう。‖

[35] 【三〇】医療行為（フィシクス）で利益を得るための図像（イマジネ）。錫板に、講壇に坐して自然学の著作(70)を手にした男の図像（イマジネ）をつくる。また別に男の立像をつくり、その両手に尿瓶をもって所見を聴いている様子にする。これら両図像（イマジネ）を、金牛宮あるいは天秤宮が東（アシエンダント）にあり、火星（マルス）も東（アシエンダント）で、龍頭が最高点にある時につくる。これができたら、この薄板の図像（イマジネ）を人が来てほしい場所に据え置く。すると驚くほどの人々がその場所にやってくるだろう。

【三一】収穫や作付けを倍増する図像（イマジネ）。銀の薄板に収穫やら木や草に囲まれて坐る男の図像（イマジネ）をつくる。金牛宮と月が東天（アシエンダント）にあり、太陽が土星（サトゥルヌス）に近づ

(68) illius interrogacionis

(69) et dominum domus Lune et dominum domus domini ascendentis, decimamque et eius dominum infortunabis

(70) habentis opera phisice「医者の道具」

いていく時に。これを思いのままの場所に埋めると、そこに種を播き植え付けたものは何でも、獣や鳥による損害も嵐その他の災いによる被害もなしに、たちまちのうちによく育つだろう。

【三二】結石[71]の患いを癒す図像（イマジネ）。純金の薄板に獅子が戯れるように両前足で石を捕えている図像（イマジネ）をつくる。‖太陽の時、獅子宮の後半相[72]が東（アシェンダント）にある時に。この板を患者の身につけさせるとたちまち快癒する。これはよく実証されているものである[73]。

［36］

【三三】思いのままに憂鬱症や非道なおこないを遠ざけ、なんであれからだの麻痺[74]をとり払い、強壮な健康をもたらし、邪悪な呪詐（おこない）から護るための図像（イマジネ）。純銀で図像（イマジネ）をつくる。金星の時、月が東天（アシェンダント）、第四、七、十宿にあり、金星（ヴェヌス）をよい相（アスペクト）に眺め、第六宮の主（ドミヌス）が幸運惑星を三分（トリノ）あるいは逆立相（アスペクト）に眺め、第八宿が水星（メルクリウス）を四分相（アスペクト）に眺める時に。この時、水星（メルクリウス）が逆行しておらず、炎熱道になく、災厄惑星と相（アスペクト）をなしていないように注意を払う。またこの図像（イマジネ）は日曜日の最後の時につくる。時の主（ドミヌス）[75]が東天（アシェンダント）から十番目の宿にある時に。このようにしてそれをなすなら先述した病患は追い払われるだろう。

【三四】図像（イマジネ）の力能とその効果としてもたらされる潜在力は、天界の諸星辰（コルプス）に由来するものとしてでなければその中にある訳ではないし、この図像（イマジネ）が天

(71) infirmitates lapidis

(72) 亞英版：「第一相」

(73) これはヴィルヌーヴのアルナルドゥスがボニファキウス八世を治すのに使われたものに酷似している。第II書十二章【三九】以下参照。

(74) おそらくここで麻痺（機能不全）とした infirmitates mechanicas は前言 infirmitates melancolicas を繰り返したものと思われるが、書写者は mechanicas としているので、それに準じた。

(75) 日曜の太陽の主宰時

上の諸運動に準じてつくられるならそれが阻害されたり破壊されたりすることはない、というところに留意しておこう。また愛情や友情を願ってつくられる図像（イマジネ）をなすためには、月が幸運惑星とともに光に満たされている[76]こと、逆に月が災厄惑星とともに光を減じる時[77]にはこれをつくらないこと、を観てとっておかねばならない。その一例。愛と歓びの、王や貴顕の歓待を願う
[37] 図像（イマジネ）をつくるのは、月が＝光に満ち[78]、人馬宮、金牛宮、巨蟹宮あるいは双魚宮にある時（またこれが龍頭にあるならそのはたらきはより強くなる）、つまりそれが幸運な宿にありそれにふさわしいはたらきをなす時。またその月が金星（ヴェヌス）と合す[79]る木星（ユピテル）の時[80]で、木星（ユピテル）が双魚宮、人馬宮あるいは巨蟹宮にあり、月がこれとともにある時。一方、悪い方を願う図像（イマジネ）をなすときはこの逆、つまり月が災厄の宿にあり、災厄惑星とともにあるいはこれと四分相（アスペクト）か逆相（アスペクト）にある時に。このようになせばあなたの業は思いのままに成就される。また、上述したすべてにおいて、夜の図像（イマジネ）の作用（はたらき）は日中のそれに優ることに留意しておこう。

【三五】これらの業の実修に必須であり、これなしには成就できないこと、それは霊（スピリトゥス）の力能が天の力能に繫がれるようにあらゆる意志と信念を業の実修に結びつけることである。そうすればすべては効果的に成就される。プラトンは『箴言集（アフォリスムム）』[81]でこう言っている。語る者のことばがその意志および

(76)「満月が幸運惑星とともにある」
(77)「欠ける月が災厄惑星とともにある」
(78)「満月」
(79)「満月」
(80) 木星の主宰時
(81) *Libro amphorismorum* 亞英版：Al-Fusul

信念と符合している時(82)、聴く者はうごかされる。これと逆の場合には逆となる、と。この礎は祈禱において意志に信念を結びつけることにある。それゆえ祈るにあたり、なにはさておき、われわれは主を欲して(83)祈らねばならない。

【三六】また、この業の実修については人々から秘され、太陽の光から隠されなければならず、太陽の光が射す場所でおこなわれてはならない。そしてこの業の実修においてその友情(84)に忠実でなく、その作用（はたらき）を信頼しないなら、なんらこの業（はたらき）の知見を得ることはできない。業の実修および天の諸霊（スピリトゥス）の潜在力、またこれがこの世にもたらす威力と潜在力について、そしてこの業が諸霊（スピリトゥス）に発するものである、ということについて嘲弄したり不信をもったりしてはならない。これはテービト・ベン・コラが著した『図像について（デ・イマジニブス）(85)』に語られるところからも証される。図像（イマジネ）の知識は天文学の高貴な部分である(86)、と。また、霊（スピリトゥス）の欠如によりからだ（コルプス）にいのちはなくなる、と。この言はまさに、これにふさわしい時宜につくられなかった図像（イマジネ）について言われたものであり、諸惑星の霊（スピリトゥス）を享けることができず、それはあたかも霊（スピリトゥス）
[38] のない死んだからだ（コルプス）のようなものである、と。‖それが必須の時宜にかなってつくられるなら、諸惑星の霊（スピリトゥス）を享け力能を注がれ、それは活き活きしたからだ（コルプス）にも似たものとなり、ここに驚くべき諸効果がつづくことになる。

(82) cum intencione et credencia「強くはっきりと述べられる時」

(83) petere volumus a domino「主に向かって意志的に」

(84) in sui amicicia「親和力」

(85) Thebit ben Corat, *De ymaginibus*; cfr. Thorndike I, 661. これに類した引用がバースのアデラルドゥス *Liber Prestigiorum Thebidis secundum Ptolomeum et Hermetem* とセヴィリアのヨハンネス *Liber Thebit filii Chore De imaginibus* にみつかる。前者には諸惑星の霊への祈り、指輪のつくり方も載せられているが、これのアラビア語原本は今のところ見つかっていない。cfr. Charles Burnett–Gideon Bohak, A Judaeo-Arabic version of Tabit Ibn Qurra's De Imaginibus and Pseudo-Ptolemy's Opus Imaginum, in *Islamic Philosophy, Science, Culture, and Religion: Studies in Honor of Dimitri Gutas*, Brill 2011, p.180. また imago というラテン語彙の経緯については▼**補註**⑩参照。

(86) sciencia ymaginum est nobilior pars astronomie *Liber ymaginum incipit Thebit ben Cora a Johanne Hispalensi atque Limensi in Limia ex Arabico in Latinum translatus*:「タービット・イブン・クッラが伝えるところ。アリストテレスは言った。

【三七】アリストテレスはその図像に関する諸著でこう言っている。七惑星に由来する図像(イマジネ)を所持するのは善く高貴なことであり、幸運(フォルトゥナ)が眺めるなら持続する、と。(87) この言は、天の諸霊(スピリトゥス)と諸力能を地上に引き寄せること、と解される。またそこでは諸霊(スピリトゥス)の名についても語られており、これを召喚することで欲するままに諸霊(スピリトゥス)を引き寄せることができるが、これが降ると、その業に引き寄せられたものたちは凝集し、その（実修者の）からだ(コルプス)に受容され、この者がこれら諸霊(スピリトゥス)と諸惑星の自然本性について十分な修練と叡知をもたぬならば、その力能はその時にこれ（実修者）を殺してしまうこととなりかねない。

【三八】これがこの大いなる名の数々をもって実修する者たちが言及するところであり、(88) これをもって、その力能が事物の自然本性そのものを変じ、この世に驚異をなす、(89) と言うのである。上述したような名をもって実修する者たちの多くにおいてそれ（名）が一致しないにしても。わたしもまたこれらの名について一書を著し、どのようにそれらを知解すべきかにつき一々解説しておいた。(90)

【三九】ではアリストテレスの言辞に戻ろう。彼は降霊術(ネグロマンツィア)についてこう語っている。もしも詞(ことば)に栄光にして至高なる神の規定(さだめ)したまうたそうした能力

哲学や幾何学その他の知識を学んでも、天文学を欠く者にはなにも得られない。図像の知解こそじつに幾何学や哲学を超えるものであるから、と。この哲学者はその書の第二論考で、食物を消化しそれを自らの自然本性に適合させるだけで、魂が欠け活動する生命のないところに物体(からだ)の運動はないのと同様、天文学の欠けるところに叡知の光はない、と語っている。」（原文は▼補註10参照）

(87) melius et alcius quod habeant ymagines ex 7 planetis provenit. et durabilius est quando aspicit fortuna.「……幸運惑星がよい相(アスペクト)にあるなら長生きできる。」

(88)「これが大いなる名の数々によりはたらくものたちが召喚された時に起こるところであり」。亞英版：「スーフィの指導者たちは偉大なるアラーの名について……」

(89) se mutare virtute eorum res a naturis propriis

(90) 本章【二六】項のことか。

がないならば、いずれの天の周回もつづかず、霊《スピリトゥス》を引き寄せて保持するなどということもできないだろう。この規定《さだめ》によりそれらは方向を転じて地[91]へとうごかされ、地の中心へと発せられる、と。これがアリストテレスの言辞である。‖

[39]【四〇】この知識について語った賢者はみな、図像《イマジネ》の業の実修における祈禱詞が事物と作業《はたらき》を満たすように促す、ということに関して一致している。賢者トート[92]は言っている。諸図像《イマジネ》の中の詞はどこかからだ《コルプス》の中で諸霊をうごかす霊《スピリトゥス》のようなものであり、それ（図像）をはたらかせる霊《スピリトゥス》にして潜在力である、と。なによりもここ[93]ではたらく詞は、まさに図像《イマジネ》と語られた詞に満たされて高貴な要素となり、実修者の意志と確信と結びつく。つまりここで語られているのは、本書で考察を加えている業の実修にふさわしい詞を唱えること、と解される。

【四一】たとえば、愛情と合一の図像《イマジネ》を作用させる（はたらかせる）にあたっては次のように唱える。某Nを某Nと繋ぎとめよ、火と気と水と土が繋がっているように。また某の霊《スピリトゥス》を某へ向かってうごかしたまえ、太陽の光線がこの世の光とその力能をうごかすように。そしてそのはたらきにより某を某の眼前にあらわしたまえ、天がその諸星辰とともにあり、樹木がその花と

(91) divertendo（俗語の語感からすると）歓んで

(92) ヘルメス・トリスメギストス？あるいはCfr. b. Qurra, *LP* 1.10:「その度数についてはトムトムが解説している」quid in quolibet gradu Tomtom explicavit. (in C. Burnett, 前掲 *La Coronica* 36.1 (2007), p.25; Tumtum al-Hindi, BNF ar.2595, fol.59r.)

(93) quanto magis verbum illius qui operatur「魔術師《マギ》たちにとっては、……」とも。

ともにあるように。また某の崇高なる霊（スピリトゥス）を某の霊（スピリトゥス）の上に据えたまえ、水が土の上にあるように、と。こう唱えたなら、食べ物も飲み物も喉を通らず、某なしには歓びも愉しみもなくなることだろう。

【四二】また誰かから誰かを引き離すあるいは二人の間に憎悪を据える業を実修するにあたっては、こう唱える。某から某を二人の霊（スピリトゥス）と惑星の力能により分け引き離したまえ、光が闇を分けるように、と。そして、二人の間に憎悪と悪意が入り込みますように、火と水がお互いに憎み合うように、と。

【四三】誰か男をいずれかの婦女とあるいは複数の婦女と結びつけるためには、こう唱える。汝、霊（スピリトゥス）の意志よ、某に某女（一人の婦女の場合）を、あるいは他のすべて（すべての婦女の場合）を結びたまえ。[94] 諸霊（スピリトゥス）と諸惑星の力能と潜在力によりこの業が虜にしてくれますように、山頂と渓谷が石で結ばれているように、と。‖〔40〕

【四四】誰かの婚姻関係を解消するためには、こう唱える。関係をほどき、たち切りたまえ、霊（スピリトゥス）の意志よ、某女あるいは某女に繋ぎ縛られた某を諸霊（スピリトゥス）と諸惑星の力能によって解き放ちたまえ。蜜蠟が火によって融け、太陽が闇とのその諸霊（スピリトゥス）を打ち破り、太陽の熱に雪が溶けるように、と。

【四五】あなたあるいは他の誰かについて悪く言う男の口を塞ごうと思う時

（94）あるいは「汝、欲望の霊（スピリトゥス）よ、婦女某と某を云々……結びたまえ。」

にはこう唱える。某を眩しい光の被いで覆いたまえ。その男の舌を切り、その目を霊（スピリトゥス）の被いで覆い、邪な呪いのことばを自らに向けさせたまえ。その舌と悪意が刈り取られますように、と。

【四六】そればかりか、誰かのことを悪しざまに言わせ(95)、人々から憎まれるように仕向けるためには、こう唱える。某を辱め破滅させたまえ、その諸霊（スピリトゥス）と諸惑星の力能と潜在力によって。太陽の光線が厚く深い雲を破滅させ辱めるように。その男の邪悪な霊（スピリトゥス）に人々の悪口を投げつけたまえ。射手が弩弓を射て軍隊（からだ）を打ち砕くように、と。

【四七】上述した業のいずれかの実修にあたり、実修している業のはたらきに不都合が生じないよう、唱詞を過たないように注意を要する。あなたの業によりものごとが豊かになるよう唱えるなら、それは成し遂げられるであろう(96)。

【四八】上述したところをよく守り、図像（イマジネ）の業による大いなる利得と便益を享受したまえ。これをはじめとし、これを介して(97)この世の図像（イマジネ）のすべてが組み合わせ可能となる。ここに構成される図像（イマジネ）の数々は、それが善へ向かうものであれ悪にかかわるものであれ、図像（イマジネ）を構成する自然本性そのものと同形で比例を保ったもので(98)なければならない。つまりこれにより、一々の惑星が

(95) mala loquantur 罵詈雑言という以上に邪言を含意したものか。

(96)「悦ばしいことがらを唱える方が成就はたやすい。あるいは、事物の増殖の方がことは容易である」。

(97) tramitibus poteris,「これに発するところを媒介として」、「その媒介的潜在力を利し、注意を払うことで」cfr. 第I書二章【一】telsam からの連想で tramite が使われているのか、telsamitibus の訛伝か。

(98) esse similia et proporcionata nature「相似」

[41] どの諸金属、動物、‖樹木、染剤(ティンクトゥーリス)、燻香、またその生贄と関係づけられるのかが理解される。あなたはそのいずれか一つをもってあなたのあらゆる業に役立てることができる。医師が数多の薬物や薬草を投与し、患者に断食させ薬物を服用させることで医師がその意図するところを引き出すように。いずれにせよ、こうした実修の礎は諸惑星と諸星座の方位を眺めることにある。古のギリシャの賢者たちは諸惑星を眺め、そのいずれかがまさにそれにふさわしいゲウザハル(99)に入るのを待つのが習慣だった。またそれを最高点に据え、その惑星にふさわしい薫香をもって焼香し、生贄をささげ、それに適った祈禱をおこない、欲するところを祈願してはそれを得たものだった。また惑星が最高点にある時に実修すれば、同じように欲するところがかなう、とも言われている。さらに注目すべきは、上述の業がもっともたしかに果たされるのは、その惑星が実修者の誕生時にあらわした潜在力をもつ時(100)である、ということ。欲するところを得るためにはこれらすべてをよく知解せねばならない。‖

(99) gezauhar アラビア語 jawzahirr の音写、惑星が天の黄道を横切る点

(100) magis firma si ille planeta habuerit potenciam in nativitate illius hominis pro quo operatur ここにはじめて実修者の「誕生時占星術」があらわれる。

[42]

第六章　この世における各人の段階度数について。人は小世界であり、大世界の写しであるということについて

【一】知識というものは高貴にして偉大なるものであるということ、これを知っておこう。これを学びこれを実修することで高貴さと偉大さを受けとることとなる。知識とは階段のようなものであり、知り得ること(1)を一つ知るとまた別のものがあらわれる。なるほどもちろん最終段の知識を汲み、その諸段階を悦び愛する者こそが完成者である。こうした者をギリシャ語ではフィロソフィと称し、ラテン語では知識を愛する者（スキエンティエ・アマトーレス）と解する。知識の研鑽をなさぬ者は脆弱で、威厳がない(2)。つまりこれを人と呼ぶのは名ばかりで、姿形が人であるというに過ぎない。とすれば、隣接する知識(3)を捉えこれの探求を進

(1) scibili → Pic.lat. Compagni 版 stabili: ある一定のこと、
(2) est defectuosus et debilis auctoritatis 「欠陥者であり、権威に弱い」
(3) contingat sciencias;「偶性に関する知識」、contingentia 偶性（二次的属性）→ Pic.lat. Compagni 版 cogitat 認識された知識

[43]

めるならば、そもそも人とは何であるかが知られることとなる。それは大世界に類同な小世界であり、からだ(コルプス)を理拠化する霊(スピリトゥス・ラチオナービリス)[4]、活発な霊(アニマートゥム)、理拠的な霊(ラチオナーレ)[5]をもって完成させたものであるとともに、これら三つの霊(スピリトゥス)をもって、理拠的であることにおいて、この世のあらゆる事物から分離したものである。理拠的というのは、諸偶性を把握することができ、真ではないことを言明定立できる認識のことであり、この世の中にあるものや一々の場所(つまり世界)を観念できるとともに、その知識や意味(センスス)を把握し、聞いたことの力能と潜在力を保持記憶することである。これによって日中また人の内[6]つまり小世界に起こり得ることの意味が観てとられる。それは大世界に類同であり、その諸形相(かたち)および諸事物が[7]同化されてそのうちに生起到来する。[8]‖自然本性的な諸事物のすべての中では(人は)諸動物と類同であるが、その教育(業)と知識において諸動物とは隔てられている。(人は)六種の運動(うごき)ができ、堅い骨をもつので、すべて自然本性的に真直ぐに調えられている。側方(横方向)の運動としては、指の数々と掌が直線的に構成されている。またおおむね丸い頭。[9]そして知識の受容(の運動)、書写(の運動)。こうして教育(業)が獲得され、あらゆる動物性から解放されるが、それ自身が何ものかから切り離されることはない。[10]笑い、泣き、悲しい夢をみて涙する。また彼の内には神の権能があ

(4) spiritu racionabili 本書では「理性魂」anima rationale と能動知性 intellectus agens を綯い交ぜにしたような観念をこう呼んでいる。

(5) ピカトリクスの霊(スピリトゥス)の三分はつまり、能動知性(霊)、知性のはたらきあるいは生命魂(自育的可感的魂)、理性魂と、アリストテレスの『デ・アニマ』の魂の解釈から一段外れた「知性」の機能、「観念世界」そのもののはたらきについて語っている、とも観られる。

(6)「外界および内心」

(7) assimilatur in sua forma et in rebus inventis in ipso. 諸事物が諸形相として同化されそのうちに創案される。

(8) inventis → Pic. lat. Compagni 版 : viventibus そのうちに生きる

(9) rotundum et estimacionem 丸く推理力がある、とも

(10) ipse non remittitur ab aliquo. ?→後段の ipse nulli eorum servit と対照してみる?

り、これは公の統率（治世）にかかわる正義の知識である。彼は（神の）似像（イマーゴ）であり、まさにそのからだ（コルプス）は似像（イマーゴ）であるゆえ、自らの内に光源（ルーメン）をもつ。また彼は霊（スピリトゥス）において潜在力（権能）であり、その形姿に同等である。(11) 彼は悦ばしいことと傷つけることとを知っている。才知と業をはたらかせ、また他の者たちからも才知を引き出してみせる。また精妙なる業をも見出し、その精妙さをもって奇瑞をなし、驚くべき図像（イマジネ）をつくり、諸定式(12)の知識を自らのものとする。彼は他のあらゆる可感的動物から離れている。神はそれを造りたまい、その叡智と知識を授け、彼が何者であるか、またこの世のあらゆる事物が預言者の霊（スピリトゥス）の受容器（うつわ）、その叡智の貯蔵庫（宝）であるという解釈を、大世界の中に存するすべての事物とその結びつき（合）(13)にかかわる知解を得させたまうた。そればかりか、人というものがすべての知性存在およびこの世の諸事物の構成（なりたち）の意味を理解（包摂）するのであり、これらが彼（人）を了解（包摂）するのではない。すべては彼に仕え、彼自身は何にも仕えない。また彼は思いのままにその声をいかなる動物（の声）にも似せ、自らの手をもってそれらに似た形相（かたち）をつくり、(14) そのことばをもってそれらの数を算え、それらの自然本性（ナトゥーラ）や行動を語りまた説明する。他の動物でそのような知解の潜在力をもつものはなく、自らの声をなにか他の声に似せて変じることができるも

(11)「霊において可能性を秘めており、……それは内から光る神の似姿であり、霊において力強く、その姿においてそれに同一である。」

(12) scienciarum formas 宣命の詞、祈禱詞。ただし、形相的知識、抽象知とも採れるか。ここまで暗示的に多用されてきた praedicti を明言したものとも採れる。

(13) coniunctionum → Pic. lat. Compagni 版 : compositionum 組み合わせ、構成

(14)「それらに類同な（よく似た）かたちをつくり、手と詞をもって数を算え、……」羅伊版ではこう採っているが、digitos でなく manibus であるところからしてこれには少々無理があるか。ただし後段、mutare formas eorum (animalium) et similitudines quemadmodum voluerit, を勘案すると、こちらを採りたくなる。つまり「それらに類同な姿形となり」という含意。

(15) 前註参照。かたち「に」（自ら）変じる潜在力……

(16) in bonis moribus 死すべき者たちを善へと、善く生きさせ、養生を説き……→ moribus に替えて訳出しておいた。

(17) mobile「可動」

(18) fixum「不動」

[44]

のもない。雄鶏、犬、獅子は自分の声を変じることができないのだが、人はその声の自然本性（ナトゥーラ）としてあらゆる動物の声の響きを出し、これら（動物）またなんなりと思いのままの似姿の形相（かたち）を変じる潜在力(15)をもっている。彼は自ら善き運動（うごき）へと導き(16)、諸他の動物たちをもそれに導き、これらにそれを示してみせる。また人は濃密なからだ（コルプス）と精妙な霊（スピリトゥス）とをもっている。まさにその一部分は希薄精妙であり、他の部分は粗雑濃密なものとして。この精妙なる部分が生（いのち）で、粗雑な部分が死であり、つまりその半分は流動的(17)、他の半分は固着であり(18)、半分は形づくられており(19)、他は形づくられていない(20)。また半分は夜であり、他は日中であり(21)、一方は光、他方は闇、一方は顕れ、他方は＝隠されている。一方は直覚し、他方は感覚なしには了解しない(22)。一方は捺し、他方は捺される(23)。また人は悪しきおこないを恥じ、おこないにおいては選択をなし(24)、なしたところを悔やむ。人とは濃密な質料と精妙な質料からなるもので、自らの内に土の粗雑さと気の希薄さを、火の熱と水の冷をもち、これらが生命の力能による諸運動(25)のうちで平衡を実現している(26)。またここでいう火の熱とはそれ（人）(27)のうちにある熱のことであり、水の冷とはそれ（人）の中にある冷のことである。同様に諸他の元素もそれを構成しているところのものとして知られる。

(19) figuratum「形象化されており」
(20) non figuratum「形象化されていない」
(21) dies「昼」
(22) Unum sentit et aliud non intendit nisi sensu. ここまで sensus は「意味」と解してきたが、素朴にこの一節を読むなら「感覚」だろう。そうすると前後の意味が逆転する訳だが……「一方は感覚し、他方は感覚なしには了解されない」、つまり前者はからだ、後者は霊と。
(23) unum deprimens et aliud depressum. 一方は下降し、他方は底部にある。
(24) vult electione 自ら選びおこなったところがうまくいかないことを恥じ、他を選べばよかったと悔やむ。→vult elicione 妖術へと向かう、つまり「それをなす」を「邪悪なおこない」をなすことと採るなら、その場合、魔術妖術に頼る、ということになる。
(25) in motibus virtutis vitalis. 前註16参照。
(26) efficitur equalis 同等にはたらく、同をなしとげている。
(27) この指示代名詞を「人」でなく「その元素」をさすものとすると火、水という物質のなかにある熱、冷という性質をとり出す含意となる。ただし次の句節で「諸元素」と「それ」は複数と単数でなじまないが。

【二】またその頭の形相(かたち)は天の形相(かたち)であり、その丸い形は類同である。人の形相(かたち)は精妙なものすべてをかたちづくる、ということについては下記のとおり。(28)‖

〔50〕【三】人の全般的な形相(かたち)は諸霊(スピリトゥス)全般(29)の櫃(アルカ)(30)であり、諸霊(スピリトゥス)全般は一般的覚知（意味全般）(31)の櫃であり、一般的覚知（意味全般）はそこから覚知（意味）が発する光の櫃(32)である。それゆえ光は、あらゆる下位なるものどもを超えた高みにある一般的覚知（意味全般）の質料素材(マテリア)であり、質料素材(マテリア)はつねにそれ（意味）に大きく劣り、それゆえそれより単純（単一）なるものである。まさに人が完璧であるというのは、人が諸他のあらゆる物体(コルプス)を自らに仕えさせ、自らに諸他の自然本性を結び合わせるものであり、諸形相の複合からなっているから(33)である。(34)

【四】ここに完璧を欲する知のはたらきは単純でなければならず、善、美へと向かい、からだ(コルプス)のあらゆる汚れを掃い、あらゆる知解をすらも超えなければならない。人がその意味を解し、そうした諸事物(ものども)を確実に観ることができる準備のできた人(35)となるために。

【五】以上述べてきたところは本書の意図するところを逸脱しているが、それおよびその意味(36)は本書の基底をなすことがらの礎であり、諸事物の知識知

(28) adiunguntur... あるいは「精妙なもののすべてと結びつくことで生起する」。この語の後になにか欠落遺漏があるかもしれない。精妙なものどもに向けてつくられている、精妙なものどもの導きにより生起する、等々。

(29) spiritus generalis → anima mundi とも解釈できる。

(30) archa 方舟、櫃。新プラトン主義の魂の乗り物オケーマをも思わせる（ただし私見にわたるが、オケーマはスケーマの誤読に発するものと見做し得るところもある）。一方アラビア語からの翻訳としては可能性は薄いが、ギリシャ語のアルケーの音写かもしれない。

(31) sensus generalis → intellectus agens 牽強付会だが。後のスコラ、リミニのグレゴリウスの意味総体をすら想起させる。

(32) archa luminis → thesaurus 宝、貯蔵庫

(33) 人は形相の複合により完成されている。人はあらゆる物体性のものを用い、自らに諸他の自然本性を結びつけるものであるから。

(34) ペローネ・コンパーニはこの「櫃」に個別の人の理拠と類的な人としての普遍（確信）が融合する「身体(コルプス)」ある

解に努めその一々の意味を研鑽する魔術的知識もここに由来する。そしてついに降霊術（ネグロマンツィア）および魔術とは何であるか理解し知ることができるところまで来た。プラトンは『ティマイオス』と表題されたその書物で詳細に諸形相の理拠[37]について語っている。その理拠（比率）づけは、賢者たちの慣習に則って不適切な者たちがこれを知るに到ることがないよう、その知識を覆い包むように隠秘に語られているにせよ、たいへんうまく説かれている。またザデアリス[38]という名の別の賢者も同じことをその著書で覆い隠すように深秘なことばで語っている。

【六】秘匿された深秘のことばは、それらの理拠づけを大いなる省察[39]なしには理解できないようにするための賢者たちの精妙な巧緻である。その瞑想[40]のうちに知性の被いはそこから引き剝がされ、最初の知解と視像からするところとは違う別の知解による意味が引き出される。このように知識は顕わなものと隠されたものの二つの部分に分けられる。隠された部分は深淵であり、
〔51〕これは前者の＝研鑽により顕わな理拠（比率）をもって被いを剝がすことなしには理解されない。しかし誰か上述したとおりに探求を進めるなら、望むところを得、隠秘されていたところが開示され、そこから望みのままに汲むことができるだろう。これを得るための途はさまざまである。そのあるものは

いは「完璧な自然」（本章【二】および第Ⅲ書十二章参照）をみている。Cfr. V. Perrone Compagni, Picatrix Latinus, p.274, 解題参照。

(35) dispositus

(36) ista et isti sensus「知ることおよびそこに知られることども」

(37) raciones in formis「形の比率」。祈禱詞定式とも

(38) Zadealis, Pic. lat. Compagni 版：Zadelau, 亞英訳 (Hashem Atallah) によるとプロクロス Proclus のこと。

(39) consideracione magna → consideratione magia 星辰魔術、とも。

(40) quiescere 静謐、星辰の静止？

顕れの確証を隠されたものに逆転してみせる、つまり枝を根に一緒に結ぶように置きなおしてみるもの。あるいはそれらの意味を尊い人々や聖人たちの信憑性のあることばと組み合わせ理解するもの。これらで相互に補完しつつ完璧を得るなら、欲するところが汲まれ、あなたに隠されていた意味が発かれ、そのことばが明らかになる。知識を汲むために上述した途のいずれか好みのものをとるならば、隠されたものが発かれることになる――上述の途のうちの一つをあなたが欲するときにとり、知識を得るとともに知解し、その知解においてすべてを知り、そのすべての意味を秩序づけたまえ。

第七章　この世の一々のものはいかなる段階度数にあるか。また本書で明らかにしたい諸他の隠秘な叡知の深淵なることども

【一】この世のすべてはそれぞれの序列に秩序づけられており、それは以下のようになっている。この世のすべての事物の第一にして、高貴、偉大、この世に見出されるもっとも完璧なもの、とは神そのものであり、万物の制作者にして創造者である。序列においてこれにつづくのが覚知（センスス）つまり知性（インテレクトゥス）。覚知につづくのが霊（スピリトゥス）、そして質料（マテリア）。これらは(1)不動、不変にしてある場所から他の場所へとうごかない。これらにつづくのが天界の自然本性で、運動する第一運動者(2)と呼ばれ、この世に起こる生成と壊敗に先立つ(3)。次が恒星天で、ここから諸他の天界が月にいたるまでその序列に従って見出される。こ

(1) Pic. lat. Compagni版：これら「二つ」は
(2) primum mobile motum
(3) primum → Pic. lat. Compagni版：principium primum 第一原理

れにつづいて見出されるのが共通質料（マテリア・コンムーニス）(4)——あるいは第一質料（マテリア・プリマ）——で、この中にこの世の事物すべての序列秩序があり、これら（すべての事物）はこの質料のなかにあるがいまだ顕在していない(5)。この質料につづくのが諸元素であり、これらはその共通質料のうちにはたらく。諸元素は質料の中にはたらくのでなければなんら作用しないものであるから。これら諸元素に序列においてつづくのが鉱物、次に植物、そして動物、‖〔52〕最後が理拠を知る動物である。この独創的な序列は諸他の序列と異なり、諸他の序列をあらゆる事物の中でもっとも高貴にして偉大な知性によって補正したもので、ここでは下降しつつ継起し(6)、月天のような卑賤なものに達した後、この卑賤なものから継起し、人という高貴なものへと逢着する。人こそ月天下のあらゆる事物の中でもっとも高貴な存在である。その（人の）うちに知識、叡智、表明された請願(7)が揃う。知るということは、知識の研鑽に励む者がこれを介して理解を得ることになる、ということでなければならない。自らこのような研鑽に励む者はより大きな幸運を得ることとなり、ある賢者が次のように言うところを免れることとなるだろう。つまり、人として知識もたぬのに知者あるいは詭弁家（ソフィスト）の素振りをするほど最悪なことはない。なぜといってそのようにして知識を汲むことなどできないから。そうではなく忠実に知識の研鑽に努めねばな

(4) materia communis この共通（汎）は universale 普遍として訳した方がいいかもしれない。

(5) non apparent「それらの姿をあらわしておらず、目に見えない」

(6) descendendo procedunt「下降しつつ発出をつづけ」

(7) querencia → Pic.lat. Compagni 版：eminentiae：卓越

らない。なぜといって知識の欠如した者が人と呼ばれるにしても、それは曖昧語法でしかないから、と。

【二】また知識を最大に行使して[8]知性を尖鋭にはたらかせてみるために、この世に諸他の秩序、諸他の区分を案出してみることもできる。するとそこに賢者たちの秘鑰があるということが知解されるだろう。そうした秩序とは次のようなもの。[9]第一は端緒原理、つづいて高位質料、そして元素、つづいて質料、そして形相、つづいて自然本性、そして物体（コルプス）、つづいて成長増殖、そして動物（魂を与えられ賦活されたもの）、つづいて人、そして男、つづいて名指される個人。いずれにせよ第一の端緒原理は高位共通質料（コンムーニス・マテリア・アルタ）であり、質料と偶性を超えたもの[10]と呼ばれる。質料というのは物体（コルプス）の中の質料以外のものの称ではないから。質料は元素よりも一般的なものである。[11]というのも質料には複合はなく、元素は複合なくしてはあり得ないものだから。また元素は諸他の質料よりも一般的なものである。というのも元素は単純物体（コルプス）で、諸性質[12]を受容するものであり、質料とは形相を受容するよう秩序づけられた元素の集まりであるから。また質料は形相よりも一般的なものである。というのもそれは形相を受容する前は単純であり、形相を受容したものが質料と形相の複合となる。例えば、銅はうつわという形相の質料であり、木は床几という

（8）magis exercitetur「魔術の実修として」

（9）亞英版によれば、これは Al-Mutanabbi がその著作 *Djiwan* 1308 II 373 で語っているところ、と注されている。アル-ムタナッビは Abu Al-Tayyib Ahmed ibn Al-Hassein (915-965) の通称で「自称預言者」の謂い。アラビア詩人として高名だという。

（10）super materiam et accidens

（11）Et materia est communior elementis「質料とは元素に共通のもの（一般概念）である。」以下同。

（12）qualitates → forma 形相

[53] 形相の質料である。またこれが運動と傾向性[13]を受けとったものが混合力能であり、ここに自然本性（ナトゥーラ）[14]となる。諸自然本性が結び合い、色、成長増大、衰弱減少を受けとると物体（コルプス）となる。そして物体（コルプス）は＝成長増大と衰弱減少に分かたれ、成長増大は動物（うごきを付与されたもの）と非動物（うごかないもの）に分かたれ、動物（うごくもの）は人と人でないものに分かたれる。そして人は男と女に分かたれ、男は某あるいは某という個人として識別される。

【三】また質料は形相を受容するよう秩序づけられた元素の集まりである。そして質料は二つの部分に分けられる。一方は単純質料で、これは複合元素つまり土、気、水、火の形相より他のものを受容せず、これらのうちのあれこれの質料[15]に変じる。他方は一般質料[16]で、複合形相つまり熱、冷、乾、湿のすべてを受容する準備が調っているが、これらのうちであの質料[17]からこの質料へと変じることはない。賢者たちはこれを、異なったあらゆる形相を受容する準備の調ったもの、と名指し、またその自然本性から別の名をもって、そのうちにあらゆる形相をとり込み満たすよう志向するもの（コルプス）、と称したのだった。

【四】以上の理拠づけの数々は知性を尖鋭にはたらかせるために語ってみたものに他ならない。上述の言辞から明らかとなる意味およびその理拠の数々

（13）aptacionem → dispositio
（14）natura →（羅伊版）substantia
（15）materia →（羅伊版）stato 状態
（16）materia generalis, materia communis との違いは？
（17）materia →（羅伊版）stato 状態

は霊的図像(イマジネ)の数々[18]であり、アダムが主なる神から受けとったことばである。それはさまざまな知識について忠実に研鑽し、真の本質(エンティア)[19]とは何であるかを汲みとった賢者たちでなくしては知解できないものである。これらすべてを知解し、知性のうちに据えなおすようにあなたは努めるがよい。わたしがここまで本書で語ってきたところは魔術の業[20]の基礎である。十分に知解したまえ。

(18) ymagines spirituales 霊的想像力、観念表象

(19) encia 実有、とも。

(20) 大いなる諸技芸の基礎

第I書了

第Ⅱ書

[54]

第Ⅱ書ここにはじまる。ここでは天の形象一般、第八天の運動およびそれらがこの世におよぼす注入（影響）について語られる。

第一章　まずこの知識にはどのように到達されるかを明らかにする。

第二章　諸天の図像（イマジネ）とその秘鑰の数々。

第三章　諸惑星、太陽そして月にかかわるすべての作用（はたらき）。

第四章　第八天および恒星群の運動について。

第五章　諸民族にあってこの知識はどのように区分されており、それぞれの民はどの部分を保持しているか。

第六章　図像（イマジネ）の諸力能について、またそれはどのようにして獲得されるか。図像（イマジネ）はどのようにして諸惑星の力能を獲得し、そのさまざまな注入影響が図像（イマジネ）を介してどのようにはたらくのか。つまり降霊術（ネグロマンツィア）と図像（イマジネ）の知識の基礎について。

第七章　図像（イマジネ）の知識における語法（ディアレクティカ）について。またそれがこの知識において占める部分について。

第八章　自然の諸事物の秩序について。どのようにしてこの知識に参入することができるか。

第九章　諸惑星の援けを借りてつくられる図像（イマジネ）の形象および形相（かたち）の解説。

第十章　各々の惑星にふさわしい石の数々および形象の成り立ちについて。

第十一章　星座（しるし）の諸形象とその諸効果について。

第十二章　星座（しるし）の諸形象およびその度数（段階）について、その諸効果に関するインドの所見。いかにしてこの知識の知解に進むか、また上位なる諸星辰（コルプス）の力能を持続的に引き出す手法に関する彼らの見解および顕著な秘鑰の数々。

第一章　まずこの知識にはどのように到達されるかを明らかにする

【一】自然本性の意味について造詣深い賢者たちといえども、叡知の秘鑰を知り解すべく訊ね求めることを已めはしない。古賢たちの諸著に載せられ記されている隠秘なことば[1]について、入念な探求によって到達された先のさまざまなことばの含意を汲もうとして。しかし無力で知性に欠ける人はそうした論議を汲むこともそれに到達することもできない。いまだ若い頃、わたしは魔術と邪悪なことがらの詮議[2]に魅きつけられて、プトレマイオスの『百言集(センティロキウム)』を学んだ。そこには、この世のすべては諸天界のさまざまな形相(かたち)に従属する[3]、と記されていた。惑星はこの世に注ぐ力能[4]をもち、諸星座(しるし)の中の一々の惑星の運動[5]によってこの世のすべてのものは生成変化し、ここから魔術の

(1) predicta 占い、予言のことば、呪言、宣命。ここまでにも「先述したところ」とした句。いずれにせよ本書『ピカトリクス』の編纂書としての性格から、「既述のことば」つまり引用句一般を指すとともに、それを「すでに述べたことば」として挙げている訳で、ある意味、伝承される「祈禱定式」あるいはその「範型」が措定、想定されているといってもいいかもしれない。以下、「あらかじめ語られていることば」、「すでに述べたことば」等々と漠然と既述のことがらを指す訳語とする。

(2) processit ad inquisiciones **magice** et pravitatum「大いに奇妙なことがらに……」

(3) ps. Ptolemaeus, *Centiloquium*, aphorism.9.

(4) influencias et vires「影響と力能」以下 vires を virtus として訳出する。

(5) motu → Pic. lat. Compagni 版：mansiones 宿（ただし、この語は通常、月に用いられるだけだが。）

(6) 亞英版ではアハメド・ベン・ユセフ・アル-カティブ Ahmad Ben Yusuf al-Katib が著したものをそこに滞在中だったローマの哲学者が公にした、とされており、その著書名『アハマド・ベ

礎は諸惑星の運動にあるということが知られる、と賢者たちがみな見解を同じくしていることは明らかである。‖ここでこの知識の研鑽を積んだある賢者(6)から知ったところを例示したい。彼がエジプトの王宮に滞在中、そこにインドでそうしたことばの研鑽に励んだという若者がやってきた。

【二】彼が語ったところによれば、彼がある若者と歓談しているとき、毒蠍に刺された瀕死の男の悲痛な声が聞こえた。これを耳にした若者は袋から抹香(7)の類の香りのする数多の捺印錠剤（シジッロ）(8)を包んだ布をとり出して、その一つを男に飲ませるように、そうすればたちまち癒されるだろうから、と指示した。つづけて彼が言うには、わたし(9)はそれに大変興味を引かれ、その効き目を確かめようと、その捺印を彼の手から取り、指示されたように男に飲ませた。するとたちまちその悲痛な声も痛みも消え去り、男は癒された。その捺印を見てみたところ、そこには蠍の形象があった。これは何で捺したのかと問うてみると、若者は蠍の形象を刻んだベザハル石(10)を嵌め込んだ黄金の指輪をわたしに見せた。わたしはその形象を詮索しつつ、この形象は何であり、どのような秘された効能が期待されるのか(11)、と問うてみた。その返答によれば、その形象は月が天蠍宮の第二相にある時に捺されたもので、これこそこの指輪の力能の秘鑰である、という。これが賢者がわたしに語ったところ。わた

ン・トローネとその息子クハマラワユの生涯 *Biography of Ahmad Ben Tolone and His Son Khamarawayh*』が挙げられている。Cfr. M. Plessner, A Medieval definition of Scientific Experiment in the Hebrew Picatrix, in *Journal of the Warburg and Courtauld Institutes*, 1973, pp. 358-9 には Ahamd Ibn Yusuf Ibn ad-Daya の名が挙げられている。この図像については第I書五章【二五】参照。

(7) Incenso, 香料一般をさしてつかわれている場合もあるが、ここは抹香としておく。亞英版：kundur, glue extracted from a tree with thorny leaves. いばらの（?棘のある）葉から抽出した樹脂。

(8) sigillo 封印、印章、亞英訳：tablet 錠剤

(9) 彼の一人称の語りとして記されている。煩瑣にわたるが羅文のままにした。

(10) bezahar 亞英版：Bezoar、前記第I書五章【二五】、第II書十章【七八】および補註[8]参照。

(11) quibus secretis influenciis predicta fiebant「どのような秘密の影響があると言われている（所期の効能が期待される）のか」、「どのような秘密の祈禱宣命（ことば）が注入されているのか」

しもこの形象の図像（イマジネ）を所定の時間に抹香と別の押印をもって捺してみたところ、これによって誰もが驚く奇瑞が起こった。‖

〔56〕【三】まさにここで知っておかねばならないことは、自然本性と数学(12)からな
〔57〕る四学を修得することなしには、誰も諸天の‖下界に対する力能とその作用（はたらき）を知り解することはできない、ということ。ここにすでに述べたことばを無視するなら、諸天の運動を完全に理解することはできず、これを知解することも、ここから欲することを汲みとることもできないだろう。これらの組み合わせとその礎はすでに述べたことばから引き出されるものなのだから。算術と幾何を欠くなら天の諸星辰（コルプス）の運動を計算することもできず、これを介して省察することもできず、それらの運動をまさに算術と幾何からなっている知性によって理解することもできない。また諸物の比率と数を知解する音楽を学ぶことも必要である。いかに天の諸物の愛憎(13)が地上のさまざまな作用（はたらき）に符合調和しているが、どのような場合に天の物体（コルプス）の作用（はたらき）が地上のある特定の事物に他のものによりもより大きくあらわれるのかを。まさにこの比率を理解せず、こうした作用（はたらき）についての知解を欠くなら、それら相互の類似を演繹することもできない。要するに自然本性の諸知識を欠くなら、生成と壊敗を知ることも、その原因を知ることもできない。これを知らないなら、天の諸

（12）mathematica → Pic. lat. Compagni 版：metaphisica「自然本性にかかわる四学および形而上学」。ちなみにスコラ学的には四学あるいは四課とは「算術」「幾何」「音楽」「天文」。

（13）res celestes in amore et odio「諸星辰の親和と反撥」

物体（コルプス）の作用（はたらき）も、それが地上の諸物体（コルプス）にもたらす潜在力も知解できない。同様に、形而上学を欠くなら、地上のこの場所には天の諸力能が注入され、あの場所にではない、ということを知り解することもできない。結論として、この知識の秩序や礎を知らずにこれを完璧に知ることはできないのであり、上述したとおりすべての演繹論議(14)は哲学の諸部分であるのであってみれば、愛知者（フィロソフス）でなければこれを知ることはかなわない。要するに、完璧な哲学者でなければこの知識に完全に到達することはかなわない。‖

(14) extracta →「抽象」あるいは「すべての蒸留抽出は賢者の業の部分なのである」

第二章　諸天の図像（イマジネ）とその秘鑰の数々

【一】周知のように、天の諸形象について語ることは、あらゆる賢者たちがその諸著に可能な限り封じ隠してきたように、じつに難儀で深刻なことがらである。その秘匿の理由についてあなたに語ることにしよう。[1] いずれにせよすでに述べた知識を学ぶため、欲するすべての星座とその図形を理解するためには、賢者ローズス[2]が編んだ『形象集成（リーブロ・マーニョ・フィグラールム）（主要星座図の書）』[3]を参照しこれに訊ね求めるのが常である。この書にはすべての星座とその図形が正確完全に述べられている。天の諸形象の上昇[4]は二様である。一方は諸星辰によってかたちづくられた四十八の星座図[5]で、これは恒星群の近接と離散の変移をし、あるいは犬、牝熊、雌鶏等々[6]さまざまな天の形象としてわれわれが観るところ。これらの図形はしるしごと、場所ごとに異なるもので、天の自然本

（1）omnium formarum et figurarum「すべての形相（かたち）と形象」

（2）Rozuz 亞英版：Zosimos パノポリスのゾシモス？

（3）*Libro magno figurarum*

（4）ascensione 亞英版では単にあらわれ appear で「表示」あるいは「記述」くらいの意。

（5）48 formarum ex stellis figuratarum「48の諸星辰の形象」

（6）亞英版：「犬、牝熊、琴、白鳥等々」

（7）Et multo magis forme signorum zodiaci mutantur aliis quia in annis mille de facie ad faciem mutantur 千年を経過するところにはかたちが変わる、という驚くべ

[59]

性によって異なるものではない。また獣帯の主要な星座（しるし）のかたちは千年もするとある相貌から別の相貌へと変じる。(7) しかし北極を巡るあたりのそれは、同心の小さな輪を巡っているばかりで、千年経ってもその変化が識別されない。それゆえ何千年経ってもそこには変移が感覚的に識別できない。これらが形象の様相である。

【二】二つ目の運動(8)はインド人たちの見解における天の諸形象の演繹によるもので、以下のように述べられている。白羊宮の第一相に昇る男は、赤い目にたっぷりの髭を生やして、〃白い亜麻布を纏い、堂々と歩む身振りに白い短外套（ラミスク）を羽織り、綱を帯に結び、片足に重心をかけて自らの前方を凝視している。白羊宮の第二相に昇るのは女で、亜麻布の短外套（クラミス）を纏い緋色の衣装を着ており、その足は一本しかない。その姿は興奮した馬のようで、(9) 衣装、装身具そして息子を探しているところ。白羊宮の第三相に昇る男は白と赤色。(10) その髪は赤く、興奮と焦燥をみせて右手に剣(11)を、左手に棒(12)をもち、赤い衣装を纏っている。これは学識ある完璧な師（マギステル）で、鉄を打ちつつなんとかかたちを整えようと努めているのだが、(13) うまくいかない。(14) 等々、こうして最後の星座（しるし）までつづく。

【三】つづいて知っておかねばならないのは、これらの形象は星辰や星座（しるし）の

き表現であるのか、それとも受容文化主体によって別のかたちが付会されるというくらいの意味か？

(8) motus [+modis] 機縁、様相（以下[+]表記は Compagni 版 Picatrix Latinus の異体）。以下所謂デカンの表象。プレスナーは羅独版序でアブ・マシャル（アルブマセル）による三十六のデカンおよびそのパラナテロンタの解説からの抄出としている。口絵［2］参照。

(9) 亞英版：「跳ね上がる馬のような（躍動的な）肢体」

(10) 亞英版：「黒」。後註参照。

(11) ensem → [+ansem] 把手

(12) perticam 竿

(13) et est doctus et perfectus magister laborandi ferrum, et cupiens facere bonum, et non potest.「堅忍をもって善き成果を上げるべく努めているのだが、なかなかそうはいかない。」

(14) 亞英版と対照してみると、この一節は比喩が別の像を喚起する羅訳になっていることがわかる、亞英訳から：「黒い男で赤い髪に冷酷な表情。木製の腕輪をつけ、赤い衣装を衣装吊りにうまく掛けようとしているのだがなかなかうまくいかない」

[60] 自然本性を知らなくては演繹できないということ。』これについては、二つ目の様相について語ったところから知解することができる。これはまさに彼ら（インド人たち）の謂うところである。その言辞によってはじめてあなたにもその意味と図像（イマジネ）が知解され、すべてあなたの欲するところをなすことができるようになるだろう。

【四】これはアベノアシエ(15)が『ナパテア(16)のティマカニン』(17)と表題された自著に写しているところから知られる。そこでは星座（しるし）のさまざま三角形(18)が語られており、これは水の三角形と名づけられている。これは北の諸形象のことであるといい、まさに、水を名指すにあたっては、河、井戸等々これらに似たものの名をもって呼ぶが、いずれその作用（はたらき）(19)は水のものであるということを知らねばならない、と。同様に諸他の形象も三角形となされ、それぞれ火の、土の、気の、と名づけられるが、これらも上述したように知解されねばならない。天の諸形象および度数について語るテュムテュム(20)をはじめとする賢者たちは、みなこの途を採っている。

【五】これがさまざまな度数の名について語られているところであり、その形象がその場所によって例示されている。これらすべての星座（しるし）によってその力能と潜在力を度数の作用（はたらき）として把握できるように、と。これを確実に知解

（15）Abenoaxie 亞独版：Abū Bakr ibn Waḥšīja 既出。第Ⅳ書で頻繁に引かれることになる。
（16）Naptionum 亞独版：Nabatäischen, 亞英版：Nabateans
（17）Timachanin 亞独版：Tīqānā (Tabqā-nā), 亞英版：Tiqana
（18）triplicitatibus, 三倍化だが十二宿を正三角形でつないだトリノ trino, トラインの意。亞英版：triangolo 星座の三角形、
（19）opera, 水のはたらき？ それとも名指すという行為？
（20）Tymtym 亞独版：Tumṭum、ヘルメスを名指すことになるトート（下註参照）。羅語トリスメギストスを示唆するかのように、三角、三倍の議論と繋がっているところが興味深い。
（21）亞独版ではここで「夢」にかかわる論題に変わっていることが分かる。また羅版では省略されている書名が挙げられ、以下説かれる説がヘルメスによるものであることも分かる。亞独版：「夢は隠された出来事について告げるもの、いま知られていないこと、死、それにいままで秘されていたことがらを発くもの。また誰かの死をも垣間見せるが、それは遠い将来のこ

〔61〕しなくてはならない。そこに語られている事例。頭の切断‖および手の切断にかかわる名辞は死や病について語る時に用いられるもので、これはまたある惑星が諸他の惑星と同一途上にある時を言う。こうした途の一々によって諸惑星の効果が、そこで諸他の物体(コルプス)がどのように驚くほど強化されどのような効果があらわれるかが知解される。これをもってあなたは魔術の業の総体を知解することとなる。

【六】さらに知っておくべきは、(21) 惑星の効果は数多くまたさまざまであり、その諸効果は天の度数につれて変わる、あるいはある一つの惑星がある特定の度数にある時と別の惑星と合にある時とでは異なる、ということ。こうした効果の総和、つまり一々の惑星が天のそれぞれの度数にあるときについて知りたく思うなら、三六〇を七倍するとその総計は二五二〇(22)、その一々の形象(23)はそれぞれ異なった効果をもっている。また三六〇を六倍すると二一六〇
〔62〕で‖いずれか二つの惑星が合に入った時の形象となり、この形象は潜在力をもち、この世に驚くべき効果をあらわす。また三六〇を五倍すると一八〇〇で三つの惑星が合に入った形象となり、この形象もまたこの世に驚くべき活力と効果をあらわす。また三六〇を四倍すると一四四〇で四つの惑星が合に入った形象となり、この形象もまたこの世に驚くべき活力と効果をあらわす。

とがらを告げるものでもある。こうしたことがらについては、ジャービル・イブン・ハイヤン Ǧābir Ibn Ḥaijān al-Ṣūfī がその著『獣帯の諸星座とその諸効果の解明の書』に記しているところ。この書で彼は、目に見える天の星辰すべてについて、またそれらの一々の効果を述べている。この書はアリストテレスがその『占星術の書 *Astrologie*』に述べたことを補うべく著されたもの。それ（アリストテレスの書）は数多燃え尽きた書のうちの一つで、写本が残っていない。* その断片を『植物論 *Pflanzenbuch*』に僅かに認めることができるだけである。／ヘルメスはその著『諸星座の位置と支配惑星の運動にともなう合相について』に、諸惑星の数多の効果を記している。彼は言う。天の各度数にある一々の惑星は……云々」〔＊註：アレクサンドリア図書館で焼失したことを謂ったものだろう。〕

（22）以下の掛け算はそれぞれの惑星の周転の惑星数倍になっており、それぞれの積は度数とも採れる。ただし亞独版には「以下の（無意味な）積はジャービルの書にはないもの」と註がある。

（23）gurarum 惑星がつくる形象、図形、あるいは星座。

三六〇を三倍すると一〇八〇で五つの惑星が合に入った形象となり、この形象もまたこの世に驚くべき効果をもたらす。また三六〇を二倍すると七二〇で六つの惑星が合に入った形象となり、この形象もこの世に驚くべき効果をもっている。そして三六〇の一倍は三六〇ですべての惑星が合に入った形象となり、この形象もまたこの世に対する潜在力と驚くべき効果をもっている。これこそ最初の賢者(24)が天の諸形象を感得して語った手法であり、これらの形象が意味するところの判断(25)つまり七つの惑星の運動と星座の度数である。これらの形象の総和は一〇〇八〇(26)で、そのそれぞれが驚くべき潜在力と影響効果をもっている。

【七】これにつづけて最初の賢者は言っている。これらの形象をつくろうとするときには以下のようになす。七つの惑星のうちの一つをある度数に据え、別のものを二つ目の度数に据え、これを七つの惑星に割り当て、二つの度数の間にその一々を据える。‖[63] これを天のすべての度数三六〇にわたって進める。(27)この手法は先述したものより長く手間がかかるが、より正確である。これによりこれらの形象がこの世にもたらす活力と効果を知解することができる。これをなし了えたなら、これら度数のうちを動く七惑星と諸恒星の組み合わせ(28)また逆に諸恒星の適合(29)について、および遊星の離散と恒星の離散に戻る。

(24) この最初の賢者は、亞独版ではジャービル Ǧābir (その註に、「ジャービルの結語は、「これが度数判定の礎の一つである。判定については以上」となっている」、とある)、亞英版では Hermes で参照書の表題は『天界運動の図像構成 *The Composition of Mooving Images in Space*』とされている(上註亞独版のヘルメスの著書表題参照)。

(25) iudiciis 算定による占術

(26) 亞英版では 10006 になっているが、単純総和をすると羅版の 10080。亞独版も 10080。

(27) 亞英版:「一つの惑星をある度数に据え、諸他の惑星を次の度数に据える。そして「それ」を七つの惑星の間で振り分け、すべての惑星を二度の内に据える。これを天球の三六〇度にわたってつづける」。第Ⅳ書四章【四六】以下、プトレマイオス『百言集』からの一節参照。

(28) coniunctiones ここは、亞英版によると惑星と星座の結びつきを指して用いられており、惑星同士の合のことではないようなので。

(29) applicaciones, 羅伊版 : inclinazione 傾斜(角)

そしてこれらすべてを記憶にとどめるとともに、諸形象が案出された理由を十分知解するように。これら諸形象がこれについて研鑽を積んだ者より外に発かれることのないよう、十分注意を払わなくてはならない。

第三章　諸惑星、太陽そして月にかかわるすべての作用（はたらき）

【一】上述したところについて語る賢者たちは、天界の効果とこの世にもたらされるその潜在力は熱の増減のことに他ならないと言っている。彼らがこのように言ったのは、そこに隠されている驚くべき諸性質について知解することがなかったからである。彼らは言う。太陽と月またその他の五つの惑星の効果はこの世における諸作用を援け(1)、天の諸効果を強化する、と。また、天界の運動から諸他の運動、つまり諸他の七つの惑星もまた証される。それに太陽の諸性質は生起するあらゆる性質をもまた証するものである、と。あるいは、月はそこに知られ証されるあらゆる性質と効果をもっている。その第一の性質はそれの太陽からの距離、つまり太陽から離れて最初の四分相（クアドラトゥーラム）(2)になるまで。この時その活力は湿と熱を増すが、湿を熱よりもより大きく変じ

(1) in hoc mundo operantes iuvant「この世の作業者（農民）たちを援け」

(2) quadraturam スクエア

[64] る。つまりその効果は樹木や植物を成長させるところにあらわれる。‖またその成長への効果は土からたちのぼる樹木によりも土とともにある草により大きくあらわれる。第二（の性質）は最初の四分相から衝[3]まで。この時に効果が大きくあらわれるのは熱と湿の同等な増大で、この効果は植物と鉱脈中の湿と熱の増大によくあらわれる。そして衝から第二の四分相まで戻ると、その活力は湿と熱を増すが、熱を湿よりもより大きく増す。この効果がより大きくあらわれるのは動物、植物、鉱物のからだ（コルプス）またその諸部分すべての成長増大で、これは湿においてよりも熱においてより大きく作用（はたらく）する。またこの第二の四分相から太陽の炎熱道[4]に近づくとその影響効果、運動、作用（はたらき）は大きく抑制され、上述した三つの配置のどれよりも小さくなり、これら諸他の作用（はたらき）とは逆に、やや乾かし、大きく冷やす。これはまさにこの運動がここで湿を減じるからであり、ここからしてこの第四（の性質）は中庸な乾と大いなる冷と言うことができるだろう、と。

【二】また（月が）太陽と一分（の度数）で合するとき、第五の性質をもつ。これについてカルデアの賢者たちは、月の諸他の性質よりも善く、どの形象よりも潜在力が強い、と言っている。ただ、アルフォルス[5]の賢者たちは、この第五の性質の潜在力とその弱点、作用（はたらき）の増減について、ここに合に入る諸星座（しるし）

（3）opposicionem 逆位 オポジション

（4）combustionem 炎熱道、前註参照。

（5）Alfors 亞英版では「中国人」とされている。

の自然本性との関係において語っている。一方、ギリシャとエジプトの賢者たちはこれについて見解を同じくしており、先に述べたように太陽との合は
[65] 強化するとはいえ、‖[6]この合が最良であるかというとそうではなく、衝つまり完全に光満ちる時の方が勝るとしたのだった。しかしわれわれの賢者たちはみな、月の形象において最良の性質は太陽と一分（の度数）で合している時である、という点でお互い一致しており、この第五の性質こそが太陽の性質でもあり、諸他の作用（はたらき）のどれよりも善く強力であり、他の四つの性質の評価判断とは異なった別の評価判断をされなくてはならない、と言っている。つまり、月が太陽と合すると、[7]あたかもその巡行においてその宿あるいはそれに適合した場所にあるかのように[8]悦び楽しむ。ここにある時こそがあらゆる事物の最大完全なる制作者であり、その効果について先に下した評価のうちで最大である。（月が）太陽と合すると、作業（はたらき）は完了し、減衰は元に戻され、欠損は満たされる。これについてはまた、この時の（月の）力能は太陽の効果にも似た効果をもち、まさにこれが最大に高貴な性質である、とも言われている。その時、すべての複合物体（コルプス）は力能を受けとるが、これを先述したところから、太陽に由来する力能と作用（はたらき）以外のものを月がつくりだす、と解するのではなく、月そのものが太陽によってなされた作用（はたらき）を引き出し明らかにす

（6）「満月の時」、「望」
（7）「朔」
（8）「旅人が旅程を了えて家あるいはその住処に戻ったように」

るのであって、月があらわにするまで隠されており、それまで影に覆われていたものが照らし出される、と解するべきである。

〔66〕

【三】月のこれら五つの性質は、上述したように太陽がもつ五つの性質とみなされる。これらの性質に従ってあらゆる動物は歳月を生きる。これが幼児期、少年期、青年期、壮年期、老年期という五つの時代である。‖また一年の四つの時期つまり春夏秋冬、それにこの世の四つの部分つまり東西南北も同様で、そのそれぞれの部分がそれに準じた（ふさわしい）枢要なる風をもっている。からだ（コルプス）の四つの体液気質である多血質、憤怒（黄胆汁）質、粘液質、憂鬱（黒胆汁）質も同様である。

【四】すでに述べたことばから知解されねばならない意味と見解はこのようなものであり、なによりその作用（はたらき）のあらゆる礎は諸惑星、太陽および月の潜在力とそれらの運動に由来するものである。その運動から諸星座（しるし）はその度数の性質[9]に準じて運動している諸惑星の力能と潜在力を受けとり、この力能がそこに、それら惑星からそれら諸形象[10]に移される[11]。それゆえ異なった性質をもつとは、それら諸形象がそれらの配置において異なった散らばり方をするということを意味する。そうであるとすると、時々刻々の諸惑星の運動およびそれらが相互になす形象の変化に従って、あらゆる複合物体（コルプス）はその一々の

（9）qualitates graduum これが quantitates graduum でないところに留意。
（10）「星座および惑星が描く図像」
（11）ここの婉曲語法では「諸形象」が天の星座そのものを指すのか、手元で描かれた図形を指すのか曖昧なまま。

変移性の性質を変じる、ということは明らかである。こうした変化は分割変化[12]と呼ばれる。一方、すべての事物の礎にして諸特性である先述した諸他の変化は、一般持続運動[13]と呼ばれるもので、これは変移変化しない。もしもなんらかの変化変移を蒙るとすると、この世のすべての事物[14]の形象が壊敗し破壊されることになってしまうから。これらはまさに一般持続としてある。

【五】ここまで語ってきたところから引き出されるべき結論は、この世のすべての性質、秩序、目的は月が太陽となす諸形象に由来する、つまりまさに樹木や複合物体（コルプス）の内実は諸星辰および月に由来するということ。そしてまた月の蝕あるいは諸他の惑星の蝕から受けとられるところこそ最大の潜在力であるとともに破滅的なものである、ということ。‖〈……〉[67] 太陽、月そして諸恒星は持続運動をしており、この変移における善から利益が、悪から損害が受けとられる。蝕とは太陽と月および諸他の惑星にかかわるもの[15]であり、諸他の複合物体（コルプス）に損害をあたえる[16]。ここで太陽や月がなんらかの自然本性あるいは偶性を受容して損壊すると考えてはならない。こうしたものを天による阻害[17]と呼び、その損壊原因はまさに太陽、月その他の惑星の蝕にあり、動物、樹木、その他四元素からなる複合物質（コルプス）を改変し変化させ損なうこととなる。

【六】つづ[18]いて、この世の諸事物の生成や壊敗に影響を注入する真あるいは

(12) mutaciones divise「区分された変移」あるいは「変移区分」
(13) mutaciones communes et remanentes「共通にして保存される変化」
(14) universalium rerum mundi この世の万物→普遍的な事物（天界の不易性を指すとともに抽象（心）的存在を謂ったものとも採れる）
(15) contingens「……の隣接」→ coniuncta, coniugationes 合
(16) assimilatur 損害として吸収同化される
(17) impedimenta celi「天の障り」
(18) この項に相当する亞英版の訳文を▼補註11に掲げた。参照されたい。
(19) locum congruum et profectuosum「月のある場所」、▼補註11参照（亞英版当該個所訳）。
(20) ab impedimentis et infortuniis「阻害

偽の星座（しるし）に注意を払いつつ、それらの作用（はたらき）に適し役立ち、あなたの業に好都合な場所[19]を探さなくてはならない。そこがこの世の一々の性質すべてに最大の潜在力をもつ場所であるかどうか、精査しつつ。また災厄惑星の阻害を免れているか[20]、（月が）炎熱道にないことをも精査しなくてはならない。あらゆる業（はたらき）は月が善く正しい性質にあることによって進捗し[21]、適い、善く成就されるのだから。またここからその効果が明らかになり、その持続が月の運動の遅速によること、また災厄惑星がいずれの星座（しるし）と合しているか[22]、南へ降っているか、それともいずれの星座（しるし）の端にあるか、その最後か、ひとつ前か、いずれそのどれもが損壊し衰弱させることをも探り出すことができる。あるいは、その下降点（ディシエンデンス）における下降点、その宿主から落ちていることが[23]眺められない場合、上昇点（アシェンデンテ）その他の角度から落ちている、あるいは（龍）頭[24]にある場合にも、ここで業に着手するならそれが成就することも継続することもできないだろう。‖〔68〕あるいはある惑星が月と離れていないかどうか、それが月からどの角度[25]にあるか、ひきつづき月の角度から落ちているか[26]、それともいかなる作用（はたらき）ももたらさない角度となるか、をも知らなくてはならない。それにまた、円環の理拠からして下降点（デシエンスス）の場所は上昇点（アシェンデンテ）と逆立しており、それ（月）が第九宿にあり、この宿の主が上昇点にある時には上述したところと同じになる。

や災厄を免れているか」亞英版：annuhus

(21) que ordinantur「秩序づけられ」「命じられ」

(22) signa in quibus cum infortunis erit conjuncta「いずれの星座（しるし）が災厄と結びついているか」

(23) cadens a domino domus sue「落位にある」つまり「相（アスペクト）をなすように眺められていない」こと。流布している占星術諸書には現代式簡約化のせいか、四枢要宿（一、四、七、十宿）の前か後の四宿を落位としているものが散見されるが、山本啓二・矢野道雄訳ビールーニー前掲書四七七頁によれば、落位はそれぞれの宿を基準にして定められるものであり、「落位 suqut について言えば、ある宮はその両側の宮も、両側の七番目も観ていない。これらはその宮とは関連しておらず、それを観てもいない。したがって、二番目、六番目、八番目、十二番目の宮はその宮（の宮位 nazar）から落ちているのである」。

(24) 亞英版では「龍尾」

(25) in angulis 下註参照

(26) cadens ab angulis「相（アスペクト）をなしていない」

また月の宿の主が上昇点（アシェンデンテ）、天頂、(27) 第十一宿あるいは第五宿にあり、東に向かってまっすぐ進んでいる時には、なんであれあなたの準備するところに適合しそれにふさわしいはたらきをする。

その事例。金星（ヴェヌス）の好意は、若者に対する作用、婦女にかかわる悦びや肖像(28)などあらゆる作用（はたらき）に向けられる。木星（ユピテル）の好意は聖職者、王、君公に向けられる業に適っている。また水星（メルクリウス）の好意は使節や書記に適っており、太陽（ソル）の好意は王国の統治や大きな努め、王の支配に適い、月の好意は修養や告知に適っている。すでに述べたことばに従って、あなたがその効果を欲してなす作業と準備にあたっては以下のことがらすべてに注意しなくてはならない。つまり、太陽と月およびこれらの宿の主の昂揚（エクサルタチオーヌム）(29)とこれらの宿の主の終端(30)について、そして上昇点（アシェンデンス）と天頂を眺め、そこに災厄惑星(31)がなく静穏であるかどうか(32)、そこにある宿の主（ドミヌス）がよい場所にあるかどうかに注意するなら、作業は良好に進み完遂され、よい結果が得られるだろう。その最大の効果が得られるのは幸運惑星(33)が（月の）右に(34)、東に昇る宿の主（ドミヌス）とともに光り輝いてあらわれる時。諸惑星は東にある時、一切阻害も困難もない勝利とものごとの成就を意味し、西にある時、特に四つの角(35)の一つにある時は事物の怠惰、遅
[69] 延、疎隔を意味するから。月がよい場所＝にあり、その宿の主（ドミヌス）がそこから

(27) 亞英版：中天、Al-Hadi-Ashar, Al-Khamis.
(28) leticie et picturarum vultus mulierum : picturarum → piacularis 贖罪、peccatorum 姦淫 ecc. ?
(29) exaltacionum
(30) terminorum「滞留」?
(31) infortunis 亞英版：al-nuhus
(32) 亞英版：「太陽と月とその尊い友たちがどの宿にあるかを観察し、また天頂を観察して、どちらの場所も災厄惑星を免れていることに留意する」、と漠然とした表記になっている。
(33) fortune 亞英版：al-su'ud (sa'ad の複数形)
(34) dextro 亞英版：in azimuth 方位角「これは特に、al-su'ud が明るく輝く諸惑星とまた東のアシェンダントと、方位角（相？）をなす時に真である。なぜといって、諸惑星の東側での運動は克服、勝利、完成そして願いの成就を示す一方、西側の諸惑星はたとえそれが極にあろうと、遅滞、耗衰、遅延を示すから。」
(35) 4 angulorum あるいは四角相、東と天頂の中間、天頂と西の中間のことか。不動のグランド・スクエア？

落ちている時は、交渉事(36)の準備は最初うまくいくが、拙い終わりを迎えることになろうというしるしである。月とその宿の主(ドミヌス)がよい場所にあるなら、業はうまくいき、完璧に成就され、願いがかなえられるとともによい結果が得られるだろう。東(アシェンダント)の主(ドミヌス)(37)が幸運惑星であり、東に昇りつつあるか、東(アシェンダント)となんらかの方位角をなすとき、あるいは災厄惑星がよい場所にある時には効果は絶大である。それゆえすでに述べたことばのうちよりよく有益なのは(38)、木星(ユピテル)あるいは金星(ヴェヌス)が東に昇る時、あるいは東をよい相(アスペクト)で眺める時である。この時、交渉事(ネゴチウム)(39)は容易にかなえられ、よい結果が得られ、想いは容易くたちまちかなえられるだろう。また月が幸運諸惑星と結びあい、この幸運諸惑星が光を減じることも逆行することもないとき、ただ囚人たちをその主から逃がすことと自分のものではないものを得ようとすること(40)以外、あらゆる業は順調に進む。

【七】また、月はあらゆる作用(はたらき)において他のどの惑星よりも優れ、この世のあらゆるものにその効果と評価判断(41)をあらわす、ということに注意を払っておこう。生成と壊敗もこれにより、この作用(はたらき)の媒介(42)となる。つまり諸星辰および諸惑星の注入と捺印を受け入れ、これをこの世の下位なるものどもに注ぐ。それゆえ上述したところ、幸運惑星と災厄惑星、輝きの増減に注意しな

(36) negocii（悪）霊との契約？

(37) angulorum 先の用例では四角相をなす角と思われたが、ここでは何を指しているのだろう。相(アスペクト)のことか。前註35をも参照。

(38) 亞英版ではこの predictis「すでに述べたことば」に相当することばが「a nahs（幸運惑星）がよい場所にある時」を指す代名詞として訳出されている。

(39) negocium 折衝、商売にはじまり、特に「霊（あるいは悪鬼）との交渉」に専ら用いられるようになることば。

(40) Volentibus capere que sua non sunt.「他の姿に身を変えること」？

(41) iudicia 予言、占い

(42) mediatrix → meretrix 娼婦

ければならない。（月は）太陽と離れるに従い、その力能を補償されることになるから。さらに六分相、四分相、三分相、衝の相（アスペクト）にある時に変じる。その堅牢さは、諸惑星および諸星辰と結びあう、すでに述べた相（アスペクト）の自然本性
[70] に依存している。また月が光満ちる時にはその力能と潜在力は‖増加を望むあらゆる業（はたらき）によりよく役に立ち、光欠ける時には減少を望むあらゆる業（はたらき）に適している。それにまた、月が太陽との合(43)から離れ、左四分相を通り、衝に入るまで、これらはつねに売買によく、裁判や借金の返済請求に、討議またあらゆる助言にふさわしい。つづいて衝をはなれ、右四分相(44)を通り、太陽との合に到るまで、財あり他からの収入もある者に借金を、また賢者たち真実の探求者たちに真実を訊ねるのにふさわしい。

【八】また知っておくべきことは、東に昇る（アシエンデンテ）幸運惑星がより善くより強いのは、同じく東に昇る星座（しるし）の中にあるばかりか、第二宿(45)にある時もそうであるということ。また運動宮（シグナ・モビリア）(46)はうち克ち獲得しようと欲するすべてに善くまたふさわしい、ということをあなたに隠すつもりはない。そのうちでも最大のものが白羊宮と磨羯宮である。また流動宮（シグナ・コムニア）(47)は降霊術（ネグロマンツィア）および驚くべきことどもにふさわしい。そして不動宮（シグナ・フィクサ）(48)は縛りつけ引き寄せ、また魔術の業を実修し指示するにふさわしい。ここではすべてにおいて持続が望まれる、それ

(43)「望」
(44) quadraturam dextram この左右の記述から、描かれた星図の上が東とされていることが分かる。
(45) 2 signo 宿は左回りだから第一宿の下にあたる。
(46) 運動宮（シグナ・モビリア、♈♋♎♑カーディナル）
(47) 流動宮（シグナ・コムニア、♊♍♐♓ミュータブル）
(48) 不動宮（シグナ・フィクサ、♉♌♏♒フィクス）、十二宮順♈♉♊♋♌♍♎♏♐♑♒♓
いずれ訳語が別の意味を喚起しているとも思われるが、運動宮とはその四宮の名から分かるとおり、本来は季節の「変移」を、不動宮は季節の「安定」を、流動宮は季節の「混交あるいは二重性」を示していた。Cfr. Christophori Clavii in *Sphaeram Ioannis de Sacro Bosco commentarius*, 1607, p.277.

も特に、霊（スピリトゥス）[49]を確実に引き寄せ結びつけるに適した大いなる業において。

ここまでみてきたところで留意すべきことは、東（アシェンデンス）には流動宮（シグナ・コムニア）、そして[71]月は運動宮（シグナ・モビリア）にあり、これが東（アシェンデンス）を眺める位置[50]にあること。‖また持続する事物すべてにおいて、不動宮（シグナ・フィクサ）あるいは流動宮（シグナ・コムニア）を東（アシェンデンス）に据え、月が不動宮（シグナ・フィクサ）にあり、三分あるいは六分の相（アスペクト）にその宿の主（ドミヌス）を眺め、災厄惑星を免れ、炎熱道から逸れ、逆行（の影響）をも免れていること。これらすべてを十分勘案できない時には、すくなくとも月が幸運惑星を眺め、東（アシェンデンテ）の宿の主（ドミヌス）と三分あるいは六分の相（アスペクト）をなしているかどうかに留意し、四分および衝にあたるものすべてに注意を払うこと。より善い相（アスペクト）は三分と六分であり、より劣悪な相（アスペクト）は四分と衝であるから。あるいは、宿の主（ドミヌス）が月を友愛の相（アスペクト）に眺める時、そこに災厄惑星があったとしても、請願やその他の実修を行うには問題がない。いずれにせよあなたが実修するにあたって、月が龍尾と合していないこと、災厄惑星と四分あるいは衝の相（アスペクト）にないことに十分注意するばかりでなく、月が欠ける時にあなたはいかなる実修をもしないように。減少はこの世のあらゆる事物の損害、損壊、遅延、衰弱を告げ知らせるものであるから。欠ける月とはつまり輝きと算定値[51]の減少、運動の遅延である。月の善い位置と条件というのは、輝きおよび相（アスペクト）関係が増大し、巡行速度が

（49）亞英版：「月の霊性」

（50）「相（アスペクト）をなして」

（51）quando minuitur lumine et computo et tarda est in motu:computo 暦算、あるいは相（アスペクト）観のことか。亞英訳では、「光、運動、calculation という三つの性質（の一つ）」とある。

上がり、火星(マルス)をいかなる相(アスペクト)関係にも眺めない場合。なぜなら、光満ちる月が火星(マルス)を眺めることは月の災厄惑星との算定[52]の中でも、欠ける月が土星(サトゥルヌス)となす深甚な災厄とともに最大であるから。ただしそれ（土星）の力能と潜在力は夜に地の上にある時にもたらされる。‖すでに述べたことばから観て、あらゆる業の実修にもっとも善くふさわしいのは、月と上昇星(アシェンデンス)が東(アシェンデンテ)の諸星座の中にあるとき[53]、であることが知られる。この時、業は成就され、特にそれらが流動宮(シグナ・コムニア)あるいは不動宮(シグナ・フィクサ)の中にある時にはたちまち容易に成果を得ることができる。

[72] 【九】運動宮(シグナ・モビリア)の中でも最も駆動的なのが白羊宮、つづいて巨蟹宮、そして天秤宮。これらは諸他の敵意を打ち払う。また角隅にあることはあらゆる実修を容易にする[54]。それに後続する宮[55]がこれにつづく。そして（角隅から）落ちているもの[56]は遅延する。また幸運惑星が東(アシェンデンテ)にあり、月が光満ち、算定を満たしている時[57]にはすべてが容易となる。それに加え、諸事物の結末[58]は月と東(アシェンデンテ)の宿の主(ドミヌス)の場所の算定値およびその時に諸惑星と相互になす性質と相(アスペクト)[59]という三つの知識なくしては知られない、ということを銘記しておこう。こうして、すでに述べたことばから諸事物の結末が判定評価される。

【一〇】ドロテウス[60]はその文書でわれわれにこう教えてくれる。諸事物の配

(52)「月の災厄判定」

(53) Luna et ascendens sint in signis directe ascendentibus 同語反復にみえて意味がわからない。亞英版：「☽が sa'ad とともにあり、sa'ad が完全 full で後退していない時」？

(54) quod anguli sunt leviores in omnibus operibus, 角(アングリ)が天使(アンゲリ)に見えてくる。「天使たちは軽々とあらゆる業を果たし…」

(55) succedentes 相(アスペクト)をなす宮に後続する宮ばかりでなく、前後の両側を意味している？

(56) cadentes「相(アスペクト)から外れる」、前註参照。

(57) computo「相(アスペクト)関係をなしている時」前註参照。

(58) fines rerum「諸事物の目的」「将来のできごと」

(59) ex calculacionibus suorum locorum et qualitatum et aspectibus cum planetis eorum

(60) Dorothius → Dorotheus, cfr. *Carmen Astrologicum*, tr. D. Pingree, Munich 1976, 第I書四章註63および▼**補註12**参照。

[73]

置(61)とその判定評価とは、東に昇る宿(アシェンデンテ)の主(ドミヌス)、月および月がある宿の主(ドミヌス)を眺めることにある。月の十(相)の判定評価としてなされるその配置に注目し、あなたに可能な限りそれが東に昇る宮(アシェンダント)から落ちる(62)ことのないように配慮する。またそれ以上に――東(アシェンデンテ)の宿の主(ドミヌス)と月の宿の主(ドミヌス)に対しても、二つの災厄惑星が月から東の宿(アシェンデンテ)を、あるいはそれらの宿の主を眺める相(アスペクト)にないことが重要である。またあらゆる実修準備(星辰配置)において、幸運惑星の側から(63)月が落ちないように、あるいは合に入ることがないように。一方、宿の主(ドミヌス)の側からあるいは宿そのものの側から東の宿(アシェンデンテ)が落ちても、東の宿(アシェンデンテ)と月が眺め合っていれば心配はない。いずれにせよ、東(アシェンデンテ)の宿の主(ドミヌス)がその部分と合しているなら、あなたのなすあらゆる実修と準備はうまくいく。あなたのすべての業の実修を、月が三、六、八、あるいは十二宿にある時(64)に、また幸運惑星もそこにある時になすなら、どのような交渉事(65)にも悪く、うまくいかないだろう。またあなたの業の実修のすべてにわたりつつねに、月と東の宿の宮が真直ぐ昇る星座(しるし)(66)のいずれかの中にあるようにする。ここで知っておくべきことは、東の宿(アシェンデンテ)と四つの配置すべて(67)が共通の意味をもち、あらわれをする、ということ。月が悪い配置となる時にあたり、どうしてもあなたが実修をなさねばならず、遅滞を許されないなら、月が東の宿(アシェンデンテ)から落ちているようにし、

(61) disposiciones 与件、準備できてある状況。それ自体の内在的傾向性等々、一般には配置。ここまでは、業の実修者の「資質」としての準備を指して用いられてきていたのだが。

(62) 「相(アスペクト)をなさない」

(63) partem,「部分」、【一三】では「度」を指している。ただしここでは cadente と対にして用いられているようにみえる。つまり「相(アスペクト)に当たる」、あるいは「発出」の含意、つまり「幸運惑星から眺められる」ように。

(64) 四角相、不動のグランド・スクエア

(65) negociis

(66) signis directe ascendentibus 前註参照「直立して上昇する宮」

(67) 4 omnes disposiciones 上掲の悪い宿三、六、八、十二宿のことか？

幸運惑星を東に据える。すると東の宿(アシェンデンテ)ばかりかその宿の主(ドミヌス)も幸運となる。これがドロテウスの教えである。

【一一】また知っておくべきことは、東の星座(アシェンデンテ)の堅牢さと善さとは二つ、つまり形相(かたち)と幸運からなっているということ。東の星座(アシェンデンテ)の主(ドミヌス)とはこれを言ったものに他ならない。形相(かたち)とは、請願したく思うことと自然本性的諸理拠および諸性質を同じくする星座を東に置くこと。性質の類同とはその条件のことで、運動の力により宿の主の至高なる支配のうちで実修が事物のうちにすばやく容易に成就するよう、東(アシェンデンス)に火性の星座(しるし)の一つを据える。(68) ここで理拠の類同というのは、あなたの業が戦闘あるいは武装にかかわるものごとの実修であるなら、東(アシェンデンス)に火星(マルス)を主とする星座の一つを据える。すると請願する宿が幸運となるばかりか、その宿の主(ドミヌス)もまさにその場所つまり宿で請願を証し、その端緒原理と秩序をあらわす。請願の主(ドミヌス)とは、その請願と効
[74] 果の仲介者(69)としてあるもの。また請願の主の＝宿の主(ドミヌス)とは事象事物(ものごと)の最終的解決(70)を意味する。また同様に、東(アシェンデンス)は諸事物の端緒原理(ものごとのはじまり)をあらわしており、東に昇る宿の主(ドミヌス)は諸事物の終局目的を意味している。そして請願（者）の側からする待望について。これは請願の性質そのものをあらわしており、これは主(ドミヌス)に類同であり、主の宿にかかわることである。すでに述べたこと

（68）亜英版：「……東の星座とその支配星が性質の形相(かたち)と幸運をかたちづくる。ここで形相(かたち)とは、東の星座が要請される意図と性質に類似をもつことを指し、性質とは早々にかなえられるべきことがらについては、火性の諸星座の迅速さ、権威、剛毅に恃む、といったことがらを指している。」第I書五章【三】参照

（69）in medio「中間媒介」

（70）nem et eventum rei「目的とその推移」

ばに語られている場所について十分に精査したうえで、その場所にある時に幸運惑星が堅牢とされ、すでに述べたことばどおり善い相（アスペクト）で（月を）眺めるところに幸運惑星を据える。そして災厄惑星がその場所から落ちるようにする。また東の宿の主あるいは請願者の宿の主にけっして逆行惑星を置かないように。そこに逆行するものが何かあると、それは遅延と遅滞をもたらし、成就しないことは明らかであるから。またそれぞれの場所がそれぞれの性質を引き受けている。何ものかがそこを逆行すると、その効果をはじめから[71]破壊し、労苦と危難なしにはその効果を果たさない。また、すでに述べた何ものも、太陽および月と合あるいは衝に入ることがないように、かえって上昇宮（アシエンデンテ）の中あるいは請願の場所か請願の部分にあるように、そして幸運惑星が東（アシエンデンス）あるいはいずれか東と相（アスペクト）をなす角度にあるように、それとも請願の場所にあるように注意する。また知っておくべきは、大幸運惑星はあらゆる請願に、高き知識や律法[72]において大いなる力能と潜在力をもち、小幸運惑星は婦女の諍いごと、装身具やら婦女の歓びやら悪徳やら等々に作用（はたらき）をあらわすものであるということ。また、何をなすにしても、決して月を東（アシエンデンス）に置いてはならない。それによって敵意反撥が引き起こされるから[73]。一方、太陽が東（アシエンデンス）にある時は敵意反撥をもたらさない。それは事物（ものごと）[74]の覆い

（71） in principio「端緒原理において」

（72） altis scienciis et legibus : legibus は法律から法則まで包摂する語。

（73） ascendentis（東に）昇る、（ものごとが）起こる。

（74） encia（実）有、本書では res とほぼ同じ意味でもちいられている。

を取り去り、結び縺れたものを解いてくれるから。

【一二】また同様に、災厄惑星を東(アシェンデンス)に、あるいはこれと何らかの相(アスペクト)をなすように置いてはならない。特に災厄惑星がいずれかの邪悪な場所、たとえば第八宿の主(ドミヌス)となるとその潜在力を発揮することとなり、これは商品交
[75] 易や転居(75)に大きな損害をあらわすことになる。‖災厄惑星が第六宿にあると、敵対者や使用人による不利益、病患、投獄、家畜の被害があらわとなる。あるいは災厄惑星が第十二宿にあると、困窮、敵対あるいは投獄といった阻害や破滅がおこる。災厄惑星が第二宿にあると、財産や使用人に起因する損害、あるいは飲食による被害があらわれる。この題材についてすでに述べたことばのすべてに留意し、すでに述べたことばを忘れず、これを魔術のあらゆる業の礎と勘案するように。また日中になされる業のすべてに関しては、日中に真直ぐ昇る星座(しるし)(76)を据え、夜になされる業には夜に真直ぐ昇る星座(しるし)を据えるように。またできるだけ太陽と月についても留意し、その時間に潜在力があり強力な主(ドミヌス)(77)の場所を見極める。その卓越した潜在力と堅牢さがお互いに触れ合い結びつけるように。要するに、業に着手する前に、諸惑星の位置を見極め、これをあなたがなそうとする業の意味と合わせねばならない。なにか男あるいは婦女の愛と好意にかかわる業をなそうと欲する場合、月が金星(ヴェヌス)を

(75)「宿の変化」の同語反復的な意味変化。

(76)「直立して上昇する宮 mustaqīma aṭ-ṭulūʿ」と「斜めに上昇する宮 muʿwağğa aṭ-ṭulūʿ」については、ビールーニー前掲訳書四七九—八〇頁参照。ここでは「直立する宮」は「命じる宮 āmira」と、「斜行する宮」は「従う宮 muṭīʿa」と等置されており、第I書第五章【七】註25のプトレマイオスの規程とは異なっている。また▼補註12も参照。

(77)どうやら羅訳者はこの「場所」という語を「宿」に充てているらしい。以下同様。

三分あるいは六分相（アスペクト）に享けるようにし、それの宿が昂揚(78)にある時を選ぶとより善い。

【一三】三分相（アスペクト）というのは、三辺が等しい三角形を結ぶもので、その一々の辺は周天の百二十度部分を含みもつ。また六分相（アスペクト）は六辺が等しい六角形の形象を結ぶもので、その各辺は周天の六十度部分を含みもつ。四分相（アスペクト）は四辺の等しい正方形を結ぶもので、その一々の辺は周天の九十度部分を含みもつ。衝とは天の直径の逆端である。

【一四】では先に停めたところの理拠づけに戻ろう。もしもあなたがなんらかの業の実修においてどうしても月が金星（ヴェヌス）を享ける時まで待てない場合、（月が）木星（ユピテル）を三分相（アスペクト）で享けるか、それの宿の主（ドミヌス）が三分あるいは六分相（アスペクト）となるようにする。これらのいずれをも満たせない場合には、（月が）幸運惑星
[76] 金星（ヴェヌス）の末端(79)に来て、災厄惑星木星（ユピテル）から免れているようにする。‖しかしあなたの業が愛や好意にかかわるものの場合、東（アシェンデンス）の初度に金星の末端を置く。またあなたの業が財産獲得にかかわるものの場合、同じ金星（ヴェヌス）の末端を第四宿の初度に置く。あるいはあなたの業が律法の利便を得ようとするものの場合にはこれを第九宿に置く。あるいは業が信用やそのための心労や懊悩にかかわる場合、それを第十一宿に置き、幸福惑星の度数部分を強運の場所に、ま

(78) exaltacione 月の宿が金牛宮三度にあたる時？

(79) in termino → in trino 三角相？

たその宿が幸運惑星を享けるように[80]する。あるいはあなたの業が諍いや戦い等々の勝利にかかわるものなら、火星(マルス)を享けて、月が友好的な相(アスペクト)を享けるようにする。またあなたの業が借金の返済にかかわることなら、火星(マルス)の場所が土星(サトゥルヌス)を享けるようにする。また業が計算、書写、修学にかかわることであるなら、それ（月）が水星を享けるようにする。あなたの業が王や君公たちとの和議あるいは争議にかかわることであるなら、木星(ユピテル)を享けるようにする。またあなたの請願がその他の理拠づけに、つまり残りすべての理拠にかかわる場合には、それ（月）が東(アシェンデンス)の主(ドミヌス)を享けるようにする。月が東(アシェンデンス)と幸運惑星の度数ばかりかその実体[81]（惑星そのもの）の幾分かをも享けるように。そして月の主(ドミヌス)と東(アシェンデンス)の主(ドミヌス)ばかりか第四宿の主(ドミヌス)をもすでに述べたように導き、すでに述べたことばの一々の場所が災厄諸惑星を免れ、また可能な限り幸運諸惑星が事物(ものごと)の終局目的から識別される幸運な場所にとどまるようにする。

【一五】またあなたに財物が移譲され贈与されるようにと誰かから何かを欲する時には、東(アシェンデンス)の主(ドミヌス)と月がアルムタス[82]と請願の主(ドミヌス)の影響を享けるように、また月あるいは東(アシェンデンス)の主(ドミヌス)が請願の場所にあるようにする。請願が老人あるいは農夫に向けられるものなら、土星(サトゥルヌス)を請願の主(ドミヌス)とする。またあなたの請願が官吏、司法官、聖職者あるいは富裕で拘束のない人々に向けられ

（80）「幸運惑星から眺めて相(アスペクト)となる」以下同様。

（81）partis substaicie「実体」、「下にあるもの」。後出【一五】では「金銭」の含意。なにか書写上の錯誤か――たとえば necque et partis infortunis ?

（82）almutaz　第Ⅰ書五章【二八】、また▼**補註**9を参照。

〔77〕

る場合、あなたの請願の主(ドミヌス)は木星(ユピテル)とする。あなたの請願が兵士あるいは軍人や指揮官、鉄あるいは火にかかわる者たちの場合、あなたの請願の主(ドミヌス)を火星(マルス)とする。またあなたの請願が王や高位の人々に向けられる場合、あなたの請願の主(ドミヌス)を太陽とする。あなたの請願が婦女や男の享楽、装飾家、＝画家、〔装身具職人〕、昔語りにかかわる者たち、また絹布染めや金塗り等々にかかわる者たちの場合、あなたの請願の主(ドミヌス)を金星(ヴェヌス)とする。あなたの請願が商人、書写者あるいは学匠、精妙な測量術にかかわる者たちの場合、あなたの請願の主(ドミヌス)を水星(メルクリウス)とする。またあなたの請願が冷たいもの、水の自然本性をもつものにかかわる場合、使節あるいは王その他の人の前に伺候し難儀せねばならぬ者の場合、あなたの請願の主(ドミヌス)を月とする。等々、あなたの請願のすべてにわたり、幸運諸惑星また月を東(アシエンデンス)の主(ドミヌス)とする。またあなたの請願が金銭(スブスタンチア)や生活必需品にかかわる場合、幸運惑星の度数部分が他の幸運惑星を享けるように導く。ここで注意すべきは、いずれかの災厄惑星が月の明かりから東(アシエンデンス)の主(ドミヌス)をあるいはその逆相(アスペクト)を切断しないようにするだけでなく、いずれかの災厄惑星が請願の主(ドミヌス)ばかりか月とも重ならず、東(アシエンデンス)の主(ドミヌス)とも請願の主(ドミヌス)とも合することがないようにする。そして上述の享ける相(アスペクト)は幸運惑星と三分もしくは六分となるように、あるいは災厄惑星が幸運惑星と合に入るようにする。また請願の主（ドミヌス）が太陽と月ばかりか東（アシェンデンス）の主（ドミヌス）の角度から落ちることがないように(83)注意する。これらすべてを守ることができない場合には、五つの請願の主（ドミヌス）のうちの一つの動きに注目する。これがいずれかの請願に準じた相（アスペクト）をなし、それを享けているかどうかに。その二つの場所を幸運惑星からよく享けるところに置く。そしてどの災厄惑星も月の宿の主（ドミヌス）とも、第四宿の主（ドミヌス）および東（アシェンデンス）の主（ドミヌス）とも一緒にあることのないように注意する。すでに述べたところにいずれかの災厄惑星があると、損壊が起こり、あなたの請願の目的は妨げられることになってしまうから。

【一六】また何か行政官やら官吏やらにかかわるものごとについて業を実修しようとするなら、月と東（アシェンデンス）に昇る星座が流動諸宮（シグナ・コムニア）のうちにあるように、また災厄惑星を免れているように配慮する。またあなたの業が黄金にかかわるものなら(84)、太陽をより強くし、幸運諸惑星のあらゆる性質を勘案しつつ、あなたの業の端緒原理に据える。‖ [78]

【一七】ここまで述べてきたことは、諸星辰の一般的評価判断であり、それらがどのようにあらねばならないかを吟味し知解するなら、この知識により一般から個々の事例について知解し評価をくだすことで、あなたは一々の業の実修にこれを活かすことができる。あなたはこれらすべてについて、これ

(83) あるいは「請願の主（ドミヌス）が角（?）を外さないよう、また太陽と月、東の主からの相（アスペクト）関係を外さないように」。

(84) 錬金術?

について知解あり研鑽を積んだ者以外に、すでに述べたことばを決して発かず明かさないよう、十分慎重であらねばならない。これが図像(イマジネ)の礎にして実践に伴う危険である、ということを知っておかねばならない。ここにその秘鑰が公然と明かされている。ここにこそ天文学の業に関する修学が法により厳密に禁じられた理由がある。まさにその知識を深めることは魔術の業の知識を探求することに通じるから。それゆえにこそアリストテレスはアレクサンドロス王にこう言ったのだった。アレクサンドロスよ、汝はいつも注意を凝らしたまえ。諸天体(コルプス)の運動、相(アスペクト)、性質に準じて汝のなすべきことをなしたまえ、と。すでに述べたことばを究めるなら、あなたの請願は現実のものとなり、あなたの意志は成就するだろう。この文書はたいへん善く有益である。賢者と愚者の動機[85]の相違はここにある。愚者は現世を理解するにも到らず、ましてや別の世の理解など晦まされている。別の世の理解とは知識と叡知を包摂した賢者の秘鑰のことに他ならない。

(85) motiva「機運」

第四章　第八天および恒星群の運動について

【一】魔術的知識に通じた古の賢者たち(1)は、四分の一天のそれぞれが西から東へと八度動いた後、東から西へとまた八度戻ることを観てとり(2)、この運動を第八天の運動と称した。天文表註釈者たちの多くはこの運動を看過し、これについては何も述べていない。この運動は魔術そのものにとって大変有益なものであるのだが。ただ、こうした表をつくった者のうち幾人かは、その
[79] 表にこの運動をも載せたばかりか、数値と計算をもって＝いつでもその運動を見きわめることができるようにした(3)。まさにここに魔術的知識最大の礎があるということを決して忘れてはならない。この運動によって天の諸形象は変るのであるから。これこそこの知識の秘鑰の一つである。この八度の運動は六四〇年で完了し、同じだけかけて元に戻る。すでにあなたに語り明かし

（1）Ritter 亞版の註に、"De doctrina trepidationis fixarum cf. Al-Battani sive Albatenii *Opus Astronomicum*... ed. C. A. Nallino, 1903 I, 298ss." とあり、H. Ritter – M. Plessner 亞独版 1962, p.81, n.4 には「恒星天の揺動についてはアレクサンドリアのテオンの prokeiroi canones 註解に言及あり」と注されている。これのアラビア移入に関して参照文献として、E. Honigmann, *Die sieben Klimata*, 1929, 118ss が、テオンのテクストとして同書 82 (17) および、希語版 *Commentaire de Theon ... sur les tables manelles*, ed. Halma, I, 1822, p.53, 羅語訳 Nallino, al-Batenii *Opus astronomicum*, I, 1903, p.298 が挙げられている。また前掲のビールーニー『占星術教程の書』（山本啓二・矢野道雄訳）、「イスラーム世界研究」三・二、二〇一〇年、三六四頁「192 (191). 天球の運動とは何か」に、「これは、アレクサンドリアのテオンtawun が護符師、すなわち古代バビロン人の星学者に関係づけている見解である。つまり彼らは天球について次のように考えた。天球には宮の方向へ向かう運動があり、その限度は八度である。その後それと同じだけ宮と反対方向へ戻る。その運動の期間は黄道の一

たように、諸天の影響効果の知識であるばかりか魔術の知識でもあるこの運動については十分守秘するように。この運動は天極の諸星座の運動であり、東から西へ、またその逆への運動であり、この二様以外にはあり得ない。(4) この運動が東から西へと向かう時、この世に生起しはたらく事物の意味が開示され、西から東へと向かいはじめると、この世に生じる影響効果は別の意味をあらわすことになる。この運動は第八天の諸星座および諸恒星の運動であり、他の諸天の運動と一致しない。この運動について知解し、あなたの一々の業の実修にあたり十分注目する必要がある。‖

度につき八〇太陽年である云々」。その註に上掲亞独版当該個所が挙げられている。

(2) 亞独版は、テオンがsemeia tropika（夏至冬至点）について論じていることを註している。ちなみにNallino, al-Batenii *Opus astronomicum*, I, 1993, p.301ss; J. Millas Vallicrosa in *al-Andalus* X (1945), pp.83ss. が参考論考として挙げられ、タービット・イブン・クッラの『第八天の運動についての書 *Liber de motu octave sphere*』についてはこの亞独版の諸所参照と記されている。タービットの書はF. J. Carmody, *The Astronomical Works of Thabit B. Qurra*, Berkeley-Los Angeles 1960, pp.84-113に公刊されている。またテオンについても、F. M. Petrucci, *Teone di Smirne. Expositio rerum mathematicarum ad legendum Platonem utilium, Introduzione, Traduzione, Commento*, Sankt Augustin 2012で伊訳が公刊されている。

(3) 亞独版ではこのあと実例が詳細に語られる。▼**補註**13参照。

(4) この書が書かれた時代、順行逆行にあたり僅かにループが描かれ、黄緯が変化することはまだ観察されていなかった、あるいは占星術師たちにはまだ一般的知見でなかったものとみてよいだろうか（つまり昂揚と失墜に関連して、黄緯の上下が謂われているのであって、順行と逆行における黄緯の変化が勘案されている訳ではない、と）。

第五章　諸民族にあってこの知識はどのように区分されており、それぞれの民はどの部分を保持しているか

【一】この知識にかかわる驚くべき大いなる能力を発揮した古の賢者たち[1]について、ここで採りあげておこう。ある者はこの知識にかかわることどもが三つに区分されると言った。その第一が魔術の知識で、これについて大いに探求を進め実修したのがカルデア人たちに捕えられ奴隷とされたアザハビン人[2]と呼ばれる者たちだった。第二が諸星辰の知識およびこれらへの燻香と祈願、生贄、祈禱文で、この知識を深めたのがギリシャ人であり、彼らの中にはこれにたいへん精妙な知識をもつ者、これ（つまり占星術）を知解する者が数多くいた。またこの占星術の知識にかかわる真の知識は魔術の知識すべての礎と評された。第三の部分は燻香の実修にかかわる知識で、こうしたもの

(1) 亞独版・亞英版：「ヘルメス」とする写本もある。
(2) Azahabin 亞独版 Sabier, 亞英版 Sabians シバの人々

ごとにかかわる祈禱定式、こうしたことばによって結ばれまた離される諸霊(スピリトゥス)の知識も含まれる。この知識にもっとも精通していたのがインド人たちで、これの最大の実修者たちがリエメン人(3)たちとエジプトのナプティニ人(4)たちだった。ここに挙げたいずれの手法も理論と実践をその礎および本質としている。

【二】インド人たちの祈禱詞には力能と潜在力があり、これによって致命的な毒からも一切薬なしに救われ癒される、ということは名高くそれは証されてもきた。またこの詞には悪鬼たちを苛み、それらがこの祈禱定式(ことば)を聴いただけでこの覚知(センスス)を変じ抗うことを不可能にし、この詞の力能はその（霊たちつまり諸星辰の）運動をすら変じさせる。また彼らはアルクェルクェッラ(5)と称する楽器をつくり、弦一本だけで調和的な音を撥し、それを思いのままに精妙に奏する。(6)‖［81］また婦女たちに対しても驚くべき業を実修し、男と交わることなしに孕ませ、さまざまな治療、施薬をしてみせる。インド人たちの中には、葡萄酒を飲むことで老化老衰を防ぐ者もあり、この葡萄酒の力能により自然死以外では死ななくなる。こうした祈禱定式(ことども)のすべてにおいて彼らは他の誰よりも潜在力に優れているが、これは彼らに自然本性的に授けられているものである。諸他の者たちがこれを獲得するためにはじつに才知と労苦を要す

（3）Liemen 亞独版 : die Sakasik in Jemen [wa-sakasiku 'l-jamani], 亞英版 : Sakasiks of Yemen イエメンのサカシーク人? Cfr. Wüstenfeld, *Genealog. Tabellen*, s.v. Saksak.

（4）Naptini 亞独版 : Kopten Aegyptens, 亞英版 : Copts of Egypt エジプトのコプト人

（5）alquelquella 亞独版 : Alkankala, 亞英版 : al-kankala

（6）et omnes eius subtilitates quemadmodum cupiunt et optant.「精妙なるものどもを思いのままに操る」

る。彼らはこの世で降霊術（ネグロマンツィア）と蠱惑術（ファッシナツィオーネ）等々[7]にもっとも秀でた潜在力をもっている。インドの巷説に、赤道より南側（日時計の昼夜平分線の下）には悪鬼たちが蟠っている[8]、という。それらはたいへん精妙なものたちで、それらが生まれることも死ぬこともないのは、律則[9]に一致している。またこれ（律則）によれば、諸惑星あるいは天の物体（コルプス）の中でもっとも力能と潜在力をもつものは土星（サトゥルヌス）と龍尾である。上に名指した賢者[10]は、この世に生成し壊敗するあらゆる形相（フォルマ）と形象（フィグーラ）は、諸恒星の力能の注入影響を受け、またその図像群（イマジネ）[11]の中の諸恒星がなす形象と配置によって準備配置され秩序づけられる、と言っている。また、天には地上にはない諸他の形象と形相があり、これらは終端に終端が対応するものであるから[12]、魔術および諸霊（スピリトゥス）の業の知識に精通した賢者たちでなくてはこれらを理解することも把握することもできない[13]、と彼は言う。彼らはこれらを識別するために名を与えたが、それらの名はかならずしもその形象の在り様や性質を明かすものではない。そうした名の数々は形象や印章で、たとえば次のようなものである[14]。

そしてこれらがお互いに線で結ばれる。一点から他に向かって延ばされた線の数々は光線とみなされ[15]、これらは一方から他方へ向かって伸びている。こうして形象および図像（イマジネ）がかたちづくられる。それらは第八天および諸恒星にあるものである。‖

(7)「魔術や妖術」くらいの意だが、本訳書では一応、用語が判別しやすいよう、magis 魔術、nigromancie 降霊術、fascinatione 蠱惑術としておく。

(8) quod a linea equinoctiali versus meridiem est quedam populacio quam diabolos appellant. 亞英版：「彼らは、赤道の南（の背後）には館がある、と得心しており、また彼らは精霊（ジン）や悪鬼について言及している」。Cfr. フィチーノの『三重の生』と呼応する数少ない箇所。いわゆる「白昼の悪魔」の祖形。▼補註13参照。

(9) lex「法則」とも。

(10) 亞英版では「アダム」になっている。あるいは上註1亞英版の「ヘルメス」参照。羅版では名指されていない。

(11) ここで、恒星が天になす形象（フィグーラ）としての星座と図像（イマジネ）の関係の曖昧さから、本来同じものを指していたこの二つの語が、天の形象と手元の護符（イマジネ）に二分され観念されることになり、ここに媒介（メディア）としての護符が出来する。

(12) que terminatis proporcionibus terminantur「比例の語彙をもって規定されるものであるから」

(13) 亞英版：「この業に関する彼らの唱導者は、生成壊敗世界のすべての図像（イマジネ）

〔82〕

【三】またこの賢者は、天の諸他の図像諸形象、たとえば諸天およびその諸天体の度数は、知性をもってするのでなくては描き得ない、と言う。この知識の探求に努めた数多のインド人たちの諸著を知ることなくして、この賢者が語ることが知解できないというのは驚くべきことである。彼らは、こうした諸形象は諸星座がそれにふさわしい場所にあり、東に昇る星座もまたそれにふさわしく適った時につくられねばならない、と言っている。また、獣頭占いや鳥占い、鏡や剣の吟味、夢解釈も同様に探求されねばならない。こうした定式は請願を補い、精妙な秘鑰を知るためになされるのである。これらが役立つのは、占星術師が諸惑星や月の円環をつくり、気中にあらわれる虹あるいは天の弓、また諸星辰の燦めきや太陽の中の渦を役立てるのに等しい。これらはすべて占星術師が評価判断し天の諸効果を知るために役立つものである。また、天には優美な諸形相があり、また別に美しさに欠ける諸形相もあるが、これらは諸恒星の配置と形象からなっている、と彼らは言った。誰か生まれてくる者が優美な諸形相のもと、太陽と月もまた美しい諸形象のなかにあるならば、これらの作用と運動によってその者は幸運となるだろう。また誕生時に東に昇る星座の形象が醜く歪んでおり、(16) 太陽と月もまたこれに類したところにあるなら、この時生まれる者はすべての作用、交渉、運動か

は、諸恒星が天にかたちづくる数多の配置（星座）をなすことにより進捗する、と言う。また彼は天上には地上では得ることのできない図像があり、これらの図像はある種の調節をなすもので、儀礼あるいは護符図像を用いることで魔術師によって利用される……」

(14) 亞独版 p.85 では五つの小さな。をコとく形の線で結んでいる（下図参照）。

ここは例示であって、脈絡がないのでいずれの星座であるか推し測る術はないが、これはたとえば『宿曜経』の二十八宿解説に見られる「鬼宿」の図によく似ている。若原敬経『宿曜占真伝』天巻（明治四十一年刊）一三六頁挿図（下に再掲）参照。

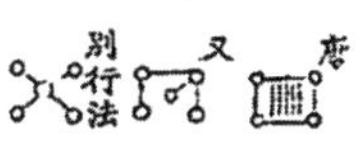

(15) radii「半径」とも。

(16) gura turpis et deformis 先の「斜めに上昇する torturosa 宮」と関係あるか？

ら災厄を蒙ることとなるだろう。それゆえ誕生時の天の旋転およびその一々の合に注意を払わなければならない。これは魔術の業の実修に際しても同じである。これについて賢者たちは、諸星座とそれらの運動のうちになんの予測評価をもたらさないものが一つでもあるなら、それは虚しい夢のようになんの意味ももたず、知解もない、と言っている。こうした星座に注目するのではなく、かえって諸他（の星座）にあなたの請願を向けるようにする。ただし誕生時についてはさまざまな合や旋転に注目しなくてはならない。また賢者たちは、夢に関する知識とは魂（アニマ）のうちなる力能のことであり、天の諸霊（スピリトゥス）と結ばれたものである、と言っている。これ（魂）により地上にあり得る諸事物の形相（フォルマ）と形象（フィグーラ）が見られ、これのうちに霊（スピリトゥス）の力がかたちづくられる。こうして真実の夢は諸事物のうちに確認される(17)こととなる。夢の知識は占星術（アストロロギア）をも利するものでもあり、まさに夢の知識とは天文学（アストロノミア）等々の知識とも調和するものである。その力と注入影響は水星の諸力からやってくる。礎である誕生時に水星が強くはたらくと、夢告があらわれる。また医師たちが言うように、夢というものは休息の折や体液の混合気質（フモーレス）によって、あるいは蒸気が頭に昇った時に見られるものであるが、こうした夢には意味はない。‖

[83] 【四】夢というものはまさに諸物体（コルプス）から分離したそれとは別の単純なものご

(17) acertamur「洞見される」

(18) encia 有（エンス）が意味内容（観念）なのか外的事物（対象物）なのか、両義的である（まさにこの語が中世につづけられるスペキエス（像から種へ）議論を思い出させる）けれども、ここでは魔術の「知識」として用いられる sciencia を割って sci-encia、知られる「有＝もの」、がこの語の中に孕まれていることにだけ注意しておきたい。

とを証すものである、ということを知っておかねばならない。魂が諸感覚の力能を感受することをやめると、それを利用することもできなくなる。ところが内心（メンティス）の理解および内実[18]をかたちづくる力能によってかたちは成される[19]——可感的諸事物の諸力能が保持しているところおよび第三の特性つまり事物の後のものである想起（記憶）を、理拠的な霊（スピリトゥス）[20]がそれがあるべく完成して在[21]らしめ、最前見た人の内実を見ることとなる[22]。こうして過不足なく夢に見たあらわれに逢着する。ここに内実をかたちづくる力能が理拠的な霊（スピリトゥス）を強化すると[23]、最前見てとった事物の似像（シミリトゥーディネ）そのものを見ることになるが、それは事物そのものではない。たとえばこれについて次の事例を二様に観てみることにしよう。完璧な理拠的な霊（スピリトゥス）をもつ人が、夢に熊か犬が追いかけてくるところを見るなら、そのままの事態が起こる。一方、先の夢の中に盗人か卑しい身なりの男が間を走ってくるなら、これは似像である[24]。また自然本性が強く潜在力に溢れているなら、この自然本性[25]の堅牢さに霊（スピリトゥス）は妨げられる。この自然本性の堅牢さは、食べたり飲んだり、着飾ったり婦女と同衾したりという自然本性的なことどもの介在により強化され、また自然本性的な一々のものは夢にもさまざまな事物と類同なものとしていろいろな物体（コルプス）として見られる。からだ（コルプス）が婦女と交接する準備が調っているつまり精液が満

（19）imo formantur secundum cogitaciones mentis et vires encia informantes「思惟と有（像species）をかたちづくる力能によって形成される」

（20）spiritus racionalis 先註のとおり、本書ではスコラ学魂論における「anima rationales 理性魂」がこの語によってあらわされている。

（21）「実在を成就して」

（22）quando spiritus racionalis existit completus ut debet, videt encia que viderat ipse homo

（23）Et si virtus in qua encia formantur erit forcior spiritu racionali「存在者をかたちづくる想像力が理性魂を強化すると」

（24）et hec est similitudo 亞英版：「たとえば完璧な精神が犬もしくは獅子が彼に向ってまさに攻撃を仕掛けようとしているところを見るなら、それは感受された通りにあらわれるだろう。しかし、想像力がより完璧であったなら、それは法律家か泥棒として感受されることだろう、ここで感受とは意味受容である。」中世スコラ学風に採るなら、理性魂は「可感的スペキエス」から「可知的スペキエス」へと知解を深める、とでも言えようか。

（25）「欲望」

ちている時には、自ら婦女と交接しているさまを見ることだろう。これは自然本性がその満ちている質料素材（マテリア）(26)を一掃したがっているからに他ならない。またからだ（コルプス）が湿の体液気質に満たされているなら、夢に川や水を見ることとなる。それが黄胆汁（憤怒質）に満たされているなら、夢に火や火災等々があらわれるだろう。黒胆汁（憂鬱質）に満たされているなら、夢に恐ろしく戦慄させるようなものどもがあらわれるだろう。こうした類のことは鳥占い（アウグリオ）においても証され、その判断裁定の活力が鳥占いで見たり聞いたりする事物（ものごと）と鳥占いから感得される所定の事物（ものごと）(27)に据えられた把握と理解に合致する時、それは真である。ここに内実がかたちづくられるその力能それ自体が、存在をもつ(28)事物の中に注入伝達されることで、より堅牢となり浄化される。これはあたかも賢者たちが鏡の中に内実を見、また見たり聞いたりしたところを補助として、それらすべてから存在をもつ事物を知り解する力を汲みとることができるようになるのと同じである(29)。これらはみな霊（スピリトゥス）の力と強さである。このようにして力能つまり活力はその中で可感的なものどもおよび感覚の残滓を分離しつつ内実をかたちづくる。そして可感的なものと視覚の能作（はたらき）の間にたちまちのうちに中間媒介（メディウム）を生起させ、ここに霊（スピリトゥス）の諸力能が合一する。

[84] ここに〃夢と鳥占いが由来するのであり、からだ（コルプス）から悪い体液気質が浄めら

(26) materie 精液を指して質料といっているところは、これを原質という意味で使おうとしているのかもしれないが、中世の慣用では母体がマテリアで精子がスピリトゥスとされる訳で、この用法には医術関連用語とは別の経路が透けて見える。

(27) perceptis 感覚的感受、だが、鳥占いにおける所期の判断定式（便覧）に照らして、という意味にも採れる。

(28) esse 存在の現勢態と可能態というアリストテレスの生成消滅論が肥大したアヴィセンナ式存在偶有説の方法がここに透けて見える。

(29) Et si eorum virtus in qua encia formantur fuerit fortis et munda ad informandum in se res illas que habent esse quemadmodum sapiens in speculo videt encia et adiuvat se cum eis que videt et audit. et omnibus istis potest attingi vis sciencie et intellectus rerum que habent esse「想像力が外在する事物へと注入されることで想像力は一層堅牢となる。これはあたかも賢者たちが思惟の中に像（スペキエス）を観、また伝授体験を援けとして、存在する事物の知識と知解力を汲みとる（可感的なものを可知的にする）ようなもの」。目に光が入

れ、その複合が平衡しているなら、見られるものの一々は真であり確実である。またその逆の場合、見られるものの一々は偽であり虚しい。

【五】予測予言が第五本質(クインタ・エッセンチア)の諸力能であることは明白であり、それを預言(プロフェチア)と称する。これは霊(スピリトゥス)の力能に固有なもので、分離された諸事物(ものごと)[30]を見ることからかたちづくられるものである。感覚感受と知解とは眠っている時にも目覚めている時にもおこる。内実をかたちづくるその力能は不浄なあらゆる残滓から完璧に浄められており、分離された諸事物(ものごと)を内実が鏡の中に[31]あらわれるように見る。これが霊(スピリトゥス)が浄められて完璧な時のあらわれである。それゆえ事物(ものごと)の意味(センスス)[32]を完璧に把握することができるのでなければ、予測者で抽象された事物(ものごと)について予言できる者はいない。ここで完璧とは上位なる事物(ものごと)を名指したもので、意味として了解される[33]。諸他のものは十分なもの(スッフィチエンティ)[34]どもであり、先述したところが欠けており、それを満たすのは賢者だけであろう。これら二つを相補うのが預言者である。これは預言の霊(スピリトゥス)が第一の内実の配剤者つまり神自身によって完璧に据えられた個人のうちにでなくしてはあり得ない。この預言の霊(スピリトゥス)とは神によって、共通的な意味(センスス・コムーニス)[35]を介して伝達され注入されるものである。これ（共通的な意味）は神自身が自然本性的にそれ（預言の霊）のうちに据える力能であり、この共通的な意味から覚知つまり人の

ることによって見えるのではなく、目から意図（指向性）が注ぎ出ることによって見る（次項の意味把握）、という光学論的な議論にもみえる。

(30) rebus separatis 質料性を分離した観念、の謂いだろうが、rebus sensibilis 感覚的なものから（たとえば羅伊訳の解釈）と一般化したり、「遠隔地のもの」と観念することで透視術を想起させるものにもなる。

(31)「像が思惟に」前註参照。

(32) sensus 羅訳ではこの語は可知的意味あるいは可知的スペキエスの意で用いられているようにみえる。Intellectus とほぼ同義に。本項【五】後出 virtus et potencia sensui sive intellectui hominis 参照。

(33)「上に名指したところであり、意味（覚知）のことである」

(34) sufficienciis「これに下属するもの」「補充物」の意。アヴィセンナの自然学が「スッフィチエンティア」と羅訳されたことの意味が分かるような気がする。「それに基づいてなされたもの」あるいは「目的性を付与されるもの」という意味での欠如態を充足された物。必要条件を満たしていないが十分条件は満たしているもの。

(35) sensus communi 蓋然的な意味？

知性の力能と潜在力が到来する。この覚知に内実をかたちづくる力能が結びつき、まさにこの力能の連繫により人の覚知は叡知に飾られる[36]ことになり、まさにこの内実をかたちづくる諸力能を汲みとったものが預言者と呼ばれることになる。このような準備ができた人は、誰よりも高貴にしてより完璧、より幸運である。これによりそれに到達しようとすることこそ、われわれが求める善である。善こそが最大の幸運を得ることでないなら、われわれは善など求めないだろう。そのためにもわれわれは善い慣習と嗜好を身につけ、悪しき慣習に染まらないようにせねばならない。そのために人々は法を身につけ、善のうちに唯一の知性[37]に集まることとなるであろう将来を信じるのである。これこそが最大の幸運をばかりかこの世の諸事物（ものごと）およびその諸性質の理解を汲む方法であり、類同なるものを連繫するとともにそれ自体がどのように区分されるかを知る途である。この部門を預言と呼ぶ。その序列秩序は、
[85] 可感的諸事物から‖形而上学的（自然学の後なる）知識に到るまで、高みに向かって進捗し、そこにおいてわれわれは完璧な人の力能（つまり美徳）に到達することとなる。これはまさに思弁的知識[38]によって完璧である。これこそ人が尋ね求める善であり、これより大いなる他のものに出会うことはあり得ず、完璧な幸運を尋ねてこれを得ることに優るものはない。まさにアルブナサル・

(36)「叡智という誉れを受ける」

(37) uni intellectui 知性の一性（後にアヴェロエス主義として断罪されることになる主題）？

(38) sciencias speculativas「鏡を覗きこむ知識」

アルファラビ[39]は『大いなる業の実修』[40]について著された書で以下のように語っている。万有宇宙の諸事物の秩序と配置はより崇高なる事物（ものごと）を感得するための、また最大の幸運が善き慣習にあり、善を生む徳、高きおこないにあるということを汲みとる方途である。またこれを汲みとる者は持続への端緒[41]を得るとともにいかなる悲哀も消滅するばかりか、悦ばしく嬉しく持続する叡知を終わりなく永劫に得ることとなるだろう、と。またこの法律家は付言して、将来の他なる世の生より他に記憶されるにふさわしい真の生はない。それに較べれば現在の生などまったく考慮に値しない、とも言っている。

【六】それはさて、話題を元に戻すことにしよう。インド人たちの見解によれば、諸霊（スピリトゥス）は身体（コルプス）をもって姿をあらわし、語り、王たちの好尚を得たり反感を買ったり、思いのままの効果影響を生んだり引き出したりすることのできる事物をとり出してみせる、という。これはまさに古の賢者たちがさまざまな形象の図像（イマジネ）を用い、これに請願の詞とそれが唱えられるべき時間も含めて実修したところである。これについて彼らが言うところによれば、図像（イマジネ）とはある選ばれた時間の霊（スピリトゥス）のことであり、これらをもって成し遂げられる業（はたらき）は奇跡あるいはほとんど奇跡にも等しいものである。その作用（はたらき）は自然本性的諸力能を基としたもので、それは赤イァルゴンザ石[42]（つまり紅玉（ルビー））がこれ

(39) Albunasar Alfarabi, Alpharabius, Abu Nasr al-Farabi
(40) *Magisteri ministerio* 亞独版では『錬金術の実修』*Abhandlung über die Alchemie* となっている。これはまた官吏の職責とも採れる。たとえば『都政論 *Kitab al-Siyasa al-Madaniya*』。
(41) inicium durabile「永劫の生」「長寿」
(42) lapis iargonza rubea

をもつ人を怪我や病気から助け守り、またその他の自然本性的諸力能を発揮するように、驚くべき自然本性的諸力能の効果影響をあらわしてみせる。このようにしてつくられた図像(イマジネ)には二つの力能が連繋している。つまり天の諸物体(コルプス)[43]の力能と潜在力が図像(イマジネ)に隠された諸物体(コルプス)として受容されたもの、およびこれとは別に捺印された自然本性的諸力能。後者は、蚤、虱、蠅[44]を追い払うような業および星座や天の諸物体(コルプス)の作用(はたらき)[45]からなっている。必要な条件を満たす時と場所でそれにふさわしい自然本性的質料素材(マテリア)をもってつくられた図像(イマジネ)［86］は＝欲するところの効果をもつ。どの質料素材(マテリア)をもってどのような図像(イマジネ)をつくらねばならないかを知解して、期待される力能と効果のもとにこれをつくることによって、その自然本性的力能の特徴はあらわれる。また、この世でなされるあらゆる業は、なにかを知ろうとしてあるいはなんらかの事実または知識を汲むためになされる、ということをあなたが認めるなら——すべては図像(イマジネ)であり、それらの図像(イマジネ)をどのようにとり扱うかを訊ねることに尽きる。それゆえすでに述べたことばを入念に探求するなら、あなたがこの知識を完璧に獲得するために大いに役立つことだろう。

(43)「諸星辰」
(44) pulicem, bibionum et muscarum 亞英版では「蚊、虱、蠅」となっている。
(45) どちらも天のはたらきに淵源があることになり、二つに分けられる意味不明。あるいは錯誤的付言か。亞英版：「そのうちに天の配置（諸星座）とその素材の物体的質料性とが合わさり、それらは事物の原理であり自然本性に他ならない質料において合している。」

第六章

図像（イマジネ）の諸力能について、またそれはどのようにして獲得されるか。図像（イマジネ）はどのようにして諸惑星の力能を獲得し、そのさまざまな注入影響が図像（イマジネ）を介してどのようにはたらくのか。つまり降霊術（ネグロマンツィア）と図像（イマジネ）の知識の基礎について

【一】まず力能と称されるものが自然本性と体験によって証されるものである、ということを知っておくべきである。そこに力能が作用する（はたらく）能作（はたらき）は、その能作（はたらき）のうちに顕在化する（あらわれる）自然本性をもっている。そのはたらきが最大となるのはその事物の中に力能がある時で、自然本性はその中にあっていまだ顕在化して（あらわれて）おらず、それを業が強いて顕在化（あらわれ）させる時。そしてこれがその効果を受けて表面化する（あらわれる）と、真に識られるところとなる。これはスカモネア(1)の力

(1) scammonee ヒルガオ科の植物スカムモニン、下剤として用いられる。

能がまさに黄胆汁[2]の力能を引きだし、この黄胆汁そのものは熱と湿をもっているので、これらが黄胆汁の自然本性と類同化する[3]ようなものである。またこれはさまざまな薬草[4]においても認められる。その中にある力能と自然本性との類同化がなんらかの作用（はたらき）をなすと、たちまちその作用（はたらき）は表面化し、真にあらわれる[5]。これと同様、図像（イマジネ）もまた力能と類同化することによって作用する（はたらく）。図像（イマジネ）とは天の諸物体（コルプス）の力が諸物体（コルプス）に注入されたものに他ならないから。それはつまり、物体（コルプス）の質料素材（マテリア）が天の諸物体（コルプス）あるいは諸惑星の注入影響を受け入れる準備が調うと、これら諸物体（コルプス）あるいは諸惑星もまた図像（イマジネ）の諸物体（コルプス）の諸質料素材（マテリア）に注入影響をなすため、それに類同化した準備配置をなす。その時、図像（イマジネ）は強化され、われわれの祈願の一々の効果に対し最大の準備をととのえ、諸惑星から賦与された類同化を完成し、完璧なものとする。その事例。図像（イマジネ）をつくり調えたいと思う時には、つくろうとする図像（イマジネ）の事物（もの）と形相（かたち）、またこれをつくり調えるための質料素材（マテリア）を勘案[6]せねばならない[7]。そしてすでに述べたことばに従って類同化においてすべてお互いに調和するようになす。こうした類同化とは支配的に作用（はたらく）[8]する惑星の力の注入に他ならない。こうして調えられると、図像（イマジネ）は力を授けられ完成し、これがもたらす効果があらわれるとともに、構成された図像（イマジネ）から霊（スピリトゥス）があらわれ出る。ここに惑星の作（はた）

(2) colera ガレノス流の四体液説から。ただし、ここでは colore（色）という語も喚起され、別の意味へと逸脱しそうになるところもある。

(3) assimilatur「に比定される」、同質化、類比。後に頻出する similitudo 参照。ただしつづく変成の議論では第一質料化が語られるので、質と訳すと自然本性 natura に近いニュアンスになってうまく伝わらない。そこで類同化、同一性。亞英版は簡約な表現をとどめており、羅訳者の腐心が窺われる（下註参照）。

(4) medicinis simplicibus「単純薬」、シンプリチとは「薬草」を指して用いられた語。

(5)「なんらかの力能が作用する（はたらく）と、その内にある自然本性に比定されるものがこの作用（はたらき）によって露わにされ、真にあらわれる。」

(6) considera → con-sidera 星とともに、ただしここまで星辰は sidera ではなく、stella, corporibus celi なので、こう採るにはちょっと無理があるか。

(7) 亞英版：「あなたは熟考の上、諸惑星からの寄与が完全になされるように、受容のための符号（シンボル）と図像（イメージ）から着手しな

[87]

用がどのようなものであるのか、その受容の様相（つまりそれがどのように保持されるか）があなたに明かされている。図像(イマジネ)をつくってきた人々は、いつの時代にもすでに述べられてあることばを顧みず、これを描くなした。たとえば、(8)あなたの企図(9)をかなえるために石でなんらかの実修をしようとして、まず組み合わせられることになる諸部分を準備し、これら諸部分を適宜結び、混ぜ、一塊にして適切な混合物をつくる前に、ある動物を諸他の動物たちから、あるいは木の組み合わせによってつくろうとするようなもの。一方、正しい順序でなすなら自然本性はその効果を上げるためにははたらくことを已めはしない。また諸星辰もそれにふさわしい結果が得られるまでその効果を増強する。内実はさまざまにつくりなされ、染色(10)にも諸動物にも用いられる。人はその才覚により生物(いのち)(11)をつくることもできる。自然本性の性向(ディスポジチオ)からする様々な作用と諸惑星の力能を合わせることによって蜥蜴、蛇、蠍その他これに類したものを数多つくりなすことすらも。(12)これと同様の作用(はたらき)は、薬草を加熱して混合することによって必要と症状に適した薬をつくるのにも用いられるが、これは男の精液が母胎内で加熱されるようなもので、この加熱によりその創造物（赤子）の本質(エッセンチア)にとって適切な素地がつくられ、そこにその自然本性の作用(はたらき)がはたらき、惑星の諸力能がまさにその作用(はたらき)を調える。(13)鉱物と水から石がで

くてはならない。このため、護符図は持続的な効果と霊(スピリトゥス)の拡張を目的対象（めざすもの）としてつくられなければならない。この事例（図像）の目的は諸惑星からの寄与をこの対象の中に成就させることであり、この寄与を受容する描像をつくりあげることにある。」

(8) ipsi operi dominantis 支配星(ドミヌス)の作用

(9) negocium 取り引き、後に「悪霊(ダイモーン)との交渉、契約」。

(10) tincturis 布染め一般から金属変性にまで用いられる語。

(11) vivencia「人はその才覚を現実に（生き生きと）活用することができる」くらいの意か。

(12) ここでつくられるのは、「動物そのもの」であるというより、先に「内実（像）」としたencia であろうけれど、それがかえって万有宇宙を「一つのいのち」の「内実（像）」と観念させることにもなる。

(13) quousque illud opus proprio **ordine** adimpletur「作用(はたらき)の秩序を完成させる」

きるのも同じことである。まず最初は清透な水、つづいてここに風が吹いてこれを波立て鞭打ち、(14)凝固した乳に類同化する。これを鉱物の自然本性とそこにある様々な自然本性とともに加熱すると、加熱をつづけるに従って凝固してその鉱物に適した石に類同化したものとなり、その鉱物の形相（かたち）と形象（フィグーラ）を受けとる。木の質料（マテリア）もまた同様に、土中のあらゆる事物を調えることから、その類同化として生じる。まずそこから木が生じることができる素地をつくるために質料（マテリア）が腐敗する。(15)そしてそれに適った形相と形象を受けとり、その形相を補完する。この補完された形相が質料が腐敗時に獲得した湿を滋養として受けとる。これこそ匠の業（マギステリオ）(16)のすべてである。まず最初にその質料の中に存する形相と形象が取り去られなければならない。これにより事物はその形象を失い、まさにその時、他の形相を受けとり、形象を採る準備が調う。いかなる質料も‖そのうちに先に本来ある形相と形象を失わない限り、他の形相や形象を受けとることはできない。(17)なんらかの業をなそうと意図する匠（マギステル）たちは誰もみな、このように作業を進める。彼らはまず、組み合わせつくろうと企図する事物の諸部分を用意し、これら諸部分をなす質料（マテリア）を元に還し、別の形相を受けとる準備を調えるべく作業をする。これは匠（マギステル）たちが発酵としてなすところであり、チーズ、バター等々、乳や蜂蜜からなるものをつくる

[88]

(14) 亞英版：「泡立たせ」、泡立たせつづけることで固まる。

(15) primo putrescit materia tandem ad redeundum「質料が腐敗して第一質料に還元される」第一質料については後出【四】参照。

(16)「大いなる業」とも。

(17) Et cum res illa talem perdiderit figuram. tunc ad aliam formam recipiendum et figuram **disposita** erit; et nulla materia p.88 | formam et figuram aliam recipere potest nisi perdendo formam et figuram que in ea primitus existebant. アヴィセンナの「錬金術の業によって事物の種（スペキエス）を変じることはできない。しかしそれを類同化することはできる（これを「疑似物」つまり「贋物」しかできないと解するか、「類同化」するために第一質料に還元するなら可能となるという条件節と読むかが錬金術論争の根底にある）」"Sciant vero artifices Alchymiae species rerum transmutari non posse. Sed similia illis facere possunt, ecc". [Avicennae *de Congelatione & Conglutinatione Lapidum*, cap.3, in BCC I, p.638] 参照。

作業も同じこと。蚕糸紡ぎの匠(マギステル)たち、あるものを別のものに転じ変じるようなその他の職業に携わる匠たちも同じようになしている。それはまさに、ある形相と形象をもった質料は、前のものを棄て失うのでなければ他の形相を受けとることができないからに他ならない。こうして質料が次の形相を受け入れる準備が調うと、たちまちそれを受け入れる。そして質料がなんらかの形相を受け入れ、それによって形相化される(かたちづくられる)と、これより他のあらゆる形相を免れ脱する。ただしこれはこの下位世界にある質料(マテリア)についてより他には言い得ないことであり、上位世界において形相化された質料の諸形相は持続し、それはこれから分離し得ないばかりか、その質料は他の形相を採ることもできない。図像(イマジネ)の業もまたこうしたものであると知解されるべきである。なぜなら図像(イマジネ)を構成するにあたってはまず、図像(イマジネ)となすための諸事物からその形相を適切にとりだす準備をして、集めなおさなければならないから。たとえば月桂樹の実は蛇毒を消すのによく利くことを知り、サフラン(クロコ)は蠍を追い払い、スズメバチは酸っぱく苦いものを避け、薔薇水を好み求め、タチジャコウソウ(テュムス)と呼ばれる草の香りに集まる等々これに類する数多のことを知らなくてはならない。たとえば精液および男が女となす交接の力能は、貪食その他増やし増すのに適したはたらきをなすさまざまなものに由来する。‖丁度

[89]

図像（イマジネ）の総体（コルプス）がさまざまな事物が一緒に結びついて構成されているように。こうした結合から、この図像（イマジネ）そのものが効力を創出するために諸事物の力能と潜在力を受容する素地としての形相[18]ができあがっている。

【二】医師たちもまた痛みを鎮め病患を癒そうとして、これと同じように薬を組み合わせてみせるが、こうした医師たちが薬を用いる手法は二様ある。一つは、さまざまな薬草を用いる処方で、この業はヨハンニキウス[19]の『医術書（フィシカ）』によれば、善き完璧な医師たちの業であり、その著で彼は、いつでもどこでもあなたは単純薬を用いるように、決して複合薬を処方してはならない、と言っている。二つ目はさまざまな薬を複合して唯一の万能薬を準備するもので、この処方に準じて数多の薬が調合されている舌錠剤（エレクトゥアリア）[20]やガレノスの大テュリアカ[21]がつくられる。

【三】また一々の惑星は、それぞれ異なった効果をそれぞれ別々にもたらすものである。火が蜂蜜を加熱する時、それにふさわしく均等に熱されるとよい味を受けとり、かえって前よりよいものとなるが、激しく熱すると焦げて悪い味を受けとることになる。諸惑星も同じで、こちらは明暗の諸段階（度数）からなっている。また天には二つの効力がある。その一つは運動および自然本性的諸効果であり、もう一つは運動から生じる偶然的な熱[22]。ここからして

(18) forma disposita こうして形相を失った状態の「第一質料」のような forma materiales、質料因としての形相という語義矛盾的な奇態な言表があらわれることになる。

(19) Iohannicius, 亞英版 : Jahja Ibn Masawaih, Yuhanna ibn Masawaih (ca. 777-857), 羅語では Iohannes Damasceno。『眼疾論』『医学書』等の主著のほか、羅語ではマイモニデス編の『箴言集 *Aforismi*』(1489) が名高い。

(20) electuaria

(21) tyriaca maior Galieni 万能解毒剤の総称となる。詩作としてコロフォンのニカンドロスの『テリアカ *Theriaka*』がある。そしてガレノスの『解毒剤について *peri antidoton*』によりこの薬名は遍く知れ渡ることとなる。

(22) accidentalis「偶性による」

熱は運動から生じ、運動は天から生じることになる。これはまさに真であり明らかである。にもかかわらず、覚知(センスス)にあらわれるところからするなら、運動とは動かすもの、第八天つまり諸星座(しるし)の天の霊(スピリトゥス)に由来するものであり、諸恒星の力能である。‖[90]まさにここから、熱は諸運動につづくものであり、諸運動は諸恒星の力能と堅牢さにつづくものであるという真実が明らかになる。そして諸恒星の力能とは、それにはなにも先行するもののない第一の複合[23]である。

【四】天の一々の部分や運動も、そこから生まれる熱についてもこれと同様に知解しておこう。これにより、諸星辰(諸惑星)の効果は天の効果の帰結ということになる。天はその諸効果を一度に諸星辰におよぼすのであり、諸星辰は天によるあるいは天に対するそれ自身の運動をいっさいもたぬなら何の効果をもなさないが、それが作用(はたらき)をし驚異的な効果をおよぼすのは、これが天の運動に準じたものであるからに他ならない。また第一質料とは第一自然本性のことであり、真実の基である[24]。また諸星辰の作用(はたらき)とはわれわれにとっての衣装の染めのようなものである。それゆえそれ(第一質料)はもう一方(諸星辰の作用)よりもより高貴にして高位にある。天の度数は、そこになにも置かれず図像(イマジネ)化されない限り、なんの特徴性質ももたない。天には能作の部分と

(23) prima composicio 羅伊版：sinergia 相乗作用、協力作業。

(24) materia prima est natura prima. et est ipse conditor veritatis

非能作の部分の別はないから。つまりそれは形相（かたち）、潜在力、作用（はたらき）、覚知（センスス）において全一[25]であり、その諸部分にいかなる相違も差異もない。またその総体は唯一の質料であり、それゆえその性質が時により相違するというようなことは一切ない。

【五】天つまり恒星天のいかなる度数にも諸恒星の性質と本質が欠けることは決してない。まさにこの天にすべての恒星があり、これを満たしているのだから。しかしこれについてその天のある度数からは、ある時、星辰が剝奪されると言われるにしても、われわれにはそのうちの大きなものしか見ることができず、それが視覚で識別できないので、それが見えないあるいは覚知できないと言っているに過ぎない。偶々ある星辰がある場所にあり、そこで何ら作用を明かさないということもあり得る。つまり終端でも、昂揚（エクサルタチオーネ）でも、最高点（アウゲ）でも、最下点でもなく、逆行も順行もしておらず（これらのいずれ
［91］かの場所に向かうのでもなく）、‖その自然本性が適合しているかその逆であるいずれかの惑星と協力せずあるいは相（アスペクト）をなしてもいない場合。これらの場所は最大の能作（アジェンチア）の場所で、これはちょうど恒星の諸能作の場所に、天の惑星の運動が欠けることがなくそれゆえその効果が欠けることがないので、かえってその場所がなんのはたらきをもしないようにみえる逆の効果をもっている。

（25） imo est totum unum in forma, posse et opere et sensu

この場所についてわれわれが述べることはかなり晦渋で深甚である。これについて注意を凝らし入念に理解するため、諸惑星が結びつくことによって諸作用が強化される効果は二様の作用（はたらき）つまり一般的なものと個別なものからなっている、ということの知解に努めてほしい。一般的な効果とは部分の集まりがあらわすところに対立しないものであり、個別な効果とはその部分の集まりがあらわすところに対立するもののことである。これを称して、某惑星は与えるもの（賦与者）[26]つまり相（アスペクト）あるいは合をなすものであるとともに、これに類したことを受けるもの（受容者）である、と言われる。

【六】その事例。食物が胃の中にあると、これは肝臓[27]へと抽き出され、腸間膜[28]へと入り、血に転じる。これが肝臓から諸他の器官に送られると、諸他の器官に類同化するとともに差異化される。こうして一々の器官は自らの類同化のはたらきにより、血の類同化のはたらきをあたかもそれがなかったかのように失い離れる。こうして骨の中に骨ができ、神経の中に神経が、またその他の器官ができる。諸惑星の運動における効果というのもこれと同じで、これがいずれかの相（アスペクト）、合、あるいは上述したような諸他の場所に入るように進んでいくと、これが入ろうとする場所の自然本性と作用（はたらき）に準じて自ら変じる。また惑星がその最高点にある時には、惑星は別に高貴なる効果を付与

（26）dator この語の使用あたりから dator formarum という語が「星図にかたちを与えるもの」から「形相賦与者」として実体形相を与える絶対的なものへと変容していく過程が窺える。占星術においては alcocoden という亞語が「寿命を定める」ものとされるに到る。Cfr. B. Nardi, Origine dell'anima umana, in *Studi su Pietro Pomponazzi*, Firenze 1965, pp.231-246

（27）epate hepat 肝臓、ヘプタンに抽出され……

（28）esaraicas 腸間膜、間充組織

された、直接その上天にある星辰の(29)作用（はたらき）を受け、この効果を自らに合して驚異をなす。また最高点とは逆位にある時には、それの下天にある惑星に(30)準じて作用（はたらく）する。ここで述べていることについて十分な留意が必要である。つまり、恒星天は諸第一動者（プリミ・モビリス）(31)の作用（はたらき）と効果によって作用（はたらき）し、火と気の自然本性およびその他の精妙な(32)自然諸本性の作用（はたらき）によって作用（はたらく）する、ということ。これによれば、土星（サトゥルヌス）がその最高点にある時にはこれより上にある諸恒星の効果を受け、最高点とは逆位にある時には木星（ユピテル）の効果を受けることになる。これは＝

[92] 諸他の惑星についても当てはまり、ある惑星がその最高点にある時の効果と作用（はたらき）は、序列においてこれの上にある惑星の作用（はたらき）と効果に従うものとなり、最高点とは逆位にある時の作用（はたらき）は、序列においてこれの下にある惑星の作用（はたらき）に従うものとなる。この理拠（ラチオ）は魔術の業において大いに好尚されるところであり、ここに述べたことばは古の賢者たちが全力を尽くして秘匿したところ、われわれがこれを解説してみせなければ皆目見当のつかないものである。ここで確実に把握しておいてもらいたいのは、惑星がその運動において重々しい歩みを進める時、その効果は強められ、逆に運動の敏捷な惑星はその作用（はたらき）を弱め、運動が中庸なものは効果においても中庸である、ということ。ただしこの見解について古の賢者たちは一致していない。ある者はこれとは異な

(29) stelle super ipsum existentis directe,「それ（惑星）を導くために存する星辰」、直接その上にある星辰→それより上位にある、つまりそれ自身より第八天に近い惑星 planeta。以下本文で詳述される。

(30) planetam sub eo existentem「それより下位にある」上註参照。

(31) Primi mobilis どうやら、「第一動者」とは最初に動かすものとしての「神」ではなく、複数の諸惑星のことと観念されているようにみえる。つまりここでは「最初に動く者たち」であって、不動と動の、神と被造物の序列づけにあらわれる「第一駆動者」、「不動の動者」ではない。

(32) plus quam alie nature suis subtilitatibus あるいは「月天は諸他の精妙な自然本性によるというよりも、火と気の自然本性によって作用する。」nature suis subtilitatibus → suis substantibus 文脈からすると、「火と気の自然本性によってであり、その他の元素の自然本性によってではなく」、つまりこの語は水と土をあらわすものであるようにも思われる。

った逆のことを言っている。彼らによれば、惑星の運動が遅いとその効果は弱められ、運動が速いとその効果が強められる。その理拠(ラチオ)はつまり、すでに述べたことばを諸第一動者を恒星天に秩序づけ配置するもの[33]と採り、もう一方の理拠(ラチオ)により重い惑星がその効果を強め、軽い惑星がその効果を弱めるのに準じて、その運動に地上のさまざまな生成を配列しようとするもの[34]である。

また他の者たちの見解によるならば、今とりあげた諸第一動者の恒星天に対する配置において、運動の俊敏な惑星はその効果を強め、運動の鈍重なものは、同じ比率(ラチオ)[35]でその効果を弱める。このように賢者たちは随分と見解を異としており、古の賢者の一部はまさに逆を支持している。つまり類同化は第一動者と恒星天に帰属され、これにより重い惑星こそが第一動者である自らをばかりか、まさに運動の遅い恒星天の遅速をもっともよく類同化するにふさわしく、これこそ遅い運動が遅い運動に、速いものが速いものに類同化される、ということである、と。すでに述べたことばについて多くの古の賢者たちが著作の数々で、秘鑰にして隠秘であると言っている[36]が、いまや古の魔術の業に秘された叡知の意味が解される。つまり知っておくべきことは以下のとおり。月が土星(サトゥルヌス)と合する時、その作用(はたらき)は土星(サトゥルヌス)の作用に準じることとな
[93] る。ここで伝えられる土星(サトゥルヌス)の作用(はたらき)は月の作用(はたらき)を強めるのだが[37]、‖それはいず

(33) 諸惑星を恒星天に結びつける。Primi mobili に関する先註参照。

(34) disposiciones motuum generacionis in terra「生成の準備を委ねる」

(35) proporcio similis → primo mobile「第一動者の」、羅伊版では後者をとっている。

(36) in suis libris dixerunt secrete et occulte「秘し隠している」

(37) 月の作用よりも強くはたらく

れの惑星が土星(サトゥルヌス)とお互いに合しても同じことで、どれも土星の配置と効果に準じた効果を及ぼすことになる。ここからしてまさに、土星の潜在力こそあらゆる惑星の中で最も強い力能である、ということになる。また上述したさまざまな理拠と原因から、これが高き諸天つまり諸第一動者および恒星天の中にあって、至高天にも近接した最高の高みにあることが分かる。そしてなぜそれがこれほど遅速なのかについても。その歩みは第一動者(38)と類同化され、また上掲したその他の諸性質についてもすでに述べたことばから識られる。また誰もが語るように、これが木星(ユピテル)、太陽、金星(ヴェヌス)と合すると土星(サトゥルヌス)の諸効果と混じて、それらを変じ転じて大きな変化を引き起こす。それは、木星(ユピテル)が諸恒星と遭遇する時にも、一般的に月にまで到るすべての惑星に生じる。その結果、恒星が及ぼす効果は火や気にもあらわれ、火や気の諸効果は水や土にあらわれる。(39)そしてこれら四元素の諸効果は、これらから生まれたものたちに受け入れられあらわれる。

【七】いずれかの二つの惑星の合は三つの性質(40)をもち得る。つまりその合のうちでのお互いの増加、減少、あるいは同一。たとえば月が土星(サトゥルヌス)と合すると、月の作用(はたらき)は弱くなり隠される。これは土星の力能そのものが月の力能を超えているからである。つまりこれがそれと軌道(ハイエ)(41)の同じ緯度と高度で合すると、

(38) primo mobili これは恒星天 stellarum fixarum であるべきところ、か。

(39)「受容される」

(40) この項での「性質 qualitatis」は「位置条件」と読み換えた方が分かりやすい。

(41) haye「軌道」、亞英版：ethereal orbit ▼補註4参照。

それらの昂揚（エクサルタチオーネ）(42)と諸性質はそれに類同化され、月と土星はこれを介して、他ならぬその場所で一つとなるから。土星（サトゥルヌス）と別の場所にある他の惑星についても同様である。月の効果とその力能が月そのものの力能よりも大きく強くなることもあり得る。それは月が上述したように高くにあり、土星がその逆位にあるような場合。月が上述したような高貴なさまざまな場所とは逆位の場所で土星（サトゥルヌス）と合すると、月の作用（はたらき）は上述した諸他の作用（はたらき）同様、土星の作用（はたらき）に追随する。そして土星がそうしたさまざまな高貴な場所にあり、月がその逆位にあると、月の作用（はたらき）はたいへん弱められ、消え去る。また月がそれ（土星）と同じ動きをしている(43)か遅れをとっているか、あるいはそれと類同な
[94] 別の場所にある場合、‖月と土星の力能は同一で類同化している。そして月がその頂点つまり月が到達できる最高点（とはいえこの上昇高度が土星の最大俯角(44)と同等となることはないのだが）に近づくほど、土星はまっすぐ進む(45)ようになる。一方、土星が木星（ユピテル）となす諸性質は土星が月となす諸性質とは違うが、それらはつねにあるいはおおむね同等である。つまり、土星と木星とが高みにある時には、木星の作用（はたらき）は土星の作用（はたらき）よりも強い。また木星が高みにあり、土星がこれと同じ動きをし、まっすぐ進み昂揚に入る時にも(46)、木星の作用（はたらき）は上昇する土星の作用（はたらき）を超えることはない。しかしこれが逆の場合、土星の力能は木星を超

(42) exaltationibus「昂揚」という特殊配置を指すことばだが、ここではもっと一般的な効力の「発散」あるいは「上昇位」と考えるべきかもしれない。後者の可能性としては次の第七章【四】註15参照。

(43) 同じ宿にある

(44) depressione「降下」「憂鬱」

(45) si Saturnus fuerit directe progressurus 順行？（この一節不明）

(46) directus et in exaltacione 前註参照。

え、木星の力能は弱く減衰する。しかし土星が火星（マルス）とお互いに合した時の諸性質はこのようにはあらわれず、火星の作用（はたらき）は上掲したような諸性質諸配置にあって強められることがなくても明らかにあらわれる。一方、金星（ヴェヌス）と水星（メルクリウス）は諸他の惑星とさまざまな配置や類同化の関係をもつ。しかし月はこうした類同化をもたず、月の諸惑星との適合にはいっさい類同化はなく、実のところ適合をもたない。これこそが大いなる礎[47]であり、ここには魔術諸実修に欠かせない多くの有益なことがらが蔵されている。

【八】さらに知っておくべきことは、諸惑星の効果というものが自体的な作用（はたらき）[48]であり、それらが単純物体（コルポラ・シンプリチア）であるということ。それらは単純であるゆえに、偶性つまりなんらかの壊敗を蒙ることは一切ない。なぜといって単純なものがなんらかの壊敗を蒙るものだとすると、それは何でもなくなってしまう。[49]損傷と壊敗はさまざまな複合物[50]からなる諸物体（コルプス）のうちにでなければ起こり得ないものである。また知っておくべきことは、第一動者の作用（オプス）は完璧な作用（オプス）であり、天の諸惑星および諸恒星のあらゆる作用（はたらき）の礎であるということ。これ（第一動者）こそまさに諸他の天を動かす力能であり運動の堅牢さである。それゆえにこそこれは自らはいかなる動きもしないすべての駆動者[51]と呼ばれる。これをそれ自体も動くものと言う者もあるが、それは真実に反すること

(47) radix magna → radix magica 魔術の根底、radiis magna 最大の光、radiis magice 魔術の光、等々次行に引き寄せられて誤読できる。

(48) opera per se「自ずからなすもの」

(49) inveniri non possent.「生起し得ない」、ただし生成と壊敗という対語には通常 generatio が使われる。inventio と generatio における意志あるいは志向性という問題も魔術における賦与と主体に係わり、なかなか解きほぐし難いが、ここは素朴に「単純なものが壊れることがあるとするとそれはなくなってしまう」と採っておきたい。

(50) ex diversis rebus compositis「さまざまな事物からなる」、「異なった複合構成の諸事物」

(51)「不動の動者」ここへきて、motor omnium nec in se est mobile quicquam という神の添え名に近い表現があらわれる。ここまで第一動者は常に複数形で表記されてきた。

になるだろう。一方、おおむね一様に運動する(52)恒星天はその運動により第一動者から離れており、それは諸他の天球に隣接している。(53) また知っておくべきことは、[95]一々の天の恒星天球(54)に対する運動は、すべて均一な運動であること。惑星の運動はそれらが動く天球の基本運動(55)である。星辰というものは偶性なくしてはそれ自身運動するものではないから。こうした天の効果が二様であることについてはすでに述べた。運動はそれ自体がもつところで、熱は偶性に由来するものである。つまり熱は運動につづくものであり、運動は天そのものの自然本性である、とここまでは先述した。そこで、こうした惑星からする賦与と注入こそ、諸事物を動かし強めまた元に戻してみせる図像(イマジネ)(56)のうちにわれわれが探し求めるもの(57)である。その形相(かたち)の中には事物の似像があり、(58)その質料素材(マテリア)の中にはそれを受けとる力(59)があるのだから。また一々の質料はなんらかの結合により形相をもち、一々の形相はなんらかの結合により質料をもつ。これについてすでに述べられた事例。小さい火は大きな効果を得るよう戦う。このように成長増殖するのは、僅かな量の火があると質料素材に引き寄せられ、その中で燃えつつ火ははたらき、(60)その（質料の）中に隠されていたところ（火）があらわれるに到るから。こうして（火は）増殖成長する。

(52) generalis → generatis「運動を生起する最大のものである」
(53) idem contingit omnibus aliis speris「それ」は恒星天？それとも第一動者？後者だとすると「すべてに（運動を）伝える」の意になる。
(54) Sperarum et stellarum fixarum「諸天および恒星」と採ると後者に対し均一とならない。
(55) motum essencialem「本質運動」とも。
(56)「（天の）諸物の運行、速さ、周期を描出する図像(イマジネ)」
(57) adpetitum「嘆賞したいところ」「飢渇するところ」とも。
(58) est similitudo rerum「事物に類同化される」
(59) vis recependa eas「それから受けとられた力」。これをどちらに採るかで「質料(マテリア)」の準備・配置(ディスポジチオーネ)の意味が変じる。形相性の端緒 inchoatio formae あるいは種子的理性 ratio seminalis の議論。
(60) efficiatur – agit「現勢し」

【九】知っておくべきことは、壊敗とは事物に顕在化しているところに入り込みこれを損壊するのではなく、事物に顕在化していないところに入り込み、この顕在化していないところを損壊するものだということ。すべてはその自然本性において平衡(61)しており、自然本性に反するとは非平衡(62)のことである。まさにこのように、熱は自然本性的に隠された熱(63)をうごかし、また隠された熱はあらわれた熱(64)へとうごく。隠された熱とはその効果に対する素地（ディスポジチオ）であり、これはまさに自己生成である。この理拠をよく知解するならこれを役立てることができるようになるだろう。‖

(61) equalia 同、均衡がとれている。
(62) inequalia「非同」この「同」と「異」は特にピタゴラス派においては「偶数」と「奇数」をあらわす語であり、数論に難題をもちかけるものでもある。次の第七章はこうした話題からはじまる。
(63) calor absconsus「潜熱」
(64) calor apparens「顕熱」

第七章　図像（護符）の知識における語法（ディアレクティカ）について。また　それがこの知識において占める部分について

【一】ここまで語ってきたところで、質料（マテリア）の形相（フォルマ）受容、惑星から図像（イマジネ）に注入されるところのものおよびその力能、それにまた形相の類同化と差異とが十分明らかとなった。そこで類同化とは図像（イマジネ）に諸効果を付与する方法(1)のことであり、図像（イマジネ）の業（はたらき）には、まさに星辰の効果の類同化および、それにふさわしい時と場所を選び図像（イマジネ）を鋳造し調えて図像（イマジネ）をつくるための金属の業（はたらき）を必要とする。これらすべてを一緒に結び合わせ、類同化し適合させることで、図像（イマジネ）は効果をもつ。そこになんらかの差異が入り込むと、図像（イマジネ）の効果は欠けることになる。つまり協合(2)こそが魔術の業を獲得するための最大の礎である。

【二】また量もこの知識の礎である。『四書（クァドリヴィウム）』(3)にあってそれが果たす役割

(1) manerie→materie「質料素材に図像（イマジネ）の諸効果を付加すること」とも。

(2) coadunacio 羅伊版：sinergia 共力作用、相乗効果。亞英版：relativity 相関性。アリストテレスの分け得ない関係 sinolo を想起させる。

(3) プトレマイオスの『テトラビブロス（四書）』を指して言ったことばと解釈しておいたが、この書は数学的語彙の解説からはじまっているわけではない。かえって自由学芸の区分、三学四科のうち数学的諸学を扱う四科クァドリヴィウム（算術、幾何、音楽、天文）の幾何学の定義のことか。亞英版はこの項、簡潔な記述になっており、書名には触れていない。本項後註参照。

のように。その（量の）最初の区分により二つの部分に分けられる。つまり連続量と離散量とに。連続量は五つの部分に分けられる。つまり線、面、立体、時間、場所。一方、離散量は二つの部分に分けられる。つまり数とことば。これらすべての量の部分がさまざまな魔術の業に役立てられる。たとえば線は図像（イマジネ）の外観（アスペクト）としるし（シンボリタティス）(4)の理拠として不可欠である。つまりわれわれが図像（イマジネ）の類同化あるいは差異化の効果影響を受けとるべく努めるその図像（イマジネ）の理拠として。見る目と見られる対象を結ぶ線(5)によって場所(6)は二つの部分に分かたれる、とは『四書（クァドリヴィウム）』(7)の直線の章で述べられているところである。そこでは、直線とは、二つの点の間、一方から他方へ真直ぐに(8)引かれたもの、と言われている。この言明は図像（イマジネ）についてさまざまに言われるあらゆることの中でもっとも完全なものである。直線とは、その上を配置された事物（もの）へと、第一の点から順に連ね並べた点を踏み分けつつ、‖[97]そこに据え置かれたものを真直ぐに別の点へと到達し(9)進んでいくもののことであるから。これが、某が某へと真直ぐに向かう(10)と言われる所以であり、ある事物（もの）の反対側になにかがある時にそこへと真直ぐの経路を駆け流れると言われるところ。――たとえば、光を発する惑星の諸点は、その光線の投射を受けとる準備のできた面上の物体（コルプス）がある点に向けて真直ぐ注ぐ(11)、と。これこそが図像（イマジネ）を完全なものとす

（4）aspectuum et simbolitatis ここまで天文学用語の「相（アスペクト）」としてきたがここではもっと一般的な意味で、またシュンボロンも「象徴」というよりは算術的・占星術的記号等々をあらわすものとして。「かたちと符号」とも。

（5）aspectum et conveniencium ここでアスペクトはどうやら幾何学入門を説いているようなので、視線の主体と視線が集まるところつまり対象の意味に解した。

（6）loco この場合「面」を指しているか。

（7）先註のとおり、プトレマイオスの『四書』にはここで言われるような直線の章に相当する章はない。四科幾何学の最初の教えのようにみえるが、プトレマイオスの『四書』の序は二つの対象を結ぶ線と目と一つの対象を結ぶ線の二種についての記述からはじまっており、この一文はこれを解説しようとしたものかもしれない。いずれにせよ、これはエウクレイデス『原論』の線の定義にかかわる言辞で、これのプ

る原因であり、図像（イマジネ）の効果のうちに訊ね求められるものとは、諸星辰から賦与されたもの(12)に他ならない。この光線の投射は図像（イマジネ）をつくった金属あるいは事物に適合して入り込み、図像（イマジネ）の逆性あるいは類同化にはたらきかけ、秩序を調えてこれの効果を完全なものとする。というのも、（惑星が）賦与するものは完全にして完璧である筈なので、惑星からこの図像（イマジネ）へと真直ぐ向かう線は必然的に直線をかたちづくる。この線が曲がっていたなら、それは弱く減衰することだろう。

【三】面とはそこに与えられた形象(13)のことであり、面はその場所に図像（イマジネ）の効果を広げる(14)。つまり広がりは必然的に面をとる。なんであれ極端に薄く拡張したものが面である。水がそれ自体変じ転じる原因はここにあり、その結果がそれの熱、冷、光輝、臭気、色彩その他である。惑星から図像（イマジネ）へと注入される線と、この図像（イマジネ）からある場所へと到る線とが面をつくる。この秘鑰を知解し修得するように。これは古の賢者たちが業の実修にあたり、決して公然と語らなかったところであるから。

【四】時間とはさまざまな図像（イマジネ）の業をなすにあたり、諸天体（コルプス）の運動に準じ、それに適うようにするために欠かせないもの。これについては図像（イマジネ）そのものの効果の区分として説明される。時間は図像（イマジネ）の諸効果により諸部分に区分さ

ロクロスによる註解を彷彿とさせるところがある。

(8) in directo「に向かって」

(9) discurrendo 単に順々に進んでいく、という含意だろうが、dis-currendo と線を点によって一歩ずつ踏みしめながら分割していく、という底意もあるか。

(10)「某が某の方向にある」

(11)「その光線を受ける配置にある地上の物体がある点へ向けて直接影響する」とも。

(12) datum「諸星辰の跡（データ）」

(13) figura「図形」、ここでは二次元形象としての図形、を言っている訳で、護符あるいは護身像としての魔術的装置の形状、つまり平面図であるか立体像であるかを明確にしがたいことは明らか。ただし、本訳書ではつとめて immagine を図像、figura を立体像と訳出すべく試みた。

(14)「面の上に図像形象が与えられ、この面が図像（イマジネ）のある場所にその効果を延長（伝播）する」。「図は（線を）二次元平面へと拡張する」という幾何学定義を解釈することで、天の形象と地の図像（イマジネ）の二つが対照される含意を生んでいる。また「拡張」は近代的に読むならばデカルト式の「延長」でもある。

れる。つまり相（アスペクト）をなす時間は、それ（相関係）が与えられる場所によって、惑星の傾斜（角）の各部分の結びつきを完成させて欲する効果が注入されるように区分される。‖[98] これが惑星の時間を適切な時宜に眺めるということであり、ある惑星と合にあるとはこれと同じ度数で結びつくこと、またあるものと諸他の相（アスペクト）に入ることを衝、四分、三分等々の相（アスペクト）と言う。その他この実修において、惑星の場所による効果が完全であるか不完全であるかという効率について、その作用の様相および形式を識別することで考えてみなければならない。つまり、その方向が降下にあるか上昇にあるか(15)、その場所にふさわしい惑星(16)があるか、あるいはその場所が幸運惑星あるいは災厄惑星によって切り取られている(17)かどうか、それにまた、惑星が明るい度数にあるか暗い井戸にあるか等々天文学で語られるところに準じて。これこそ魔術の教えにおける最大の秘鑰であり、類同化と逆性の差異もこれに基づいて語られるもの。こうしてその効果が与えられる様相として時が眺められ、その時を待って、それにふさわしい場所で、すでに述べたことばにあるような図像（イマジネ）の準備がなされねばならない。事物の同化力がその時に諸事物を同化するように(18)。

【五】場所が上述した連続量の区分における最後のものである。相（アスペクト）をなす場所は、時宜にあわせて目的に到るまで容易にはたらきを引き出す。また図（イマ）

(15) sit directus vel descendens vel in sua exaltacione「降位にあるか昂揚にあるか」。いわゆる所定のそれぞれの惑星の「昂揚位」exaltationis (asraf) の逆位の「失墜位」を指す場合には、通常depressionis の語が用いられるのだが、ここでは「東（昇機）」ascendens に対する「西（降機）」を指すのに用いられる discendens が対照されている。本書の訳者がこの「昂揚」という語で何を含意しているのか、残念ながら明快な解はない。前章註42の昂揚（エクサルタチオーネ）解釈参照。

(16)「星座に親和しその主星（ドミヌス）とされる惑星」のこと？

(17) amputatur → aspicere 眺められる、相（アスペクト）にある？

(18) res similes rebus similibus ipsius temporis.

像（ジネ）の場所とは、気中であれ土中であれ、隠されているか顕われているかにかかわらずそれを配する場所、また諸他これに類したもの（たとえば図像（イマジネ）をつくる場所）、図像（イマジネ）をつくるために準備され加工される質料素材の場所をも含んでおり、これらすべては魔術の業の実修にあたり十分考慮されるべきものである。[99]すでに述べたことばから与えられるすべてを勘案するなら、惑星の効果は驚くべき最大の影響をもたらす、とは深く信じられている見解である。かくあれかし（アーメン）。ここにあなたに明かしたのが奇跡的な自然本性と驚異の効果（これこそ図像（イマジネ）の効果である）についてであり、その効果の絶大なることは動物による効果の比ではない。それは砂地を決壊させ、石を清め、人々を拘束し[(19)]、嵐や雲を起こし、風を変え等々、枚挙に暇がない。

【六】一方、ことばと数は離散量であり、これらは予言、鳥占い、夢解釈、公の能弁等々に欠かすことができないものであるばかりか、降霊術（ネグロマンツィア）実修への第一歩でもある。これの実修にも量そのものは不可欠で、時間を捉えるにも諸天の運動を算定しない訳にはいかない。われわれが、某時点から某時点まで、と言う時、これが何らかの数と計算を言っていることは明らかである。ここで数が、その（諸天の運動の）場所から引き出されるなら、計算は完璧なものとなる。つまり、某実修はその時点から四十二日にわたる、と言われる時のよ

(19) sequestracio mortalitatis 羅伊版：「死を克服し」

うに、ここで言われていることが何らかの数計算であることは明らかである。

【七】比率もまた図像(イマジネ)の形相(かたち)においてその(降霊術の)知識に含まれる。その効果がある場所とは力能と潜在力を受けとるところであり、これを図像(イマジネ)の中につくりなされるもの[20]、と称する。その大部分は図像(イマジネ)がそれにふさわしい性質となるよう準備する場所との比率と形象において着手されるものである。すべては比率をもってはじまり、諸他の性質もまたこれに類比的な比率によってはじめられる。

【八】とはいえ性質というものはそれ自体が図像(イマジネ)の諸効果をもたらす原因であり、図像(イマジネ)の効果をつくりあげる事物(もの)[21]もまた力能と潜在力をもつものでなければならない。図像(イマジネ)のうちにつくりだされる諸効果をもたらす性質を補完するものとして、(事物、質料素材が)求める図像(イマジネ)の力能と効果をあらわす。‖これ
[100] が適合であり混合であり、ここに高い自然本性が低い自然本性に捺されること[22]になる。このように複合物は惑星から与えられるものを類同化し、しばしば本書で述べてきた請願の効果を補完するものを受容する。諸惑星は特にあるもの(性質)を他(の性質)よりもより多く分有している[23]。たとえばある惑星はある町と、あるものは樹木の、動物の、石等々の自然本性と類同化する。それゆえある石が他の複合物と組み合わせられることで、ある惑星に素因(ディスポ)と

(20) factorem in ymagine「図像要因」

(21) composita「を複合する」

(22) ab alciorum naturis in inferioribus naturis impressis「高位の自然本性が低位の自然本性に影響を行使する」。錬金術のいわゆる「エメラルド板」のヘルメス的な教えの要諦。

(23) participant 分有する、参与する。この語は「分け与えられる(部分となる)」のか「一部を奪取する(部分をとる)」のか、はたらきの向きの双方性のどちらを強調するかにより、意味を大きく変える。

してある効果を受けとる、(24)つまりその惑星の効果を受容同化するとともに、そのうちに組み合わされた自然本性がその惑星の効果を同化し受容するようにはたらく。このようにしてあれこれの石に図像（イマジネ）が組み合わせられることで、石あるいはその他の事物の自然本性は図像（イマジネ）によってあたかもそれ自身があらゆる自然本性に対する勝利を引き出す堅牢さとして強化され堅固にされ、これをあらわすとともにその効果を拡げることとなる。とはいえこの知識に忠実に実修をする者も、石の自然本性およびその他の事物の性質あるいはそれらが諸他の自然本性を凌駕するべく自らの自然本性を堅牢にするために引き寄せ同化する性質、たとえば舌錠剤や万能薬（テュリアカ）(25)が獲得し勝利する諸力能にみられるようなものについて知らなくては、すでに述べたことばの途に到達することはできない。こうした勝利に到達するため、数多の薬剤(26)がある中、これら薬剤を一緒に結び合わせることで多くの驚異が成し遂げられている。医学(27)、大いなる業その他自然本性にかかわる実修、図像（イマジネ）等々人がなす業、石の作用（はたらき）も同様である。あなたの一々の実修において諸事物がお互い親和しうまくその効果があらわれるように、諸事物が憎悪反撥しその自然本性においてお互い抵抗する諸差異に注意するように、という賢者のことばをつねに想起するよう勧めておこう。』

(24)「ある惑星の配置から効果を受けとる」

(25) electuariis et tyriaca 第II書六章註21参照。

(26) medicinarum「小さな媒介物」

(27) phisica 自然学

第八章　諸事物の自然本性の秩序について。どのようにしてこの知識に参入することができるか

【一】古の賢者たちが自然本性の段階として据えた秩序は、形相（スペキエス）(1)の秩序と自然本性の記述、そしてこれによる諸他の事物すべての統括として探求されたものに他ならない。そこからお互いの形相（スペキエス）(2)を組み合わせることで薬剤の有用性を知り、それらを一緒に結び合わせた効果を得ることができるようになる。ただしここで古の賢者たちがお互いに、単純な自然本性とはいかなるものであり幾つあるのか(3)、について見解が一致していないことを黙って見過ごすわけにはいかない。ある者たちが真と信じるところによれば、単純な自然本性とは母たちであり、諸他のすべてに先立つものである。こうした自然本性とは冷性、湿性、乾性、熱性の四つであり、これらこそ真に第一にして単純な

(1) specierum 種、像、等々さまざまな含意がある。ここでは一応、漠然と「形相 forma」の意としておく。

(2) species ここでは薬草 specie の意も喚起される。

(3) in naturis simplicibus quales et quante sunt 「自然界には何種の薬草があるのか」

自然諸本性である、と言われる。これらにすでに述べたことばにあった諸他の自然本性がこれらつまり熱性、冷性、湿性、乾性の複合としてつづく。われわれは熱性を説明するにあたり、質料（マテリア）素材が熱と結びつくこと、と言い、諸他についてもそのように知解している。このように語ること――つまり熱性あるいは冷性――から明らかになるのは、これらが熱あるいは冷と言うのとは同じではないということ。あるいは諸他について言われるところもまた。(4)この質料の複合につづくのが諸他の第二の複合で、これらは熱性と乾性、熱性と湿性、冷性と乾性、冷性と湿性でそれぞれ二つの自然本性の組み合わせからなっている。これらが先に述べたところのもの、つまり乾性あるいは湿性なしの熱性や乾性あるいは湿性なしの冷性と同等でないことは明らかである。これらに第三のまた別な複合自然本性がつづく。つまり火、気、水、土のことであり、(5)これらは第一と第二の諸性質が集まってできた第三の複合自然本性である。これらの諸自然本性につづくのが、第四段階に据えられる諸他の複合自然本性、つまり諸物体（コルプス）のうちにあってさまざまな部分に分割され
[102]
るところのもの――すなわち一年の四つの時節＝つまり冬、春、秋、夏、また人やその他の動物に据えられた四つの体液気質つまり多血質、胆汁質、憤怒質、憂鬱質。ただし人の質料素材は諸他の動物の質料素材の一々よりもずっ

(4)「性」と形容詞化されたものとその名詞の実体性の区別。単純自然本性が質料（マテリア）と結びつくことですでに複合が起こる。これが熱、湿等々の名辞が指す「事物」である、と。

(5) 前註とは背反するが、ここで火、気、水、土という名辞は形容詞化されて性質として感得されなければならない。

と繊細精妙であり、諸動物の自然本性は人の自然本性よりもずっと粗雑でより混雑している。一方、土から生まれる樹木や植物の自然本性は、油、染料、種子、根等々もまたそれ自体第三のもの(6)であり、石の自然本性もまたこの性質である。ここに語ったところは以下のように知解される。樹木や石について語ったところは人や動物について語ったところと同等である、というのは樹木は諸他の動物に準じる精妙な自然本性のうちにある。またこれにつづくのが匠の業により複合された事物で、これを複合物が複合したもの、あるいは新たに複合されたものと称する。これはたとえば薬剤のような複合物のことである。こうした単純自然本性や複合自然本性からなるものはすべて七つに区分され、これが二十八(7)の部分にまで拡張される。これについてその区分が明らかとなるような事例を挙げてみることにしよう。

【二】単純自然本性とは熱性、冷性、湿性、乾性であり、第一の複合自然本性とは熱、冷、湿、乾である。また第二の複合自然本性は熱乾、熱湿、冷湿、冷乾である。そして第三の複合自然本性が諸元素（エレメンタ）つまり火、気、水、土である。さらに第四の複合自然本性が一年の季節つまり春、夏、冬、秋。また第五の複合自然本性が四体液気質つまり多血質、憤怒質、胆汁質、憂鬱質。第六の複合自然本性が染料、油、根、種子等々。‖

(6) tercie → terra 土性？

(7) 7×4=28、この数は月の近似的周回日数にもあたり、3×4=12を基礎とする獣帯星座数とのより高い共役性からこれより1少ない3×9=27が選ばれることとなる数論的確執は魔術を考える上で基本的問題を提起する。いずれにせよ一週間は7日とされつづけるのだが。

〔103〕

【三】ここからして、熱性、冷性、湿性、乾性は火、気、水、土に類同化されており(8)、それらの覚知（センスス）と感覚（センシビリターテ）(9)はさまざまな部分に区分される。そこで火は熱性のものであると言われるのは、それが熱と乾であるからであって、熱を指して火であるとも、火と他のなんらかのものが複合したものであるとも言わない。それは複合物というものが先在する諸事物が一緒に(10)結びついたものであり、それら複合したものをもって名指されるから。たとえば熱は火に先立ち、湿は気に、冷は水に、乾は土に先立つように。すでに述べた事例に言われるところは、肝臓、肺、胆嚢、心臓、頭、脛骨、手その他すべての器官についても当てはまる。先述したように、熱は天の運動から生じ、冷はその中心（土（大地）が第一動者の中心と称されるように）から生じ、諸質料からなるすべてがこの土性(11)の質料（マテリア）から生成する。一方、冷性は静止と運動のような諸性質のすべてにおいて必然的に熱と逆立する。熱性とは逆性を結びつけ区分しつつ同化する性質のことであるから。冷性についてはこれを逆に言うことになり、これも同様に区分される。さもなければこの定義は価値なく否まれるべきものとなってしまうから(12)。

【四】それゆえあなたにはこう言っておこう。あなたがこの高貴な知識と深遠な知性の業の実修を目指すなら、賢者たちの言辞や書物の研鑽を欠いたり

(8) similes「同じ」、あるいは「似ている」、「のようなものである」。ここではここまでの用語に準じて similitudine に引きつけて訳した。
(9) sensus et sensibilitate　可知性と可感性に準拠して
(10) simul「同時に」「お互いに」
(11) terrestre「地上の」
(12) 亞版では【二】【三】項は一覧表となされている。

これに逡巡したりすることがあってはならない。これらを介してこそあなたの欲するところが汲まれるのだから。ここまで述べてきたのは事物の混合と結合に関する賢者たちの言辞およびさまざまな書物から抄出した知識であり、ただあなたの霊(スピリトゥス)と知性がすでに述べたことばに素直に注意深く向かうように解説をほどこし、準備を調えるために語ったに過ぎない。

第九章　諸惑星の援けを借りてつくられる図像の形象および形相の解説

【一】ではここで諸星辰の注入を援けとしてつくられる天の諸形象とその諸効果について先に語ったところの理拠づけに戻ることにしよう。この世に対する力能、潜在力、効果をもつ六つの図像がある(1)。これについて以下に論じることにしたい。そしてこれらの形象の名を述べる。それぞれの作用および それらの効果についてはすでに実証されており、これらの探求に努めた古の賢者たちも見解を同じくしている。

【二】その第一は、どこであろうとある場所から鼠を追い払うもの。獅子宮の第一相が昇る時にこの形象を赤銅板にしるす。そしてこの形象に獅子宮にある諸恒星を結び合わせる。このようになしたなら、この板を鼠のいる場所

(1) 厳密に対応する訳ではないが、後にヘブル語から訳出されたとされる『古魔術アルバテル』第三アフォリスム「スピリトゥス・オリンピチ」の線図になにかしら近似が観られる。ただしこちらはより単純な七図（恒星天の支配星としての七惑星）からなっている。Cfr. *Arbatel de Magia Veterum*, Basilea 1575 ; *Theosophia pneumatica*, tr. germ. J. Scheible, in *Das Kloster*, vol.III, Stuttgart, 1845-49, pp.191-216.

に置く。するとその場所からすべて逃げ出し退散する。これがその形象である。(2)

【三】虱を追い払うために。金牛宮の第二相が昇る時に次のような形象を硫黄石(3)にしるす。そしてこの石を望みの場所に置く。するとこの場所にこの石がある限り一切虱が寄らない。その形象は次のとおり。(4)

【四】望みの場所から蠅を追い払うために。天蠍宮の第三相が昇る時にこのような形象を錫板にしるす。そしてこの板をいずれか望みの場所に置く。するとその場所から蠅は逃げ去る。これがその散らばった(5)星辰の形象である。(6)

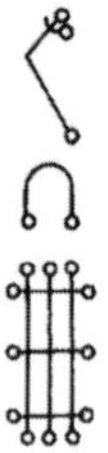

【五】望みの人があなたのもとへ駆け寄る、あるいは望みの場所に来るよう
[105] にするために。金星(ヴェヌス)(7)の日の金星(ヴェヌス)の時間、金牛宮の第二相が昇り‖そこに金星(ヴェヌス)がある時、亜麻布にこの形象をしるす。またその時間にあなたのもとに来てほしいと思う者の名を記す。そしてこの亜麻布の端に火をつける。するとた

(2) 以下、図像形象には解き難い謎が残るが、本訳書では横倒しのアルファベート表記と同様に組んである。ちなみに亞独版 p.111 ではこの図の中央のX形は十形に描かれている（左図参照）。また諸写本に継承されたかたちの諸相について、口絵［3］［23］［31］も参照）。

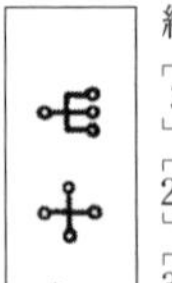

(3) lapide sulfureo

(4) この二つ目の図ですでに難儀な事態になる。つまり亞独版 p.111 でも三つの形象はそれぞれ同形だが、左右逆になっている（左図参照）。当然ながらアラビア語は右から左へと記されているが、図像形象に関しては、その総体を一つとして採るか、左から右へとラテン語表記とする時、逆転するか、ここですでに見極め難くなる（口絵［4］［23］［31］も参照）。ちなみに数表記に関しては「友愛数」の記述参照。

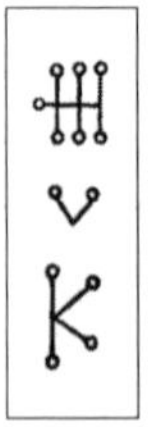

(5) que separant 蠅を離散させる？

ちまちあなたの望む者がやって来るだろう。これがその形象である。[8]

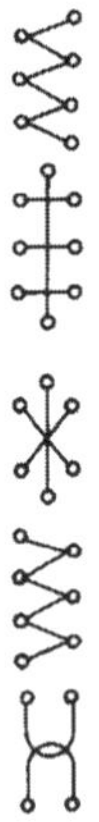

【六】敵意を起こさせるために。あなたの慰みのため、土星(サトゥルヌス)の日と時、[9]磨羯宮の第三相が昇りそこに土星(サトゥルヌス)がある時、次のような形象を黒犬の歯とともに[10]黒鉛板にしるす。この板をお互い親しい二人のどちらかがいる場所あるいは二人がよく一緒になる場所に置く。すると二人の友情は解消され、決して愉しまない。これがその形象である。[11]

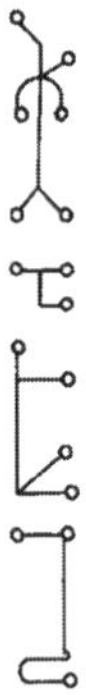

【七】望みの場所に災厄をもたらし誰も住まなくするために。土星(サトゥルヌス)の日と時、磨羯宮の第二相が昇りそこに土星(サトゥルヌス)がある時、このような形象を豚の頭とともに鉛板にしるす。そしてこの板を人が住まなくなってほしいと思う場所に置く。すると土星(サトゥルヌス)の邪悪な力能がそこに注ぎこまれ、そこに板がある間は誰も住まなくなる。これがその形象である。[12]

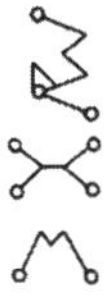

(6) 亜独版 p.111 では左図。口絵[4][23][31]も参照。

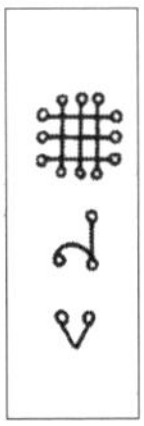

(7) 金曜日

(8) 亜独版 p.112 では左図。口絵[4][23][31]も参照。

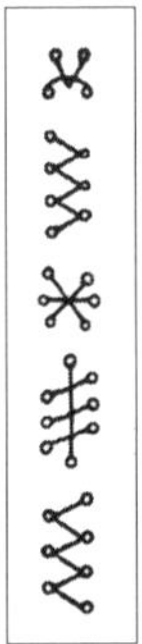

(9) 土曜日

(10) 文章が錯綜しているが、「図像に黒犬の歯を添えておく」、の方が正解かもしれない。

(11) 亜独版 p.112 では左図。口絵[4][24][31]も参照。

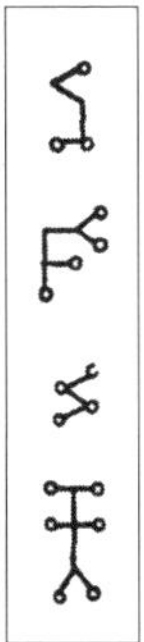

(12) 亜独版 p.112 では左図。口絵[4][24][31]も参照。

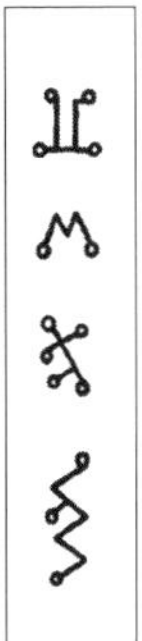

【八】これら六つの業のすべては惑星の力能から、あるいは惑星がすでに述べたことばにある惑星と合するときに生じるものである。知っておくべきことは、諸恒星の援けを生じる形象はこれら六つ以外にはないということであり、賢者の誰も多くを語っていない。それゆえ本書ではこの知識について完全を期しておくこととした。‖

[106]

第十章　各々の惑星にふさわしい石の数々および形象の成り立ちについて‖

[105] 【一】この章では、いずれの惑星がいずれの金属あるいは石のうちに、また惑星の形象のうちにその驚異の作用(はたらき)をなすか、について解明したい。‖

[106] 【二】まず土星(サトゥルヌス)について。土星は金属のうちで鉄を、また黄金の一部をもち、石の中では金剛石(ディアマンテ)とアリアザ(1)、カマッフェス(2)、黒と透明のアゼベヘ(3)、フェルス(4)、アルマニキエム(5)、またルベイス(紅玉)(6)の一部、黄金マルカシタ(7)の一部、セディナ(8)の一部をもつ。

【三】木星は金属の中で鉛を、石の中では白および黄貴石そしてアラクェク(9)の一部、スマラグド(エメラルド)(10)の一部、アルメヘ(11)の一部、クリスタロ(水晶)(12)の一部、その他すべての白と透明と輝く石の一部、また黄金の一部をもつ。

(1) aliaza 羅伊版：onice 縞瑪瑙(オニキス)；亞英版：iron, diamond, antimony, pure-black onyx, jet, turquoise, magnet, magnesium, gold, ruby, golden marquashitha, and shadhanj.
(2) camaffes 羅伊版：cammeo カメオ?.
(3) azebehe 羅伊版：giaietto 黒玉(ジェット)
(4) ferus 羅伊版：turchese
(5) almagnicie[m] 羅伊版：manganese / magnizia
(6) lapidibus rubeis
(7) marchasita aurea
(8) sedina
(9) alaquech
(10) smaragdo
(11) almehe
(12) cristallo

【四】火星（マルス）は金属の中で赤銅およびすべての硫黄を含むもの、またヴィトロ(13)の一部を、また石の中ではプレモナダ(14)、サングイニス(15)を、そしてアラクェク(16)の一部、アリアザ(17)の一部、それにすべての赤石の一部とマクリス・グッタティス(18)をもつ。

【五】太陽は金属の中ではエジプト・ヴィトルム(19)とアゼルネク(20)をもち、石の中ではアルベゼディ(21)とディアマンテとコンカス・ルベアス(22)、そしてすべての輝く透明な石、それにセディナ(23)の一部とアズムベディク(24)の一部、ルビーノ、バラッソ(25)の一部、それに黄金マルカシタ(26)の一部をもつ。

【六】金星は金属の中では赤銅を、そして銀の一部とヴィトロの一部を、また石の中ではアズルム(27)とコラッルム(28)とデヘネク(29)を、そしてアルメヘ(30)の一部とアルマグニチエ(31)の一部をもつ。

【七】水星（メルクリウス）は金属の中では生銀および錫の一部とヴィトロの一部をもち、石の中ではスマラグドゥムおよびその種のすべてを、またアズムベディク(32)の一部をもつ。‖ 〔107〕

【八】月は金属の中では銀をもち、石の中では銀マルカシタ、緻密なアリオファル(33)、それにクリスタロ・アズロの一部、アリアザ(34)の一部、アルメヘ(35)の一部をもつ。

(13) vitro
(14) premonada
(15) lapidem sanguinis
(16) alaquech
(17) aliaza
(18) maculis guttatis
(19) vitrum Egipti
(20) azernec
(21) albezedi
(22) conchas rubeas
(23) sedina
(24) azumbedich
(25) balasso
(26) marchasita aurea
(27) azurum
(28) corallum
(29) dehenech
(30) almehe
(31) almagnicie
(32) azumbedich
(33) aliofar
(34) aliaza
(35) almehe
(36) Saturni / Iovis / Martis / Solis / Veneris / Mercurii / Lune 亞独版 p.114 では左図。

【九】これらが七つの惑星の形象である(36)。

【一〇】これら惑星の形象は『メルクリウス石譜』(37)、『ベイルス(38)の書』(39)、賢者ピカトリクス(40)が翻訳した『霊と図像の書』(41)に載せられていたものを写したもの。‖〔110〕

【一一】賢者ピカトリチスの見解によれば、土星の形相は烏頭で駱駝脚をして講壇に坐し、右手に棹棒をもち、左手に槍か矢をもっている。これがその形相である(42)。

【一二】賢者ベイルス(43)の見解によれば、土星の形相は老人で、背の高い講壇に坐している。これがその形相である。

【一三】賢者メルクリウス(44)の見解によれば、土星の形相は直立した男が両手を頭の上に挙げて魚を摑み、足元に蜥蜴（つまり緑蜥蜴）を踏みつけている。これがその形相である。

【一四】その他の賢者たちの見解によれば、土星の形相は龍の上に立つ男が、右手に大鎌を、左手に棹棒をもち、斑の黒布(45)を纏っている。これがその形相である。

また口絵［4］［25］［31］も参照。

(37) *Lapidario Mercurii* 亞英版：The Benefits of the Rocks of Mercury, which is also known as *al-Katib*. プレスナーは亞独版解説でこれを「ウタリドの『石譜』」と解し、ヘルメス（ウタリド）に擬される著作として挙げている。

(38) *Libro Beylus*, Thorndike II, 66, p.813: beelum (probably meant Beleni), つまりBelenus という呼称で呼ばれたApollonius ということになるか。次註参照。

(39) ティアナのアポロニウス作と擬される書。亞英版：a books written by Apollonius

(40) sapiens Picatrix 本書（羅語版）ではじめて、表題となっているPicatrix が賢者の名としてあらわれる個所。

(41) *Libro spirituum et ymaginum* プレスナーは上記解説で「ブクラテス（ピカトリクス）訳による某クリトンKriton の霊的護符に関する論考」としている。▼**補註**15参照。

(42) 以下【一四】までに語られる「土星の形相」四点については口絵［5］参照。

(43) Beylus

(44) Mercurii

(45) nigris pannis et pardis「黒布と豹皮」とも。

【一五】ベイルスの見解によれば、木星（ユピテル）の形相（かたち）は鷲の上に坐した男の形相（かたち）で、一枚布を纏い、両脚を鷲の脇腹に据え、頭に巻いた布を右手で押さえている。これがその形相（かたち）である。(46)‖

[111] 【一六】ピカトリチスの見解によれば、木星（ユピテル）の形相（かたち）は獅子頭に鳥の脚をした男の形相（かたち）で、その両脚で七頭の龍を摑み、右手に矢をもちこれを龍の頭に向け投じようとしている。これがその形相（かたち）である。

【一七】メルクリウスの見解によれば、木星（ユピテル）の形相（かたち）は亜麻布を纏った男の形相（かたち）で、龍に騎乗して、その手に槍か矢をもっている。これがその形相（かたち）である。

【一八】その他の賢者たちの見解によれば、木星（ユピテル）の形相（かたち）は鷲に騎乗した男の形相（かたち）で、右手に布を、左手に胡桃をもっている。またその衣装はすべて黄色である。これがその形相（かたち）である。

【一九】賢者ベイルスの見解によれば、火星（マルス）の形相（かたち）は冠を被った男の形相（かたち）で、右手に銘刻のある剣をもっている。これがその形相（かたち）である。(47)

【二〇】メルクリウスの見解によれば、火星（マルス）の形相（かたち）は直立した裸の男の形相（かたち）で、その右側に美しい処女が立っている。これは金星（ヴェヌス）の姿で、その髪を纏めて後ろに垂らしている。火星（マルス）は右手を彼女の首に回し、左手をその胸に伸ば

(46) 以下【一八】までに言及される「木星の形相」四点については、口絵［6］参照。

(47) 以下【二二】までに言及される「火星の形相」三点については、口絵［7］参照。

し、その視線は彼女の顔を凝視している。この賢者が説くところによれば、この形象はたいへんな潜在力をもっており、大いなる作用（はたらき）をなすという。後の者たちはこれを神のご加護によるものと言う。これがその形相である。

【二一】その他の賢者たちの見解によれば、火星（マルス）の形相は獅子に騎乗した男の形相で、右手に剣をもち、左手に人の頭を抱えている。(48) 着衣は鉄製の甲冑。これがその形相である。||

［107］【二二】賢者ベイルスの見解によれば、太陽の形相は直立した婦女の形相で、四頭の馬に曳かれた山車に乗っている。その右手に鏡を、左手にした杖を胸に支え、頭の上に炎の似像を戴いている。これがその形相である。(49)

【二三】メルクリウスの見解によれば、太陽の形相は直立した男の形相で、彼の前にいる者たちに挨拶をしようとしているところ。その左手には丸い盾（クリペウム）をもち、その足元には龍の形象がある。これがその形相である。||

［108］【二四】ピカトリチスの見解によれば、太陽の形相は玉座に坐した王の形相で、その頭に冠を戴き、その前に(50)烏の形相があり、足元には上述したような太陽の形象がある。これがその形相である。

【二五】他の賢者たちの見解によれば、太陽の形相は四頭の馬に曳かれた山車に乗った君主の形相で、右手に鏡を、左手に丸い盾をもっている。着衣は

(48) 羅伊版：「兜をもっている」

(49) 以下【二五】までに言及される「太陽の形相」四点のうち、【二四】以外の三点については、口絵［7］［8］参照（【二四】の図は欠）。

(50) 冠の前部か？

すべて黄色。これがその形相(かたち)である。

【二六】賢者ベイルスの見解によれば、金星(ヴェヌス)の形相(かたち)は直立した女の形相(かたち)で、右手に林檎をもっている。これがその形相(かたち)である。[51]

【二七】賢者ピカトリチスの見解によれば、金星(ヴェヌス)の形相(かたち)は女の形相(かたち)で、右手に林檎を、左手に板によく似た櫛をもっており、そこにOVOIOVという形象[52]がしるされている。これがその形相(かたち)である。

【二八】賢者メルクリウスの見解によれば、金星(ヴェヌス)の形相(かたち)は人のからだに鳥の頭、鷲の脚をもつ形相(かたち)。これがその形相(かたち)である。

【二九】プトレマイオスの見解によれば、金星(ヴェヌス)の形相(かたち)は裸の女で、その首に火星(マルス)の形相(かたち)が鎖で結びつけられている。これがその形相(かたち)である。

【三〇】その他の賢者たちの見解によれば、金星(ヴェヌス)の形相(かたち)は髪を伸ばした女の形相(かたち)で、鹿に騎乗している。その右手には林檎を、左手には花をもっている。その衣装は白色。これがその形相(かたち)である。‖

[109]

【三一】賢者ベイルスの見解によれば、水星(メルクリウス)の形相(かたち)は髭を生やした若者の形相(かたち)で、手に矢をもっている。これがその形相(かたち)である。[53]

【三二】賢者メルクリウスの見解によれば、水星(メルクリウス)の形相(かたち)は頭に雄鶏を載せた男が講壇に立っている形相(かたち)である。またその足は鷲の脚のようで、左手の

(51) 以下【三〇】までに言及される「金星の形相」五点のうち、【二九】以外の四点については、口絵［8］［9］参照（【二九】の図は欠）。

(52) 亞英版：数字、ちなみに同訳ではこれを縞瑪瑙 onyx に刻む、とある。後出【五五】、註52参照。

(53) 以下【三四】までに言及される「水星の形相」四点については、口絵［10］参照。

掌に火を載せ、足元に後述するようなしるしがある。これがその形相（かたち）である。

【三三】ピカトリチスの見解によれば、水星（メルクリウス）の形相（かたち）は直立した男の形相（かたち）で、右側にその翼を広げ、左に小さな雄鶏がいる。また右手に矢を、左手に丸い貝殻(54)をもっている。その頭の中央には雄鶏の鶏冠がある。これがその形相（かたち）である。

【三四】その他の賢者たちの見解によれば、水星（メルクリウス）の形相（かたち）は冠を戴いた君主が孔雀に騎乗した形相（かたち）で、その右手に葦筆を、左手に紙片をもっている。その衣装はあらゆる色が混ざっている。これがその形相（かたち）である。

【三五】メルクリウスの見解によれば、月の形相（かたち）は容貌の美しい女が龍を帯に巻いている形相（かたち）である。またその頭の角に二匹の蛇が巻きつき、頭の上にも二匹の蛇、両手にそれぞれ蛇が一匹づつ巻きついている。また彼女の頭上には一匹の龍がおり、もう一匹がその足元にいる。それらの龍はどれも七つ頭をもっている。これがその形相（かたち）である(55)。‖

〔110〕【三六】ベイルスの見解によれば、月の形相（かたち）は女が二頭の牡牛の上に立った形相（かたち）である。牡牛の一方の頭はもう一方の尾に寄せられている。これがその形相（かたち）である。

【三七】賢者ピカトリチスの見解によれば、月の形相（かたち）は頭の上に鳥を載せて

(54) concha 桶、壺とも。

(55) 以下【三八】までに言及される「月の形相」四点については、口絵［11］参照。

杖に凭れた男の形相（かたち）である。また彼の前には樹木がある。これがその形相（かたち）である。

【三八】他の賢者たちの見解によれば、月の形相（かたち）は冠を戴いた若者が四頭の馬が曳く山車に乗った形相（かたち）である。またその右手にはカヤダム[56]（柄の先が曲がった杖）を、左手には鏡をもっている。衣装はすべて緑と白色。これがその形相（かたち）である。‖

[108] 【三九】上述した一々の形象は、太陽のものもその他の惑星のものも魔術の実修にあたり驚くべき潜在力と効果とをもっている。これらについて本書では神の許しを願いつつ解説を試みることとしよう。‖

【四〇】これらの形相（かたち）は古の賢者たちがその著書の数々に載せたもの、つま
[112] りこの知識に深く分け入った者たちのものに他ならない。その一々の形相（かたち）が驚くべき効果と大いなる力能をもっている。ここでそれらの諸効果および諸力能について語ることにしよう。‖

[120] 【四一】土星（サトゥルヌス）の図像（イマジネ）は多く飲用に供される。土星の作用（はたらき）を受けて、高い講壇の上に、男が泥塗り亜麻布を頭に巻き、その手に大鎌をもつ形相（かたち）を、土星（サトゥルヌス）の時間、土星が昇る時にフェイリゼク石[57]にしるす。この図像（イマジネ）の力能は、これを身につけて飲用に供するなら、老衰より他では決して死ぬことはなくなる

（56）cayadum

（57）lapide de feyrizech 羅伊版：トルコ石

ほどのものである。

【四一】また誰かとの間に不和を生じさせたい時には、土星の作用（はたらき）を受けて、土星の時間にこれが昇る時に、次のような図像（イマジネ）を金剛石（ディアマンテ）にしるす。[58]

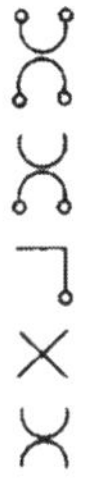

この図像を松脂で封して、この封印を二人の友がいる場所あるいはそのどちらかがいる場所に置くと、お互いに憎み合うこととなる。決してこの図像（イマジネ）を自分の身につけないように注意を要する。‖

[121] 【四三】木星（ユピテル）の形相（かたち）。木星の作用（はたらき）を受けて、冠を戴く男が講壇に坐している形相（かたち）をつくる。この講壇の図像（イマジネ）には脚が四本あり、その一々の脚が男の首の上に載っており、その四人にはみな翼がある。また講壇に坐す男は嘆願するように両手を挙げている。これを木星の時にこれが上昇（アシェンデンテ）する時、また昴揚にある時に、透明で白い石にしるす。この図像（イマジネ）を自ら身につけるなら、富と名誉を得て最良の生を送ることができるだろう。また数多の息子たちを得て、望みが達成されるだろう。これの作用（はたらき）は決して敵意に損なわれることなく、すべてうまく運ぶこととなる。‖

[122] 【四四】官吏や司法官たちの好意を得たいならば、木星（ユピテル）の作用（はたらき）を受けて、寛

（58）亞独版 p.127 では左図。口絵［31］も参照。

衣を纏って鷲に騎乗した美しい男の形相をつくる。これを木星の時間、これが昇る時（アシェンデンテ）、またこれの昂揚にあたる時に、水晶石（クリスタロ）にしるす。この図像（イマジネ）を身につけているなら官吏や司法官たちの好意を得られるだろう。

【四五】婦女の妊娠を阻み、また鳥を捕獲しようと思う時には、木星（ユピテル）の作用（はたらき）を受けて、木星の時間に磨羯宮の第一相が昇り、そこに木星がある時、〈……〉と呼ばれる石にハゲタカの形相（かたち）をしるす。これは身を軽くさせる。この石を鳥打ちが身につけると、鳥たちは彼の周りに集まり、望みのままに捕えることができる。また男たちから愛され、財物を受けとることになる。この石は自らに赤い色を引き寄せ、また両手で振るとその中で別の石が音を立てる。またこれを磨くと中から透明な水が出てくる。この石を婦女の上に据えるとこれが置かれている間は決して妊娠しない。

【四六】ヘルメスのことば。[59] 金星（ヴェヌス）の時間、双魚宮が昇り（アシェンデンテ）、木星がそこにありまた月がこれを眺めている時に、[60] この石に狐の図像（イマジネ）をしるす。――この図像（イマジネ）を身につけているだけで人からも悪鬼からも畏れられるだろう。

【四七】またこの石に、木星（ユピテル）の時間、木星が昂揚にある時に鶴の形相（かたち）をしるす。――この図像（イマジネ）をなにか液体で濯ぎ、これを誰かに飲ませると、この者は諸霊（スピリトゥス）を見ることとなり、それらは思いのままに振舞うだろう。これら二

(59) 前出のメルクリウスと同一か？
(60) 「相（アスペクト）関係にある時」前註参照。羅伊版：衝にあるとき

［123］

つの力能についてはヘルメスが語るところ。‖

【四八】火星（マルス）の図像（イマジネ）は善いことを望む時にも悪いことを望む時にも用いることができる。火星（マルス）の形相（かたち）を受けて、[61]男が獅子に騎乗し、その右手に抜き身の剣をもち、左手で人の頭を抱えている[62]形相（かたち）をつくる。時は火星（マルス）の時間、白羊宮の第二相が東（アシェンデンテ）に昇り、そこに火星（マルス）がある時、金剛石（ディアマンティス）に（これをしるす）。この石を身に着けていれば善いことも悪いこともできるようになるが、特に悪事に効力がある。

【四九】あなたの相貌を怖く恐ろしくしたいと思うなら、火星（マルス）の形相を受けて、甲冑を纏って立つ男と二本の剣の形相（かたち）をつくる。一本は首から吊るし、もう一本は抜き身で右手に。左手には人の頭[63]をもたせる。時は火星（マルス）の時間、火星がその宿にある時、いずれかの火星（マルス）の石に（これをしるす）。この石を身につける者は誰でも、皆から怖れられ、なにも近づいてこないだろう。

【五〇】望みのままにいずれかの場所からの出血を止めるために。火星（マルス）の作用（はたらき）を受けて獅子の形相（かたち）およびこれに向かって次の形象つまりしるしをつくる。[64]

時は火星の時間、天蠍宮の第二相が東（アシェンデンテ）に昇る時、先に述べたことばにあ

(61) ex formis ここまで ex operibus で統一されている。おそらく誤記だろう。

(62) 前出同様、「兜を抱えている」のかもしれない。

(63) 同前、兜かも。

(64) 亜独版 p.130 では左図。口絵［26］も参照。

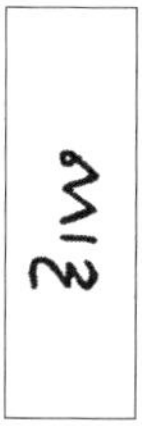

るようにアリアザ(65)にしるす。‖

［112］【五一】太陽の図像（イマジネ）。王が他のすべての王を凌駕しうち克つように望むなら、太陽の形相（かたち）を受けて、玉座に坐す王の形相（かたち）をつくる。その頭には冠を戴き、その前に鳥、足下に次の形象をしるす。(66)

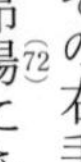

紅玉（ルビーニ）あるいは尖晶石（バラッシ）(67)にしるす。太陽が昂揚にあたる時に。王がこの石を身につけるなら、彼に敵対するいかなる王をも打ち負かすだろう。

【五二】何の拘束も受けず着手したことの完遂を望み、虚しい夢を見ることとならぬようにするためには、太陽の形相を受けて、すでに述べた四つの形象の上に獅子の形相（かたち）をつくる。獅子宮が昇り（アシェンデンテ）、太陽がそこにあり、災厄諸惑星がこれから落ち(68)、それを眺めもしない時に紅玉（ルビー）にしるす。この図像（イマジネ）を自ら身につけるなら、誰からも拘束されず、上述したとおり、着手したことはその目的を遂げるだろう(69)。

【五三】太陽の形相を受けて、四頭の馬が曳く山車に坐した女の図像（イマジネ）をつくり、その右手に鏡を、左手に棒杖(70)をもたせ、頭上に七本の燭台を、金剛石（アダマンティス）(71)に太陽が昂揚(72)にある時にしるす。この図像（イマジネ）を身につけるなら、見る者すべてがこの者を恐れるだろう。‖

(65) aliaza 縞瑪瑙 onice, onyx

(66) 亞独版 p.119 では左図。口絵［26］［27］も参照。

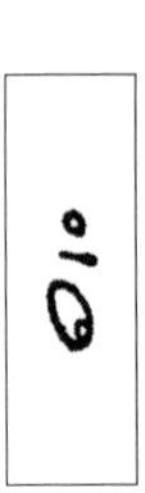

(67) balassi

(68) cadentes「落ちる（落位）」については第II書三章註23参照。亞英版：「災厄惑星 nuhus のすべてがその中にあり、それが打ち負かされない時」

(69) 亞独版ではこの一節が「アリストテレスのアレクサンドロス大帝あて書簡に」記されているものとある。亞独版訳註では『秘中の秘 *Secretum secretorum*』のことと指摘がある。Cfr. R. Steele, *Opera hactenus inedita Rogeri Baconi*, fasc.V, 1920, pp.173-175, 252-265.; *Secretum secretorum Aristotelis ad Alexandrum Magnum, cum eiusdem Tractatu de Animae immortalitate nunc primum adiecto*, Mathiam Cancer Venecia [sic per Napoli] 1550

(70) 亞英版：「鞭」

(71) 亞英版：縞瑪瑙 onyx

(72) 亞英版：頂点

[113]

【五四】太陽の形相を受けて下記の形象をセディーナ石[73]に、獅子宮の第一相が昇り（アシェンデンテ）、そこに太陽がある時にしるす。この図像（イマジネ）を身につけるなら、さまざまな月の病（狂気）や月の炎熱から守られるだろう[74]。

[114]

【五五】金星（ヴェヌス）の図像（イマジネ）[75]。金星の形相を受けて、男のからだ、鳥頭、鷲の脚をもつ女の形相（かたち）をつくる。その右手には林檎を、左手には板に似た木製の櫛をもたせ、その板には次の形象をしるす[76]。OVOIOV――この図像（イマジネ）を身につける者は善財を受け、誰からも愛されるだろう。

【五六】金星（ヴェヌス）の形相を受け、右手に林檎を、左手に櫛をもつ女の形相（かたち）を白い石[77]につくる。天秤宮の第一相が東（アシェンデンテ）に昇る時に。この図像（イマジネ）を身につける者はいつも笑顔で快活となる。

【五七】金星（ヴェヌス）の形相を受け、裸の娘の形相をつくる。その首には鎖が繋がれ、これを男が握っている。その背後に小さな男児が剣を振り上げているところを、金星の時間に青金石（ラピデ・ラズリ）[78]にしるす。この図像（イマジネ）を身につける者は女たちから愛され思いのままになすことができるだろう。

[115]

【五八】金星の形相を受け、蛇の形象をつくる。この形象の上に毒蜘蛛（タラントゥレ）[79]、そ

(73) sedina 亞英版：shathina

(74) 亞英版：「月が満ちる時にあたり癲癇から癒されるだろう。」また次図は亞独版 p.120 では左図。口絵［27］［32］も参照。

(75) 【五五】【五六】は錯綜しており、亞英版ではここまでが一つの男の形象、以下が別の女の形象、つまり羅版【五六】として記されている。

(76) 亞独版 p.121 では左図。これは「アラビア数字で 851585 である」と註されており、別写本では「8518585」あるいは「1851815」と記されたものもあるという。口絵［27］も参照。

(77) 亞英版：「マラカイト malachite 石に、天秤宮の第二相が昇る時にしるす」

(78) lapide lazuli

(79) 亞英版：「蠍」、また「湧水」の代わりに (aque surgentis「泉」→ atque surgentis「日の出」)、これをしるす時間が「月曜日の早朝、金星の時間」とされている。また素材は「水晶」だけ記載あり。

の形象の前に湧水を、水晶(クリスタロ)あるいは緑柱石(ベリロ)に、[80] 木星がその昂揚にある時にしるす。この石を自ら身につけると、蛇に咬まれることはなくなる。またこの図像(イマジネ)をなんらかの液体で濯ぎ、これを(蛇に)咬まれた者に飲ませると、たちまち癒される。

【五九】金星(ヴェヌス)の形相を受け、下記の形象を金星の時間につくる。[81]

(他の書冊によれば、これは別の形象をもって描かれている)

(望みの方を採用してしるす) すると小児たちはあなたに懐き、纏わりつくだろう。

【六〇】金星(ヴェヌス)の形相を受け、坐した翼[82]のある女の形相(かたち)をつくる。髪は後ろで二つの三つ編みにし、屈んで二人の小児を抱いているところ。金星の時間、それが昂揚にある時に、アルメ[83]へ石にしるす。この石を身につけるなら、歩みは軽くなり痛みもなくなる。

【六一】金星(ヴェヌス)の形相を受け、三人がお互いに手を繋いでいる形相(かたち)を、金星の時間に水晶にしるす。この形相(かたち)を身につけるなら、商売に幸運あり利益を得

(80) berilli

(81) 亞独版 p.122 では左図。口絵［28］［32］も参照。

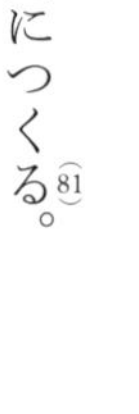

(82) 羅英版:「立った」、また翼があるのは二人の小児の方になっている。

(83) almehe 羅伊版:水晶 cristallo di rocca, 亞英版には素材の記述なし。

られるだろう。

【六二】金星(ヴェヌス)の形相を受け、鼠取り[84]を二つと鼠を一匹、金星の時間、金星が昇(アシェンデンテ)る時に、コラッロ石[85]にしるす。この形相を置いた場所にはいっさい鼠が近寄らない。

【六三】金星(ヴェヌス)の形相を受け、飛ぶ蠅[86]の形相を、金星の時間、金星が東(アシェンデンテ)に昇る時にアラクェク石[87]につくる。この図像(イマジネ)を置いた場所にはいっさい蠅が寄らない。

【六四】金星(ヴェヌス)の形相を受け、一匹の蛭の形相(かたち)をデヘネク石[88]の片面に、また他面に二匹の蛭をお互いの頭が他方の尾を捉えているようにつくる。金星の時間、これが昇(アシェンデンテ)る時に。この図像(イマジネ)を蜜蠟あるいは押印に適した何かに捺し、好みのままにつまり蛭のいる場所に投じると、その場所から蛭がいなくなる。‖[116]

【六五】金星(ヴェヌス)の形相を受け、立った女を水晶石[89]にしるし、その前に同じく偶像[90]の立像を、金星の時間、これが昇(アシェンデンテ)る時にしるす。この図像(イマジネ)を身につけるなら女たちから愛されるだろう。

【六六】金星(ヴェヌス)の形相を受け、立っている女の形相(かたち)をつくる。上腿まで髪に覆われるように、手には巻紙をもち[91]、もう一方の手に林檎をもたせる。金星の時間、これが昇(アシェンデンテ)る時に、アラクェク石にしるす。この図像(イマジネ)で蜜蠟を捺し、

(84) muscipulorum 亞英版ではそのまま「猫」になっている。
(85) lapide coralli 亞英版：珊瑚 coral, それとも紅玉髄 corniola
(86) 亞英版：「蠅が上下逆向きになった図」
(87) alaquech 羅伊版ではこちらを「紅玉髄 corniola」としている。亞英版：花崗岩、御影石 granite
(88) deheneck 羅伊版：malachite 孔雀石（マラカイト）、亞英版：dahnaj
(89) 亞英版：「身なりの良い女の図を白い石にしるす。」
(90) 亞英版：「半神 semi-idol」
(91) 亞英版：「繊毛のようなものが波打つように覆い、手には結わえた縄をもち」

小児の食べ物に混ぜて与えると食物疾患や瘧が治る。

【六七】金星の形相を受けて、アラクェク石に縞馬(92)の頭をしるす。この上に一匹の蠅の頭を、そしてこれに小さな付属物（つまりその頭を被う小さな覆い）(93)をつける。金星の時間、金星が東に昇る時に。この図像で蜜蠟を捺したものは胃のあらゆる疾患に効き目がある。

【六八】水星の図像。水星の形相を受けて、腰掛けに坐す君主がその頭に雄鶏を載せた形相をつくる。またその足は鷲の脚になし、その左手に火のようなものをもたせ、足元に次のしるしを置く(94)。

これを水星の時間、これが昴揚へと昇り、そこにある時に緑玉石にしるす。囚人がこの石を身につけると捕囚から解放される。
【六九】水星の形相を受け、これが昇る時、これの時間に緑玉(95)に次のしるしをつくる。この石は書記や公証人を援け、あらゆる水星の業に役立つ(96)。

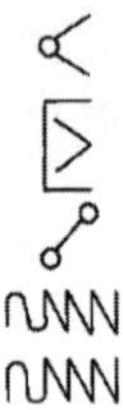

[117] 【七〇】水星の作用を受けて、一匹の蛙の形相を水星の時間、これが昇る

(92) azeberi, zebra
(93) 亞英版：「花崗岩 granite stone の上に（頭は少々大きめに）」
(94) 亞独版 p.123 では左図。羅版ではかえって先にアラビア数字表記と註されていたものに似た形になっている。口絵［29］［32］も参照。

(95) 水星に庇護される職業
(96) 亞独版 p.124 では左図。口絵［29］［32］も参照。

時に、緑玉(スマラグド)につくる。するとこの石はいかなる侮蔑攻撃をも防ぐとともに、誰もがその者のことまたその行ないのすべてを良く言うようになる。

【七一】水星の作用(はたらき)を受けて、獅子の形相(かたち)を緑玉(スマラグド)石にしるす。あるいは獅子の頭のような他の形相(かたち)を、水星の時間、双子宮が昇(アシェンデンテ)り、水星がそこにある時に。またその頭の上に、aを一つ、その頭の下にdを一つしるす。(97) この図像(イマジネ)を身につける者は病患を免れ、また怖れられるとともに良く言われることだろう。

【七二】水星の作用(はたらき)を受けて、蠍の形相(かたち)を、これの時間、これが昇(アシェンデンテ)る時に、緑玉(スマラグド)石にしるす。妊婦がこの図像(イマジネ)を身につけると、出産が軽くなり、赤子にも危険がなくなる。

【七三】水星の作用(はたらき)を受けて、人の手が天秤を支えもつ形相(かたち)を、水星の時間、これが昇(アシェンデンテ)る時に大理石にしるす。この図像(イマジネ)を蜜蠟あるいはなにか押印に適したものに捺し、これを病人に与える。するといかなる類の熱もたちまち下がる。これは解熱剤として用いられる。‖ [118]

【七四】月の図像(イマジネ)。月の形相を受けて、鳥頭の人が杖に凭れ、手に花のついた木をもった形相(かたち)をしるす。月の時間、これが昂揚に昇り、そこにある時に。この図像(イマジネ)を自らもっているなら、どこへいくにせよ旅の途次、疲弊すること

(97) 亞独版ではaは「アレフ alif」、dは「ダール dāl」。

はない。

【七五】月の形相を受けて、次のしるしを青金石(ラピデ・ラズリ)に、月の時間、これが昇(アシェンデンテ)る時にしるす。この図像(イマジネ)をなんらかの液体で濯ぎ、二人あるいはそれ以上の人々に飲ませると、多くの者たちが愛し合い、お互い離れられなくなる。(98)

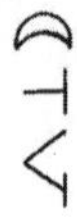

【七六】月の作用(はたらき)を受けて、髪を後ろに垂らし、二頭の牡牛の一方の頭に片足をかけ、他方の頭にもう一方の足をかけて立つ女の形相(かたち)を水晶にしるす。またこの石の別の面に、頭に冠を戴き、右手に棒杖をもって立つ女の形象をつくり、これの円周に次のしるしを記す。(99)

これを月の時間、これが昇(アシェンデンテ)る時に青金石(ラピデ・ラズリ)にしるす。そしてこの図像(イマジネ)を蜜蠟に捺し、この封印を鳩小屋に置くと、数多の鳩がこれに集まってくる。‖

[119] 【七七】月の作用(はたらき)を受けて、獅子頭をもつ男の形相(かたち)をつくり、その背に次のしるしを記す∶☾。月の時間、これが昇(アシェンデンテ)る時に、青金石(ラピデ・ラズリ)にしるす。この図像(イマジネ)により小児はどのような病患に襲われても守られる。

(98) 亞独版 p.125 では左図。口絵［32］も参照。

(99) 亞独版 p.125 では左図。口絵［32］も参照。

【七八】また月の作用（はたらき）を受けて、蛇（コルブロ）の形象をつくり、その頭に次のしるしを記す：(100)○☾。月の時間、これが昇（アシェンデンテ）る時に、ベザハル(101)石あるいは緑デヘネク(102)石にしるす。

この形象を置いた場所には決して蛇（コルブロ）もその他の蛇も近づかない。

【七九】月の作用（はたらき）を受けて、次のしるしを、月の時間、これが昇（アシェンデンテ）る時に緑玉（スマラグド）石にしるす。この石で抹香に捺印してこれを誰かに与えるなら、この者は記憶力がよくなり、知識を得ることとなるだろう。(103)

[123] 【八〇】これらが一々の惑星の図像（イマジネ）である。‖
[124] 【八一】まず土星（サトゥルヌス）。土星の時間、宝瓶宮の第三相が昇（アシェンデンテ）り、そこにこれ（土星）がある時、結石や鞭打ちの痛みを癒し、血や婦女の経血を止める図像（イマジネ）をつくる。
【八二】木星（ユピテル）。木星の時間、磨羯宮の第二相が昇（アシェンデンテ）り、そこに木星があり、太陽に対し相（アスペクト）(104)をなしている時、過度な雨を禁じ、それによる損害を止める図像（イマジネ）をつくる。

【八三】火星（マルス）。火星（マルス）の時間、天蠍宮の第一相が昇（アシェンデンテ）る時に、臆病さをうち

(100) 亜独版 p.126 では左図。口絵［32］も参照。

(101) bezahar 第I書五章【二五】および▼補註[8]参照。
(102) dehenech viridi 亜独版：Malachit-stein
(103) 亜独版 p.127 では左図。口絵［32］も参照。

(104) 羅伊版：「衝にある時」

負かし、王の怒りを鎮め、盗難、狼や野獣の被害その他あらゆる損害を止める図像（イマジネ）をつくる。」

[123] 【八四】太陽。太陽の時間、邪念を消し去り、肝臓や胃の病患を癒すための図像（イマジネ）を、獅子宮の第一相が昇り（アシェンデンテ）、太陽がそこにある時につくる。この図像（イマジネ）は上述したところに効力があり、長患いをも癒してくれる。」

[124] 【八五】金星（ヴェヌス）。金星の時間、双魚宮の第一相が昇り（アシェンデンテ）、そこにこれ（金星）がある時、婦女の子宮を癒し、男の悲嘆を喜びに代え、気鬱を治す図像（イマジネ）をつくる。これはまた邪念を消し去り、性交の潜在力を増強させる。この図像（イマジネ）を金牛宮の第一相に（金星が）ある時につくると、最大の驚くべき愛情効果があり、人々の好意を得るにも最良である。

【八六】水星（メルクリウス）。水星の時間、双子宮の第一相が昇る（アシェンデンテ）時に、知識と叡知に関する記憶力と知性のはたらきを鋭敏にし、人々の好意を得るための図像（イマジネ）をつくる。

【八七】月（ルナ）。月の時間、巨蟹宮の第一相が昇り（アシェンデンテ）、ここにそれ（月）がある時、収穫を増やし、樹木その他地から生まれるものすべてを成長させる図像（イマジネ）をつくる。

第十一章　星座（しるし）の諸形象とその諸効果について

[125]

【一】この知識について語った古の賢者たちはさまざまなことを言い、いろいろな理拠づけを試みた。これらを枚挙するのは冗長に過ぎるであろうし、われわれの目的を逸することにもなりかねない。ただ、その中で不可欠、それなしにはわれわれの目的に到達し得ない理拠づけについてだけ、語っておくことにしよう。‖あなたへの教え、それはこの知識の研鑽にあたり、これの修得こそがあなたを悦ばせるとともにあなたに利するものであるということ、そしてこれについて決して誰にも明かさないように。知識すなわち霊の賢者たち(1)は大いなる探求と実践(2)の労苦なしにはこれを汲みとることができなかった。そしてそこから汲めるかぎりのことを汲んだのだった。あらゆる煩事から逃れ、なにより人里離れ、静穏さに配慮しつつ(3)その持続的な研鑽のうちに、

(1) Sciencium autem spirituum sapien[te]s 知識すなわち叡知の霊（知性による叡知の獲得）

(2) studio et labore「勉学と骨折り」は、「理論的研鑽と実践作業」とも解される。

(3) curis mundi quietari prius et remoti.「第一の遠隔な（隔絶した）静止世界に配慮しつつ」とも。

彼らはさまざまな知性と記憶の善財を得た。知性と記憶の善財により霊(スピリトゥス)と覚知(センスス)[4]は堅牢とされ、深遠なる知識とは人が獲得することのできる最良の覚知(センスス)であり、万人が到達することができる訳のものではないこと、として知解された。真実の識別とは、まさに善い記憶と知性によって語られる真実の識別に到り、これを捉えること。[5]それゆえ賢者たちは言った。形相(スペキエス)には信憑性があり、[6]すべては理拠的な霊の明晰さであり、[7]その明晰さを介して諸事物を堅牢なものとする力能が与えられる。理拠的な霊の明晰さとは、求める諸事物を受けとることができる準備(ディスポジチオ)が調っていることであり、これらにより探求[8]は容易になされる。それゆえ知性は旺盛な活力であり、能動的で、強健、そして無力なはたらきに対立する判断[9]である。ここで強健と無力というのは、強健なものは容易に大した労もなく作用し(はたらき)、無力なものはたちまち変化を受け入れることを指して言ったもので、善き知性と記憶をもつ者がさまざまな知識を容易に知解し、短時日のうちに自然本性の意味を知解し、これを諸事物のうちに洞察してみせるようなもの。このようにして善い受容(うまくうけとられ)がなされ、霊[10]による鋭敏な把握は短時日のうちに探求するところのものを獲得することになる。このようにできる準備(ディスポジチオ)が調っている知性とはまさに火の可動性[11]からとりだされる。その迅速さはたちまち効果をもたらすべく作用(はたらく)する。太陽の

(4) sensus はここまで「知識 intelligencia」とほぼ同義とし、「感覚」とはしてこなかったが、ここも「獲得された意味」つまり知性のはたらきによる意味作用と採っておきたい。
(5) Accidit e contingit もっと受動的に捉え、「降りかかり来るところに染まる」、「偶々生まれる」とするべきかも。
(6) Quod est quedam credulitatem species「在るとはこうした信憑の一種である」
(7) spiritus racionabilis「理性魂」
(8) quas recipere querit「請願はかなえられる」
(9) et iudicium contra opus debile「無力な業に対する審問」
(10)「理性魂」
(11) acuitate「敏活さ」

〔126〕

可動性も同じで、これは気の諸部分を解きほぐし、明るく照らし出す。知性の可動性も同様に迅速で明晰で、探索するものを解きほぐし、‖その一々の部分に確実さを追求しつつ、短時日のうちにそれが何で（いかに）あるのか(12)を知解する。知性が可動的であればあるほど鋭敏となり、探求について知解しこれを実現する(13)こととなる。これがここで知解されねばならないことのすべてである。

【二】十二の星座（しるし）の一々は等しい三つの部分に区分され、この区分の一々は相（ファキエス）(14)と呼ばれる。この一々の相（ファキエス）には、インドの賢者たちが語ったように、図像（イマジネ）、形相、形象があり、その一々の相（ファキエス）はそれぞれ七惑星のいずれかに対応づけられている。これらの相（ファキエス）は、諸惑星の高い方から低い方へと順々に、そしてふたたび高い方へと戻るように、その位置と序列に準じて区分され分配されている。これについて説明しておこう。最初は白羊宮、これの最初の相（ファキエス）は火星に準えられている。第二は序列でこれにつづく太陽に。第三は太陽につづく金星に。そして金牛宮の第一は水星に、等々最後の星座（しるし）まで惑星の序列に従ってつづく。これらの相（ファキエス）は、以下のとおり、それぞれの主（ドミヌス）の形相（かたち）と自然本性に適った自然本性（ナトゥーラ）と形相（かたち）をもっている。

【三】白羊宮の第一相（ファキエス）は火星（マルス）に。この知識に関する偉大な賢者たちの見

(12) intelligit eum quemadmodum est「請願がどのようなものとして尋ねられるべきかを知解する」

(13) intelligit petitum et quecumque eidem presentantur「請願について知解し、これをなす」。「探求において表示（代示）されるもの」とすると哲学的に、「請願において願われること（あるいは生贄に捧げられるもの）の意味も理解される」とすると儀礼的になるか。

(14) facies 顔、相貌。所謂「デカン」。本訳書ではaspectoを常套的な用語をもって「相（関係）」と訳したので、faciesをも「相」とすると紛らわしいが（伊語占星術書では通常どちらもaspettoとされる）、ルビを振り一応の区別ができるようにしておいた。ただし一方でfacies（なす）という動詞と入り組んで錯雑した文章となるのだが。Cfr. 山本啓二・矢野道雄訳ビールーニー『占星術教程の書』(3), p.499 [452 (449)] 顔 (al-wuguh) とは何か、イスラム世界研究六（二〇一三年三月）所収

解によれば、これの中に不穏で大きく、赤い目をした黒い男の形相が昇る。その手には鋭利な斧[15]をもち、白い布を巻きつけ、豪華に着飾っている。[16]この相[17]は堅牢、高貴、謙遜のない尊大をあらわしており、これがその形相である。

[127]

【四】白羊宮の第二相に昇るのは、緑の布を纏った女で、片方の脛が欠けている。この相は高位、高貴、尊大、統治をあらわしており、これがその形相である。‖

【五】白羊宮の第三相に昇るのは、両手で黄金の腕輪をもち、赤い布を纏い、善をなそうとしつつそれができない不穏な男。この相は精妙、巧妙な業、新しい事物や道具等々をあらわしており、これがその形相である。

【六】金牛宮の第一相に昇るのは、巻き毛の女と火のように赤い布を纏ったそのひとり息子。彼女も同じような布を纏っている。この相は耕し土に作業する者、幾何学（測地術）の知識をもつ者、種蒔き、ものをつくる者の相であり、これがその形相である。[18]

【七】金牛宮の第二相に昇るのは、駱駝のような男の形象。その指の爪は雌牛のようで、全身を柔らかな亜麻布で覆い、耕作、種蒔き、ものづくりに向いている。この相は高貴、権能、公の賞賛をあらわしており、これが

（15）ascionem incidentem なにか文字を刻んだ斧かもしれない。
（16）magno precii 尊大、威丈夫。
（17）以下【五】にかけて言及される白羊宮の三つのファキエス（デカン）の「形相」については、口絵［12］参照。
（18）以下【八】にかけて言及される金牛宮の三つのファキエスの「形相」については、口絵［12］［13］参照。

その形相（かたち）である。

【八】金牛宮の第三相（ファキエス）に昇るのは、白い出歯を口からのぞかせる赤い男で、脛が長く象のような体躯をしている。彼は一頭の馬、一匹の犬そして一匹の牡牛とともに昇る。この相（ファキエス）は不埒、貧困、悲惨、恐怖をあらわしており、これがその形相（かたち）である。

【九】双子宮の第一相（ファキエス）に昇るのは、裁縫に長けた美しい女。彼女とともに二頭の牡牛と二頭の馬が昇る。この相（ファキエス）は書写、計算、数、売買、知識をあらわしており、これがその形相（かたち）である。(19)

【一〇】双子宮の第二相（ファキエス）に昇るのは、鷲のような顔をした男。その頭に
[128] は‖亜麻布を巻き、鉛の甲冑で護身している。頭には鉄兜を被り、その上に絹の冠。手には弩弓と矢をもっている。この相（ファキエス）は苦悩と邪悪と欺瞞をあらわしており、これがその形相（かたち）である。
【一一】双子宮の第三相（ファキエス）に昇るのは、甲冑を纏い、弩弓と矢と箙をもった男。この相（ファキエス）は勇敢、謙虚、労苦の分担、慰安をあらわしており、これがその形相（かたち）である。

【一二】巨蟹宮の第一相（ファキエス）に昇るのは、人差指と首が曲がった男。その体躯（からだ）は馬の体躯（からだ）のようで、白い足をしており、無花果の葉でからだを覆っている。

(19) 以下【一一】にかけて言及される双子宮の三つのファキエスの「形相」については、口絵［13］［14］参照。

この相（ファキエス）は教え、知識、愛情、精妙な審美眼、諸技芸をあらわしており、これがその形相（かたち）である。(20)

【一三】巨蟹宮の第二相（ファキエス）に昇るのは、美しい顔の女。その頭には緑のギンバイカ（ミルト）の冠を載せ、ネヌファル(21)と呼ばれる木の棒をもち、愛と歓びの歌をうたい誦している。この相（ファキエス）は戯れ、富、歓び、豊穣をあらわしており、これがその形相（かたち）である。

【一四】巨蟹宮の第三相（ファキエス）に昇るのはケルハフエ(22)。その手には蛇。その前に黄金の鎖がある。この相（ファキエス）は馬駆け、戦争、口論、敵対をあらわしており、これがその形相（かたち）である。

【一五】獅子宮の第一相（ファキエス）に昇るのは、汚れた衣装を纏った男。彼とともに北を向く馬を眺める主（ドミヌス）の形象(23)が昇る。この形象は熊か犬の形象に類同である。この相（ファキエス）は堅牢、自由、勝利をあらわしており、これがその形相（かたち）である。(24)

【一六】獅子宮の第二相（ファキエス）に昇るのは、頭に白いギンバイカ（ミルト）の冠を戴き、＝

［129］手に弩弓をもった男。この相（ファキエス）は美、騎乗、無名の下層の男の昇格をあらわし、またこの相（ファキエス）は戦争、抜き身の剣をあらわしており、これがその形相（かたち）である。

(20) 以下【一四】にかけて言及される巨蟹宮の三つのファキエスの「形相」については、口絵［14］参照。

(21) nenufal 亞英版：nenuphar [water lily] 羅伊版：ninfea スイレン（の茎）

(22) celhafe 亞英版、羅伊版とも、亀

(23) この星座の支配星のことか。またその前の domini equi aspicientes contra septentrionem は、亞英版では「北を眺めやる騎兵 cavalryman」。大熊座、犬座のことか。

(24) 以下【一七】にかけて言及される獅子宮の三つのファキエスの「形相」については、口絵［15］参照。

【一七】獅子宮の第三相（ファキエス）に昇るのは、黒く醜い老人で、その口に果実や肉を満たし、手には銅の水差しをもっている。この相（ファキエス）は愛と歓び、料理と健康をあらわしており、これがその形相（かたち）である。

【一八】処女宮の第一相（ファキエス）に昇るのは、古い羊毛の織物を纏った処女の娘で、その手に石榴をもっている。この相（ファキエス）は種蒔き、耕作、樹木の芽吹き、葡萄の収穫、よい生活をあらわしており、これがその形相（かたち）である。(25)

【一九】処女宮の第二相（ファキエス）に昇るのは、美しい容色の男で、革製の衣装の上に鉄の着衣を纏っている。この相（ファキエス）は請願、願望、利益、報酬、正義の否認をあらわしており、これがその形相（かたち）である。

【二〇】処女宮の第三相（ファキエス）に昇るのは、白い巨軀の男で、白い織物を纏っている。彼の傍らには黒い油を手にした女。この相（ファキエス）は衰弱、老化、病苦、怠惰、四肢の障害、民の破滅をあらわしており、これがその形相（かたち）である。

【二一】天秤宮の第一相（ファキエス）に昇るのは、右手に槍をもち、左手で鳥の脚を吊るす男。この相（ファキエス）は正義、真実、善い審き、民および弱者の正義の補完、貧窮者への施与をあらわしており、これがその形相（かたち）である。(26)‖

[130]【二二】天秤宮の第二相（ファキエス）に昇るのは、黒い男と花嫁の悦ばしい道行。この相（ファキエス）は静穏、歓喜、豊穣、善い生をあらわしており、これがその形相（かたち）である。

(25) 以下【二〇】にかけて言及される処女宮の三つのファキエスの「形相」については、口絵[15][16]参照。

(26) 以下【二三】にかけて言及される天秤宮の三つのファキエスの「形相」については、口絵[16][17]参照。

【二三】天秤宮の第三相（ファキエス）に昇るのは、驢馬[27]に乗った男で、その前に狼がいる。この相（ファキエス）は邪な行為、男色、姦通、妖術、享楽、貪食をあらわしており、これがその形相（かたち）である。

【二四】天蠍宮の第一相（ファキエス）に昇るのは、右手に槍をもち、左手に人の頭[28]をもつ男。この相（ファキエス）は感傷傾向、邪な意志、敵意をあらわしており、これがその形相（かたち）である[29]。

【二五】天蠍宮の第二相（ファキエス）に昇るのは、その手に蠍をもって駱駝に乗る男。この相（ファキエス）は知識、羞恥、誰かのことを悪しく言う傾向をあらわしており、これがその形相（かたち）である。

【二六】天蠍宮の第三相（ファキエス）に昇るのは、馬と兎。この相（ファキエス）は邪な行為、貪食、婦女たちに無理強いされる性交をあらわしており、これがその形相（かたち）である。

【二七】人馬宮の第一相（ファキエス）に昇るのは、三人の男たち。一人は黄色、もう一人は白、三人目は赤い。この相（ファキエス）は熱、解放、野や畑地での結実、援助と離反をあらわしており、これがその形相（かたち）である[30]。

【二八】人馬宮の第二相（ファキエス）に昇るのは、雌牛を曳く男で、その前に猿と熊がいる。この相（ファキエス）は怖れ、悲嘆、哀悼、苦痛、悲惨、焦燥をあらわしており、これがその形相（かたち）である。

(27) cantorum 素朴に「歌」でいいのかも。

(28) caput hominis 前出のように「兜」かもしれない。

(29) 以下【二六】にかけて言及される天蠍宮の三つのファキエスの「形相」については、口絵[17]参照。

(30) 以下【二九】にかけて言及される人馬宮の三つのファキエスの「形相」については、口絵[18]参照。

〔131〕

【二九】人馬宮の第三相（ファキエス）に昇るのは、頭に帽子を被った男がもう一人の男を殺そうとしているところ。‖この相（ファキエス）は邪悪な意志と反感、邪悪な意志により安易にもたらされる悪い結果、敵意、破壊と邪な行為をあらわしており、これがその形相（かたち）である。

【三〇】磨羯宮の第一相（ファキエス）に昇るのは、右手に葦を(31)、左手にヤツガシラ（ウプパ）をもつ男。この相（ファキエス）は享楽、悦楽、怠惰による交渉事の霧散、悪い戦略による無力化をあらわしており、これがその形相（かたち）である。(32)

【三一】磨羯宮の第二相（ファキエス）に昇るのは、中位の猿を抱えた男。この相（ファキエス）はどのようにしても不可能、誰にも成し遂げられないことの希求をあらわしており、これがその形相（かたち）である。

【三二】磨羯宮の第三相（ファキエス）に昇るのは、手にした本を開いたり閉じたりしている男。その前に魚の尾がある。この相（ファキエス）は富、財貨の山、善い結果へと昇りつめる交渉事をあらわしており、これがその形相（かたち）である。

【三三】宝瓶宮の第一相（ファキエス）に昇るのは、頭を切り取られた男で、その手に孔雀を抱いている。この相（ファキエス）は悲惨、貧困、屑拾いをあらわしており、これがその形相（かたち）である。(33)

【三四】宝瓶宮の第二相（ファキエス）に昇るのは、堂々として他の者たちを見下す王

(31) arundinem, harundinem, 羅伊版：燕 rondine, 亞英版：葦杖 cane

(32) 以下【三二】にかけて言及される磨羯宮の三つのファキエスの「形相」については、口絵［18］［19］参照。

(33) 以下【三五】にかけて言及される宝瓶宮の三つのファキエスの「形相」については、口絵［19］［20］参照。

のような男。この相（ファキエス）は美と求める地位の獲得、完了、損害、衰弱をあらわしており、これがその形相（かたち）である。

【三五】宝瓶宮の第三相（ファキエス）に昇るのは、頭を切り取られた男とその伴の老女。この相（ファキエス）は豊穣、意志の完遂、困難の克服をあらわしており、これがその形相（かたち）である。

【三六】双魚宮の第一相（ファキエス）に昇るのは、体軀が二つある男がその手で挨拶をしているところ。この相（ファキエス）は平安と謙遜、長旅の疲労、富を求めた末の困窮、憐れな食事をあらわしており、これがその形相（かたち）である。[34]

【三七】双魚宮の第二相（ファキエス）に昇るのは、頭の下に二つ目の頭がある男で、足を高くもち上げ、手には盆をもっている。この相（ファキエス）は高位なものごとの貴重で強力な偉大さ、深刻な請願とその理解をあらわしており、これがその形相（かたち）である。‖

[132] 【三八】双魚宮の第三相（ファキエス）に昇るのは、詭計と裏切りを思いめぐらし、邪な考えを抱く悲壮な男。彼に先駆けてひとりの女と驢馬が手に鳥をもって[35]昇る。この相（ファキエス）は上昇、望みの女たちとの同衾、静穏と休息の希求をあらわしており、これがその形相（かたち）である。

【三九】すでに述べたことばにあるようにしるしをつくりなすことは最大の

(34) 以下【三八】にかけて言及される双魚宮の三つのファキエスの「形相」については、口絵［19］［20］参照。

(35) 鳥をもつのは驢馬か女か、不明。

秘鑰であり大変有益であるが、天文学の業について研鑽を積み、鋭敏にその礎とその精妙な深みを捉えつつ、十分な知解を得た者でなくてはこれを知解することはできない、ということを知っておかねばならない。つまり、ある惑星は他の惑星の効果を妨げることもでき、相(ファキエス)の終端の潜在力はたいへん強く、相(ファキエス)の潜在力は宿(ドムス)の潜在力よりも強い。またさまざまな自然本性のうちの一つが他に入り込む、たとえば水が火の熱を消尽させ、火が水の冷を奪い取り、水の湿が土を柔らかく湿らせ、土が水の湿を乾かすように。すると自然本性はお互いに結びあい、純然たる強さを獲得することになる。弱い自然諸本性が数多お互いに繋がると、強い自然本性をも打ち負かすことができるようになる。それらの潜在力と効果が同等であるなら、その作用(はたらき)と効果はこれらの自然本性の混じたものとなる。[36]またある自然本性が豊富にあってもその本来の場所から離れていると、その完成の度合いは減じ損なわれる。それは、健康がその頂点に到ると病患が生じ、果実が熟す時には収穫され木から切り離され、小さな蛇(コルブラ)たちが大きな蛇(コルブラ)を弄り殺し、小さな蛆たちといえどもたくさん集まると蛇(コルブラ)をも殺すようなもの、最強のものも弱いものたちによってその自然本性を弱められることとなる。すでに述べたことばからあなたはこれを得心することができるだろう。これらの相(ファキエス)の特性は、一々の

(36)「完成」は現実となる、実現されるという意味で、「現勢」。

惑星の作用（はたらき）とそれら諸星辰（コルプス）(37)を眺めることから識られたものである。しかし上にそれぞれの相（ファキエス）を指してつくられた形象のうちのいくつかは、惑星がその相（ファキエス）の中で主（ドミヌス）となる時につくられる。そうすれば上述したような作用（はたらき）が得られる――つまりその形象をその相（ファキエス）の中に惑星がある時につくるなら、たちまちそれの作用（はたらき）は実現し、(38)この世にあらわれる。一方、太陽が東（アシェンデンス）に昇る時、その惑星あるいはそれが別のものと混じてもつところの特性は強められ、その作用（はたらき）は強化され確固としたものとなる。ここから、惑星の自然本性は太陽と連携している、(39)ということに注意を要する。すでに述べたことばの理拠をすべて知解して図像（イマジネ）をつくるなら、それらはそれぞれの相（ファキエス）から潜在力を満たされて先述した諸効果を示すこととなる。」

（37）ここで corporibus と名指されているのが諸惑星なのか星座なのか曖昧。

（38）「完成」「成就」「現勢」。前註参照。

（39）Planeta illam naturam vincens sit cum Sole「惑星の自然本性は太陽とともにある時ほど優勢となる。」

第十二章　星座(しるし)の諸形象およびその度数（段階）について。その諸効果に関するインドの所見。いかにしてこの知識の知解に進むか、また上位なる諸星辰の力能を持続的に引き出す手法に関する彼らの見解および顕著な秘鑰の数々

【一】インドの賢者たちは、魔術の業に効果をもたらすための礎はアドルゲン（デカン）(1)と名指される境位(ディニタス)(2)にある、と言っている。また七つの惑星に付託され帰属される一々の部分をもアドルゲンと称し、それらの部分の主(ドミヌス)である惑星もまたアドルゲンと呼ばれている。つまりアドルゲンとは以下のとおり。まず東(アシェンデンス)に昇る星座(しるし)を三つの等しい部分に分け、その第一の部分をこ

（1）adorugen 亞独版：dariganat, 亞英版：durayjanat, durayjan の複数形、「度数」、「デカン」の意。
（2）dignitas 人の位階としての身分、地位からその「尊厳」ともなり、数学的な「公理」を指す語ともなる厄介なことば。ここは単に「配置」あるいは「（天の）場所」の意。▼補註⑯参照。

の昇る星座(アシェンデンテ)の主(ドミヌス)に帰属し、第二の部分を第五宿の主(ドミヌス)に、第三を第九宿の主(ドミヌス)に帰属する。これは丁度、東(アシェンデンス)と第五と第九が三角相をなすからに他ならない。(3) 星座(しるし)の相(ファキエス)による魔術の業の実修とは、インドの賢者たちの見解によるなら、以下に列挙するようになされねばならない。

【二】まず白羊宮からはじめよう。これの第一相(ファキエス)は火星(マルス)であり、ここで諍いや敵対につねに勝利を得、決して敗北を喫しないために図像(イマジネ)を鋳る。また獣の乳を出なくし、乳酪(バター)に損害を与える図像(イマジネ)もここでつくる。(4)

【三】白羊宮の第二相(ファキエス)は太陽。ここで王や君公に好尚を得、彼らの反感を遠ざけるための図像(イマジネ)をつくる。

【四】第三相(ファキエス)は木星(ユピテル)。ここで官吏、使節、司法官、聖職者に平穏に、また好意をもって迎えられるための、また対立を和解させるための図像(イマジネ)をつくる。

【五】金牛宮の第一相(ファキエス)は金星(ヴェヌス)。ここで男と女の間に愛を据えるための図像(イマジネ)をつくる。

【六】第二相(ファキエス)は水星(メルクリウス)。ここで敵意を据え、意志を拘束し、女たちの間に不和を播く図像(イマジネ)をつくる。‖ [134]

【七】第三相(ファキエス)は土星(サトゥルヌス)。ここで男を女と性交できないよう拘束し、また逆に女を病気にし、男と女を別れさせるための図像(イマジネ)をつくる。

(3) 亜独版：[133]「インド人のある党派は、護符（図像）実践の基礎としてデカン（darignat *durayjanat [durayjan の複数形]、度数）を用いた。つまりアセンダントの一々がそれぞれ十度の三つの部分に等分される。弧の一々の部分がデカンで、これは主宰主（支配星）と呼ばれる七惑星のうちの一つと結びつけられている。獣帯のアセンダントの星座(しるし)の最初の部分はアセンダントの主と結びつけられ、二番目の部分は第五（al-Khamis の宿）の、三番目の部分は第九（al-Tasi の宿）と結びつけられる、といった具合に。アセンダントと第五（の宿）と第九（の宿）はつねに三つ組となされる（三角相にあたる）。」［註＊ヒンドゥー語の darigan に由来するデカンは、前章の wagh＝facies（相＝ファキエス）という表現として採られていたものに他ならない。］

(4) ymagines funditur「鋳る」、なんとか「平面図」と「立体像」を分けたいところだが、なかなかそうはさせてくれない。以下同様。

【八】双子宮の第一相(ファキエス)は水星(メルクリウス)。ここで覚知(センスス)や知性を損なう図像(イマジネ)をつくる。

【九】第二相(ファキエス)は金星(ヴェヌス)。ここで尋ね人を見つけ、逃亡者を連れ戻すための図像(イマジネ)をつくる。

【一〇】第三相(ファキエス)は土星(サトゥルヌス)。ここで望みのままに誰かの悪口を言い、不名誉に陥れるための図像(イマジネ)をつくる。

【一一】巨蟹宮の第一相(ファキエス)は月。ここで雲や驟雨をもたらし、また海や陸で行方不明の者を戻すための図像(イマジネ)をつくる。

【一二】第二相(ファキエス)は火星(マルス)。ここで損害をもたらす雨や雪を阻み、蛇(コルブロ)や海や陸で悪事をはたらく野獣を遠ざける図像(イマジネ)をつくる。

【一三】第三相(ファキエス)は木星(ユピテル)。ここで海の危難を避けるための図像(イマジネ)をつくる。

【一四】獅子宮の第一相(ファキエス)は太陽。ここで主人の愛情と好尚を得るための、また狼、熊その他の野獣が欲する場所に集まることを願う(5)図像(イマジネ)をつくる。

【一五】第二相(ファキエス)は木星(ユピテル)。ここで獣たちが家畜を損なわないように狼や熊を追い払う図像(イマジネ)をつくる。

【一六】第三相(ファキエス)は火星(マルス)。ここで熊や狼などの野獣をいずれかの町、村その他思いのままの場所に集める(6)図像(イマジネ)をつくる。||
[135] 【一七】処女宮の第一相(ファキエス)は水星(メルクリウス)。ここで書記（代筆人）がうまく書き、交

（5）亞英版：「欲する場所で（思いのままに）獣たちを生け捕りにする」

（6）亞英版：「獣たちに欲する町を襲わせる」

渉事を成功に導く図像(イマジネ)をつくる。

【一八】第二 相(ファキエス)は土星(サトゥルヌス)。ここで書写道具を損なう[7]図像(イマジネ)をつくる。

【一九】第三 相(ファキエス)は金星(ヴェヌス)。ここで夫婦の間に平安と愛情を据える図像(イマジネ)をつくる。

【二〇】天秤宮の第一 相(ファキエス)は金星(ヴェヌス)。ここで女あるいは男を愛に襲れさせる図像(イマジネ)をつくる。

【二一】第二 相(ファキエス)は土星(サトゥルヌス)。ここで愛その他すでに述べたあらゆることがらにかかわる図像(イマジネ)をつくる。

【二二】第三 相(ファキエス)は水星(メルクリウス)。ここで逃亡者がどこにいようと戻らせる図像(イマジネ)をつくる。

【二三】天蠍宮の第一 相(ファキエス)は火星(マルス)。ここで毒蜘蛛、蛇(コルブロ)、蝮を望みの場所に集める図像(イマジネ)をつくる。

【二四】第二 相(ファキエス)は木星(ユピテル)。ここで毒蜘蛛、蛇(コルブロ)[8]を望みの場所から追い払う図像(イマジネ)をつくる。

【二五】第三 相(ファキエス)は月。ここで雨を止ませ、雨や海による損害を防ぐ[9]ための図像(イマジネ)をつくる。

【二六】人馬宮の第一 相(ファキエス)は木星(ユピテル)。ここでは愛情、好意、協力を得るため

(7) 亜英版:「書記に損害を与える」

(8) 亜英版:「蠍、虫、鳥等々」

(9) 亜英版:「雨を降らせず、海難を避ける」

の図像（イマジネ）をつくる。

【二七】第二 相（ファキエス） は火星（マルス）。ここでは望みの者を懊悩させ無気力にさせる図[10]（イマ）像（ジネ）をつくる。‖〔136〕

【二八】第三 相（ファキエス） は太陽。ここで王や権力者の愛情と恩顧を得るための図（イマ）像（ジネ）をつくる。

【二九】磨羯宮の第一 相（ファキエス） は土星（サトゥルヌス）。ここで鳥獣の狩猟のため、また家畜の乳の増産を願う図像（イマジネ）をつくる。

【三〇】第二 相（ファキエス） は金星（ヴェヌス）。ここでは山羊の乳が増え、蜜蜂が増えて蜂蜜が増産され、また望む場所に鳥たちを呼ぶための図像（イマジネ）をつくる。

【三一】第三 相（ファキエス） は水星（メルクリウス）。ここで、ここまでの 相（ファキエス） で満たされたすべてを損壊する図像（イマジネ）をつくる。

【三二】宝瓶宮の第一 相（ファキエス） は土星（サトゥルヌス）。ここで老若のまた使用人たちも含めての愛情、友情を、財産の獲得を願う図像（イマジネ）をつくる。

【三三】第二 相（ファキエス） は水星（メルクリウス）。ここで若者たちの愛情と協力を願う図像（イマジネ）をつくる。

【三四】第三 相（ファキエス） は金星（ヴェヌス）。ここで婦女の友情と好意を願う図像（イマジネ）をつくる。

【三五】双魚宮の第一 相（ファキエス） は木星（ユピテル）。ここで海釣りや海路の順運を願う図像（イマジネ）をつくる。

（10）亞英版：「興奮を生み、恥辱と災厄をもたらす」

[137]

【三六】第二相(ファキエス)は月。ここで樹木や果実の良好な成長、適切な降雨、また川や海の望みの場所に魚が集まるように願う図像(イマジネ)をつくる。

【三七】第三相(ファキエス)は火星(マルス)。ここで順調な軍事行動の進捗や鳥獣の狩猟を願う図像(イマジネ)をつくる。‖

【三八】これらの諸相(ファキエス)をインド人たちはアドルゲンと呼ぶ。

【三九】ヘルメス・トリスメギストスは『算定評価のための諸図像(デ・イマジニブス・アド・カルクルム)』(11)で、すべての図像を挙げ(12)、その一々を人のからだの一々の部分に連繫させ、それぞれのしるしのもとにそれらをつくってみせる。純金をもって封印をつくるにあたり、そこに獅子の形象をしるす。太陽が獅子宮の第一あるいは第二相(ファキエス)にあり、東あるいは南の角隅にある時に。月は自らの宿にあってはならず、昇る主(アシェンデンテドミヌス)は土星(サトゥルヌス)をも火星をも眺めず、それらから逆行していない(落ちていない)(13)ように。そしてこの封印を脇あるいは腰に結ぶ(14)。これをこうしておくとその後は決して苦しみを感じない(15)。吾はこれを実証済みである。またある医師がオリーヴや蜜蠟に封印を捺し、これを患者に飲ませてたちまち癒すのをも見た。この教説にしたがって山羊の血の小塊(16)に封印を捺してみたところ、驚くべき作用(はたらき)があった。これ同様に、諸他の器官の苦痛にも惑星の様相、形相(かたち)、等置に準じて処置を施すことができる。

(11) Hermes Trismegistus in *libro De ymaginibus ad calculum*『腎臓結石のための諸図像』とすべきかも。以下の一連のヘルメスの十二宮説は亞語版にはない、羅語版付加部。ちなみに以下、ヘルメス、エノクの名のもとに語られる書は正確に比定できないが、タービットの所謂『図像の書』異文とみなされる。下註25エノク項、▼補註6参照。フェデリチ・ヴェスコヴィーニはこれをヴィルヌーヴのアルナルドゥスの『護符(捺印)論 *Liber sigillorum Magistri Arnaldi De Villanova*』と比較し詳細な検討を行っている。G. Federici Vescovini, Magia, medicina e religione. I "Sigilli" cosidetti arnaldiani, in *Medioevo Magico. La magia tra religione e scienza nei secoli XIII e XIV*, Torino 2008, pp.369-401, 435-440. アルナルドゥスが教皇ボニファキウスの腎臓結石を図像をもって治療したという有名な伝説からしても、上記書名はなかなか捨てがたい。本書既出、第I書五章【三二】参照。

(12)「一々の惑星の記号を挙げ」

(13) recedente → cadente 落ちていない

(14) renes おそらく「腎臓」と特定してもいいだろうが、からだの外からなので、腰にしておいた。当時この特定器

【四〇】白羊宮。これの形相(かたち)は舌なしの直立像である。(17) その特性はあらゆる頭の病患にわたる。太陽が白羊宮の初度、(18) 三度あるいは五度にある時に生まれた者は、月が満ちる時つまりその光を増すときでなければ、これを利することができない。形象の諸条件は以下のとおり。土星と火星が真直ぐにあり、(19) 木星は宝瓶宮になく、金星は抑圧、憂鬱の宿である処女宮になく、水星は金牛宮にない。このような形象を白羊宮の相(ファキエス)の初度から五度までにつくる。決してこれを第二相(ファキエス)でつくってはならない（第二相(ファキエス)は眼に、第三は耳にかかわるものだと言う者もあるので、度数を考慮しなくてはならない）。また太陽あるいは木星が完全に地平の上にある太陽の時間につくる。また他の者は木星の日と時間がよいという。これを中位の小麦粒七つ分の重さの黄金あるいは銀でつくる。これは実証済みである。

【四一】金牛宮。これの形相(かたち)は肝臓およびこれの病患すべてに効果がある。これを第一相(ファキエス)の初度から九度までにつくる。土星が双魚宮になく、月が天蠍宮になく、火星が真直ぐにある時に。これはさまざまな変化をもたらす。これを太陽の日と時間につくる。太陽が地平の下にあってはならず、第二相(ファキエス)にあってもならない。第二相(ファキエス)は黄胆汁の病患に、第三相(ファキエス)は気管の病患にかかわるものだと言う者もあるから。これの形相(かたち)を、尾が長く、口は

官を指して用いられていたかどうか確証はない。

(15) numquam passus est→numquam passivus est, o pass[ioni]b[us]

(16)「山羊の血の小塊」は先にみた「ベゾアル石」からの連想あるいは誤解だろう。▼補註8参照。また、この山羊から次項の「白羊宮」への連想的移行にも留意。

(17) erecta sine lingua 不詳、後続星座の説明はすべて形象と内臓の対応関係になっている。

(18) primo grado 先にも註したが、0がない指示度数においても、三、五との関係からすると、初度が指すのはやはり一度なのだろうか。

(19) directi お互い相(アスペクト)関係にあり？ あるいは「衝」にあり、の意か。

小さく、目が大きい牡牛の形相(かたち)になす。これは赤銅でつくる。

【四二】双子宮。これの形相(かたち)は脾臓およびこれの疾患のすべてに効果がある。これを初度から十度の間につくる。太陽が地平の上にあり、木星が双子宮にあれば脾臓を小さくするのにより効果がある。双子宮は臍までの二人の男の捩れた[20]二つのからだが臍から下で一つになっており、その片手に棒杖をもっている。これを銀で太陽の日と時間の第一相(ファキエス)でつくる。第二あるいは第三相(ファキエス)でつくると、諸他の器官に損害を与えることになる。

【四三】巨蟹宮。これの形相(かたち)はあらゆる腹の病患に効果がある。これを第一相(ファキエス)の初度から五度までの間につくる。第二相(ファキエス)でつくってもこの病患には効き目がないが、腸の末端の疾患には効果がある。土星と木星が逆行していないことに注意。火星が金牛宮にあり、月は光を満たしつつあり、太陽は降下しつつあり（つまり、南中後）、獅子宮が地平の上にある時に。これを太陽の日以外につくってはならないばかりか、第一時から第八時の間、あるいは第一時および第八時以外につくってもならない。またこれは黄金か銀でつくる。その形相(かたち)は蟹の形相(かたち)。磨羯宮が中間宿（この教説の師たちによれば、中間宿とは第六宿あるいは第八宿のこと）にあるように注意。また金牛宮が第四宿にないように。以上の条件はすべて満たされねばならぬので、十分な注意を要する。こ

（20）tortuosa 真直ぐ昇る星座と斜めに（捩れて）昇る星座の別と関係あるようにみえる。【四四】獅子宮項参照。

れを腹痛の上に載せる。さらにこれを太陽の夜のこれの時間になすならより効き目があるだろう。

【四四】獅子宮。これの形相（かたち）は右の腎臓および腎臓疾患すべてに効果がある。これの形相（かたち）を舌のない獅子の真直ぐで捩じれていない形相[21]（かたち）につくる。太陽の日の太陽の時間、第一相（ファキエス）の初度から十度までの間に。火星が真直ぐにあり、土星と木星がこの星座（しるし）の中にあれば最善である。そして月が獅子宮の中にあり、満ちる時に。その他の星座（しるし）は、第四、第五あるいは第六宿になければ心配することはない。また土星が第八宿にないように。これを黄金か銀でつくり、ひと息で彫り刻む。その時、曇っていてはならず、太陽が地平の上、五度半を超えていてもならない。第二相（ファキエス）は水星と月による病患のすべてをとり去るのに効果がある。また第三相（ファキエス）が腎臓の上の肋に効果があることは実証済み。またこれを太陽が獅子座にある時に乳香（マスティク）に捺し、十日間葡萄酒の中に浸けて柔らかくして、すべてを飲み干すと、右腎臓のいかなる疾患もその年のうちに治る、と言う者もある。

【四五】処女宮。これの形相（かたち）は獅子に騎乗した着衣の女で、その手に棒杖あるいは鉄棒をもっている。これは五歳以上の人の左腎臓の疾患すべてに効果がある。『図像の書（リーブロ・イマジヌム）[22]』には数多の条件が記されているが、ここでは必要最小

（21）【四二】項参照。

（22）Libro ymaginum ターービット・ベン・クッラの書か。下註25参照。

限のものを挙げておこう。土星、木星、火星は逆行にあり、月は第五宿にあってはならず、太陽も第八宿にあってはならない。また木星が宝瓶宮にあってもならず、土星が獅子座にあってもならず、アルデバラン(23)が地平の下にあってもならず、アルガミディルス(24)が月と一緒にあっても、これと相（アスペクト）をなしていてもならず、土星と火星が逆立（つまり衝）にあってもならず、木星が中天にあってもならない。そして太陽が第一相（ファキエス）の初度から五度までの間にこれをつくる。その形相（かたち）は獅子に騎乗した人。これは大いなる特性をもっており、この点について専門家であるインドの賢者たちは見解を同じくしている。これを銀あるいは黄金で、太陽の日の太陽の時間につくる。これを他に替えてはならない。また数に注意を払うように。

【四六】天秤宮。これの形相（かたち）は胃の疾患のすべてに効果がある。これを第一相（ファキエス）の初度から十度の間につくる。金星が逆行しておらず、木星が天秤宮になく、太陽が地平の上にある木星の日の一時から五時までの間に、中位の小麦粒七つの重さの黄金か銀でつくる。インドの賢者たちはこの慣習を変えることはないが、太陽の日の太陽の時間にこれをつくる。実際、曇りの日にはつくらない。また太陽が形象に射す時につくることができるなら最善である、とエノク(25)は記しており、これは実証済みである。また天秤宮の形象は昇

(23) Aldebaran

(24) Algamidirus

(25) Enoch ; cfr. L.Thorndike, Traditional Medieval Tracts concerning engraved astrological Images, in *Melanges Augste Pelzer*, Lovain 1947, pp.217-273, esp.221-223. ソーンダイクはヘルメス、エノク、タービットに帰される書はよく似た編書で（L. Delatte, *Textes latins et vieux français relatifs aux Cyranides*, Liège-Paris, 1942, p.238 はアラビアの占星術師 Messalah あるいは Messahala がギリシャ語版から編んだものを基とする諸訳としている）、エノクの名を挙げる写本（incipit: Enoch tamquam unus ex philosophis ...）にはタービットの名はあらわれない、と註している。第I書五章【一】および▼**補註**6参照。

るあるいはまっすぐ進み出る一人の男で、その手に平衡のとれた天秤をもち、その頭に半分白で半分黒い一羽の鳥がいるようなもの、と言われる。南の人々は、月がその光を減じる時[26]であってはならない、と記している。天秤宮にある時には、数と形相（かたち）に十分注意するように、これは実証済みである。また初度にある時が最良であることも証されている。彼らの見解によれば、木星の日[27]、木星が地平の上にある時につくるのが善く、撃ち叩くのではなく刻んでつくるようにする。

【四七】天蠍宮。これの形相（かたち）について、ある者は烏の形相（かたち）だと言い、他の者は手に烏をもった男の形相（かたち）だと言う。これが実際に行われているところであり、腸の余剰（虫垂）の病患に効果がある。太陽の日の太陽の時間、月が光を増す時[28]に、太陽が地平の上、その第一相（ファキエス）にある時につくる。曇りの日になしてはならない。これをインドの人々は、土星が地平の上にある時、としている。そして第一相（ファキエス）の初度から十一度の間につくる。

【四八】人馬宮。これの形相（かたち）は弓で矢を射る男。エノクは、これは捩れて（身を屈め）昇り[29]、頭を垂れ、その左手には鳥を乗せている、と言う。これは右手のあらゆる病患に効果がある。またこれは土星、火星、金星の病患のすべてを追い払うので、健忘症にも勧められる[30]。土星が逆行しておらず、火星が

(26)「欠ける月の時」

(27) facta de die「日中に」かも。

(28)「満ちる月」

(29) ascendit tortuose 斜めに昇る星座、▼補註12参照。

(30) 忘却、痴呆症、というより、「……ということを忘れないように、と忠言されている」位の意味かも。

第十二宿になく、木星が第四宿になく、太陽が地平の上にあり、曇っていない時に。これを黄金あるいは銀で、太陽の日の太陽の時間、第一相（ファキエス）の初度から五度までの間つくる。

【四九】磨羯宮。これの形相（かたち）は白い夜鳴鳥（エドゥリ）(31)で、その腹部の半分は黒い。これは左手のあらゆる病患に効果があり、水星と月の病患を追い払う。これを水星が逆行しておらず、地平の上にあり、土星が地平の下、金星が東の地平の上にある時につくるように、とエノクは言っている。インドの人々は、これを太陽の日の太陽の時間、あるいは水星の日の太陽の時間につくるのが善いが、前者を選ぶに越したことはない、と言っている。これを第一相（ファキエス）の初度から十度の間につくる。これが笑いや涙（つまり笑いや涙を抑え）に効果があると言う者もあり、また憤激した人を優しくする効果があると言う者もある。

【五〇】宝瓶宮。これの形相（かたち）は水差しを二つもった男。これは右足の病患のすべてに効果がある。土星、木星、火星が逆行しておらず、月が地平の上にあり、金星が地平の下にある時につくる。この形象は足のあらゆる疾患に効果がある、と言う者もあり、これを第一相（ファキエス）の初度から五度までの間につくると、内心の邪な考えのすべてを追い払う。また、これは人を快活にする、と言う者もあり、太陽の日の太陽の時間、木星が太陽に燃やされておらず、

(31) eduli

(32) *libro ad calculum*【三九】項、上註11参照。

［137］太陽が木星より高くなく、土星が東に昇る時につくる。

【五一】双魚宮。これの形相(かたち)は左足の病患のすべてに効果がある。これを月が中天にあり、火星が中天になく、木星が逆行しておらず、太陽が地平の上にあり、雲がなく、第一相(ファキエス)にある時につくる。また、第二相(ファキエス)にある時は脛に、第三相(ファキエス)にある時には腰に効果がある。この第三相(ファキエス)は人々の残虐さに対して効果がある、と言う者もあることがインドの人々のもとで証されている。これを黄金でつくる。他の金属は用いない。ただし、これに錫がよいという者や乳香(マスティク)がよいという者もある。以上の諸形相(かたち)はヘルメスがその『算定評価』(32)の書に記しているところである。‖

【五二】インドの偉大なる某賢者は、諸恒星の力能の注入は定式、清祓、尋求、意志的判断(33)なしには完遂されない、と言う。なぜといって上位なる諸物体(コルプス)の力能は下位なるものの諸形相(フォルマ)にして諸力能であり、下位なるものの諸形相(フォルマ)は上位なる力能の質料素材(マテリア)であり、一方が他方を引き寄せるようにお互いに結びついているものであるから。それらの物体的質料(マテリア・コルポレア)は単にそれの質料(マテリア)であるが、霊的質料(マテリア・スピリトゥアーレス)もまたその質料であるから。(34)

【五三】その地の賢者たちは、力能と潜在力はたいへん精妙なもので、神が創りたまうたものである、と言う。そして神はこの世の被造物たちに寛容と

(33) ordinacione, mundificacione et inquisicione et estimacione voluntatis.「意志の秩序づけ、清浄化、探求、判断」、受容者の側からする一般的な下準備（ディスポジツィオーネ）のことか。

(34) eo quod virtutes corporum superiorum sunt forme et vires inferiorum. et forme inferiores sunt ut materia virtutibus superiorum, et sunt ad invicem colligate propter quod una trahit aliam. Et hoc quia eius materie corporee sunt una materia tantum et earum materie spirituales sunt una materia. 亜独版：「以上がデカンであり、彼らの操作の基礎である（それらのはたらきの礎をなすところ）。いずれにせよ彼らはこれが彼らの真率な思惟と純粋な洞察において、この実修を実現するための基礎にして根本である、と主張する。彼ら（インド人たち）の長老は、惑星の力能を打ち負かすことができるのはただ真率な思惟だけである、と言う。上位なる諸力能は下位なる諸力能の諸形相であり、下位なる諸形相はある意味で上位なるものの質料であるから。それらはお互いに引きあって結びついている。なぜといってその物体（からだ）も霊（気息）的実体も唯一同一であるから。」

[138] 慈悲を据えたまうた、と。こうした賢者たちはすでに述べたことばについて数多の書冊を著し、そこに語られる一々のことばは精妙で鋭敏な知性によるものばかりである。訊ねるならばそれは汲みとられ、律則が樹てられてある高き段階へと到達することとなる。まずはじめに自らのからだ（コルプス）を罰し、あらゆる汚濁を浄める。これを、まさに太陽に帰される日と時間である日曜日の初時にはじめる。そして四十日間にわたり肉食を断ち、土から生まれるもの、穀物と草だけで体調管理する。‖また四十日間にわたり毎日食事を減らし、最後の四十日目には最初の四十分の一を食する。この断食のすべてにわたり薬剤（メディチニス）を用いる。[35] これは飲食欲を失わせるもので、これ以上に欠かすことのできないものはない。このようにすることで、彼らは自らのうちに精妙で鋭敏な知性の諸霊（スピリトゥス）を見出し、欲するところを知解し、彼らの意志と覚知（センスス）をより拡げて把えるとともに、そのうちにあった土性の重い部分を減じる。するとそのうちに精妙さと鋭敏さがあらわれ、高い世界に、[36] 霊（スピリトゥス）が由来する場所[37]に昇ろうとする嗜好と指向性があらわれ、この世の貪食、怠惰、放逸を蔑するに到る。こうしてここに天の力能と潜在力を捉えられるようになる。彼らは驚くべきことを語りまた成し、過去や将来について望みのままに汲みとり、自らのいのちの長さを知り、恣（ほしいまま）に律則を定める潜在力をもち、諸星辰の

（35）亜独版にはこの「薬剤」に相当する記述がない。

（36）mundum alciorem「高き清浄さ」、とも。

（37）locum quo spiritus extrahitur「霊がとりだされた場所」、「霊が解き放たれる場所」等々。

霊(スピリトゥス)をも従わせる。(38) この書物(39)には事物の真実(40)と呼ばれる大いなる秘鑰が記されている。これにより、高き神はすべての被造物の制作者と識られる。そしてこの著作は、神そのものを、そしてその一性を識るために、その光に照
[139] らされてその卓越を汲みとることができるように、‖と著されたものに他ならない、(41)と付言されている。われわれがこうしたことについて語ってきたのは、その礎を明らかにし、そこに規定されたさまざまな律則の効果を見きわめるために他ならない。

【五四】彼らが成し遂げた驚くべきことは数多あり、それを語るにせよ聴く方も語る方もたいへんであるし、われわれの著作も長大なものとならざるを得ず、当初の目的を逸脱することとなる。それゆえそこに語られていること
[144] の有用性はさておき、ここではわれわれの主題に戻ることとする。(42)‖

【五五】賢者アルラゼ(43)は魔術に関する一書を著し、この中で星座配置(44)について彼自身の経験を証言している。愛情、友情、協力関係あるいはこれに類したことがらにかかわる魔術の業のすべてにおいて、月が金星と合しているか、
[145] あるいはこれが双魚宮を眺めている(45)かそれとも月が双魚宮の中にあって‖金牛宮の中にある金星を眺めているかどうかに注意しなくてはならない。このような星座配置が観られるなら、われわれの意図するところは驚くべく果た

(38) 亞独版▼補註17参照。
(39) 亞英版:「彼らの最初の聖なる文書である仏陀の書」
(40) veritatem rerum 真諦
(41) 「彼らの行為は、神そのものを、そしてその一性を識るためになされたものに他ならない」
(42) 上註したように、ここは不詳の『仏陀の書』からの抄録という訳だが、羅訳版では「ブッダ」の名の記載はない。亞版の当該箇所については▼補註18参照。羅版で完全に省略される、本書でもっとも残酷と評されてきた「人身御供」のはなしがつづく。またこの項に関連して第Ⅲ書十一章【五四】参照。
(43) Alraze, アル・ラージー『光線論 *De radiis*』ed. M.-T. D'Alverny, *AHDLMA* 41 (1974), pp.139-260 参照。亞英版:Abu Bakr Ibn Muhammad Ibn Zakariyya Al-Razi
(44) unam constellacionem どうやらここでは「一つの星座」ではなく、「全体としての星座配置」が語られているようにみえる。
(45) 「相(アスペクト)をなしているか」

され、望みはかなえられることとなる。またなにごとか邪な作用（はたらき）を願う時には、月が巨蟹宮にあるか、天秤宮が火星を悪い方向に眺めているかそれともこれらが合して東（アシェンデンス）あるいは第七宿にあるかどうかに注意しなくてはならない。この時に祈願するなら邪ごとが成就されるだろう。また血の流れにかかわる作用を期待する時には、月をいずれか水性の星座（しるし）の中に据える。不和や反感にかかわる業をなす時には、月を白羊宮あるいは巨蟹宮に据え、土星（サトゥルヌス）が第四宿を眺めるかこれと合するようにする。舌を縛りたい(46)時には、月を太陽の光線の下におき、実修を夜になす。王たちまた君公ら高位の人々に向けてなされる業のすべては、月が太陽を眺め、月が中天にあるだけでなくその宿あるいは昂揚（エクサルタチオーネ）にある時になすなら、願いはかなえられるだろう。また聖職者、司法官、行政官、法律家たちにかかわる業のすべては、双魚宮あるいは人馬宮にある木星を月が眺め、月が中天にある時になすと、交渉は大いに進捗し成し遂げられるだろう。論争、代筆書記、王の遣いおよび王からの報償にかかわる業は、月が水星を眺め、またこの水星が双子宮あるいは処女宮にあり、満月の時になすなら、たちまち交渉は成就するだろう。

【五六】月が一々の惑星と四分相（アスペクト）をなすことはその自然本性からして頻繁にある、ということを知解しておこう。月が四つの角隅のいずれかにある

(46)「人を黙らせたい時」

うちで、もっとも強力なのは中天角にある時。また幸運惑星と相（アスペクト）をなす時の幸運惑星の作用（はたらき）すべてにおいても、同様である。悪い効果は幸運惑星のいずれかと相（アスペクト）をなす場合にはあり得ず、それはただ災厄惑星との場合に限られる。なんらかの邪な業をなそうと思う時には、災厄惑星がそれ（月）を眺めるようにする。先述したように土星と火星の力能と潜在力はこうした作用（はたらき）を強める大きな力を秘めているので、その効果を発揮するだろう。‖

【五七】また、月が諸惑星となす相（アスペクト）が強化されるのは、月が太陽よりも東にある時、あるいはそれ（太陽）に先立っており、後続するのでない時。そして月の太陽との相（アスペクト）が三分あるいは六分になっていると、財宝、大きな財産、統治、名誉、勝利の探求といった高き業（はたらき）のすべてによい効果をもたらす。これらの業のすべては、月が第十宿にある時になされるなら、その効果は補強され、よりよく強い効果が得られるだろう。ただし月が第四宿あるいは第七宿にあると、そうはいかない。また月が光を欠き（新月）、あるいは太陽に燃やされる時[47]には、上述したようにはいかない。月の金星に対する相（アスペクト）が三分あるいは六分、四分あるいは衝にあたる時、それぞれの効果は同じである。ただし月が木星と相（アスペクト）をなしている場合には、これはどの作用（はたらき）よりも大きく強いので、そうはいかない。唯一の例外が、組み合わせ、愛情、婦女との持

（47）a sole combusta　太陽が炎熱道にある時

続的な友情等々の業で、これには金星(ヴェヌス)との相(アスペクト)関係がより大きく強く作用する。先述したすべてはまさに金星に帰属されるものばかりであるから。そのうちでも最大なのは、土性あるいは水性の星座(しるし)の中にある月と（金星が）三分相(アスペクト)をなす時。月が火性あるいは気性の星座(しるし)の中にある場合、これらが東に昇る(アシェンデンス)時に強く作用する。

【五八】このように語る先述した賢者アルラゼは、こうした知識において信用に足る人物であった。彼は賢者であり、知識ばかりか事物の実証における探求者でもあり、古の数多の書冊を読破した。だがゲベル・アブネハイエン(48)はそれにも優る賢者で、この知識について数々の書冊を著した。『魔術の秘鑰の書(リブルム・セクレトールム・マギカエ)』、また『大著作八十書(リーベル・マグヌス・ディヴィスス・イン・オクトゥアギンタ・リブロス)』、『諸星座およびその影響と判断予測の鍵の書(リブルム・クラヴィウム・イン・フィグリス)』、また天球儀の操作のすべてを千章に分けて論じた『天球儀論(イン・アストロラビオ)』(49)。ここに語られる操作とその驚くべき効果については、彼以前には誰も記したことのないものばかりである。そして彼の最大の著書である『魔術大全(リブルム・コムプレートゥム・マギカエ)』(50)。これは賢者たちが秘匿してきたあらゆる知識にかかわる彼らの言辞その他驚異のことどもを編んだもの。またこれは図像(イマジネ)の知識と天の形象の諸効果および惑星の諸潜在力および自然本性の諸作用についても通覧し、この賢者は先述したところのすべてにわたって著し、[147]太陽の運

（48）Geber Abnehayen 亞英版：Abu Musa Ibn Hayyan Al-Sufi ジャービル・イブン・ハイヤーン。ただしゲベルと羅名で呼ばれる場合、特に自然学錬金術書の場合、翻訳というよりもパラフレーズ、あるいはジャービルの名を冠した擬書の作者を指すものと考えた方がよい。

（49）*Librum secretorum magice, Liber magnus divisus in 80 libros, Librum clavium in figuris graduum suisque effectibus et iudiciis, In astrolabio*

（50）*Librum completum magice*

動とその諸効果についても算術的証明をおこなっている。こうしたことからしても彼は賢者と名指されるにふさわしく、わたしも大いなる業を彼に汲んだ者であり、たとえわれわれの間に大きな時間の隔たりがあるにせよ、わたしは彼の弟子のひとりである。神が彼に永遠の生を授け、聖なる魂たちとともに高い場所に据えたまうことを祈る。

【五九】そしてまた賢者プラトンは魔術の二大著作つまり大と小とをを著したのだった。そして大の中で天の形象の諸効果について論じ、それらの大いなる驚異について語っている。水上歩行、望みのままの動物の形相（フォルマ）あるいは何らかこの世で見聞したこともないような複合物の形相（フォルマ）への変身、雨が降るはずもない時に雨を降らせ、雨の時節に雨を降らせない方法、諸星辰を駆けさせ、また時を逸脱してその光線を降らせる方法、敵の街をばかりか海上の船やら遠く離れた場所を望みのままに焼尽させる方法、気中へ昇る方法、不適切な時間に諸星辰をあらわれさせ、また天から墜してみせる方法、死者たちと語り合う方法、太陽と月をさまざまな部分に分割してあらわれさせる方法、紐綱や棒杖を蛇や龍に見せ、何でもその前に据えたものを貪らせる方法、長い旅程を瞬きする間に成し遂げる方法。ここに述べられたことはみな形象の潜在力と力能および諸霊（スピリトゥス）の牽引力(51)から生じる。それらがわれわれにしたがい、それら（諸霊の力）の構成を諸星辰（コルプス）の形象をもって下位世界を構成している質料素材からなる諸物体にはたらかせ強化するために。これは諸霊の運動がすべての物体（コルプス）を動かすということであり、これらの運動が驚異的な効果をなすばかりか、普通の人のものではない奇跡とも言うべき類の作用（はたらき）すらものがあらわれる。これについての理拠づけはこの賢者の諸著に編まれており、そこに名指されている数多の形象を知り、その特性や効果を覚えることにより、それらの効果を引き出す一々の手法を修得する途に随うこととしよう。ピタゴラスは天の諸形象について、それらはまさにこの世の諸他の形象の範型である、と言う。また、高き世界とは持続的な霊的質料であり、感得できる[52]ものではない、と。［148］またゲベル・アブネハイエンはこの知識に関して一書を著し、『完全の書（リブルム・コムプレトゥム）』[53]と名づけた。この書では理拠的動物と非理拠的動物[54]について語られている。またこの書では理拠の自然本性が語られており、これが自然本性の諸効果[55]に準えられている。しかしこれについてプラトンは、天界の諸理拠、自然本性的諸質料素材（マテリア）の中に複合される霊的形象のさまざまな潜在力と効果である、と言っている。本書では、神が許したまうなら、すでに述べられてきたことば[56]のすべてについて語ることとしたい。天の諸形象の効果の理拠について、適宜われわれの判断を賢者たちの諸著に観られると

(52) sensus percipere「感覚で捉えられる」であろうが、ここまで本書では sensus は「覚知」つまり知性的意味理解を指す、つまりほぼ intellectus と同義のものとしてきたので、少々曖昧に訳しておいた。あるいはピタゴラスは「高位世界」あるいは「霊的質料」を覚知できないものと観じていた、としているのか。

(53) *Librum completum*

(54) animal racionale et animal iracionale「理性魂と非理性魂」

(55) effectibus nature「自然本性の現実態」。次のプラトンの言辞「天界」と対比されているところからすると、羅訳者はこれを「地上の現実（現世の自然本性）」と解している。ただしここで「潜在力と効果」を「可能態と現実態」とするとアリストテレス的解釈に傾斜することになるが。

(56)「現下伝承されるところのすべて」、「祈禱定式」。

ころとともに、われわれが体験から証した星座と惑星の形象の諸効果についても語ることとしよう。ともあれ本書第II書はここでおわる。

ピカトリクス第II書了

第Ⅲ書

［149］

ピカトリチス[1]第Ⅲ書ここにはじまる。ここでは諸惑星および諸星座の性質を論じる。そこでこれらの形相（かたち）および形象がそれにふさわしい色とともに明かされる。また諸惑星の霊（スピリトゥス）と語りあう方法その他、降霊術（ネグロマンツィア）にかかわる様々な議論がなされる。

第一章　植物、動物、金属のうちに存する諸惑星の部分について。

第二章　上述した三界つまり植物、動物、金属のうちに存する諸星座（しるし）の部分について。

第三章　諸惑星の形象、彩色、模様、燻香について。また諸星座（しるし）の相（ファキエス）の彩色について。

第四章　この知識に慣れぬ限り知解できない秘鑰について。

第五章　動物たちの中にある力能の解明およびこの知識に欠かせない著しい知見。またいかにして諸惑星の霊（スピリトゥス）を形象と燻香によって引き出すかについて。

第六章　惑星の霊（スピリトゥス）を自然の事物から採り出す大いなる業（マギステリオ）。そして図像（イマジネ）とは何か、またこの力能を獲得するための手法について。

（1）Picatricis

第七章　諸惑星の力能を引き寄せること（誘引）およびそれらといかにして語り合うか、いかにその諸効果は惑星ごとに、形象、供物、祈禱、燻香、請願題目ごとに区分されるかについて。またそれぞれの惑星に必要とされる天界の状況（スタートゥス）について。

第八章　ナバテアの民（ネプティヌス）が太陽および土星（サトゥルヌス）に願上する祈禱の様式。それらの霊（スピリトゥス）とどのように語り合うか、およびそこから引き出される効果について。

第九章　一々個別の惑星から力能を引き出す方法と、そうした個々の力の霊（スピリトゥス）の指名およびその名辞による操作について。

第十章　諸惑星の霊（スピリトゥス）の効果を調合物に込め、またその作用（はたらき）の損ないを祓う方法。降霊術（ネグロマンツィア）の奇瑞について。惑星の霊への実修に用いる食物、燻香、塗布剤、香について。そして惑星の効果また目に見えない作用（はたらき）について。

第十一章　図像（イマジネ）がさまざまな事物に及ぼす効果。事物が在るところとは異なった視覚における諸変化、睡眠時、覚醒時の薬毒による影響およびその治療法について。

第十二章　この知識に必要とされる諸規範について。

第一章　植物、動物、金属のうちに存する諸惑星の部分について

【一】前の書で図像（イマジネ）と天の形象またそれらにかかわることどもについて述べたので、ここでは諸形象つまりこの世のさまざまな相貌が天の諸形象の似姿を写す(1)ということについて語ることとしよう。まず知っておくべきことは、太陽が星座（しるし）の円環のある場所から別の場所へと移動すると、それの効果が変じる、ということ。この変化は諸惑星、諸恒星の相違に準じる。それゆえわ
[150] れわれが何らかの準備をするにあたり、(2)‖天の諸形象が時宜にかなった作用（はたらき）をなす時を観察し、この効果とともに地上の事物の天上の事物との自然本性の類同化（シミリトゥーディネ）およびこれら二つつまり天と地の自然本性相互の一致を理解して業をなすようこころがけねばならない。それによってこの地上に諸天の力能

(1) eisdem similibus assimilantur「類同化する」

(2) aliqua disponere voluerimus「なんらかの配置を望む時には」

が注入され、(3)ここに、求める諸(4)霊(スピリトゥス)の運動と変成が最大となる。それゆえ図像(イマジネ)の作用(はたらき)とは二様、つまり天の力能と地上の自然本性の力能とのはたらきである。この第Ⅲ書では降霊術(ネグロマンツィア)の図像(イマジネ)の数々について、図像(イマジネ)に関する知識からその卓越した用途まで、すべてを語ることとする。

【二】ここではまず一々の惑星がもつ効果と潜在力について、降霊術(ネグロマンツィア)の効果と性質に準じて系統区分してみよう。

【三】まず土星(サトゥルヌス)。土星は保持する力能（記憶力）の鉱脈である。これは深い知識と法(5)（律則）(6)の知識の相貌(アスペクト)をもち、事物の原因と礎およびその効果の探求、驚くべき雄弁、深く秘匿された諸性質の知識をあらわす。ヘブル語とカルデア語の慣用語法によれば、身体外部としては右耳、身体内部では諸器官をお互いに結びつける憂鬱質（黒胆汁）の源である脾臓。また法の中ではユダヤ法を、布地としては黒い布のすべて、職掌としては土にかかわる耕作、掘削、鉱物の採掘および精製、建築術。味覚としては不味いもの、場所としては黒い山、暗い川岸、深い井戸、穴や人里離れた場所。また石ではアリアザ(7)その他黒い石のすべて、金属では鉛、鉄その他黒くて汚れを含むものすべて。樹木ではニワトコ(サムブコス)、カシ(クエルクス)、イナゴマメノキ(カルビアス)、棕櫚(パルマス)、葡萄(ヴィテス)。草ではクミン(クミヌム)、ヘンルーダ(ルータム)、玉葱(ケパス)その他すべて長い葉をもつ植物。香草としてはアロエ、没薬(ミルラ)等々

(3) infunditur「基礎づけられ」
(4) secundum petitia「請願に準じて」
(5) habent aspectum in scienciis profundis → senectus profundis「たいへん老いた相貌」、いずれにせよ、ここで「相(アスペクト)」という語がもちいられていることに留意。
(6) 亞独版では「宗教」とされている。以下同。
(7) aliaza 前註参照（縞瑪瑙 onyx）。

[151] トウゴマ（ケルサム）やコロシントウリ（コロクィンティダム）に似たもの。(8) ‖ 香料（油性のもの）としては肉桂（カッシアム）と安息香（ベンゾイノ）。動物では黒駱駝、豚、猿、熊、犬、猫。鳥では鶴（グル）、駝鳥（ストルチオーネス）、ドゥガム、(9) 烏（コルヴム）、長い首をもち、鳴き声の大きいものすべて。その他地中に育つ動物すべてと湿り汚れた小さな動物のすべて。色としては黒いもの斑のものすべて。(10)

【四】木星（ユピテル）は成長増殖の力能の鉱脈である。これは法（律則）および合法性の相貌をもつ。知識としては司法（判断）、追及するものの闊達な獲得、修復と保持（管理）。致命的な病患からの保護。また叡知、愛知、夢解釈の能力。言語としてはギリシャ語。外部器官としては左耳。内部器官としては気質や体液を調える肝臓。法（律則）としては総合統一。布としては高貴な白。職掌としては法を制定したり矯したりする無為な仕事および明朗な交易。味覚としては甘さ。場所としては祈禱所や明るく清く聖なる場所のすべて。石では緑玉（スマラグドゥム）その他白、黄色の石のすべて。水晶その他貴重で尊ばれる白く輝く石のすべて。(11) 金属としては錫とトゥチア。(12) 樹木では胡桃（ヌーチェス）、ハシバミ（アヴェラナス）、松（ピーノス）、ピスタチオその他殻のある果実の稔る木すべて。草では白ミント（メンタム）その他果実をつける香りのよいものすべて。香料としてはサフラン（クロクム）、黄白檀（サンダルム）、ナツメグ（ムスクム）(13)、樟脳（カンフォラム）、龍涎香（アムブラム）、マチェム。(14) 動物としては美しく均斉のとれたすべての動物で、よく生

(8) coloquintide 苦味スイカ、学名 *colocynthis* は「腹を活動させる」の意。下剤として使われた。

(9) dugam 亜独版：Trappe 野雁か、ただし亜独版ではつづく鳥が「Eule ミミズク、Käuzchen 梟、Rabe 烏、Fledermaus 蝙蝠、Kranich 鶴」となっていて、「首の長いもの」という記述とうまく合わない。

(10) 亜独版：「および鉛色のもの、その記号は（下図）」

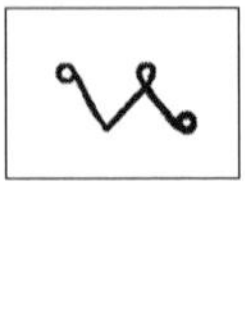

(11) 「白」と「透明」はほぼ同義に用いられているようにみえる。

(12) tucia 酸化亜鉛

(13) muscum は麝香だが、ここは香草 speciebus および香料 olentium の類を集めているものと観て noce moscata と採っておく。

(14) macem 亜独版：Muskatblute

贄に供されるものおよび駱駝、鹿、カモシカ（アルガゼル）のように凶暴でなく滑らかで清潔なもの。〃鳥では孔雀、鶏、山鳩、鶉（コトゥルニケス）のように美しく色鮮やかなものすべて。小動物では蚕のような役に立つもの。色としては白味がかった赤。(15)

【五】火星（マルス）は誘引する力能の鉱脈である。これは自然学の知識の相貌をもつ。また外科術や獣舎での飼育、抜歯、瀉血、割礼にかかわりがある。言語としてはペルシャ語、外部器官としては右鼻孔、内部器官としては怒りや熱が発し、憤激や闘争心を駆り立てる胆嚢。法(律則)としては異端および律則の統一を改変させるもの。布地としては亜麻布や兎や犬その他の皮革。職掌としては火をもってする鋳鉄や武具やら窃盗用の器具づくり。味覚としては熱、乾、苦いもの。場所としては城塞等防御された場所、戦場、火を熾す場所、動物の首を切る場所、狼や熊などの野獣が集まる場所、処刑場。また石では紅玉髄（アラクエク）(16)、その他赤く黒い石のすべて。金属ではアゼルネク（つまり赤アウリピグメントゥム）(17)、硫黄、ナフタ(18)、硝子（ヴィトルム）、赤銅。樹木では胡椒（ピペル）、松（ピネウム）、ヒルガオ（スカモネアム）(19)、クミン（ミヌム）、コチンディウム(20)、月桂樹（アウレオラム）(21)、タカトウダイ（エウフォルビウム）(22)、ドクニンジン（チクータム）(23)などその自然本性が熱性の(24)火かつきやすい木すべて。薬草としてはこれを燕下すると体液平衡を崩し致命傷に到るものすべて。これはその中の過剰な熱による。香料としては赤白檀（サンダルム・ルベウム）。動物としては赤駱駝その他大きな赤い歯をもつ動物す

(15) 亞独版：「くすんだ白、その記号は

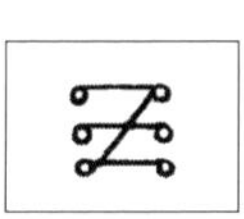

(下図)」

(16) alaquech

(17) azernech, auripigmentum 錬金術の赤染剤として後に赤エリクシルとも同一視されることになる。

(18) nafta 軽油（ナフサ）でないとすると何だろうか。

(19) ヒルガオは草だが。

(20) cocindium

(21) aureolam 羅版：「月桂樹 laureolam」と解している。

(22) euforbium タカトウダイ草

(23) cicuta ドクニンジン

(24) 羅伊版：albero tropicale 熱帯性の樹木

べてと損害をもたらす野獣の数々。小動物としては蝮、蠍、鼠等々悪をなすもの。色としては赤の勝ったもの。[25]

【六】太陽はこの世を支配しこの世を照らす光源であり、産生の力能の鉱脈である。愛知、鳥占い、裁定判決にかかわる相貌をもつ。言語としてはガリ
[153] ア語。また水星（メルクリウス）の参与によりギリシャ語とも関連する。‖外部器官としては眼、内部器官としては身体諸器官を支配する熱の泉であり、身体すべてにいのちを授ける心臓。法（律則）としては異邦の律則[26]および諸惑星の霊（スピリトゥス）の代弁者たち。[27]布では黄金を添えた高雅で貴重なもの。味覚としては濃厚で甘いもの。場所としては王が住まい統治する美しい大都やたいへん高貴な場所。石では赤玉（ルビーヌム）やイアルゴンザム。[28]金属では黄金。樹木では高く聳える棕櫚のように背が高く美しいもの。草としてはサフラン（クロクム）、薔薇（ローサム）、また小麦やオリーヴには土星も参与している。薬草としてはアロエ樹、白檀（サンダルム）、漆（ラッカム）等々、熱性で刺激臭の薬草すべて。獣としては人にとって大切で力強いもの。牡牛、馬、駱駝、雄羊、雌牛その他力強い大きな動物のすべて。鳥ではアウストレス、[29]鷹（ファルコーネス）、鷲（アクィレ）、通常王たちが携えているもの。これは孔雀たちにも参与し、大きな蛇をもつ。[30]また火星とともに熊にも参与する。色としては赤系統および黄金のような黄色。[31]

(25) 亞独版：「その記号は（左下図）」

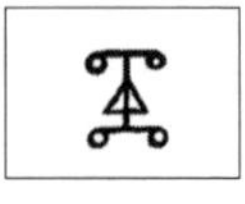

(26) legem gentilium　亞独版：「マジャール人の信仰とブラーフマンの宗教」
(27) oratoris「請願者たち」
(28) iargonzam　亞独版：Achat (bazadi) 瑪瑙
(29) austres
(30) et est particeps in pavonibus. et eciam colubras magnas habet　主語は「太陽」。colubras → coloribus「さまざまな色をもつ」？

【七】金星は味覚を強化する鉱脈である。文法、韻律、楽器の響きや歌声にかかわる相貌をもつ。言語としてはアラビア語。外部器官としては右鼻孔、〔154〕内部器官としては膣、精液の放出、胃。ここから＝飲食の力能と味覚があらわれる。また法（律則）としてはサラセン法。布としては多彩に彩られた布。[32] 職掌としては描きかたちづくるすべての仕事、また香りのよい薬草の販売や楽器の響きのよい演奏、歌唱、舞踏、楽器の弦の制作。味覚としては美味しい甘い味。場所としては背徳的な場所、またよく人が休息したり踊ったりする場所、歌ったり楽器を奏でたりする賑やかな場所、美しい主人や婦人のいる場所、それに飲食の場所。石としては真珠（マルガリタス）、鉱物としては青金石（アズルム）やアルマルタク[33]、草では香りのよい草すべて。サフラン（クロクム）、アルヘンダム[34]、薔薇等々、香りばかりか味も良く、見るからにこころ慰むもの。薬草としてはバルサム、たいへん香り高いイウレブ[35]のよい穀粒、ナツメグ（ムスクム）、龍涎香（アムブラム）。動物では婦女たちのもの、美しい駱駝、またガゼル（アルグアザレス）[36]、ペクーデス[37]、カモシカ（アルガゼル）[38]、兎（レポレス）といった美しく均斉のとれた体軀をした動物のすべて。鳥もヤマウズラ（ペルディチェス）、モリヒバリ（カランドラス）等々美しく鳴声の響く鳥のすべて。小動物としては色とりどりの美しいもの。色としては空色とやや緑色がかった金色。[39]

【八】水星（メルクリウス）は知性の力能の鉱脈である。知識と叡知の修得にかかわる相貌

(31) 亞独版：「その記号は（左下図）」

(32) 亞独版：「絹」

(33) almartach 亞独版：Borax (tinkar) 硼砂、羅伊版：litargirio 密陀僧、一酸化鉛（リサージ）

(34) arhendam 亞独版：Henna ヘンナ

(35) iuleb 亞独版：die Kerne der Weichselkirsche アマレーナの種、羅伊版：fieno greco コロハ（マメ科）

(36) alguazales, 亞独版：Gazellen

(37) pecudes 亞独版：Schafe 雌羊

(38) algazel, alguazales と重複？ 亞独版ではこれなしにHasen 兎につづいている。

(39) 亞独版：「その記号は（下図）」

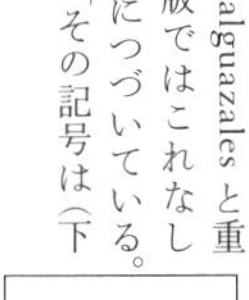

をもつ。弁証、文法、愛知、幾何、天文およびその予測判断、土占い、書写術（ノタリア）(40)、口誦による鳥占い、トルコその他の民の語彙解釈。また人体の器官としては舌、内部器官としては脳と心臓。ここに知性と力能が発し、ここに[155]おいて存在が秩序づけられ、感覚されたもの（センシヴィトールム）が記憶される。(41)〟法（律則）については不当なもの(42)および律則とは何であるかに関する審問のすべて、覚知（センスス）(43)に準じた愛知の律則の尊重。布では亜麻布。職掌としては演説、詩作、大工、幾何測量、夢解釈等々形象化する精妙な才覚を要する職掌のすべて。味としては酸っぱいもの。場所としては説教所や精妙な仕事をするための工房、泉、川辺、湖、井戸。石としては形象を刻まれたものすべて。鉱物としては生銀その他昇華され高度な取り扱いを経たものすべて。(44)草としては葦（アルンディネム）、綿（ボムバチェム）、亜麻（リヌム）、胡椒（ピペル）その他丁子（ガリオフィリ）のように酸っぱい味のするものすべて。樹木では殻のある果実をつけるものすべて。香草としては樹脂のすべて。香料としては生姜（ジンジベル）、水仙の花穂（スピカ・ナルディ）のような施療薬。動物としては人、小さな駱駝、アゼビアス(45)、ルマス(46)、猿、狼その他すばやく飛んだり駆けたりするものすべて。また詭計を弄して捕食するすべての獣。鳥としては軽々と翔け、知性的な意味を解するようにみえるものや優美な声をもつもの。小動物としては蟻のようにすばやく動くもの。色ではブラヴィウム(47)あるいは斑のもの(48)。

(40) notariam「秘文字」、アラビア数字を使った公証人、あるいはその署名の組文字がどうやら魔術的な符号と化して「ノタリコン（数秘魔術）」が生まれることになる。

(41) memoriam sensitivorum「感覚感受されたものの記憶」あるいはここも覚知（センス）の記憶として、「知性のはたらきとしての想起」と採ってもよいか。

(42) illicita「不正な」「禁じられた」、亜独版：zandaqa 異端

(43) secondum sensum「意味の知解」「知性のはたらきにより」上註参照。

(44) 亜独版：「錬金術の実践と理論」

(45) azebias 亜独版：wilden Esel 野生の驢馬

(46) rumas 亜独版：Springmause 跳ね鼠、羅伊版：erbivori？

(47) blavium 亜独版：「緑と白の斑大理石色」、羅伊版：porpora

【九】月は諸惑星の力能を受けとりこれをこの世に注ぐ自然諸本性の鉱脈で、幾何や算術にかかわる相貌をもつ。合流する水量の計測その他の知識、[156] 降霊術（ネグロマンツィア）、(48)医術（フィシカ）およびこれに求められる体験、また古の知に関する造詣。言語としてはドイツ語（アレマニカ）。人の外部器官としては左眼、内部器官としては呼吸のもとである肺。法（律則）としては偶像や図像（イマジネ）への祈願。布地としては皮革や敷き布。職掌としては鑢（やすり）研磨や革鞣（なめし）、貨幣鋳造、航海。味としては水のように味のしないもの。石では小さな真珠。(49)金属では銀や白色を呈するもの。草木としては菖蒲（アコロス）、葦（アルンディネス） 等々白くて香りのよい草木のすべて、(50)また土から生じるもので足元の覚束ないものすべて、背の低い草、キャベツ（カウレ）、また牧草のすべて。場所としては泉、湖、沼、雪の積もった場所や水の溜まった場所。香草としては施療薬として供される肉桂（チナモムム）、生姜（ジンジベル）、胡椒（ピペル）等々。動物としては赤牛（ルンコス・ルベオス）、ラバ、ロバ、雌牛、兎。鳥では動きの俊敏なものすべて。また気中に生まれそこに棲む動物のすべて、それに白い水鳥。色としては白および黄と赤の組み合わせからなるさまざまな色。(51)

【一〇】また龍頭の自然本性は成長増殖であることを知っておくべきだろう。ここに幸運惑星があるとその美しさと堅牢さが増す一方、(52)災厄惑星があると損害と災厄が増す。同様に、龍尾の自然本性は衰退減少であり、ここに幸運

(48) 亜独版：「その記号は（左下図）」

(49) perlas 通常、真珠は margherita と称されるので、ここでは「丸い小石」位の意味かもしれない。

(50) et ex arboribus achor[os] et arundines

(51) 亜独版：「その記号は（左下図）」

(52) in suis honoribus et for 亜独版：titudinibus「誉と剛毅」

惑星があるとその善は減じ、災厄惑星があると悪や損傷が減る。ここに述べたことばを十分に知解するように、と勧めておく。‖

第二章　上述した三界つまり植物、動物、金属のうちに存する諸星座（しるし）の部分について

【一】一々の惑星はいかなる事物のうちにその特性をもち、(1) また一々の星座（しるし）はその特性をいかなる事物のうちにもつのか。では白羊宮から観てみることにしよう。

【二】白羊宮は身体部位としては頭、顔、瞳孔、耳を司る。色では赤の混ざった黄色。味では苦さ。場所としては砂地、火のある場所、盗人の集まる場所。金属や鉱物では火の作用（はたらき）を受けたもの。動物では足を被う爪のあるもの。

【三】金牛宮は身体部位としては首と声帯。場所としては人の住むすべての土地、畑や耕地。樹木としては背が高く食べられる果実をつけるもの、水を必要としないもの、よい香りや味のものすべて。動物としては四足獣で爪を

(1)「齎し」「伝え」「写す」……

もつものすべて。

【四】双子宮は身体部位としては背、腕と手。色としては黄色がかった緑。味としては甘いもの。場所としては住居や高い山の耕地。樹木では背が高いもの。動物としては人と猿。鳥では水鳥その他よい声で囀るものすべて。

【五】巨蟹宮は身体部位としては胸、乳房、胃、肺、肋および胸の内奥。色としては斑に燻った色。味では塩辛いもの。場所としては湖や沼等々水の集
[158] まる海岸や川辺。石では水中にあるもの。＝樹木では水中から生じる背の高いもの。動物では小さな魚、蛇（コルブロ）、蠍、蝮、地を這う蜥蜴など水中で育つもの。

【六】獅子宮は身体部位としては上半身、心臓、胸、肋の背後の柔らかいところ。色では赤、黄、茶色。場所としては防御の堅い場所、王の都、城塞、聖所。味としては苦いもの。石では赤玉（ルビーヌム）、金剛石（アダマンテム）、イアルゴンツァム(2)。金属では黄金。樹木では背の高いもの。動物では長い歯をもつもの。鳥では狩猟強奪によって生きるもの(3)。

【七】処女宮は身体部位としては腹とそこに隠されている腸や下腹の骨、内臓。色としては白と斑。味では酸っぱいもの(4)。場所としては婦女の集まる場所や遊興放歌の場所。樹木としては種子を産するもの。動物では人。鳥では水鳥。

（2）iargonzam 亞独版：Achat, 前出。
（3）avibus raptu viventes「肉食の鳥」
（4）stipticum「収斂性のもの」

【八】天秤宮は身体部位としては腰と尻、性器と腹の上部。色では緑や紫の斑。味としては甘いもの。場所としては人里離れた場所、砂地、狩猟場その他見晴らしのよい高く快い場所。鳥では頭の大きいもの。‖ [159]

【九】天蠍宮は身体部位としては男にあっても女にあっても尊い部分のすべて。色としては緑や赤の斑。味としては塩辛いもの。場所としては湿った牢獄や陰惨な場所。石では蠍が集まるもの、珊瑚や水性の真珠。樹木では真直ぐ高く伸びるもの。動物では蠍、蝮、蛇（コルブロ）、湿った土を這う小動物や水性の獣。

【一〇】人馬宮は身体部位としては鼻、脛、それに体表にある大きな染み（しるし）。色としては赤みがかった薔薇色その他多彩な斑のすべて。味としては苦いもの。場所としては畑地や王領や火のある場所。石では緑玉（スマラグドゥム）。鉱物としては鉛。動物では人や鳥、蛇（コルブロ）、小さな蛆。

【一一】磨羯宮は身体部位としては膝、神経、膝下つまり膝蓋骨や脛から下。色としては赤紫（パヴォナチウム）、緋色（カルディナレム）その他黒っぽい多彩な斑。味としては酸っぱいもの。場所としては王宮、畑地、小住宅（ブラキリア）(5)、川岸、犬のいる場所、旗亭、捕囚たちが集められる場所、それに大きな像が飾られた要塞。樹木としては堅強な樹木のすべて。オリーヴ、胡桃、樫、それに水から生える葦（アルンド）や菖蒲（アコルス）(6)、また棘のある木のすべて。動物についても水性の獣、あるいは地を這う蜥蜴や蛇。

（5）brachilia 亞独版：「異邦人（旅人）用の部屋」

（6）arundo et achorus

[160]

【一二】宝瓶宮は身体部位としては膝下と踵の神経、それに鎖骨。‖色では緑、鉛色、黄色。味では甘いもの。場所としては水の流れるところ、海、葡萄酒を売る場所。石では硝子の類。樹木では背の高いもの。動物では人、それに悪魔（ディアボリ）[7]のような汚らわしい姿形の動物すべて。

【一三】双魚宮は身体部位としては足と爪と神経。色では緑と白、それに美しく彩られたものすべて。味としては苦いもの。場所としては隠棲所、川岸、海、湖の小住宅（ブラキリア）。石では真珠（ペルラ）、水晶や水性の真珠（マルガリータス）[8]のように白く透明な石。樹木では水から生えるものなら高低にかかわらずすべて。動物では水棲動物で水中に留まるもの。

【一四】これらが惑星や星座が司る事物の特性であり、それらの対応関係である。ここにはまさに魔術の礎[9]とも言うべきものが認められる。

（7）diaboli 亜独版：Ginn 精霊

（8）ex lapidibus perlas, lapides albos et claros ut cristallum et margaritas cuiuscumque generis aquarum

（9）magicis radicibus

〔161〕

第三章　諸惑星の形象、彩色、模様、燻香について。また諸星座（しるし）の相（ファキエス）の彩色について

【一】ではここで諸惑星の彩色について語ることにしよう。

【二】土星（サトゥルヌス）の彩色は燃えた羊毛のよう。木星（ユピテル）は緑。火星（マルス）は赤。太陽は黄アウリ・ピグメントゥム[1]のよう。金星（ヴェヌス）は黄色。水星は漆のようなアウリ・ピグメントゥムに緑色が混ざっている。月は白色。‖

【三】諸惑星の形象はメルクリウス[2]がアレクサンドロス王に送った『七惑星（リブルム・セプテム・プラネタールム）[3]の書』と表題された書物によれば以下のとおり。この（魔術の）知識においてこれは不可欠なものである。

【四】土星（サトゥルヌス）の形相（かたち）は緑の外套を纏った白髪の黒い人がその手に大鎌をもった形相（かたち）。

（1）auri pigmento 亞独版：schwefelarsen 硫化砒素

（2）Mercurium ヘルメスの書に擬されるもの。亞独版：「アリストテレス」

（3）*Librum 7 planetarum*. 亞独版：*Lampen und Fahnen*. cfr. Alejandro Garcia Aviles, Two Astromagical Manuscripts of Alfonso X, *Journal of the Warburg and Coutauld Institutes*, 59 (1996), pp.14-23. p.18 n.28. 亞版で'Utarid とされているのはメルクリウスのアラビア語名であって、そこに'Utarid ibn Muhammad al-Karib と名指されているのをアラビア人固有名ととる必要はない。

【五】木星(ユピテル)の形相(かたち)は最高の衣装を纏い、玉座に坐った男の形相(かたち)。

【六】火星(マルス)の形相(かたち)は獅子に騎乗し、手に長い槍をもった男の形相(かたち)。

【七】太陽の形相(かたち)は美しい容貌の髭のない男が冠を戴き、その手に槍をもった形相(かたち)。その前に頭と両手は人だが体軀の残りの部分は四つ足の馬が転倒した姿（つまり両手と足を上に挙げ）をみせている。

【八】金星(ヴェヌス)の形相(かたち)は片手に櫛を、もう一方の手に林檎をもち、髪を散らした美しい若者の形相(かたち)。

【九】水星(メルクリウス)の形相(かたち)は鷲に騎乗して、何か書こうとしている裸の男の形相(かたち)。

【一〇】月の形相(かたち)は兎に跨った男の形相(かたち)。

【一一】これが先述した賢者がアレクサンドロスに書き送ったところ。いずれかの惑星の何らかの作用(はたらき)を望むなら、その惑星と自然本性が符合する物体(コルプス)によって業をなさねばならない。あなたが何かを完遂させたいと欲するなら、作用(はたらき)を望む時に東に昇るもの(アシェンデンティス)の自然本性を考慮し、あなたはこの星座(しるし)にふさわしい衣装を纏わなければならない。それにこの東(アシェンデンス)に幸運惑星があれば幸運をなし、第七宿に災厄惑星があれば災厄をなす。それゆえまさに東(アシェンデンス)に配慮し（つまり幸運惑星がより活発に作用するように）、第七宿に請願を向ける（つまり災厄惑星の作用が弱められ、その効果が軽微となるように）。つづいて布の色つまり惑星に適った衣装の色について。土星の衣装の色はすべて黒で、羊毛がよい。木星の色は緑で、他の何より絹がよい。火星の色は火炎で、何にもまして絹がよい。‖太陽の色は黄金で、絹か黄金がよい。金星の色は薔薇色で、絹がよい。水星の色は多色混合で、どちらかといえば絹がよい。月の色は輝く白で、絹か亜麻がよい。では、燻香にあたり惑星に唱える詞をみてみよう。土星への燻香にはすべて悪臭を放つもの、臭いアッサ(4)、ゴム(グンミ)、臓物、ドクニンジン(チクータ)等々を。木星には龍涎香(アンブラ)やアロエ樹等々のようなよい香りのもののすべて。火星には胡椒(ピペル)や生姜(ジンジベル)のような熱性のもののすべて。太陽にはナツメグ(ムスクス)、龍涎香(アンブラ)等々、適度な均斉のとれたよい香りのものすべて。金星には薔薇、菫、ギンバイカ(ミルト)の若芽等々、均斉のとれた香りを漂わせるものすべて。水星には樟脳(カンフォラ)、ユリ(リリウム)等々、冷たい香りのするものすべて。ここに述べたところはあなたが業をなすにあたり、もっとも注意すべきことどもである。

【一二】つづいて星座(しるし)の諸相(ファキエス)の染剤について順を追って観ていこう。

【一三】白羊宮の第一相(ファキエス)の染剤は赤。緑の虫瘤(ガッラ)を一分量、ゴム(グンミ)とアウリ・ピグメント(5)をそれぞれ半量用意し、別々に粉末にしてから、すべてを混ぜる。これで何かを書くか描くかする時には、これを卵白で展ばす。第二相(ファキエス)の黄および金色の染剤は次のようにつくる。カルカンティ(6)とアタラク(7)を等量と

(4) asa fetida 亞独版：asa foetida アギ（薬用植物樹液）
(5) auri pigmento 亞独版：Aludel (utal)
(6) calcanti
(7) atalach

り、別々に粉にしてから蜂蜜とともに混ぜる。これを僅かばかりのゴムで展ばして、使用に供するまで保存する。第三相(ファキエス)の染剤は白色。これはブランケティとアタラクを等量混ぜて調える。(8)‖

〔163〕【一四】金牛宮の第一相(ファキエス)は斑で煙った染剤。これは煤を集めゴム(グンミ)と混ぜてつくり、使用に供するまで保存する。第二相(ファキエス)は白色で、これはブランケティ(9)とアタラク(10)を等量混ぜ、使用に供するまで保存する。第三相(ファキエス)は黒色で、燃やした羊毛でつくる。

【一五】双子宮の第一相(ファキエス)の染剤は黄金に似た色で、これは虫瘤(ガッレ)を粉にし、その中にある黒い部分を取りだし、水の中に放置して柔らかくなるのを待つ。漆(ラッカ)になすのと同様に。その後、先述した水を僅かばかりのゴムとよく混ぜ、使用に供するまで保存する。第二相(ファキエス)は赤色。これはアウリ・ピグメントと辰砂(チナブリ)を混ぜて蒸留する。そこに適宜ゴムを加え、使用に供するまで保存する。第三相(ファキエス)は赤色。上述したところと同様になす。

【一六】巨蟹宮の第一相(ファキエス)の染剤は黄色。これは上述したところと同様。第二相(ファキエス)は黄色。同上。第三相(ファキエス)は黒。これはアウリ・ピグメントと虫瘤(ガッリ)を等量とり、僅かにゴムを混ぜてつくる。

【一七】獅子宮の第一相(ファキエス)の染剤は斑で、先述したとおり。第二相(ファキエス)は黄

(8) 亞独版：「黄色で、調合法は上述の通り」。「ブランケティとアタラク」はここには出ず、次の【一四】項初出。いずれ亞独版と羅版は対応していないので、以下後者に準じ、一々対照しない。

(9) blancheti 亞独版：Vitriol ヴェトリオロ

(10) atalach 亞独版：Zinnober 辰砂、羅伊版：acacia ?.

〔164〕金に似た黄色で、上述したとおりにつくる。第三相（ファキエス）は石榴に似た色。これは辰砂（チナブリ）を繰り返し洗浄し、十分に柔らかくして粉にし、‖採れたての虫瘤を浸した水と混ぜ、僅かにゴムと漆（ラッカ）を加え、使用に供するまで保存する。

【一八】処女宮の第一相（ファキエス）は金色がかった赤で、良質のサフラン（クロクム）を粉にし、これに採れたての虫瘤を浸した水で展ばし、よく混ぜる。これをしばらく静置した後、僅かにゴムを加える。そして先述した相（ファキエス）における書写実修に適宜供する。第二相（ファキエス）は斑で、つくり方は上述したとおり。第三相（ファキエス）は赤みがかった黄色で、アゼルネクを用意し、十分細かい粉にしてからサフラン水と僅かのゴムを加え、使用に供するまで保存する。

【一九】天秤宮の第一相（ファキエス）は斑。上述したようになす。第二相（ファキエス）は黒。これも上述したとおり。第三相（ファキエス）は白。同上。

【二〇】天蠍宮の第一相（ファキエス）の染剤は黒。第二は黄。第三は斑。それぞれ上述したとおり。

【二一】人馬宮の第一相（ファキエス）の染剤は赤。上述したようになす。第二相（ファキエス）は黄。これは黄アゼルネクを用意して、一晩火にかける。それに十分粉にした僅かばかりの鉛白（チェルーセ）を混ぜ、これに僅かばかりゴムを加え、これで書写する。第三相（ファキエス）は斑。上述したとおり。

【二二】磨羯宮の第一相（ファキエス）の染剤は緑。これは緑青(11)にゴムを加えてつくる。第二相（ファキエス）は赤。辰砂（チナブリオ）とゴムでつくる。第三相（ファキエス）は黒。これは上述したとおり。

【二三】宝瓶宮の第一相（ファキエス）の染剤は藍色（インデクム）がかった赤。これは龍血（サングィーネ・ドラコーニス）(12)に僅かばかりのゴムを加えてつくる。第二相（ファキエス）は黒。これは虫瘤（ガッラ）、ゴム、アウリ・ピグメントをそれぞれ一オンスずつ、そしてペルガメニ(13)の種を三粒とり、別々に粉にしてから一緒に混ぜる。これを卵白で展ばし、錠剤にして乾燥させる。書写するにあたり、これを一粒、水で展ばして用いる。第三相（ファキエス）は緑。これは動物の胆汁に僅かばかりのゴムを加えてつくる。

[165] 【二四】双魚宮の第一相（ファキエス）の染剤は沈んだ赤色。これは鉛白（チェルーサ）の粉末と僅かばかりの辰砂（チナブリオ）と＝ゴムでつくる。第二相（ファキエス）は斑。これはアタルフ(14)の外皮を燃やし、僅かばかりのゴムを加えてつくる。第三相（ファキエス）は赤。これは上述したとおり。

【二五】上記したとおりにつくられた染剤は、先に述べた諸事物の中に必然的に認められる諸惑星の特性とともに、魔術の業の実修に欠かせないものである。上掲したことばはすべて賢者メルクリウスの見解であり、またこう語っている。いずれかの惑星の霊（スピリトゥス）を自分に結びつけ実修に供することを望む者は、すべてをその惑星の自然本性の下に秩序づけ(15)、飲食、着衣、燻香、

(11) ex viridi → aes viridi と採って訳しておいた。

(12) sanguine draconis 樹木（Daemonorops draco [Palmae]）から採取された赤樹脂の一種。

(13) pergameni ペルガモン、通常「羊皮紙」を指すことばだが、「種子」との関連で不明。

(14) atarf 亞独版：Tamariske, 羅伊版：Tamarix gallica ギョリュウ

(15)「すべてを惑星の自然本性を享ける基体（うつわ）として配列し……」

また時間、染剤、祈禱、生贄の業、石、形象、図像（イマジネ）、星座すべてをその惑星の霊（スピリトゥス）に合致させなければならない、と。上述したところは、すべてが相互に共同してはたらくということであり、諸天の力能はこうした業の実修において地に降り、一緒に一つに結びつく(16)。そしてその効果をすべて完璧にあらわにする。上述したところの何が欠けても、請願は阻まれることとなるだろう。

【二六】そのためには、諸惑星の潜在力がさまざまに多様化してみせる土地(17)と気候についても知っておくべきである。これは、鉱物、石、金属、樹木、草等々、ある気候（クリマートゥム）の下で生じるものが他所では見つからない、ということから明らかである。人の付帯的性質(18)も同じことで、ある場所でよく観られることが他の場所ではまったく欠如していたりする。たとえばテービト(19)と呼ばれる土地では、その地に入るとなにごとか笑うべきことを目にする訳でもないのに、みな微笑みつづける。まさに微笑みはこの地がもたらす自然本性なのである。またブルグム(20)と呼ばれる土地ではそこを出て別の場所に住まぬ限り、決して普通の時間帯で生活できない。これまたその土地の特性によるものである。また西の海中では絹が蘇合香（ストラクス）(21)や乳香（マスティク）のような特性に化す。リエメン(22)の地ではニガヨモギ（アブシンティウム）(23)が見つかるが、その地の山頂から湧く水は山を流れ

(16)「たちまち一に合する」

(17) civitates「町々」、あるいは「諸文明」「風土」だが、気候に合わせて「土地」としておいた。

(18) accidencia「偶性」

(19) Thebith 亞独版：Tibet チベット（頻出するテービト・ベン・クッラの名に引きずられた誤記か）

(20) Burgum 亞独版：Burgar

(21) storax エゴノキ

(22) Liemen 亞独版：Jemen イエメン

(23) absinthium

〔166〕落ち、この山の前に広がる野で凝まり白明礬（アルーメン・アルブム）[24]に変じる。‖

【二七】インドのある島にはアロエ樹が見つかる。カメル[25]と呼ばれるこの島から五日のところにカブリア[26]という名の島がある。この島でもカメルのアロエはたいへん良質であるとして、特にこれをカメリ[27]と称する。またアザニフ[28]と呼ばれる別の島が三日の距離にあり、この島で採れるアロエをアザニフィ[29]と称する。これはカメリよりもずっと品質に優れ、その優秀さと軽さにより水に沈まない。この世でアロエ樹はこれら三つの島にしか見つからない。

【二八】またメッカ[30]と呼ばれる町とアトリポリ[31]という町は死者も癩病者も出ない一方、ハユバル[32]という町では熱のある者が多い。ドゥオ・マリア[33]と呼ばれる町ではよく脾臓の疾患や肛門の腫瘍がみつかる。またイエルサレム[34]では死が駆逐される。

【二九】またリエメンとアジン[35]では縞瑪瑙石（アリアザ）[36]が採れるが、リエメンの方が良質である。この石を指輪にして身につけると、つねに悲嘆、憂鬱、物思いに陥り、悪夢や嘘夢をみるばかりか、人々と口論したり不和になったりする。これを子供の上に載せると涎を垂らしはじめる。これらは魔術的な作用のはたらきに他ならず、まさに天の諸物体（コルプス）の力能がその力能を変じ、それを破壊する悪い効果を与えるからである。

(24) alumen album
(25) Camer 亞独版：Khmer (Kambodja) カンボジアのクメール
(26) Cabria 亞独版：Tijuman
(27) Cameri
(28) Azanif 亞独版：Tschampa
(29) Azanifi
(30) Mecha 亞独版：Mekka
(31) Atripol 亞独版：Medina
(32) Haybar 亞独版：Haibar
(33) Duo maria 亞独版：Bahrain
(34) Ierusalem 亞独版にはエルサレムはなく、「ブハラ Buharia では腫瘍が、ダマスカス Damaskus では悪疫がみられる」となっている。
(35) Azin 亞独版：China 中国
(36) aliaza
(37) tucia 亞独版：Tutija (Zinkoxyd) 酸化亜鉛
(38) Tin
(39) Hispanie
(40) Armeniam 亞独版：Almeria アルメリア
(41) Lorcam 亞独版：Lorca
(42) monte iuxta Lisbonam

[167]

【三〇】インドの各地でトゥチア[37]が採れるが、これはティン[38]の地やヒスパニア[39]各地でも採れる。これは鉛色の石で、重く白い。これと赤銅を一緒に加熱すると黄金色になる。

【三一】またアルメニア[40]とロルカ[41]では青金石（ラピスラズリ）が採れ、リスボナの山[42]ではベゼディ[43]石が採れる。メルラーガのモントールム[44]と呼ばれる野では赤イアルゴンツァ[45]が採れる。‖タドミール[46]の各地では金剛石（アダマンテス）が採れる。コルドゥバ各地では赤鉄鉱（ヘマティテ）[47]が採れる。またウベデ山[48]は人の結石を砕くユダヤ石[49]やこの世で最良の黄金白鉄鉱（マルカシテ）[50]を産する。またバルセロナ（バルキリオニエ）[51]の各地では真珠（マルガリーテ）[52]を産し、グラナダ（グラナーテ）[53]の川では黄金を掬うことができ、ヘルメティス山[54]では水銀（メルクリウス）が採取される。バテア[55]（その地ではピテルナと呼ばれている）ではどこのものよりも良質なトゥチア[56]が泥土から採れ、コルドゥバの山ではアルコホル[57]の鉱脈が見つかっている。またネビレ[58]の各地では最良のアゲティ[59]が採れる。同じように、アラハヴェス[60]の町では血色のよい男は見当たらず、いつも熱を出している。これらの土地の山々には深い渓谷があり、こうした土地の家屋には数多の毒蜘蛛（タラントゥラ）、蛆、毒ある獣がいる。またアフリカの一部であるセダウラン[61]では乳香樹の穴の中に生じる石が見つかる。これに雨が降りかかると凝集して黒く軽くなり、虫瘤（ガッレ）に似た味がする。等々さまざま驚くべきことがある場所に起こり、他の場所に

(43) bezedi 亞独版：Acgat 瑪瑙、羅伊版：granato 石榴石（ガーネット）
(44) Merlagam in campo nominato Montorum 亞独版：Malaga, Montemayor
(45) iargonza rubea 亞独版：Rubin 紅玉
(46) Tadmir 亞独版：Tumidir
(47) ematites
(48) Ubede 亞独版：Ubeda
(49) lapis Iudaicus 亞独版には欠
(50) marchasita aurea 亞独版：Goldmarkasit
(51) Barchilonie 亞独版：Barcelona
(52) margarite 亞独版：Edelstein (gauhar) 宝石一般
(53) Granate 亞独版：Granada
(54) monte Hermetis 亞独版：Berg mit dem Namen gabal al-baranis (cfr. Sierra Morena; Mons Marianus)
(55) Bathea (videlicet in burgo nominato Piterna) 亞独版：Batherna
(56) tucia 既出
(57) alcohol 通常アルコールだが。亞独版：Antimonbergwerke アンチモン鉱
(58) Neblie 亞独版：Niebla
(59) ageti 亞独版：vitriol, 羅伊版：olio 油
(60) Alahavez 亞独版：al-Ahwaz (Huzistan)
(61) Sedauran スーダン

はまるで起こらない。これはまさに諸惑星と天の図像（イマジネ）の潜在力が、他ならずまさにそこに大きく適合することによって、起こるのである。‖ [168]

【三二】これは、人のからだ（コルプス）の形相（フォルマ）が自然諸本性と場所の諸特性の効果によって生じる、ということについてヒポクラテス（ユポクラス）(62)が語るところ。

【三三】ここからして、この知識にとっては気候と土地の自然諸本性を、そしてこれらに対する諸惑星の注入影響を知ることが不可欠である、ということは明らかである。ではここで、下位世界の諸事物のうちにある諸惑星の特性について、少々語っておくことにしよう。まず月の特性は成長増殖。これが樹木や果実を成長させたり消耗させたりする。これが卵や宝石の原因であり、川の水が増えたり減ったりする原因である。これ（月）こそ諸惑星と天の諸霊（スピリトゥス）の潜在力をこの下なる諸世界に繋ぎ結ぶもの。ある種の樹木がその力能により成長し堅強になり、諸他の惑星の力能によって損傷されるように。またあるものは逆に、たとえば無花果のように月の力能によって損傷され、太陽の力能によって成長し屈強となる。海の動物や植物がその（月の）潜在力によって成長することもまた明らかである一方、地上の動物は夜の冷のうちにそれを眺めあげ、裸をさらすことで損なわれる。木星はいのちと知識の導き(63)。法（律則）、信頼、判断(64)はこれに由来する。金星は遊興、楽器演奏、歌唱

(62) Ypocras 亞独版：Hippokrates,『気候と土地 *Über die Lüfte und Länder* [peri aeron hydatontopon]』という書名も引かれている

(63) auctore 創始者、制作者でもあるが、ここは創世論に渡らずに作用者という意味に採っておく。

(64) leges. fides et iudicia「律法」「信仰」「占術」

の導き。その意志と知識はかならずしもこれらを司るものではないが、その潜在力と素地（ディスポジチオ）をなすもの。水星は豊穣多産、理拠的知性と覚知[65]の導き。諸事物の精妙で深遠なる知解はこれに発する。土星は欺瞞をなすものであり、大地の耕作、建設の導き。永続する知性や古の諸律法はこれに発する。太陽は諸他の惑星のすべてに光を与え、これによってあらゆる闇は退散する。こ
〔169〕れのおかげで霊（スピリトゥス）は歓び拡張する。‖これによりすべての樹木は果実を熟させ、枯れる。またこれによりあらゆる植物性[66]は生成する。また一般的に言うなら、これ（太陽）は光源であり、万有宇宙の燭台である。[67]

（65）intellectus racionalis et sensus → anima rationale et intelligentia「理性魂と知性のはたらき」

（66）vegetabilium ここは植物だけでなく、動物の自育的成長性をも「植物魂」とするアリストテレス流儀の魂論に準じて、広義の「自育（成長）性」と採りたい。

（67）lumen et candela universi.

第四章　この知識に慣れぬ限り知解できない秘鑰について

【一】古の賢者たちは魔術および降霊術(ネグロマンツィア)の知識について、その諸著においても実に晦渋に書き記している。まるで賢者かこれらについて研鑽に努めつづけ実修する者でない限り、そこからは何も、あるいはほんの僅かばかりしか役に立つことを引き出し得ないかのように。こうした部分はわれわれの目的にとってはおおよそ無益であり、たいして役に立たない。[1]＝

(1)亞独版ではまずǦa'far al-Basrīの『宝蔵書』から二八のアラビア文字それぞれに『コーラン』の諸章が宛てられ、惑星と付会されている。そしてアル・キンディー『アラビア諸国の崩壊について』あるいは『歴史書』から、これに類した文字と史的預言の関連が語られている。巻末に併録の「『ピカトリクス』大要」参照。

[177]

第五章 動物たちの中にある力能の解明およびこの知識に欠かせない著しい知見。またいかにして諸惑星の霊(スピリトゥス)を形象と燻香によって引き出すかについて

【一】三つの下位なるものつまり動物、植物、鉱物のうちにある諸惑星の特性につづき、ここではこれら三つについて少々述べることにしよう。動物の中にも高貴なものがあり、その中で最も高位なものとして、高貴な省察力を(1)もつ人を識別することができる。動物には、海の貝(2)やアラフ・オミディエ(3)等々単に感覚をもつだけのもの、また他に二、三、四、五、十の感覚をもつものがある。人はこれを十顕わし、五を隠しもっていることについては本書ですでに述べた。いずれにせよすべての動物を瞥見するに、その形相(かたち)を異としている。‖[178]人が分離してある天の諸霊(スピリトゥス)と獣の中間(4)にあるのは、魚が鳥と獣の

(1) reflectione consistit「反射からなる」
(2) 亜独版：Muscheln 軟体動物、亜英版：「牡蠣」だけ。
(3) alaph omidie
(4) medium「媒介」

中間にあり、水性の貝がただ二つの感覚だけをもち――そのうちで土性の自然本性が優位にあって、ほぼ樹木にも似た自然本性をあらわしている――可感性と非可感性の中間にあるのと同じこと。ここからして、諸動物はその自然本性をより一層あらわすために、諸他の元素[5]をももつ、ということは明らかである。人はもっとも高貴な動物であるが、そのからだ(コルプス)の中に大量の諸元素を相互に適宜調整することで、諸他の動物同様に体液の平衡[6]をなしている。一々の元素はそれぞれ固有の動物をもっており、その動物から離れることはない。たとえば鳥は気から離れることはなく、魚が水から離れることはない。また悪鬼の霊(スピリトゥス・ディアボリチ)は永劫にわたり火から離れることはない。それゆえこれは冥府のもの[7]と呼ばれるのだが、火の感受とは特殊な覚知(センスス)の感得[8]であり、特にこれに準えられる[9]動物をサラマンドラ[10]と名づける。これは火のうちに創られた鼠の形相(かたち)である。これは重い動物で、その重さによって土から離れることはない[11]。ここで暗黙の問いに答えておこう。つまり悪鬼(ディアボリ)たちはどのようにして火の中にあるのか[12]、について。人を称して小世界と呼ぶが、これは大世界との比較から謂われることであり、大のうちに含まれるところのものは実質的[13]に小のうちに含まれてある、というにも等しい。それゆえ、悪鬼(ディアボリ)たちが大世界のうちにあるとすると、そこからの帰結として[14]、それらは小世界のうち

(5) de aliquo elementorum 基本組成、亞独版では適宜 Element (ʻunsur) あるいは Stoicheia (ustuqussat) が用いられている。
(6) equalior in complexione「気質の平衡(バランス)をとっている」
(7) infernali「地獄の業火」
(8) sensu proprie percipitur「固有の意味の感得」
(9) proporcionatus 類比される、比例関係にある
(10) salamandra 亞独版：„rebellierenden" Lebewesen im Feuer 火中の被造物「叛くもの」
(11) Et animalia gravia propter eorum gravitatem non separantur a terra. この動物をサラマンドラだけでなくすべての動物を指すものとみなすと、「動物とは重さをもつものであり、まさにこの重さによって土から離れることはない」と全体を総括する句ともなる。
(12) consistunt in igne「火の構成成分をなしている」
(13) virtualiter「可能(潜在)態として」
(14) per effectum quod fit「実際に」、悪鬼が「現勢して」あるものとして

にもあるものとみなされねばならない。人のうちに激しい衝動[15]が起こると放縦さが燃え上がり、憤怒と狂暴の頂点に達するが、まさにここに悪鬼の仕業のすべてが生じる。これとの類比から、悪鬼たちは火の中にある、と言うことができるだろう。つまり人のうちで火がつくと憤怒が起こる、そしてここから悪鬼的な帰結が生じる[16]、と。あるいはその逆に、人の意志がそれにふさわしい均衡と理拠的な力能によって統御されているなら、天使的になる[17]。要するに、この小世界の中は大世界の中と同じものからなっている、と言える。‖

[179]

【二】話を元に戻そう。諸惑星については先人たちにより三類に分けられており、上述したようにカプテオ、ネプテオ、エジプト、ギリシャ、トルコ、インド[18]の人々の知識によれば、これら（諸惑星）の作用はこれらの類の諸部分の相互混合、および実修者たちの燻香、着衣、食物、香りから生じる。これにより大いなる驚異がなされるということは、彼らの諸著[19]の到るところに読みとられる。彼らは気中で諸星辰の力能をこの世から引き出される火の諸力能に混ぜ合わせ[20]、その効果を得る、つまり請願を成し遂げる。気は物体であり、最小限のいのちしかもたぬ諸他の物体以上に、気それ自体と一般の気の混合により惑星からの作用の影響つまり効果を受けとる準備のできた物体を受容する中間物[21]である。またこれ（気）は燻香において、人のからだの諸部分

(15) irascibilis appetitus「憤激志向」

(16) diabolici consequuntur effectus「悪鬼たちがそのすがたをあらわす」

(17) angelus efficitur「天使たちがあらわれる」

(18) Capteos, Nepteos, Egipcios, Grecos, Turcos et Indos 亞独版：nabataischen Chaldaer, Syrien, Kopten, Kurden, Inder, China ...

(19) 亞独版では、既出のイブン・ワッシーヤの『ナバテアの農事書』が挙げられている。

(20) Faciunt enim confectiones「錠剤をつくり」

(21) Aer enim ... medium in recepcione corporum sive influenciarum vel effectus planetarum voluntate agentis disposita ex mixtione ipsius aeris cum aere generali「素地のあるからだを纏う媒介物」。この一節だけを抜き出して、「気 aer」を「銅 aes」と読む（誤読？・解釈？）と、中世錬金術文書で重要な役割を果たす金星の連想とともに黄金をより赤くするための試薬を説く一節ができあがる。

に適宜その効果をあらわす。この燻香には樹木その他の類のものを用いる。＝
[180] それぞれの燻香により人の霊（スピリトゥス）はうごかされ、さまざまな嗜好へと掻き立てられる。これには驚くべき魔術の作用（はたらき）があり、その効果は明らかである。

【三】わたしは『知識の区分とその秘鑰の解明（ディヴィシオ・スキエンティアルム・エト・パンディトール・セクレトールム）(22)』と表題されたある賢者の書を観たことがある。その書の記述を引いてみよう。吾はフォラセン(23)の地からやってきた者と論争したことがある。インドの地で崇められこの知識に精通した信頼に足るこの人物は、この知識に関する疑義をさまざまに自問自答しつつ、吾に語った。彼は、それは自明である、と言った。かの地に誰からもたいへん美しいと称賛される娘(24)がいた。彼が言うには、その娘を吾の客として迎える手筈を調えた。吾は彼女に約束を果たしてくれるようにと頼んだ。それには二つの理由があった。一つはこころからの愛情。もう一つは吾の傍らで先述した業をなすにあたりこの娘を利用するため(25)。すぐさま天体観測儀（アストロラビオ）を支えもつと、太陽の高度を測り、東（アシェンデンス）を定め、十二宿をも定めた。白羊宮を東（アシェンデンス）に、ここに火星を主（ドミヌス）として据え、第七宿に天秤宮を、ここに金星を主（ドミヌス）として据えた、と。吾はここに言われたことばの意味を問うた。すると東（アシェンデンス）と第七宿はここで問われる請願の定式(26)である、との答え。またその形象（星座）の中に据えられた火星と金星についても、それらが三角

(22) *Divisio scienciarum et panditor secretorum*, 亞独版ではこれはインドの知見をAbu Galib Ahmad Ibn ʻAbd al-Wahid al-Rudbariが著した『知識の区分と封印の啓示』とされている。
(23) Foracen 亞独版：Hurasan〔以下、指示代名詞が錯綜する。ちなみに亞独版では「吾の信頼するフラーサーンの商人が吾に語った。ニサーブールでたいへん知識あるインドの商人と遭った。彼はその知識を披瀝し、私はそれを反駁し、また彼はこれを論駁した。そして彼は目に見えるかたちでこれを証しようとし、それはまた私の望むところでもあった。」〕
(24) 亞独版：「バルフ Balh から来た家柄のよい若者」
(25) usu puelle → usurpatire 邪な望みを果たすため、助力を得るため。
(26) formales in peticione
(27) lapidis ayamantis → diamantis 金剛石

[181]

相(アスペクト)にある時、これは愛情と友情の相(アスペクト)をなし、願いがかなえられる、という。この相(ファキエス)は四十日（周期）で起こる。この四十日とは請願がなされた日からそれがかなえられるまでの日数である。アヤマンティス石[27]の小片を十分に粉砕し、これと等量の芳香性のゴムを混ぜ、この混合物で自分の似像(シミリトゥーディネ)[28]をつくる。‖そして乾燥チェルサ[29]を十分粉にして蜜蝋と混ぜる。そしてこの混合物でその娘の像(イマジネ)をつくり、彼女の着物と同じ布で包む。ここで新しい壺を一つ用意し、ここに七本の棒（つまりギンバイカ(ミルト)、柳(サリチス)、石榴(マリ・グラナーティ)、林檎(マリ)、マルメロ(コトニオールム)、チェルサ、月桂樹(ラウリ)の枝）を挿し、壺の中で――四本を下に三本を上に――交差させて配する。[30]そしてこの中に自分の名によってつくった像(イマジネ)を入れ、つづいて娘の像(イマジネ)をこの壺に入れる。[31]これをなすにあたり、金星が火星と逆方向（逆位）にあたり、火星がこの幸運惑星によって強化されるのを待つ。[32]そして壺の蓋をし、毎日先述した時間にこれを開きその中に（力能が）注ぐようにする。そして四十日が過ぎると、東(アシエンデンス)の主(ドミヌス)は第七宿の主(ドミヌス)を三分相(アスペクト)で眺めるので、ここで壺を開いて像(イマジネ)の一方が他方を眺めるように、つまり対面させて置く。壺を閉じた後、彼は吾にこれを僅かに火が燃える竈炉の下に埋めるように命じた。これをすこしばかりの小石とともに埋めるにあたり、彼はインドの詞[33]を唱えた。この詞について彼は吾に説明してくれたが、これについて

あるいは鋼鉄。亞独版：Magnetstein, 亞英版：lodestone 天然磁石

(28) similitudinem meam ymaginem ここまでイマジネとあるものは図像として平面図を想定して訳出してきたが、ここは記述の運びからしてどうやら立体像のよう。

(29) celsas siccas 羅伊版：sicomoro エジプトイチジク、亞独版：Lauch ネギ、ニラ、亞英版：Quassia 腸疾患を治す苦い薬

(30) et composuit istos in medio urcei – 4 scilicet inferius et superius 3 – in modo crucis positos 「うつわの中央で十文字に交差させる」。キリスト教徒はすぐにこれを「十字架」に結びつけるが、おそらくプラトンの『ティマイオス』の創造主(デミウルゴス)が世界魂 anima mundi を創るX配置を想起する方が当たっているだろう。四と三を和解させることは古代中世哲学における難題の一つでもある。また下註ジャービルの十字解説参照。

(31) 亞独版：「若者の像を背中合わせにして入れる」

(32) 「幸運惑星によい相(アスペクト)で眺められる時を待つ」

(33) dicens unum verbum ex India 亞独版では „Hol den Krug"（投げる者を捕らえよ?）と唱えた、とある。

は後述することにする。上述したところが完了すると、壺を開き、そこから像(イマジネ)をとりだした。するとたちまち先述した娘が家の戸口から入って来るのが見えた。そしてここに十日間にわたり滞在することとなった。そして十日が過ぎると、彼は先述した業の実修について語った。さて、あなたに約束が果たされたのであってみれば、先につくった娘を解放し（溶かし）、本来の[34]自由に戻してやる方がよいでしょう、と。そこでこれを諾い、[35]それを解放することとし、[36]先述した二つの埋められた像(イマジネ)をとりだすこととした。セイヨウ(アグノ)ニンジンボク(カスト)[37]を粉にして蜜蠟と混ぜ、これで蠟燭をつくって竈炉の中で火をともし、これが燃え尽きたところで、二つの像(イマジネ)を土中から取りだし、お互いを離して、一方を前に、他方を後ろに投じた。[38]その時彼は何か詞を唱えたが、これについては後に吾に解説してくれた。これを彼がすべてなしてみせたのは、吾にその知識を明示してみせるために他ならなかった。覚えたとおりにこれをなすとたちまち、娘が眠りを邪魔され目覚めたかのように息を吐くのが[39]みえた。彼女はこう言った。お願いを聞いてくださるのですね、と。
[182] そしてたちまち逃げるように家から出ていった。[40]‖これは吾が人生の長きにわたりこの知識に関して見聞した数多の驚異のうちの一つである。あえてここにこれを語ったのは、この驚くべき知識とその深甚なる効果に注意を喚起し

(34) sue pristine → simulacro 似姿を？
(35) 娘か娘の似像のことか？
(36) asserui → assenti「同意した」、解放される件はこれにつづいて説かれるので。
(37) agno casto 亞独版：Semen von Keuschlamm セイヨウニンジンボクの種子、亞英版：seeds of Arabian Jasmine アラビア茉莉花の種子
(38) 羅伊版：「一方を右に他方を左に置いた」、亞英版ではこれに類する記述なし。また以下、この語り手は泥酔状態になり退出してしまい、内容がかなり省略されている、あるいは羅版ではものがたりが架剰されている。
(39) iuvenculam exspirantem「息をつく」は像(イマジネ)ではなく「生気ある娘」がというくらいの含意かもしれない。
(40) ここまで賢者の語りとこの引用書著者の実修が錯綜し、娘とその像とが判別しがたくなり、継起するできごとの意味が分からなくなる。先註のように亞独版では「若者」であったものが「娘」と化しているところからしても。羅版ではでてこない「ニンニク」が亞独版では「磁石」とともに語られているところも興味深いので、▼補註[19]に亞独版の当該個所を引いておく。

ておきたかったからに他ならない[41]。つまり、いかにこの業が前記したような諸惑星の場所、相(アスペクト)、東(アシエンデンス)またその他の宿との関係、図像(イマジネ)をつくる質料素材(マテリア)、燻香その他この業に関して先述したところのすべてと連携しているか、について。あなたの実修においてすべてこれに合わせて行うなら、あなたはしかるべき帰結を得ることとなり、賢者たちが記したような目的を果たすことができるだろう。

【四】ではここで先に約したように、諸惑星の霊(スピリトゥス)の作用(はたらき)、諸星辰の混合、また図像(イマジネ)が諸惑星の力能を享けるために図像(イマジネ)一般に関して欠かせないこと、つまり実修を容易く完遂させるためになされる燻香、また避けなければならない食物について論じることとしよう。親しいあなたには教えておこう。この書は大いなる労苦と研鑽の末に編まれたものであり、古の数多の書冊を捲りつつさまざまな見解を再考三考し、信頼に足る諸帰結また実証されたことがらを録し、古の賢者たちの二百二十四書[42]を一語一句検討してそのすべてから花と百合[43]とを摘みとり、この書を編むのにわたしは六年の歳月を要した、と。

【五】こうしたことどもについて語る前に、一つこころに銘記し厳修すべき格言(アフォリスム)を据えておこう。古人たちの見解によれば、諸惑星の霊(スピリトゥス)の享受は以下のことがらに準じる。まず、惑星の自然本性を知らねばならない。これ

(41) 亞独版では「これがアル－ルドバーリ al-Rudbaris が上述書に語っているところ」とある。

(42) 亞独版の興味深い註：「この数はインドで編まれた偽アリストテレス文書の数二五五冊を謂ったものかもしれない。フーゴ・サンタッラ Hugo Sanctallensis によってアラビア語から羅訳された諸著に関しては、L. Thorndike, *History of Magic and Experimental Science*, II, chap.48, p.256 参照。また Krauss, *Jabir*, II, p.194 は、224 = 2×112 であり、ジャービルの *k. al-Baht* が 112 = 4×(7×4) からなっていることを挙げている。ジャービルのもっとも古い著作集成は一一二書からなっていた。」

(43)「精華」

[183]

にその力能を享けて、望みの霊(スピリトゥス)の作用(はたらき)を得、この力を望みのままに形象(フィグーラ)あるいは図像(イマジネ)のうちに組み込み、先に論じたように色、香、燻香によって事物の自然本性をその惑星に適合させる。つづいて、図像(イマジネ)の体軀(コルプス)表面の色がその惑星を代示(あらわ)する色と同じになるように、また香りもこれと関連づけ、図像(イマジネ)および実修者の衣装の色もその惑星に適合したものとし、燻香の香りも惑星に準じて調えられるように十分配慮する。また実修者の内側もその惑星の自然本性にしなくてはならない。つまりその惑星を代示(あらわ)する食物を食べ、実修者のからだ(コルプス)がこれからまさにそれにふさわしい体液複合を保つことができるように、適切なもの(それにふさわしい)を摂取する。‖もしもそうした食物が逆性の自然本性のものである場合、最初は少量に制限して食べ、僅かづつ胃に馴染ませていくことで、これにからだ(コルプス)が慣れて食欲が増し、養われるようになる。このようにからだ(コルプス)を慣らして、その惑星が獣帯の星座のどの部分にあるかを眺め、その光線が地上に直線的(まっすぐ)に投じられており、それに逆する他の惑星の光線に妨げられていないことを確かめる。それが大地に直接注ぎ、何の阻害もないことを。そこでこの惑星に準えられる鉱物を用意し、これで十字を一つ鋳る。[44] そしてこれ（惑星）がそれに適切な(ふさわしい)星座の中にある時、この十字を二本の脚に載せる。そしてこれを汝の請願の形象あるいは図像(イマジネ)の上に配すると、惑星の

(44) 亞独版註に「これと同じ配置がジャービルの『七十書』の第五九に認められる。ただ十字のかたちについては明示されていない。……また別の配置ではあるが一部逐字的に同じ記述がヘブル語の *Sefer ha-'asamim* に見られる。これはおそらくアブラハム・ベン・エズラ Abraham b. 'Ezra によるもの（ed. Grossberg, London 1901, cap.19)。」とある。

霊（スピリトゥス）がここに合する。たとえば、諍いや反目を覆して敵を恐れさせるための図像（イマジネ）をつくるには、この十字に獅子か蛇の図像（イマジネ）を組み合わせる。逃亡脱出のための実修には、十字に鳥の形象を組み合わせる。富、権力、名誉、地位を増すための業をなすには、十字に説教壇に坐す男の形相（かたち）を組み合わせる。あなたの請願のすべてにおいて先述した相（ファキエス）の事例に準じて、あなたの請願にふさわしい形象を十字と組み合わせる。また望みのままに誰かを服従させ、あなたの指示に背かないようにするには、(45) その者の図像（イマジネ）を、その者に準えられる惑星——つまりその誕生時日に東に昇る（アシェンデンテ）ことを礎としてこの者に対する最大の潜在力を発揮する惑星——の自然本性をもつ石でつくる。またこの図像（イマジネ）はこの惑星の時間、この惑星が誕生時日の主（ドミナンテ）で、その星座（しるし）と逆性でなく、またその他の惑星との相（アスペクト）も逆性でない時につくる。これを上述したように上に置き、(46) この形象を (47) 先の諸形象のように掲げて据える。‖ [184] ここに語った形象が十字の形相（かたち）になされる理由についてはすでに述べたところ、つまりその力能のすべては形象がもつ同性によって結びつき、逆性によって離れるからである。その形象に結びあう諸惑星の霊（スピリトゥス）の潜在力について尋ねるにしても、われわれは諸霊（スピリトゥス）の形象を識ることができないばかりか、これは人、動物あるいはその他の事物の形象としてより他に実体験から汲みとることも

(45) ここから、目的が事象から個人の使役に変じ、誕生日占星術の話になる。

(46) 「十時の脚台の上に」perfeceris → profeceris 「先述したことばを唱えつつ」しかし後出用例からするなら「つくりなす」、「上に置く」という意味で十分可。

(47) figuram → ymaginem 図像の方をイマジネ、これを立てる十字架を形象（フィグーラ）と区別したいところ。しかし以下に見る通り、これらの語が厳密に使い分けられている訳ではない。

できない。これについては、上述した力能のすべては形象の中に最大に凝集する、と結論づける他にない。われわれは一々の樹木や草の形象や形相のうちにばかりでなく、動物やら鉱物の諸形象にも一々異なった形象を観ることになるので、どうしても諸惑星の霊(スピリトゥス)の形象そのものを知ることができない。そこで古のこの業の賢者たちは万有宇宙の（普遍的）形象として十字を選んだのだった。すべての物体（立体）はその表面としてあらわれ、また表面（平面）の形象は長さと幅とをもっている。(48) ところで長さと幅とはまさに十字をなすところのものである。それゆえ、この形象は万有宇宙を導出するものとも呼び得るものであり(49)、こうしたものとして諸惑星の霊(スピリトゥス)の力能にはたらきまたそれらを受けとるものであり、これは他の形象のなし得るところではない。[185] これこそがこの業の秘鑰である。(50) また一々の人は惑星の七つの円環の下に据えられている。諸惑星の霊(スピリトゥス)の力能が十字の形象に届き結ぶと、そこに掲げられた諸他の形象にその力能と潜在力をはたらかせることになる。それが人の形相(かたち)につくりなされたものであればその潜在力は人に注がれ、またそれが動物の形相(かたち)であれば動物に。こうした諸形象をその上に置くには次のようにする。(51) 十字と同じ質料素材(マテリア)で香炉をつくる。その形は全体を包み込むように封じたもので、ただ頂部にだけ孔をあける。(52) ここから煙が立ち上り、

(48) omnia corpora apparent sua superficie et quia superficies figurarum habet longitudinem et latitudinem「立体は表面性においてあらわれ、また表面形象は縦と横の広がりをもっている」

(49) universalem magistram「万有宇宙の大いなる業（師）」。プラトン『ティマイオス』のX配置からの世界魂の発出にはじまり、後のジョン・ディーの『聖刻モナド』の表象にいたる創世論の幾何学的系譜を思い起こさせる一節。

(50) Et hoc est unum ex secretis huius artis.

(51) perfeceris 上註参照。「この形象に唱えごとをして」とも。

(52) 亞英版：頂部と底部に穴があるが、上からだけ細い煙が出るようにしたもの。小さな穴を上だけにあけたものでは、火は消えるか。

他の部分からは燃え盛る煙が出ないように。そして業の実修をなすための家を選ぶ。先述したように、実修者はこの業をなす時以外はここには入らない。またこの家は天井覆いを取り払われていなければならない。そしてこの業の支配星となる惑星に準えられる草を敷き詰め、この草以外は用いない[53]。つづいて惑星の自然本性からなる燻香を香炉の火の中で燃やす。そして香炉の上に十字を置き、香炉を出た煙が下から十字へと入り、上へと出るようにする[54]。これらはすべて先述したとおり、この業を司る(ドミナンテ)惑星が上記の場所にある適切な時間になされなくてはならない。これらを上述のことばの順序にしたがってなすなら、この燻香の煙はすべて星座(しるし)の天球に真直ぐ届き、‖この惑星に抗する諸他の惑星の諸光線によって断ち切られることはないだろう。そしてあなたの業は、地上の下位なるものどものうちに諸惑星の霊(スピリトゥス)を結び、それらの力能は地上に作用(はたらき)をもたらすように真直ぐ降り、ここに望みはかなえられることになる。

【六】この知識を実修しようとする者は、なにはさておき、いずれの惑星も一般的および個別的な潜在力をもつことを、その一方の潜在力は他方を打ち破るということを知っておかねばならない。ここまで述べてきた実修法はあなたの業の実修において一般的な潜在力をもつ惑星を眺めることにあり、他

(53) domusを所定の星座の「宿」と採ると、少々無理があるがこの一節は、「そして諸作用を肩代わりする宿を選ぶ。これは先述したようにそこに(惑星が)入らない限り作用しないが、作用する時が来れば作用する。またこの宿のある場所は覆いを取り払われていなければ(晴天でなければ)ならない。この業の支配星となる惑星に準えられる草だけに覆われるように、この草以外の何もそこにないようにする」となる。

(54) superioribus fundatur「上位なるものたち(諸力能)が(そこに)固定されるように」とも。あるいは煙が「その上に蟠る」、「注ぎ流れる」。ただ後者だとすると「昇る」ascenditurの方がよいかもしれないが。

に個別的な潜在力をもつ惑星を競合させるのではなく、こうした一般的な潜在力をもつ惑星の霊（スピリトゥス）の効果を作用させる（はたらかせる）ことにあった。こうした一般的潜在力をもつ惑星が、偶々実修者の誕生時日による準備（ディスポジチオ）つまりアルムタス(55)の配置をするものである場合、それ（潜在力）は強化され、交渉はより容易に完了する。賢者たちは、非物体的な霊（スピリトゥス）を霊的諸物（コルプス）に結びつける方法はここに吟味した方法以外にはない、(56)と言っている。これこそこの業の秘鑰である。上記したところのことばを誤りなく実修するなら、あなたの望みは満たされるだろう。賢者アーロン(57)は、この知識について実修する者の誕生時日が分かるならば、（惑星の）霊（スピリトゥス）と（彼の）からだ（コルプス）が相互に結びつく時間を知ることができ、彼の誕生にあたっての霊（スピリトゥス）とからだ（コルプス）の組み合わせへの惑星の効果が分かると、そこから彼の誕生時日を司る（ドミナンテ）惑星が知られ、これが災厄惑星であったならこの災厄惑星の効果を享け、逆に幸運惑星であったなら幸運惑星の効果を享けることになる、と語っている。‖

(55) almutaz 第I書五章【二八】および▼**補註9**参照。残念ながら亞独版ではこの語が現れず、なかなかその意味するところが摑めない。

(56) non est via aliqua nec modus spiritus incorporeos corporeis spiritibus iungendi nisi modus superius prelibatus 魔術実修において語られる「霊的コルプス」は本来非コルプス的な霊（スピリトゥス）を個体化するもっとも難儀な観念となる。

(57) Aaron 亞独版にこの名は見えないが註であえてこの羅訳に触れ、ウマイヤ朝時代の長老アロン Ahron の著作から抄出されたアラビア語医薬‐占星術格言集のようなものに拠ったのではないかと示唆している。

[187]

第六章　惑星の霊（スピリトゥス）を自然の事物から採り出す大いなる業（マギステリオ）。そして図像（イマジネ）とは何か、またこの力能を獲得するための手法について

【一】自らの自然本性を諸惑星の力能と配置（ディスポジチオ）に委ねることなしには、誰もこの知識を完全にすることはできない。これはアリストテレスが『アズティメヘクの書』(1)で語るところ。この書の中ではまたこう言われている。完全な自然本性はその作用（はたらき）においてすべてが容易に成し遂げられるよう、愛知者たちを強壮にし知性と叡知を確かなものとする。またこの叡知の諸知識は、愛知者にでなければこれを明かそうとせず、それぞれの段階においてこの知識の総体を可能態（ありうべきもの）のうちに隠している。この知識と精妙な愛知のすべては、霊（スピリトゥス）の自然本性の作用（はたらき）を介して、その弟子たちに明かされる、と。この

（1）*Libro Aztimehec*, 亞独版 : *al-Istamahis*, 本書第Ⅰ書五章【三七】以下、第Ⅲ書八章【一】、および▼**補註**⑳参照。カリンツィアのヘルマンヌスによれば、*Aristotiles data neiringet* ; *Liber Antimaquius* の記述からすると『諸霊性の諸原因について』cfr. Charles Burnett, ed. *Liber Antimaquis*, in *Corpus Christianorum Continuatio Mediaevalis*, CXLIV.C, Brepols, Turnhout 2001, *Hermes Latinus* tomus IV pars IV, pp.179-221; id., Hermann of Carinthia and the Kitab al-Istamatis: Further Evidence for the transmission of Hermetic Magic, in *Journal of the Warburg and Courtauld Institutes*, 44 (1981), pp.167-169. また本書第Ⅲ書九章【一】以降も参照。

[188]

霊（スピリトゥス）の完全な自然本性は、メエギウス、ベトザフエク、ウァクデス、ヌフエネグェディス(2)という四つの名で呼ばれている。これら四つの名辞が上述した完全な霊の自然本性の諸部分である。この賢者（アリストテレス）はそうした完全な自然本性をこれら四つの名辞で呼んだのだが、これらの名辞は完全な自然本性の潜在力(3)を意味している。これについてヘルメスは言う。これをもって吾は知解し、この世の諸作用（はたらき）とその諸性質の秘鑰(4)を引き出したいと思い、吾はたいへん深く暗い井戸(5)の上に立った。そこからは激しい風が吹き出し、その中の暗闇を眺めることもできないほど。そこで燭台に火をともして掲げたが、たちまち風に消されてしまった。‖そうこうするうち、夢に美しい堂々たる男があらわれ、吾にこう語った。火をともした蠟燭を硝子の角灯の中に入れれば激しい風にも消えなくなるだろう。これを井戸に掲げてその中央を穿ち、そこから図像（イマジネ）(6)をとりだしたまえ(7)。これをとりだしたならその井戸の風は已み、そこに光源を据えることができるだろう。そこで井戸の四隅を穿ち、そこからこの世の秘鑰を引き出したまえ。つまり完全な自然本性とその諸性質それに万物の生成について探り出したまえ、と。吾はこの人にあなたは誰なのかと尋ねた。この人は答えて言った。わたしは完全なる自然本性。わたしと語りたい時にはわたしの本当の名を召喚したまえ、そうすれば

(2) Meegius, Betzahuech, Vaccdez, [ed. Compagni : Nacdem] Nufeneguediz, 亞独版：Tamaghis Bagdisawad, Wagdas, Nufanagadis.

(3) アリストテレス式に採るなら「可能態」

(4)「創造の秘密」亞独版では「偽アポロニウスの『創造の秘密 *Geheimnis der Schöpfung*』や『原因論 *Buch der Ursachen*』を読み、……」と解している。

(5) 亞独版では「地下室」

(6) Imagine；アルーキンディー『光線論』：「図像はその似像の光線を諸元素からなる事物の上に投じることで、まさに天上から調和を受けとったその光線の力能によりそれ（事物）をうごかす」Et ymago, ad eius similitudinem radios suos proicit in res elementares et eas movet aliquo modorum virtute radiorum suorum quam ab armonia recepit [al-Kindi, *De radiis*, ed. D'Alverny, *AHDLMA* 41 (1974), pp.139-260, p.252]

(7) exinde ymaginem extrahas 図像（イマジネ）が見出されるよう闇を払う

〔189〕

汝に応えよう、と。吾はこの人に、いったいどのような名で呼んだらよいのか、と尋ねた。この人は吾に答えて言った。先に告げ名指した四つの名辞、これらをもってわたしを召喚したまえ、そうすれば汝に応えよう、と。あらためて吾はこの人に、いつ呼べばよいのか、また呼ぶにあたってどうすればよいのか、と問うた。その人は言った。月が白羊宮の初度にある時に。昼夜構わず望みの時に、清潔で立派な館に入り、その東角の地面から高く食卓を据える。そして四つの壺を（それぞれ一リッブラの容量のものを）準備し、その一つに牛乳バター(ブティロ)を、もう一つに胡桃油(ヌークム)を、三つ目に扁桃油(アミグダラルム)を、四つ目に胡麻油(シサモ)を満たす。つづいてまた別に、先のものと同じ容量の四つの壺を準備して葡萄酒を満たす。そして胡桃油にバターと蜂蜜と砂糖を混ぜる。そしてこれら八つの壺(8)、‖混ぜてつくったもの、硝子のうつわ一つを準備して、先の食卓の中央に配し、その上に混ぜてつくったものを置く(9)。まず葡萄酒を満たした四つの壺をこの食卓の四隅に据える。その配置は、一つ目の壺を東に、二つ目を西に、三つ目を南に、四つ目を北に。つづいて残りの四つの壺、まず扁桃油を満たしたものを東の葡萄酒の壺の横に、胡桃油を満たしたものを西に、バターを満たしたものを南に、混ぜ合わせた油を満たしたもの(10)を北に置く。そして蜜蠟の蠟燭に火をともし、これを食卓の中央に置く。つづいて

(8) octo urceros 次の一文で葡萄酒を満たした四つの壺が出てくるので、八つではなく、「先の四つの壺」だろう。Cfr. Pic. lat. Compagni 版 : quattuor urceos, またカルターリ『西欧古代神話図像大鑑』II-15の印象的な四つのうつわが想起される。邦訳正編一〇六頁、続篇三二二頁参照。

(9) 四つの壺の上に硝子のうつわを据えるのか、四つの壺にこの混合物を注ぐのか、不明。

(10) つまり四つ目の壺の胡麻油すべてに、先の一節のようにバター、蜂蜜、砂糖を混ぜることになる。

[190] 二つの釣り香炉に炭火を満たし、その一方に抹香（インチェンスム）と乳香（マスティチェム）を、他方にアロエ樹を入れる。これが完了したら、汝は東を向いて立ち、上述した四つの名を七度唱える。これを七度繰り返した後、次のように唱える。強力にして権能ある高き霊よ、汝に祈願する。汝の叡知の諸知識と知性の諸知解があらわれますように。(11) 汝の諸力能が愛知の請願を満たしたまいますように。(12) わたしに応じ、わたしとともにあり、わたしを汝の潜在力と力能へと導き、わたしを汝の知識によって強めたまえ。いまだ知解し得ずにいるものを知解させ、知らぬところを知らしめ、見えぬところを見せたまえ。‖ そしてわたしの盲目性、卑劣、忘却、疾患を払い、古の賢者たち（つまり内心を知識、叡知、知性、理解で満たした者たち）の段階にまでわたしを昇らせたまえ。これらのことばをわたしの内心に繋ぎとめたまえ。わたしの内心が古の賢者たちの内心が実現したところに繋がれますように、と。こう語り、この人はことばを継いだ。ここまで述べてきたことばのとおりに業を完全に実修するならば、汝は吾にまみえることとなる、と。この業は『アスティメクェム』(13) と呼ばれる書に語られているもの。古の賢者たちは自らの完全な自然本性を整えるため、この業を彼らの霊（スピリトゥス）に向けて年に一度は実修し、これが済むと友人たちとともにまさにこの食卓で宴を催したものだった。(14)

(11) procedunt 発出する（新プラトン主義的・流出論的な言い回し）
(12) et vestrorum virtute peticiones philosophorum complentur「哲学の難題を解きたまいますように」
(13) Astimequem 上註1『アスティメへク』参照。
(14) 以上【一】に対応する亜独版▼補註 20 参照。
(15) 亜独版ではこれを直接「誕生時日」とは結びつけていない。

〔192〕

【二】これについてアリストテレスは、一々の賢者はまさに高き諸霊から注がれたものとして自らの力能をもっており、この潜在力により閉じられた覚知（センスス）と知性を開き、さまざまな知識を明らかにしてきた、と言っている。そしてこの力能は支配惑星（ドミナンテ）の力能とともに誕生時日の礎となり(15)、これらの力能はそこに誕生する者を強化し、それに知性を付与する。古の賢者たち王たちはしばしばこの業を実修し、祈りにあたり上述した四つの名を唱えたものだった。これはそれらの諸知識と諸知性に恃み、それらとの交渉の増加を援けとするためであり、またそれらによって敵意ある奸策を防ぎ等々、さまざまなことに援用されてきた(16)。‖

【三】これについて(17)アリストテレスが言うところによれば、図像（イマジネ）を用いてはじめて業を実修し、最初に霊（スピリトゥス）を示現させたのはカラフゼビス(18)であった。また彼こそ初めて魔術の業を実修した者であり、彼にあらわれた最初の霊（スピリトゥス）たちは驚くべきことを成し遂げ、知識に反する完全な自然本性(19)について彼に明かしたばかりか、自然本性や知識の秘鑰をも知解させたのだった。そして親しい霊（スピリトゥス）は彼に言った。わたしを汝の傍に保ち、誰かわたしを召喚してわたしの名において生贄を捧げない限りわたしはあらわれない、と。叡知とは霊（スピリトゥス）の作用（はたらき）およびその潜在力によるものであり、その諸能作によるさまざ

(16) 亞独版にはアリストテレスのアレクサンドロス宛書簡からの長い一節があるが、羅版では省略されている。▼補註[21]参照。

(17) 亞独版:「これら諸著によれば」と上註で引かれているのと同一書からの引用であることが示されている。また以下アメヌス（アダム）の異解までいささか錯綜している。亞独版当該個所は:「これらの書に語られるところによると、護符図像を取り出し、これによって驚くべき霊をあらわれさせ、「吾は汝とともにあり、吾の名を呼び吾の名に生贄を捧げる者より他には誰も吾をあらわれさせることはできない」と最も深遠な秘密の数々を語る完全な自然本性を引き寄せてみせた最初の賢者は、カルファサーイス Karfasajis（あるいは Karsafas）だった。この人は彼の霊をまのあたりにすることができ、ところから霊を識ることができた。彼はアダマヌス Adamanus つまりアダムから十代目、二二六〇年後の人だった。」と簡潔。

(18) Caraphzebiz 亞独版: Karfasajis [Karsafas], 亞英版: Kirfisayis

(19) naturam completam contra sciencias ?

[193] まな作用（はたらき）に支えられるものである。この賢者カラフゼビスとアメヌス(20)（このアメヌスも霊（スピリトゥス）によって魔術の業の実修をなした人であった）(21)と呼ばれるもう一人の賢者との間に一二六〇年(22)が経過した。この賢者はその教えの中でこう警告している。誰か賢者が魔術を実修し、霊（スピリトゥス）の力能を自分のために仕えさせようと思うなら、あらゆる誘惑、これ以外の諸他のあらゆる知識をいっさい切り捨てなければならない。あらゆる意味と知性のはたらきそして知解がここに凝集され、容易に獲得され得るように。そしてこの魔術の知識に不断になされる数多の知解が合わさり、他の何に捲き込まれることもなくこれの実修に励むことができるように。(23)」

【四】ギリシャのティンティンス(24)はその著書の巻頭で次のように言っている。この業を実修したく思うのなら、その意志をこうした論議の知解に向けよ、知解にこそすべての実修の根源と基礎とがあるのだから(25)、と。またアリストテレスは言っている。図像（イマジネ）が図像（イマジネ）と称されるのは、その諸霊（スピリトゥス）の力能がそこに結びついているからであり、知解とは事物のうちに入り込み(26)、これを霊（スピリトゥス）の力能のうちに還し戻す(27)ことである。(28)ところで諸霊（スピリトゥス）の強靭さ（堅牢さ）には四つがある。つまり、この世の複合構成のさまざまな意味、霊（スピリトゥス）を引き寄せる霊的なさまざまな事物、完全、健全、無欠な知解の霊（スピリトゥス）、そして

(20) 亞独版：Adamanus つまり Adam, ところでこれが Amenus → Arterius と転嫁することは容易に思われる。つまり錬金術諸書に登場するアルテフィウス。▼**補註**㉒参照。

(21) qui Amenus fuit secundus in spiritibus et magicis operibus peratus.「このアメヌスは霊によって魔術の業の実修をなした第二の人であった」とも。すると系譜が逆転する。

(22) 亞独版：「二二六〇年」。それにしても一二六〇年とはまたヨアキムの預言の年でもあり、本書序に記載された羅訳の年一二五六年（一二一五年ラテラノ公会議でヨアキムによるペトルス・ロンバルドゥスへの反駁が断罪され、一二五五年の『永遠の福音』断罪という「醜聞」を閲し）という時期を勘案すると、なかなか興味深い数。Cfr. リーヴス『中世の預言とその影響』拙訳八坂書房（二〇〇六年）、第一部第三章、第五章参照。

(23) アリストテレス『デ・アニマ』の知性論の系譜を想わせる一節。十三世紀に活発に議論された能動知性論。本章末尾から第Ⅳ書巻頭を参照。

(24) Tintinz, 亞独版：Inder Tumtum インドのタムタム → ヘルメスの添え名ト

[194]

手仕事に作用（はたらく）する霊（スピリトゥス）。これら質料素材（マテリア）、意志、作用（はたらき）のうちにある三つの霊（スピリトゥス）は完全なる意味（センスス）の知解に蝟集する。これを先に世界の複合構成と称したのだった。またそれ（霊）は諸光線を引き寄せ、これを組み合わせようと欲する諸事物と組み合わせる。たとえば鏡は太陽の光に向けて掲げられると、光線を横方(29)の影へと反射する。つまり太陽の光線の明るさを受けとり、それ（光線）を影になった場所へと投じる。するとこの影になった場所は明るく照らされるが、それで太陽の明るさが減じることはない。上述した三つの霊（スピリトゥス）もこれと同様に作用（はたらく）する。上位諸世界の覚知（センスス）が運動あるいは静止した諸霊（スピリトゥス）に触れると、これらの霊（スピリトゥス）の力能を引き寄せ、これらを質料素材の中に注ぎ込む。これこそ図像（イマジネ）の礎であり、その名（の由来するところ）(30)である。‖

【五】またソクラテスは、完全な自然本性(31)とは賢者の太陽であり、その光輝の礎である、と言っている。賢者ヘルメスへの質問者たちが、知識と愛知は何によって繋がれるか、と問うと、完全な自然本性によって、と彼は答えた。また、知識と愛知の礎とは何か、との問いに対する答えも、完全な自然本性。厳密を期して彼らはあらためて問うた。知識と愛知を啓くものは何か、と。答えは、完全な自然本性。そこで彼に問うた。完全な自然本性とは何か、と。答えは、完全な自然本性とは愛知のあるいは叡知の霊（スピリトゥス）にそれを司る惑星

ート。

(25)「知識（学問）は理論と実践の二部門に分けられる。そして実践の基礎をなすのが理論である」といういわゆる学問区分論入門の常套句であるのかもしれない。

(26) indusa　誘導する、帰納する

(27) redusa　還元する、演繹する

(28) cogitacio est indusa in re in qua virtus in spiritu redusa consistit.「認識とは事物から導出されて霊（理性魂）の力能のうちに還元（抽象）されること」。同時代の思惟、とりわけアルベルトゥス・マグヌスのそれとの関連については▼補註23参照。

(29) collateralem　光学的特殊用語として、厳密に「鏡面対称位」を指しているのかもしれない。

(30) imagine, 図像＝想像。第I書二章【五】、▼補註3参照。

(31) natura completa

が結びついたもの[32]。これが知識の帳を開き、これにより他の者にはまったく知解できないことが知解され、またここから夢の中でも目覚めている時にも自然本性の作用(はたらき)が発し、導かれることとなる。先述したことばから明らかになるのは、つまり賢者あるいは愛知者にとっての完全な自然本性とは、弟子にとっての師のようなものである、ということ。弟子にはまず基礎的なことどもを教え、その後に段階的により大きな困難へと向かう。弟子たちが完全な知識に到るまで。完全な自然本性もまたこのように、愛知者の知性の自然本性的性向に準じて、その力能を注入する。ここに語ったことばを十分理解し、記憶にとどめるよう勧める。この知識を自家薬籠中のものとするためには、この知識への自然本性的な性向ばかりかその人の誕生時日を司(ドミナンティス)る惑星の配置(ディスポジチオ)からする力能が不可欠である。‖

（32）cum planeta これを completa と写した写本があるのは面白い。つまり〈完全な自然〉とそれを〈自然と惑星（の関与）〉と読むことに対する違和感の間で揺れる文章。あるいはこの誤記から、惑星との関与が本章末で結論づけられることになる、その遠因として。

第七章 諸惑星の力能を引き寄せること(誘引)およびそれらといかにして語り合うか、いかにその諸効果は惑星ごとに、形象、供物、祈禱、燻香、請願題目ごとに区分されるかについて。またそれぞれの惑星に必要とされる天界の状況(スタートゥス)について

【一】アタバリ[1]という名の賢者は、諸惑星の力能を享ける賢者たちの業の実修について、魔術の業に関する古の諸著を解読してこう言っている[2]。いずれかの惑星と語りたいあるいはなにごとかあなたに必要なことを願いたい時には、まずなによりも神の前であなたの意志と信心を清め、諸他のものを信じないよう十分注意する。そしてあなたのからだ(コルプス)とあなたの布の汚れをすべて清める。つづいてあなたの請願にその惑星の自然本性がふさわしいかどうか

(1) Athabary 亞独版 : al-Ṭabarī ; Abū Jaʿfar Muḥammad ibn Jarīr al-Ṭabarī (838-923)
▼補註[24]参照。

(2) 亞英版 :「わたしはこの論議に関し、サベイ(サバ)人およびその神殿の祭司長たちの口から聴いた……」
惑星に帰される諸性質については、ビールーニー『占星術教程の書』第五部占星術 399(396)-441(438)に纏められている表を参照。山本啓二・矢野道雄訳、「イスラム世界研究6」、二〇一三年、四八六—四九五頁。

を検討する。あなたの請願を委託するためにその惑星に語りかけるにあたり、この惑星の色に染めた布を纏い、これの燻香を焚き、これの祈禱を唱える。これをこの惑星が上述したような威厳(ディニタ)と配置(ディスポジチオーネ)にある時にすべてなす。これを守るなら望みはかなえられるだろう。

【二】ここで惑星に合致した請願を簡潔に唱える。土星への請願においては、老人たち、寛容な人々、町の貴顕や王たち、地にはたらく者たち、農民たち、町の功労者や資産家、偉人たち、農民たち、大工たち、召使たち、盗人たち、父、祖父、先祖に向けられる願いを唱える。また憂鬱あるいは深刻な病患による思惟の苦痛には、上述したすべてあるいは先述した一々の請願を土星に向け、その自然本性をあらわす(3)ものを求め、これに後述する祈禱詞を唱える。この請願にあたっては木星(ユピテル)が援けとなる。こうした請願のすべての礎は、その惑星が司る(ドミナツィオーネ)とされるものより他のことを惑星に請願しないことである。‖

[196]

【三】木星に、これに区分されることがらを願う。高位なる人々、権力者、聖職者、賢者、法を説く者、司法官、善き人々、夢解釈家、隠者、愛知者、王、これらの息子たち、孫たち、兵士たち、従兄弟たちに向けられる願いを、また平和と商益の願いその他これに類するものすべてを。

【四】火星(マルス)にはその自然本性からなることを請願する。つまり兵士、官吏、

(3) sue nature deputantur「その自然本性を代示する」

〔197〕

戦略家あるいはいずれ武力をもってなされる介入行為に向けられる願いを。また王の親愛、家や町の破壊者、悪事をはたらく者たち、殺害者、斬首人、宿等で火を使う者、喧嘩早い者、牧人、盗人、旅の伴連れ、嘘つき、間諜、修道士にかかわることを。それにからだの下腹部の病患に関わること、瀉血、腫れ等々の病患について、これに祈る。この請願においては金星（ヴェヌス）が援けとなる。金星の自然本性は火星に準えられるところを解消し、その損ないを矯すものだから。

【五】太陽にはこれに見合った請願をする。つまり王の息子の兵士たちや王に対する願い、法や真実を司り虚言や暴力を憎み声望を望む高官たちへの、賞賛されることを好む官吏、聖職者、医師、愛知者、謙遜で心遣りがあり寛大な人々、兄や父等々への願いを。‖

【六】金星（ヴェヌス）にはこれに関連したことを請願する。つまり婦女や子供たち、息子たちに関する願い。また婦女の愛一般また肉体的交渉にまつわる請願。描画家、歌手、楽器の演奏者、遊興等々世俗の娯楽に従事する者またそれを享楽する悪癖ある者、夫、妻、友、姉妹等々に関わるすべて。こうした請願においては火星が汝の援けとなる。

【七】水星（メルクリウス）への請願としては、公証人、書記、算術家、幾何測量師、占星

[198]

術師、文法家、説教者、愛知者、修辞家、詩人、王の息子たちまた彼らの秘書、司令官、商人、行政官、弁護士、使用人、男女の子供たち、弟たち、画家、絵師等々に関わる祈りをなす。

【八】月にはこれの自然本性に帰されることのすべてを請願する。つまり王への請願、町や邑の住民、司令官、陸路海路を巡る使節、土を耕作する者、幾何測量師、肖像画家、航海術に優れた水夫、氏族、土占師、婚約した娘、王の妃、母、髭も生えない子供たち等々に関わる祈り。‖

【九】つづいて一々の惑星の自然本性とこれに関連づけられる諸事物（ものごと）およびその一々の意味について記しておこう。まず土星（サトゥルヌス）からはじめることにする。土星は冷と乾であり、災厄と損害であり、悪臭腐臭の元である。尊大なる叛逆者で、なにごとかを約しても裏切りをはたらく。その意味するところは、農事としては川や陸地での仕事、長旅のさまざまな災難、またいろいろな敵意反感、悪しき所業、誘惑、本意からでない行為、労苦のすべて。つまり、希望、黒化、老年、壮健、危惧、大いなる知解、配慮、憤激、裏切り、痛苦、懊悩、死、遺産、孤児、旧跡、尊敬評価、熱烈な雄弁、秘匿された知識や秘密の意味、深い知識。以上はこれの運動が順行にある時の意味である。逆行している時は、災厄、衰弱あるいは病患、収監また生活に必要なものの欠如を意味している。これが他の惑星を眺める時[4]には、それを弱め、その惑星の性質のすべてを損なう。またこれが逆行している時にこれに請願をなすなら、この願いをかなえさせるにたいへんな労苦を要し辛酸を嘗めることとなる。それが逆行する時にはその災厄が増す。その高度を東に昇る時(アシェンデンス)にとるならその潜在力は一番鎮まり、都合がよい。

【一〇】木星(ユピテル)は熱と湿であり、均衡がとれ幸運で（これは大幸運惑星[5]と名づけられている）、惑星の序列としては土星につづくものである。その意味するところ

[199]
は、精妙な事物、動物の身体(コルプス)、企図、動物の成長、‖正しい判断、あらゆる事物の高貴な均斉、覚知(センスス)、従順さ、本当のことば、真実、善き信心、忠誠、貞潔、栄誉、報恩、能弁、善きことばの涵養、善き情緒と知性、知識、愛知、教説、理拠の獲得、平安、人々の称賛、改善のための交渉事のすべて、請願の成就、王の意志、富の尊重およびその蓄積、従順、自由、犠牲、あらゆる事物や行為への人々の援助、住民および居住地への愛、人々の善行、慈悲、あらゆるものごとに対する公正、愛する土地への忠誠、謙遜なことば、適切な身嗜み、美、談笑における陽気さや微笑、闊達な雄弁、善意のまなざし、善への愛と悪に対する憎悪、善いことば使い、悪事を避ける善きおこない。

【一一】火星(マルス)は熱と乾で、災厄、損害、悪をなすものである。その意味する

（4）aspiciens「相(アスペクト)関係をなす」
（5）fortuna magna「大吉」

ところは、損害、悪しき作用、家や町の略奪、旱魃、無降雨、火、燃焼、血の相違、それの下にある時のさまざまな衝動、悪しく歪んだ判断、抑圧、苦痛、人殺しその他あらゆる損害、破壊、諍い、戦い、争い、恐怖、不和、懊悩、悲惨、懲罰、傷害、捕囚、貧困、逃亡、口論、愚昧、背信、無意味な罵詈——歓びの欠如、嘘、忘恩、短命、羞恥、竈の消火、生き埋め、慰めの欠如、激しい不和、憤怒、不法な行為、不安、不正、裏切り、偽典礼等々あらゆる判断評価の業、獣か動物のような禁じられた様相での婦女との交わりあるいは他人の婦女との交わり、子供や赤子の虐待、母体を刻む堕胎、哀願、背信、欺瞞等々あらゆる悪しく不正な所業、陰謀、暴露、密告、路上荒らし、夜盗、押し込み強盗等々の悪事その他すべて真実と正当性からかけ離れたことども。‖

[200] 【一二】太陽は熱と乾で、その特性のうちには善と悪が混ざっており、矯正にも損傷にも、善にも悪にも作用し、幸運でも災厄でもあり、覚知と知性のはたらき、昂揚と高い栄誉を意味しあらわしている。とはいえ躊躇もなく軽々とその力能を敵にも賦与し、容易に暴力的な死をもたらす。友人たちには偉大なことがらをあらわし（つまりそれにふさわしいものを授け）、数多の遣いを滅ぼし、同盟者を引き離し、善に寄与するが、善と同じくらい悪をもはたらく。

正当性を遵奉し、約束を厳守する。そしてすべての人を善、歓喜、なにごとにも軽々と答える雄弁へと向かわせ、富を積み、善を渇望させ、人々を雄弁とし、高貴さと栄誉を授け、人々にあらゆる正当性と善とを与える。これの特性こそ、現世の王たちまた高位なる人々がどうしても身につけてほしい生き方である。そればかりか、粋を凝らしてつくられる王の至高なる飾り冠のための高貴な鉱物に対しても作用(はたらく)する。

【一三】金星(ヴェヌス)は冷と湿で、幸運。その意味するところは、純白、高貴、光輝、(6)ことば遊び、歌の嗜み、歓び、輝き、微笑、描画、(7)美、豊満、管楽器や弦楽器の演奏、婚姻の歓び、香草やよい香りのものども、夢見させるもの、(8)将棋(スカッキ)やさいころ遊戯(タクシロールム)。婦女たちとの同衾願望、また信頼を確かなものとする性愛の享楽。豊満さは欲望を生み、愛は自由や寛大なこころを、また歓びをあらわにし、怒り、諍い、復讐や正当性を憎む。友情への嗜好は、世間の判断よりも、自らの嗜好と欲望を保とうとするものゆえ、偽りの誓いへと一歩を踏み出すこととなる。貪欲さへの傾斜はいよいよ欲望をかきたて、さまざまな醜い方法での性交は嗜欲をいよいよ掻き立て、邂逅にふさわしくない場所でもとどまることを知らず、婦女たちはいろいろな男たちと睦み合うようになる。またそれは赤子たち子供たちを愛し、彼らが諸物(ものごと)を平等に解(9)させて善良

(6) candiditatem, nitiditatem, precium「貞潔、洗練、尊厳」とも
(7) picturas「化粧」。先に peccatorius（邪事、姦淫）とも読めるとしたが、ここでは善行が列挙されている。
(8) agit somnia「睡眠薬」
(9) equalitatem in rebus intendere「事物のうちに平衡を見出させ」

となし、商人たちを愛し、彼らが婦女たちを愛し生活を送り、男たちから親しくされ歓迎されるようにする。また建築を完成させ、堅牢になし、石に作用（はたらき）し、優しく語らせる。この世を蔑する者はなにをも恐れず、人々を扶助する者は怒りも諍いも反目もせず、こころ弱い者は口論や争いをしようともしない。これは、美しく豊満なものすべてを嗜好することはその意志に適っている、という意味であり、染色をなし、自らの仕事をする者たちを愛し、＝商品販売、薬草商、説教者、法を遵守する者、知識の玩味を禁じる者の味方をする。

[201]【一四】水星（メルクリウス）は可変的で、ある自然本性から他へと変じ、諸他の惑星の自然本性を採り込む——つまり善とともに善を、悪とともに悪を。これの意味するところは覚知（センスス）と理拠的知性[10]、善い弁舌、堅牢で深遠な事物（ものごと）の知解、善い知性のはたらき、善い記憶力、善い把握力、諸知識の敏活な獲得、知識と愛知の研鑽、偶発的な事物（ものごと）の知解、算術、幾何学、占星術、土占い、降霊術（ネグロマンツィア）、鳥占い、書写、文法、気を遣った話法、叡知の請願にかかわる俊敏な把握、賞賛を求める知識の探求、詩書、押韻への愛着、算術書、叡知の秘鑰の記述[11]に対する知識欲、愛知の解釈、人への慈愛、恭順、愛の歓び、富の浪費と商売の破綻、狡猾な詐欺紛いの道理づけをしてみせる者たちとの商品売買。彼

（10）Sensum et intellectum racionabilem 「意味知解と理性魂」。

（11）Scienciarum scriptorem, secreta [sacra] 「聖書解釈」とも解することができるが。

らはその邪な思いを隠して嘘をつき、偽装を凝らして用心深く警戒する者たちをも容易に嵌め、さまざまな職掌に就く者たちを大胆にも精妙な仕掛けをもってあらゆる混乱に陥れ、その所業を愉しみ、富を得るため友や人々を支援して非合法へと逸脱させる。

〔202〕

【一五】月は冷と湿であり、その意味するところは業への着手、大いなる事物(ことがら)の知解、善い覚知と動機、最良の助言、堂々とした弁舌、生活の要請にかかわる大胆さと幸運任せ、人に交わる身嗜み、優美で軽やかで愛らしい身振り。こうした人々は身のこなしの洗練を求め、〃健全明瞭な意志をあらわし、貪欲に食べ、妻との性交の歓びは僅か、悪を思いとどまるのは人々からよく言われたいという思いからの気どり、愉快なもの美しいものを愛し、占星術や魔術その他秘密を詮索する高貴な知識を好み、子や孫を愛して家庭を大切にし、人々から愛され賞賛され、義しい行為(おこない)に邁進する。これはまたまさにこれの性質の一つである忘却や必然を意味してもいる。

【一六】土星(サトゥルヌス)に唱える方法。土星に請願を唱えたいと思う時には、それがよい位置に来るまで待機する。(12) 最良なのはこれが天秤宮にある時でこの宮はこれ(土星)の昂揚(エクサルタツィオ)(13)にあたる。つづいて宝瓶宮にある時、ここはこれが歓ぶ宿である。最後が磨羯宮にある時、ここはこれの二番目の宿にあたる。こ

(12) expectes 待機?. aspectus 相、また inspectus 探求。これらの語の観念連合についても留意しておくべきか。

(13) exaltacio ビールーニーによれば、それぞれの惑星はある特定の宮の特定の度数において昂揚する (asraf)。「土星—天秤宮二一度、木星—巨蟹宮一五度、火星—磨羯宮二八度、太陽—白羊宮一九度、金星—双魚宮二七度、水星—処女宮一五度、月—金牛宮三度、昇交点—双子宮三度、降交点—人馬宮三度」Cfr. ビールーニー『占星術教程の書』446(443), 前掲邦訳、四九七頁。

れら三つの宿のいずれにもあたらない場合、これをそれらのいずれかの三倍端(14)に据えるか、いずれかの東に後継する（宿の）角端に据える（これらは中天角から採られた角の謂い）。そしてそれが順行しており、男の中で四番目であり、(15)東にあることについては上述のとおり。またさまざまな損ないや災厄諸惑星に注意を払う。その中でも最悪なのが、これが火星を四分に眺める時で、(16)それが失墜（カデンス）(17)にない場合。これの礎（十分注意を払わなければならないところ）は、惑星が善い位置と性質にあり、これから災厄惑星が離れていること。このようになっていれば、善意と潑剌としたこころにいよいよ意志を寛容に拡げた人が、請願者のなんらかの願いを否むことなどほとんどないのと同じである。一方この惑星がその行路を逆行しているか、失墜の角度にある場合は、怒りと悪
[203]
意に満ちた人のようなもので、請願もたちまち覆される。土星（サトゥルヌス）が‖上掲のようなよい配置にあり、これに祈りを唱えようとする時には、あなたは黒い布を纏い、つまりあなたが身につけるものすべてを黒くするだけでなく、学者のような黒頭巾を被り、あなたの履物も黒とする。そしてこの業を実修するため、人里離れて慎ましく準備された場所に赴く。ユダヤ人たちのように(18)歩みを運びつつ。土星は彼らの合の主惑星（ドミヌス）であるから。またあなたの手には鉄の指輪を嵌め、鉄の吊り香炉を携えて。そこに熾した炭火を容れ、ここに燻

(14) terminorum triplicitatum？三宿移動させる？

(15) in quarta masculina「男惑星（太陽、火星、木星、土星）の中で四番目」。

(16) aspectus ipsius ad Martem quartus「四分相（アスペクト）に観る」

(17) cadens, hubut「惑星の失墜は、高揚に向かい合う宮の、すでに述べた度数と同じところにある。」ビールーニー『占星術教程の書』446(443)、前掲邦訳四九七頁

(18) ad similitudinem Iudei incedas 亞英版：「ユダヤ人のような衣装を纏ってゆっくりと進む。なぜといって土星（サトゥルヌス）はその周転 rotation に親しいから」長い衣装を回転させ腰のまわりに輪をつくる、という意味だとするとすでに彼らは土星に輪があることを知っていたことになる。亞版英訳者の読み込みすぎか？　ガリレオの一六一〇年の発見については拙訳カルターリ『古代神話図像大鑑・続篇』解題Ⅰ付録・ガリレオとケプラーの異解を参照。

香用の錠剤を投じる。その成分は次のとおり。阿片、アクタラグ[19]（草の一種）、サフラン（クロコ）、月桂樹の種子、胡桃（カウリ）、ニガヨモギ（アブシンティ）、羊毛片、コロシントウリ（コロクィンティデ）、黒猫の毛を等量とり、汚れをとり去ってから、黒山羊の尿とともにすべてをよく混ぜ、これを糸状にする。実修にはこれを一本、香炉の炭火の中に投じ、残りは保存する。そしてあなたの顔を土星（サトゥルヌス）の方へと向ける。香炉から煙が立ち上るうちに以下の祈りを唱える。高き主（ドミネ）よ、大いなる名をもちたまい、すべての惑星からなる上天に居たまうものよ、至高なる神によりその高みに据えられたものよ。汝こそ主（ドミヌス）なる土星（サトゥルヌス）。冷にして乾、闇深い善の作動者、汝の真なる友情が、汝の真なる約束が、汝の友と敵とに永劫にわたり堅持されますように。汝の知識は永劫にして深遠。汝のことばと約束のうちには真実があり、汝のさまざまな業（はたらき）は唯一格別で、その歓びと快活さにおいて諸他の哀れで痛々しいものどもとはかけ離れている。汝は老いた高齢の賢者、善き知性の劫掠者。汝は善の作動者であるばかりか悪の作動者でもある。惨禍と悲哀は汝の災厄がもたらす災いであり、善は汝の幸運[20]から汲まれる。神は汝のうちに潜在力と力能と霊（スピリトゥス）を据えたまい、これらが善をも悪をもはたらく。汝、父にして主（ドミネ）なるものよ、汝のさまざまな高い名と汝のさまざまな驚くべき業に、願い上げる。吾にあれこれをなしたまえ、と。このように

(19) actarag, 亞独版：Storax 蘇合香安息香、亞英版：Myrthle テンニンカ、羅伊版：Stirax officinalis

(20) ここまで災厄と幸運は惑星を指すものとしてこれを付して訳出してきたが、ここは土星への祈りであり、土星は所謂災厄惑星であるが、その幸運とはなにか、不明。災厄が逆運として幸いにはたらくという含意か。

〔204〕してあなたの願いを唱え、あなたの身を地に投じ、あなたの顔をつねに土星に向けつづける。敬虔に、一心に、従順に。この請願は清浄にして確固としたあなたの意志に出たものでなければならない。そして＝先に述べた詞を何度も繰り返す。これは先に述べた日時になさねばならない。そうすればあなたの請願が成就されるのをまのあたりにできるだろう。

【一七】また他の賢者たちは別の祈禱と燻香をもって土星に祈っている。その成分は以下のとおり。カワラニンジン（アブロタニ）[21]、ベリチェ[22]の種、ビャクシン（ジュニペリ）[23]の根、胡桃[24]、古いナツメヤシ（ダクティロールム）[25]、カルドン（カルディネッレ）[26]を等量採り、汚れをとってから良質の古葡萄酒（つまり長年月を経たもの）とともに混ぜる。これを錠剤にして、使用するまで保存する。業の実修にあたり上述したようになし、この燻香を香炉に投じ、あなたの顔を土星（サトゥルヌス）に向ける。その煙が昇るうち、次のように唱える。神の[27]名と、神が冷の作用（はたらき）を集めて土星（サトゥルヌス）の力能と潜在力を名指したまうた天使へユリル[28]の名において。汝は第七天にある。汝を汝のすべての名をもって召喚する。アラビア語でゾハル、ラテン語でサトゥルヌス、フェニキアの語彙でケイフェン、ローマ語でコロネス、ギリシャ語でハコロノス、インド語でサカス[29]。汝のすべての名をもって汝を呼ぶ。そして汝に潜在力と霊（スピリトゥス）を授けたまうた高き神の名において汝に誓う。吾と吾が祈りを受納し、汝が主なる

(21) abrotani 亞独版には当該記述欠
(22) berice 亞独版：beifuss アルテミジア？ 亞英版：seed of tar tree ?
(23) iuniperi 亞独版：Juniperus sabina
(24) nucis 亞独版：Cedernzapfen シードルの花？
(25) dactilorum 亞独版：'agwa-Datteln
(26) cardinelle 亞独版：Spargel アスパラガス、羅伊版：cardi mariani, 亞英版：asparagus
(27) 亞英版：Allah
(28) Heylil, 亞独版：Isbil, 亞英版：Ash-beel；以下天使の名に関しては第Ⅳ書二章をも参照。
(29) in Arabico Zohal, in Latino Saturnus, in Romano Koronez, in Greco Hacoronoz, in Indiano Sacas, 亞独版：Zuhal, Kewan, Kronos, Kronos, Sanasara, 亞英版：Zuhol, Kiwan, Coronis, Acronis, Shanshar

[205]

神に服するその服従をもって吾にあれこれをなして報いたまえ、と。ここであなたの請願を唱える。香炉へ燻香をつづけながら、すでに述べたことばを一度唱え、それ（土星）に向かってその自然本性である土にあなたの身を投じる。すでに述べたことばを繰り返し唱え、それ（土星）に生贄を捧げる。黒山羊の首を刎ね、その血を集めて貯める。つづいてその肝臓をとりだし、火で完全に焼き、そこに血を注ぐ。このようになすなら祈りはかなうだろう。

【一八】木星に唱える時。木星に唱えたい時には、それ（木星）をよい位置に据え、先に土星になしたように唱える。あなたは黄と白の布を纏い、この業をなすため、人里離れ、慎ましく設えられた隠者やキリスト教徒の棲家のような閉ざされた場所に赴く。そして十字を刻んだ水晶の指輪を人差指にして、白い頭巾を纏う。そして木星の金属(30)でつくった香炉を一つ用意して火をつけ、＝燻香する。つまりクラッセ、安息香、ハラタケの根、シャクヤク、芳香性の葦、松脂、ヘロボリス(31)の種を等量採り、汚れをとり除いてから古葡萄酒（つまり長年月を経たもの）とともに混ぜて、これを錠剤にする。業の実修にあたり、上述したようにこの錠剤を一つ吊り香炉の火中に投じる。そして木星がある天の部分に向けて次のように唱える。汝、神に祝福される主よ、最大の幸福惑星、熱と湿、あらゆる作用において平等、共通、豊満、叡知、真実であり、

(30) 本書では不思議と惑星と金属の対応関係に関する記述がない。所謂序列としては、太陽が黄金、月が銀、水星が水銀、火星が鉄、金星が銅、木星が錫、土星が鉛。

(31) classe, storacis, pedis columbini, peonie, calami aromatici, resine, pini, seminis ellebori 亞独版：Sandarach, Storax, Alkannawurzel, Paeonienholz 最後のものがHolzと同じとされている。

あらゆる悪を免れ、慈悲深く、神の法（律則）を愛しこれに仕えるものよ。この世の欠損[32]を蔑し、神の法（律則）に仕えることを愛し、その意志において高く、善をなす自由なる自然本性よ。汝の天は高く尊く、汝のうちにこそ正当なる約束と真の友情がある。汝に願う。なによりもまず汝に潜在力と霊(スピリトゥス)を与えたまうた高き神の名において、そして汝の善き意志と豊かな効果に、汝の高貴なる自然本性に。吾にあれこれをなしたまえ、と。ここであなたの願いを祈願する。そして、汝は善にして、あらゆる善をなす善の源、と唱える。すると善からなる請願はすべてかなえられるだろう。

【一九】他の賢者たちは別様の燻香と祈禱を木星に唱える。その燻香の成分は以下のとおり。苦草(ポリカリエ)[33]、抹香(テュリス)[34]、甘松香(ケルティチェ)[35]を等量、[36]没薬(ミッレ)を三倍量、[37]干し葡萄(パッスラールム)を二倍量[38]、汚れをとって[39]古葡萄酒とともに混ぜ、これで錠剤をつくり使用に供するまで保存する。業をなすにあたり、土星のところで述べたようにこれを香炉に投じる。あなたは修道士か僧のような衣を纏い、律法儀礼の書を一冊携える[40]。また実修の場所は慎ましく設える。そしてあなたの顔を天の木星のある部分に向け、以下のように唱える。天使ラウカユェヒル[41]よ、神が木星(ユピテル)とともに据えたものよ[42]。ユピテルよ[43]、汝、最大にして完全なる幸福、善およびすべての事物を完成させたものよ。汝は思慮深い[44]叡知と善き知性であり、悪

（32）malo「悪徳」
（33）policarie 亜独版：Poleigamander 苦草、タチジャコウソウ。ただし、亜英版：cestnut 栃の実、羅伊版：quercia
（34）thuris 亜独版：Weihrauch 乳香、亜英版：twisted ebony bush、羅伊版：incenso 抹香
（35）celtice ケルトの、亜独版：griechische Narde ギリシャの甘松香、亜英版：roman spikenard 甘松香
（36）亜独版：三・½分量
（37）亜独版：九分量
（38）亜独版：二分量
（39）亜独版：「よく粉砕し、これにバジリコの粉を混ぜて」
（40）super collum tuum unum ex libris legis ponas「首（あるいは頭）の上に律法の書を一冊置く」にみえるが、亜独版では「司法官のような衣装を纏い、Hanif の書（法律書）を手にもって」となっているのに準じた。ただしその註に Hanif の意味はサバ人の燻蒸儀礼からユピテルへの祈禱、あるいは初期イスラム詩等々、さまざまで定めがたいと記されている。下註「賢者の燻香」参照。
（41）Raucayehil、亜独版：Rufija'il、亜英版：Rafael「王ラファエル、木星の権能

[206]しき作用(はたらき)、あらゆる邪悪と卑劣から隔絶している。汝をすべての名をもって召喚する。」アラビア語でミステーリ、ラテン語でユピテル、フェニキア語でバルギス、ローマ語でデルミス、ギリシャ語でラウス、そしてインド語でフアズファト。(45) 汝、神が汝のうちに据えたまうた霊(スピリトゥス)と力能に、神に服するその服従と汝の善および驚くべき効果に、汝の善、美、清浄なる自然本性に祈願する。吾にあれこれをかなえたまえ、と。ここであなたの請願を唱える。そしてあなたの身を地に投じ、すでに述べたことばを何度か唱える。その後、白子羊の首を刎ね、すべてを焼いてその肝臓を食べる。そうすればあなたの願いはかなえられるだろう。

【二〇】また燻香なしに木星(ユピテル)に、その力能をもって海の嵐が避けられるように祈願する者たちもある。ラーシスはその『形而上学の書』(46)でこう語っている。海難を避けるために、あなたは中天にかかる木星(ユピテル)に向かいこう唱える。汝に神のご加護がありますように(47)、高貴なる惑星、高き星辰、尊く讃えられるものよ。神は汝のうちに権能を据え、善い霊となしたまうた。そしてこの世の諸物に形相(かたち)を与え、神の律則といのちを注ぎ、海を航海する者たちを援け、そのいのちを保ちたまう。汝に願う。神が汝のうちに据えたまうた堅牢さにかけて、吾に汝の光明を授け、汝の霊(スピリトゥス)が吾を援けたまい、吾の汚れた自

よ」

(42) 上註参照。亞英版に準じるなら、「神ユピテルが据えたものよ」とも。神とその添え名の権能と、神名とが錯綜して一と多が不分明。

(43) ここまで慣習的に木星Ioveにユピテルとふりがなを充ててきたが、この(神)名のみ、特にIupiterとなっている。

(44) sensatus これは亞英版では「よい嗜好をもち」と訳されているので、ママにしたが、羅訳者の意釈は土星同様senectus 老人の謂いであったのかもしれない。

(45) in Arabico Misteri, in Latino Iupiter, in Feniz Bargis, in Romano Dermiz, in Greco Raus et in Indiano Huazfat, 亞独版：Mustari, Birgis, Hurmuz, Zeus, Wihafati, 亞英版：Mushtary [arabic], Bargees [persian], Hurmuz [barbarian], Zawish [greek], Wahsaft [indian]

(46) Rasis, *Libro metaphisice*, 亞独版：al-Razi, *Buch der Theologie*『神学の書』

(47) おそらく本来は亞語で神の名の後に付加される賞賛の辞なのだろうが、ここは「神の使い」と「神」をなんとか区分する努力が認められる言い回しとも言えるだろうか。ただし後続する各項は曖昧なところが多い。

然本性を清め、吾が覚知（センスス）と霊（スピリトゥス）とを照らし、事物（ものごと）を知解させたまえ、と。あなたが定められたとおりにこれを実修するなら、あなたの前に火の点った蠟燭の似像（シミリトゥーディネ）が見えるだろう。もしもこれが見えないならば、あなたの業は正しく実修されなかった、と考えられる。その場合には上記した火の点った蠟燭が見えるまで繰り返す。そうすればあなたの願いはかなえられるだろう。

【二一】ここで賢者たちの大多数が一致しているのは、木星（ユピテル）のある天の部分に向けて以下のように唱えるということ。汝に神のご加護がありますように、木星よ、完全にして高貴なる自然本性、高く讃えられ、善意の主（ドミヌス）である惑星よ、熱と湿にして、気にも似た自然本性、その作用（はたらき）、叡知、真実において平等、神の律則、叡知、教説を愛するもの、またこれらを愛する者たちを信じ守るもの。律則の真実を宰領する最大の幸運、光明、完全、真直、平等、汝、裁きにおいて義あり慈悲深く、高く讃えられるものよ。世俗の知識を蔑し、高き意志、偉大にして至高なるものに繋がる汝の自然本性と意志を慶ぶ。そ
[207] のことばと約束は正当、汝の友情は真実、諸々の善を完成させ、‖諸々の悪と卑劣を退ける。汝は清浄にして神を畏れ、霊の堅牢さを与え善であり真である律則を司り、悪しき作用（はたらき）と言辞のすべてを根こそぎにする（汝の覚知と識見は、律則を支える自覚、訓化、知性、鋭敏さに他ならない）。賢者と叡知を愛し、夢を占い、

神の律則を支持する者を愛し、その友人知人を援助し、真実と真直に歓喜し、王や高位の人々、軍隊や指揮官を愛し、民のために富を積み、神に仕えて善行を広め、人々に善をなし、神が遣わしたまうた法（律則）の厳守を援け、そうした法（律則）により約束を守り、民の住む土地［……〔を守り〕］、人々を愛し、慈悲深く住民を援け、忠実な者たちを守る。会話の歓び、美への渇望、楽しい笑い、熱烈な話し振り、品のよさ、上手な婦女のあしらい、愛する者との合法的な性交、法に反する邪な行ないすべての忌避と倣いたくなるような善行。汝は悪行を憎みこれを離れるように命ずる。汝に神のご加護を。神に裨益する惑星よ、汝に神は、神のためにはたらき、その遣いとして生きる清浄なる霊（スピリトゥス）たち(48)の慈悲と善を授けたまうた——その善はあらゆる悪と卑俗な誘惑からの守りとして貢献する。汝は海の嵐の荒波の中、神に祈る者たちを救う。ここに枚挙した諸善に鑑み、われわれをもわれわれの息子たちをもまたわれわれの同胞たちをも汝の光明で照らしたまえ、と汝に祈願する。神が汝のうちに授けたまうた汝の高く讃えられる力能と霊が人々に尊厳を与えたまうように(49)。この霊をもってわれわれの体軀（からだ）やわれわれの交渉（おこない）が救われ、富が増すように、またわれわれの邪念、懊悩、悲惨を拭いたまえ。この世での悲惨に遭わず、誘惑に負けることもないように。そして豊かに完全な善なる

(48) Spiritibus mundis「この世の霊たち」、とすると「世界魂 anima mundi」とも採れるが、通例、新プラトン主義的な世界魂は個別諸霊とは違い、単一とされるので、無理があるか。

(49)「人としてそれにふさわしく生きられますように」

生を生きることができるように。主なる神の業がわれわれを静穏になしたま
うことを。また汝の力能と霊がわれわれの体軀（からだ）を壮健となし、病気や苦痛の
一切ない健全なものとしたまうように、われわれの生を守り、われわれから
病気や災難をとり払いたまえ。至高にして高貴なる汝の霊の力能が高みから
われわれに注ぎ、すべての人々に誉れを、またわれわれに羞恥と畏敬を授け、
われわれを愛し、またわれわれの大地や人々が邪悪を望むことを止めさせた
まえ。こうした者たちの言辞（ことば）と行為（おこない）がなければ――われわれはそうした言辞（ことば）
〔208〕や行為（おこない）によって損なわれることもなくなるだろう。‖これによりわれわれ人や
獣からあらゆる悪が取り払われ、われわれが神の恩恵また汝の愛を享受でき
るようになるであろう汝の霊と力能がわれわれにはたらき、善で包み、美で
護り、よい相（アスペクト）でわれわれを眺め、[50]これによりこの世のすべてを守りたまえ。
悪口を言う者たちまたそのあらゆる罵詈[51]をわれわれから遠ざけ、われわれの
邪念や欺瞞が見えないように彼らの目を曇らせ、われわれのことを悪く言わ
ないよう、われわれに悪を望ませないように、またわれわれになにか悪い
行為（おこない）や言辞（ことば）をなさせないように。汝の高貴にして偉大な霊（スピリトゥス）の力能がわれ
われを守り包んでくれますように。これによって人々のこころと意志がわれ
われのすべてを畏れと赤面をもって観ることとなり、この世のすべてに卓越

（50）「満足してわれわれを眺め」とも。ここは bono aspectu を最前の「惑星の位置関係」としての相（アスペクト）と観ておいた。
（51）maledicta「呪詛」

する[52]至高なる太陽の光線に照らされるように照らされ、讃仰することになりますように。また汝の堅牢さと霊の援けをわれわれに授け、その覚知（センスス）と知性のはたらきにより神の法（律則）を知解させたまえ。こうすることでそれを享受できるように。ここにおいて神の宥和を得て、われわれがその遺いとなることができますように。また汝の霊の堅牢さがその援けとなり守りとなり、われわれを包んでくれますように。そして神々しき神の、われわれの主（ドミヌス）の知識に到達できますように。その恩恵に浴すことができますように。われわれをこの地上の罵詈から守り、この世の執着から遠ざけたまえ。われわれの浅薄な自然本性の覚知（センスス）を、諸自然本性の覚知に結びあわせるように清めたまえ。神の至高にして偉大な知識に、またその恩恵にわれわれが到達できるように。汝の霊の善と正義によりわれわれの霊が浄化され、あらゆる浅薄と卑劣が清められるよう導き照らしたまえ。そして世俗の悪しき嗜好、卑劣、汚辱の残滓のすべてを完全に退け、汝の潜在力と霊がわれわれを包み、諸霊の鉱脈[53]に到り、高い覚知（センスス）を汲みとることができるように、天使たちの霊と神の恩恵とともに永遠に神に仕えることができるようになしたまえ。汝により、われわれの壊敗する意志のすべてを退け、永遠なる意志を得させたまえ。神はその慈悲によりわれわれわれの罪ある行為（おこない）と罵詈を控えさせ遠ざけさせたまう。

(52) honorati 讃えられる、荘厳する

(53) ad mineram spiritus

[209] われわれの霊がその諸類似(54)に合し、それに逆するものから分けられるように。＝われわれの自然本性、われわれの形相および形象ばかりかわれわれの名辞そのものが、あらゆる悲惨を尋ねつづける(55)われわれの霊を一切差異性(56)のない知解に到らせたまうように(57)。われわれの霊を汚れた自然本性のすべてから清め、この世またかの世の善を汲むことができる手段を示したまえ。かくあれかし(アーメン)。汝の名のすべてをもって汝を召喚する。アラビア語でミステリ、フェニキア語でバルジス、ラテン語でユピテル、ローマ語でハルミス、ギリシャ語でビウス(58)、吾の祈願を吾のことばと繫ぎ、吾の請願をかなえたまうように。ラウベイル(59)の名において汝に請願する。これは霊の力能つまり潜在力と汝の効果を完全とするために神が汝とともに据えた天使。またデリュエス、アハテュス、マハティ、ダルクイス、テミス、カルエイス、デヘデイス、カルナドゥイス、デメの名において(60)。またはじめもおわりもない万物の端緒原理として、古く高いもののすべてを超えてこの世に作用(はたらく)する長老(61)の名において。これらすべての名において、吾が請願した祈りをかなえたまえ、吾が汝になした嘆願を満たし、吾が意志を清めたまえ、と汝に祈願する。われわれは微力にして、われわれの自然本性もわれわれの行ないも脆弱ゆえに、汝に祈願する。汝と汝の霊との交渉にあたり吾は恩頼する、吾の汝への意志を祓い清

(54) suis similitudinibus「さまざまな同一性」
(55) ab omnibus miseriis requiescamus ?
(56) diversitate 先の「類似、同一similitudine」に対する「差異」、「同」と「異」だろうが、「逸脱」としてもいいか。
(57) この一節の similitudinibus ?. diversitate は、いわゆる「同 idem, simile と異 eodem, diverso」ということばをめぐる神学論議を彷彿とさせる。
(58) in Arabico Misteri, in Feniz Bargis, in Latino Iupiter, in Romano Harmiz, in Greco Biuz 亞独版：Mustari, Brigis, Hurmuz, Zeus, 亞英版：Mushtari, Bargees, Hormuz, Zawish, 前項の呼称の数々参照。音の異同は別に、ここではインドの名がない。
(59) Raubeil 亞独版：Rufija'il, 亞英版：Rafael
(60) per nomina Deryes, Ahatyz, Mahaty, Darquiz, Themiz, Carueyiz, Dehedeyz, Carnaduyz, Deme, 亞独版：Darjas, Hatis, Magis, Daris, Tahis, Farus, Dahidas, Afridus, Damahus, 亞英版：Dryas, Hatees, Mughees, Drees, Tahees, Froos, Dahidas, Afridoos, Damahoos.
(61) seniorem

〔210〕

めたまえ。吾は慎ましく汝の名と霊に仕えつつ、汝に善意をあらわしたまえと嘆願する。吾は汝の主宰と権能(62)とを知る者でありこれに服するものである。吾が祈りと願いを汝の善意がかなえたまいますように。吾が請願のすべてが欠けるところなくなされ、吾が忘失による過ちなく祈念することができたのであれば、願いをかなえたまえ。汝の善性と高貴さに些かでも与らせたまえ。われわれを汝の霊と汝の光輝の誉れである至高なる意志で包みたまえ。その潜在力を得てわれわれの交渉が進捗し、富が招来するように。またわれわれから人の貪欲さにかかわる諸能力を抜き取りたまえ。そして人々の愛を獲得できるように、‖われわれの交渉がうまく受納され、われわれまたわれわれの使者たちの指示に従うように。王の恩顧や寵愛ばかりか貴顕たちや敵たちからの信任をも得させたまえ。われわれの行為（おこない）や言辞（ことば）のすべてが義しく真なるものとなりますように。そして現世の欲望が欠陥として得心できるように。ここに述べたわれわれの請願のすべてを、善をなし、被造物への慈悲をもち、世の人々の糧となすために、神が汝のうちに据えたまうた汝の尊く高貴で高位な堅牢さと霊とをもってかなえたまえ。汝の慈悲に、汝の大いに讃えられるべき高貴さに、そして汝の高貴にして尊く輝かしい作用（はたらき）に恃み、われわれが万有宇宙の主なる神に受納されますよう、切に祈る。吾が口にせずとも、

(62) tuum dominium et potenciam「統率と潜在力」

汝に向けられた吾が祈りに観じ、ここに込められた意志を察したまえ。吾に汝の霊の力能と知性のはたらきを授けたまえ。吾が請願が汝にこころよく受け入れられるかどうか分かるように。汝の慈悲が援けとしてさし出されますように、われわれの不安や懊悩がとり払われますように。汝の恒久なる幸運により、万有宇宙のつづく限りわれわれに幸運を授けたまえ。それゆえ汝に、汝の名の数々に、汝の慈悲、善性、高貴に請願する。万有宇宙の尊い主である吾らが主なる神を前に、吾のために祈ってくれるように、と。吾が請願が聞き届けられますように。吾の問うたところが労苦も懊悩もなく容易にかなえられるばかりか、王や領主たち、権力者たち、また理拠ある者からも非理拠的なものからも、すべての恩恵を得られるように。過去から未来永劫にわたりこの世の唯一の神である吾らの主なる神のために汝に願う。その慈悲と恩恵がこの世の終わりまでつづく万有宇宙の主に対する完全な敬意をもって吾が請願がかなえられるかどうか、汝と汝の高貴な諸力能に祈り尋ねる。かくあれかし（アーメン）。そして清浄な意志をもつ者たちをわれらが主なる神が救い給うことを願って。かくあれかし（アーメン）。

【三二】この知識を実修した賢者たちは、すでに述べた業をなすにあたってここに述べたことばを木星（ユピテル）に向かって唱え、木星（ユピテル）の霊の力能と潜在力を自ら

[211] に引き寄せ、請願のすべてをかなえ、‖それが周転を了える間(63)ずっと健康で怪我も病気もせずに体軀（からだ）を損なうこともなく、またすべての人が彼に従い、彼が指示するようになす者は誰もそれを容易になして成果を挙げ、どこでも皆からこころよく迎えられるが、殊にその誕生時日に木星（ユピテル）をもつ者は最大の潜在力を得ることになる、と言っている。また上述した業をなすためには、敬虔と従順に努め、意志を清め明確にし、卑俗な思いに捕われることなくこの世のすべての事物（ものごと）を離れ、この業に専念しなければならない、と銘記しておこう。あなたの身を地に投げだし、あなたの顔をもそこ（土）につけつつ敬虔にあなたの祈禱を唱える。これによりたいへん大きな援けを得て、あなたの請願はかなえられることとなるだろう。

【二三】火星（マルス）に唱えようとする時。火星に祈願しようとする時には、土星のところで語ったように、まずそれをよい位置に据える。そしてあなたは赤い布を纏い、頭には赤い亜麻布あるいは絹布ばかりか赤い帽子をも被る。そして首には剣を吊るし、着けられるだけの武具を纏う。決闘者か兵士のような形相（かたち）に支度し、指に銅の指輪を嵌める。つづいて銅製の香炉に炭火を入れ、ここに薫香を投じる。ニガヨモギ（アブシンティイ(64)）、アロエ樹、香 葦（スクィナンティ(65)）、タカトウダイ（エウフォルビイ(66)）、胡椒大粒（マクロピペリス(67)）、キンレンカ（ナストゥルチイ(68)）を等量準備し、汚れをとってから人血と混ぜる。そしてこ

(63) 木星の一周転は約十二年。
(64) absinthii 亜独版に対応するものなし。代わりに、月桂樹、乳香等、処方が違っている。
(65) squinanti, 羅伊版：savinante, 亜英版：whortleberry ?-, Matthioli : Giunco odorato
(66) euforbii 亜独版：Euphorbia
(67) macropiperis 亜独版：Pfeffer
(68) nasturcii

れで錠剤をつくり、使用に供するまで保管する。さて業をはじめるにあたり、これの錠剤を一粒香炉に入れて、実修のため人里離れた場所まで運ぶ。そこに到着したら、あなたは立ったまま恐れず断固とした態度で声をひそめて、南に向かい、そこにある幸運[69]にして善である火星を、先に別のところで述べたように眺めつつ[70]、煙が立ち昇るとともに以下のように祈り唱える。火星(マルス)よ、ここの主(ドミヌス)として讃えられる汝、熱と乾よ。勇敢、重厚、屈強なこころ、血の噴出する傷を負わせる者よ。汝は強壮、剛健、活発、大胆、光輝、機敏にして、戦闘の、懲罰の、惨禍の、傷害の、牢獄の、陰惨の、混合した事物また分離した事物の主(ドミヌス)。なにごとも恐れず、考え悩むこともない。汝の効果とそれにかかわる吟味、確固たる判定評価、勝利への意志、追及の厳しさから観るなら汝は唯一の協働者[71]。諍いや戦いをひき起こし、弱い者たちにも強い者たちにも悪しくはたらき、戦いの子たちを愛し、邪な者や世の中の邪悪なおこないに復讐する。汝に祈る。汝のさまざまな名と天にある汝の諸性質および汝の諸連携にかけて祈願する。汝への請願が汝のうちに潜在力と堅牢
[212] さとを据えたまうた主なる神に汝を結び、諸他の惑星から分け、＝屈強なる力を得て、他の何に対しても熱烈な勝利をおさめられますように。

【二四】以下が汝の名のすべて。つまりアラビア語でマレク、ラテン語でマ

(69) 火星は災厄惑星のひとつだが。
(70) あるいは、「これ（火星）が（諸他の星辰を）よい相(アスペクト)に眺める時」？
(71) unus coadiutor「補佐者」

ルス、フェニキア語でバハラム、ローマ語でバリス、ギリシャ語でハフエス、インド語でバハゼ。(72) 万有宇宙の高みにある神に吾が祈りが聞き届けられますように、願いがかなえられますように、吾が微力を観たまい吾が請願を満たしたまえ、と汝に祈願する。吾にあれこれをなしたまえ。ここでなんなりとあなたの請願を述べ、つづいてこう唱える。汝に、神が汝の業を実現させるために汝とともに置いた天使であるラウカヘヒル(73)の名において、祈願する、と。ここでまた上述したとおりに唱え、香炉から煙が昇りつづけるうち、すでに述べたことばを何度も繰り返すなら、あなたの望みはかなえられるだろう。その後できれば豹の首を刎ね、それがかなわなければ鼠の首を刎ねて焼き、先述したようにその肝臓を食べる。そうすればあなたの望みはかなえられるだろう。

【二五】またあなたから敵が奪った事物を取り戻したり、あなたに損害を与えた者に復讐を果たしたいと願う場合には、あなたは武具を身に着け、すでに述べたような着衣を纏って、香炉と薫香を携え、上記したような場所へ赴
[213] く。‖そして煙が立ち昇るなか、以下のように唱える。火星(マルス)よ、燃え盛る火の自然本性よ、戦いと辛苦をもたらし、卓越した人々を斃し、彼らの地位や尊厳を貶める者よ、人の邪なこころのなかにある悪しき欲望、熱狂、激怒を掻

(72) in Arablco Marech, in Latino Mars, in Feniz Baharam, in Romano Bariz, in Greco' Hahuez et in Indiano Bahaze, 亞独版 : Mirrih, Bahram, Ares, Ares, Angara, 亞英版 : Mareekh, Buhram, Rees, Aars, Angara.

(73) Raucaheil 亞英版 : Rubija'il, 亞英版 : Rubaeel

き立てる者よ、死、殺し合い、流血、近親相姦の元凶よ、人の上に人を立てて攻防させる者よ。汝に祈る。吾を庇護し、汝に連携するものを守りたまえ。汝の業は屈強にして苛烈な熱。汝への祈願を退けたまうな。汝のすべての名、汝の天にあるすべての作用（はたらき）、動機、方途、汝の光輝、汝の力能の支配と統率力において、吾が請願をかなえたまえ。その尊大で邪な恣欲から吾に酷い扱いをなす某をうち負かしたまえ。汝への上訴を汝に委ね、汝がこの願いをかなえたまうように、汝に祈る。この世のすべての主である神が汝のうちに据えたまうた光輝、堅牢、潜在力に祈願する。吾が敵なる某に汝の憤激を落とし、某の思惑を吾から逸らし、その者が吾のことを思い出すことも考えることもないように、なんなりと悲惨な処罰を与え、その者から受けた屈辱を払い、大いなる復讐を果たしたまえ。またどうかその手足が引き裂かれますように。その者にあらゆる災厄と悲惨が、王の怒りと憤激が降りかかりますように。その者の身にまたその富に盗人や掠奪者が纏わり、腫瘍や熱病が襲い、目が見えなくなり、耳が聞こえなくなりますように。盲目聾啞によりすべての覚知（センスス）が損なわれ、四肢が萎縮しますように。またその者に長期にわたる悲惨な処罰を与えたまえ。その生命を長らえられぬよう、飲食物またすべての味覚を奪い去り、その者にあらゆる悲惨な罰を科したまえ。その身に、その

〔214〕

富に、家族や息子たちに復讐を遂げ、王の怒りと憤激と敵意をその近親の者たちにも注ぎ、その家ばかりか海であれ陸であれその者の資産のある場所すべてに盗人を遣わしたまえ。以上ここに述べたことばをすぐさま成就したまえ。その者がその地位と名声を失いますように。汝は邪悪なことを成し遂げる強力な憤激であるのだから。汝に祈る。汝の堅牢さと汝の邪悪な効果に、生成をも変じ、劣化させ、壊敗するその力に、‖海を行く人々に立ちはだかるその力に、そして汝のさまざまな作用(はたらき)により人々に悪をなすその力に。汝に祈る。吾が請願がかなえられ、吾が祈りが果たされますように。吾を憐れみ、ここに汝への請願を通じて吾がその者に下そうとする悪しき業が成就しますように。汝に、万有宇宙の神が汝のすべての効果と潜在力が成就するよう汝とともに据えた天使ラウベイル(74)の名において、祈願する。汝に汝の霊によって祈る。海を航海する者たちを損ない、人々のこころに熱狂と戦いへの嗜好を注ぎ、困難な事態や激しい戦闘に突入させ、果ては殺戮に到らせる堅牢に。吾は汝に祈る。吾の祈願がすべて聞き届けられるように、吾の交渉が成就するように、汝の霊の堅牢が吾に授けられるように、吾の祈願が聞き届けられたことが吾に識られるように。万有宇宙の主である神から汝が完全なる誉れを授けられますように。汝は善にして時に善の統率者、また航海者には相応

（74）Raubeyl 前の祈りの天使の名と綴りが違っている。亞独版：Rubijâ'îl, 亞英版：Robaeel;

の懲罰と惨禍を与える悪でもある。かくあれかし、かくあれかし。あらためて汝に祈願する。ダヤデブス、ヘヤユデス、ハンダブス、マハラス、アルダウス、ベユデヒュディス、マヒュデビュス、デヘユデミス[75]の名において。これらすべてによって汝に祈願する。吾が願いをかなえ、吾が祈りを聴き届けたまえ、吾が涙に慈悲をかけたまえ、吾が損ないを癒し、人々の邪や欺き等々吾に向けての悪しき詮索から防ぎ守りたまえ、と。また汝に祈る。全天の高く大いなる潜在力にして主権者、尊い名、善い主、この世にいのちのすべてを賦与する者、生と死とを、終局目的と永続性との創造者である神のために。その方は限りない時代を永劫に在りつづけ、はじめもおわりもない。その神のため、汝に祈る。今ここに吾が請願をかなえたまえ、と。かくあれかし、かくあれかし。香炉から煙がたち昇るうちに何度もこの詞を唱えるなら、願いはかなえられるだろう。そして上述した獣のいずれかの首を刎ね火で焼いて、先に他の箇所でなしたようになすなら、確実にあなたの請願は成就するだろう。

【三六】敵に復讐するために。古の賢者たちは北極星に隣接する諸星辰つまりベネトナユス[76]に復讐を祈願した。これら諸星辰は大熊座をなしている。彼らはこれらに祈禱を唱えた。あなたに悪をはたらく敵がある時、あるいはそ

（75）Dayadebuz, Heyaydez, Handabuz, Maharaz, Ardauz, Beydehydiz, Mahydebyz, Deheydemiz, 亞独版：Dagidijus, Hagamadis, Gidijus, Ma'ras, Ardagus, Hidagidis, Mahidas, Dahidamas, 亞英版：Deghidious, Haghimdees, Ghidyoos, Miraas, Ardighos, Hidghidys, Mahidas, Dahidmas.

（76）Benethnays, 亞独版：Baeren 大熊座、亞英版：Al-Na'sh's

の者を処罰し惨禍に遭わせたい時に、その者があなたに奸策を巡らす隙を与えず、これの作用によってあなたの復讐が遂げられるように。この業をなすために設けられた家に入り、あなたの顔をベネトナユスがある天の方角に向ける。そして香炉の炭火の中に燻香を投じる。その成分については下記する。煙が立ち昇るうちに、次のように唱える。汝、神なる大[77]ベネトナユスよ、天空の高みに美しくあるものよ。万物の創造者なる神が汝のうちに据えたまうた潜在力に祈願する。某の体軀(からだ)に霊(スピリトゥス)を遣わし、そのうちに入り込んでその体軀(からだ)を縛り締めつけ、四肢を損ない、あらゆる覚知を無に帰し、視覚、聴[215]覚、その他あらゆる感覚を襲い、口を利くことも飲食も＝すべての愉楽を、またいのちをも枯れさせたまえ。汝らベネトナユスの諸星辰[78]よ、その者に死を、その者のあらゆる部分にありとあらゆる災厄をもたらしたまえ。その目に労苦と悲惨しか映じないように。王の怒りと憤激、敵の勝利、野獣猛獣、隣人や親族の悪意が降りかかるように。その者に即刻辛酸を嘗めさせたまえ。その体軀(からだ)とその家とを破壊し、その者を高い所から墜落させて滅ぼしたまえ。その目に涙を溢れさせ、その手足を砕き、四肢のすべてを損ないたまえ。その者に究極の惨禍を、人が蒙り得る最大の処罰を与えよ。その者を神の慈愛と慈悲から分かち、その者にいかなる慈悲もかけず被護もせぬように。その

(77) salvet te Deus ここは汝と神は同一とより他、読めない。

(78) ここではじめて「汝」が複数形になっている。

者に即刻このようになしたまえ、と祈願する。その者がなんの道理もなしに吾になしまた仕掛けた悪事に鑑み、大いなる災厄を望む吾が意志を汝らが汲んでくれるように。汝ら諸星辰が汝らに向けてなされる請願嘆願を成就させ、汝に向けて祈る者を守りたまえ。汝らに祈る。その者に汝らの潜在力と霊の大いなる憤激と怒りを注ぎ、上述したすべての処罰を即刻その者に与えたまえ。その者が最大の処罰と惨禍と苦痛を得るように、またその者を目にする者たちすべてから蔑され邪険に扱われるように、その四肢のすべてに最大の病患と痛苦とを与え、吾が言う処罰と災厄の渦中へその者を来たらせたまえ。汝らの潜在力と霊とに祈願する。吾が請願を記憶にとどめ、吾が涙を憐れみ、吾に汝らの霊の潜在力と知性を授けたまえ。吾が請願がかなえられたことを識り得るように。汝らに、神の大いなる天空と高き諸潜在力、この世および諸天の被造物すべてを超えて支配し、支配しつづけるもの、まさに神そのものにかけて、吾が請願をかなえたまえと祈願する。天の主である神の名とその潜在力と力能にかけて、(79) すぐさま吾が請願をかなえたまえ、吾がことばをしっかり見極めたまえ、と。ここに述べたことばのとおりすべてを唱え、あなたの身を地に投じ、燻香の煙が立ち昇りつづける中、さらにすでに述べたことばを繰り返し唱える。この燻香は以下のようにして調える。安息香(ストラクス)、

(79) eius potenciam eiusque virtutem「その権能と美徳にかけて」

ナツメグ（インチェンシ・ムスカーティ）、樫（イリチス）、アロエ樹をそれぞれ一オンス、ラベンダー（ナルド）の穂少々(80)、乳香を一オンス、汚れをすべて取り去り良質の葡萄酒とともに混ぜ、錠剤にする。これを北極の諸星辰への業に用いるまで保存する。‖

[216]

【二七】太陽に祈る時。太陽になにごとかを請願しようとする場合、たとえば王の恩顧や主人の愛情、官吏等の厚遇を得たいと願う時には、太陽の日と時間(81)に太陽を東（アシェンデンス）に据える。またあなたは黄色の絹に金糸を混ぜた衣を纏い王のように盛装し、頭には黄金の冠を戴き、指には黄金の指輪を嵌めてカルデアの貴顕のような身なりに調える。それ（太陽）は彼らの東に昇る主（アシェンデンティス・ドミヌス）であるから。そして業の実修のために準備され隔離された家に入り、あなたの右手を左手の上に据え、畏敬の念と敬虔さをあらわしつつ、おずおずと恥ずかしげに太陽を眺める。つづいて黄金の香炉と美しい鶏冠（とさか）(82)をした雄鶏を用意し、その鶏冠の上に一パルマ幅の板を一枚据えて、そこに小さな蜜蠟の蠟燭に火を点す(83)。そして香炉に火を入れて燻香する。その内容物については後述する。太陽が昇るところ、雄鶏をそちらに向けて、香炉から煙が立ち昇りつづけるうちに以下のように唱える。汝、諸天の礎(84)よ、すべての星辰とすべての惑星に卓越するものよ、聖にして尊きものよ、吾が請願をかなえたまえ、吾に某王の恩顧をまた他の王たちの寵愛を享けさせたまえ、と汝に祈願する。

(80) spiche Nardi ここまで甘松香としてきたが、ここは穂とあるのでここはラベンダーとしておいた。→亞独版：1 Dirhem（古来秤量に用いられた銀貨、小麦六粒分の重さがある）

(81) 日曜日の太陽の時間

(82) 羅版では「首 collo」だが、亞独版に「鶏冠 Kamm」とあるところに拠った。

(83) 亞英版：「小さな蠟燭に火を点し、アロエの枝を傍らに立てて、昇る朝日に横から照らされるところに見立てる」

(84) radix celi → radiis celi「天の光」、亞独版：「諸原因の原因」つまり第一原因汝に光輝といのちを授けるもののために汝に祈願する。汝はこの世の光、汝をすべての名をもって召喚する。アラビア語でヤゼミス、ラテン語でソル、カルデア語でマヘル、ローマ語でレフス、インド語でアラス、と。[85] 汝はこの世の光にしてその光明の源。諸惑星の中央にある。[86] 汝は汝の力能と熱でその高みからこの世の生成誕生を司る。その高みからする汝の意志に祈願する。汝が諸他の惑星や諸星辰を司り、それらが汝の光と輝きを享けるように、某王また諸他の崇高なる土地の王たちが吾に顕職を授け、恩顧を与えてくれますように。汝、全天の礎よ、吾に慈悲をかけ、吾が汝に唱えた請願をかなえたまえ、と。煙が立ち昇る間にこのように唱える。この業に要する燻香は隠

[217] 者の燻香[87]と呼ばれるもので、‖この燻香は（古の賢者たちの言によれば）大いなる驚くべき作用（はたらき）をもっており、これは三十一種の薬草からなっている。その成分は以下のとおり。安息香（ポリカリエ）[88]、ブデッリイ[89]、没薬（ミルラ）[90]、阿片チンキ（ラウダーニ）[91]、エヌレ[92]、シセレオス[93]をそれぞれ七オンス、甘松香（ケルティチエ）[94]、インド・ポーロ（ポーリ・インディチ）[95]、松の実（ピネアルム・ムンダタールム）[96]をそれぞれ三オンス、百合の根[97]、マリアアザミ（カルドメッレ）[98]、カルダモン（カルダモミ）[99]、香葦（カラミ・アロマティチ）[100]、抹香（インチェンシ）[101]、ナツメグの殻皮（ヌーチス・ムスカーテ）[102]をそれぞれ五オンス、乾燥薔薇（ロサルム・デシッカタールム）[103]、サフラン（クロチ）[104]、ラベンダーの穂（スピケ・ナルディ）[105]、ケッパーの根（カッパリ）[106]、キジムシロ（ペンタフィロン）[107]をそれぞれ四オンス、芳香軟膏（ウングレ・アロマティケ）[108]、香麦（グラーニ・バルサミ）[109]、タイムの花（エピティミ）[110]をそれぞれ九オンス、スクィナンティ[111]を一オンス、瓢箪（ククルビテ）の

（85） in Arabico Yazemiz, in Latino Sol, in Caldeo Maher, in Romano Lehuz, in Indiano Araz, 亞独版：Sams, Mihr, Helios, Aras o Bara 亞英版：Shams, Muhr, Iylyoos, Aars and Braa.

（86） in medio planetarum existis 諸惑星の「中心」ではなく「中間」。月水金—日（太陽）—火木土（水金の順序は不明ながら）七つの惑星の中央という意味だろう。▼補註25参照。

（87）「隠者の heremitarum」というよりも「ヘルメス的な hermeticum」と読みたくなるが、亞独版：Hanifen, 既出「木星への祈禱」項の装束に関連し手にもつ「書物」を指すことば参照。亞英版：「非公式のもの」

（88） policarie, 亞独版：Storax 安息香、亞英版：mastic 乳香

（89） bdellii, 亞独版：Bdellium, 亞英版：mace にくずく（ナツメグ外皮）、羅伊版：unguento di palma 棕櫚油脂

（90） mirre, 亞独版：Myrrhe, 亞英版：myrrh

（91） laudani, 亞独版：Ladanum ハンニチバナ、亞英版：rockrose

（92） enule, 亞独版：Alant 土木香、亞英版：elecampane 土木香、Inula helenium オオグルマ

（93） siseleos, 亞独版：Sesel, 亞英版：cellu-

種(112)、アモミ(113)、テレビン油（テレベンティネ）(114)、ナツメヤシの粉（ダクティロールム）(115)、汚れのない干葡萄（パッスラールム・ムンダタールム）(116)をそれぞれ二オンス、泡なし蜂蜜（メリス・デスプマーティ）五ポンド(117)。これらの汚れをとり去り、良質の葡萄酒と混ぜて錠剤にして太陽の業を実修するまで保存する。そしてすでに述べた祈りのことばを唱えるにあたって燻香する。これを了えたなら雄鶏の首を刎ね、これの肝臓を食べる。煙が立ち昇るうちにあらためて何度か唱え、すべてこのとおりになすなら、願いはかなえられることだろう。

【二八】いずれにせよ、太陽の燻香およびこれへのよりよい祈禱は以下のよ

loid, 羅伊版：Sescli tortuosum, seselis イブキボウフウ

(94) celtice 亜独版：Narde, 亜英版：roman spikenard 甘松香

(95) poli indici, 亜独版：Haematit, 亜英版：bloodstone or mountain stone 血玉髄？（植物でない）

(96) pinearum mundatarum 亜独版：Pinien-kerne, 亜英版：pine seed 松の実

(97) radicis lilli 亜独版：Lilienwurzel（亜独版ではこれのまえに羅版にないCassia の記載がある），亜英版：root iris

---

(98) cardomelle 亜独版：Spargel アスパラガス、亜英版：wisteria

(99) cardamomi 亜独版：Kardamom, 亜英版：asparagus

(100) calami aromatici 亜独版：Kalmus 菖蒲、亜英版：bush grass

(101) incensi 亜独版：Weihrauch 乳香、亜英版：walnut

(102) corticis nucis muscate 亜独版：Muskarblute, 亜英版：nutmeg stics それに rose oil が加えられている。

(103) rosarum desiccatarum 亜独版：rote Rose 赤薔薇、亜英版：dried red flower

(104) croci 亜独版：Safran, 亜英版：saffron

(105) spice nardi 亜独版：indische Narde, 亜英版：indian spikenard インド甘松香

(106) radicis cappari 亜独版：Hennawurzel, 亜英版：henna root ヘンナの根

(107) pentafilon 亜独版：Wulzel der indischen Seerose, 亜英版：henna leaves ヘンナの葉

(108) ungule aromatice 亜独版：ungues odorati, 亜英版：nutmeg

(109) grani balsami 亜独版：Balsamkerne, 亜英版：elderberry seeds ニワトコの実

(110) epithimi 亜独版：Epithymum, 亜英版：mellow 羅伊版：ore di timo

(111) squinanti 亜独版：Kamelgrasbluten, 亜英版：root of herbaceous plant ?.

(112) seminis cucurbite 亜独版：kleine Kurbiskerne, 亜英版：fifty small pumpkin seeds

(113) amomi 亜独版：Amomum, 亜英版：wood raff

(114) terebentine 亜独版：Terebinthenharz, 亜英版：gum bulb 樹脂性球根

(115) pulveris dactilorum 亜独版：entsteinte Datteln, 亜英版：two pounds of seedless dates 種なしナツメヤシ二ポンド

(116) passularum mundatarum 亜独版：entkernte Rosinen, 亜英版：seedless raisin

(117) mellis despumati 亜独版：abgeschaumten Honig, 亜英版：foamless honey

うになすものである。まずあなたは上記したような衣装を纏い、上述したような姿をとる。そして香炉の火に次のような燻香を投じる。サフラン（クロチ）、安息香（ストラチス）[118]、抹香（インチエンシ）、ナツメグ（ヌーチス・ムスカーテ）、密陀僧（リタルジリ）[119]、野生石榴の花（バラウスティエ）[120]、アロエ樹、ユキノシタ（サクシフラーゲ）[121]を等量とり[122]、汚れをとり除いて混ぜ、錠剤にして使用に供するまで保存する。業を実修するにあたり、香炉の炭火の中にこれを投じる。そして煙が立ち昇るうちに次のように唱える。汝、神よ、太陽よ、汝は幸運にして最大の幸運であり、熱と乾、光輝、栄耀、高貴、豊満にして、すべての星辰および惑星を超えて高く讃えられる王、美しく、精妙にして善に備える力能、真実、叡知、知識、富、これらが汝が獲得し汝のうちで強固にされる力能。汝は六惑星の主（ドミヌス）であり、これらは汝の動きに追随し、汝はこれらを統率し支配し君臨する。それにこれらは従い、汝の相貌[123]に自ら卑下し、‖[218]その運き（コルプス）が汝に結ばれる[124]とたちまち汝の光輝に照らされて汝に服従し、惑星そのものが汝に合すると汝の光線に燃やされてわれわれの眺めからすべて隠される。そしてそれらのすべては汝の光、力能、輝きに照らされることになる。汝はすべてに潜在力を及ぼす。汝は王であり、それらは廷臣たち。汝はそれらすべてに光と潜在力を授け、それらは汝から幸運を受けとり、汝を善い相（アスペクト）に眺めることで幸運を実現し（はたらき）、汝を悪い相（アスペクト）に眺めることで幸運を喪い災厄を起こす（はたらく）。汝の善

(118) storacis

(119) litargiri, lithargyrum 一酸化鉛

(120) balaustie, 羅伊版：ore di melograno selvatico

(121) saxifrage 亞独版：Rittersporn 飛燕草

(122) 亞独版、亞英版は一々対応していないので、一応記載順にあげておくと、Safran, Storax, Weihrauch, Muskatnuss, Bleioxyd, Granatblute, indischer Agalloche, scharfem Rittersporn / saffron, licorice, bush-grass, damask rose, mordant, pomegranate flower, indian sandalwood, and seeds of yellow iris. また羅版には溶剤が欠けているが、亞独版では「牛乳Kuhmilch」で混ぜる、となっている。

(123) et se ipsos in tuo aspectu vilipendunt 「汝から相（アスペクト）をなすように眺められて……」

(124) coniunguntur 次の一節で「合」が説かれるので、ここは「相（アスペクト）関係」に結びつくの意に解しておく。

と光輝はわれわれの知性にとって無限であり、そのすべてをすべて感得できる者は誰もない[125]。ここに述べたことばをそのまま唱え、あなたの身を地に投げ、あなたの顔を太陽に向け、上述したことばを繰り返し唱える。そして先に他の惑星に関連して述べたようないずれかの動物を太陽に生贄に捧げるなら、あなたの願いはかなえられるだろう。

【二九】太陽への別の祈禱。王たち、領主たちその他の人々が、彼らの権勢と統治[126]が妨げられ、その地位を回復したいと思う時のための祈禱を、賢者たちはつけ加えている。こうした業をまたそれに類した業をなすためには、まず天蠍宮を東（アシェンデンテ）に据え、太陽が火星を眺めるようにする。そして黄金の香炉を一つ用意し、ここに樫炭を入れて火を熾す。ヒヨコマメ（チチェルム）くらいの大きさの龍涎香（アンブラ）を手に、これを香炉の火の中に一つづつ順に投じていく。煙が太陽に向かって（つまり中天へと）立ち昇るうち、あなたはそれに向かって次のように唱える。太陽よ、汝は富の鉱脈、強壮増進、いのちの尊厳、あらゆる善行の高き礎。吾は汝に吾が意志のすべてを任せ、汝の手に吾がすべてを委ねる。吾が憂鬱と無気力、吾が権勢の減退を誰かが利して、吾を貶め、吾が地位を簒奪することがないように。汝に、高き神の主宰（ドミヌム・デウム）にかけて祈願する。汝の運動が駆動し、汝の権能[127]を賦与し、汝の作用（はたらき）が成就させ、その統治へと従順に

(125) この一節は後の錬金術書『いとも高貴な真珠 *Pretiosa margarita novella de thesauro, ac primissimo philosophorum lapide*』Venetii 1546 巻頭に編者ヨハネス・ラキニウス Iohannes Lacinius によって添えられた木版画連作を想起させる。この錬金過程はこの書に収められたペトルス・ボヌスの著作に添えられているため、よく「ボヌスの（図像）」として引かれるが、あくまでラキニウスによる付会である。

(126) eorum potencie et regna「潜在力と主宰」

(127) tue potencie dator 一応ここでは「権能」（本来、神の添え名だが）、王には「権勢」としたが、霊のはたらきにおいて「潜在力」としたのと同一語。

服させ、まさにそれにより汝の意志を投影され体現する者たち（つまりここに汝に祈り、汝の清く輝く意志に嘆願する者たち）を援け救いたまうものよ。諸他の惑星に対する支配と権能を神から委ねられた汝よ、吾が願いを聞き届け、吾が意志を解放し、惑乱と懊悩をとり払いたまえ。吾に威厳と光輝(128)を戻したまえ。この世の人々の格別の服従と吾が統治が招来され、汝の偉大にして高貴な権能と堅牢(129)が吾に幸運を与え、すべての者が吾に服するようになしたまえ。汝に祈願する。汝の包み隠された高貴さにかけて、諸運動に対する汝の秩序づけに、この世に生成するものたちへの注入、潜在力の堅牢なる作用に、僅かに汲みとられる汝の慈悲と、あまねく授けられる汝の幸運に、汝の真実と正当性が神の裁量に適いますように、汝に向けてなされる請願が汝の望みに適ったものでありますように。この地上とは何の類似もない天へ向ける＝吾が祈りが聞き届けられ、吾が請願が受け入れられ、吾がことばが成就され、吾が祈りがかなえられますように。汝に向けて清く明晰な意志をもつ者すべてが救われますように、と。こう唱えるにあたり、上記した着衣を纏い、太陽に向かって立ち等々その他すでに述べたとおりに厳修するなら、あなたの願いはなかえられるだろう。

[219]

【三〇】金星（ヴェヌス）に祈る時。金星に祈り、これに関連するなにごとかを請願した

(128) statu et baylia 俗解するなら「地位」
(129) fortitudinem ここまで「堅牢」、「強固」としてきたが、「剛毅」は神の添え名。

い時には、それが災厄諸惑星から離れていること、それが順行しており逆行していないこと、よい位置にあることを眺める。そして二つの装身具のうちの一方を身に着ける。よりよいのはアラビアの高官のような装身具で、そのしるしに白い布を纏い頭に白い頭巾（コッタ）を被る。もう一つの装身具は婦女のアファユタメンタ(130)のようなもので、美しく貴重な金糸を縫い込んだ大きな絹布を纏い、頭には真珠や貴石を飾った高貴な冠を被り、手には真珠を嵌めた黄金の指輪をする。また両腕に黄金の武具を着け、右手には鏡を握り、左手には櫛をもつ。そしてあなたの前に葡萄酒の壺を据え、あなたの衣装に香料の粉をかけて婦女たちがなすようにナツメグ（ムスカートゥム）のよい香りをつける。そして金と銀を混ぜてつくった香炉に炭火を熾し、ここに後述する燻香を投じて、煙が立ち昇るうちに以下のように唱える。汝、神よ、女主人にして幸福惑星なる金星（ヴェヌス）よ。汝は冷と湿。汝の効果と複合気質は平衡がとれ、清く豊満にして、よい香りと美しい装い。汝は装身具、金や銀の女主人。汝は愛、歓び、装飾品、奇術道化、化粧、歌謡、管楽器や弦楽器、独唱、合唱(131)、遊戯と慰安、安息と情愛。汝の効果は平衡がとれている。汝は汝の自然本性的効果からなる葡萄酒を、安息を、歓びを、婦女との性交を愛する。吾は汝のあらゆる名をもって汝に祈願する。アラビア語でゾハラ、ラテン語でヴェヌス、フェニキア語

(130) afaytamenta

(131) organis musicis cantatos「オルガン合奏」

でアニヒト、ローマ語でアフィウディタ、ギリシャ語でアドメニタ、インド語でサクラ。(132) 汝に高き天空の主である神の名において祈願する。また神に対する汝の服従に、汝に対する権能と主宰にかけて、吾が祈りを聞き届け、吾が請願をかなえたまえ。ここであなたの請願を唱える。汝に、神が汝の力能と効果を完全とするために汝とともに据えたまうた天使ベユテユル(133)にかけて祈願する、とここに述べたとおりに唱える。あなたの身を地に投じ、地に平伏したままこれを唱え、起き上がってふたたび繰り返し唱える。これをなし了えたなら、鳩と亀の首を刎ね、その肝臓を食べる。その肢体（からだ）は、先の香炉の火で焼く。‖ここに述べたところをなすにあたって、燻香を香炉の中に投じつづける。これの成分は以下の通り。アロエ樹、虫瘤（ガッレ）、ミルラ（コスティ）(134)、サフラン（クロチ）、阿片チンキ（ラウダーニ）、乳香（マスティチス）、芥子の外皮、柳の葉、百合の根(135)を等量、よく汚れをとり去ってから薔薇水と混ぜて、ヒヨコマメ（チチェルム）大の錠剤にし、香炉の火の中に投じて上述した業の実修をおこなう。

【三二】金星（ヴェヌス）への祈りは愛情にかかわりがある。金星に二人の男の間の友愛ばかりでなく夫婦間の愛情をも祈るには次のようにする。上述したように身嗜みを調え、金星その他の惑星の位置が上述したようになっているかどうか観察し、薫香を火に投じる。これは以下のように調える。虫瘤（ガッレ）、辛カルド（カルデッリ・ピペラー）

(132) in Arabico Zohara, in Latino Venus, in Feniz Anyhyt, in Romano Affudita, in Greco Admenita, in Indiano Sarca, 亜版にはラテン語名が欠けている。亜独版：Zuhara, Anahid, Aphrodite, Tijanija, Surfa, 亜英版：Aye Zahra, Anaheed, Aphrodite, Tiyana, Surfah.

(133) Beyteyl 亜独版：Bita'il, 亜英版：Bitaeel

(134) costi, costum ミルラ

(135) ligni aloes, galle, costi, croci, laudani, masticis, corticum papaverum, foliorum salicis, radicum lilii, 亜独版：Frische, Agalloche, Sukk, Costus, Safran, Ladanum, Mastix, Mohnschalen, Weidenblatter, und Lilienwurzel, 亜英版：cane and wood sticks with fine edges, chestnuts, saffron, honey Amber, mastic, skin of poppies, willow leaves. root iris.

ンをそれぞれ五オンス、干葡萄（パッスラールム）、抹香（トゥリス）、乳香（マスティチス）[136]をそれぞれ二オンス半、すべて汚れをとり去って雨水で混ぜ、ヒヨコマメ（チチェルム）大の錠剤にする。これを一粒また一粒と火に投じ、業の実修がおわるまで煙を立てつづける。その煙が立ち昇る間に以下のように唱える。金星（ヴェヌス）よ、汝、愛の霊にして、友情を調整し、交合を華やかに飾るものよ。汝から翫味と愛の力能が発出し、汝とともに人の間に善き友情と愛情が生じ、汝により悪を求める霊が集まり、善を求める霊が溢れる。汝こそ男と女の間に愛の合一を生じさせる礎であり、汝から生成の礎が出でる。汝はある霊を他の霊へと引き寄せ、汝により合一される。汝の力能が愛を生じさせるべく諸霊をお互いに愛へと調える。金星（ヴェヌス）よ、汝は美しい。汝に祈るものを包み、愛の合一の力能を与えたまえ。汝に汝の名にかけて祈願する。汝を創造したまい汝の天のうちに動かしたまう至高にして高き神の名にかけて、汝の光輝と汝の天空における主宰と権能にかけて、吾が祈りと請願をかなえたまえ。その邪悪な意志を吾に向ける某の、その敵意と悪意からする惨禍、辛苦、悲哀を吾に向けられる善意に転じたまえ――これが吾が嘆願の理由である。汝に祈願する。上述したように某の友情と愛情を取り戻させたまえ。汝の諸霊と諸潜在力により、その者の霊に伝えたまえ。その者の霊の気質[137]またその祈り等々その霊の意志が汝によって吾へと向けら

（136）galle, cardelli piperati. passularum, thuris, masticis, 亞独版：Sukk, Storax, Rosinen, mannlichen Weihrauch, Mastix, indisches Malabathrum, Weichselkirschen, Amomum, Lilienwurzel, 亞英版：wood sticks with fine edges, myrtle, raisin

（137）quidditas

[221] れるように、その運動と潜在力が＝（その霊を）吾に向けて強く動かしてくれますように。火の運動が激しい風をもたらすように。汝と汝の諸霊に祈願する――汝の真の友情と愛情、汝の美しく堅固な連帯に――愛情と合一をなし、諸霊の悦楽と悪徳(138)への潜在力を愛情へと動かすものよ、汝への祈りをすべて聞き届け、吾が汝に祈願し請願するところをかなえたまえ。汝に、われわれの主なる神が汝の力能と効果が果たされるように汝とともに据えたまうた天使ベユテユルの名において祈願する。汝に、汝の諸作用（はたらき）のうちで力能と潜在力を発揮する汝の諸霊にかけて祈願する。汝に、汝の輝きと光が翫味、悪徳(139)、友情への欲求を諸々のこころや意志に注ぎたまえと祈願する。汝が吾の交渉を成就させ、吾が請願を聞き届けてくれますように。吾の請願にある吾の願いをかなえ、汝の光を、潜在力を、愛を吾に伝え、ここに汝になした吾が願いの成就を吾が識り得るようになしたまえ。汝が、こころを結び、愛と好意を繋ぎ合わせ、歓び、慰め、楽しみを満たし、完全完璧な壮健を永遠に保ちたまうように。かくあれかし（アーメン）。このように唱え、上述したとおりになし、白鳩を生贄に捧げ、その肝臓を食べる。残余は燃やして、この灰を保存する。そしてあなたが望む者に食物に混ぜてこれを与えるなら、あなたはたいへん愛されることとなるだろう。

(138) viciorum 少々不可解な用法だが……後出箇所参照。victorum「勝利」、「凱歌」？

(139) viciorum 前の箇所は許容するにしても、ここはどうも不可解。

【三二】水星（メルクリウス）に祈る時。水星に祈り、これに請願をなそうとする場合には、王の書記や官吏たちに請願するように、公証人か書記のような衣装を纏う。月と水星が合する時、あなたは完全に書記のような身なりで、賢者ヘルメスがつくったような卑しめられたメルクリウスの指輪(140)を指に嵌める。そして堂々たる講堂の講壇のような座席に坐り、あなたの顔をそれ（水星）に向けて、書記のように両手で紙片をもつ。そしてそれにふさわしい燻香を卑しめられたメルクリウスでつくった香炉の火の中に投じる。その煙が立ち昇るうちに以

〔222〕

下のように唱える。汝、神よ、善き主水星（メルクリウス）よ。汝は真実、思慮、知性であり、書記、算術、計算、天の知識と地の叡知を注ぐもの。高貴なる主よ、慎ましき喜び、‖財産、商い、利益、深い覚知の主にして精妙な知性を支えるものよ。汝は、預言者の預言の覚知、理拠、教説、さまざまな知識を把握し、精妙なもの、知性、愛知、幾何測量、天と地の知識、予言、土占い、詩作、雄弁、あらゆる匠（マギステリイス）の知の敏活な深い覚知、ある交渉から他の交渉へと転じる軽妙な活動、明晰明快な語りを準備し(141)、慈悲、覚知（センスス）、静穏からなるその善で人々を援け、悪から引き離し、神の善なる法（律則）と正当性を人々に備えさえる。汝は汝の精妙さによってたいへんうまく隠れているので、汝の自然本性を知ることも汝の効果を見究めることも誰にも許されない。汝は幸運惑星とともも

(140) annulum Mercurii mortificati 錬金術では「水銀を殺害（モルティフィカーレ）し、第一質料に還す」ことに用いられる語だが、水銀をなんらかの処方で固化させたもののことか。

(141) mentiendi 虚言？

にあることで幸運であり、災厄惑星とともにあることで災厄である。男性惑星とともにあることで男性惑星、女性惑星とあることで女性惑星、日中惑星とあることで日中惑星、夜惑星とあることで夜惑星となり、自らの自然本性のすべてを調和させ、それらに自らの形相（かたち）を一致させ、それらの性質に汝自身を変じてみせる。それゆえ汝に、汝のあらゆる名をもって祈願する。アラビア語でホタリット、ラテン語でメルクリウス、ローマ語でハルス、フェニキア語でテュル、インド語でメダ(142)、と。汝にまず、天空の主にして高く広大なる圏域の高き主なる神の名において祈願する。吾が請願を聞き届け、汝への祈願をかなえたまえ、汝の霊の力能を吾に注ぎ、吾を強壮となし、吾が請願をかなえて吾を助け、吾に享ける備えのある知識と叡知を降らせたまえ。王たち貴顕たちが吾を寵愛し、恩顧を施してくれるように。あらゆる人々が吾を高く讃えてくれるように、王たちの秘密を吾に明かし、吾がことばが重きをなし、吾を重用し、吾に知識と叡知を尋ね、算術、占星術、予言を求めることになるように。こうした業を吾に施し、上述したような讃嘆とともに富と誉を、王たち貴顕たちの寵愛をもたらしたまえ。汝に、汝の作用（はたらき）と業を成就させるために神が汝の傍らに据えたまうた天使アルクュル(143)の名において祈願する。吾が請願をかなえ、吾が祈りを聞き届けたまえ、吾が請願が聞き

(142) in Arabico Hotarit, in Latino Mercurius, in Romano Haruz, in Feniz Tyr, in Indiano Meda, 亜独版：'Utarit, Tir, Harus, Hermes, Budha, 亜英版：Utarid, Teer, Haroos, Hormus, Beddah.

(143) Arquyl 亜独版：Harqul, 亜英版：Hercules ヘラクレス

〔223〕

届けられ、祈りがかなえられますように。汝の霊が吾を援け、‖汝の霊と潜在力が吾に王たちの寵愛をもたらし、汝の力能が吾に知識と叡知を授けてくれますように。汝の援けにより、吾の知らぬことが知られるようになり、知解できぬことが知解されるようになり、見えぬものが見えるようになることを願って。どうか知性の減退と忘却の肥大を、病患を遠ざけ、古の賢者たちの崇高な段階（つまりその霊と意志により知識と知性を獲得した者たち）に届かせたまえ。吾が霊に(144)汝の潜在力と霊を伝えたまえ。吾が挙げられ、上述した状態に届くことができるように。吾を知識と叡知に、そしてすべての活動に導きたまえ。王たち貴顕たちの恩顧と権勢に仕えることができるように。そして富と宝（テザウロス）(145)とを獲得させたまえ。吾の請願に報いたまえ。高き天の尊い主宰者である主なる神の名において汝に祈願する。吾が請願を聞き届け、吾が請願のすべてを汝がかなえたまうように、と。ここに述べたとおりにすべてを唱え、あなたの身を地に投じ、謙遜に敬虔にそれ（水星）に向きつつ、すでに述べたことばをもう一度繰り返す。そして起き上がり、大きな鶏冠のある一羽の雄鶏の首を刎ね、先述したとおり焼いて、その肝臓を食べる。焼香に用いる燻香は以下のとおり。ナツメグ（ムスカーテ・イリチス）、クミン、丁子（ガリオフィラテ・シッケ）、ギンバイカの枝（ミルト）、苦扁桃の外殻（コルティクム・アミグダラールム・アマーラールム）、アカシア、ギョリュウ粒（タマリスチ）、葡萄枝、スクィナン

(144) spiritui meo [anima mea] このあたり、与えられる霊と既に与えられてある「吾の」霊が判別しがたい混沌にある。

(145) thesauros acquiram, 魂論において「獲得知性 intellectus acquisti」が収蔵される「記憶」の場所として用いられる類語を思い出させる。そしてまたこの aql という音にはアラビア語の「知」の余韻があるようにも思われる。

ティ(146)を等量、汚れをとり去って、弱い葡萄酒と混ぜ、錠剤にして使用に供するまで保存したもの。

【三三】月（ルナ）に祈る時。月に祈り、これに関連するなにかを請願しようとするにあたっては、少年のような身なりをして、なにかよい香りのするものをもち、手に銀の指輪を嵌め、軽々とした所作で一語づつはっきりと祈る。そしてあなたの前に銀の香炉を据える。月齢十四日、月が地の上にあり、幸運惑星をよい相（アスペクト）に眺める時、あなたは沐浴して(147)あなたの顔を月に向け、以下のように唱える。汝、神よ、祝福され幸運な女主人である月よ。汝は冷と湿、均斉とれた豊満さ。汝は諸他の惑星すべての首魁にして鑰。汝の運動は軽俊、‖［224］輝く光を放ち、歓びと愉しみを、善きことばを、名声を、幸運なる統治を司るもの。汝は汝の精妙なる知解のうちに法（律則）を愛し、この世の諸物を知り尽くす。歌を愉しみ、遊興を愛し、使節や使者を守り、秘密を暴く。汝は自由にして高貴。汝は諸他の惑星よりもわれわれに近接しており、それらのいずれよりも大きく明るい。汝、善と悪を繋ぐものよ、汝、諸惑星に光明を運び、汝の善性により矯しつつ、それら諸惑星をお互いに繋ぐものよ。またこの世のすべては汝の誉れによって飾られ、汝の貶めによって損なわれる。汝はすべての事物のはじめであり、またそれらのおわり。汝はいずれの惑星

（146） muscate ilicis, cumini, gariofilate sicce, ramorum myrti, corticum amigdalarum amararum, acacie, granorum tamarisci, ramorum vitis, squinanti, 亞独版：Baumflechte, kermanischen Kummel, getrocknete Bergminze, Basilicumkelche, Weißdorn, Schalen von bitteren Mandeln, Tamariskensamen, Rebstocke, Kamelgrasbluten, Myrrhe, 亞英版：buttonwood, cumin [Kurmani], dried Artemisia, truffle basil, base of the rose, skin of bitter almonds, ebony tree seed, cinnamon, the root of herbaceos plant, myrrh.

（147） te lavabis 清め、沐浴するのか顔や手を洗うだけなのか不明。

（148） Celan, 亞独版：Silija'il, 亞英版：Silyaeel

（149） in Arabico Camar, in Latino Luna, in Feniz Mehe, in Greco Zamahyl, in Indiano Cerim, in Romano Celez, 亞独版：Qamar, Mah, Sam'a'il, Selene, Suma, 亞英版：Kamar, Maar, Samaeel, Saleeny, Soum.

（150）「ヘルメス的」前註参照。先の処方では三十一種からなっていた。

（151） savine 羅伊版：saponaria,

（152） masticis, cardamomi, savine, storacis, cardelli piperati 亞独版：Kardamom, Spargel, (flüssiges?) Strax, Mastix, festes Strax

よりも高貴で尊い。それゆえに汝に祈願する。汝に、汝の効果のすべてを完全とするため神が汝とともに据えたまうた天使セラン(148)の名において祈願する。吾を憐れみ、吾が請願を聞き届けたまえ。われわれの高き主とその主宰に向けられる敬虔さにかけて、汝への吾が請願をかなえたまえ。汝のあらゆる名をもって汝に祈る。アラビア語でカマル、ラテン語でルナ、フェニキア語でメヘー、ギリシャ語でザマヒュル、インド語でセリム、ローマ語でケレス(149)よ、吾が請願を聞き届けたまえ、と。そして汝の身を地に投げだし、すでに述べたことばを唱え、燻香をつづける。これは隠者の燻香(150)で、以下の二十八種の成分を調合したもの。乳香(マスティチス)、カルダモン、シャボンソウ(サヴィーネ)(151)、安息香(ストラチス)、辛カルドン(カルデッリ・ピペラーティ)をそれぞれ一オンス、(152)エヌレ、没薬(ミッレ)、香葦(スクィナンティ)、エニシダ(ダール・セッサハル)(153)、水仙の穂(スピケ・ナルディ)、コスティ(154)、抹香(インチェンシ)、サフラン(クロチ)をそれぞれ二オンス、(155)瓢簞(ククルビテ)とその種子、ヘンナ(アルヘンネ)(156)の根(157)をそれぞれ四オンス、百合(リリイ)の根、ケルティチェ、ポーリ・インディチ、汚れを十分とり去った松の実(158)をそれぞれ三オンス、オトギリソウ溶剤(ラウダーニ・ユペリコン)、＝林檎(マロールム)

[225]

の葉、乾燥薔薇、アユロプ(159)をそれぞれ(160)二リッブラ、汚れをとり去った干葡萄(パッスラールム)を二リッブラ、ナツメヤシ(ダクティロールム)(161)を五リッブラ(162)、これを混ぜるのに必要な分だけの

(153) dar sessahal, 羅伊版：ginestra [Cytisus scoparius]

(154) costi 先にミルラとしたが、ここではミルラが別掲されている。不詳。

(155) enule, mirre, squinanti, dar sessahal, spice nardi, costi, incensi, croci 亜独版：Alant, Myrrhe, Kamelgras, Stechginster, Narde, Costus, Weihrauch, Safran

(156) alhenne, 亜独版：Hennawurzel, 羅伊版：radice di henne,

(157) cucurbite et eius seminum, radicum alhenne 亜独版：Kurbiskerne

(158) radicum lilii, Celtice, poli Indici, pinearum enucleatarum mundatarum 亜独版：Lilienwurzel, griechische Narde, indisches Malabathrum, gereinigte Pinienzapfen

(159) aylob, 羅伊版：gelatina di frutta 果物のゼラチン

(160) laudani ypericon, foliorum malorum, siccarum rosarum, ayrob 亜独版：persisches Laudanum, Beeren von Salvadora persica, getrocknete Apfelblatter, Rosenbluten, ちなみにこれらは六リッブラづつになっている。

(161) passularum mundatarum; dactilorum 亜独版：eingedickten Fruchtsaft, entlernte Rosinen

(162) 亜英版では量も順序も対応していない。▼補註[26]を参照。羅列的に引いておいた。

精妙な葡萄酒(163)を加え、ヒヨコマメ（チチェルム）大の錠剤にする。そして業の実修にあたり、牡牛を一頭曳いて行き、これの首を刎ね、上述したようにこれを強い火で焼いて、この煙が立ち昇る間に、先に諸他の生贄を献げるにあたって述べたとおりになす。また生贄が去勢牛の場合、これを焼いて諸他の生贄について先述したように、その肝臓を食べる。そうすればあなたの請願はかなえられるだろう。

【三四】諸惑星に向かってなされる祈禱や請願に関する賢者たち(164)の見解はといえば、幸運惑星は善へと、災厄惑星は悪へと、といった具合に、一々の惑星が事物の中の類似した自然本性にはたらく、というものである。惑星になんらかの請願をなそうとする時には、東の主（ドミノ・アシェンデンティス）がその惑星を眺めているかどうか、アルムタスの形象(165)がその周転円の最高点から四度東側の高さにあるかどうかに注意して、祈願をなす。また、夜には諸惑星の効果は強化され、より大きな注入をなす。いずれかの惑星の自然本性にかかわりのないことを請願してもその請願は遂げられない、ということに配慮せねばならない。

【三五】諸惑星に祈禱と生贄を捧げる賢者たちは、モスク(166)で祈りを捧げたものだった。天が八度うごく間に一頭の動物を生贄に捧げ、そこから八度下がる間にまた別の生贄を捧げた(167)。彼らによれば、このようにモスクあるいは集

(163) 亞独版：バジルの汁を加えた蜂蜜五リトル ritl」になっている。

(164) 亞独版：「サバの人々 Sabier」西語訳 Sabei を Sabio とみて訳出されたものか。

(165) almutaz figure アルムタス。第I書五章【二八】および▼補註9参照。

(166) moschetis 回教（イスラム）寺院。羅語版で唯一ムスリムに関連する語が意訳されずに出る例。

(167) 亞独版にはこの一節に面白い注釈が付されている。「ここに謂われている八度は恒星天の摂動を想起させる。第II書四章参照。ただしここでの運動方向は局所的なものにみえる」。

〔226〕

会所でなすよう命じたのはヘルメスであった。賢者たちが言うところによれば、このヘルメスは三つの栄ある地位、つまり王、預言者、賢者の主である。(168)またモスク内では二色あるいは黒い動物を生贄に捧げてはならないし、＝嘴が欠けていても、角が僅かに損傷していてもならず、また眼が傷ついていても、四肢（からだ）に斑染があってもならない、と厳命した。またその動物の首を刎ねるにあたって、すぐさま肝臓をとりだしてこれを眺め調べ、それになんらかの欠陥あるいは斑染が見つかると、その地の貴人に障りがある、と宣した。そしてこの肝臓を切り刻み、これを食べるよう一々の会衆に与えた。

【三六】火星の名は彼らの名辞でマラ・スミュト(169)と言い、この名は邪悪をなす主を意味している。これが邪悪をなすものと言われるのは、これが軽々と悪を引き起こしてみせるから。彼らによれば、その形相（かたち）は人の姿で、右手には剣を握り、左手には火炎をもち、この剣と火を交互にさし出して威嚇する。それゆえそれを讃え、まさにそれへの畏怖とそれが邪悪をはたらくのを制するために生贄を捧げる。彼らがそれに供犠をなしたのは太陽が火星の宿である白羊宮に入る時で、また天蠍宮に入る時にはそれに別の供犠をなした。

【三七】彼らはまた幼児たちにも儀礼を実修した。それは太陽が天蠍宮に宿る月に、この実修が秘かに行われるように調えられた家へと幼児を連れて行

(168) Hermete dixerunt quod erat dominus trium floridarum rerum, videlicet rex, propheta et sapiens 亞独版ではこちらはヘルメスでなくTrismegestos（三倍偉大なる者）という添え名で書かれており、以下がこの語の解説にあたるものとなっている。「トリスメギストスとは三重に偉大なる者、つまり王にして預言者にして賢者の謂いである」。この羅訳段階ではトリスメギストスがヘルメスの添え名とはいまだみなされていない、ということか。

(169) Mara smyt 亞独版：Mara samja, d.h. der blinde Gott（盲目の神）, 亞英版：Mara Simya

[227]

き、そこに立たせる。そしてギョリュウ（タマリスク）の束を準備し、陶製の香炉で火をつける。つづいて火星の衣装を纏い、幼児に向けて火星への請願の詞を唱える。火が幼児を背後から舐めるなら、この者はこの業の実修に関知せず、無定見、無知と判じられる。火が幼児を前から舐めるなら、この者はこの業にふさわしい者と宣される。そこでこの幼児を祈禱の家へと導き、集会する者すべて健常であるかどうかを確かめて、また別の暗い家に連れていくと、そこでこの幼児に目隠しをする。そして祭司がその前に立ち、ギョリュウ（タマリスク）の赤い棒杖をその子に据える。この子に皮革を纏わせ、その右足の脇に火の熾った香炉を置き、左に水を満たした香炉を据える。ここに幼児の母親が雄鶏を両手に抱いてあらわれ、この家の戸口に坐る。祭司は両手に火炎をあげる銅鍋をとり、祭司はこの子に宣誓する。この秘儀によって結ばれる絆は永遠に誰にうち明けることもならない秘密であり、決して誰にもこれを明かしてはならない。〟もしもこれを誰かに暴くようなことがあれば、たちまち死ぬであろう、と。これがおわると、幼児の目隠しがとり去られ、先述した雄鶏を抱えた母親が歩み出る。祭司はその母親の両手をとると、幼児の上でそれ（雄鶏）の首を刎ねる。そこですぐさま母親は赤い布をその子の上に投げかけ、その家から退出するにあたり、一緒にその家を出る幼児の人差指に猿の姿を刻んだ指輪を嵌める。

【三八】また彼らが言うには、土星に最初の請願の生贄を捧げるにあたっては、これが金牛宮にある時におこなう。生贄に供すのは一頭の雌牛。[170]彼らが言うところによれば、その角(つの)は冠のようで、他のどの動物よりも美しく、どの動物よりも供犠にふさわしい。この供犠は、これがある期間にわたり野で太陽を浴びつつ[171]処女の手から草を食んで育った後のこと。また参集者たちは家を出る時の道とは別の道を通って家に戻る。ここまで述べたことば、業の実修にかかわる秘密はすべて秘匿されなければならない。雌牛が健常であるかどうか、白い斑染の一つ一つをつぶさに調べる。また目の上に角に巻きつけるように黄金の鎖をする。彼らによれば、この業を伝授したのは賢者ヘルメスであったという。これの首を刎ねるにあたり、それに綱をかけ、それの前で土星の燻香を焚き、ギリシャ人たちの流儀[172]で祈りを捧げた。そして祭司は傷も摩耗もない鋭利な剣でこれの首を刎ねるとその血を鉢に集め、その舌、耳、鼻、目をそれぞれ別に捧持する。つづいて鉢に溜まった血の上に昇った
〔228〕泡を慎重に眺め、‖その泡から土星の主宰と運動を読みとった。彼らによれば、これが第一運動であり、ここに諸他の運動のはじまりがあるとともにおわりもある。[173]この犠牲が捧げられるのは、通常これ（土星）が金牛宮に入る

(170) unius vacce, 亞独版：Stier, 亞英版：雄牛 bull

(171) あるいは「太陽の野で集めた草を処女の手から食んで育った後」

(172) あるいは「ギリシャ語で」

(173) in eo incipiuntur motus et finiuntur. 「これが運動の駆動因であり目的因である」。亞独版ではより明確に「それによってこの領地になにが起こりつつあるかを予言した。なぜなら土星とはこの領地そのもののことであり、その周転 Cyklen のはじまりとおわりは生贄を捧げる時つまり金牛宮に入る時にあるのだから」。そして付言して「この雌牛についてはトーラーに、バヌー・アヌウン Banu Anun の農園から供犠にあたり逃げ出した雌牛の話として記されている」とある。ただし、これは特定できないと註されている。

時のことだった。

【三九】彼らは皮膚を乾燥させ、体内の血の巡りをよくするために、顔と体躯(からだ)を葡萄酒とすり潰した塩で洗った。こうすることで上述した業が成就するものと考えて。

【四〇】また彼らのもとには、深い井戸を備えた誰も入れない閉ざされた家[174]があった。太陽が獅子座の初度に入る時、カヌイス産[175]の赤い牡羊を高貴な布で覆い、花や木に溢れた土地を歓喜して曳きまわし、これが飲む限り十分に葡萄酒を飲ませた。そして夜にこれをその家に曳き入れ、その井戸に投げ入れて胡麻油でこれを洗い清め、つづいてこれを井戸から引き出すと、乾燥薔薇、辛子(クセナブ)、ヒラマメ(レンティクラス)、ヒヨコマメ(チチェラ)、米(アユロス)、蜂蜜[176]、小麦[177]を混ぜたものを食べさせた。太陽が獅子宮に入ってから二十八日目の夜に、これを街[178]からつまり人々の住む土地から森へと導き、その首を刎ねる。そしてそこに穴を掘り、これをそこに埋める。首は業の実修をする家へ運び、彼らの神像群(イマジネ)に供える。彼らが証言するところによれば、そこから弱々しい声が聞こえてきて王の治世また民の増減を知らせる、という。ここに述べた業の秘鑰はバルナク・エルバラメニイ[179]がインドで幽閉されている時に伝授したとされるもの。インドのバユラメニイ[180]という土地の名は彼の名に由来している。その民の賢者たちは数多の

(174) 亜独版：「宝の庭つまり聖域」、亜英版：「天の宝と称される神殿」

(175) Canuiz arietem rubem, 亜独版：「キプロス出身の少年 Jungling aus der Gegend von Cypern」。以下の話は先に略されていた人身御供の話（第II書十二章【五四】および▼補註18参照）によく似ている。亜独版から訳出しておく。▼補註27参照。

(176) Mel 亜英版：「Maash と呼ばれるヒラマメの類」。列挙されるものが穀物なので、「蜂蜜」は羅訳者の誤りだろう。

(177) rosas siccas, xenab, lenticulas, cicera, ayroz, mel et triticum

(178) 羅版では「牡羊」のことになるが、亜独版に準じれば「少年」。

(179) Barnac Elbarameny, 亜独版：Bartim der Brahmane, 亜英版：Buburtheem Al-Burhomy

(180) Bayrameny, 亜独版：Brahmanen

業をさまざまな処方で行ってきたが、これをすべて述べるなら本書は秩序のない膨大なものとなるだろう。それゆえここではわれわれの本題に戻ることにしよう。‖

第八章　ナバテア（ネプティヌス）の民が太陽および土星（サトゥルヌス）に願上する祈禱の様式。それらの霊（スピリトゥス）とどのように語り合うか、およびそこから引き出される効果について

【一】ナバテアの賢者（ネプティノールム）たちは、天と星辰のさまざまな潜在力と作用（はたらき）は唯一、太陽に由来する、と言う。これは月がこれを享受するところ（そのうちに認められる諸効果つまり満ち欠け）に見られまた知られることである。たとえ太陽がそれ（月）を必要とせず、諸他の惑星をも必要としないにしても。諸他の五つの惑星が太陽の諸効果に従属し、これに慎ましく服するのも同じことで、太陽の配置に準じてすでに述べた効果が生じる。要するに、第一の効果のすべては太陽に根ざしており、諸他の六つの惑星はこれの諸効果を享受する、というのが彼らの見解である。諸恒星もまたこれの侍女たちであり、慎ましくこ

〔230〕

れに仕え服し、その諸効果を享受している一方、これ（太陽）が特にそれら（諸恒星）を必要としている訳ではない。この民は太陽に以下のような祈りを捧げるのが常であった。汝に祈り、誉め、讃える、高い主である太陽よ。汝はこの世の生ある者すべてにいのちを与え、万有宇宙を汝の光で照らし、汝の潜在力をもって統率する。汝は高き所にあり、広大なる領土を満たす光を、覚知を、知性を、潜在力を、誉を、善をもちたまう。すべて生成するものは汝の潜在力によって生成し、すべての植物は汝によって生きており[1]、汝によってその堅強さは保たれる。汝は汝の高貴な諸効果と誉れ高い存在と潜在力により汝の天界を常在させたまう。汝を讃え、誉め、服従と敬虔の念をもって汝に祈り、われわれの望みのすべてを汝に表明する。われわれが必要とするすべてを汝に請願し懇願する。‖汝はわれわれの主。汝の力能によるいのちの導きを感得できるようにと昼も夜も汝に祈願し、われわれの望みを汝に委ねる。われわれの敵またわれわれに企てられる邪悪のすべてから、われわれを解放し守りたまえ。また汝の侍女にして汝に仕える月を。その光と輝きは汝に由来し、汝の力能に発するもの。汝、活力を与える者よ[2]。汝こそ汝が樹てる天の主。月その他の惑星はつねに汝に仕え服し、決して汝の指示に背かない。それゆえわれわれは汝をおわりなくこの世のある限り讃えつづける。

（1）「成長（植物性）はすべて汝に因って来たるところである」

（2）Tu das posse「汝こそが権能（可能態）を授けるもの。」

かくあれかし（アーメン）。

【二】カルデアの農事に関連して賢者たちは、(3)土星（サトゥルヌス）に唱えられる祈禱について語っているが、その前にこの主（ドミヌス）が周転円を降っていないか、太陽より東にないか、その光線の下にないか、その逆行時にあたっていないか注意深く眺めたという。それ（土星）があらゆる阻害から免れ浄められているのを確かめると、下記のような祈禱を唱え、それに燻香を焚いた。これは古い皮革、油脂、塵芥、死んだ蝙蝠、鼠からなり、これとともに十四匹の蝙蝠と十四匹の鼠を焼き、その灰を集めて、これの図像（イマジネ）(4)の上に据える。そして黒い石あるいは砂の上に配された図像（イマジネ）に向かって自らの身を投げ出し、この業の実修によってそれ（土星）に発する悪、損害、悲嘆といった邪悪や災厄のすべてからの護りを得た。実にそれは貧困、悲惨、痛苦、捕囚、醜行、不満の主（ドミヌス）であり、ここに述べたことはこれが失墜(5)に貶められてある時の意味である。逆にこれが昂揚(6)の配置にある場合には善であり、浄化、長寿、高位、愉悦、名誉、富、遺産、〔231〕子々孫々までつづく財産を意味している。これが善性となるのは、これが太陽よりも東に、中天にあり、巡行しており、その運動が俊敏でその周転円の高みつまり頂点にある時。

【三】カルデアの農事にかかわる賢者たちのうちにあって最初の賢者であっ

(3) 亞独版：「アブ・バクル・イブン・ワッシーヤ Abū Bakr ibn Wahšīja の書『ナバテアの農事書 *Landwirtschaft der Nabatäer*』によれば……」。この書については第Ⅱ書二章、第Ⅳ書七章、また▼**補註**31参照。

(4) in capite sue ymaginis.「土星の護符」のことか。

(5) cadens 第Ⅲ書七章【一六】註17参照。

(6) exaltacione 同上註13参照。

たゼへリト(7)は、土星（サトゥルヌス）に祈りを捧げこれに望みを請願するなら、それはたちまちその図像（イマジネ）を介してあなたの望みに応える、と言っている。その祈禱は以下のようなもの。われわれは汝の足元に跪拝し、慎ましく敬虔に汝に祈り、汝を讃える。高く、活力に満ち、永劫なる主のその権能に、確固たる支配者である土星（サトゥルヌス）の足元に跪拝する。それはその永劫なる天に(8)、その支配の潜在力とその効果のうちにあり、高き位階と荘厳（度数）とを併せもつ。万物を包み込み、目に見えるものにも見えないものにも、すべてに対して潜在力をもち、地の万物を超えた潜在力をもつ者よ。その潜在力は地の生き物すべてが生きつづける限り生かし、その活力と潜在力こそがわれわれの始まりであり、われわれを持続させるもの。またその常在、持続、継続こそが、地にとどまることを得させるもの。水や川はその潜在力によって流れ、下り、動く。生きることで生き物たちは生きるために動く。それの自然本性は冷であり、その圏域の高みにまでいよいよ高く樹木は育ち、土はその動きによっていよいよ重く沈む。そしてある存在（もの）を他のものに転じようとするだけでそのようになる(9)。それは叡知であり、事物の潜在力と覚知（センスス）を創出するもの。その知識はすべてに拡がっている。汝は讃えられてあれ、汝の天の主よ、汝の名が聖とされ浄く讃えられてありますように。‖汝に服し、汝の足元で汝の誉れと汝の

（7）Zeherit 亞独版：Dagrit，亞英版：Daghreeth

（8）亞独版（p. 243）ではここにヘブル文字三文字 בחד が記されている。これが上にある護符の図であるのか、霊（天使）の名であるのか、土星の添え名であるのか、それともなんらか星座記号が崩れたものか不明。（あるいはその暗号表記、亞独版註ではコルネリウス・アグリッパの『隠秘哲学』第三巻第三十章の三つ目の略記法の示唆あり。としても三文字からの一文字の選択用符号がないので、これを解読できない。素朴にBeth, Heth, Dalethであるとして、数価を当てはめると2, 8, 4ともなり、これは友愛数のかたわれ284をも想起させる。第I書五章【六】および▼補註7参照。ヘブル語アルファベート数価についてはW. W. Westcott, *Numbers: Their Occult Power and Mystic Virtue*, London 1860, p.10等参照。）

（9）encia si vellet faceret alterius maneriei quam sint.

名に祈願する。その意志、その高貴さ、その誉に請願する。われわれの覚知(センスス)を鼓舞し、われわれが生きつづける限りそれを持続させたまえ。われわれに臨在し、また留まりたまえ。われわれの体軀(からだ)がいのちを離れる時には、蛆や蜥蜴をわれわれの体軀(からだ)から追い払い、慈悲をかけたまえ。汝は憐れみ深い古の主、誰にも汝の障りを矯すことなどできない。汝は汝の言辞と作用(はたらき)のうちに留まりつづけ、決して汝の作用(はたらき)を悔いることはない。汝はその潜在力において遅速で深甚。汝はかなえたことをとりあげることはなく、禁じたことについては決してかなえない主。汝は汝の作用(はたらき)において典雅、汝の統治において唯一。汝は諸他の惑星また諸星辰の主(ドミヌス)、それぞれの周転円を巡るものたちは汝の動きの声を怖れ、汝の疑惑に怯える。汝に祈り、われわれを汝の憤激と怒りに備えさせ、汝の悪しき効果からわれわれを遠ざけ、汝の純潔がわれわれに慈悲をもち——汝の善にして高貴な名において汝の慈悲を垂れたまうように請願する。汝の潜在力が汝の悪しき効果のすべてからわれわれを遠ざけてくれますように、そしてわれわれに汝の力能を与え、われわれに慈悲を垂れたまえ。汝の名のすべて、そして他のいずれの名にもまして汝にふさわしい汝の高遠にして高貴なる名にかけて、汝がわれわれに慈悲を注ぎたまうよう祈願する。

〔233〕

【四】ここに述べたことばはアベンラシア(10)がカルデアの農事についてカルデア語から翻案したもの。この祈禱をここに掲げたのは、諸惑星の作用がいつでも体軀のあらゆる部分に惑星の自然本性からする保護をもたらしている、という古の賢者たちに共通する見解を明らかにしたかったからに他ならない。この祈禱を本書に掲げたのは、こうした業の実修は古の賢者たちを理解するにあたり欠かすことのできないものだからであり、本書巻頭で約したとおりここにその全体を録した。ただし、この祈禱はわれわれの法においては禁じられており、ここに掲げたのは＝ただ、往昔より法に反するものとされてきたこの業にかかわる古の賢者たちの秘鑰を明らかにしたかったからに他ならない。ここに述べたことばは、ここまでさまざまに語ってきたようにまたこれ以後も語るであろうように、善い祈願をするものであればかならずしも排除されなければならないというものではない。いずれにせよ本書で見聞した一々の祈禱を愚かな者たちに明かしてはならない。誰かにこれを明かすにしても、知性に照らされ、義を貫いて生きる善い賢者たち以外に明かしてはならない。全能の神に嘆願する。このわれわれの著作を愚かな者たちの手から護りたまえ。わたしがこのことばを語ったのは善き意図からであり、わたしへの譴責を慎ませたまえ。

(10) Abenrasia 亞英版 : ibn Wahshiyah「イブン・ワッシーヤがナバテアの農事について記した書に拠る」

第九章　一々個別の惑星から力能を引き出す方法とそうした個々の力の霊（スピリトゥス）の指名およびその名辞による操作について

【一】レディメスと名づけられる土星の霊（スピリトゥス）[1]は、これに結びつけられる名またこれとは切り離される名のすべてを、下なるものも上なるものも何もかもを一つに纏める名である、とはアリストテレスがアレクサンドロスに送った書『エステメクィス』[2]で説かれるところ。この書では諸惑星の力能またその諸霊をどのようにして引き寄せるか[3]が論じられている。それの上なる霊（スピリトゥス）の名はトス[4]といい、それの下なる霊はコレス[5]、右はデユトュス[6]、左はデリウス[7]、前はタリュス[8]、後ろはダルス[9]。その天球内の運動、諸星座の中の進行、諸霊の中の運動——これらはすべてタハユトゥク[10]という名に結びつけられる。

（1）Redimez 亞独版：Barimas, 亞英版：Brimas また *Liber Antimaquis*（下註 *Estemequis* 参照）では Bedeymus.

（2）*Estemequis*, 既出の書物と異音で書写されている。第Ⅲ書六章【一】『アズティメヘクの書』：*Aztimehet, Attimequem* 参照。

（3）attrarre ここまでにも頻出する語だが、アリストテレスの名とともに用いられると、extrarre, astrarre, subtrarre, substrarre 等々とともに「知性のはたらき」と捉えたくなる。

（4）Toz 亞独版：Tus, 亞英版：Tos, [*Lib. Antimaquis*: Tharas]

（5）Corez 亞独版：kharus, 亞英版：Khroos, [*Lib. Antimaquis*: Cacos]

（6）Deytyz 亞独版：Qiyus, 亞英版：Ciyoos, [*Lib. Antimaquis*: Vanor]

（7）Deriuz 亞独版：Dariyus, 亞英版：Diriyoos, [*Lib. Antimaquis*: Darnyz]

（8）Talyz 亞独版：Tamis, 亞英版：Tamus, [*Lib. Antimaquis*: Coquiz]

（9）Daruz 亞独版：Darus, 亞英版：Doroos, [*Lib. Antimaquis*: Darnes]

（10）Tahaytuc 亞独版：Tahitus, 亞英版：Tahitoos, [*Lib. Antimaquis*: Cahicaros]

（11）radix et genus「礎にして類」

（12）Demehuz 亞独版：Damahus, 亞英版：

[234]

そしてこのように分けられた名のすべては最初の名レディメスに纏められる。この名が上述したすべての名の礎でありそれらの由来[11]である。

【二】木星（ユピテル）の霊の集合名はデメフス[12]。その上の霊はデルメス[13]、下はマティス[14]、右はマス[15]、左はデリス[16]、前はタミス[17]、後ろはフォルス[18]と名づけられる。またその天空における霊の運動やその星座の区分はデヒュデス[19]。これらすべての名が、その礎にして由来として最初に挙げた名、つまりデメフスに纏められる。

【三】火星の諸霊を纏める名がデハラユス[20]で、上の霊はヘヘユディス[21]、下がヘユデユス[22]、右がマハレス[23]、左がアルダウス[24]、前がホンデホユス[25]、後ろがメヘユェディス[26]。天空でのその運動、諸星座の中の進行、その霊の運動がデヒュデメス[27]と名づけられる。そしてこれらすべての名を包摂するのが、これらの礎であり由来である最初の名つまりデハラユス。

【四】太陽の霊を包摂する名はベユデルス[28]。その上の霊はデヒュメス、下はエユドゥレス、右はデヘユフェス、左はアズハフェス、前はマハベユス、後ろはハデュス。そしてその天空の運動の霊、星座の下にある霊はレタハユメ

Damahos
(13) Dermez 亞独版：Darmas, 亞英版：Darmas
(14) Matiz 亞独版：Matis, 亞英版：Matees
(15) Maz 亞独版：Magis, 亞英版：Maghees
(16) Deriz 亞独版：Daris, 亞英版：Darees
(17) Tamiz 亞独版：Tamiz, 亞英版：Tamees
(18) Foruz 亞独版：Farus, 亞英版：Faroos
(19) Dehydes 亞独版：Dahidas, 亞英版：Dahides
(20) Deharayuz 亞独版：Dagdijs, 亞英版：Daghdiyos / Daghidyos
(21) Heheydiz 亞独版：Hagidis, 亞英版：Haghedes
(22) Heydeyuz 亞独版：Gidijus, 亞英版：Ghidyos
(23) Maharaz 亞独版：Magras, 亞英版：Maghras
(24) Ardauz 亞独版：Ardagus, 亞英版：Ardaghos
(25) Hondehoyuz 亞独版：Handagijus, 亞英版：Handighyos
(26) Meheyediz 亞独版：Mahandas, 亞英版：Mahandas
(27) Dehydemez 亞独版：Dahidamas, 亞英版：Dahimas
(28) Beydeluz 亞独版：Bandalus, 亞英版：Bandalos

リスと名づけられる。(29) これらすべての名を包摂する名（先述した礎にして由来）がベユデルス。

【五】金星（ヴェヌス）の霊を包摂する名はデュデス。(30) その上の霊はヘユルス、下はカヒユルス、右はディルエス、左はアビレユメス、前はテユルス、後ろはアルズス。その天界の運動と星座の中の進行およびその霊の運動はデハタリュスと名づけられる。(31) これらすべてに等置されるのが（先述したすべての由来にして礎である）上に名を挙げたデュデス。‖

[235]

【六】水星（メルクリウス）の霊を包摂する名はメルフュエス。(32) その上の霊はアミレス、下はヒュテュス、右はケフス、左はデリス、前はマユレス、後ろはデヘデュス。そしてこれの天空での運動と星座進行はメヘンディスと名づけられる。(33) これらすべての名を包摂する（そしてそれらの礎であり由来である）のが先に挙げたメルフュエス。

【七】月（ルナ）の霊を包摂する名はハルヌス。(34) その上の霊はヘディス、下はマラユス、右はメレタス、左はティメス、前はフェユス、後ろはメユネルスと名づけられる。そしてその天空での運動と星座中の進行の名がダハヌス。(35) これらすべての名を繋ぎ合わせるのが（そしてこれらの礎にして由来であるのが）上に挙げたハルヌス。

(29) Dehymez [Dahimas / Dahimas], Eydulez [Abadulas / Abdulas], Deheyfez [Daifas / Dahifas], Azuhafez [Ati'afas / Atuyefas], Mahabeyuz [Maganamus / Maghnamos], Hadyz [Gadis / Ghadees], Letahaymeriz [Tahimaris / Tahimarees].

(30) Deydez 亞独版：Didas, 亞英版：Didas

(31) Heyluz [Gilus / Ghiylos], Cahyluz [Hilus / Hiylos], Diruez [Damajas / Damayis], Ableymez [Ablimas / Ablimas], Teyluz [Basalmus / Baslamos], Arzuz [Arhus / Arhos], Dehataryz [Dahtaris / Dahtarees]

(32) Merhuyez 亞独版：Barhujas, 亞英版：Barhoyas

(33) Amirez [Amiras / Amiras], Hytyz [Hitis / Hiytes], Cehuz [Sahis / Sahees], Deriz [Daris / Darees], Maylez [Hilis / Helees], Dehedyz [Dahdis / Dahdees], Mehendiz [Mahudis / Mahodees].

(34) Harnuz 亞独版：Garnus, 亞英版：Gharnos

(35) Hediz [Hadis / Hadees], Marayuz [Maranus / Maranos], Meletaz [Maltas / Multas], Timez [Timas / Tiymas], Hueyz [Rabis / Rabees], Meyneluz [Minalus / Minalos], Dahanuz [Dagajus / Daghayos].

【八】以上アリストテレスが上掲書に語るところで、これら諸霊にこうした名を与えつつ、これらがこの世の諸部分の諸霊[36]であると付言している。これらは六つの部分からなっており、すべて七惑星の風土環境(クリマ)[37]のうちにある。これらの霊の名は惑星への祈りに常用されるもので、諸惑星への祈禱においては通常こうした名が勧請される。それゆえあなたはここに述べたことばに十分配慮を凝らすべきである。

【九】この哲学者はまた、あらゆる霊(スピリトゥス)はこれら諸霊からその風土環境にあわせてその潜在力を享け、生成する諸物に降る、と言っている。先述した祈禱によって驚くべき効果があらわれる――富も貧困もここに由来する。それは与え、取り去り、変じる。またそれらは体軀(からだ)を纏い、これと合体する。またそのさまざまな風土環境のうちで人にその潜在力と霊を注ぎ、人には知識を得させる準備を調え、事物にはその自然本性を注ぎ込む。

【一〇】つづけてこの哲学者は言う。これら諸惑星の霊のうちのどれかを
[236] いずれかの風土環境に引き寄せようと望むなら、‖惑星はそれ固有の風土環境で強く効果をあらわすものであるから、先述した礎の数々に十分配慮せねばならない[38]。‖

[241] 【一一】土星(サトゥルヌス)への業の実修。土星の作用(はたらき)を望む時には以下のようになす。

(36) Spiritus mundi parcium「世界魂(アニマ・ムンディ)部分をなしている」とも。
(37) climatibus「人の住む四分円からなる居住世界を、星学者たちはクリマと呼ぶ七つの長い区域に分けた」。ビールーニー『占星術教程の書』前掲訳書237(236)以下参照。
(38)「先述した礎をなす霊の名の数々を召喚せねばならない」とも。

太陽が磨羯宮に、月が人馬宮に宿る時、鉄の脚をつけた像(イマジネ)[39]をつくり、緑、黒、赤の布を纏わせる。そして野に出て、まったく香りのしない樹木の下に入る。ここに汝の生贄（雌牛か牡牛）を捧げ、燻香を焚く。これは黒猫の脳、エウフォビア(タルタゴ)[40]、ドクニンジン(チクータ)、ミルラ、オトギリソウ(ヒュペリコン)を混ぜたもの。そして次のように唱える。ベディメス、トス、エドゥス、ハユス、デルニス、タユス、フアルユス、タルヒット、ナユカファ、フエナドゥル[41]、来たれ、汝(スピリトゥス)霊たちよ、汝らの生贄に早く来よ、と。燻香をつづけながら、これを繰り返し唱える。[42]‖

［242］汝の祈願はかなえられるだろう。以上がアリストテレスの書に載せられているところである。[43]‖

［236］【一二】木星(ユピテル)への業の実修。木星の作用(はたらき)を望む時には以下のようになす。太陽が人馬宮あるいは双魚宮にあり、月が白羊宮の端[44]にある時（つまり太陽の昂揚(エクサルタツィオ)にあたり）、清く美しい家を寛布、敷物(コルティニス)[45]、上質の布で飾り、実修にふさわしく調える。汝は手に、蜂蜜、バター、胡桃油、砂糖を混ぜて湿った液体にした混合物を盛った皿をもつ。つづいて小麦粉、バター、牛乳、砂糖、サフラン(クロコ)で繊細に肉包み焼き(アルトクレアム)（つまりタルト）[46]をできるだけ大量につくる。そしてこの家の中に大きな食卓を頑丈な三脚で据えつける。あなたの前に木星(ユピテル)の金属[47]でできた香炉を置く。またその食卓にはナツメグ、樟脳(カンフォラ)、アロエ樹その

（39）どうやら「人を象った像」に見える。あるいは「鉄の台座」か？ いずれにしても二次元的な画像としての「図像(イマジネ)」は当たらないようなので「像」とした。

（40）tartago, euphorbia lathyris

（41）Bedimez, Toz, Eduz, Hayz, Derniz, Tayuz, Huaruyz, Talhit, Naycahua, Huenadul 亞独版：Barimas, Tus, Harus, Qajus, Gardijus, Tamus, Warijus, Tahit, Wasirah, Wamandul, 亞英版：Brimas, Tos, Khroos, Kiyoos, Ghardiyos, Tamoos, Riyoos, Taheed, Seyrah, Mandool.

（42）亞独版：*Al-Istamatis* 第Ⅲ書六章註1参照。

（43）この［242］の一節は編者によって［241］をここに入れ、七惑星の順を調えたため、これにつづいて嵌入されているが、以下の実修法も元本ではこれに先立ち、擬アリストテレスの書によるものゆえ、本章末に据えられるべき。

（44）in capite Arietis「白羊の角(つの)」

（45）cortinis 鍋？

（46）三脚を奪い合うアポロンとヘラクレスについては、拙訳カルターリ『西欧古代神話図像大鑑』Ⅸ-11参照。

（47）metallo Iovis 先にも註したが、本書では惑星と金属の一対一対応は明言されていない。

〔237〕

他よい香りのするもの、麝香（アルガリア）(48)等々、また一服分の乳香（マスティク）、先につくった肉包み焼き（アルトクレアム）とこれまた先に乾と湿で調えた混合物の皿を載せる。また食卓の中央には火をつけた大蠟燭を置き、その後ろに石榴、羊、鶏、鳩の焼肉、それにキャベツ料理を満たした四つの籠を並べる。これらの籠の端に葡萄酒を満たした壺と清い皿を一枚置く。またこの食卓上にギンバイカ（ミルト）の枝を載せる。以上が完了したなら、食卓の端で乳香（マスティク）とアロエ樹を焚き、また別にこの家の端で乳香（マスティク）を燻す。』この家には汝以外誰もいないようにして、デメウス、アルメス、セユレス、マハス、エルダス、タミュス、フェルス、デュンデス、アフラユス、タユハシェンデス、(49)と唱える。これらは木星（ユピテル）の天空の六方向すべての霊の名である。これらの名を註釈してアフリドゥス(50)とその後継者たちはこう説いている。ようこそ、入りたまえ、汝ら木星（ユピテル）のすべての霊たちよ、これらの香りを嗅ぎたまえ、この料理を召し上がれ、なんでも好きなようにやりたまえ、と。これを七度繰り返し唱えて、家を出る。そして一時間が経ったところで先の祈禱を唱えながら家に入る。これを五度繰り返し、六度目家に戻った時、先述した祈禱を唱える。すると豪華に着飾った美しい形姿の霊があらわれ、汝の請願を聞き届けて何でもかなえ、汝に知識と知性を授け、その霊の力能が汝に隠れなく明かされるだろう。この通りの順序で実修が完了

(48) algalia 羅伊版：zibetto

(49) Demeuz, Armez, Ceylez, Mahaz, Erdaz, Tamyz, Feruz, Dyndez, Afrayuz, Tayhaciedez, 亞独版：Dahamus, Armas, Hilis, Magas, Adris, Tamis, Farus, Daidas, Afrawas, Ki'aqiras, 亞英版：Damhos, Armas, Helees, Maghas, Adrees, Tamees, Furoos, Dahidas, Afraus, Kayikeers.

(50) Afriduz 亞独版：Afrawas, 亞英版：Afraus

［238］

したなら、友人知人を招集して先述したように調えられた料理をみなで食べ、葡萄酒を飲み、香料を嗅ぎ、燻香を焚く。ローマの賢者たちはこうした惑星への祈禱、それも特に木星（ユピテル）への祈禱を好みの年になしたものだった。

【一三】火星（マルス）への業の実修。火星の作用（はたらき）を望む時には、火星の日、太陽が火星の宿である白羊宮にあり、火星が昂揚となる月の宿カハダブラ(51)に月がある時におこなう。これは冬のおわりで、果実を実らせた樹木を探す。雌牛か羊を生贄に曳き連れ、香炉に炭を満たして、没薬（ミルラ）、辛子（セナプ）、サルコッレ(52)を燻香として調合し、籠に料理（できる限り最良の料理）を盛り、壺に葡萄酒を満たす。これらすべてを野に運び出し、一本の木に登り、〝汝の手から生贄を放し、炭火を熾して燻香を投じ、以下のことばを唱える。ダハユダヌス、ハハユディス、ハユダユス、ミヒュラス、アルダフス、ヘユダヘユデス、メヘネディス、デヒュデメス(53)、と。これが火星への祈禱である。これを唱えたなら、次のようにつづける。この供犠は汝ら火星の霊のもの。これを受納し、好みのままに召し上がれ、と。そしてこの生贄を木のあるところから別の場所に移し、上述した燻香を焚いて生贄の首を刎ね、皮を剝いで、その肝臓を焼く。そして汝が運んできた料理をすべて皮の上に拡げ、その上に生贄を載せ、祈禱する。つづいて次のように唱える。火星の霊よ、この生贄は汝のもの。来たれ、

（51）Cahadabula, 火星が昂揚となるのは「磨羯宮二八度」。亞独版：Sa'd Bula'; 亞英版：月が火星と衝をなして眺められる（火星と相（アスペクト）をなす）時

（52）sarcocolle, cfr. Diosc. III. 99

（53）Dahaydanuz, Hahaydiz, Haydayuz, Mihyraz, Ardahuz, Heydaheydez, Mehenediz, Dehydemez. 亞独版：Dagidus, Hagidis, Gidijus, Magdas, Ardagus, Hidagidis, Mahandas, Dahidamas, 亞英版：Daghidos, Haghydees, Ghidyos, Mighdas, Ardghos, Hidghidees, Mihindas, Dahidmas.

[239]

そしてこの燻香を嗅ぎたまえ。この生贄と料理を好きに召し上がれ、と。すると火炎にも似た赤い霊が下り来て、その食べ物の上を通りつつその幾分かを燃やす。それが見えたならなんなりと望むところを請願する。すると汝の行ないのすべてにおいて汝を助けてくれるだろう。その炎が鎮まったなら汝は先述した料理に向かい、できるだけそれを食べ、できるだけ葡萄酒を飲む。そこで火星に関連する汝の望みを請願する。火星(マルス)は異なる惑星であり、その自然本性は強力で、いつも請願を聞き届けあるいはかなえる訳ではない。それゆえ火星への実修をなして所定の合一が起こらなくても、落胆してはならない。上述したとおりになして、平静に家に戻りたまえ。

【一四】太陽への業の実修。太陽の作用(はたらき)を望むなら、日曜日に太陽が獅子宮にあり、月が白羊宮の十五度から十九度にある時に、以下のようになす。実修にふさわしい浄く清潔な家を調えて、できるだけ高価な布で飾りつけをする。そして七つの黄金の像(イマジネ)を据える。黄金製のものが調達できなければ、木製のものとする。黄金製のものが準備できれば、これらの上に赤イアルゴンザ石(54)と真珠を鏤める。像(イマジネ)が木製の場合には、黄金と赤イアルゴンザ石で飾った赤い絹布を纏わせ、これらの像(イマジネ)を家の中央に据え、それぞれの像(イマジネ)の前に食卓を調える。‖それぞれの食卓に、小麦粉でつくった肉包み焼き(アルトクレアム)と乾と

(54) iargonza rubea et margaritarum 亞独版：紅玉(ルビー)その他の宝石 Rubinen und Edelstein

湿の混ぜものを供え、それらの中央に葡萄酒の壺を載せる。またこれに添えるように、ナツメグ（ムスクス）、樟脳（カンフォラ）、龍涎香（アンブラ）等々、香草やらよい香りのものを満たした小箱を置き、家の中にギンバイカ（ミルト）を配す。つづいて蜜蠟の大蠟燭に火をともし、汝は像（イマジネ）に向かって高座に坐って、以下のように唱える。テブデルス、ディヒュメス、アンドゥレス、デヒュカユス、アギナフェス、マハグヌス、アハデュス、トウュメリュス、(55)と。この祈禱を唱えて、汝の請願をする。その後、汝の知人友人を招集して、上記したものを一緒に食べ、葡萄酒を飲む。そしてこの家を出るなら、太陽の諸霊は汝の祈りを聞き届け、請願をかなえてくれるだろう。

【一五】金星（ヴェヌス）への業の実修。金星の作用（はたらき）を望むなら、金曜日、太陽が双魚宮の緒（はじまり）にあり、月が巨蟹宮にある時に、以下のようになす。まず身を清めるために浴槽に入り、汝の身を清めてから、牡羊を連れて無花果あるいは棕櫚の木の下に赴き、これに登り、以下のように唱える。フエュデス、ヘリュス、ヘミュルス、デネリス、テメュス、セムルス、アルフス、メユタリュス、(56)と。祈禱を唱えたなら、望むところを請願をする。この惑星に帰される自然本性以外のことを請願しないように注意する。

【一六】水星（メルクリウス）への業の実修。水星の作用（はたらき）を望むなら、水曜日、太陽が磨羯

(55) Tebdeluz, Dihymez, Andulez, Dehycayz Aginafez, Mahagnuz, Ahadyz, Tuymeryz. 亞独版：Bandalus, Dahimas, Abadulas, Dahifas, Ati'afas, Maganus, Gadis, Tahimaris, 亞英版：Bandilos, Dahimas, Abdulas, Dahifas, Atefas, Maghnoos, Ghadees, Tahimarees.

(56) Hueydez, Helyuz, Hemyluz, Deneriz, Temeyz, Cemluz, Arhuz, Meytaryz. 亞独版：Didas, Gilus, Hamilus, Damaris, Timas, Samlus, Arhus, Hataris, 亞英版：Didas, Gheloos, Hamiloos, Damarees, Teymas, Samloons, Arhos, Hatarees.

宮にあり、カルデア暦年がはじまる時になす。なにもない家の中、黄金の壇座に坐り、‖〔240〕アロエ樹、抹香、没薬(ミルラ)、ドクニンジン(チクータ)、エヌラ(57)を燻香として焚く。そして汝の前に黄金の食卓を据え、その周囲に七頭の山羊を廻らし、それらが鳴き声を発するように木の棒で叩く。燻香の煙が立ち昇るうちに、以下のように唱える。バルトゥレス、エミレス、ハユティス、コチス、デリス、ヘニス、デヘリス、ザフダス(58)、と。この祈禱を唱えたら、燻香をつづけながら、食卓の周りで山羊の首を刎ね、その皮を剝ぎ、ばらばらに切断する。以上をなすにあたり、あなたの顔は目を除いて覆い隠す。またその間、つねに燻香をつづける。そして上述した刻んだ肉をすべて携えて家を出る。これを釜に入れて酢で煮るとともに、小麦粉でパンをつくる。必要であれば、これらすべてを籠に入れてよい状態を保つ。そして水星にかかわるあなたの請願を唱える。

【一七】月への業の実修。月の作用(はたらき)を望むなら、太陽が巨蟹宮にあり、月が白羊宮にある時、つまり太陽が昂揚にある時になす。またこの実修は月曜日の夜（つまり日曜日の終わり）になす。太陽が西に沈んだところで野に出る。よく身を清めた後、山羊および、抹香、ドクニンジン(チクータ)、エヌラ、没薬(ミルラ)、アロエ樹からなる燻香を携え、汝の幾人かの友人知人とともに。彼らにも山羊と先

(57) enula 亞独版：Alant オオグルマ、土木香

(58) Barhurez, Emirez, Haytiz, Cociz, Deriz, Heniz, Deheriz, Zahudaz. 亞独版：Barhujas, Amiras, Hatis, Sahis, Darajas, Hatis, Dahris, Magudis, 亞英版：Barhoyas, Ameras, Hatees, Sahees, Derayis, Hatees, Dahrees, Maghodees.

述した燻香、それに食べ物を籠に入れて運ばせる。そして木材で大きな火を熾し、その周囲に料理の皿を並べる。ここで立ちあがって請願をなした後、無花果の木を前に、連れてきた山羊を周りに廻らして、辺りにある泉の上に坐る。つづいて携えてきた燻香を火に投じ、以下のように唱える。ヘドュス、デネディス、ムブリュナユス、ミルタス、テュメス、ラビュス、セルス、‖
〔241〕デヘニス、メルニス(59)、と。こう唱えて、山羊の首を刎ねる。知人たちが曳いてきた山羊をあなたに向かって放つ。燻香がつづくなか、それらすべてを先の詞を唱えながら一頭づつ首を刎ねる。これをなしたなら、この場を離れ、火を熾した場所に戻る。その後、あなたとあなたの知人たちすべて、山羊を殺した場所に赴き、それらの皮を剝ぎ、その皮、頭、脚、内臓のすべてを他の動物が貪ることがないように清められた場所に埋める。そして山羊を焼く。これをよく焼いて皿籠に盛り、火の周りに据える。そして曙に、先の無花果の木の下に多色で彩られた布を敷き、燻香をつづけながら先述したところをなす。霊への祈禱を三度繰り返してあなたの請願をなすなら、すべてはかなえられるだろう。‖

(59) Hedyuz, Denediz, Mubrynayz, Miltaz, Tymez, Rabyz, Celuz, Deheniz, Merniz. 亞独版：Gadnus, Hadis, Maranus, Maltas, Timas, Rabis, Minalus, Dagajus, Garnus, 亞英版：Ghandoos, Hadees, Maranos, Maltas, Tymas, Rabees, Menalos, Daghayos, Gharnos.

第十章　諸惑星の霊（スピリトゥス）の効果を調合物に込め、またその作用（はたらき）の損ないを祓う方法。降霊術（ネグロマンツィア）の奇瑞について惑星の霊への実修に用いる食物、燻香、塗布剤、香について。そして惑星の効果また目に見えない作用（はたらき）について

【一】アリストテレスはアレクサンドロス王のために編んだ前掲書『デ・エステメクィス』[1]で、諸霊の潜在力と驚くべき効果をもつ四つの石の調整法について述べている。その第一はラユェタンス[2]と呼ばれ、この石を指輪に嵌め込んで身に着けると、霊[3]をもつものなら人でも動物でも従順に服する。またこの石でいずれかの紙片に封印を捺し、これを王あるいは誰かに送るなら、これを見た者はたちまち震え上がりこれに従い、必ず請願をかなえてくれる

（1）De estemequis　亞独版：al-Istamahis, 第Ⅲ書六章【一】および註1参照。
（2）Rayetanz, 亞独版：al-Damatis, 亞英版：ダマテエス玉 bead of Damatees
（3）本書では spiritus が、所謂魂 anima を指しても用いられていることについては先註参照。

という。逆らう人に同じことをなすなら上述したとおりになる。この石は緋色で、その調整法は以下の通り。紅玉(ルビー)を二オンス、汚れをとり去り、半ドラクマの金剛石(アダマンティス)、砕いた鉛とマグネシア(アルマグニチェ)(4)をそれぞれ半ドラクマ、硫黄半オンス、黄金二オンスと混ぜる。これらを一纏めにして坩堝に入れ、弱火にかける。徐々に火を強めて、これらを融かす。紅玉の力能が金剛石を、金剛石の力能がマグネシアを、マグネシアの力能が硫黄を融かし、また黄金がこれらすべてによって融かされるように。これらがよく混ざったなら、坩堝を火から降ろして冷やす。すると混合物全体が濁った色の一塊(コルプス)になる。ここで獅子の脳、豹の脂(セブム)、狼の血を等量用意し、まず脂を溶かす。そしてこれに脳を混ぜ、そこに血を投入すると、その色は斑になる。手でこれに触れたり、衣服に付けたり、‖[243]その匂いを嗅いだりせぬように十分注意する。これは個々の形相(5)のあらゆる性質にとって致命的な毒であり、ケトラティス(6)が眠っているうちに使用されたものだという。これが鎮まったら、場所を移し、別に、黄アゼルネク(7)、黄硫黄、赤硫黄(8)それぞれ十オンス(9)を洗って粉砕し、これを先の毒に投じる。するとたちまちその毒は砕かれ、すべて液化する。これら液化したものと塊になったものを壺か小さなうつわに入れ、アウリファブロ土で覆い、弱火にかける。すべて液化し蠟のようになったなら、壺を火からとり去り、冷

(4) almagnicie 亞独版：Magnesia
(5) forma specifica あるいは「種的形相」、質料因をなす「実体形相」に対して用いられるスコラ用語。
(6) Cetratis 亞独版：Hitratis, 亞英版：Hetratees「ヘトラテースが飲んで痒さに皮膚を搔き毟るうちに皮が剝けた毒と同じもの。」
(7) azernec 砒素硫化物、亞独版：Auripigment
(8) 亞独版：鉛丹 Mennige
(9) 亞独版：「五オンス Mitqal づつ」
(10) 「液体」に対して「塊」というのは最初の混合物と思われるが、羅訳者は「一体になった液体」として、この一文の後に「先のもの」を加えて類同な処置をしている。火の具合の記述もない後者の一文は（亞英版と対照してみるに）重複と観てさしつかえないだろう。また「アウリファブロ土で覆う」というのは、加熱中に内容物の状態が

えるのを待つ。つづいて先の塊（コルプス）を液化する。(10) 霊（スピリトゥス）がすこしづつ合体し、ついにはそれと一体になる。そこで火から外して冷えるのを待つ。この小石を轆轤で適当な大きさに丸く磨きあげる。アリストテレスはアレクサンドロスに次のように語っている。アレクサンドロスよ、これがあらゆるものを凌駕する驚異の物体（コルプス）である、と。

【二】第二はヘレメティス石(11)と呼ばれ、この石は雨、雹、雪を制するものとされる。こうしたものがやってきた時、この石を右手にもって天に向けて揚げると、確かにそのようになる。この石は斑色で、その成分は以下の通り。ヘレボルス（エレボリ）(12)を四オンスとり、これを白アレオンディス(13)とともに火にかけて液化する。これが液化したなら、銀四オンス、鉛四オンスを入れる。これらすべてが液化したなら火からとり去り、霊の作用（はたらき）をこれに作用させる（はたらかせる）。つづいて豚の手脚の骨から肉と神経をきれいにとり去り、水に塩を入れてよく煮る。十分に煮えたなら火から降ろし、水からとり出し乾かす。これを粉にして、同量のマンドラゴラと石灰とともに陶製のうつわに入れ、アウリファブロ土で適宜覆い尽くす——つまりそのうつわの中に、まず石灰とマンドラゴラを入れ、つづいてその上に骨の粉をうつわ一杯に満たす。これを一夜、牛糞の火で液化する。その後、うつわを火からとり上げ、冷えるのを待つ。そして

観察されるところから、「土に埋め込んで」加熱するということだろうか。ただし、つづく【四】項では「うつわの口を塞ぐ」とある。羅訳者の誤解だろうか。そしてアウリファブロは黄金変性成分としてのアウリピグメントを想起させるところもあるのでママとしたが、「金職人が用いる土」くらいの意味かもしれない。後出箇所では、補強のためか加熱が均一にいくようにするためか「うつわに塗る泥」の意味で用いられている。Cfr. Ioannis Francisci Pici, *De rerum praenotione*, [Opera Omnia, Basileae ex officina Henricpetrina, 1572-73] vol.VII, 10: "Displicet autem quod nostra etiam tempestate in id insaniae devenerint plerique, ut fabrefieri aurea gestamina sub syderum configurationibus curent et imagines illis insculpi...." Cit. da Vittoria Perrone Compagni, La magia cerimoniale del "Picatrix" nel Rinascimento, *Atti dell'Accademia di Scienze Morali e Politiche* 88 (1977), ed. Napoli 1978, p.285.

(11) Helemetiz 亞独版：al-Amatis, 亞英版：bead of Al-Istamatis（これはおそらく第三の名）

(12) ellebori 亞独版：抹香

(13) aleondiz 亞独版：Eisen 鉄？

これを粉にし、その上に赤く透明なアゼルネクを少々＝投じる。そしてこれを人の静脈から噴き出た血で洗う。この洗浄は丸一日つづけ、使用に供するまで保管する。これが完了したなら、最初の塊（コルプス）を液化し、二番目の塊にお互い一体となるよう徐々に注ぐ。それが済んだら火からとりあげて冷えるのを待つと、それは斑色になる。この石を轆轤で適当な大きさの球に仕上げる。そしてこれを先に述べた祈禱詞とともに実修に用いるなら、自然本性に完璧にはたらきかけるだろう。雨、雪、雹、雷がどこかに見られ、あなたがそれをそこから遠ざけたいと望むなら、先述した祈禱詞を唱え、あなたの右手にその石をもって天に向かって挙げると、それらはすべて止むだろう。この石は諸霊の潜在力と霊とからなっている。

【三】第三はアスタマティス石[14]と呼ばれる。アリストテレスは、この石こそこの世の驚異である、と言っている。つまり諍いや争いをもたらす者を妨げ、敵の武器から確実に守ってくれる――自分だけでなく同輩たちまでも。この石の組成は以下の通り。鉄と硫黄を――十オンス――液化する。これを火で融かし、硫黄にマグネシア（アルマグニチエ）[15]の白石と硼砂（アッティンカル）[16]を入れ、すべてを十分細かくして一塊にする。当初は黄色を発するが、徐々に白く銀色と化し、美しく魅惑的な塊（コルプス）となる。つづいて豚脂とこれの脳を等量、一緒に溶かし、黒鳥の血を

（14）Astamatis, 亞独版：al-Istamatis, 亞英版：Al-Istamatis

（15）almagnicie 亞独版：Magnesia, 亞英版：magnesia 羅伊版：manganese マンガン鉱

（16）attincar 亞独版：Borax, 亞英版：tin powder 粉末錫

〔245〕

混ぜて冷えて膠化するのを待つ。つづいてマグネシア（アルマグニチエ）石を四オンス、強熱した金剛石（アダマンティス）を半オンス、赤く透明なアゼルネクを二オンス、黄硫黄を四オンス、汚れをとってすべて一緒にして粉砕する。この粉を先の膠化した塊（コルプス）の上に投じ、すべてを一纏めにして陶製のうつわに載せる。そしてうつわの口をアウリファブロ土でしっかり塞ぎ、(17)火にかけるとすべて液化して蜜蠟のようになる。そこで火からとりあげ、冷えるのを待つ。膠化するとともにその中に石ができてくるので、これを保存する。つづいて上述したように調えた鉄を十オンス、黄金、銀、‖銅をそれぞれ一オンス、火にかけて融かしよく混ぜる。この上から先につくった別の塊を入れると、徐々に一塊に合していく。これを火で浄化する。この塊の汚れを清めると、お互いに合して滑らかになる。このようになるのを確かめて火からとりあげ、冷えるのを待つ。するとそれは一つの魅惑的な塊になる。これから適宜、轆轤を使って丸い小石にする。これを上述したとおり三日間にわたって調える。あなたがこの石を身に着けて戦場に出れば、敵の鉄製のいかなる武器からも——あなただけでなくあなたとともにあるすべての者たちがあなたがこの石を身に着けている限り、守られるだろう。

【四】第四はハンデモトゥス石(18)と呼ばれる。これについてアリストテレスは、

(17) 前註参照。亜英版：「陶器の壺に一緒に入れて加熱する」と簡潔な表記。

(18) Handemotuz 亜独版：al-Gidamatis, 亜英版：Ghidamatees

この石は婦女の愛を避けるに適したもの、と言っている。つまり兵士たち軍人たちが交戦しなければならない時に、婦女と交わっているとその体軀（からだ）は消耗し、結果容易に敗北を喫することになるから。この石は白色で、その成分は以下の通り。鉛十オンス、白硫黄で液化した銅と鉄それぞれ一オンス、銀を半オンス用意する。銅、鉄、銀を液化して一体とし、この上に鉛を投じる。すべてが均一に混ざったなら、マグネシア石（アルマグニチェ）、金剛石（アダマンティス）、黄硫黄をそれぞれ半オンス、赤アゼルネクを二オンス用意し、これらすべてを粉にしたものを溶融物の上に投じる。すべてが融け込んだなら、火からとり上げ、保存する。

つづいて以下のようにして霊をつくる。[19] ガゼルの脂と馬の髄か脳を等量用意し、脂を溶かしてこれに脳あるいは髄を混ぜ、そこに雀の血を加えて膠化さ
[246] せる。‖ここで豚の骨一オンス、硼砂（アッティンカル）とマグネシア（アルマグニチェ）を半オンス、黄硫黄一オンス、赤アゼルネク半オンスを粉砕して、均一になるまで混ぜ、先の髄と脂に投じる。これを火にかけ、すべて液化させる。そして火からとり上げ、冷めるのを待つ。これが冷めたなら、最初につくった塊をとりだし、これを火にかけて融かす。この上に上述した媒介剤[20]を徐々に投じ、すべてそこに含浸させ、滑らかにする。そこでこれを火からとり上げ、冷めるのを待つ。この石を轆轤で同じ大きさの球にする。そして先述した祈禱詞とともに三日間作

(19) 以下、文脈的に繋がっていない。後出【七】の『マラティスの書』の【八】項に突然、像（イマジネ）の「二つの頭」を云々、とある一節の前に置かれるべきものだろうか。

(20) medicinam「薬」

［247］業をつづける。つづいて銅で二つの像（イマジネ）をつくる。一方は男の形相（かたち）、他方は女の形相（かたち）に。この男の像（イマジネ）の方に石を載せ、二つの像（イマジネ）を背中合わせに置く。鉄釘をとり、先述した祈禱詞を三度唱える。ここで女の像（イマジネ）の胸にそれを打ち込み、その像（イマジネ）の背中まで貫通させる。これに男の像（イマジネ）を押しつけて、二つの像（イマジネ）がお互いにしっかりと繋がるようにする。これらの像（イマジネ）を鉄の函に納めて密封し、これに一昼夜先述した祈禱詞を唱えつづける。これをあなたの身に着けるなら、あなたまたあなたの同輩や兵士たちは婦女への情欲から完全に遠ざけられる。

【五】以上、アリストテレスが先述した『アステメクィスの書』で語るところ。上述した石の混合物は致命的な毒であり、触れたり匂いを嗅いだりすることに十分注意して慎重になされねばならない。そうした危惧なしに作業を進めるための解毒剤があり、これは以下のように調合する。アロエ樹、ギンバイカ（ミルト）の種子、マンドラゴラの種子、アルベン(21)の種子をそれぞれ二オンス、ナツメグ半オンス、セイヨウニンジンボク（アグニ・カスティ）、汚れをとった雀、白白檀（しろサンダル）をそれぞれ一オンスとり、すべてを混ぜて粉にし、ここにギンバイカ（ミルト）の汁を混ぜて錠剤にし、乾かす。先述した致命的な毒である石を調合するにあたり、この錠剤を鼻孔、耳の中および口に入れ、上述した粉砕その他の実修にあた

（21）alben, 亞独版：Bennusse, 亞英版：musc mellow seeds, 羅伊版：ligustro　イボタノキ

り顔を布で覆う。また手を守るための別の解毒剤も必要となる。それは以下のように調える。月桂樹の種子、バジリコの種子の仁核を等量、バルサム、兎の血をそれぞれ先の四倍量、十分汚れをとって、バルサムと兎の血とともに混ぜる。上述の実修すべてにわたり、あなたはこの解毒薬を準備しておき、先述した作業にあたりこれで手を洗う。そうすれば実修に危険はない。

【六】またアリストテレスは前掲書[22]で、上述したところを実修する者の霊はその自然本性に損傷を来たすことがある、と言っている。こうした病患を免れ、その自然本性をそれにふさわしい性質に還すには、下記の解毒薬を飲ませる。人の血を半オンス、甘扁桃(アミグダラルム)の油四オンス、兎の髄あるいは脳二オンスと混ぜ、ここに驢馬の尿を一オンス加えてよく混ぜる。これを患者の空腹の胃に毎日一服づつ九日間飲ませつづける。そうすればこの解毒薬は患者を治癒し、その自然本性に還してくれ、彼の中に留まっていた七惑星の邪悪な諸霊は彼から離れ、‖〔248〕彼本来の自然本性である体液気質が賦活するだろう。

【七】またアリストテレスは『マラティスの書』[23]と題される書物の中でこう言っている。これはこうした業に卓越したインドのカユネス[24]という賢者についてのアレクサンドロスの問いに応えて編まれたもので、『マラティスの書』は驚くべきカユネスの知識を披瀝したもの。カユネスは霊的な人として名高

(22) 亜独版ではこれが『アル-イストゥタス *al-Istutas* の書』と別の書であるかのように語られている。

(23) *libro Malatiz* 亜独版：*al-Malatis*

(24) Caynez 亜独版：Kinas

く、八四〇年(25)を生きた。それは権勢を誇る破壊者アユデネルス王(26)の在世の頃のこと。この賢者は大世界と小世界を大いなる驚異をもって結び合わせ、彼のことばはこの世を造っている霊たちによるものだった。彼は望みのままにその王また他の王たちの好尚を得たばかりか、奇瑞をなすさまざまな祈禱をしてみせた。ではこれについて述べることとしよう。

〔249〕

【八】婦女たちの愛を獲得するために。この調合剤(コンフェクチオーネム)はデユトゥス(27)と呼ばれ、その調合は以下の通り。ガゼル(アルガゼル)の髄と山羊の脂をそれぞれ半オンスずつ一緒に溶かし、樟脳(カンフォラ)、兎の脳をそれぞれ半オンスずつ加える。すべて鉄のうつわに入れて、上述したように火にかけて溶かす。ここに樟脳(カンフォラ)の粉を加えてよく混ぜ、火からとり去る。つづいてあなたが渇望する婦女のことを念じながら、一度も使っていない新しい蜜蠟で像(イマジネ)をつくる(28)。この像(イマジネ)の口から像(イマジネ)の腹まで穴を穿つ。上述した液体媒介剤をその像の腹に注ぎ込みながら、以下のように唱える。ダヒェリス、ハニミディス、ナッファュス、ダブラユレス(29)、と。そしてその口に白砂糖二オンスを入れ、銀の細針をこの像(イマジネ)の胸に刺し、背中まで貫通させる。この針を刺しながら以下のように唱える。ヘドゥレス、タメルス、ヘタユトス、フェムレス(30)、と。つづいてこの像(イマジネ)を白い布で包み、その上からさらに白い絹布で覆い、絹糸でこれを縫いつけて胸の下で締め、

(25) 亞独版：「五四〇年」
(26) Aydenerz 亞独版：konigs Adarjanus [Adarbarus, Adarjarus, Adarubas], 亞英版：Adriyanos ハドリアヌス
(27) Deytuz 亞独版：Dagitus, 亞英版：Daghetoos
(28) おそらく前項【四】の像(イマジネ)と関連している。
(29) Dahyeliz, Hanimidiz, Naffayz, Dabraylez. 亞独版：Dahjajas, Ganamawwadas, Naqagajas, Dirulajas, 亞英版：Dahiyayees, Ghanmuwades, Nakaghayes, Dirolayes.
(30) Hedurez, Tameruz, Hetaytoz, Femurez. 亞独版：Haduras, Timarus, Hanitus, Wamiras, 亞英版：Hadraas, Tymaroos, Hanitoos, Autiraas.

二本の糸をお互い結び合わせ、結び目を七つつくる。つづいて一つ一つの結び目に向けて、以下のように唱える。ハユラヌス、ヘデフィウス、ファユタムレス、アルミネス、と。[31] この像(イマジネ)を陶製の小壺に入れ、アウリファブロ土で塞ぐ。そしてこの業を向ける婦女が住む家に——家のどこでもよいから一つ穴をあけ、ここに像(イマジネ)を埋める。その頭を上にして、土で覆う。つづいて抹香、楓子香(ガルバニ)をそれぞれ二オンス火に投じ、煙が立ち昇るうちに以下のように唱える。ベヘユメレス、アウマウリス、メネデメユドゥス、カユナウレス、[32] 某婦女Nの霊を動かせ、その想いを某男に向けよ、これら霊(スピリトゥス)たちの力能およびベヘユドラス、メトルレス、アウレユス、ナニタユネス[33]の霊の力能と潜在力によって、と。こう唱えたなら、家に戻る。婦女はこの業によってその霊(スピリトゥス)[34]と想いのすべてを、この業の実修を依頼した男へと向けられ、もはや平静では居られず、眠ることもなにかに集中することもできなくなり、この業を仕掛けた男に屈服する他はなくなる。これが上述した像(イマジネ)の霊の力能であり、この婦女はその力能によって像(イマジネ)が埋められた家に引き寄せられる。

[250]
【九】同じ目的で食べ物として与える物の別の調合法。[ii] 兎の凝血と狼の脳をそれぞれ二オンス、羊の脂液を麦粒三つ分の重量、龍涎香(アンブラ)とナツメグを二粒分、樟脳(カンフォラ)を三粒分、実修者（つまりこれを実行する者）の血を二オンス用意する。こ

(31) Hayranuz, Hedefiuz, Faytamurez, Arminez. 亞独版：Argunas, Hadamijus, Finuras, Armitas, 亞英版：Arghonas, Hadmiyos, Finoras, Armithas.

(32) Beheymerez, Aumauliz, Menemeyduz, Caynaurez. 亞独版：Bahimaras, Umaralis, Qadamidus, Finuras, 亞英版：Bahimras, Omarlees, Kadamedoonis, Finores.

(33) Beheydraz, Metlurez, Auleyuz, Nanitaynuz. 亞独版：Haturas, Maljuras, Uljijus, …tinus, 亞英版：Bahatores, Milyo-ras, Olios, Matinos.

(34) ここも霊(スピリトゥス)より魂(アニマ)としたいところ。

の血を鉄のうつわに入れて火にかけ熱する。これが熱くなったら、その上に諸他の媒介剤を投じてよく混ぜる。そして火からとり去り、葡萄酒あるいは蜂蜜、それとも肉料理か鳥料理あるいはなにか料理に混ぜる。これをなす間、これによって上述したようになしたいと思う婦女のことをしっかりと念じる。つづいて僅かばかりの抹香と多量の楓子香(ガルバニ)を火に投じる。そしてこの煙が立ち昇るうちに、以下のように唱える。ユェ、デユルス、メニュデス、カトルディス、メブドゥリス、フエネヘニレス、(35)某婦女Nの霊(スピリトゥス)と想いを動かせ。これら霊(スピリトゥス)たちとこれらをなす力能によって。その婦女の霊(スピリトゥス)と想いが寝ても覚めても、居ても立ってもいられぬほど焦燥に駆られるように。ここに呼ぶ霊(スピリトゥス)たちに服するまでは決して平安が得られぬように。フエヘユリュエス、ヘュエディス、カイムス、ヘンデリス、(36)と。このように祈りを唱え、あなたが欲する婦女にそれを残さず食事に混ぜてすべて与える。先述した媒介剤が食事をした婦女の胃の中にある間、平静で居られず——激しく動揺し
[251] ——＝どこでなりと汝に服従するようになる。これを飲食物に混ぜて婦女に与えることがどうしてもできない場合には、これより段階の高い調合物をつくる。つまり上述した血の代わりに、業を向ける婦女の血を加える。そしてこれを他のすべてと混ぜ、飲食物に混ぜて、その壺の中にあなたの手を入れ

(35) Ye Deyluz, Menydez, Catrudiz, Mebduliz, Huenehenilez. 亞独版：O Dilus, Ahidas, Batrudalis, Bandulis, Wajagrilas. 亞英版：Diyloos, Ahidaas, Batrodless, Bandolees, Baghylas.

(36) Hueheyulyez, Heyediz, Cayimuz, Hendeliz. 亞独版：Hinul..asar, Hajadis, Qidamus, Andalis. 亞英版：Bihynolsaser, Hiyadees, Kidmoos, Andalees.

〔252〕

る。ここで抹香と楓子香（ガルバノ）をそれぞれ二オンス燻香として焚く。この煙が立ち昇るうちに、以下のように唱える。アデュエルス、メタユルス、ベリュデス、ファルダルス。(37)某婦女の霊（スピリトゥス）と想いを某男へと動かせ。その婦女の諸霊とその想いとこころのすべてを動かし、寝ても覚めても、話す時も坐す時も外出する時も、某に屈服しその欲望をかなえるまでは決して平安で居れなくせよ。そしてその霊（スピリトゥス）のこころを捕らえ、それを某男へと動かせ。その霊（スピリトゥス）の力能によって、ヴェメデュス、アウドゥレス、メユルネユス、サンダルス、(38)と。そしてこれを業を依頼してきた男に食べさせる。これを食べた後、食べた物がその男の胃の中にある間、その手に抹香と楓子香（ガルバノ）を二オンスとらせ、これを火に投じて燻香とする。そしてこの煙が立ち昇る間に、次の名を唱えさせる。ハムレス、ヘユドゥレヒス、ヘルデミス、ヘルメニス、(39)と。そしてこれにつづけてこう唱えさせる。これら(40)がここに実修を試みる者の想いに引き寄せられるように、と。するとあなたの想いと依頼をかなえるために、大いなる愛情と服従の念とともにその婦女があなたのもとに(41)やって来るだろう。またこの賢者は言っている。その婦女の血を得ることができない場合には、狼と羊の血をそれぞれ二オンスずつとり、‖上述したように鉄のうつわに入れて火の上で混ぜる。その上に兎の髄を二グラム、狼の髄を三グラム、羊の脂

（37）Adyeruz, Metayruz, Beryudez, Fardaruz. 亞独版：Adirus, Batirus, Barjudis, Fardarus, 亞英版：Adiroos, Batiroos, Briyodees, Fardaroos.

（38）Vemedeyz, Audurez, Meyurneyz, Sandaruz. 亞独版：Madis, Uduras, Manurajas, Handarus, 亞英版：Madees, Awdoras, Manurayis, Handaroos.

（39）Hamurez, Heydurehiz, Heldemiz, Hermeniz. 亞独版：Hamuris, Tidurahasn Inamas, Harmas, 亞英版：Hamorees, Tidorhes, Ayinmes, Harmas.

（40）その男、次註参照。

（41）「その実修者 volueris」であるべきところ。後出参照。

を四グラム投じ、すべてを液化しよく混ぜる。ここにナツメグ、樟脳（カンフォラ）、兎の凝血をそれぞれ二グラムづつ加えてすべてを液化し、よく混ぜて火からとり去る。そしてこの混合物を飲食物に混ぜて与える。抹香と楓子香（ガルバノ）で燻香し、煙が立ち昇るうちに以下のことばを唱える。アニムレス、マフエルス、フェニス、ファドルレス、[42] 某婦女のこころ、霊（スピリトゥス）そして想いを某へと動かせ。その（婦女の）霊（スピリトゥス）を動かし、その眠りをも遮れ。寝ても覚めても、居ても立っても、出かけても、平静で居られぬように、と。そしてその霊（スピリトゥス）と想いを先述した某に向けて下記する霊（スピリトゥス）の力能によって動かす。フエユタユロス、ベリュエヌス、アウヌヒス、アンドゥレス、[43] と唱え、依頼者[44]に食物に混ぜて与える。その者の胃にそれが残っているうちに、抹香と楓子香（ガルバノ）をそれぞれ二オンス、狼の尾の皮を燻香とし、食物に混ぜたものを食べた男にこれを焚く。またこの男に以下に記す名を唱えるように伝授する。ヘユデス、マヘリメユス、タユドゥレス、ウメユルス。[45] 上述のようになすなら、婦女の霊（スピリトゥス）は、この業の実修によりその自然本性をこの男に向け、大いなる愛情に動かされ、この男を求めるようになる。そしてこの男に慎み深くこころ寄せることとなくしてはどうしても平静を得られなくなる。

【一〇】また別の調合法。愛情のための燻香。狼と兎の外陰部をそれぞれ二

(42) Animurez, Maphueluz, Feniz, Fadrulez. 亞独版：Anamuras, Habwalus, Fanis, Badrulas, 亞英版：Anoraas, Habwaloos, Fanees, Badrolaas.

(43) Hueytayroz, Beryenuz, Aunuhiz, Andulez. 亞独版：Tiruli, Barjanus, Ubuhis, Wandulas, 亞英版：Batirolees, Briyanos, Obohees, Wandolas.

(44) volueris 前註参照

(45) Heyudez, Maherimeyz, Tayadurez, Umeyruz. 亞独版：Hanudis, Mahrijas, Tiduras, Umirus, 亞英版：Hanodees, Mahreyas, Tidoras, Omiroos.

〔253〕オンス、白鼠の目を一オンス、白犬の脂、抹香、楓子香(ガルバノ)をそれぞれ＝二オンス、それに羊の脂を量りとり、先述したとおり鉄のうつわに入れて液化し、そこに上掲した諸他のものを投じる。すべてを混ぜ合わせて、樟脳を半オンス、白檀(サンダリ)とアロエ樹をそれぞれ一オンス、龍涎香を半オンス、ナツメグ四分の一オンスを粉にして上記調合物に加え、よく混ぜ合わせる。これを七等分し、燭台七つに炭火を満たして熾し、あなたの前に真直ぐ一列に並べて置く。これらに先に七分した調合物を投じる。その吊り香炉から煙が立ち昇るうちに、以下のように唱える。アハユアラス、ユェタユデス、アハリス、アハリユレス(46)、某婦女のこころ、霊(スピリトゥス)そして自然本性を某男の方へと向けて動かせ。婦女が眠ることも安息を得ることも禁じ、そのこころの霊(スピリトゥス)を某への愛情と好意へと動かしたまえ。その男の願いにこころよく服するまでは、寝ても覚めても坐っても何かしていても平安のないように。吾はそれら諸霊(スピリトゥス)を、これらの霊の霊的な(47)力能に引き寄せる。アルフエリス、ヘユェミス、フエトゥディス、タウエドゥス(48)、と。このように祈願をなし了えたなら、あなたは家に戻る。婦女はその男のもとへと来て、その男の思うがままに従うだろう。

【一一】同じ目的に供するための別の香料。兎の凝血を二グラム、山羊の肝臓を一つ、抹香粉の上に置き、火にかけてそこから水がすべて抜け出るまで

(46) Ahayuaraz, Yetaydez, Ahariz, Aharyulez. 亞独版：Ajuras, Jatandas, Ahjulas, Harjulas, 亞英版：Aiyoris, Yatandas, Ahiyoles, Heriyolas.

(47) istorum spirituum spiritualum 霊的な、とはつまり非身体(コルプス)的な、というくらいの意味。つまり、上述の諸霊は願をかける婦女のもので、以下の諸霊は請願する男のもの、ということか。

(48) Alhueriz, Heyemiz, Huetudiz, Tauedux. 亞英版：Albowarees, Hiyakos, Bodyees, Tawados.

〔254〕

熱する。これを頑丈な鉄のうつわに入れて小刀で何箇所か突き刺し、そこから出る水をすべて壺に集め、この水を＝硝子のうつわに採って保存する。先述した業を実修するにあたり、その水を二グラム、ナツメグを三グラム、龍涎香（アンブラ）を四グラムとり、これらすべてを鉄のうつわに入れて炭火にかけ、溶かして十分に混ぜる。そしてこれを火から下ろし、硝子のうつわに移す。これを用いるにあたり、繊細清浄な龍涎香（アンブラ）の油を一オンス鉄のうつわにとり、火にかける。そこに硝子のうつわの調合物を一グラム加えて一緒に液化し、均一になるまでよく混ぜる。これができたら、抹香と楓子香（ガルバノ）をそれぞれ二オンス、それ（依頼者の男）に燻香として焚く。この煙が立ち昇るうちに、以下のように唱える。ユェタユロス、マハラヘテュム、ファユトリス、アンダラウス、(49)某婦女のこころを動かせ。その諸霊とその想いを某男に向けよ。そのこころの霊（スピリトゥス）を愛情と好意とともに某男に向けよ。その婦女の眠りも休息も平静をも禁じ、寝ても覚めても、居ても立ってもこころに平安がないように。吾はその諸霊と想いをこれらの霊の霊的な力能をもって某に向けるべく引き寄せる。フエユクィタロス、ヘディレス、メンフエリス、メユエフレス、(50)と。こう唱えたなら、先述した油をこの実修の宛人である婦女に塗る（それができるのであれば）。それができなければ、彼女が匂いを嗅ぎそうなよい香りのす

(49) Yetayroz, Maharahetym, Faytoliz, Andararuz. 亞独版：Jatirus, Fiharis, Fitulis, Andarawas, 亞英版：Tiyroos, Fiyarees, Vitolees, Andraws.

(50) Hueyquitaroz, Hedilez, Menhueriz, Meyefurez. 亞独版：Qitarus, ʻAdilas, Manhuris, Manquraas, 亞英版：Bikitaroos, Adilas, Manhorees, Mancoraas.

る何かに入れて、これの匂いを嗅がせる。これを擦り込むか匂いを嗅ぐかするとたちまちその霊（スピリトゥス）と想いは強く動かされ、先述した依頼者に対して大きな愛情と欲望が起き、この婦女はこの業に屈して従わぬ限り、寝ても覚めても休んでいても平静で居られなくなる。どうしてもこれの匂いを嗅がせることができない場合には、蜜蠟でその（依頼主の？）姿に似た像（イマジネ）をつくり、婦女の手に渡す。そしてこの男に三日間にわたり、抹香と楓子香（ガルバノ）で燻香を施す。つまり太陽が昇る時、燻香を焚きつつ上述した祈禱を唱え、あなたが（依頼主に？）先述した油を塗る。こうすることで、婦女の霊（スピリトゥス）と想いはうごかされ、男への愛情が搔き立てられることになる。

[255] 【一二】これをまた別の方法で行いたい場合には、ギンバイカ（ミルト）の枝あるいは他によい香りか悪い香りがする枝を準備し、先述した複合調剤＝二粒(51)をその男（依頼者）に塗る。そしてこの男に抹香と楓子香（ガルバノ）で燻香し、この燻香中に以下のように唱える。ネフォルス、ヘミルリス、アルムレス、フェユメリス(52)、某婦女のこころを動かし、その霊（スピリトゥス）と想いを某男に向けよ。その霊と自然本性をその男に対する愛情と好意へと動かせ。その（婦女の）眠りを妨げ、寝ても覚めても、居ても立ってもおられぬように。それ（婦女）を引き寄せ、霊（スピリトゥス）の霊的な力能によりこれ（男）へと導きたまえ。ヴェネフレス、マンタユリス、

(51) ad pondus duorum granorum 二種の粒を量ってつくった

(52) Neforuz, Hemiruliz, Armulez, Feymeriz. 亞独版：Nurus, 'Andulis, Armulas, Fimaris, 亞英版：Norous, Anaolees, Armolas, Fimarees.

フェユメルス、ベルフネス(53)、と。そしてその（ここで業をかけようとしている）婦女にこれを嗅がせる。その婦女がこれを嗅ぐとたちまちその霊（スピリトゥス）と想いを強く動かされ、大いなる愛情と好意が掻き立てられて、もはや平静では居られず、その男を探し求めその想いを満たさぬ限り、どうしても平静を保てなくなる。その婦女に香りを嗅がせることができない場合には、上述したように蜜蠟で像（イマジネ）をつくる。実修者（つまりこの業にかけられる婦女）はその手にこれ（像）をもち、抹香と楓子香（ガルバノ）をそれぞれ二オンス、自らの手で火に投じる。そしてその婦女に以下の詞を唱えるように伝授する。ヘユディネス、ベユドゥリス、アッフィフス、デリユェヌス(54)、と。そして匂いを嗅がせると、瞬時に業は成し遂げられる。この婦女の霊（スピリトゥス）と想いはたちまちこの業に捲き込まれ、そのこころは大いなる愛と好意へと強く動かされてその男を放恣に求め、その想いを遂げるまではこころ鎮まることもなく、もはや平静ではいられなくなる。

【一三】以上ここに述べた四つの像（イマジネ）と調合はデカユトゥス(55)と名づけられるもの、とは賢者カユネスが男と女を結ぶ方法で語っているところである。‖ [256]

【一四】王の寵愛を得る処法。王の寵愛と民への厚情を得たいときには、いまだなにも用いたことのない新しい蜜蠟を準備し、上述したところに準じ、

(53) Venehulez, Mantayriz, Feymeluz, Berhunez. 亞独版：Ar'ulas, Manturas, Fimalus, Barhujas, 亞英版：Barolas, Mantoris, Femalos, Brohoyas.

(54) Beyduriz, Affihuz, Deriyenuz. 亞独版：Ididas, Biduris, Afi'us, Darjanus, 亞英版：Edidas, Bidorees, Afiyoos, Diryanos.

(55) Decaytus 亞独版：Dagitus, 亞英版：Daitoos

これでその王の名の像（イマジネ）をつくる。つづいてガゼル（アルガゼル）の脳を半オンス、兎の脳を一オンス、人の血を二オンス、鉄のうつわの中で一緒にし、火にかけてよく混ぜる。この混合物の上に粉にした樟脳（カンフォラ）と龍涎香（アンブラ）をそれぞれ一オンス、ナツメグ四分の一オンスを投じ、先述した媒介剤に入れる。そしてすべてが液化し均一になるようにする。そこで先の像（イマジネ）の頭に一つ穴をあけ、像（イマジネ）の腹の中にこの媒介剤を注ぐ。そして穴を蜜蠟でしっかりと塞ぐ。つづいて、人の血、白鶏の血、馬の脳をそれぞれ四オンス、ナツメグ、樟脳（カンフォラ）をそれぞれ半オンス、溶かした羊の脂を二オンス、すべて混ぜて火にかける。また像（イマジネ）の喉に穴を一つあけ、これを注ぎ入れる。冷えるのを待って、この穴を蜜蠟で閉じる。そして未使用の新しい細い銀針で像（イマジネ）の胸を刺して背まで貫き通す。これを刺しながら以下のように唱える。アクリウス、フェンデユス、ネファレス、フェユェドス、と[56]。そこで像（イマジネ）を陶製のうつわに入れ、周囲を泥で固める。そして抹香と楓子香（ガルバノ）の粉、白鶏の眼をそれぞれ一オンスとり、よく混ぜる。そして像（イマジネ）を採り上げ[57]、一つの香炉でこれを燻香し、その町が見下ろせるような高い山に登る。そこで像（イマジネ）が入る大きさの穴を掘り、頭を下向きつまり逆にして埋める。壺あるいはうつわの口に石か煉瓦を置き、上から土
［257］をかけて＝すべてを覆う。ここで燻香を火に投じ、煙が立ち昇る間に以下の

（56）Acriuz, Fendeyuz, Nephalez, Feyeduz. 亞独版：Aqarijus, Gidajus, Jahilas, Jaidus, 亞英版：Akriyor, Ghidayoos, Yahiylas, Yahidoos.

（57）陶製の壺ごと？

（58）Acderuz, Madurez, Feyleuz, Hueryreliz. 亞独版：Akrarus, Manduras, Filahus, Warmalis, 亞英版：Akraros, Manduras, Vilahoos, Ramalees.

（59）Hueyfeduez, Affimuz, Beefinez, Medariuz. 亞独版：Naduras, Inamus, Kafnas, Madalus, 亞英版：Bandoros, Ayinmoos, Kafinas, Madloos.

（60）羅版は以下大幅に省略している。

（61）先に名指されたカユネスのことだ

ように唱える。アクデルス、マドゥレス、フェユレウス、フエリュレリス[58]、と。これにつづけて、某王のこころを某へのあるいは某民への愛情と友情に、善意と慈悲に向けよ、これら諸霊の霊的な力能と潜在力によって。フエユフェドゥエス、アッフィムス、ベエフィネス、メダリウス[59]、と。するとその王は某あるいは某民を愛し、恩顧を覓げるだろう[60]。‖

【一五】敵意を起こさせる処法。彼[61]が言うところによれば、敵意を起こさせるために調合物を燕下させる。これは以下のようなもの。

【一六】黒猫の胆汁、豚の脳をそれぞれ半オンス、黒犬の脂を二オンス、オポパナチス[62]を二粒。これを調合して飲ませると敵意や悪意の霊（スピリトゥス）を引き寄せる。

【一七】同上。黒猫の脳二オンス、豚の胆汁と脳をそれぞれ一オンス、黒犬の髭[63]、オポパナチス、アルモニアコ[64]をそれぞれ半オンス。これらすべてをよく混ぜ合わせ、燻香を焚き、上述したようになす[65]。

【一八】同上。黒犬の胆汁三グラム、豚の脳、黒猫の胆汁、豚の脂[66]、硫黄、オポパナチス、黒猫の眼、カウバク[67]の油をそれぞれ二オンス、アゼルネクを二グラム、黒犬の脳を四オンス、尾の皮を一オンス。これらすべてをよく混ぜ、燻香をなすと、悪意や敵意が起こる。これが上述した賢者の試みた調合

ろう。ただしこの間、亞版に対し頁付けが飛んでおり、羅版では略されいるので別の賢者（アリストテレス）の書のことかもしれない。

(62) opopanacis 阿片万能薬（oppium+panacea）か。亞独版：Opopanax, ちなみに亞英版では、「黒猫の胆嚢一、黒犬の胆嚢をその半分、黒驢馬の脳を一、アロエ樹二カラット、黒コショウとミルラを一カラットづつ」。ちなみに亞英版ではこれを王に飲ませるのではなく、像（イマジネ）に注ぎ入れることになっている。

(63) virge canis nigri 陰茎？

(64) armoniaci この時期の錬金術でよく用いられる語だが、armoniaco – ammoniaco「調和塩」あるいは「アンモニア」の区別が見極め難い。

(65) 上述したように、像（イマジネ）の中に入れるのか、飲ませるのか不明。あるいは「上述したように（敵意を抱かせることに）なる」。

(66) Axungie porci ; axiunge porci 豚の爪？ sanguine porci「豚の血」？ 亞独版：Körner Schweinefett 豚の脂、次章【一五】にも出る。

(67) caubac 亞独版：Jasminöl ジャスミン油（元綴は sanbaq と註）、羅伊版：mercurio 水銀。

法であり、その効果を実証してみせたものである。‖

〔264〕【一九】男に婦女への欲望を失わせるための処法。これをなすためには、黒猫の脳とマンドラゴラの種子をそれぞれ半オンス用意し、これら二つをよく混ぜ合わせる。つづいて蜜蠟で像（イマジネ）をつくり、その頭頂に穴をあけて、先の調合剤を注ぎ入れる。そして鉄の針でこの像（イマジネ）（つまり婦女に欲情する場所）を突き刺す。

【二〇】つづいて豚の血を四オンス、兎の凝血、雀(68)の脳、羊の乳、ギンバイカ（ミルト）の汁をそれぞれ一リッブラ、以上をすべてよく混ぜる。そしてこれを婦女への欲望から解放されたいと思う者に飲ませ、抹香と楓子香（ガルバノ）それぞれ二オンスを混ぜたものを燻香に焚く。すると望みのとおりになる。

(68) hirundinum, hi rundinum, 山羊 hircum ?

第十一章　図像（イマジネ）がさまざまな事物に及ぼす効果。事物が在るままに見えない視覚の諸変化。睡眠時および覚醒時の薬毒の効果およびその治療法について

〔265〕

【一】以下の調合法はこの業に関する賢者たちの諸著に見出されるものだが、カユネスは一切挙げていない。まず第一のものは＝あなたのことを悪く言わせないように舌を縛る処方。その舌に悪口を言わせたくない時には、以下の調合剤を段階的に調える。まず下記する種々の舌を集める。つまり烏、鷲、ヒキガエル、水蛇、白鳩、白鶏、ヤツガシラ（ウプパ）の舌を。これらの舌すべてを粉にして一つに混ぜる。つづいて真珠を一粒（グラム）、黄金、銀、樟脳（カンフォラ）、硼砂（アッティンカル）、アロエをそれぞれ半オンス用意し、これらすべてを粉にして混ぜ、上記した粉を加えて蜂蜜とともに混ぜる。これを絹布に載せる。またオオタカの瞼を二

つ、孔雀の瞼を二つ、ヤツガシラ（ウプパ）の肝臓、鶏の肝臓、鳩の翼の骨二つ、ヤツガシラ（ウプパ）の翼の骨二つを用意し、これらすべてを粉にして牛乳とともに混ぜる。これを先の混合物とともに絹布に載せる。つづいてあなたの名を唱えながら白蜜蠟で像（イマジネ）をつくり、その頭にあなたの名と太陽の形象を記す。またその胸にあなたの名と月の形象を記す。この像（イマジネ）をまた別の白絹の布に包み、この包みを上述した混合物の中に置き、そのすべてを絹布で縛る。これを身から離さずにいると、驚くべきことに、誰もその者（あなた）のことを悪く言わず、みなが愛情をもって接するようになる。

【二】愛情へと向ける処方。ガゼル（アルガゼル）の脳を五オンス、豹の血を一オンス、兎の煮凝りを二オンス用意し、すべてを一緒にしてよく混ぜる。好みのままにこの混合物を僅かばかり飲食物に混ぜて与えるなら、その者はあなたを愛するようになる。

【三】同上。白犬の血を二オンス、またこれの脳を等量、ガゼル（アルガゼル）の脳と人の血を四オンス用意し、これらを一緒に混ぜたものをあなたの望む者に燻香と
[266] して焚く。するとその者の霊（スピリトゥス）はあなたに愛情を抱くように動かされる。‖

【四】同上。鶏の血と脳、兎の血、ガゼル（アルガゼル）の血、人の血をそれぞれ四オンス用意し、これらをすべて一緒に混ぜ、これにマンドラゴラの種子を二オンス

〔267〕

加える。これを誰かに燻香として焚くと、驚くべきことが起こる。

【五】同上。白鳩の脳とその血、鷲の血をそれぞれ二オンス、兎の煮凝りを一オンス、オオタカの脳を半オンス用意し、すべてをよく混ぜ一塊にする。これを食物に混ぜて望む婦女に与えると、その男を愛するようになる。

【六】同上。鶏の血、豹の血、兎の煮凝りをそれぞれ一オンス、人の血を二オンス用意し、すべてを一緒に混ぜ、ここにトウダイグサ（エウフォルビア）一オンスを加える。この調合物を燻香すると、その婦女は愛情を抱き、その霊（スピリトゥス）と想いはあなたに向けて動かされることになる。‖

【七】同上。雀の血と脳をそれぞれ二オンス、鼠の血と脳をそれぞれ一オンス、人の血を四オンス、トウダイグサ（エウフォルビア）を三分の一オンス混ぜ、望みの者に飲ませる。

【八】同上。黒猫の脳、人の尿を等量混ぜ、食物とともに望みの者に与える。するとその霊（スピリトゥス）と想いはあなたに向かい、あなたを愛するようになる。

【九】同上。赤犬の血とその脳をそれぞれ四オンス、兎の煮凝り、鳩の血、鶏の血をそれぞれ二オンス、トウダイグサ（エウフォルビア）を一オンス、すべて混ぜ、これをもって望みの者に燻香する。

【一〇】同上。驢馬の血を八オンス、狼の血、針鼠（エリチオ）の血をそれぞれ一オンス、

すべて混ぜ、この混合物にトウダイグサ(エウフォルビア)を二オンス加える。これを望みの者に燻香する。‖

[268] 【一一】不和や敵意を生じさせる処方。敵意や悪意を起こさせるための調合法。‖

[266] 【一二】黒犬の血を四オンス、豚の血と脳をそれぞれ二オンス、驢馬の脳を一オンス用意し、これらを一緒に混ぜ合わせる。この媒介剤を飲みものか食べ物に混ぜて与えると、あなたへの憎悪を起こさせることになる。

【一三】同上。黒猫の血、セイヨウニンジンボク(アグニ・カスティ)(1)をそれぞれ四オンス、鳶(ミルヴス)の脳と血、狼の血をそれぞれ二オンス、セイヨウニンジンボク(アグニ・カスティ)を四オンス用意し、セイヨウニンジンボク(アグニ・カスティ)を粉々にして、すべてを混ぜる。これを誰かに向けて燻香すると、その愛情が払い落とされ、その想いと霊(スピリトゥス)は愛情を離れることになる。

【一四】同上。狐の血、猿の血をそれぞれ二オンス、猫の血、狼の血、猿の脳、豚の脳をそれぞれ一オンス用意し、これらすべてをよく混ぜて食物として誰かに与えるなら、上述したようになる。‖

[267] 【一五】同上。ヒキガエルの脳、鶴の脳(2)をそれぞれ二オンス、赤犬の血、黒猫の血をそれぞれ四オンス、豚の脂(3)、赤犬の脳をそれぞれ一オンス、すべて

(1) agni casti　ここは動物素材のあいだにあるので、ほんとうに「去勢羊」かもしれない。その上、記述が重複している。
(2) 亜独版:「梟と蝙蝠の血」
(3) axungie porci　前章末尾参照、亜独版:「赤犬の脂」

を混ぜ合わせ、ペンタフィロン[4]を一オンス加える。これをあなたが憎悪させたい者に燻香として焚く。

【一六】同上。人の血[5]、驢馬の血をそれぞれ四オンス、豹の血を一オンス用意し、すべてを混ぜて望みの者に食物として与えると、上記のようになる。

【一七】同上。黒犬の血、鷲の血をそれぞれ四オンス、驢馬の血を一オンス、これらを加熱し、セイヨウニンジンボク（アグニ・カスティ）を二オンス混ぜる。この混合物を望みの者に燻香として焚くと、この者を憎悪させることになる。‖

【一八】以下、敵意、分裂、人口減少を起こさせる四つの燻香。

【一九】その第一。黒猫の血、赤犬の脳、狼の血を等量一緒に混ぜて、オトギリソウ（エウペリコン）、セイヨウニンジンボク（アグニ・カスティ）をそれぞれ二オンス加える。これを望みの者に燻香する。

【二〇】その第二。豚の凝血とその脂、鼠の血をそれぞれ四オンス、ハゲタカ（アッラハマ）の脳を一オンス一緒に混ぜ、ここにオトギリソウ（エウペリコン）とペンタフィロンを上記すべてと等量[6]加え、一緒によく混ぜる。そしてこれを望む者に燻香する。

【二一】その第三。鶴の脳、鳶（ミルヴス）の血をそれぞれ八オンス、兎の煮凝りとその血をそれぞれ一オンス、驢馬の脂を一オンス、すべて混ぜ合わせ、この全重量にあたるセイヨウニンジンボク（アグニ・カスティ）を加える。これをその者に燻香するなら、

（4）pentafilon, 亞独版：Keuschlamm セイヨウニンジンボク、独訳註：「ここは前後に見られる habb al-faqd を用いておらず、ペルシャ語名 fangakust が使われている云々。」

（5）【五四】項に関する下註参照。

（6）両者合わせて一三オンス？

上記したようになる。

【二二】その第四。烏の血、ハゲタカの血をそれぞれ一オンス、驢馬の脂とその血をそれぞれ四オンスすべて混ぜて、この全重量にあたるセイヨウニンジンボク（アグニ・カスティ）を加える。これを燻香すれば、上記したようになる。

【二三】同上。黒猫の脳を四オンス粉砕し、乾燥した人糞を等量粉にしたものと混ぜる。そしてこれを望みの者に食物として与えると、その者は憎悪を抱くことになる。

【二四】アリストテレスは言っている。諸霊（スピリトゥス）および諸自然本性を分離し結合すること、また大世界と小世界の諸秩序について知悉した者は、霊的なものどもの分離と結合ばかりか、諸物体（コルプス）の分離と結合をも、これら相互の分離と結合についても知悉している、と。

【二五】以下の七つの調合剤は、婦女と交わることのできない男に食物に混ぜて与えるためのもの。
〔269〕【二六】その第一は、馬の脳と豚の‖脂、黒猫の血をそれぞれ二オンス用意し、そのすべてをコロシントウリ（コロクインティデ）の粉一オンスと混ぜる。この混合物を僅かに食事に混ぜて望みの者に与える。
【二七】同上第二。馬の脳、豚の脂、狼の血を等量とり、すべてを混ぜる。

これを望みの者の食事に半ドラクマ[7]混ぜて与えると上記のとおりになる。

【二八】同上第三。猿の血とその脳、駝鳥の脂、鹿の角、眼、蹄を等量とり、すべてを粉にしてお互いに混ぜ合わせる。これを望みの者に半オンス、食事とともに与える。

【二九】同上第四。驢馬の脳を四オンス、豚の脂を一オンス、馬の血を二オンスとり、すべてを混ぜ合わせて、望みの者に半オンス、食事とともに与える。

【三〇】同上第五。豚の骨の粉末を四オンス、桃（ペルシコルム）の葉を二オンス、燃やした狼の皮、黒猫の眼、驢馬の脳をそれぞれ二オンス、すべてを一緒に混ぜて、望みの者に半オンス、食事とともに与える。

【三一】同上第六。黒猫の血、トド（ボーヴィス・マリーニ）の脳を等量混ぜ、望みの者に半オンス、食事とともに与える。[8]

【三二】以下の七つの調合剤は眠りを催させ、体軀（コルプス）のすべての霊（スピリトゥス）を鎮めるばかりか、死に至らしめると信じられている。

【三三】その第一。豚の脳、シャーミ（鹿に似た動物）の脳を等量とり、これらと同量のマンドラゴラの種子を混ぜる。これを半オンス、望みの者に飲み物か食べ物に混ぜて与える。

（7）ここだけ単位表記が違う。

（8）はじめに「七つ」とあるが、一つ処方が足らない。

[270]

【三四】同上第二。野生の黒芥子の種子を四オンス、狼の脳、人の脳、豚の胆汁をそれぞれ一オンスとり、これらを混ぜて、望みの者に食事とともに少量与える。

【三五】同上第三。人の汗[9]、黒猫の血を等量、これらと同量のマンドラゴラの種子をすべて混ぜ、望みの者に半オンス、食事とともに与える。

【三六】同上第四。豚の脳、黒猫の血をそれぞれ半オンス混ぜる。そしてこれを望みの者に食事とともに与える。

【三七】同上第五。鳩の脳[10]、豚の血、アスピス・スルダ[11]と呼ばれる蛇の脂を等量混ぜる。これを望みの者に半オンス、食事とともに与える。

【三八】同上第六。猫の尿を四オンス、馬の汗を二オンス、コロシントウリ（コロクインティデ）を一オンスとり、よく混ぜる。これを望みの者に四分の三オンス、食事とともに与える。

【三九】同上第七。野生のヘンルーダ、人の汗、豚の脳を等量とり、すべてをよく混ぜる。これを望みの者に半オンス、食事とともに与える。この調合剤はその者の霊（スピリトゥス）の力能を殺める。

【四〇】［以下は眠らせ死に至らしめるための十の調合処方］

【四一】また『［メト］ヘデュトスの書』[12]にも眠らせ死に至らしめる十の調合

（9）【五四】項に関する下註参照。

（10）亞独版：「毒ある爬虫類の脳」

（11）aspis surda, 亞独版：「蝮の脂 Viperr-fett」

（12）*Libro [Met]hedeytoz* 亞独版：*al-Haditus* 亞英版：*Haytoos*

［271］

法が載せられている。

【四二】その第一は次のとおり。黒猫の尿の膠化したもの二オンス、鼠の脳とシャーミをそれぞれ一オンス。これを望みの者に半オンス、食事とともに与える。

【四三】同上第二。豚の脳とこれの汗、人の尿塩(13)を等量混ぜる。これを望みの者に食事とともに与える。

【四四】同上第三。猿の脂、犬の脳、トカゲ(ラカーニ)(14)とミドリトカゲ(ラガリイ)(15)（つまり緑のオオトカゲ）の血をそれぞれ二オンスとり、一緒に混ぜる。これを望みの者に半オンス、食事とともに与える。‖

【四五】同上第四。驢馬の脳、人の汗を等量とり、一緒に混ぜる。これを望みの者に半オンス、食事とともに与えると、上述したとおりになる。

【四六】同上第五。人の精液(16)、ガゼル(アルガゼル)の脳を等量、これらと同量の獣の汗を集め、一緒に混ぜる。これを望みの者に半オンス、食事とともに与える。

【四七】［同上第六。人の精液、ガゼル(アルガゼル)の脳を等量よく混ぜる。これを望みの者に四分の一ドラクマ、食事とともに与える。］

【四八】同上第七。黒猫の脳、蝙蝠の脳、狼の脂を等量、一緒に混ぜる。これを望みの者に一オンス、食事とともに与える。

（13） salis urine

（14） racani

（15） lagarii id est lacerte magne viridis

（16） 次【四七】項とともに、【五四】項に関する下註参照。

【四九】同上第八。鼠の脳、黒烏の血を等量、コロシントウリ（コロクインティデ）をその四分の一とり、一緒に混ぜる。これを望みの者に一オンス、食事とともに与える。

【五〇】同上第九。熊の胆汁とその脳をそれぞれ二オンス、鼠の血、黒猫の脂を一オンスとり、一緒に混ぜる。これを望みの者に一オンス、食事とともに与える。

【五一】同上第十。猿の脳、人の脳を等量とり、一緒に混ぜる。これを望みの者に一オンス、食事とともに与える。

【五二】上述した十の調合剤は諸惑星と諸恒星の力能と潜在力をもち、それらを構成しているものの諸力能と混合しており、この混合から霊的な潜在力がはたらくことになる。上述したところは、賢者ヘルメスが編纂した『ヘデユトス』(17)という表題の書に載せられるものである。

【五三】この書物には驚くべき複合物の処方が述べられている。この調合剤を身につけていれば人々からあらゆる邪悪をとり払うというもので、人々を呪詛や妖術から守ってくれる魔除け(18)である。まず蛙の脊髄と頭を一緒に洗う。これを芍薬（ペオニア）とイナゴマメ（ベルベリス・アロアサク）(19)、驢馬の脳――すべて乾燥したもの――それぞれ一オンスとともに絹布の上に載せる。不安のある者はこれを身につけると、上述したように安全に守られる。これはガレノス（ガリエヌス）(20)が当時の支配者である王に調

(17) *Hedeytoz* 亞独版：*Haditus*

(18) Contra maleficia seu fascinaciones hominum

(19) berberis aloaxac 羅伊版：carrube bere

(20) Galienus

〔272〕

合したもの。‖

【五四】驚異は人の諸性質に由来するものである。上掲書でこの賢者が言うところによれば、賢者たちが降霊術（ネグロマンツィア）の知識を得ておこなったように実修するなら、人の体軀（からだ）にはこの業にかかわる数多の驚異が生じる。これについてヘルメスが書きとめている驚異をあらわす調合剤は以下のように調えられたもの。死んだばかりの人の頭部全体を大きな壺に入れる。ここに新しい阿片を八オンス、人の血と胡麻油を等量、上述したものが浸かるまで注ぐ。そしてこの壺を泥で塞ぎ、二十四時間にわたり弱い炭火にかける。そして火からとり去り、冷えるのを待つ。顔を覆ってこれを濾すと、すべて油のような液体が得られるので、これを保存する。この油には様々な驚異があるという。なによりまず、見たいと思うものがなんでも見えるようになる。この油に火をともすか、誰かに塗るか、僅かばかり食事に混ぜてこれを与えるなら、なんなりとあなたの望むことが見えるだろう(21)。

【五五】望みの動物の形相（かたち）をあらわれさせる処方。それに変じたいと望む動物の頭と脂、そして必要なだけ十分な量のヌーチェ・シャルテ(22)を壺に入れて油に浸す。これを一昼夜弱火にかけ、すべてを油に溶け崩れさせる。これを冷ましてから、よく濾す。これに火をともし、すでに述べた(23)油をその顔に塗

(21) 人の体軀の諸部分の使用については、Pingree 生前未公刊の論考（introduction Charles Burnett, Between the Ghaya and the Picatrix, II : The Flos Naturarum ascribed to Jabir, *Journal of the Warburg and Courtauld Institutes*, 72 (2009), pp.41-80.）参照。これは亞語版には認められない羅語版における人体使用の事例の嵌入を小論 *Flos Naturarum* に探し当てた興味深い論考だが、おそらく道義的（?）な問題から著者 Pingree 生前には発表されなかったもの。ちなみに、亞版にはあって羅版では削除されている人身御供については第Ⅱ書十二章【五二】、第Ⅲ書七章【四〇】、▼補註18 27を参照。

(22) nucem scialtam 毒あるナツメグの類か、亞独版 : Stechapfel チョウセンアサガオの実

(23) この項と次の【五六】項の「すでに述べた」が同項内の油を指しているのか、【五四】の油を指しているのか不明。

ると、そこに居合わせた者たちには、その顔がこの動物の形相（かたち）となってあらわれる。

【五六】覚知と認識を失わせる処方。切り取ったばかりの人の頭部を大壺に入れ、その傍らに脾臓、心臓、肝臓を置く。ここに下記する動物たちの頭を載せる。つまり猫、狐、猿、鶏、ヤツガシラ（ウプパ）、鳥、鳶（ミルヴィ）、蝙蝠、鵞鳥（アンセリス）、燕（ヒルンディニス）、[273] 亀、ミミズクの頭を。‖これらすべてを壺に入れて油に浸し、壺の口を泥でしっかりと塞ぐ。これを弱火にかけて三昼夜充分に熱し、火からおろして冷めるのを待つ。そして先述したように顔を覆って、これを濾し、壺に保存する。つづいて上述したものどもの骨を別の壺にとり出し、黒ヒヨス（イウスクィアミ）の種子とヌーチェ・シャルテを大量に混ぜて粉になるまで燃やし、これを保存する。上述した業の実修にあたっては、この粉を望みの者に飲食物とともに与え、その油で三つの火をともす。するとその効果がまのあたりにあらわれる。［驚くべき形象を出現させる処方］。上述した油をあなたの顔に塗り、上述した明かりに照らされる家に入る。[24] すると居合わせた者たちには、あなたがなにか怪物のようにみえることとなる。

【五七】覚知と記憶を喪失させる処方。オオタカ（アストゥリス）の脳、鼠の脳、猫の脳をそれぞれ二オンス、硫黄、没薬（ミルラ）をそれぞれ半オンス、すべてをよく混ぜ、腐敗

（24）apparebis enim astantibus quasi monstrum in natura「なにやら怪奇な自然本性としてあらわれる」

するまで放置する。これで実修するには、これを半オンスと同量の鶴の糞を混ぜて一塊にし、火に投じて煙を立ち昇らせる。この煙を嗅ぐと惑乱して覚知も記憶も喪失し、どこに居るのかすら分からなくなる。[25]

【五八】その他にも人の体軀には驚くべきことが数多起こる。賢者ゲベル[26]が公にした書物には、人の体軀に起こるさまざまなことどもが録されている。彼はこのように言う。吾ゲベルは、諸元素が複合している時にそれぞれそのはたらきをなすが、それが個別にあるとそれ自体が存するというだけで何のはたらきもしない、ということを知った。それらの四つすべてが集まりお互いに結びつくと、そこに生成がおこり、誕生、成長、生命がつくりだされる。これら四つのうちの一つが外れると、死、枯渇、壊敗がおこる。まずはじめに人について、その頭からはじめよう。

【五九】その脳を食べることは、記憶を喪った者の脳に役立つ。

【六〇】頭蓋骨を焼き、スクィッラ[27]の汁とともに九日間飲むと、癲癇が治る。

【六一】人の眼を狼の眼と一緒にしてこれら二つを身に着けていると、邪眼(オクルス・マルス)を避け、罵詈雑言を防ぐことができる。

【六二】その髪を燃やして粉にし、阿片チンキ(ラウダーノ)[28]と混ぜたものは、脳を温める。

【六三】断食中の男の唾液は、これで頻繁に湿らせるなら疥癬をも癒す。

(25) demoniabitur「悪魔に憑かれたようになり」

(26) Geber 亞版にはゲベルの書からの引用はなく、これはすべて羅訳者による付加。この部分【五八】—【一一二】がアラビア語原本とは別の羅文 *Flos Naturarum* から改訂採録されたものであることについては、D. Pingree, Between the Ghaya and the Picatrix, II; The Flos Naturarum ascribed to Jabir, in *Journal of the Warburg and Courtauld Institutes*, LXXII, 2009, pp.41-80 参照。

(27) squilla 蝦蛄のことだが?

(28) laudano

【六四】断食中の男か女の唾液を蛇の頭か口に落とすと、これはたちまち死ぬ。

【六五】婦女の舌[29]は欺瞞あるいは妖術をはたらこうとする者の役に立つ。

【六六】なにかを盗むあるいはとりあげようとする時には、男の舌と鳶(ミルヴィ)の舌を身につける。

【六七】昇華した鉛丹(アゼルネク)[30]を含んだ血紅色の水は、火にかけた銅の中に浸透してこれを融かす[31]。

【六八】耳垢(チェルーメン)[32]は月（銀）あるいは太陽（黄金）をたちまち融かす。また硼砂(アッティンカル)はこれらをたちまち固まらせる。

【六九】耳垢を阿片と調合したものにはよく眠らせる効能がある。

【七〇】人の頭の煮出し汁に脳を混ぜたものは痴呆を癒す。

【七一】赤銅の小刀で削った手や足の爪を、月が木星(ユピテル)とともにあり太陽に合する時に燃やす[33]。そしてこの粉を望みの者に飲ませるとあなたに好意を抱くようになる。そこでその衣装にもこれを振りかける。

【七二】罹患したばかりの癩病や癩病性の疥癬を抑えるためには、患者に男の陰茎の先を燃やして[34]粉にしたものを食させる。すると患部は広がらない。

【七三】人の尿はそれの転移した場所を燃やす。疥癬に罹った者をこれで洗

(29)「お喋り」のことだろう。

(30) azernec, 羅伊版：minio「鉛丹」。第Ⅲ書十章【二】【一八】参照。

(31) Aqua sanguinis imbibita in azernec sublimato facit illud intrare intus in ere resoluto ad ignem. 不詳。このあたりから錬金術手法を説いたものが混淆している。「銅を火にかけ鉛丹を融かし込む者の血液には昇華した鉛丹が入り込む」?

(32) cerumen 何かの物質名だろう。

(33) Luna existente cum Iove, et combure eos cum fuerit iuncta Soli あるいはなにか錬金術的な業の訛伝またはその逆、つまり錬金術的処方として誤用されるようになるものかもしれない。たとえば「銀が錫や黄金と混じたものを」と。

(34) summitatis virge hominis

うなら、たちまち治る。

【七四】人糞を太陽で乾かし粉にして、これを鉄錆を含み傷んだ黄金に投じると黄金を浄める。

【七五】糞の油は太陽（黄金）と月（銀）を柔らかくし、これらの色を増す。

【七六】脛に耐え難い痛みをもつ者の脛を、糞の水を三度蒸留したもので洗い、ここにその糞を焼いた粉を乗せるとたちまち治る。

【七七】高熱を出す患者の頭を人の血で洗うと治癒する。

【七八】傷口を血で洗い、傷の上の血に石灰を投じると、傷は癒される。

【七九】火傷なら火によるものでも熱湯によるものでも、まず糞の水で洗い、ここに血を焼いた粉を投じると治る。

【八〇】いかなる薬をもってしても平癒しない病患の場合でも、血で洗えば快方へ向かうだろう。

【八一】体内が乾燥しすぎている者には血を飲ませる。これにより乾燥を免れることができる。

【八二】下痢に苦しむ者には何の血でもよいから少量与える。すると下痢は治る。

【八三】四十日熱に罹った者には、人の腕の骨と鵞鳥（アンセリス）の翼の先の骨を身につけさせると治る。

【八四】夢見の悪い者は糞の水で洗うと治る。

【八五】糞の油を三度蒸留し、太陽（黄金）合金に含浸させ、アルファディテ(35)の緑水と辰砂（チナブリ）の水に溶かしたもので、月（銀）その他の金属を染める。

【八六】人の胆汁でつくった点眼薬は、涙もろい目や濁った目を癒す。

【八七】癌腫（カンクルム）や瘻孔（フィストラム）は血で焼いて石灰を塗り、あらためて石灰を塗る。ただしその前に患部を蒸留した血で洗う。

【八八】人の糞を太陽で乾かしたものには強い効能があり、リウマチの痛みを取り去るばかりか馬その他の動物の病患をも癒す。また目にも良く、獣の眼の濁りをもとり去る。

【八九】婦女の経血を受けとる者は癩病になる。また浴場でこれを付着させるようなことがあるとたちまち死ぬだろう。

【九〇】療法。男の精液をとりこれを飲ませれば癒されるだろう。またマレ・アムレプス草(36)を与えても癒される。

【九一】人の心臓で袋をつくり、これを三人の男の血で満たし、火で熱して悪鬼たち（デモーネス）を召喚すると応じるだろう。

【九二】あなたの汗を清浄な鉢に集める。これを硝子のうつわにとり、ここ

（35）alfadite 羅伊版：argento 銀。

（36）herbe male amreps ?.

にあなたの両足の皮を削り入れ、適宜あなたの糞を加えて、太陽で乾かす。そしてアラビア語でフーと呼ばれ、ラテン語でヴァレリアーナ[37]と称する草の根を加える。これをあなたの望みの者に飲ませると、あなたに好意をもつようになる。

【九三】吾ゲベルはこれを試したが真実である。ただし婦女がその尻を洗う水に関連して、尻を東に向けるようにしなければならない。

【九四】人の肉と骨を燃やすと好意を呼びさますことになる。

【九五】死人の三測尺[38]――つまり死者の三つの計測箇所。ここで計測するのは、肘から親指まで腕の長さ、肩からその指までの長さ、そして頭から足までの長さ。そしてそれらは塵に戻る[39]。

【九六】月が太陽とともにある時に左の人差指から採った血と、月が金星とともにある時にもう一方から採った血を、月が太陽と衝にある時に与える――これにより愛情が呼びさまされる。これはエジプトで試みられたもので、これが真実であることは吾が自ら何度もまのあたりにしたところ。

【九七】糞の水と泥分をタルタルム[40]に溶かす。この中に銅の薄板を浸し、白くする。そしてこれを針髭状の明礬(アルーメン)とアゼク[41]の溶液に投じるとより良くなる。

【九八】婦女の外陰部の皮をぐるりと穴の形状をとどめたままにとる。その

(37) valeriana【一一〇】項参照。

(38) tres mensure

(39) なにか深い含意があるのかもしれぬが、不詳。【八九】の menstuum からの連想か。

(40) tartarum 酒石だが、ここは液体。中世錬金術ではタルタロスは冥府、黒の過程であらわれる混沌の謂い。

(41) azech あるいは azoth ?

中央部[42]にみえるものは何であれ死のしるしとなる、またたいへん純粋なものでもあり、同時に病気にするものでもある。これはギリシャのエフェソスと呼ばれるところで観られるもの。

【九九】男の陰茎の皮を剝ぎ、塩と小麦粉とともに皮のように柔らかく伸ばして鞣す——なにかを縛りまた解くにあたり、これを用いる。

【一〇〇】男の睾丸を乾燥して粉にし、トゥーレ[43]、乳香(マスティク)、シナモン、丁子(ガリオフィリス)とともに食べると、男は若返り、血色をよくする。

【一〇一】男の眼球を蛇の皮に包み結びつけると、あなたを見る者は誰でもあなたに好意をもち、あなたの邪魔をせずあなたと親しくなる。

【一〇二】熱がある者あるいは頭になんらかの痛みを訴える者の頭を婦女の乳に浸すと痛みが去る。

【一〇三】婦女の乳を阿片とともに、熱のある者を寝つかせるために、あるいはその他不眠の者に与える。

【一〇四】旅程を安全に了えたいなら、汝の精液と耳垢で錠剤をつくり、これを一つ首に下げるとそれは安全に果たされる。これを身につける賢者たちは、これの中には数多隠された性質があると言う。そのうちのある者はこれを七十二挙げ、その一々に異論の余地ない理由づけをしている。

(42) medium 媒介されて見えるもの、「霊的存在」とも。

(43) thure 羅伊版：incenso 抹香

【一〇五】臍の緒を無花果の木にいる緑蛙の舌と一緒に赤い絹布に包む――これを身に着けていると、主人からも他の人々からも敬われる。

【一〇六】悪性膿疱や疥癬を病む者は、太陽の熱暑のもと、三度蒸留した血の油を塗り、血を吸わせた土の上に身を投げ出すと癒される。これを七度以上繰り返す。これについてはすでに『諸性質の書（デ・プロプリエタティブス）』(44)に関連して論じたところ。

【一〇七】男の右腕と豹の頭を家に置くと詐欺にかからない。

【一〇八】人の胆汁のアルコホル(45)と猫の目は光に鋭敏にするのに役立つ。これは驚くべきことを見る時に、また悪鬼（デモーネス）たちを見るために用いる。

【一〇九】人の血と磁石の塊と有毒なルクラつまりルチア(46)と呼ばれる草を用意する。これらを一塊にして黄金あるいは銀のうつわに入れて身につける。すると妖術、姦計、詐欺を免れることができる。また自分の血を集めて、これを手に結ぶなら最大の効果がある。

【一一〇】バルダク(47)で聞いたところによると、これに似た力能をもつ草があり、アラビア語でフー、ラテン語でヴァレリアーナ、ギリシャ語でアマンティラ(48)と呼ばれている、と。またこれの調合剤の力能は、これを燕下あるいは飲み物として与えられると、好意を引き起こす、ともいう。

(44) *De proprietatibus : Kitab al-Khawass*, cfr. F. Sezgin, *Geschichte des Arabischen Schrifttums*, iv, Leiden 1971, p. 264.

(45) alcohol

(46) lucura mortifera que herba lucia dicitur 羅伊版：ortica bianca 白イラクサ

(47) mihi retulit, qui fuerat de Baldach これは「バルダクやインドで聞いたところによると traxerat in Baldac et in India」(*Flos naturarum*, Montpellier, MS H 277) あるいは「バルダクとユデアに住む者が言うところによると dixit ibi, qui moraret in Baldach et Iudea」(Bodleian Library, Corpus Christi College MS 125)。ピングレーは「バグダット（に住む者）」と訳している。Cfr. Pingree 前掲論考。

(48) in Arabico fu, in Latino valeriana, in Greco amantilla

【二一一】婦女の外陰部（つまりその皮）を蛇の舌とともに黄色の布に包んで身につける。するとその潜在力は分裂をも友情をももたらす。婦女の櫛についた髪もこれと同じ効果をもっている。

【二一二】上述したところはすべて賢者ゲベルが公にした書物に見出されるもの。この『「メト」ヘデュトス』には以下の実修も載せられている。〃

[273] 【二一三】燻香により視覚を喪失させるための処方。犬、驢馬、猫、山羊、牡牛の血をそれぞれ等量とり、これらの血のすべてを混ぜ合わせ、その混合
[274] 物を一分量弱火にかける。〃そこに粉にした鉛丹(アゼルネク)(49)と昇華した生銀(アルジェンティ・ヴィヴィ)をそれぞれ一分量投入する。これらすべてをよく混ぜてから壺に入れ、これを泥で十分に塞ぎ、堆肥の中に入れて腐敗させる。その後これをとり出すにあたり、その匂いを嗅がないように注意する。この調合剤を半オンス火にかけると、この煙を吸う者の眼はもはや光を見ることもなく闇に閉ざされる。治療法。ウイキョウ(フェニクリ)と緑コリアンダー(コリアンドリ)の汁を混ぜて眼に塗ると、目が見えるようになる。

【二一四】口を利けなくさせる処方。雄鶏の胆汁と熊の胆汁をそれぞれ二オンス、蝙蝠の血を四オンス、チシャ(ラクトゥス)の種子、黒芥子の種子、マンドラゴラの根をそれぞれ半オンス用意し、血を溶かして他のものをよく混ぜてから乾燥

（49）前註29参照。

させる。これを粉にして何年も経った古い葡萄酒で練り、半オンスの錠剤にする。これを誰かに飲料あるいは食物に混ぜて与えると、ことばを喪い一切口を利けなくなる。治療法。患者の口に油かバターを満たして、口を閉じさせる。

【一一五】耳を聞こえなくさせる処方。マンドラゴラ、牡牛の胆汁、山羊の胆汁を等量づつ混ぜて粉にする。そしてこの粉を腐敗させる。これを望みの者に半オンス食物に混ぜて与えると、まったく聴覚を喪失する。治療法。ヘンルーダ(ルーテ)の汁を患者の耳に注ぐと治る。

【一一六】不和と敵意を生じさせる処方。ミドリトカゲ(ラカヌム)、蛇(コルブロ)の頭、犬と黒猫の皮を等量づつとり、一緒に混ぜて壺に入れ、粉になるまで燃やす。これを人々の間に投じると、お互いに敵意を抱き、殺し合いになるほどの諍いが起こる。‖治療法。タチアオイ(マルヴァヴィスティ)の種子を四オンス、白鳩の血と胆汁をそれぞれ二オンス用意し、すべてを粉にして火にかけて血を注ぎ、これを半オンスの錠剤にする。不和をとり除きたいと思う者たち――先に別の粉を投じたところに、この錠剤一つを粉にして投じる。するとそれらの霊(スピリトゥス)から上述した不和と敵意はたちまちとり去られる。

【一一七】眠らせるための調合剤。阿片、黒ヒヨス(イウスクィアミ)の種子をそれぞれ半オンス、黄ナツメグ、新鮮なアロエ樹をそれぞれ六分の一オンス、粉にして緑コリアンダーの汁で一つに混ぜ合わせる。これを壺に入れて、内容物の液質(50)と霊(スピリトゥス)がお互いによく混ざるように腐敗させる。そしてこれを壺から出して、望みの者に半オンス飲ませる。するとその者は揺り動かさぬ限り長時間眠りつづける。

【一一八】同上。ヌーチス・シャルテ、赤鉛丹(アゼルネク・ルベイ)、マンドラゴラの種子あるいは外皮、黒芥子をそれぞれ四オンス、サフラン(クロコ)を六オンス、ヒヨス(イウスクィアミ)の種子を二オンス、すべてをよく混ぜ、三日間腐敗させる。この混合物を望みの者に葡萄酒とともに半オンス飲ませる。

【一一九】同上。阿片、マンドラゴラの外皮、チシャ(ラクトゥス)の種子、ヌーチス・シャルテの枝、アルコレ(51)の汁、黒ヘレボルス、黒芥子の種子を等量用意し、すべてを粉にして混ぜる。これら上述した量を何年も経った古い葡萄酒で練り、七日間腐敗させる。これを望みの者に半オンス、食事とともに与える。

【一二〇】同上。ヒヨス(イウスクィアミ)の汁、マンドラゴラの汁、‖[276]緑コリアンダーの汁、チシャ(ラクトゥス)の汁、ヌーチス・シャルテの汁、アセユカラン(52)を等量、阿片をこれら総量の十分の一用意し、すべてを混ぜる。そして無花果四個を潰してつくった膠分(アユロップ)に葡萄を混ぜて圧搾機で潰す。この膠分(アユロップ)を先のものと一緒にしてよく

(50) complexiones 所謂体液の四質を指す語。

(51) arcole ?. 後註54の ariole 参照。

(52) aceycaran 亞独版：Bilsenkraut, 羅伊版：ヒヨス(イウスクィアミ)。

［277］

混ぜる。これを腐敗させ、混合物の液質[53]と霊（スピリトゥス）を一つにする。上述したもののうちにある諸霊はあまりにも強烈なので、この調合剤を一服四分の一オンス以上与えてはならない。

【一二一】致命的な毒。乾燥した蠍、ヌーチス・シャルテ、黒芥子、コロシントウリ（コロクィンティデ）を等量とり、すべてをよく混ぜて粉にし、腐敗させる。これ四分の一オンスで人の致死量であることに注意。

【一二二】同上。アリオレ[54]、新鮮なトウダイグサ（エウフォルビア）を等量用意し、よく混ぜる。このすべてに蝮の胆汁を混ぜ――これにふさわしい壺の中で――腐敗させる。これの熱と刺激臭は心臓の血を損ない傷つけ、たちまち人を死に至らしめるので、十分注意する。

【一二三】同上。できるだけ蛙をあつめ、一匹づつ鉄串に刺す（つまり鉄串一本に一匹）。その口から肛門まで刺し貫き、その口を地に向けて串を立てる。そして鉛の鍋にそれらの口から溢れ出る油を集める。この油は最初のものより後に出てくるものほど効能が高いことに注意。これを使用に供するために保存する。この油は激しく四肢を傷つけ、死に至らしめる。この致命的な毒を見出したのはルフス[55]で、彼はこれの驚くべき効能を証している。‖

【一二四】解毒用の驚くべき石のつくり方。インドの王たちは下記のような

（53）上註参照。

（54）ariole 亞独版：Seidelbast セイヨウオニシバリ

（55）Rufus 亞独版註：「エフェソスの医師ルフスのことか」

石を造らせるのを常とした。これは彼らのもとにある高貴なもののうちにあって、あらゆる毒の危難を避け、これから守ってくれる驚異である。この石のつくり方は以下のとおり。鹿の眼を十個、蝮あるいは毒ある蛇(コルブロ)の眼を十個、あるいは蝮が得られないならヒキガエルの頭から同じ重量だけの眼を繰り抜く。これらすべてをよく洗い、乾燥させてモスリンの布(シンドネ)で篩にかけ細かい粉にする。これを十分に混ぜて、口の狭い硝子の壺に入れる。次に、シトロン(シードル)でつくった酢とハツカダイコン(ラバノルム)の汁をそれぞれ八オンス、白く柔らかな蜘蛛の巣、乳香(マスティク)をそれぞれ一オンス用意し、蜘蛛の巣を細かく砕き、乳香(マスティク)とともに前述した二つの汁の中に入れる。これを二昼夜放置し、先述した壺の中の粉を混ぜ入れて緩い膠状にする。そこでこの高貴な壺の口を塞ぎ、堆肥の中に埋めて燃やす。ここからとり出すと、すべて溶けて油のようになる。これに水を混ぜ、水がすべて吸収されて十分混ざるまで先の熱い堆肥の中に据える。これをとり出し、卵(56)の頭から中身を抜いてこれを注ぐ。そしてその上に別の卵を据えて十分に塞ぎ、これを熱い堆肥の中に据える。そしてやや凝固してきたところでとり出す。それを穴からとり出して、絹布に包む。そしてこれをパン焼き窯の中(57)で加熱する。そこからとり出し、なんらかの鳥(58)の胃に入れる。そしてその鳥を焼いて、その鳥の胃をとり出す。その

(56) 卵形の丸底ガラス容器のことか。
(57) in pane ad clibannum → ignum ad sublimatum? ただしつづいて decoquatur と液体加熱に使われる語があるので無理か。
(58) alicuis avis → alembicis stolti 鳥の嘴のように首を曲げた蒸留用硝子器(ランビキ)? あるいはなにか錬金術的な比喩である「ヘルメス鳥」の含意?

中から硬い石が見つかればよいが、それが見つからない場合には、他の鳥の胃[59]で繰り返し試みる。最前のようにこれを焼き等々、石ができるまで試みる。そしてこれの穴に糸を通し、この糸を腰に結ぶ。インドの王はこのようにして、この石を腰に着けていた。その効果は絶大で、王の前に出された食物や飲料あるいはその他なにかに毒が入っていると、この石は激しく動き出し、汗をかきはじめる。これは彼らのもとでは周知の事実であり、その地の大いなる奇瑞の一つである。‖

〔278〕

【一二五】この石を自らの才知で最初につくったのはベヘンタテル王[60]だった。この人はインド諸王の一人でたいへんな賢者だった。彼はメニフ[61]の町を創建し、ここに壮大な館を建て、その館に口を利く神像(イマジネ)を設けた。数の愛情を計算してみせた[62](友愛数[63]を見出した)のもこの人であった。じつにこれは奇跡と呼ぶにふさわしい。食べ物か飲み物か他のなにか[64]を二人の人物に与えると、深い友情で結ばれ、お互いにたいへん好意を抱きあう。また上述の数を木片に刻み、これをもってパンあるいは他の食物に捺して、誰かに食物として与えると、あなたをたいへん愛するようになる。またこの数をあなたの着衣にすると、あなたから剝がせなくなる。これを纏って市場の雑踏に出かけても、これに記されたもの(数)のおかげで剝がせない。それらの数のうち小さい方

(59) stomacho 上述蒸留器の中から?

(60) Behentater rex 亞独版・亞英版:Kanka カンカフ、あるいは黄金の意。

(61) Menif 亞独版:Memphis メンフィス、亞英版:Manaf、第Ⅳ書三章【一】のアドセンティンおよびそれに付随したものがたり(▼補註29)参照。

(62) computaciones amoris per numerum

(63) 羅文中では「友愛数 Numeri Amicabiles」の算術的概念を解説している訳ではない様子。ちなみに友愛数二二〇と二八四はイアンブリコスの『ニコマコスの算術』が初出で、アラビア語論考としてはタービット・イブン・クッラに『友愛数の導出法』がある。Cfr. F. Sezgin, *Geschichte des arabischen Schrifttums*. Bd.V. Mathematik bis ca.430H, Leiden 1974, 270, no.13. 友愛数については第Ⅰ書五章【六】初出箇所、また▼補註7参照。

(64) re ここで「王 rex」なのか「もの res」なのかわからない妙な混線が起こっている。

は二二〇、大きい方は二八四。(65) これらの数の業は次のとおり。小さい方の数と大きい方の数をアラビア式表象(アルゴリスミ)(66)によってしるす。小さい方を食糧として(誰かに)与え、あなたは大きい方を食べる。(67) 小が大に従属するようにその者はあなたに服従し、上述した業におけるその(大の)驚くべき特性と潜在力を愛するようになる。この業は干葡萄の粒でも石榴の粒でも同様にあなたの望む者にその果実を食べさせることで実修できる。これが可能なのは数によってであり、形象によってではない。(68) わたしは上述した業を何度も試み、ここに語ったところを超えた真実があることを知った。

【一二六】上述した王はエジプト人たちのために十二の月の十二の安息日(69)——つまりひと月宛一つ——をつくった。また彼はさまざまな像(イマジネ)に囲まれた館を建て、これらの像(イマジネ)はあらゆる病を癒した。その頭にはそれぞれの像(イマジネ)が浄める病の形象を載せていた。その地の人々はこれらの像(イマジネ)のおかげで長らく彼らの病を癒してきたが、それは以下のようにしてであった。その像(イマジネ)のもとへ詣り、自らの病を浄めてくれる像(イマジネ)に健康になるようにと病患を晒してみせる。するとたちまちその病から癒された。またその王は笑う男の形相(かたち)をした像(イマジネ)をつくった。この像(イマジネ)にはたいへんな力能と潜在力があり、悲嘆あるいは憂鬱に圧し拉がれる者がその像(イマジネ)を眺めると、たちまち愉快に笑い

(65) いちばん小さな友愛数の一組。二二〇の約数は一、二、四、五、一〇、一一、二〇、二二、四四、五五、一一〇でありその和は二八四。一方二八四の約数は一、二、四、七一、一四二でその和は二二〇となる。次の友愛数の組は一一八四と一二一〇、二六二〇と二〇二四等々。

(66) algorismi この場合「互除法」、「約数によって」の方が意味が通るが、亞版にアラビア語表記で数が記されているのでこうしておく。

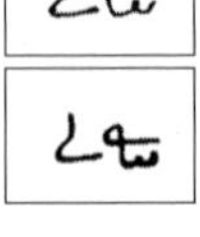

(下図参照。上が「大きい方」下は「小さい方」の数。)

(67) da minorem cui libuerit in cibo; tu vero maiorem comedas. 「小さい方をそれぞれ約数で与え、これを合算するとあなたは大きい方を得る」というようなことを言いたかったものか?

(68) Et hoc fit per numerum et non per figuras. 約数の数々を合算することによって、約数同士をかける(つまり長方形(形象)をつくる)のではなく、というような意味か。本来は友愛数の意味を解いたものだったのだろうか。亞版では特にこの一節に当たる記述はなく、二数は当然ながらアラビア語表

はじめ、懊悩は忘却に引き渡されるのだった。これらの像（イマジネ）の効験はあらたかで、その地の人々の間では神々のように崇められた。そればかりか、この王はその町に二枚の翼を広げた銅像をつくり、‖〔279〕これの全体を金塗りして、町中に据えた。これの力能は、そこを通りかかる者——男でも婦女でも姦通をはたらいた者——の罪を暴くことにあり、誰もこの像（イマジネ）による暴露を免れることができなかった。王がこの像（イマジネ）をつくったおかげで、その民の放蕩は抑えられた。この像（イマジネ）に姦通を暴かれた男も女も王の前に引き出され、その地の法に則って真の罪人として処罰された。これによりその民の男も婦女もそのような不敬に用心するようになった。

【一二七】またこの王は陶製のうつわをつくり、これに水を満たしてすべての兵士たちに飲ませたが、その水が減ることはなかった。この王は大アレクサンドロスの頃の人で、このうつわは彼（アレクサンドロス）にもさまざまな奇瑞をあらわしたと伝えられている。このうつわは、工匠たちの知識とさまざまな自然本性、それに堅牢さの知識、諸惑星や諸恒星の霊（スピリトゥス）たちによってつくられたものだった。同じようにインド王アサユム(70)はヌーベ(71)の町の門に水盤をつくった。これは黒大理石製で、そこからどれだけ水を汲もうと、決して減ることはなくいつも水が満ちていた。これは気の湿気を工匠の力能によ

記されているだけ（所謂アラビア数字ではない）。これを文字形象の効能でなく、二数の効能と解説している訳。いずれにしても亜独版・亜英版とも羅版と似た表現となっており、友愛数そのものが魔術的に解釈されているとみておいた方がいいかもしれない。

（69）pascua

（70）Acaym 亜独版：'Azim 亜英版：Azeem

（71）Nube 亜独版：al-Nuba, 亜英版：Nubah

ってとり出すもので、まさにナイル川から離れた町へと人を呼び戻すために設営されたものだった。これは海の塩水に隣接したところで、太陽光が海水から濃密で湿った蒸気をもちあげ、それが気中で塩分を浄められ精妙希薄になるという特性を利したもので、幾何測量の匠と降霊術（ネグロマンツィア）の知識によって、あたかも空中から水盤へと露を降らせるかのようだった。ここで水が涸れないのはまさに先述した誘引(72)とおなじことで、この誘引は血色の石(73)がその傍らに置かれた同じものを誘引するようなものである。(74)‖

[280] 【一二八】このインド人たちは上述したものの他にも大いなる驚異をいろいろ所持していた。そのうちのいくつかを挙げてみよう。あらゆる体軀（からだ）の動きを縛める処方。男の陰茎を細かく刻み、阿片の粉、ヌーチス・シャルテ、そして僅かばかりの鉛丹（アゼルネク）と混ぜる。これを鉛のうつわに入れて腐敗させ、注意深く見守る。腐敗分をとり去ると、油に戻ったような液化物があらわれる。この油を少量、望みの者に飲み物としてあるいは食べ物に混ぜて与えると、その者の覚知、運動、霊のすべてが覚束なくぎこちなくなり、四肢を動かすことすらできなくなる。インド人たちはこの油に他のものを混ぜてさまざまな驚異をなしてきた。これを食事に混ぜ、望みのままに常軌を逸したことをすらかなえてみせた。望みの者の食事に混ぜて与え、いまだかつて試したこ

(72) attractionem「蠱惑」
(73) lapis sanguinis「磁石」？
(74) 羅版では以下の一節が略されている。亞独版：「このインドの悟達(仏陀)の人[これはアゼム（アサユム）王を指して言われたもの]はこれに類した泉をインド各地につくり、この決して水が減じることのない泉からいまも人々は水を飲んでいる。アゼムはナバテアの町にこれまた高名な別の護符を設けた。これは四つの図像を描いた町の入場門で、四つの図像はそれぞれ四つの枢要方向を指していた。そのそれぞれの図像の手には呼鈴があった。これによって外部からこの町に近づいてくる者がある場合、住民たちはその方角を知ることができた。これはエジプト王ムーサ（モーセ）がこの門扉を破壊するまで用いられたものだった。」

とのないものの効果を証したりもした。また人を望みの形象あるいは形相（かたち）に変えてみせた。

【一二九】望みの動物の形相（かたち）であらわれるための処方。成人した男の精液と望みの動物の精液を卵の中（つまり頭の中）に入れて一つに混ぜ合わせる。つづいてこの卵をしっかりと塞ぎ、熱い堆肥の中に入れて三日間腐敗させる。これが終わったらそこからとり出し、卵の中から動物の似姿をとり出す。これを胡麻油(75)に三日間漬ける。こうしてこの動物に三日間この油を飲ませると、それはこの油を消費しつつ生きる。‖[281]これに火をつけ、誰かの顔にこれを塗ると、この者にその精液をとった動物の形相（かたち）があらわれる。これはインドではたいへん高貴な秘鑰で、外部に明かしてはならないものとして尊ばれたものだった。

【一三〇】男を町から出ることができなくする処方。男の精液と僅かばかりの血をその二倍量の蜂蜜とともに加熱し、蜂蜜に精液をすべて浸透させる。そしてこの蜂蜜が十分に黒くなるまで熱する。これを望みの者に食事に混ぜて与える——つまり長旅に出ようとしている者に。これを食べた者はその日その町から出ることができず、そこで呆然と無感覚になってしまう。

【一三一】降霊術（ネグロマンツィア）の大いなる驚異。インド人たちは降霊術（ネグロマンツィア）の大いなる実修

(75) 亜英版：酢油

をするためにまた別の調合をなしている。その成分は以下のとおり。雌豚を一頭、空家の中に閉じ込める。これが家から出られないように家の扉を錫で鎖す。そして雌豚同様この家に牡豚を閉じ込め、二十四日間ここに留める。この実修は太陽が磨羯宮の初度に入る時にはじめる。毎日小麦パンの屑を牛乳に浸して柔らかくしたものをそれが食べるだけ食糧として与える。二十四日が過ぎる頃には、雌豚は雄との交接を求めて激しく動き回り、（雄豚は）膠化した血の塊のような精液を大量に放出する。これこそインド人たちの大いなる巧緻（アルティフィチア）で、彼らはこの精液を集め、鉛のうつわにとってその口をしっかりと塞ぐ。そしてこれを堆肥の中で二十四日間腐敗させる。その最終日にあたりこれをそこからとり出し、冷えるのを待ってうつわから出す。するとそこに動物が蠢いているのが見つかる。これに胡桃と先の雌豚の乳を三日間与える。この三日が終わるにあたりこれを油の中で殺し、これで降霊術（ネグロマンツィア）の
[282] 大いなる実修をおこなう。これを食物とともに与え、‖またこれで火を灯し、これを顔や体軀（からだ）に塗り等々するとその驚くべき効果はここに述べ尽せないほど多岐にわたる。これを実修する者たちが上述した最大の秘鑰をこのことに熟達した者以外他には明かさないよう願っておく。

第十二章　この知識に必要とされる諸規範について

【一】この知識に精通したいと思う者は、この世でこの業を実修するということが知識の深みと秘鑰を知ることにあり、業の実修によって疑念を晴らすことにあると知っておくべきである。そうであれば誰かその探求を完遂するなら、そこに彼の疑念は解消される筈である。(1) あなたはここまでわれわれが教授してきたことがらのすべてを、[283]この知識の実修にかかわる古の賢者たちの処方と手段について、そのさまざまな実修について貪欲に忠実に厳修するがいい。そして不法な飲食や享楽をできる限り避け、かえって熱烈にあなたの魂(2)の救いと神への愛に努め、意志と愛が霊(スピリトゥス)を引き寄せるように、霊的に出来するできごと(3)へと向けて思念を凝らし、そこに獲得されるすべて(4)が望むところを完遂し証示することとなるように。これこそ万物の端緒(はじめ)原理にして

(1) 亞独版：Abū Bišr Mattā Ibn Jūnis の著書『アリストテレス形而上学註解』から寓意的記述が挙げられている。神（アッラー）が頻出する亞語版に対し、羅訳ではこれを簡約にスコラ的記述に書き改めている。

(2) Anima 本書ではここまで一貫して知性のはたらきが、霊(スピリトゥス)と霊(スピリトゥス)の交わりとして説かれており、魂(アニマ)という語の使用は稀で、これが論じられることがなかった点に留意。

(3) effectus spirituales consequendos 霊的（非物体的）な推論の諸帰結

(4) eius proprietates 物体性から抽象された「その諸特徴 praerogative」つまり観念(イデア)とも。あるいはかえってこの知的「所有」はスコラ的な魂(アニマ)論における知性の獲得あるいは獲得知性 intellectus acquisti を想起させる。次項【二】参照。

目的(おわり)であり、永劫と永遠を司る主である神とともに神へと向けてなされるなら、その愛も持続と完成を得ることになるだろう。しかしこの愛と意志が物体的なもの(5)に繋縛されるなら、そのような愛は定めなく壊敗し、愛の破綻となるだろう。意志というものは二つに分けられる。健常な誉れとしての愛は至高にして崇高なる神に結ばれる愛であり、父また聖なる師の愛のような慈愛であり、子への愛である。また利益あり恃みとなる愛があり、この愛は便宜(6)のためにお互いを愛する人の愛である。意志はこれがたいへん激しい時には愛と呼ばれる。これは先述したように、神を逸れて諸他に向けられるもので壊敗する愛と呼ばれねばならないだろう。われわれはわれわれの祈念を神に据えるように努めよう。あなたのこころと霊(スピリトゥス)とがこれによって照らされ、その深い知識があなたに啓示されるように。そして民や有害な人々の詮索からあなたが守られ、あなたの秘鑰がそれにふさわしくない者たちに暴かれることのないように。聖なる人々や預言者たちが嗜殺されるようなことのないように。

【二】こうした預言者たち(7)の知識を詰めこんだ諸著に語られる範例の数々を、あなたがそこから推論される方法で実修してみてもそれは詐欺の類にしか見えず、そこから推論される結果に到達することは永遠にかなわないだろう。

(5) in rebus corporeis「肉体的なもの」

(6) utilitatis「自らの幸福」

(7) prophetarum → philorophorum 自然学者?

[284]

しかしそこに語られているところ（つまり真の志向と確固たる信念そしてその帰結をもたらす原因の理解）について知解を凝らすなら、そこに人の獣性からは隔絶した高貴さ、高尚さ、貴重さが認められることだろう。‖われわれの側からすれば、預言者たち聖人たちがわれわれに示した範例を大いに尊重し、そこからわれわれの魂の救いと永遠の命への導きとなる規範を推論し、これにわれわれのいのちと存在を献げるに足るであろう。またわれわれの体軀（からだ）が完成へと導かれるのには(8)諸元素の物体性が原因としてあり、その力能が一定期間持続することにより、体軀（からだ）はその形象のうちに実現され、その期間にわたり保持され、分離することはない。これを指して預言者たちは自然本性（ナトゥーラ）という。ここに謂われる自然本性的（ナトゥラーレス）とは、このように力能が個々の自然本性的な持続に準じて一定期間にわたり体軀（からだ）を司る原因としてある、ということである。自然本性という語はこのようなものとして用いられるものであり、自然本性とはすべての動物性および植物性の自然本性性の第一原理である。その例。石というものは投じられると自然本性的に下方へと落ちる。これはそれが物体（コルプス）であるからという訳ではない。物体（コルプス）というものはこのようになるあるいはこれとは逆の結果をなすというものではない。なぜといって火は自然本性的に最大に上方に昇る物体（コルプス）であるから。また知性（インテレクトゥス）のはたらきとはそうした運動の

（8）cause perfectionis 完成（実現）諸原因→causa efficientis 動因

［285］

原理であり、その自然本性（ナトゥーラ）と名づけられる。またそうした運動は自然本性（ナトゥーラ）(9)と称され、それはそれの自然本性的な形相（かたち）にして形象である元素の自然本性と言われる。医者（自然学者）たちは自然本性（ナトゥーラ）という語を体液の複合（コンプレクシオーネム）を指して用いるばかりか、自然本性的な熱(10)、体軀（からだ）の形相や形象について、霊のうごきについても援用し、それぞれの意図をもって恣意的に使ってみせる(11)。実のところ、この自然本性（ナトゥーラ）という語は曖昧な名辞で、あらゆる物体（コルプス）に使われるばかりか、あらゆる固有性質(12)、体液気質、天界の諸要素、運動しまた静止する万物の生成と壊敗および運動と静止の原因として神が据えたまうた力能、を指して用いられる。賢者たちはこれを第一原因と規定し、運動と静止の目的（おわり）にして端緒（はじめ）原理とした。哲学者たちはそれを物体の形相（フォルマ・コルポラーリス）と称し、諸物体はこれと霊（スピリトゥス）との間に天の介在なくしてはあり得ない(13)、と言った。プラトンはこれを、自然本性（ナトゥーラ）は物体（コルプス）を有となすそれ（物体）の完成である、と規定した。ガレノスは、自然本性（ナトゥーラ）とは＝体軀（からだ）を援け支えるとともにそこから壊敗と損傷をできるだけとり除く自然本性熱（カロール・ナトゥラーリス）のことであり、その力能がこれ（体軀）と協働する時には管掌が行き届く、と言っている。またアベンテクリス(14)は言う。単純物体（コルプス・シンプレクス）は唯一の形相と唯一の形象をもち、そのうちにはいのちの潜在力があり、これはいのちの形相（かたち）である。それは小児のうちにいのちを守るた

(9) ipsum motum naturam dicunt それは自然運動と称される、とも。

(10) calore naturale「自然本性熱」、いのちあるものが生きている間保っている熱、体温。

(11) あるいは「またそれを意図、指向（インテンチオ）性とも称する」。

(12) propriis → proprietates「獲得性質」前註参照。

(13) non potest esse in corporibus nisi mediante celo inter ipsam et spiritum「物体（コルプス）と霊（スピリトゥス）のあいだを天が媒介することなくしては諸物体は存在し得ない」。これを質料（マテリア）と魂（アニマ）のあいだを霊（スピリトゥス）が媒介することなくしては諸物体は存在し得ない」と解すると、中世錬金術の玄義となる。

(14) Abenteclis 亞独版：Empedokles (Anbaduklis), 亞英版：Bandaklees この賢者の論議は第Ⅳ書につづく。どうやらエンペドクレスの詩『自然について』の註解書のようなものであったようにみえる。第Ⅳ書一章【一一】参照。ここに羅語 Empedocles と記載がある。エンペドクレスについてはPeter Kingsley, *Ancient Philosophy, Mystery and Magic. Empedocles and Pythagorean Tradition*, Oxford 1995 参照。また▶**補註**28参照。

めに乳を呑み眠り等々といった確かな熟達した自然本性があらわれるとおりであり、さまざまな巧緻をもって教授されることをたちまち習得してみせる、と。上述したところは、万有宇宙のうちからとり出される万物の知解にかかわるすべての教えについて、あなたの知性を明るく照らしだすために語ったに過ぎない。これにより可能知性（インテレクトゥス・ポッシビリス）を能動知性（アジェンテ）と結びあわせ、到達された知性（インテレクトゥム・アデプトゥム）を実現し、目的を遂げたまえ。

ピカトリチス第Ⅲ書了。第Ⅳ書はじまる。

第Ⅳ書

第Ⅳ書はじまる。ここでは諸霊(スピリトゥス)の特性が解説される。そのうちでもこの業の実修に不可欠なものについて。それが諸図像(イマジネ)とともに燻香その他の実修にいかなる援けとなるものかを説く。

第一章　霊(スピリトゥス)の力能と堅牢さはどこから来るのか。また覚知と知性のはたらきの特性とは何であり、霊(スピリトゥス)の特性とは何であるか、身体(コルプス)の、魂(アニマ)の特性および諸差異について。

第二章　なぜ月の霊(スピリトゥス)の活力はそれより下位なるものどもに引き寄せられるのか、また七つの惑星には何をもって燻香をなすべきであるか。

第三章　カルデア人たちは深みから何をとりだしたのか、あるいはこの知識の秘鑰の数々およびこれに関して何が語られてきたかについて説かれる。

第四章　ここでは図像（イマジネ）について、またこの知識の役立つところについてその理拠を求める。

第五章　この業にとって必要な十の知識を提示するとともに、いかにそれらがこの知識を援けるか、またこの知識に必要な礎とは何であるかを示す。

第六章　いかにして諸星辰の燻香をなすべきかを示すとともに、この知識に必要な成分組成を明かす。

第七章　アブバエル・アベンヴァシエによってカルデア語からアラビア語に訳されたカルデアの農事書にみられる降霊術（ネグロマンツィア）の業について。

第八章　いくつかの事物の自然本性からする（固有の）力能について。

第九章　コルドヴァ（コルディヴ）の教会で発見されたある書物および王妃フォロペドラの書物に載せられた奇瑞をなす力能ある図像（イマジネ）について余すことなく述べる。

第一章

霊（スピリトゥス）の力能と堅牢さ[1]はどこから来るのか。また覚知と知性のはたらきの特性[2]とは何であり、霊（スピリトゥス）の特性とは何であるか、身体（コルプス）の、魂（アニマ）の特性および諸差異について。

【一】古の賢者たちが一致して言うことには、神は五つのもの[3]を段階的に秩序をもって配列したまい、その最初の段階にはもっとも高貴なるもの、つまりあらゆる事物の第一の鉱脈である第一質料と第一形相[4]を据えたまうた。第二に覚知あるいは知性のはたらき[5]を。第三に霊（スピリトゥス）[6]を。第四に諸天界の自然本性（ナトゥーラ）[7]を。第五に諸元素とそれらの複合からなるものども[8]を。つまり最初に神ご自身、主そのものが常在する最上位なる天の周転円圏[9]を。これが諸他のものに光輝を発するように据えられた。実にこの知識と力能の高貴さ[10]は諸他の

（1）すでに註したが、「美徳と剛毅」と倫理的に読むこともできる。
（2）proprietas 所有（獲得）第Ⅲ書十二章参照。
（3）quinque res
（4）materiam primam et formam primam
（5）sensus sive intellectus「意味理解」→悟性、あるいは知性のはたらき
（6）spiritus
（7）natura celorum
（8）elementa et elementata 亞英版は「第四は天界の自然本性、第五は諸星辰つまり物体（コルプス）の諸元素」と解している。
（9）circulo 亞英版：「玉座」、本書ではうごく／うごかされるものとして天使が登場するので、この「座」は天使に数えられていない。天使については本章【八】参照。
（10）上掲の五つの事物の二番目、sensus sive intellectus のことであるとすると、この sciencia et nobilitas virtutis はそれと同義となる。つまり知解とその高貴なるはたらき（美徳）としての知性、くらいの意味か。

〔287〕

ものに付託され、それらはまた分配されるとともに留まりつづける。(11) まさにそこから降る覚知と知性がその第一周転円のうちに据えられる。(12)‖知識と力能の高貴さはこの光輝からともに発するにまさにふさわしいもの。つづいてその下の周転円に霊(スピリトゥス)が据えられるが、これも最初の光輝から発したもの。(13) 知識と高貴さはそこに一緒に到来し(つまりこれらはそれ(第一周転円)から、上位のものどもから発出し)そこに分配される。次に自然本性(ナトゥーラ)が、最初の発出と同じように霊(スピリトゥス)の序列秩序の下に据えられた。そこに高貴さもまた到来し、これ(自然本性)を生起することとなる。つまり第一形相はもっとも高貴であり、すべてにとって精妙な覚知、霊の覚知であるとともに霊の自然本性(ナトゥーラ)であり、諸元素の自然本性である。そして先述したところの各々がまさにそれだけの量、それぞれ積み重ねられることとなった。あたかもそれは、第一は絶対であり、それ自体純粋にして、あらゆる濃密さから清められてある、と言うようなもの。とはいえ第二は自らのうちに幾分かの濃密さ、つまり質料(マテリア)を含みもっている。それは第三のものよりは少なく、段階を下り諸元素あるいはその複合からなるものにまで到る。それゆえ第一本質(14)はそれ自体最大の輝きを発するのであり、純粋さに欠ける諸他のものはそれぞれにふさわしい目的へと駆け、種(スペキエス)をなす。つまり下位類の一々はもっとも一般的な類(類の類)から上位の

(11) ... et taliter eum ordinavit ut aliis lumen emanaret; scienciam etenim et nobilitatem virtutis aliis convenientes virtus illa eis vi tribuit et manat. 亞英版:「神は玉座(アフラー)の上に自らを第一本質として創造し、彼は自ら唯一なる玉座を創造した。彼の光、叡知、道義を受けとるものとして。」

(12) 亞英版:「その地平(東?)に創造された。主の光、叡知、道義を主の力能から受けとり、覚知の本質がかたちづくられ、これによってふたたび主へと還るように動機づけられた。」亞英版ではより高—低が強調されており、高みから低いところに次の段階が設けられる創造理論が際立っている。東の地平に創造され、それぞれ先行者の力能を得て上昇する星辰の運動との類比。

(13) 亞英版:「覚知の地平に」

(14) prima essencia

高貴さを受けとるとともに、下位なるものへと力能を分配していく。その後、諸天界および諸形相を造りたまい、霊（スピリトゥス）の天を四つの天の中間に[15]据えた。それの上に存する二天は透明に輝いているが、それらは第一本質と知性。一方、下なる二天は自然本性と諸元素であるから闇深く暗い。知識と高貴さの類に下属するこの霊（スピリトゥス）の天は上なる諸天から自ずと受けとり、下なる諸天に分配する。まさにこの第二のもの、つまり霊（スピリトゥス）は上位なる二つの天に圧倒され照明され、その光によって知識と高貴さを受けとる。この霊（スピリトゥス）は最大の被造物であり、高みを臨みつつ被造された場所に在って、その幸運、善、光を受け入れる。この場所こそまさに楽園（パラディスス）[16]と名づけられるところ。また霊（スピリトゥス）は下位なる二つの天を圧倒しているが、それは闇深く、悲惨で[17]、不幸な[18]霊（スピリトゥス）であり、底へと向かって降り、その場所に捕縛され、どんな安息をも得られない。この場所のことを冥府（インフェルヌス）[19]と呼ぶ。またこの霊（スピリトゥス）は動物や植物の堅牢なからだ（コルプス）[20]を造った。これらは覚知と知識にそれ以前には形相[21]を受けとっていなかった。そしてそれら（コルプス）にそれ（形相）が到来することなく、それら（コルプス）に不都合なものである形相（フォルマ）は一切分配されてはいなかった。これら（コルプス）が下位なる二つの天（つまり自然本性と諸元素）を支配し、土（大地）を占めている。それらはそこにありつづけるべく被造されたものである。こ

(15) in medio「天を媒介するように」

(16) paradisus

(17) miser → miscer「混合した」

(18) infortunatus → informatus「かたちのない」

(19) infernus

(20) dura corpora「膠着した」「身体性としての（ある）持続」？

(21) ab illa forma prima non recipiunt「第一形相を受けとっていない」

[288]

こまで述べきたったことは、じつに神的な力能の発出についてである。

【二】例示。樹木は大地から生まれる。これらの端緒原理は根であり、‖その終局目的は枝や葉叢そしてそれらから生じる果実である。この根はその植物的力能を土の湿気(22)からとり出し、枝葉は気からとり出している。この土性質料（とともにある力能）の自然本性は気に優り、これを制しているのでその根は枝より長い。逆に、気が土よりも優勢になると、枝は根の長さを越えることとなる。ここに述べたことを補っておけば、樹木やらその他の植物が土中に生じるとき、その根は枝より長かったり、その逆であったりし、樹木の根が乾いても枝葉はそうはならなかったり、その逆であったりする、ということをわれわれは覚知する。(23)これに類したことは鳥類にもみられ、それが土の自然本性に近づけば近づくほど飛翔が鈍重になり、気の自然本性に同化すればするほど軽快な飛翔をなしとげることになる。人にあっても同様で、諸元素からなるその自然本性が精妙稀薄化され、粗雑さ濃密さが浄められれば浄められるほど、また精妙稀薄な食糧を食べるほどいよいよ精妙稀薄化し、ますます霊化され、よりよく霊的なものを知解することができるようになる。(24)逆に土性の粗雑濃密な諸元素の組み合わせからなる人が粗雑濃密な食糧で養われるなら、精妙稀薄な霊に到達することはほぼ不可能であるが、粗雑濃密な

(22) ab humoris terre

(23) videmus ad sensum （……という意味に解する）

(24) ad spiritualia intelligendum abiliores efficiuntur「霊的知解能力がそのはたらきを増すことになる」

[289]

物体（コルプス的なもの）については当然ながら感得できる。(25) こうしたことからして、悪は物体的なものに由来し、善は霊にかかっていることが分かる。

【三】ところで、質料(26)は二つの部分つまり霊的な部分と物体的な部分に分けられる。霊的なのは第一質料つまり高き世界であり、第一形相つまり霊的な第一元素（すなわち覚知、魂、自然本性、元素および質料から浄められたすべての第一類）(27)、そして第一なる一性(28)つまり不可分なままにとどまりつづける、いかにしても単一なもの。これは点等々、つまり時においてはそれ以上分割され得ない一瞬(29)、あるいは線の端緒原理たる点。一方、物体的質料とは、動物、樹木等々のように、諸元素の組み合わせによって存するもの(30)。さらに質料には単純なものと組み合わさったものがある。単純なものとは天上のものすべて、‖組み合わさった複合したものとは天の下に存するものすべてであり、これは目に見えるところと体験から分かることである。賢者バンダクリス(31)は、身体の五感が感得するあらゆる質料は単に組み合わされた物体的質料(32)であり、このようなものとして在るとは壊敗変性するということであり、そのために場所を要する、(33)と言った。一方、身体の五感をもって感得することができない(34)のが単純で純粋、霊的、光輝、持続的、高位と謂われる質料である。また、五感のいずれかにより識別される質料は、単純にして霊的な質料と複合した物体的

(25) naturaliter「自然本性的に」

(26) 亜独版：Substanz「本質」、語義問題にわたるが、ここで「質料」という名辞が非物体的なものに援用されることとなる羅語脈スコラの錯綜した議論が想起される。これを皮相に観れば、霊的なコルプスはあるが霊的なマテリアは語義矛盾とするトマス・アクィナス流のドメニコ会派と霊的なマテリアをも議論にとりいれるフランシスコ会派の対決。

(27) generis primi a materia depurati 亜英版では慎重に「類」ではなく「種」という名辞を用いている。これまた羅語スコラでは第一類あるいは最高類という不可思議な定義を惹起するもの。他の種を含まぬ「種」という表現も難解ではあるが、「種」の原義としての「形相」species を想定すれば、「類—種」の困難な区分論を免れてはいる。

(28) unitas prima 少々文脈に引きずられた訳語になったが、亜英版では素朴に算術的に「一のように分割され得ない最初の数」となっている。

(29) 亜独版：「今（この瞬間）」

(30) 亜独版：「火、気、水、土、動物、植物、鉱物」

(31) Bandaclis 亜独版：Empedokles, 羅

な質料の中間にある。これらは物体的なものであり、これに経時運動変化や色[35]が加わる。霊的なものは光輝を放ちつづける高み[36]の諸霊(スピリトゥス)であり、これらとともに永劫に保たれる[37]。あなたは本書において修得されるようにと教示されることがらを、いかにしてあなたの魂は浄福なる諸霊[38]の認識にまで段階的に還元され得るのか、という問いとして考察するとよい。それによってあなたの一々の業(はたらき)において霊的な部分を追及することとなり、この知解において獣とは相違したものとなることだろう。

【四】賢者たちは、覚知の特性について、またその区分において見解を異としている。じっさい、この覚知(センスス)[39]あるいは知性(インテレクトゥス)のはたらきという名辞は、彼らによれば四様に説かれる[40]。その第一は、理拠によるもの[41]と謂われ、これにおいて人は諸他の動物から区分され、覚知および知性のはたらきと思慮を要する業の秘鑰[42]に対する才覚を得ることとなり、この特性は獲得知性[43]として用いられるところとなる。ここにおいて神からこころ[44]へと注ぎ込まれる神的な光

（38）spirituum beatorum
（39）sensusu
（40）pro quatuor exprimitur ab eisdem si[n]gillatim「四つの封印（護符）をもって説かれている」
（41）pro racione「理性」
（42）magistorum secretas

伊版：Baydadiz：第Ⅲ書十二章【二】Abenteclis（エンペドクレス）、また本章【一一】に出るエンペドクレス参照。
（32）materia corporalis puri [→primi] con-positi「純粋」→「第一」
（33）et quando huiusmodi est, corrumpitur et alteratur tamquam locatum indigens loco 亞英版：「空間（場所）が物体（コルプス）をとりまいており、これがそれ（物体）に対する影響の限界を画しているから。」
（34）亞独版：「（質料的コルプスに対して）この霊的コルプスは場所になく、何にもとり巻かれていないので、永遠にして壊敗しない」
（35）coloris [o calores (?)]「色」では意味不明で「熱」と誤読しそうになる。しかし亞英版でも「色」。
（36）「高貴とともに在りつづける」
（37）亞独版ではここまでがエンペドクレスの言とされている。
（43）acquisicionibus scienciarum この語はスコラ学では intellectus acquistus と呼び慣わされる。第Ⅲ書末尾「到達された知性 intellectus adeptus」参照。ただし、本来はアラビア語 aql（知性＝intellectus）の音転であった可能性も否めない。因みにこのあたりの論議は下註のセスダリスに拠ったものか、亞英版では詳述されていない。
（44）cordibus 心臓。弦の拍動。

が明らかとなり、これにより存在に準じて有を観じ知解することができるようになる。これが先述したところについて論じる賢者たちの一部の見解である。これについてセスダリス(45)は、人という名辞は知性に秀でた人をも知性に欠けた人をも指すものゆえに曖昧である、と言っている。‖

[290]【五】第二の見解。覚知は知識の知見(46)のうちにあり、自然本性の秘密をほとんど感得することのない子供たちにあっても覚知にあらわれる。数においても二は一より大きく、二つの物体（コルプス）が同時に同じ場所にあることはできず、また一つの物体が同時に異なった場所にあることもできないと識られるように、この自然本性もほぼ自然に把握される。先のように論じる賢者たちの一部は明らかにこの付加を否んでいる。

【六】第三の見解。他の古の賢者たちによると、覚知(47)は長期の体験によって証されるものからなる。このような認識あるいは覚知を欠く者は、脆弱、軽率、盲目、愚昧と名指される。

【七】第四の見解。また他の者たちによると、覚知とは諸自然本性の認識からなっている。これにより、この世の壊敗的なものごとについてはさて措き、事物の永遠性の深みを識ることとなる。これを獲得した人を、獣の自然本性(48)にうち克ちこれを超え、霊的にして永遠なるものに自らを同化した悟達の人

（45）Sesudalis, cfr. Averroes ; Luca Bianchi, Filosofi, Uomini e Bruti. Note per la storia di un' Antoropologia "Averroista", in *Revista da Faculdade de Ciencias Sociais e Humanas*, p.125 n.44. この一節は亞版 *Ghayat Al-Hakim* にはなく、十一世紀中ごろのスペインで編まれた羅版（本訳書底本）で嵌入されたものといい、ルカ・ビアンキはセスダリスがアヴェロエスのことではないか、と推理している。Cfr. D. Pingree, Some of the Sources of the 'Ghayat Al-Hakim', in *Journal of the Warburg and Courtauld Institutes*, 43 (1980), p.1.; Paolo Rossi, L'eguaglianze delle intelligenze, in *Immagini della scienza*, Roma 1977, pp.71-107.

（46）sciencíis notis「概念」

（47）亞英版：「直観洞察」と覚知を解説するような語がはじめてここで用いられている。

（48）talem sensatum「覚知に到った者」、亞英版：smart

と呼ぶ。これこそ人が諸他の動物と区別される特性である。それゆえ、前二者は自然本性的なものであり、後二者は習得され獲得される知識である。これについてある賢者(49)は、覚知は自然本性的なものであるか獲得的なものであるかの二様である、獲得的なものは自然本性的なものを仲介としてでなくては得られない、これは自然本性的な眼が役に立たなければそもそも太陽の光は何の役にも立たないのと同じ、と言っている。‖

【八】ではここで覚知のより高次の区別に移ることとしよう。古の賢者たちは覚知を六つの部分に区分したが、これらは二つの語つまり霊(スピリトゥス)に関して自然本性的および普遍的と称したところに則って、一般(生起的)覚知(50)と普遍(万有的)覚知(51)として了解される。ところで、すべては三つの部分つまりからだ(コルプス)、自然本性的覚知、知性的霊あるいは諸天をうごく天使に区分される。これらのうち最初のものは他の二つよりも卑しい場所を占め、第二はもっとも高貴なものとみなされ、第三はこれらの中間媒介として識別される。第二を高貴なものと呼ぶ理拠(52)は、それが質料に依拠(かかわる)する存在から浄められてあるから。また諸分離知性(53)あるいは円軌をうごく天使たちは、先述した諸天を駆動するものとそれを実現するはたらきである能動知性(センスス・アジェンテス)(54)の運動の中間媒介である。ところで一般(生起的)覚知とは覚知の区分として先に述べたように、質料から

(49) 亞独版：Imān ʿAli「覚知には二つがあり、一方は書かれたもの、他方は聞き伝えられたものである。しかし聞き伝えられたものは書かれたものなしには機能しない。それはわたしたちに見る眼がないなら太陽も役に立たないのと同じこと。」

(50) sensu generali 亞独版：der universelle [Begriff] Intellekt 知性の普遍性、亞英版：complete mind（外からする）包摂的全体把握

(51) sensu universali 亞独版：der Intellekt des Universum 万有宇宙の知性的理解、亞英版：whole mind（内からする）充足的全体把握

(52) racio 比率

(53) intelligencie separate

(54) sensus agentes → intellectus agens

［292］

抽象抽出された形相であり、そこからして人は一般に理拠的人(55)あるいはすべての人に備わる理拠において諸他の動物から分離されたものとして知解される、と言う訳である。これが一般（生起的）覚知と称されるところ。

【九】一方、普遍（万有的）覚知もまた、二つの語をもって説かれる。そのひとつはより適切な語で、それによって万有宇宙のすべての類(56)を知解するもの。すると、理拠そのものを説く名辞として知解されるところのものが、その諸部分つまり諸偶性をとり去っても自然本性的にとり去り得ないもの(57)、質料に特性を付与する類であるということになる。こうした最終段階の類が能動知性(58)であり、浄められた人の諸霊であり、＝上位なる諸知識である。まさにこの類こそ、すべてのものにおいて第一原理の後なる端緒原理であり、第一原理こそがすべての端緒である。意味（インテンチオーネ）(59)によって胚胎される全一が第九天であり、これはこれが包摂する諸他の天圏を昼も夜も誘引する(60)。これを原因として他のすべての物体（コルプス）を包摂するその膨大な量の力能を万有宇宙の総体（コルプス）(61)と称する。またこの見解にしたがうなら、普遍（万有的）覚知とはその一々の部分の重さ（思量）に等しい、質料を離れた実体（スブスタンチア）(62)である。それは運動（うごき）、自らそれに同化しようとする熱望飢渇のうごきである。このうごきこそが一々のものが発現する端緒原理である(63)。これについてある律法家がこう言っている。

(55) hominis racionalis 所謂「理性をもった人」。
(56) genus tocius universi 全ての普遍類
(57) ab omnibus suis partibus remotarum que ‹non› naturaliter moventur et non secundum accidens「普遍類すべての知解」
(58) sensus agens →上註参照
(59) intencionem 意図、指向だが、本来、内へ向かっての緊張、を意味する語→intelleccionem（知解）
(60) Sed totum secundum [→fecondum (?)] secundam intencionem est nona spera, cuius raptu semel in die et nocte cum aliis speris undique circumdat「すべては第二の志向である第九天圏に準じ……」
(61) corpus universi
(62) substancia equali pondere omnibus suis partibus, a materia remota
(63) et eius motus fuit tamquam principium omnium inventus「……一々のものを知る端緒原理である」。亞独版：「この意味で、覚知の総体（普遍（万有的）覚知）は主体からもあらゆる方向からしても絶対本質であり、これが諸他の運動の駆動者であり、これこそがそれ（覚知）の中に欲望と関心を呼び起こすものである。」

はじめに神により創造されたのは覚知であった。これは神の息吹きによってうごきはじめた、と。しかし一般（生起的な）霊[64]はいろいろ多様に名指されてきており、そうして名指されたものの一々がそれぞれものごとに対応しており、その一々がその物体性(コルプス)を浄められた霊(スピリトゥス)としてある。[65]一方、万有的（普遍）霊[66]は万有的（普遍）知覚である。それゆえ非物体的な実体(スブスタンチア)はどれもすべて天をうごく諸物(コルプス)のうちに充溢し、ここに覚知は鎮まっている。[67]こうした一々の霊の一々の覚知への関与は、われわれの霊の能動知性に対する関与と類比的な関係をもっている。[68]霊(スピリトゥス)あるいは普遍（万有的）知性こそ、自然本性的物体を創出する端緒原理であり、こうした創出を享受する段階[69]は一々の知覚段階に準じている。つまりこうした創出はそれぞれそのもの（知覚）に等しい。これが知覚において創出されるところの律則[70]である

【一〇】アリストテレスは言う。霊(スピリトゥス)の可感的覚知は可感的なものから受容される、と。もし誰か、霊(スピリトゥス)はいかにして知解するのか、と問うなら、これに対する答えは、なにごとかを知ろうと欲するとき理拠の霊[71]が知覚を照らし識ることになるのであり、まさにこの光が受容され、享受され、意味(インテント)[72]を汲みとるのである、となろう。この光はあらゆる可感的なものを照らすべく発せられるが、‖〔293〕これは眠りにあっても顕わで、そこでは可感的な諸霊(スピリトゥス)は呆然

(64) spiritus generalis 亞独版では一般（生起的）覚知の話題であるが、ここで羅版では霊(スピリトゥス)に、はたらきに移る。
(65) quelibet in responsione rei cuius existit nominata, et unaqueque ipsarum est spiritus suo corpori proprie deputatus → separatus ? o spiritus corporea ?
(66) spiritus universi → anima mundi
(67) Idcirco omnes substancie incorporee complete in corporibus celestibus moventibus redundant, et hoc propter quietudinem sensus「……覚知の停止としてある」
(68) 関与 proporti は算術的な「比率」でもある。Proporcio autem spiritus omnium ad sensus omnium sic se habet quemadmodum nostri spiritus ad sensum agentem.
(69)「発見感得」、とも。
(70) regule
(71) spiritus racionalis 理性魂
(72) attingit intentum 意図を汲む

となり後退し、ここにおいてすべての知性的な霊《スピリトゥス》は切り離される。(73) これに対し、夢(眠り)のなかで霊《スピリトゥス》がなにごとかを知解することをあなたは知らないのか、と反駁する者があるかもしれない。これにはこう答えておこう。そこに残るのは火が消えた後にまだ残る熱のようなものである、と。それ(霊《スピリトゥス》)とからだ《コルプス》との合一については、まさに賢者たちの一部が唱えるところとは異なったものとなり果てるものかもしれない。(74)

【一一】またエンペドクレス(75)は言った、覚知にはおわりはあり得ない、なぜならこれは単純実体《スプスタンチア》(76)であり、単純実体はもはや分離されることなく類も差異ももたず、(77)類によってか差異によってかでなくては規定を完遂することはできない、(78)と。また、覚知は二つ、つまりすべて力能のうちに抱懐されており衰弱すること(79)のない(その一々がそれ自体の実体であり、一瞬といえど時のなかでこれに先立つものはない)一般(生起的)知覚と、もう一つ浄化と痛苦をもって人のからだ《コルプス》のうちにのみ見出され、これによって純粋に浄化されその痛みを痛苦することになる高貴にして卓越した覚知に区分される、(80)とも言う。そしてこれこそが一般(生起的)知覚の光の光である。‖

[294] 【一二】また魂《アニマ》とは神的知性の霊《スピリトゥス》である。それは神的知性が創造し、からだ《コルプス》のなかに一切中間媒介なしに据えたまうたもの。それは太陽の光によって

(73) ubi omnes spiritus sensibiles sunt stupefacti et remissi, in qua omni intellectu spiritus deputantur
(74) このあたりから亞独版はエンペドクレスとアリストテレスの理説の批判的対比をおこなっており、文意はかなり異なる。▼補註28参照。
(75) Empedocles 亞独版：Empedokles, 亞英版：Bandakles
(76) substancia simplex
(77) et substancia simplex nec genus nec differenciam habet quia non separatur. → et substancia simplex est genus, nec differenciam habet quia separatur. 伊訳版ではこう解釈している。つまり「単純実体は類であり、分離実体であるので差異をもたない」。ただそうすると次の一文の意が解せない。
(78) Et diffinicio non potest compleri nisi per genus et divisiones.
(79) 「可能態にあり」
(80) alius vero est sensus nobilis et electus 「卓越した」→「選ばれた」

存するこのからだ（コルプス）のなかに植えられた。つまりその光線をからだ（コルプス）が汲むことによって、(81)それはその結果として（諸能作を受け）自然本性的諸形相のうちに調えられ、これによって可感的なものとなり、(82)判断あるいは知解、想像力、沈思、記憶等々を得る、と。

【一三】また古の賢者たちの一部は次のように結論している。自然本性とはそれによって成就へと向かう、あるいはからだ（コルプス）の運動（うごき）(83)およびいのちの潜在力を補完する持続的な運動（うごき）である、と。‖

(81) quod est ex eo qui per radios ipsa corpora attingit「からだ（コルプス）が光線に浸されることによって」

(82)「諸感覚が到来し」

(83)「能動物体（コルプス）」と実体化されると別の意味を得るか。この解を戒めるため、亞英版ではプラトンによる反駁を載せている。

[295]

第二章　なぜ月の霊（スピリトゥス）の活力はそれより下位なるものどもに引き寄せられるのか、また七つの惑星には何をもって燻香をなすべきであるか

【一】カルデアやエジプトの賢者のある者たちが、月（ルナ）は諸惑星の影響をこの
[296] 複合した世界[1]に注ぐ、と言ったことに注意を払っておこう。‖それらの作用（はたらき）により各々のしるし（の効能）[2]が注入されるようにその月に生贄や祈禱をささげる。[3]これについて異邦の民がなした業（はたらき）について、あなたに明かしておこう。この論議はアラビアの語彙から翻案されたものである。[4]

【二】月（ルナ）の諸霊について論じるにあたり、まず白羊宮にある時からみてみることとしよう。[5]月の力能と潜在力[6]をとりだそうと欲するなら、それが白羊宮の星座（しるし）にとどまり、完全に地平線から昇った時（アシェンダント）があなたの請願にもっとも効

(1) mundum compositum「構築された世界」

(2) signorum 主人（貴顕）→ signum 星座。あるいは「星座の主惑星」。

(3) in quocumque signorum [→signum] ingressu「各々の貴紳の入場のため」、たとえば星座を擬人化して観念されるなら、諸金属の主たちが王宮へ入場する錬金術形象となるか。

(4) 亞英版：「民によってさまざまに異なる知識を賢者が伝えている」。

(5) 亞英版ではこれは「ハバシャ Habasha とクルド Kurdish の教え」であり、彼らは「満月あるいは月の欠けはじめから衝にあたる時の間に召喚する」。

(6) ここまでにも頻出する語だが「徳と力」とすると祈禱にふさわしくなるか。

能がある。この時、あなたは冠を被り[7]、緑深く水気の多い場所、川あるいは水のせせらぎに近い平地に赴く。この時あなたは鶏冠の割れた雄鶏を携え行き、骨刃をもって首を刎ねる。これを殺すに鉄器を用いてはならない。そしてあなたの顔を月に向けたまえ。これがそこでの最大の秘鑰である。そしてあなたの前に炭火を満たした鉄製の二つの香炉を据える。つづいてここに小粒にした抹香を投じ、煙がそこから立ち昇るようにする。ここであなたは香炉と香炉の間に立ち、月を凝視しつつ唱えたまえ。汝、燦然と輝く尊く美しき月よ、汝の光輝は闇を破り、東に昇り、地平を汝の光輝と美で満たす。謹んで吾はここに来た。恭しくあれこれを願う、と。これにつづけてあなたの欲する願いをなす。そして月を凝視しつつ十歩前へ進み、先に願上したのと同じ詞を唱える。香炉の一方をあなたの前に置き、ここに四オンスの安息香（ストラクス）[8]を投じる。つづいてあなたの生贄を焼き、下記の図像（イマジネ）をカナベト[9]の紙葉に生贄の灰に僅かにサフラン（クロコ）[10]を混じたもので象る[11]。

この紙葉を火にくべて燃やす。この煙が昇るや否や、背後、香炉の傍らに着飾った美しい男の形相（かたち）が顕れるので、この者にあなたの願いを唱える。する

（7）「光輪を享け」とも。
（8）Storacis ; storax 東洋産エゴノキ科低木の樹脂（ユダヤ人の薫香）、安息香（ベンゾイン）。以下、素材は既出のものが多いが、あらためて註を付しておく。
（9）in folio de canabeto, canape（麻）?; 伊訳 cavolgiore, cavolfiore? カリフラワーの葉
（10）croci, croceus サフラン
（11）亜独版（p.310）では左図。（以下本章に後出の他図も同様だが）羅版では図も左右対称に書写されているのが興味深い。口絵［32］も参照。

とそれはかなえられるだろう。つづけてその者になにかを願いたければ、同じ業を繰り返すことであなたに同じ形相(かたち)が顕れ、あなたの願いに応えてくれるだろう。||

[297] 【三】月(ルナ)が金牛宮にある時。金牛宮にある月の力能つまり潜在力をとりだそうとするなら、まず月が星座(しるし)によってさまざまな効能をもつものであり、その潜在力において異なるものであることを知らねばならない。これ(月)にかかわる業をなそうと欲するのであれば、先の星座(しるし)について述べたような場所に、雄鶏一羽と火とともに香炉一つをもって赴く。そしてアラィエロン(12)あるいは石榴の樹皮で染めた白亜麻布の着衣を纏い、あなたの片袖を頭の上に挙げる。水を満たした鍋を一つ用意し、胡桃材で熱する。あなたの右手で水を汲み取り、左に投じ、あなたの両手両腕を清める。あなたの頭より上に片袖を挙げぬよう十分配慮して。つづいてこの水であなたの足を洗う。そして人が足で踏んだことのない髭草(ブダ)(13)あるいは新しい簾(ストラ)(14)を手にする。ここでこの髭草(ブダ)を緑色地に赤で描いた(15)亜麻布に包む。そしてあなたが立つ場所でこの髭草(ブダ)に乗り、この髭草(ブダ)の上に足を投げ出すように乗せ、次のように唱える。リブハリム・リブハリム・カユファリム・カユファリム・デュアフォリム・デュアフォリム(16)、と。この名を何度も唱えたまえ。そしてそこを離れ、先の水鍋で

(12) alayeron 亞独版：Faerberreseda シトロン樫、亞英版：レバノン産シードル Lebanon cedar 伊訳版 Rescola luteola 黄色樹脂？

(13) unam budam 亞独版：Matte 筵、羅伊版：un giunco (葦)。羅訳者が何度も budam を繰り返すところには何か含意がありそうだが、詳細不詳。

(14) storam novam 伊訳では stuoia nuova, 前註8の storacis と関連あり？

(15) 緑と赤で図をあしらった（？）

(16) ribharim ribharim caypharim caypharim dyaforim dyaforim. 亞独版：Rabqar rabqar ʻiqam ʻiqam taqfur taqfur, 亞英版：Ribkar, ribkar, ekaam, ekaam, takfoor, takfoor.

あなたの両手を洗う。つづいてあなたの生贄の雄鶏の首を切り、先のことばを唱えつつこれを炙り焼く。この業をなす間、抹香と乳香(マスティク)で燻蒸する。そこに男の形相(かたち)が顕れたなら、あなたの願いを唱える。すると願いがかなえられるだろう。この業を実修仲介したという人がわたしに言ったことには、その友がすべての所有物を失い、赤貧に陥った。その時東に昇る主(アシェンデンティス・ドミヌス)[17]は土星(サトゥルヌス)で、まさにこの土星(サトゥルヌス)こそ彼を不幸と貧困に陥れたものであった。そこで彼は月が金牛宮にある時にこれへの祈願をなした。[18]彼がこの業をなし了えると、先述した人の形相(かたち)が顕れた。これに彼の願いを伝えるとともに自らの赤貧を語った。彼が見ているうちに、この人は彼の手をとり、彼を掘割[19]へと連れて行き、そこを掘れと言うのだった。言われるままになすと、そこから宝[20]があらわれ、これによって彼は裕福になった、という。

【四】月が双子宮にある時。月が双子宮にある時にその力能と潜在力を捕えようと欲するなら、風の強い高所に赴く。雄鶏を携え、先と同じ燻蒸を用意し、‖［298］長さ三キュービット[21]の黄色(クロコ)のラートナの管、それに同様のラートナの香炉を携えて。[22]これに筒を吹きつつ火をつける。この火のうちに半リッブラの安息香(ストラクス)[23]を置く。筒の端の一方を火の上に据え（つまりそこから煙が立ち昇るように）、もう一方の端を月(ルナ)に向け、煙が月の方へと上昇するようにする。そして、こ

(17) 上界宮（山内雅夫『占星術の世界』中公文庫、一九八三年）

(18) Et ei ostendit Lune oracionem ipsa in Tauro existente. 彼（サトゥルヌス）が金牛宮にある時に月への祈願をなした？

(19) fossatum 境界、溝

(20) thesaurum 宝庫（知の貯蔵所、魂論(アニマ)では「記憶」の謂い）

(21) キュービットは肘から指先までの長さ

(22) antedictam et canonem latonis crocei tres cubitos in longitudine habens et thuribulum latonis similiter 亞独版：「三キュービット長の真鍮の筒とこれまた真鍮製の釣り香炉」、（伊訳版では latonis を「石製の、di pietra」つまり lautumiae (?) と訳している。つまり「黄(クロコ)色で三キュービットの長さのある筒、およびこれと同じ（ものでできた）石製の香炉」。あるいは luto 泥、陶製。ラートナが月の女神の名を想わせるのでママとした。

(23) storacis, 上註の stora あるいは下註 straminis と関係あるか？

の火の上に半オンスの抹香と僅かばかりの龍涎香（アンブラ）を投じ、この筒を通して上述のように煙をあげさせる。つづいて香炉の火に向かって坐し、その筒を両手で捧げ、これで円を描く。正にあなたを円の中心となすようにして。そして七束のソラマメの乾藁[24]をとり、その円の周囲の七か所に据え置く。そしてあなたの供物をこの七つに分けて、その一々をそれぞれ先述した七つの乾藁の上に供える。これをなしたら、供物が燃えるように、筒をもって上述した乾藁に火をつける。そこであなたは円の中央で立ち上がって以下のように唱える。汝、明るく輝く月（ルナ）よ、汝の権能と霊（スピリトゥス）によりこの世を統べるため、その尊き圏域の至高の場所と角度に昇るものよ、汝の諸霊の権能がこれこれのことをわたしのためにかなえてくれるよう汝に祈願する、と。そこであなたの請願をなし、嘆願祈請しつつ地に身を投げだして唱えたまえ。アブルティム・アブルティム・ゲブルティム・ゲブルティム[25]、と何度も繰り返して[26]。そこであなたの頭を地から擡げると、あなたは先述した形相（かたち）を見るだろう。これにあなたの請願を告げることで、それはかなえられるだろう。

【五】月が巨蟹宮にある時。月（ルナ）が巨蟹宮にある時にその力能と潜在力を引き出そうと欲するなら、広い平地の高台のような高い場所[27]に登る。そして右と左を眺め、前と後ろに聞き耳をたてる。キジバトを手にもち、その首を刎ね、

(24) septem presas straminis fabarum

(25) abrutim abrutim gebrutim gebrutim 亞独版：Hirut hirut garut garut, 亞英版：Hiroot, hiroot, girooth, girooth.

(26) 亞独版：「二十回繰り返す。」

(27) turturem

〔299〕

その右翼から四本の羽を抜き、左翼からも同様にする。その嘴を切り取ってから、それをすべて焼く。そして先の羽に、コロシントウリ(コロクィンティデ)を二オンスと安息香(ストラクス)(28)を四オンス=加えて布に包む(29)。そして白べヘム(30)二オンスを生贄の灰に合わせ、アリストロキア(31)の汁を混ぜ、これで獅子に乗った人の姿(32)をつくる。これをつくったなら、あなたはこの像(イマジネ)を前にして立ち上がる。そして火をつけ、そこにあなたの燻香を据えて、こう唱える。汝、光満ちる月(ルナ)よ、汝の崇高さにふさわしい慈愛と美に溢れる月よ、汝に祈念し嘆願する、と。つづいて地に円を描き、先につくった像(イマジネ)にあなたが破滅を願う者の名を記して、その中心に据える。そこであなたは先の詞を唱え、地に平伏する。その後、立ち上がり、六オンスの酢をとり、その中で像(イマジネ)を完全に溶かし、そこにナツメグ(33)一粒、龍涎香(34)四分の一オンス、虫瘤(ガリエ)四オンス、安息香(ストラクス)を半リッブラ加えて火にかけ(35)、よく煮立てる。それをもって各々一オンス重の錠剤(36)となし、これを月(ルナ)に七夜にわたり燻す(つまり一塊片を一夜毎に)。残りは保存する。この業をおこなった賢者たちは、この燻香をもって男であれ女であれあなたの欲するところの者を燻すと、その香りとともに目覚めるとき、あなたの命ずるところに従わない訳にはいかなくなる、と言っている。この知識を実践する多くの者たちは、諸領を旅するうちに、獅子、熊、蛇、蠍等々の最悪の動物たち

(28) 亜英版では、甘草(リコリス)
(29) 亜独版：絹布
(30) behem albi 亜独版：Behenwurzel ワサビの根、伊訳 Centaurea behem bianca ホウライセンブリあるいはヤグルマギクの類か。亜英版：白雪。
(31) aristologie 亜独版：Aristolocia, ウマノスズクサの類、亜英版：黄金水。
(32) formam hominis supra leonem equitantis 亜英版：「人の顔と獅子のからだをもつ彫像」
(33) muscati 麝香？
(34) ambre
(35) 亜独版：「四分の一リトル ritl のウチワマメ粉を加え」
(36) 亜独版：「四分の一オンスの円板(フォカッチャ)」

に遭遇したが、上述したとおり焚き燻すことによりそれらの損ないを免れた。

【六】月が獅子宮にある時。月(ルナ)が獅子宮にある時にその力能と潜在力をとりだそうと欲するなら、七つの香炉を携えて人住まぬ場所に赴き、その土の上にこれらを円形にそれぞれ一キュービットづつの距離を保って配置する。その間、あなたは顔を月に向けつづける。香炉と香炉の間に鵞鳥の卵(37)をひとつづつ置く。その一々には次のような形象をしるして(38)。

つづいて三パルマの長さの太い黄色(クロコ)のラートナの釘(39)をとり、あなたの右手に持つ。あなたの頭にはつねにアラビア人のように黄色の羊毛布を掛け、黄色(クロコ)の羊毛の薄物を着る。そして香炉を並べた円の中で、白羊宮の星座(しるし)のところで述べたように、鶏冠が割れた雄鶏の首を刎ねる。そしてこの雄鶏の切断片
[300] を香炉の数々の上で焼く。つづいて釘の頭でその血をとり、‖すべての香炉と卵にその釘から垂らす。これをなしてからあなたの前の香炉二つを取り、そして順に遠くにあるものを算えとり上げていく。またあなたの前の卵から香炉と同じ順にとりあげていく。ひきつづき先の釘でそれらを叩きながら、抹香と黄色(クロコ)の白檀(サンダロ)(40)を焚いて燻し、ヘンデブ・ヘンデブ(41)と十五回唱える。すると

(37) ovum anseris
(38) 亜独版(p.312)では左図。口絵[32]も参照。

(39) acum latonis crocei grossam longitudinis palmarum trium 亜独版:「三掌(パルマ)長の真鍮の太い釘」。伊訳では「黄色い石の鋭利な斧(鏃)」、前註22参照。亜英版:「三尺の黄銅の釘」
(40) sandalo croceo 樹脂の一種、またはsandalaca(鶏冠石)。亜独版:抹香
(41) hendeb hendeb 亜独版:'Andab 'Andab, 亜英版:Andab, andab(阿弥陀仏にもみえる)

［301］

先述したような人の形相（かたち）があらわれるので、これにあなたの請願を唱えると、たちまちそれはかなえられる。

【七】月が処女宮にある時。月（ルナ）が処女宮にあり、その力能と潜在力をとりだそうと欲するなら、三十羽の雄鶫(42)を集め、首を刎ねてよく煮込む。その羽が抜け落ちたなら取り出し、適度に塩をして使用するまで保存する。これは月が処女宮に入る三十日前に調える。そして毎日一羽づつ、四ドラクマ(43)のサフラン（クロコ）を焚いて燻してから食す。これを食べた後、六時間、あなたはなにも食べてはならない。これを毎日三十日間つづけ、この間あなたは葡萄酒を飲んではならない。これの終わりにあたりあなたは東の泉で身を清め、またこの泉の水を半リッブラ壺にとる。この壺は太陽が四度を通過し、月が宝瓶宮の七度に宿る時に調える。(44)この壺を決して火に触れないよう蜜蠟で密封する。これをなしてからあなたは広々した場所に移動し、あなたの前に香炉を据えてそこに四分の一リッブラ(45)の抹香とサフラン（クロコ）を入れ、こう唱える。汝、美しい月（ルナ）よ、まさに汝にふさわしい豊満、寛大、高貴な相貌（アスペクト）、汝の光輝は闇を照らし、霊（スピリトゥス）を現出させる。また汝の美しさにこころは悦ぶ。汝に祈願し、あれこれを委ねる、と。そして左手で先述した壺をとりあげ、ハフォト・ハフォト(46)、と唱える。また右手で土を掘りつづけつつ、この名を繰り返す。‖こ

(42) turdos 亞独版：Stare 椋鳥、亞英版：white starlings 白ホシムクドリ

(43) 亞独版：四分の一ドラクマ

(44) que olla fiat dum Sol quartum perambulat gradum et Luna in 7 Aquarii commorante 亞独版：「太陽が双魚宮の三度、月が宝瓶宮の七度」

(45) 亞独版：一オンス

(46) haphot haphot 亞独版：'Afūt 'afūt, 亞英版：Afoot, afoot

の穴の深さが一キュービットになるまで掘りつづけ、ここに壺を納め、その口が南向きになるようにする。そこに地と同じ高さになるまで土をかけて埋める。これをする間、先の名を唱えつづける。そして黄金の針で鉛の板に欲するものの形象を描き、先の穴のいちばん上に埋める。こう成しおわるや否や、あなたの祈願はたちまち成就する。

【八】月が天秤宮にある時。月(ルナ)が天秤宮にある時にその力能と潜在力をとりだそうと欲するなら、水生のイグサの若芽でつくった帯を結び、東の川岸へ赴き、川の流れに沿って岸辺を移動しつつ、つねに月を眺めながらあなたの生贄を焼く。金星(ヴェヌス)が金牛宮を逆行し、水星(メルクリウス)が白羊宮にある時に造られた銅製の弩弓を片手にもったまま。そして川岸を上り下りしつつ(47)先の詞を五回唱える。その後、川水を弩弓で打ち、生贄が燃え尽きたところで、こう唱える。汝、いとも高貴にして讃仰される月よ。汝にこの生贄を届ける。汝の慈愛に祈願しつつ。汝がわたしの願うところを聞き届け、わたしの欲するところをかなえくれるように、と。そして野生のオリーブ材(48)に火を点け、そこに安息香(ストラクス)を投じ、可能な限り早く火の周囲を駆け巡る。そしてあなたが熾した火の場所に向き直り、あなたの足元と火を結ぶ線上に次の名をしるす。ガネイタニア・ガネイタニア(49)、と。そしてこの名をしるした土をとり、この土と汲み

(47) 亞英版：「川の流れを対岸へと走り渡り、五回行き来して、川に矢を放ち」

(48) lignis oleastri

(49) ganeytania ganeytania 亞独版：ġanītī' ġanītī', 亞英版：Ghinetee, Ghinetee

[302]

置いた水(50)を混ぜる。そしてこの混合物をもって二つの像（イマジネ）をつくる。一つはあなたの形相（かたち）、もう一つはあなたの欲する者の形相（かたち）とする。あなたの業が愛を乞うものであるなら、これらの像（イマジネ）をおたがいに抱擁させる。それ以外を望むものであってもこれと同じようになす。このような像の組み合わせあるいは先述したような像による業がまさに月のその時間にすばやくなされるなら、たちまち願いは満たされるであろう。

【九】月が天蠍宮にある時。月（ルナ）が天蠍宮にある時にその力能と潜在力をとりだそうと欲するなら、月が天蠍宮の十三度にある時に起き出し、‖たくさん樹木が茂り、水の豊かな場所へと赴く。そして地に正方形を描き、これを胡桃の葉、マルメロの葉、松の葉で覆い、その全体を薔薇水で濡らす。つづいてあなたの前に九つ(51)の銀製香炉を置き、それぞれの内にアロエ材、安息香（ストラクス）、抹香を可能な限り詰め込む。そしてあなたは一切混じり気のない純白の布を纏う。そしてあなたの前に土製の香炉に水を満たしたものを二つ据える。また土製の小さな壺をとり、これによって順に二つの香炉に水を注ぎ、これからあなたの脇腹に水を注ぎかける。(52)そしてこれに役立つ動物(53)をあなたの生贄とする。これをなしおえたなら、あなたは立ち上がり、四度、地に身を投げ、身を投げ出すたびにセラフィエ・セラフィエ(54)、と唱える。あらためて坐し、

(50) aqua immobili 不動の水

(51) 亞独版：「七つ」。羅版は単なる誤記であろうと思われるが、七惑星に龍頭と龍尾を加えた九を想起させて興味深い。

(52) 亞独版：「水を満たした陶製の壺を二つ抱えていく。そしてあなたは小さな盃で水を一つ目の壺から二つ目へと移し、またこれを一つ目へと戻す。」

(53) ex animalibus eidem pertinentibus この星座（しるし）に関連した動物、「蠍？」

(54) seraphie seraphie 亞独版：Šarāfīhā šarāfīhā, 亞英版：Sharafiha, Sharafiha

アロエ材と抹香の火の上に投じる。そして安息香を九つの香炉それぞれに加える。そして最前のように四度身を投げると、たちまちあなたに美しく完璧な人の形相があらわれるので、これに欲するところを願うなら望み通りになるだろう。

【一〇】月が人馬宮にある時。月が人馬宮にある時にその力能と潜在力をひきだそうと欲するなら（偉大な賢者たちはこの業こそ最強にして完全なものとみなしており、多くの者たちがこの人馬宮の業により宝[55]を見出せるものと実修に励んだ）[56]、先述したところを援用し、水星が巨蟹宮の四度にある時にこの実修を成し遂げるがよい。まず十リッブラのラートナ[57]を溶かし、これにより龍の形相の像を五つ[58]、水星がその星座の中に留まっているうちにつくる。これらの像が完成したなら、あなたはゆったり流れる清らかな川へと赴き、その川から一歩一歩小幅で五歩離れる。その一歩一歩を進めるうちに、あらかじめ水がその尾から入り、その口から出るようにつくった龍の形相の像を一つずつ据える。つづいて五つの革袋の一つ一つをそれらの口につけ、その革袋に水が入るようにして、一時間放置する。そして龍の口から革袋を外し、つづく一時間、龍たちの水が地に流れるままにする。それらの革袋をもとの場所に戻し（つまり先に据え置いた一々の像に）、それらの内にまた一時間、龍の口から出た水を注ぐ。

(55) thesauros 貯蔵庫、前註参照。
(56) 人馬宮のはなしが途切れるが、ここは亞英版によれば「ハバシャとクルドの民によれば、月が人馬宮に近づくのはたいへん困難であり、そのためには隠された宝を見つけるための神殿にある護符のすべてを集めねばならない」それゆえに云々。
(57) fundas decem libras latonis 十リッブラの石をとり(?)〔石は溶けない〕亞独版：真鍮
(58) quinque ymagines in forma draconum 亞独版：毒蛇

この間、最前と同じ順序を保ち、それらを満たす。それらが満たされたなら‖それらをとって、川から二十パルマ[59]の距離まで後ずさる。そこまで移動したら、それらの革袋をその場所に据える。そしてその一々に針で穴をあける。その周囲に穴を掘り、ここにそれらの革袋から出る水が入るようにする[60]。そしてそれらそれぞれの傍らに、先の龍を一つづつ配する。これをなし了えたら、立ち上がり、月を眺めつづけながら川岸まで駆ける。そしてその川水を可能な限りあなたの口に含む。そのまま先の革袋の場所まで駆けもどり、その水を口から革袋と龍に吐き散らす。一々の龍の傍らに火を熾した炭を満たした銀製の香炉を一つづつ配し、そこに龍涎香（アンブラ）、アロエ材[61]を投じる。革袋から出る水に煙が消えないように配慮しつつ。これ（水）がすべて出尽くしたなら、龍をとりあげ、その革袋の中に納め、上述した穴に埋めて土で覆う。これをなし了えたなら、その場所の上に立ち、あなたの生贄とする十五本の枝木に向かい跪く。その一々の枝木をあなたの頭に載き、それを載せる度に、ハルムム・ハルムム[62]、と唱える。このことばを一本の枝木につき五回唱える。するとたちまち、あなたに美しい相貌の姿のよい男があらわれ、四界の果てに到るまであなたの願いはかなえられるだろう。

【一一】わたしには上述の業を成し遂げた親しい友がいる、とあなたに言っ

（59）亞独版：二十尺（歩、エレ）

（60）et in circuitu ipsorum foveam fabricabis in qua aqua exiens ab ipsis odris ingrediatur その周囲に穴をあけ、その革袋の中の水が出るようにする、カノーポスのように（？）

（61）亞独版ではこれらに nadd（不詳）が加えられている。亞英版：水仙

（62）harmum harmum 亞独版：Harqūm harqūm, 亞英版：Harkoom, Harkoom.

ておこう。それ（業）を完了すると、そこに男があらわれ、彼の願いを問うた。そこで彼は、秘された宝をみつけるための像を与えてくれるように、と依願した。その男は彼の手をとり、ある場所に導くと、そこで彼に象の銅像を渡した。それは両手両脚で鉄製の鍵を摑んでいた。その男はこう言っているようにみえた。象を手に、思いのままあらゆるところを巡りたまえ。そしてその脚から鍵が落ちたところ、その場所に宝(63)は見出されるだろう、と。そこで彼は象を手にとり、それとともに四キュービットばかり歩みを進めた。すると象の手から鍵が離れ落ちた。彼は立ち止まり、そこに穴を掘ると、まさに階段があらわれた。これを降ると、金や銀ばかりか貴石のうつわに溢れる広大な館(64)が見つかった。彼はできる限りの宝をとり、象を手にして戻った。こうして彼は自ら宝をもちだしたのだった。

【一二】月が磨羯宮にある時。月が磨羯宮にある時にその力能と潜在力をひきだそうと欲するなら、太陽が巨蟹宮に昇る時、人が二人しか入れない家に入り、これを七日間香りたつ枝(65)で覆う（つまり毎日新しく香り高い枝で覆いなおす）。この七日間、毎日その家をアロエ材と抹香を焚いて燻す。そしてその七日＝

[304] のおわりに美しい赤布の衣装を纏って家の中に入る。この時、家が板あるいはその他のもので覆われているよう留意する。そして欲するときにこの覆い

(63) thesaurum

(64) 地下に財宝のつまった館が見つかるというはなしは、ゲルベルトゥス伝説からセニオルの錬金術書にまでいろいろ類話がみつかる。

(65) 亜独版：生花、亜英版：バジル

をとり去り、ヘイェリム・ヘイェリム・ファルサリ・ファルサリ・ティフラト・ティフラト[66]、と唱える。そして家を出て、その周囲を七十回巡る。つづいてこの家で、一時間にわたり二オンスのアロエ材を銀製の香炉で焚き燻す。そして外に出て、あらためて最前のように七十回家の周囲を巡る。このようになした後、あなたの生贄として雄鶏を先述した手順で捧げ、そして家に入る。するとそこに坐した男があらわれるので、あなたは三度次のように唱える。高雅さを讃えられる美しく輝く月(ルナ)にかけて汝に嘆願する。吾に語りたまえ、と。それがあなたに語りかけるなら、それに向かいあなたの欲するところを願いたまえ。するとそれは成就されるだろう。

【一三】この章の業の実修はほぼすべて愛を獲得するためのものである。親しい友の一人がわたしに語ったところによれば、かつてひとりの女婢を抱えていたが、それを売り払ってしまったという。売ってから彼はそれに対する愛に焦がれ、それを買った者に返却を求めたが、買主はそれを拒絶した。この手段ではそれを返してもらえそうもないことを看てとった彼は、上述した業を実修したのだった。すると所有者はたちまちそれを憎みだした。そこでそれを買い戻すためにはいくらでも出そうと言ったのだったが、穏当な値段でそれを取り戻すことができた。この業またその他の業の根本にあるのは、

(66) heyerim heyerim falsari falsari tifrat tifrat 亞独版：Hajāwam hajāwam balğār balğār naqarāw naqarāw, 亞英版：Hayawom, hayawom, bulghar, bulghar, nakraw, nakraw.

実修者の善き業とその自然本性的帰結であり、悪しき業から遠ざかることである。[67] そのためにはあらゆる汚れを清め、清澄であらねばならない。そして可能な限り秘密を守らねばならない。

【一四】ではここで昨今、月の力能をひきだそうと欲したある者に起こったことをものがたっておこう。この業に必要なところをなしつつ、ある夜、彼はこの実修の場を完全に離れた。その後のある夜、業を修しつづけていると、手にあるものをもった男が彼にあらわれ、それを彼の口に近づけた。彼はすぐさま口を閉じ、かろうじて口には何も入らなかったように思われた。ただ彼は四十時間にわたり大いなる恐怖にとらわれ、ついには息絶えた。‖

[305]

【一五】月が宝瓶宮にある時。月(ルナ)が宝瓶宮にある時にその力能と潜在力を引き出そうと欲するなら——まず知っておくべきは、古の賢者たちのすべてが同意していることだが、この業の諸規則は業の実修そのものにもまして有益である、ということ。この諸規則と実修を合わせるならその効果は絶大であり、最後にはあなたの望み通りとなる。この諸規則を実修に適用しないなら、霊(スピリトゥス)とからだ(コルプス)に大変な危険を生じ、業の実修にかかわる伝承を知らぬ者たちには深刻な危険が襲いかかることとなる。それは語るも恐ろしいような恐怖である。あなたには教えと戒めを兼ねて言っておく。よい記憶力と十分な

(67) Radix autem huius operis et aliorum istius maneriei existencium est ut operator sit bonorum operum et effectum naturaliter consecutor et a malis operibus remotus この業あるいはこれに類するものの光 Radiis は実修者が善き業をなし自然本性的帰結を生み、悪しき業から離れるならば、実在としてありつづける（現実のものとなる）。ここでも亞版にはない「根—礎 radix」と「光 radii」という羅語の類似がいろいろ想念を誘う。

適性をもつ者でなければ、あえてこの業に取り組んではならない、と。

【一六】月がその星座(しるし)(68)にある時に業を実修しようと欲するなら、三羽の雄鵞鳥の頭を、何年も熟成させた葡萄酒のなかに入れ、十分煮えるまで火にかける。そしてこれを鉄製または鉛製の擂鉢に入れ、すべてが一塊になるまでよくすり潰す。これは月が巨蟹宮にある時におこなう。つづいて半リッブラの肉桂(カネラ)、二オンスの白檀(サンダリ)、半リッブラの乾燥安息香(ストラクス)、抹香四オンス(69)、それに僅[306]かばかりトラガカント(ドラガンティ)(70)をとる。これらすべてを＝先に頭を煮た葡萄酒に混ぜ、これで四十粒の錠剤をつくる。これらを鉄の平鍋に入れ、十分乾燥するまで火にかける。これらのことを夜のうちになし、満月(71)が宝瓶宮にあるうちに平地に出る。そしてあなたの前にラートナ(72)と銀でできた十五個の香炉を置く。これについては黄金製のものに熾した炭を満たす方がよいだろう(73)。その一つ一つに先述した錠剤を投じ、先述した雄鶏(74)をもってあなたの生贄とする。煙が立ち昇ると、あなたに男があらわれる。それはあなたに明らかに見えたり隠れたりを頻繁に繰り返す。そこで先述の錠剤を三粒とり、火に投じて、ハンタラケレト・ハンタラケレト(75)、と唱える。このことばを十回繰り返す。するとこの男が完璧に見えるようになるので、あなたの願いを告げたまえ。そうすればそれはかなえられる。

(68) 前項同様、宝瓶宮。

(69) 亞独版：Weihrauch カンラン科植物四分の一リッブラ、亞英版 cowpeace

(70) draganti 亞独版：Tragantgummi トラガント樹脂、亞英版：tragacanth

(71) ipsaque completa lumine existente 亞独版：「月明かりのある夜」で特に満月と指定してはいない。

(72) latona 泥土、亞英版：黄銅

(73) 亞独版：「できれば黄金製がよいが、そうできなければ上記のものでよい。」

(74) 雄鵞鳥のことか。亞独版：生贄 Gabe

(75) hantaraceret hantaraceret 亞独版：Hantar asrak hantar asrak, 亞英版：Hintar Asrak Hinter Asrak.

[307]

【一七】月が双魚宮にある時。月（ルナ）が双魚宮にある時にその力能と潜在力をひきだそうと欲するなら、カナベト(76)の汁を一リッブラ、プラタナス(77)の汁を五分の一リッブラ相当量集め、これらを一緒に混ぜる。これらの汁は、太陽が金星（ヴィルジネ）と水星（メルクリウス）と一直線をなして進む時(78)に、大理石の擂鉢ですり潰し、前もって絞り出しておく。この後、これに四オンスの乳香（マスティク）、二オンスの龍涎香（アンブラ）と樟脳（カンフォラ）、一オンスのアルガリエ(79)、十オンスのサルココッレ(80)を加える。そのすべてが一つに混ざったなら、ここにラトーニスの小刀(81)で首を刎ねた鹿(82)の血を半リッブラ加える。これらすべてが一つに混ざったなら、これを硝子のうつわに入れる。そして水の湧きだす泉のある場所に赴き、その硝子のうつわを泉の湧出(83)口の上に置く。そこで香炉を一つとりだし、泉の水の中にある石の上に据えて、水が香炉の周りを巡るようにする。そしてこれに火をつけ、火が熾ったならその硝子のうつわの口を開き、そのうつわを火の上で空にする。つまりそれを少しずつ、なくなるまで火の中に注ぐ。そこであなたの生贄をささげる。するとあなたに月の使者(84)があらわれるので、これにあなたの願いを祈請すればそれはかなえられる。‖

【一八】インドに驚嘆すべき大いなる効果を上げる燻香があり、これをインド人たちはカルチタラト(85)と称している。これは七つの惑星の諸効力にはたら

(76) canabeto 亜独版：nabatäischem Blumenkohl ナバテアのキャベツ、羅伊版：カリフラワー

(77) platano 亜独版：レタス汁 Lattich-Saft, 亜英版：チシャ（レタス）、また亜独版には「Aronwurz の汁」が加わる。

(78) 亜独版：「太陽が処女宮にあり、水星とよい相にある時」、亜英版：「太陽が天頂にあり、水星が一直線をなしている時」

(79) algalie 亜独版：Sukk, 亜英版：wood sticks with fine edges（葦の類か）、羅伊版：zibetto 麝香

(80) sarcocolle 亜独版：Sarcocolla, 亜英版：桑の実 black mulberry

(81) cultello latonis, 上例に倣うなら真鍮だが、亜独版：青銅の小刀 einem messingenen Messer 亜英版：黄銅の小刀

(82) 亜独版：鹿 Hirsches, 亜英版：蝙蝠

(83) super auriculam fontis 羅伊版：cannello 管

(84) Lune servus 亜独版：「月の使者がこの星座（双魚宮）からあなたのもとへとやって来る。」

(85) calcitarat 亜独版：Charaktere カラクテール、亜英版：Kalfteryat, つまり燻

きかけるものである。ここでは祈請にふさわしい惑星の自然本性に向けてそれぞれの燻香がなされる。

【一九】まず土星。土星にはたらきかけようと欲するときには、日曜日からはじめ、七日間の断食をする。七日目つまり土曜日（安息日）(86)、黒烏の首を刎ねてから、サトゥルヌスとともにあるアンジル(87)の名にかけて、汝、アンジル、サトゥルヌスの天使よ、いと高き天空の主への執り成しを汝に願上する、わが嘆願を聴き届けわが望みをかなえたまえと祈請する、と唱える。そしてカルチタラトにより、あなたの欲する業をなす。土星の形象は次の通り(88)。

【二〇】木星にはたらきかけようと欲するときには、金曜日からはじめ、上述したような七日間の断食をする。その最後の日つまり木曜日、一匹の子羊の首を刎ね、その肝臓を食べて、汝、幸いにもユピテルとともにあるロクィエル(89)よ、善良にして限りない幸運を呼び込む美しき者よ、高き天空の主への執り成しを汝に願上する、わが祈願嘆願を聴き届けわが望みをかなえたまえと祈請する、と唱える。そしてカルチタラトにより、あなたの欲する業をなす。これがその形象である(90)。

香というよりは、以下一々付される星座記号の組み合わせを指したもの。

(86) ここだけサトゥルヌスの日でなく、サバト Sabbati. ヘブル語系の祈り？

(87) Anzil 亞独版：Asbil, 亞英版：king Ashbeel, 以下天使の名については第Ⅲ書七章を参照。

(88) 亞独版 (p.320) では左図。

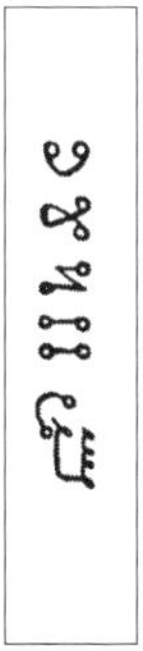

(89) Roquiel 亞独版：Rūfījā'īl, 亞英版：Ruphaeel

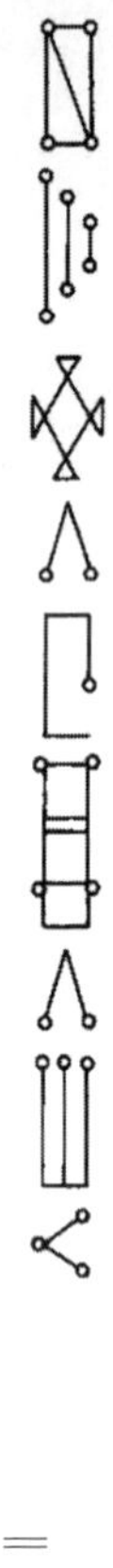

［308］
【二一】火星(マルス)にはたらきかけようと欲するときには、水曜日からはじめ、七日間の断食をする。その七日目つまり火曜日(マルス)、山猫の首を刎ね、汝、戦いと諍いに剛力を発揮するマルスの天使ゼメイエル(91)よ、汝は燃え盛る火の主、高き天空の主への執り成しを汝に、わが願いを受けとめ、それをかなえたまえと祈請する、と唱える。そしてあなたの願いを伝え、カルチタラトとともに祈願をなす。その形象は次の通り(92)。

【二二】太陽(ソル)にはたらきかけようと欲するときは、上述した通り七日間の断食を月曜日からはじめる。その最後の日つまり日曜日、小さな牡牛つまり子牛の首を刎ね、その肝臓を食べて、汝、この世の善である光輝、太陽の天使ユェビル(93)よ、光と輝きの主とはすなわち幸いの成就であり、それにより災いや損ないも生じる、いと高き天空の主への執り成しを汝に願上する、われに某を与え、われにあれこれをかなえたまえ、と唱える。祈請をなすにあたってはあなたがそのはたらきを望むもののカルチタラトを用いる。その形象は

(90) 亞独版(p.320)では左図。

(91) Zemeyel 亞独版：‹Rū›bijā'īl, 亞英版：Yanayel

(92) 亞独版(p.321)では左図。

(93) Yebil 亞独版：Ba'īl, 亞英版：Baayel

次の通り(94)。

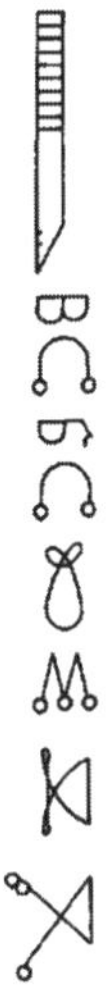

【二三】金星（ヴェヌス）にはたらきかけようと欲するときは、土曜日から金曜日（ヴェヌス）まで断食をする。そして金曜日、白鳩の首を刎ねる。それから四日目にその肝臓を食べ、汝、幸いにして美しいヴェヌスの天使アンベタイル(95)よ、いと高き天空の主への執り成しを汝に願上する、われにあれこれをなし、あれこれをかなえたまえ、と唱える。祈請をなすにあたってはあなたがそのはたらきを望むもののカルチタラトを用いる。その形象は次の通り(96)。

【二四】水星（メルクリウス）にはたらきかけようと欲するときは、上述したように木曜日から七日間の断食をはじめる。その最後の日つまり水曜日（メルクリウス）、白と黒の雄鶏の首を刎ね、その肝臓を食べて、汝、メルクリウスの天使アルクィル(97)よ、＝高貴〔309〕にして気品ある者よ、高き天空の主への執り成しを汝に願上する、われにあれこれをかなえさせたまえ、と唱える。そしてカルチタラトを使ってあなたの願いを伝える。その形象は次の通り(98)。

（94）亞独版（p.321）では左図。

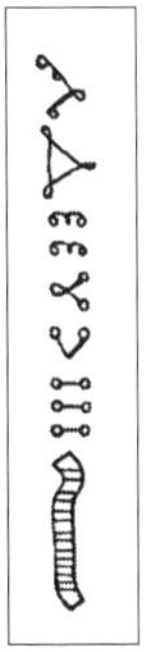

（95）Anbetayl 亞独版：Bitā'īl, 亞英版：Betaeel

（96）亞独版（p.321）では左図。

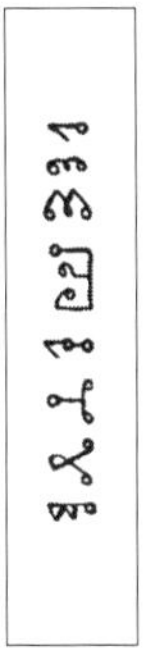

（97）Arquil 亞独版：Harqīl, 亞英版：Herkeel

【二五】月（ルナ）にはたらきかけようと欲するときは、火曜日から七日間の断食をはじめる。その最後の日つまり月曜日（ルナ）、牡羊の首を刎ね、その肝臓を食べて、汝、その端緒は軽微なる善の鍵ルナの天使カヒル(99)よ、汝に高き天空の主への執り成しを願上する、われにあれこれをなし、わが願いであるあれこれをかなえたまえ、と唱える。そしてあなたがそのはたらきを望む者のカルチタラトを使ってあなたの願いを伝える。その形象は次の通り(100)。

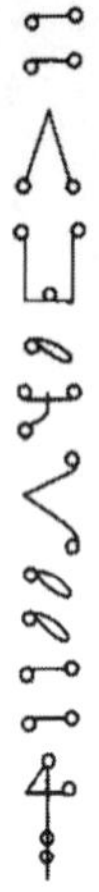

【二六】上述した業はすべて古の賢者たちが見出したところであり、これらは降霊術（ネグロマンツィア）実修つまり玄妙な図像（イマジネ）の燻香においてたいへんな効力がある。約束の地つまり往昔カプティ(101)と呼ばれたところに居したカルデア人たちはこの業の実修にたいへん長けていた。これらの実修については『カルデアの農事書』(102)に数多載せられている。またこの農事書を翻訳したアベンヴァシア(103)はこれらの業を列挙している。われわれも本書でこれらのいくつかについて述べたいと思う。

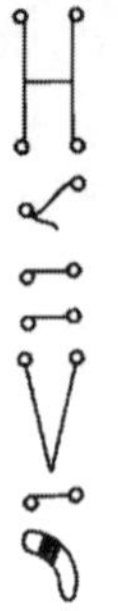

(98) 亞独版(p.321)では左図。

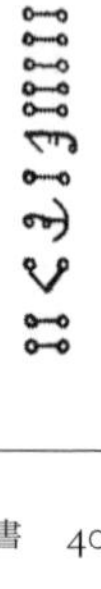

(99) Cahil 亞独版：Saljā'il，亞英版：Salyaeel

(100) 亞独版(p.322)では左図。

(101) Capti 亞独版：「ナバテアとシュリアに住む人々」。次章巻頭註1「コプト」参照。

(102) *De agricultura Caldea*

(103) Abenvasia: Ibn Wahshiyya, Abu Bakr Ahemd ibn 'Ali ibn Qays al-Wahshiyah（九—一〇世紀）イラクのKufa近郊Qusayn生まれ。Cfr. Jaakko Haemeen-Anttila, *The Last Pagans of Iraq. Ibn Wahshiyya and his Nabatean Agriculture*, Brill Leiden-Boston 2006; Pinella Travaglia, Il libro della Agricoltura Nabatea nella tradizione agronomica andalusa, *Al-Qantara* XXX-2 (2009), pp.535-555.

第三章　カルデア人たちは深みから何をとりだしたのか、あるいはこの知識の秘鑰の数々およびこれに関して何が語られてきたかについて説かれる

[310]

【一】この業の知識と実修に執心したのはカルデアのマギたち(1)であり、彼らこそこれに関する知識を完成した者たちだった。彼らによれば、まずはじめヘルメスは像（イマジネ）の館(2)を造り、これをもって＝ナイルの水量と月の山の関係(3)を知ることとなった。そしてここに太陽の宿を定めた(4)。また彼を見るにふさわしい者が誰もなかったので、人々から身を隠すこととなった。彼こそエジプトの東十二マイルのところに町を創建した者で、その内に四面に四つの門扉のある城を築いた人だった。その東門には鷲の像を、西門には牡牛の像、南には獅子の像、北には犬の像を据えた。そこに入ることが許されたのは霊的

(1) 亞独版：エジプトのコプト Kopten (Ägypter), 亞英版：Al-Kabut 前章末尾の「カプティ」という羅版音綴表記参照。
(2) 「諸星座の宿をさだめ」
(3) 「ナイル川の水量の月の巡りとの関係」
(4) 亞独版：「……そして太陽の館をも設けた。また彼は人々の間にあっても、彼らには見えぬように身を隠すことすらできた」。ただしヘルメスが自身を見えなくしたのかどうか、かえって太陽の館を隠したようにも採れる。亞英版：「この山に太陽を祀る神殿を建てたが、これ（あるいは彼）は民衆の眼の前から突然消え去った」。

な者たち(5)だけで、彼らは声を投げかけ語り合い、彼らの推挙なしには他の誰もその門をくぐることもできなかった。(6) そこには数々の樹木が植えられ、その中央にはひときわ大きな樹木があって、ここにはあらゆる類の果実が稔っていた。またその城の上には高さ三十キュービットの塔が設けられ、その頂には丸い球(7)が据えられた。これの色は七日間毎日変じ、七日が過ぎるとその色は元に戻った。この町もまた毎日この球の色で覆われ(8)、町は毎日その色に輝くのだった。この塔の周囲には水が溢れており、そこには様々な種類の魚がいた。町の廻りには種々様々な像（イマジネ）が飾られており、これらの徳能により住民たちは高徳をまもり、卑劣さや邪念を免れていた。この町はアドセンティン(9)と呼ばれ、その住民たちは古人たちの知識を受け継ぎ、天文学的知識ばかりか深くさまざまな秘鑰に通暁していた(10)。‖

[315] 【二】わたしはまた人から見えなくする処方についての文書を目にした(11)。これを再現しようと欲するなら、アラビア人たちの月の二十四番目の夜(12)に兎を用意し、月を眺めつづけながらこれの首を刎ねる。そして月に向かって燻香
[316] しつつ、上述した月への祈願の詞を唱え、つづけて、‖汝、降霊術（ネグロマンツィア）の不可視の霊（スピリトゥス）(13)の天使、汝、サルナクィル(14)と呼ばれる者よ、汝のさまざまな潜在力に帰されるものごとにわたしが祈願するところをかなえ、汝の力能と潜在力

(5) spirituales spiritus「気息の霊たち」あるいは「霊の霊」、「真に霊的な者たち」。「そこ」は町ではなく、亜独版にあるように「その像」であるかもしれない。
(6) In eas quidem spirituales spiritus fecit intrare qui voces proiciendo loquebantur; nec aliquis ipsius portas valebat intrare nisi eorum mandato. 亜独版：「それらの像には生きた霊が宿っており、いずれかの像に近づく者があると、それらは語り出し、恐ろしい騒音をあげたので、怖れて誰もそれに近づかなかった。誰か官吏の仲立ちなしには。」
(7) pomum ordinavit rotundum「丸い林檎」、亜英版：「円蓋」
(8) 亜英版：「円蓋の反射によって色づいた」
(9) Adocentyn 亜英版：Ashmunain
(10) 亜英版ではここに月山での僭主アウナ Awna の事績の長いものがたりがある。▼補註29参照（亜英版より補綴）。
(11) Ego autem vidi composicionem quandam ad hominem abscondendum taliter ordinatam.「わたしはそのように調えられた装飾に人には隠されてある複合構成をみたものだった」。前項と繋げようとするとこのような曖昧な意味に

と堅牢な力(15)がこの業に寄与してくれるよう請願する、と唱える。つづいて上述した兎の血と胆汁を混ぜる。そしてそのからだ(コルプス)は誰にも見えないように埋める。もしもこの時から翌日つまり太陽がこれの上に昇るまで剥き出しにしておくなら、月の霊があなたを滅ぼすことになろう。そして胆汁と混ぜた血を実修に用いるまで保管する。あなたが身を隠そうとし、誰にも見られたくないとき、胆汁と混ぜたこの血を月の刻(16)にとりだし、これをあなたの顔に塗り、上述した月の詞を唱える。あなたがこれを唱える間、他人の目にあなたはまったく見えなくなり、このようになすことでそのような効果が生まれる。目に見えるようになりたければ、その詞を唱えるのをやめ、あなたの顔を洗い、先述した兎の頭からとった脳をそこに塗り、汝、月の霊よ、わたしを顕わし、人々にわたしの姿が見えるようにせよ、と唱える。するとたちまちあなたは誰からも見えるようになる。これが月の業であり、大いなる秘鑰にして深甚なる知識とみなされるものの一つである(17)。‖

しかとれないが、亞英版を参照すると、ここに前註に挙げた長い逸話がおわり、話題が転換されて、アル-カバト Al-Kabat が著した天文学書に記載のある「人から見えないようにする図像(テレスマ)」に話題が振られるところ。すると「わたしは人から見えなくする処方についての文書を観た」という意味になる。

(12) in vicesima quarta nocte mensis Arabum　亞英版:「アラビア月の十四番目の夜」

(13) angele spiritus nigromancie et abscondari　羅伊版: del tramonto 黄昏の(天使)

(14) Salnaqīl　亞英版: Selankeel

(15) fortitudine　剛毅、強力、堅牢。virtus と potencia と三つ組であらわれると「力」が重なって煩瑣になるが、擬アリストテレス的な文脈では「現勢させる力」と「可能態」を結び合わせる「堅牢さ」によって「現勢態」となるつまり完成成就する、という脈絡だろうか。倫理学的な訳語をとるなら「美徳、権能、剛毅」となる。

(16) in hora Lune

(17) 亞英版ではここにムスリムの長老とキリスト教徒の少年の対話、アレクサンドロス王のさまざまな事績が列挙される。▼**補註**30参照(亞英版より補綴)。

第四章　ここでは図像（イマジネ）について、またこの知識の役立つところについてその理拠を求める

【一】本書でここまで述べてきたところはすべて古の賢者たちが語ったところ、またこうした知識とその実修に関する書から採られたもの。本書を読み、これを深く省察する者は、この書に記された業がさまざまな書冊に語られてきたこれに関する知識を編纂したものであること、これこそがそれらの業の実修の基礎であることを解されるであろう。こうした知識を扱った書冊のうちに、完璧なものが一冊見出される。それはバビロニアの賢者メルクリウス[1]が編んだもので、その中に『秘中の秘』[2]と表題された格言集（アフォリズム）がある。そこからこの知識と実修にすくなからず有益な四十五[3]の格言を選んでみることにしよう。

（1）Hermes 亞英版：Utarid Al-Babel, 第Ⅱ書十章【四六】参照。
（2）*Secretum secretorum*
（3）以下にみるところは四十四項目であって、一項目足らない。

【二】第一。この惑星に関係したことがらにより実修し、またあなたが実修しようとするものと同じ自然本性において実修し、決してそこを離れることないなら、それは堅牢な力能の潜在力(4)においてその惑星をひき寄せる最大の援けとなる。

【三】第二。実修にあたり畏怖と栄光を、高貴なこころを、寛大なる指導を、破壊と着火を、闇に光を投じる力能をもつことができるよう、太陽に祈願する。(5)

【四】第三。運動の俊敏さ、水の流れ、秘密を発く力能、消火、統一的見解を破り離反させる才知を、月に祈願する。(6)‖ ［320］

【五】第四。運動の遅延を、純粋なものの秘匿を、町の破壊を、敬虔なこころと静穏な水を、土星(サトゥルヌス)に祈願する。

【六】第五。富の蓄積、美しい夢を、そして悲哀を去り、労苦や諍いから免れ、陸路海路の旅の安全を、木星(ユピテル)に祈願する。

【七】第六。敵する者たちに対する勝利を、こころの堅牢を、邪悪な動物たちのうごきの適切な訓到、着火、敵する者たちへの宣戦とその勝利を、火星(マルス)に祈願する。

【八】第七。欲求、渇望の力、親愛の情の邂逅を、怠惰と悲哀からの離反を、

(4) 本来三つ組の形容として並列させたい語だが。前章註15参照。

(5) ut timearis et gloriam habeas, principium exercituum, altum cor, regimen magnatum, destructionem ignis et virtutem tenebris lumen inferre. 軍隊の指揮、豪胆な心、権勢あふれる統率、王国の破滅、火災、闇に光の徳をもたらすこと……

(6) agilitatem motum, cursus aquarum, virtutem patefaciendi secreta, ignem extinguendi, agibilia minuendi necnon et separandi opiniones unitas. 移り変わりのはやさ……一性に関する見解を砕きそれを分離する機知を

食欲増進、精力増強、子孫繁栄を、金星（ヴェヌス）に祈願する。(7)

【九】第八。何度も燻香をなし、信心を強くもち、しばしば断食し、繰り返し祈りを唱え、業の実修にふさわしい場所を選び、惑星の相（アスペクト）を熟考すること。これこそが魔術実修（マギのわざ）の基本である。

【一〇】第九。祈願を向ける惑星が汝の誕生を司るものであるなら汝の請願は容易に受け入れられる。さもなければ汝の請願がかなえられるのは難しい。

【一一】第一〇。諸霊のうちには諸惑星の効力を強めそれらの性質を改善する力能、またそれらが発する諸潜在力を縮減衰退させる力能がある。

【一二】第一一。昇機（アシェンダント）が祈願の自然本性と異なるなら、祈願は完遂されず、祈願を唱えても聞き届けられることはない。(8)

【一三】第一二。諸恒星の像（イマジネ）は逆行するものの像（イマジネ）よりも持続性があるものとみなされる。(9)‖
[321]【一四】第一三。ある惑星に向けた汝の業の実修に、同じ自然本性のいずれかの恒星の援けを借りるならより完全となり、惑星の活力と恒星の持続力を完璧に得ることができる。
【一五】第一四。その昇機（アシェンダント）にあたり、惑星に同じ自然本性の祈願をなすとき、汝が確たる信心と意志をもって一恒星の援けを利するなら、汝の祈願は

(7) 先註で一項目不足と算えたが、正確に対応していない亞英版の記述ではここに「水星」あるいは「メルクリウス」（つまりこの格言集の著者に準えられるヘルメス）の項があり、数を満たしている。亞版に「著者メルクリウス」とあるところを羅版では削除したものとみえるが、かえって惑星序列として最後にあたる水星の記述が欠落することになっている。ちなみに亞英版の項：「著者メルクリウス（水星）の自然本性の秘鑰は、隠されたもの秘されたものを発き、口を割らせ、金銭を浪費させ、避難所を穢し、誹謗中傷をなすことにある」。

(8) 11: Si diversificabitur ascendens a natura peticionis 昇機（アシェンダント）とは、東に昇る惑星と星座の謂いだが、「祈願の自然本性がその由来を異とするなら……」と、星辰とは関係なく漠然と語られた語とも採れる。

(9) 12: Stellarum fixarum ymagines「恒星群によってつくられる図像」つまり「星座」。「逆行するもの」は惑星の逆行を謂ったものか。

容易に成就され、惑星の活力も強化されることになる。

【一六】第一五。恒星ベネイトレ（アルタイル）の巡りが上昇期にあるときにはその運動（うごき）の効能を利することとなるが、この恒星〔ベネイトレ〕の巡りが下降期にあるときにはその静止を利するのだということを知らねばならない。(10)

【一七】第一六。諸惑星の合（コニウンクチオーネス）を入念に観察する。実際、それによりこの業はたいへん増強される。

【一八】第一七。そのような合にあたる相（アスペクト）こそ、像（イマジネ）の基礎である。

【一九】第一八。指標（惑星）を中天にまた昂揚（エクサルタチオーネ）の宿に据えることで、昇機（アシェンダント）に堅牢を得させる。(11)

【二〇】第一九。誰かを打ち負かし凌駕しようと欲するなら、太陽の援けを借りる。そうすれば汝の祈願はますます容易にかなえられる。

【二一】第二〇。誰かを身近に引きとめようと欲するなら、月の援けを借りる。そうすれば汝の祈願はますます容易にかなえられる。

【二二】第二一。誰かを蔑み損ないを与えようと欲するなら、土星（サトゥルヌス）の援けを借りる。そうすれば汝の祈願はますます容易にかなえられる。

【二三】第二二。汝が善へと登ろうと欲するなら、木星（ユピテル）の援けを借りる。そうすれば汝の祈願はますます容易にかなえられる。‖

(10) 15: Scias enim quod cum stellis de beneytre volante in effectibus motuum adiuvaberis, et cum stella [de beneytre] cadente in quietacionum effectibus similiter adiuvaberis. ここにある cadente という語は惑星の運動における配置として「昂揚 exaltacione」に対する「失墜」として用いられる語だが、恒星に関して言われる場合に何を指しているのか不明。

(11) 18: Pone significatorem in medio celi et in domo atque in exaltacione sua, et facias ut fortitudinem habeat in ascendente. 「指標」とした significatorem はドミナントのことか。▼補註9および16参照。

〔322〕

【二四】第二三。欲望やら戦いにうち克ちたいなら、火星(マルス)の援けを借りる。そうすれば汝の祈願はますます容易にかなえられる。

【二五】第二四。愛情と友情を欲するなら、金星(ヴェヌス)の援けを借りる。そうすれば汝の祈願はますます容易にかなえられる。

【二六】第二五。知り理解し、不純を排除したいと欲するなら水星(メルクリウス)の援けを借りる。そうすれば汝の祈願はますます容易にかなえられる。

【二七】第二六。祈願成就の遅延は、汝のなした業の実修における過誤あるいは汝の不信心もしくは業の実修における無秩序によるものである。

【二八】第二七。燻香および祈請によってなされた業は、燻香も意志もなしになされたものとは別物である。

【二九】第二八。太陽の光輝と夜間の諸惑星の霊からの光線の投射は別物である。

【三〇】第二九。夜闇と昼間の諸惑星の霊の静穏とは別物である。これらのことがらを理解したなら、一々の惑星をその時に準じ、またそれが何であるか[12]に準じて、これを用いなくてはならない。

【三一】第三〇。重くて遅い惑星の効果は遅延するが、軽く速い惑星は親しくその効果をあらわす。

(12) secundum id quod proprium 何性、性質

[323]

【三二】第三一。火星(マルス)に合一を祈願してはならないのは、金星(ヴェヌス)に離反を祈願してはならないのと同じことである。どの惑星にもその巡りの自然本性を外れたことを祈願してはならない。‖

【三三】第三二。彗星(コメティス)およびそれに関連したことがらがあらわれる時には、それは諸恒星の役に立つ。(13)

【三四】第三三。水星(メルクリウス)が浄い星座(しるし)(14)にある時、これに祈願する。月はこれの役に立つ。つまりそこでは二つの性質を得ることができる。

【三五】第三四。水星(メルクリウス)はその性質の異質性から、頭の疾患に役立つ。(15)

【三六】第三五。水星(メルクリウス)の業においては、これがその宿にある時、早口で祈願する。(16)

【三七】第三六。時として火星(マルス)にかかわることが太陽から授けられ、また逆に太陽にかかわることが火星(マルス)から授けられることがある。(17)

【三八】第三七。時として月にかかわることが金星(ヴェヌス)から授けられ、また逆に金星(ヴェヌス)にかかわることが月から授けられることがある。(18)

【三九】第三八。太陽は土星(サトゥルヌス)にかかわることがらを許容せず、(19) また太陽にかかわることがらを土星(サトゥルヌス)は許容しない。

【四〇】第三九。金星(ヴェヌス)は木星(ユピテル)にかかわることを許容し、金星(ヴェヌス)にかかわること

(13) sicut stellis fixis servias.「諸恒星（の効果）に従属する」

(14) ipso in signa mundo

(15) 亞英版：「なんらか逆性のはたらきをなそうとする時には水星を活用する。」？

(16) velocitatem lingue petas「弁舌の流暢さを（得られるように）」？

(17) 36: Accidit aliquando quod pertinencia Marti recipiuntur a Sole et econtra pertinencia Soli a Marte recipiuntur.

(18) 37: Aliquando accidit quod pertinencia Lune recipiuntur a Venere et pertinencia Veneri recipiuntur a Luna.

(19) abhorret「憎み」、以下同。

を木星（ユピテル）は許容する。

【四一】第四〇。月は火星（マルス）にかかわることを許容せず、火星（マルス）は月にかかわることを許容しない。

【四二】第四一。木星（ユピテル）は火星（マルス）にかかわることを許容せず、火星（マルス）は木星（ユピテル）にかかわることを許容しない。

【四三】第四二。火星（マルス）は金星（ヴェヌス）にかかわることを許容せず、金星（ヴェヌス）は火星（マルス）にかかわることを許容しない。

【四四】第四三。水星（メルクリウス）は木星（ユピテル）にかかわることを許容せず、木星（ユピテル）は水星（メルクリウス）にかかわることを許容しない。

【四五】第四四。賢者たちの見解によれば、二つの災厄惑星はまさにその相違によってお互いに敵対し、その自然本性の本質によって和解不能である。あなたはこれらを完全に知り理解せねばならない。以上が『賢者たちの格言集（アフォリズム）』からの抄録である。

［324］【四六】プトレマイオスの『百言集（チェンティロクィウム）』(20)と表題された書から以下、十編の格言（アフォリズム）を抄出してみよう。‖

【四七】第一。占星術師は、諸星辰のはたらきや効力を知悉するなら、さまざまな業の実修により諸星辰の効力またその自然本性を引き寄せたりそれに

(20) *libro Ptolomei Centiloquio, Centiloquium* 亜独版：*Die Frucht (ho karpos)* 精華集、以下順にその五、八、九、一〇、三二、三三、三六、五〇、六七、八六。

抗したりすることができる。また諸星辰の効力が受けとられる前にこれを断つこともできる。[21]

【四八】第二。業を実修する者の霊（スピリトゥス）は諸天の効力を援ける。それは自然の収穫のようなもの――つまり土を耕し栽培することが収穫に寄与するようなものである。

【四九】第三。この複合した世界の諸形相は天界の諸形相（星座）に従属している。ここから賢者たち（マギ）は魔術の業により、諸惑星がこれら天界の諸形相（星座）のうちにあるとき、これらの形相（星座）の図像を設える。これはその知識を知りたいとの思いからに他ならない。

【五〇】第四。災厄惑星の数々もまた役に立つ。それらがあなたを援けるのは、適当な重量の毒草を医師たち（フィジクス）が援けとするのと同じである。

【五一】第五。一つの事物のうちに二つの実体（スブスタンチア）が共存するのは、その二つが誕生時に取り入れられるからである。これらが類似している時、これらは相互に協調し、これらのうち堅固な場所（宿）にとどまるものが優位と支配力を得る一方、脆弱な場所（宿）にあるものが使役され受動する。

【五二】第六。太陽と月の場所（宿）の親愛と敵意はそれらの変移に起因するものと考えられ、また昇機（アシェンダント）の親愛と敵意それに差異もここに由来する。継

（21） potest accidere 摘みとる、衰滅させる→ accedere 引き寄せる、招来させる。

続的な服従は親愛のしるしである。(22)

【五三】第七。町の建設にあたっては、家を建てる時と同じ諸恒星および諸惑星(23)を利用する。‖ 火星（マルス）あるいはそれと同じ自然本性をもつ中天の他の星辰に [325]
属する町々の住人たちは殺戮兵器と鉄剣で町をつくる。

【五四】第八。この世に対する効力として生成と壊敗を起こすものがあるが、これは七つの惑星がなす百二十の合（コニウンクチオーネ）に由来している。その一々の効力にはそれを受容する形相（かたち）があり、この形相が効力を完遂させるものと考えられる。(24)

【五五】第九。太陽は動物の潜在力の鉱脈である。月は自然本性の潜在力の、土星（サトゥルヌス）は保持のための潜在力の、木星（ユピテル）は成長増大の潜在力の、水星（メルクリウス）は評価判断の潜在力の、火星（マルス）は鋭敏さと憤激の潜在力の、そして金星（ヴェヌス）は嗜好共感の潜在力の鉱脈である。

【五六】第一〇。火星（マルス）と水星（メルクリウス）と金星（ヴェヌス）はさまざまな生誕時における意志をあらわし、そうした生誕時にそれらの作用（オペラ）と自然変性力（マギステリア）をあらわにする。

【五七】プラトンの言辞から。プラトンが著した哲学の諸書には、木星（ユピテル）があらわにする真実に優るものはない、と録されている。また別の個所で彼はこう言っている。多血質、憤怒質、憂鬱質、粘液質がからだの諸要素であるよう

(22) Signum autem obediens forcius est in amicicia.「これに服従する星座（しるし）は親愛のうちにある」

(23) servias stellis fixis, et servias planetis in fabricacione domorum「その宿のうちにある星座と惑星」

(24) in omni quidem effectu aspicias esse formam recepcionis; nam ex ipsa forma completur effectus.「これらの効果はそれがなす形に眺められ、この形が効果をあらわす」。亞独版ではこれが第Ⅱ書第二章【七】以下に関連したものとして以下のような註を付している。

「すでに第Ⅱ書三章章【一】以下で見たように、各度数での合を算えるには三六〇では足らず、正しくは以下のようになる。

二惑星の合：1°毎に二一の異なった可能性

三惑星の合：1°毎に三五の異なった可能性

四惑星の合：1°毎に三五の異なった可能性

五惑星の合：1°毎に二一の異なった可能性

六惑星の合：1°毎に七の異なった可能性

七惑星の合：1°毎に一の可能性

に、こうした要素の力能は諸惑星に発する。その一つが他の一つに能作(はたらき)をおよぼし、他の一つがもう一方の能作(はたらき)を蒙るのが、諸惑星による生成の端緒原理である、と。また別の個所では、天文学の知識には真実が欠如している。‖
[326] いつの時代にも新たな発見がなされるばかりか、実修者によって相違が生じ、また過誤が絶えない。こうしたことからして、天文学は卜占や鳥占いによる証示とは相違している。なんといってもこれらは起こるか起こらないか後にはっきりと証明されるのだから、と言っている。

【五八】ヒポクラテスの言辞。(25) ヒポクラテスの哲学諸書にはこう記されている。木星(ユピテル)が太陽年を支配しているなら、この年、災厄はすくなく、健康は増強され、動物たちは遍く増殖する、と。

【五九】アリストテレスの言辞。アリストテレスの諸書にはこう記されている。王国は土星(サトゥルヌス)に、正義は木星(ユピテル)に、熱意は金星(ヴェヌス)に、判断力は水星(メルクリウス)に、業は月に、自信は火星(マルス)に帰属される、と。

【六〇】ここまでわたしが縷々述べてきたのも、上述した賢者たちが深くその深秘に通じるためにいかにこの業を注視してきたか、待望する目的に到達しようといかにこれに注集したかを、あなたに知らせるとともに理解してほしかったからに他ならない。

総合すると：1°毎に一二〇の異なった可能性が得られる。
……
純潔兄弟団Ⅲ-49はこれらの数値を各々二一、三〇、三五、二一、三一、一としており、その総和は一三九。つまり惑星の諸影響は第Ⅱ書二章【六】で算定された(6＋5＋4＋3＋2＋1)×360＝7560に7×360＝2520を加えた一〇〇八〇ではなくなり、純潔同胞団の算定によれば、120×360＝43200に2520を加えた四五七二〇となる。」

(25) 亜独版註：「ヒポクラテスの占星術的言辞の数々は、チェッコ・ダスコリの『サクロボスコの天球論註解』序や、メルベケのグリエルムスの偽ヒポクラテス占星術的医薬書に見つかる。L. Thorndike 参照。」

【六一】ヨハニキウスの言辞。イサクの息子ヨハニキウス(26)がギリシャの首魁アリストテレスの著作を翻訳したものをわたしは披見したことがある。この賢者の深い考察およびその知性的な諸帰結はたいへん意義深いものゆえ、ここで語っておくことにしたい。本書第Ⅰ書ですでに述べたところであるが、いくつかここに採録しておく。そこで賢者たちはこう言っていた。この業、この自然変性力(マギステリア)への扉は知性のはたらきによって開かれ、登るにふさわしい階段がある。また、秩序と規則を追及することなしにそれを汲むことはできない。また、その探求により危難が生じる、とも。実際、この知識にかかわる賢哲たちはみなこう言っている。(人々に)与えられるのは神にあるいは諸
[327] 天の力能に由来するものである、と。‖このように語られた言辞(27)は、その知識の困難さを説いているばかりでなく、その知解の深さにふさわしいものでもある。こうした完璧な叡知の業および知識ではあるが、すべてを丹念にたどるなら正しく言明することができる。つまり、この知識の端緒原理は昇機(アシェンダント)にある天の諸星辰の形象を知ること、およびこれらの形象そのものが描出する意味を諸他の援けを借りることなく知ること、そして諸他の形象を添えることなしにはそれを描かないこと。これらの形象およびそれらの自然本性を習得したなら、その自然本性そのものをもって、その自然本性に関連する地

(26) Iohannicius vero filius Ysaac 亞独版：Ishāq ibn Ḥunain, 亞英版：Isaac Bin Haneen

(27) 亞独版：Kronios, Iflīmūn, Agathodämon und ähnliche Männer, 亞英版：Kronyos, Plato, Agathodaemon and similer.

上の事物に、つまり諸天の形象と適宜対照(28)して描かれた動物の形象によって、はたらきかけることができる。適宜正しい方向へ魂を向け、適宜図像を合わせて調えることこそが、この業の実修の質料（ヒューレー）にして根底(29)である。このように図像（イマジネ）を調えるなら、その諸効力は持続し完璧に作用するが、そのように調えられないなら、その効果は地上の質料の罪およびそれらの複合の罪による処罰を受けること(30)となる。またその持続性は恒星に関連しており(31)、図像（イマジネ）と自然本性のより卓れた効力は諸惑星によるものである。また幸運惑星(32)の効力の持続は、地が天からひき寄せる霊（スピリトゥス）の堅牢と潜在力を増強する。つまり神々の名のうちには、諸霊（スピリトゥス）を天から地に降らせることばがある。こうした名やことばを霊的な自然本性を備えた賢者や学者が実修するのでなければ、下降する霊の潜在力がこうした者たちを殺害することとなり、賢者でなければ〔328〕それらの名のはたらきという恩典を得ることはかなわない。‖降霊術（ネグロマンツィア）の実修においても上述したようなはたらきをなすことばが見出されるが、そのようなことばもまたそこにつけ加えられる神の指示や恩典としての力能なしには降霊術（ネグロマンツィア）を完遂し得ない。そのときにのみ、上位なる天界の質料が土性へと大地の中心へと下降し繫ぎとめられることになる。

【六二】図像（イマジネ）はまずそれがつくられている自然本性的実体にしたがって調え

(28) proporcionem「比率」
(29) istud erit yles et istius operis radix.「森にして根」。
(30) dampnacionem materie terrenalis「悪意による壊敗を受ける」
(31) per stellam fixam contingit「恒星から生ずる付帯性（属性）であり」
(32) fortuna 先の災厄惑星に対応させておいたが、本来は運命、あるいは本書ではつとめて避けた「吉凶」の「吉」の意。

られねばならず、それを力能ある降霊術（ネグロマンツィア）のことば[33]なしにつくってはならない。その自然本性と図像（イマジネ）の間に業の実修における諸特性の対立と不和[34]がないように注意しなくてはならない。たとえば、獅子の図像（イマジネ）をつくりなす実修者（マギステル）は、この獣がその実在にあって自然本性的に恐れを知らぬものであるように、意気軒昂[35]で活力旺盛でなければならない。むろん、人はそこに獅子とは別のものを観るのでなければならず、その自然本性を知解し、憤怒や悪しき意志へと導くものを知らなければならない。これについて古の賢者たちは一致した見解[36]を示していない。とはいえ上述したように、最終的には所期の結果が得られることになる。

【六三】なんらかの図像（イマジネ）をつくろうと欲するときには、これをその（星座の）動物が動く間に、その自然本性が活性化されるときになす。こうすることで、その図像（イマジネ）の潜在力は堅牢にされる。またそれをつくる間、なにか偶発事が起こらないように[37]に留意する。たとえば、獅子宮に関しては、獅子の図像（イマジネ）を熱があるときにつくると、その力能は弱められることになる。地上の図像（イマジネ）の中の天界の一々の運動は神の力能によって動かされる。この図像（イマジネ）をつくる業が阻害されないならば、その星辰の運動はこの図像（イマジネ）の力能によって持続するのが認められる。また二つの図像（イマジネ）つまり描図の端緒である星座（しるし）の度数とこれの運

(33) 定式、祈禱詞

(34) discordia 反撥、不協和弦

(35) alti cordis et vigorosus 高音弦

(36) concordati 協和弦。以上、戯れに調和論あるいは数比論における用語の転用と解することもできる。

(37) quo aliquid ei venit accidens「偶性が付加されないように」

動は、天界を自由に動くにあたり諸他の阻害がないならば、図像（イマジネ）の力能も、順行、逆行、上昇、下降をなし、同じように動くのが認められる。こうして図像（イマジネ）をつくることで、合、逆立（衝）、諸他の相（アスペクト）について、天の図像（イマジネ）に顕れるところも、逆立して隠れているところも十分に観ることができる。図像（イマジネ）をつくるにあたり上述したところを守らないなら、そのような効力は完遂されない、ということに十分留意しなければならない(38)。

[329][330]

【六四】ゲベル・アベンハエン(39)は‖この知識についてこう述べている。図像（イマジネ）の業は自然本性の効力と類同であり、諸星辰の動物、樹木、石との関係性を知らず、惑星や恒星について地上のさまざまな場所からのそれらの星座（しるし）(40)の相（アスペクト）を知らずに、これを実修することはできない。あるいは天文学の知識としての諸天の運動、宿や諸惑星の最高点、それらの緯度経度、月齢、さまざまな土地の自然本性、水、土、雨、雪、その大地、海、気象、またその土地の昼夜平分線(41)からの直線距離、それにその土地でよく生まれる動物たちについて、爬虫類その他の動物たちに及ぼされる影響、これらの動物たちがそこで繁殖しない時期および繁殖する時期について知悉しておれば、上述したような図像（イマジネ）をつくるにあたり、その実修は容易となり、一切困難はなくなるだろう。上述したような自然本性を組み合わせる（つまり図像（イマジネ）の実修）にあたり、

(38) 亞独版ではここに護符図像の長期使用法、Datageit という単位（六六と三分の一マイル）、Dakika（五と五分の四リーグ）の解説が入る。

(39) Geber Abenhayen, 亞独版 : Abū Mūsā Ǧābir Ibn Ḥaijān, 亞英版 : Abu Musa Jabir Bin Hayan

(40) signorum「星座」、主でもあるが所謂支配星としての主にはドミヌス、ドミナントが慣用されているので、区別はつくが、読者がこれを「主」と解する混乱は十分あり得る。第Ⅲ書五章【一一】参照。

(41) linea distant equinoctiali「天の赤道からの距離」

石や樹木や動物についての知見をもつことも推奨される。樹木は容易に燃えあがり、動物は腐るものゆえに。動物たちの能力には二つがある。一つは集め増やすこと、もう一つは拒絶し逃れること。(42) 時にも二つの時があり、運動にも二つの運動がある。つまり集め増える時と拒み逃れる時と。対向度数(43)に関してはつづく諸章で考察することとする。石には大いなる秘密が隠されている。ある動物――つまり追い払いたいと思うような――が熱の自然本性をもつとするなら、石は冷でなければならない。また動物が湿であるとすると、[331] 石は乾であり＝また逆も真である。ここから、蝮や雀蜂を追い払いたいなら、紅玉髄（アラクエク）(44)あるいは金剛石（アダマンテ）の業をなすのがよい。蠍、南京虫、蠅、虱のような冷の自然本性からなるものには、孔雀石（デヘネク）(45)や水晶（クリスタッリ）といった熱性の石を銅や黄金とともに用いる。業の実修においてこれらは逃散させるはたらきがある。集め増やす業を実修するためには、蝮のはたらきに関連するような適当な業を黄金や銅等々をもって実修せねばならない。これらはすべて適切な混合、運動の方向、結合の差異、結合による運動および実体の運動によって生じる。その形象および図像の形相（かたち）は、ここでそれがなされるためには、鼠には鼠の形象、蝮には蝮の形象、蠍には蠍の形象、というように、その動物の形相と図像でなければならない。この図像（イマジネ）を刻んだ石の重量は大きい（つまり一オンス

(42)「動物たちの効能には二つがある。一つは益し引き寄せること、もう一つは分散し撥ねつけること」
(43) opposicionum graduum 逆度数、度数の逆立（衝）
(44) alaquech 羅伊版：corniola
(45) dehenech 羅伊版：malachite

〔332〕

から一リッブラ）ので、その力能と潜在力は百レーガ離れたものをも引き寄せる、と言っておこう。ただし形象として構成されたものはその自然本性として離れた場所へと運動〔距離的な（リーグ）〕をするものではなく、その場所にとどまるばかりであって、実体および自然本性的な物体（コルプス）に効力を及ぼすものではない。一方、霊（スピリトゥス）は諸物体（コルプス）を占める僅かばかりの霊を超えてずっと広い場所を占めている。

【六五】プラトンはこう言っている。諸物体（コルプス）は諸霊（スピリトゥス）とは逆立する、というのも一方の生命（いのち）が他方を維持するのだから(46)。これに付言して、あなたのからだ（コルプス）の終局目的は、まさにあなたの霊（スピリトゥス）の生命（いのち）の維持にあることを知りたまえ。つまり＝からだ（コルプス）は霊（スピリトゥス）の婢女であり、これはそれ（コルプス）の生成誕生およびそのはたらきのすべてにかかわっている。決して生きているものの生命（いのち）のために死者を殺したり、死者への愛のために生者を殺したりする目的からあなたの霊（スピリトゥス）があなたのからだ（コルプス）を用いるようなことがあってはならない、と。

【六六】加えて彼にさまざまな質問がなされている。霊（スピリトゥス）は心拍(47)によってどのように悦ぶのか。これに対する彼の答え。自然本性はその潜在力において霊（スピリトゥス）の理拠(48)を動かすものであり、魂(49)はまさにそのからだ（コルプス）に準じた自然本

(46) Corpora spiritibus sunt contraria quia ex vita unius contingit sustentacio alterius「一方のいのちが他方の糧であるのだから」

(47) motu cordarum「弦の振動」

(48) natura suis potenciis racionabilem spiritum movet, racionabilem spiritum → anima rationale 理性魂

(49) animal[em] 動物（的な霊）

性においてそれとの類同をあらわすものである。まさにそのゆえに、霊(スピリトゥス)の秩序(50)は友情、愛、勝利にある。それに準じて別れた諸部分が結びつき、結びついた諸部分が分かれる。そして自然本性の結合運動がはたらくと〔つまり諸部分が結合するとき〕、二つの霊が霊的愛において結びつき、理拠的知性(51)と結合する。霊的なものこそ第一であり、これが原因となって世界が観られる(あらわれる)。ここに純粋にして単純なものが生起する。この動きが分離へとはたらくなら、それによってこの霊(スピリトゥス)は魂を引き寄せ、からだ(コルプス)との親和(52)が生起する。こうして霊(スピリトゥス)の理拠がまさにその理拠的秩序配列の側から調えられた精妙な同一化を悦び支配する勝利が帰結する。また魂はまさにその諸部分を悦び、自然本性による分割諸部分との同一化にしたがって心拍を分割する。(53)つまり霊(スピリトゥス)はそれ自体驚異の形相をもつので、霊が自然本性を纏うことはできないのだが、自然本性の運動はからだ(コルプス)という実体(54)〔つまり心臓とその負荷〕の中で果たされる。このように理拠をもってしては捉えることのできない形象のうごきが霊を悦ばせることになる。こうして霊(スピリトゥス)は形象、精妙な運動、視像その他から
[333] だ(コルプス)の諸部分によってそれを引きつける。(55)』あなたがこの知識を実修しようとするなら、あなたの霊(スピリトゥス)およびこうしたことがらを実修する者たちの事物の知解に慣れ、(56)上に挙げた賢者たちへと到達するべく彼らの教えを汲むよう

(50) spiritum ordinis「霊の命じる（指示する）ところ」

(51) intellectu racionabili　理性魂による知性のはたらき

(52) amiciciam　友情

(53) cordas divisas secundum similitudinem a partibus nature divisam.「諸部分の自然本性の分割に従って弦は分割される」数比論的にも。

(54) substancia corporis (volo dicere corpora cordarum et eorum pondera)「物体的実体（つまり弦を張ったものとそれの錘）」

(55) Similitudo「同一化」、「類似像」のことだろう。

(56) assuefacias tuum spiritum　習慣化した知性のはたらき、以下この「慣れる assuefacere」という語が知性の獲得の解説として繰り返される。第Ⅲ書末の「獲得知性」参照。

にあなたの霊（スピリトゥス）とともに努めねばならない。古の賢者たちは起きている時も眠っている時も霊（スピリトゥス）に注集しつつ、次のように語ったのだった。あなたの霊（スピリトゥス）を視像に慣れさせよ(57)。あなたが多くのものに出会うことができるように。目覚めている時にはほとんど汲みとることができないものを眠りのうちに享受できるように。これによって、目覚めている時に諸感覚に明らかなことばかりでなく、諸感覚に隠されておりその効力が果たすところが微弱であるものまで知解できるようになる。感覚へのあらわれが鎮められ、何のはたらきもしていないときにこそ、隠された感覚は知解、想像、記憶、また霊（スピリトゥス）の中に存する判断の活力によってはたらくのである。この判断の活力というのは単純で、どんな障害によっても阻害されることがなく、実際その熱は秘匿されている。これが秘匿されていると、からだ（コルプス）の余剰は溶解する(58)。上述したようにあなたの霊（スピリトゥス）を慣らしたなら、あなたにさまざまな視像があらわれることを、そしてあなたの欲するところを十分知解していなくてはならないということを、この知識を追及する者としてあなたは銘記しておきたまえ。

(57) Assuefacite enim vestros spiritus in visionibus「霊に視像を獲得させよ」とも。

(58) Et dum fuerit absconsus, superfluitates corporis liquefiunt. 眠りのうちで魂がはたらく時には体軀（コルプス）はこの秘匿された熱によって解消されてある（身体性から解放されている）、という意味か。

第五章　この業にとって必要な十の知識を提示するとともに、いかにそれらがこの知識を援けるか、またこの知識に必要な礎とは何であるかを示す

【一】この知識を見出した古の賢者たちも、起きている時も眠っている時もつづけられる忍耐強い探求と一々の確証なくしては、その欲するところを汲みとることはできなかったに違いない。この途にしたがいつつ、二つの帰結が記されるとともに知られてきた。まず十の業（アルス）が知られる。その内の五つは律法の研究に、あとの五つは哲学の研究に必要なものとみなされてきたものである。

【二】その第一は農耕、航海、民衆の統治。これこそ民と領土を統率する[1]第一の業である。これについての古の知識は数多伝えられる書物からのみ得ら

(1) in gubernacione civitatum et regnorum「市民と王国を支配する」

れる。〓

【三】これにつづいて兵隊の引率、軍隊の統帥、戦闘術、動物や鳥を呼び、罠にかける業。これも数多の書物から知られるところである。

【四】これらにつづくのが、人々の援けとなる民の業。(2) これに属すのが文法、語彙の区分、判断の道理づけ、理拠を据え、誓いを解し等々これにつづくことども。たとえば書写に関連した売買等々。これらについても数多の書物から知られる。

【五】つづいて算術および数やそれに関連したことについて知られるあらゆる書物。これにつづくのが幾何学でこれは理論と実践からなっている。これによって測地術、重量物の揚起、才知溢れる工作、水道、空中を行く道具、燃焼鏡がつくられる。つづいて天文学。これにより惑星の歩みや星辰の判断(3)を知ることができる。つづいて音楽、これには歌唱および弾奏も含まれる。(4)

【六】次が対話法。これは八巻の書に分けて賢者アリストテレスがわれわれに教授してくれるところ。

【七】次が自然学。これは二部に、つまり理論と実践に分けられる。

【八】これらにつづくのが自然本性の業。これはアリストテレスその他の賢者哲学者たちが据えたもので、これについても数多の書物があるが、それに

(2) artes civitatum「市民の文化」

(3) quam sciuntur gressus planetarum et stellarum iudicia. 占星術

(4) ロジャー・ベイコンの有名な書簡『自然の秘密について *De Secretis operibus Artis & Naturae & de nullitate Magie*』の記述との類似。

[335] もまして多くの註解や解釈の書を要するもの(5)である。その第一巻は(6)‖「自然本性の諸様相」(7)と表題されており、第二巻は「天界と地界」、第三巻は「生成と壊廃」、第四巻は「天にあらわれる星座（しるし）の書」、第五巻は「鉱物」、第六巻は「植物」、第七巻は「動物の運動」つまりある場所から他の場所への移動を論じたもの(8)。

【九】つづいて「形而上学」。これはアリストテレスが十三巻を著した書物。これをよく知解し完全に知る者は完璧な賢者となり、愛されるものへと完璧な嗜好を伸ばす(9)ことになる。

【一〇】これらすべてに二つの帰結がつづく。先に示唆した通り、これらは上述の十の業を礎とした帰結でもあり、これら十の業を知らぬ者は決してこれらの帰結を汲みとることができない。それゆえここに語ったところに励むようあなたを促すとともに、上述したすべての知識を知るためにあなたは登らねばならない。これを完璧になし、そこに古の賢者たちの叡知を汲み、叡知の業と霊（スピリトゥス）の知識を知り、彼らが自らなしたところをあなたもなしたまえ。魂の力能のうちでこれに準じて霊（スピリトゥス）の業をなすことは、至高の賜(10)を到来させることである。そしてこれこそ、上述した預言者たちの秘鑰を解することである。‖

(5) 亜英版では「Abu Bishr Mita Bin Yunis の『アリストテレスの自然学八註解』を指し、ここに Tabit ibn Qurra の議論を載せている」との記載がある。

(6) 亜英版では以下の書の諸章を著したのが Al-Hakim となっている。これは賢者の謂いだが、アリストテレスの添え名として用いられている。

(7) Oydus naturalis, Modus naturalis

(8) 亜独版：第四巻は『気象論』、第七巻が「動物」、第八巻が「魂」、第九巻が「諸感覚と事物の感覚」、第十巻が「健康と病患」、第十巻が「動物の諸運動」とつづく。

(9) perfectionem appetiti amati pertinget.「待望される志向の完成に到達する」

(10) altissimo graciam consequeris「至高者の恩寵に浴す」

【一一】これに愛がつづく。愛の中にこそ最大の諸潜在力がある。愛は二様であることに留意しておこう。つまり美徳によって獲得される愛[11]と悪徳に浸された愛と。美徳によって獲得される愛こそここで語っているところのものであり、これより他を眺め獲得するようなことがあってはならない。悪徳に浸された愛とはからだ（コルプス）の悪徳である質料形相[12]のことである。あなたは可能な限りこの愛から逃れねばならない。そればかりかこれら賢者の諸書には、諸霊の比率と調和の関係は前者の愛のうちにある、と述べられている。人の霊（スピリトゥス）は三つの部分に分けられる。つまり動物霊と自然本性の霊と理性的な霊とに[13]。人において自然本性の霊が諸他の霊を凌駕しているときにはいつも食物と飲物以外のなにも愛さない。動物霊が諸他を凌駕しているときには他の者に勝ち凌駕することより他を愛さない。理性的な霊が凌駕しているときには知性、善意、真率より他を愛さない。誰かの誕生時にある惑星が卓越を示すのでなければ、こうしたことのすべてが起こる。このような惑星を誕生時の主（ドミヌス）と呼ぶ。月あるいは金星（ヴェヌス）が誰かの誕生時の主（ドミヌス）であるなら、その人は婦女と享楽を愛するものとなることを知っておくべきである。また太陽あるいは火星（マルス）が誕生時の主（ドミヌス）であるなら卓越と勝利を愛することになる。木星（ユピテル）あるいは水星（メルクリウス）の場合、そのような人は善を知り学び、善と正義を愛することに

（11）amor virtutibus acquisitus「力能を獲得する愛」

（12）materialiumque formarum

（13）spiritum animalem, spiritum naturalem et spiritum racionalem. 所謂魂（アニマ）論における三分「動物魂、植物魂、理性魂」に相当する。

なる。上述したところは、誰であろうとその自然本性にも愛にもあらわれるところである。〔337〕地上の事物に注がれる愛は＝視覚を獲得するものであり、そうした視覚は使用され所有されるうち継続的に成長増幅する。あたかも小麦が地中でその種子から成長増幅するように、樹木が植えられ、動物の精液が母胎に受けとられるように。視覚の端緒原理はそうした愛からなっており、愛される事物が所有され、この視覚が眺めるうちにそうした愛はいよいよ成長増幅し、事物はそれと合一し、それをなす霊（スピリトゥス）と一となるのであってみれば、ここで言う視覚とは質料のようなものである。これが友愛に結ばれ、ここに愛を見出した二つの霊（スピリトゥス）の間の物体（コルプス）的な愛となる。理拠的な霊のうちの愛とは、それと類を同じくするものつまり叡知、知識、善、確たる美徳、おわりのない永遠、を尊愛するものであり、まさにこうした善、高貴、至高なる愛こそが理拠的な霊と呼ばれるにふさわしいものである。一方、ここに語った諸他の愛は悪しく、そこには霊（スピリトゥス）の邪悪があり、霊（スピリトゥス）とのそのような友愛、合一、またその持続は壊敗あるいは破滅を待つばかりであるので、捨てるべきものである。

【一二】プラトンはその「魂論（デ・アニマ）」においてこう述べている。乾と黒胆汁の体液複合(14)こそ、乾に由来する病患および疾患の諸源泉であり、これらの要因に

(14) Complexiones sicce et melancolice「憂鬱気質」

注目しこれらを変ずることが望ましい。乾の動物[15]は熱と乾の土の中や山の中に留まりこれを模す。これらはここに近づいたり棲んだりするものをたちまちのうちに損ない壊敗させるばかりか、これらを視覚をもって見る者をも損ない壊敗させる。それゆえ、こうした体液複合および霊（スピリトゥス）からする邪眼[16]はこれを見る者を損ない壊敗させる、と。[17]」

(15) animali sicco「乾いた魂」
(16) malignitate aspicit「邪悪な視線」
(17) 亞独版では以下、邪眼から男性精力に到る長い解説がある。

[341]

第六章　いかにして諸星辰の燻香をなすべきかを示すとともに、この知識に必要な成分組成を明かす

【一】この知識の諸分野に通暁したインドの賢者は、燻香の組み合わせおよび地上の自然本性と天界の自然本性の結合について教えている。じつにインドではあらゆる業の実修およびその成果を得るためにさまざまな燻香をおこない、これによって諸惑星の霊（スピリトゥス）を引き寄せ、欲する時にこれを導き入れ、欲する時にこれをはたらかせる。こうした業は唯一の手続き（ネゴチオ）をもってなされるものではなく、本書で述べてきた一々の惑星に適した個々の実修の効能あるいは業を援用するものであり、これらが燻香の業である。‖

[343] 【二】土星（サトゥルヌス）の燻香。乾燥したマンドラゴラの実とオリーヴの葉をそれぞれ百オンス、乾燥した黒ミロバランスモモ（ミロバラノールム）(1)と黒ヒヨコマメ（チチェルム）(2)をそれぞれ十オンス、

(1) mirobalanorum, mirabolano ミロバランスモモ
(2) cicerum, ceci ヒヨコマメ

乾燥した黒烏の脳と鶴の脳をそれぞれ三十オンス、乾燥した豚の血と猿の血をそれぞれ四十オンスとり、すべてをすり潰してよく混ぜる。そしてこれを半オンスの大きさの錠剤に調える。これをなすにあたって、土星（サトゥルヌス）の霊（スピリトゥス）の潜在力つまり本書第Ⅲ書六章に述べたところをもって作業する。これを凝固
[342] させ、使用するまで保存する。‖

【三】木星（ユピテル）の燻香。乾燥したバルサムの花とミルトの花をそれぞれ十オンス、抹香を十四オンス、殻をむいた乾いた胡桃とハシバミをそれぞれ四オンス、
[343] 乾燥した鶏の脳と鳩の脳とガチョウの脳をそれぞれ‖四十オンス、乾燥した孔雀の血と駱駝の血をそれぞれ二十オンス、それにナツメグと樟脳それぞれ半オンスを調える。ここで留意すべきは、燻香に用いる血を動物の心臓から抽出してはならないということ。これらすべてを上述したようによくすり潰
[344] して混ぜる。あとは土星（サトゥルヌス）の燻香で述べたとおりになす。‖

【四】火星（マルス）の燻香。赤オオウイキョウ（アッセフェティデ）(3)、辛子（セナプ）(4)、セイオウヒルガオ（トゥルビス）(5)をそれぞれ四十粒、ゴム樹脂（サガピニ）(6)、赤アウリ・ピグメント(7)をそれぞれ四オンス、乾燥した雀の脳と蠍をそれぞれ二十オンス、豹の血を四十オンス、赤蛇（ヤマカガシ）の脂を十オンス
[341] 調える。すべてをよくすり潰し均質にし、あとは先述したとおりになす。‖

【五】太陽の燻香。水仙の花穂、黄と赤の白檀（サンダル）(8)をそれぞれ十オンス、カヤツ（チベ）

(3) assefitide, オオウイキョウ
(4) xenab, senape カラシ
(5) turbith, convolvolo セイオウヒルガオ
(6) sagapini, serapino (gomma resina) ゴム樹脂
(7) auri pigmenti rubei
(8) sandali 白檀

〔342〕リグサ(9)、タイム(ティモ)(10)、赤肉桂(カッシア)(11)をそれぞれ六オンス、栃の実(コスティ)(12)を二オンス、鷲の脳と‖その血、猫の脳とその血をそれぞれ二十オンス調える。これらを乾燥させ、先述したところと同じ順序で調える。‖

〔343〕【六】金星(ヴェヌス)の燻香。月桂樹の実、仁の粒、テュリスの粒(13)をそれぞれ八オンス、乳香(マスティチ)、ヒヨス(ユスクィアミ)(14)の茎をそれぞれ二十オンス、ポリオ(15)の茎、安息香(ストラクス)をそれぞれ四オンス、硼砂(アッティンカル)(16)を二オンス、乾燥した雀の脳とハイタカ(アストゥリス)(17)の脳をそれぞれ十六オンス、乾燥した馬の血を四十オンスとる。すべてを混ぜてよくすり潰し、すべて上述したとおりになす。‖

〔344〕【七】水星(メルクリウス)の燻香。ヒヨス(ユスクィアミ)の花、インディコとアッサロ(18)の葉をそれぞれ二十オンス、琥珀、牡牛の睾丸をそれぞれ二十オンス、驢馬の血を四十オンス調える。これらすべてを十分乾燥させ、一緒によくすり潰し混ぜあわせ、すべて先述したところと同様になす。‖

〔342〕【八】月の燻香。桃の葉とシナモンをそれぞれ百オンス、乾燥したアイリスと安息香(ストラクス)をそれぞれ二十オンス、クミン十オンス、白蛇の脂四オンス、十分乾燥した白豹の脳と黒猫の脳をそれぞれ二十オンス、狼の血四十オンスを調える。これらすべてを一緒によくすり潰し混ぜ、すべて先述したとおりの順序でなす。一々の惑星にかかわる上述の調合にあたり、泡立てた蜂蜜と一緒

(9) ciperi カヤツリグサ?
(10) thymi タイム
(11) cassie カシアケイヒ、肉桂
(12) costi, costum ミルラ? 亞独版：Kostwurz
(13) granorum nucleorum, granorum thuris? 亞独版：Weihrauchkorner カンラン科植物の実から採った香料
(14) iusquiami ヒヨス
(15) polii? 亞独版：Früchte von Polei
(16) attincar, borace 硼砂
(17) asturis 亞独版：Bussarden ハゲタカ、羅伊訳 avvoltoio
(18) assaro? 亞独版：Asarum-Blätter

[344] に混ぜてから、土星のところで述べたような錠剤にする。‖

【九】この調合をなすにあたってはつねにその惑星の潜在力とともに、つまり第Ⅲ書六章で論じた霊の潜在力とともに作業する。またこの実修にあた [344345] り、‖その惑星に対する祈禱詞を唱えつづけることを忘れてはならない。‖あなたは燻香するところを誰にも見せぬよう、またその間、それが太陽の光線にも月の光線にも触れぬように努め、選ばれた場所に保存する。このときうつわは金属製のものを用いるが、このうつわは業に関連した惑星の鉱脈から採られたもので造る。ここに述べたようになさないならば、業は損なわれることとなるばかりか、損害は実修者にも及ぶということに注意を要する。最後に、この作業により起こり得る損害を避けるための処方(19)をあなたに語っておこう。‖

[346] 【一〇】このインドの賢者はその著作中に驚くべき発見を載せているが、これについてあなたに語っておくことにしよう。これは水星（メルクリウス）の業にかかわる深く秘匿された霊（スピリトゥス）、つまり知り解し覚える霊（スピリトゥス）に関することがらである。これがインドの驚異的な知識、深き秘鑰であることに留意したまえ。インドの賢者たちが民衆に説教しようと欲する時には、自身および同輩たちにこの混合物を塗布したものだった。するとそのおかげで彼のうちに霊の力能が満

(19) remedia 治療薬

ち溢れ、その恩恵と力能と堅牢は誰にも優り、みな彼に服従したという。その組成は以下の通り。グライデの脂質[20]、海蟹の油脂、羊（ペクディス）[21]の脂質、乾燥したヤツガシラ（ウプパ）[22]の血をそれぞれ四十オンス、龍涎香（アンブラ）二十オンス、乾燥した石榴の葉、シードル（シドラク）[23]の種をそれぞれ十オンス、栃の実（コスティ）一オンスを調える。すべてを一緒にして十分にすり潰し混ぜる。この作業をしつつ、水星の霊（メルクリウス スピリトゥス）を呼び寄せる。この間、本書で述べたとおり[24]、水星（メルクリウス）の天使に祈りを唱えつづける。上述のとおりに成しおえたなら、これを生銀を凝固させてつくった箱に納め保存する。これは上述した塗布にも燻香にも有効である。以上がその驚異の業とその秘鑰である。インドの賢者たちは民衆に説教しようと思うとき、この香油を自身と同輩たちに塗布する。この香油は彼らの霊的な知性能力を増強し、彼らのことばを皆に敬虔に受け入れさせ、彼らの説教にしたがわせることになる。‖

〔347〕
【一一】土星の霊（サトゥルヌス スピリトゥス）による調合は次の組み合わせからなる。豚の脂、熊の脂をそれぞれ四十オンス、肉桂（カプシエ）、ウチワマメ（ルピーノ）[25]をそれぞれ二十オンス、ミロバランスモモ（ミロバラン）[26]の粒を十オンス、乾燥させた象の血三十オンスを調える。これらすべてをよくすり潰し混ぜ、先述した手順にしたがってなす。このように調合する間、本書で語った土星（サトゥルヌス）の天使に祈りをささげつつ、これに霊

（20）grayde, 亞独版：Flighuehnern 鳩に似た鳥、亞英版：sand grouse ライチョウ、羅伊版：cornacchia ミヤマカラス
（21）pecudis, 亞独版：Schafen 羊、羅伊版：bestiame 畜獣
（22）upupe 亞独版：Wiedehopfblut ヤツガシラ
（23）sydrac シードル、亞独版：Limonen-kerne, 亞英版：citron seed
（24）前記、第Ⅲ書六章。
（25）lupinorum, ウチワマメ
（26）mirobalanorum ミロバランスモモ

［348］

と天界の力能を引き寄せる。この調合は、他人に聴かれることのないよう、諸作業にしたがいつつ霊(スピリトゥス)に奉献するようになされる。ここでこれなくしては上述したような諸惑星にかかわる燻香も塗布剤もなし遂げられない業についてあなたに教えておこう。この業によりあなたは惑星の霊的な力能を完璧に引き寄せることができるだろう。ここにこそ最大にして深甚なる秘鑰がある。こうした燻香と塗布剤のための血と脳の調達にあたっては、上述した諸動物の首を刎ねて生贄とする。これらの生贄と燻香は霊(スピリトゥス)をより容易く引き寄せることになるから。生贄をなすのは、その霊を引き寄せたく思う惑星がその昂揚(エクサルタチオーネ)(27)にあり、障害がないときとする。誰にもこの調合を見せないようにして、これを鉛の箱に保管する。

【一二】こうした調合物を燻香することで、惑星の霊(スピリトゥス)による損ないから防御され保護される。この調合物の力能と潜在力は全般にわたり、諸惑星の業およびその霊(スピリトゥス)の召喚ばかりか、解毒にも大いなる効力をもち、上述したような損ないがないよう防御し保護してくれるものである。その組成は以下のとおり。‖蠍の脳を六オンス、白犬の脳を四オンス、孔雀の脳、ヤマウズラ(コトゥルニクス)(28)「つまりウズラ(クァリァ)」の脳をそれぞれ八オンス、雀の脳を四オンス、ハイタカ(アストゥリ)の脳を二オンス、雄ハリネズミ(エリチウス)の血六オンス、驢馬の脳、ヤツガシラ(ウプパ)の脳をそれ

(27) exaltatcione 占星術用語一般の解説は第Ⅲ書七章、特に「昂揚」については【一六】を参照。また▼補註⑯参照。

(28) coturnicum (id est, quali)

ぞれ二十オンスとる。上述した脳をすべて一緒に混ぜて乾燥させる。そしてこれをすり潰し、ここに白と黄の白檀（サンダロ）、シナモン、水仙の花穂をそれぞれ四オンス、サガピーニ[29]一オンス、龍涎香二十オンス、アルモニアコ[30]六オンス、抹香（トゥリス）十オンス、ナツメグ四オンス、樟脳（カンフォラ）二オンス、ゴムの一種（クィエ）十六オンス、マンドラゴラ四オンスを調える。これらすべてを一緒に混ぜてよくすり潰し、イボタノキ（アルベン）[31]の油とともによく混ぜる。そしてこれから七つの丸い錠剤をつくり、日陰干しする。この諸惑星の調合物をつくる間、これらへの祈りとその天使たちへの詞を唱えるのを決してやめてはならない。上述した錠剤ができたなら、その中に惑星の霊（スピリトゥス）が留まりつづけられるように、これを七つの惑星の七つの金属すべてでできたひとつの箱に納める。七つの惑星の業あるいは諸天界の業のいずれかを成し遂げようと欲する者は、実修にあたり諸惑星の霊（スピリトゥス）からの損ないを受けぬよう、この錠剤の一つを所持しつづける。古の賢者たちは、そうした損ないに対してこの混合物をもって防御していた。これが最大の秘鑰であり、大変有益なものであるゆえ、あなたは細心の注意を払いこれを保管したまえ。

【一三】次の塗布剤は賢者の諸書に由来するもので、太陽の軟膏と呼ばれる。これには親愛、名誉、気高さ、王の寵愛、軍隊や重鎮たちからの信任を得る

（29）sagapini 亞独版：Sagapenum, 羅伊版：serapino ?.

（30）armoniaci 亞独版：Bdellium ゴム樹脂の一種、羅伊版：ammoniaca アンモニアか調和剤か？

（31）alben 亞独版：Weihrauch (luban) 乳香、羅伊版：ligustro イボタノキ

[349]
力能がある。硝子の小瓶に良質で純粋透明な薔薇の精油をとる。火星の日、[32]太陽に向かって立つ。このとき太陽は昇機にあたり白羊宮あるいは＝獅子宮にあり、月もこれに親和する相になければならない。ここであなたは右手に先述した小瓶をもち、顔を太陽に向けてこう唱える。太陽よ、高貴と善性に満ちた惑星よ。汝の出自はなんと美しく善く、それがどれほど汝の霊の装いとなっていることか。汝こそ太陽、汝の光と汝の霊こそが生き生きとこの世界を統率している。汝は天の燭台、汝は宇宙の光輝、万物の生成を司るものよ。その潜在力は神によって注がれたもの。汝こそ太陽、汝は天を巡りつつ世界の四隅を睥睨する。汝の光輝と美は神の潜在力からの授けもの。汝は光溢れるいのちつまり月の光をそのはじめからおわりまで包みなく授けてみせる。それゆえ汝に祈請する。この精油のうちに友愛、善意、親密な処遇を授けたまえ。吾の親愛と意志が万有のこころ[33]に満ち渡るように。王また高位の人々の恩顧ばかりか細民の信頼をも受けることができるように。吾は某、汝に祈請する。吾に対する親愛、こころからする愛、口説をいずこにあっても汝が主宰したまうことを。またいずこにあっても吾の姿が悦びをもって迎えられるように、親愛の情が死ぬまでつづきますように、吾の姿が名声と歓喜をもって迎えられますように。主よ、第四天にある天使アンコラ

(32) 火曜日

(33) in cordibus universi「万有宇宙という弦」

〔350〕

を介して、また〔アネフトヨラ、アクタリエ、アフデメモラ〕、ベハルテヨン、アクタリエ、アフデを介して祈願する。(34) 吾の掌中にあるこの精油に、王、領主、高位の人々のこころに敵意をではなく吾を求める愛と善意を据え、みなが吾を厚遇し愛し服従し、吾の指示を逸することなく、かえって吾の恩顧をもとめることになるように。主(ドミネ)よ、第五天に常在するベヒビルヨン、ケリュベロン〔ベロン〕(35)を介して祈願する。彼らのこころを開き、その口を塞いでくださるように。吾について悪口を言うことなく、吾のことばやおこないを詮索することがないように。今から未来永劫縛りつけたまえ。‖主(ドミネ)よ、第六天の天使ザウケブ(36)を介して祈願する。吾の敵たちの口を塞ぎ、彼らのこころに吾への愛と誠意を注ぎたまえ。主(ドミネ)よ、第七天に常在するバルハオト(37)を介して祈願する。吾への愛、善意、名声、歓待をすべてのこころに授けたまえ。人々の吾への歓待と愛が汝の霊と賜により昼も夜も授けられますように。汝の名にかけて祈願する。愛と友情が賦活され愛するこころが結びあうよう、みなのこころに今から未来永劫にわたり吾への愛と善意が注ぎ込まれますように。かくあれかし(アーメン)(38)。先述した条件を厳修したうえで、この祈禱を十二回唱える。そしてこの精油を大切に保存する。王、領主その他高位の人々と近づきになりたいとき、この精油をあなたの顔に塗るなら欲するとおりになり、先述し

(34) per angelum Ancora, qui in quarto residet celo, et per [Anehutyora, Actarie, Ahudememora,] Behartyon, Actarie, Ahude 亞独版：Anṭūr, … Jāharṭajūn Aqṭārajā A'ūdājāmūrā, 亞英版：Antoor, … O Hartiyoon, Aktarya, Aooda, Yamoora.

(35) Behibilyon, Celyuberon [beron], 亞独版：Saljubarun, 亞英版：Sliyobaroon

(36) Zauceb, 亞独版：Sūsab, 亞英版：Susip

(37) Barhaot 亞独版：Barhāwat, 亞英版：Barhawt

(38) 亞独版：immerdar（十一回）、Amen（七回）

たような驚くべく親しい歓待を受けることができる。この業はインドの諸書に記されているもので、これは彼らの交渉事（ネゴチイ）に使いつづけられるものである。

第七章　アブバエル・アベンヴァシエによってカルデア語からアラビア語に訳されたカルデアの農事書にみられる降霊術（ネグロマンツィア）の業について

【一】アブバエル・アベンヴァシエ[1]がカルデア語からアラビア語に移したカルデアの『農事書』[2]には数多の降霊術（ネグロマンツィア）の業またこれに要する自然本性手法[3]の数々が挙げられているが、これらについてここに記しておくことにしよう。[351] この書には、〝ある農夫のことが語られている。ある夜、彼が月桂樹の木の下で眠っていると、この木が次のように話しかけるのを耳にした。おお、男よ、おまえのこの農地にわたしより美しくわたしより善い木が見つかるかどうかよく眺めてみよ。いまだわたしより善く、美しく、尊く、貴重な木を見つけたと言った者は誰もない、と。そこで農夫はこう答えた。なぜそんな

（1）Abubaer Abenvaxie イブン・ワッシーヤ、前註（二章註103）参照。『ナバテアの農事書』はイブン・ワッシーヤ（H三一八／九三〇頃活躍）が古シリア語文書群からアラビア語に訳出したものとされており、その原著者名として、Sughrith (Dagrith), Yanbushadh, Quthamaが挙げられている。いずれ不詳だが、おそらくアラム語（五世紀以降の著作）から訳されたものであったろう。Jaakko Hameem-Anttila, Continuity of Pagan Religious Traditions in Tenth-Century Iraq, *Melammu Symposia* III, Milano 2002, p.93. ▼補註[31]にこの書の「魂論」とも呼ぶべき部分を訳出しておいた。

ことを吾に言うのか、その意味を教えてほしい、と。するとその木が言った。おまえは数多の木の中でわたしを見分け、わたしより他を讃えなかった。だからおまえには語り聞かそう。わたしはユピテルに崇められ尊ばれた者であり、彼に愛され敬われている。それゆえおまえは、わたしを他のどの木よりも敬い、適切な時機をみてわたしを崇めよ。ではおまえに驚くべきまたいろいろと役に立つ（ひきつづき大いなる利益がやってくる）業について教えよう。おまえは真夜中に起き出し、樫の実の精油を手にとり、これをおまえの顔に塗れ。そしておまえの頭を天に向け、木星（ユピテル）を見ながらこう唱えよ。おお、木星（ユピテル）よ、幸運のうちでも最も幸運なるものよ、汝に祈願する。この汝の月桂樹の木の尊き名誉にかけて、ひきつづきわれに来たる十五年のいのちを賜え、と。おまえがこうなせば、上述した年月にわたりおまえのいのちは確かなものとなるであろう。実際、これをおまえが実修するなら、決して失望することにはならず、これを享受することになるであろう、とわたしは請けあう。この業によりおまえは、木星（ユピテル）がもち、それによりわたしを愛し尊ぶ誉れと愛とを識ることとなろう、と。

【二】またこの書には、この木の特性について次のように語られている。‖

［352］預言者アダムは言った。月桂樹の実十四粒を十分乾燥させてから粉にする。

（2）亞独版：Die Landwirtschaft, 亞英版：Nabataean Agriculture

（3）maneriei naturas → materiae naturale ?: 自然素材（質料）

この粉を葡萄酒酢とともに清浄な鍋にとり、無花果の木の枝で叩きつづける。こうして調整した粉を飲ませることにより、あなたが欲する者を悪魔憑きとなすことができる。それはじつに強烈に悪鬼に襲われたもののようにみえるが、その理由は誰にも解明できないだろう。その治療法。中位のラディッシュ(ラファノ)[4]を三つ、その葉とともになにも残さぬようすべて与える。これが胃に入り、しばらく経つと、上述したところから解放される。

【三】この月桂樹の木について体験したところ。この月桂樹の葉を手を伸ばして採り、土に触れさせることなくあなたの耳の後ろにつける――これをそこにつけつづけるうちは決して酒酔いをすることもなく、どれだけ葡萄酒を飲んでも頭痛を感じることもない。

【四】この木についてはまた同書でこう言われている。月桂樹の葉とカルカンティ[5]つまりヴィトリオリをそれぞれ一リッブラとり、一緒に粉砕し強酢を加えて塊とする。これをあなたの手に塗ると、手に傷を負うことなく赤熱した鉄に触れることができる、と。‖

[356] 【五】また同書によれば[6]、トネリコ[7]の枝をその葉とともに煮立てると、虱がいたるところから寄ってきてこれに取りつくという。‖

[360] 【六】アベンヴァシエはまた、降霊術師(ネグロマンツィア)の賢者たちが言うところを伝えて

(4) ravanos

(5) calcanti sive vitrioli 亜独版：Vitriol, 亜英版：jonquil 黄水仙

(6) 亜独版でもイブン・ワッシーヤだが、亜英版ではこの一節はShifahyが語ったところとされている。

(7) 亜独版：Blüte des Eibischs タチアオイ、亜英版：柊 hollyhock tree（hollyhock だとタチアオイだが）

いる。樹木の乳液、また樹木の脂質や油脂は——どのような樹木のものであろうと、先述したとおりの詞と手法をもって実修するなら、霊(スピリトゥス)の力能を容易にはたらかせることができ、業は完遂される。乳液は他のなによりも受容性に卓れている。それゆえ樹木の乳液に詞と業をほどこす者がその詞を改竄して誰かにこれを飲ませると、賢者の心臓(こころ)をもからだをも損壊するにいたる、と。‖

[361]

【七】賢者たち(8)が言うところによれば、ギンバイカ(ミルトゥス)(9)は魔術的なはたらきにかかわる潜在力をもっており、諸他のものを混ぜるとそれは増強されるという。カルデアの賢者たちは、この木の根つまりそれが生え出る源を用いる者はこれでさまざまな動物の形象をかたちづくってみせるが、これはそこから効果を生じるばかりか、人と合一した霊(スピリトゥス)がそれを見つめ、そこにかたちづくられそこに似像を据えられた形象のその形相(かたち)を実在させることとなる魔術の業のすくなからざる根拠である、と認めている。また、この木の枝を誰かの誕生時に集め、これで男か女の像(イマジネ)をつくり、これにその像(イマジネ)となされた者の名を記す。そして同じ枝でまた別の形象をつくり——たとえば獅子、蛇、蠍、その他の有毒な動物を——これを先の形相(かたち)と合わせ、あるいはその上に据える。これを上述した業の成就にふさわしい場所に諸惑星および諸星辰がある

(8) 亞独版：Qūtāmī, 亞英版：Kothamy が語ったところとされている。
(9) myrtus

適切な時間のうちになし了えるようにする。この業が仕向けられた者はたちまち病気になり、諸感覚を失い、諸他のさまざまな病いがつづき、いずれかの悪鬼に無残に苛まれているように見えることだろう。‖

〔362〕【八】この『カルデアの農事書』では、この木(10)が諸他のものに向かい自画自賛する様子が、次のように語られている。吾は黄金の木。吾の色はそれに類同であり、吾のおかげで人々は九十八の病から解放され癒される。吾の精油は心臓を強壮にし、歯ぐきを浄め、また霊（スピリトゥス）を悦ばせる。吾の精油より他にこれほどのはたらきのあるものはない。吾は祝福された木。吾の枝や葉や実をとり、これを家に納め置く者は病にも貧窮にも悲惨な考えにも捕えられることなく、その歳月の巡りを力合わせて恐れなく潑剌と生きることになるだろう。なにはさておき、吾は祝福された木。東に太陽の昇る時に吾を顧み、吾をその手にとる者は、その日を喜び楽しく過ごすだろう。吾は大変重い惑星である土星（サトゥルヌス）の木。吾は土星（サトゥルヌス）という大きく偉大な名をもつ木。吾は悲惨な者を悦ばせる木。吾は不幸な者から不幸を取り除く。吾は荒蕪の地にも人を住ませる。吾によりフェニスとニグロールム(11)は肥沃となる。吾は日々のはじめ、諸惑星のうちでもっとも高貴にして最大に讃えられるもの。町のうちで
〔363〕も‖最古、城の中でももっとも堅牢堅固、川の中でももっとも広く長く、風

(10) 前項からつづくとするとギンバイカ（ミルト）となるが、亜独版ではこれはRawāhaṭī が語る別の話で、木はオリーヴ Ölbaum になっている。

(11) Feniz et Nigrorum フェニキアとナイル？ 亜独版：Ǧarāmiqa und Sudanesen, 亜英版：Persia, Garamikah and Sudan.

の中でももっとも冷たく、諸領のうちで最も明るく、天界のうちでももっとも高く、樹木のうちでももっとも長寿、諸気質のうちでももっとも気品あるものを得、その他もいずれ高貴なものばかり。

[364]

【九】この後、『カルデアの農事書』の三人の著者の一人であるゼヘリス[12]という名の賢者はこう言明している。〝月の[13]月のはじめの日のはじめの時にオリーヴの枝と緑の葉ばかりを黄葉を混ぜることなく刈り集め、自らの家に運び、これを次の月のはじめまで保管し、次の月のはじめ、先になしたように別の枝を刈り取って家に運び、先のものを保管してあった場所に納め、先のものを燃やし、この炭の熱で暖をとるなら、土星（サトゥルヌス）からするあらゆる悪と損ないを遠ざけ、これらから完全に遁れることができ、その者の霊（スピリトゥス）も気質も潑剌と悦びを享受しつづけ、悲しみも苦しみもなく、富と幸運を得て、老いて死ぬまで健康にすごすこととなるだろう、と。またこれに付言して、上述したオリーヴの枝に棕櫚の枝を混ぜてこの作業をするなら、この家に住む者はみな死ぬまで健康で、冷に起因する病を遠ざけることを得、毎日これらの枝を見ているうちに彼らの視覚と眼の輝きが増すこととなる、と。

【一〇】オリーヴの実を九粒[14]集め、これらに付着したすべての汚れを浄め、これに穴をあけて黒い絹糸を通し、この糸をいずれかの動物の首にしっかり

（12）Zeherith，亞独版：Dagrīt，亞英版：Daghreeth
（13）die primo mensis lunaris「陰暦の最初の日」
（14）亞独版：九十粒

[365] 結び吊るすなら、この動物を単独にしても夜闇を恐れることもなく、活発になり、よく人に懐くようになる。小心な人の首にこれをつけると‖これによって恐れを免れることができる。また唾液を垂らす者はかえってその唾液によって善き慰めを与えるようになり、悪しき考えもこの者によって遠ざけられ、みなのうちに善き考えを育むこととなる。

【一一】付着した汚れと滑らかな油脂を取り去った先の実九粒[15]を手にもち、東に昇る太陽の方を見て、それを一つづつ自らの前に投げながら次のように唱える。汝、太陽よ。吾に慈悲を垂れ、吾をこの病から完全に癒したまえ、と。そして先に吟味した実を四十九粒投ずる。[16]するとその長患いから完全に癒される。

【一二】憤怒質の人のあなたへの怒りを遠ざけようと欲するなら、十分浄めた先の実を〔百〕十七[17]とり、これを熱湯でよく洗い、つづいてすこしばかりの冷水で洗う。そして滑らかで美しい布で十分に拭い、これにオリーヴ油を塗る。これをあなたの左袖に収めて川へ赴き、その流れを眺めながら次のように唱える。汝、流れ行く水よ、燃やす火とは逆性なるものよ。某の吾に対する怒りを鎮め、吾に対する悪しき意志を遠ざけ、吾を愛するべくそれを鎮めたまえ、と。こう唱えた後、先の実を一つ流れる水に投じ、この詞を〔百〕

(15) 亞独版：七粒

(16) 亞独版：「これを七回繰り返し、総計四十九粒投じる」

(17) 亞独版：百十七

[366]

十七度唱え、その度に実を一つ投じる。これをなし了えたなら、あなたに向けられたその怒りは彼のうちで鎮まる。たとえ怒りにかられた者が大いなる王や高位の人であったとしても、平静を取り戻し、敬意をもってあなたを寵愛することとなるだろう。

【一三】誰か水晶のうつわあるいは白く透明な硝子のうつわをとり、〓これを良質で透明なオリーヴ油で満たし、毎朝胃を空にして太陽に向かってこれを据え、その影と油を眺めつづけるなら、その視覚は強壮となり、視覚や眼の病は取り除かれ、そのこころと意志はこれを悦び、彼を見る者誰からも愛され歓迎されるようになる。

【一四】マルヴァヴィスティ(18)の花を植え、その花の周囲を巡りつづけるなら、そのこころから悲しみや悪しき意志、悪しき思いは取り払われ、善良な思いに満たされることになる。(19)

【一五】水量の減った泉の水を元通り湧き出させたいなら、次のようにする。若く美しい処女の娘に喇叭(20)をもたせてこの泉へと赴かせる。泉に着いたなら、甘美に喇叭を吹かせ、三時間その吹奏をつづけさせる。四時間目に入るところで、ここにまた別の若く美しい処女の娘に鼓をもたせて来させる。はじめの娘の喇叭吹奏にその鼓を合奏させ、これを六時間つづけさせる。つまり合

(18) malvavisti［malvaceus 葵?.］悪しき視覚という名の響きからの連想か。羅伊版：malvavischio ?.

(19) →【一七】へつづく。

(20) 羅独版：「婢女に縦笛Flöteをもたせ」

わせて九時間。その最後には泉の水が増えるだろう。そしてこの日あるいはすくなくともそれから三日目には泉は元通り湧きだす。‖

[367] 【一六】またこれに付言して。美しい処女の娘たちにさまざまな色彩の衣装を纏わせ、異なった楽器をもたせ（一人一人別の楽器）、泉の湧出口（目）の前で歩みつつ歌い奏でさせる。そして泉の湧出口（目）から二キュービット程のところまで進ませる。そして二十一キュービットの長さに整列させ、前へ進みつつ奏で、後ろへ下がりつつ歌わせる。そして最前のように泉の湧出口（目）の周囲に集まらせる。そして泉から遠ざかりまた近づきながら、上述したように奏で歌わせる。(21) こうすることでその泉の水はその日あるいはその翌日には水量を増す。‖

[368] 【一七】マルヴァヴィスティ(22)の葉を集めてこれをオリーヴ油とともによくすり潰し混ぜたものを手やからだに塗ると、その手をミツバチやスズメバチにさし出しても決して刺さないし、なにも損ないをなさない。

【一八】蚤を絶滅させたいのならば(23)、白鉛、生石灰、それにニガウリ(24)の根をとり、よくすり潰し、オオウイキョウ（アッセ・フェティデ）(25)を僅かばかり加える。これを［水で］展し、塩を僅かに加える。この混合物を家中に撒くと、ここに棲みついていた蚤は絶滅する。

(21) 亞独版：「一歩づつさがらせ、二十一歩まで後退させる」、亞英版：「婢女二人に縦笛を、もう一人に鼓を、また別にマンドリン、もう一人に違う種類の縦笛をもたせ、泉から二キュービットのところから二十キュービットまでゆっくりと後退させ、あらためてゆっくり一キュービットまで前進させ、これを七度繰り返す」

(22) 亞独版：Eibischblätter タチアオイ、亞英版：「タチアオイ（ハイビスカス）の葉を粉にして」養蜂業者の話になっている。

(23) 亞独版ではこの一節も Qūṯāmī（亞英版：Kothamy）の言になっている。

(24) cucumerum amarorum 亞独版：Eselskurbis, 亞英版：コロシントウリ colocynth

(25) asse fetide 亞独版：Asa foetida, 亞英版：エジプトキュウリの根

【一九】葡萄酒を調えるために。チチェラ（ヒヨコマメ）をオリーヴ油に浸し、これを煮てからよくすり潰す。これを半リッブラ、酢になりかけた葡萄酒に投じる。するとその日のうちにその味は葡萄酒に戻る。(26)‖

［378］【二〇】悲しみを拭い去るために。チチェラ（ヒヨコマメ）(27)を夜の満ちる月の光にあてる。朝、太陽が昇る前にこれにオリーヴ油を塗り、二時間水に漬けて柔らかくしてから、これを煮る。これを食べさせられる者は、悲しみ、悪しき意志、悪しき思い、そしてあらゆる憂鬱を拭い去られることになり、気高い力能を享けて楽しく潑剌となる。‖

［369］【二一】雹を降らせる雲があらわれ、雹の嵐の先触れを遠ざけたいと思うなら、同輩を数多集め、その一部の手に蚕（ボンビチェム）(28)をもたせ、他はなにももたずに平地に出て、雲に向かって蚕（ボンビチェム）を投げさせるとともに蚕をもたぬ他の者たちに掌を打たせる。そして農夫たちが鳥や害獣を追い払おうとして叫び声を上げるように、みなで何度も大声で叫ぶ。これをなすときには偶数人でなければならず、数は多いほどいい。体験からしてこれには大いに効力がある。(29)‖

［370］【二二】純度の高い鋼（つまりフェッルム・アンダニクム）(30)でよく磨いた鏡をつくる。この鏡を手にもって雲の方へ行き、これを雲に向かってさし上げつつ大声を出す。すると嵐がそこから去っていく。

(26) 亞独版ではこの一節は「Janbusad が報じるところ」として載せられている。羅版ではヒヨコマメ関連としてここに移されたものか。
(27) 亞英版：「アルコールに漬ける」
(28) bombicem 蚕、亞独版：Baumwolle 綿、亞英版：cotton, 羅伊版：葦 canne
(29) 亞独版ではこれは Māsī aus Sūrā（亞英版：Masy Al-Surani）が報じるところとされている。
(30) calibe (quod est ferrum andanicum), 亞独版：磨いた鉄製の鏡

【二三】賢者ゲベル(31)が公にした書物には、嵐その他さまざまなことに対処する術が記されている。黄金もしくは金塗りの銀で鏡をつくり、髪梳きで抜けた婦女の髪で燻らせるとともに、これにあなたの精液を塗る。これをあらためてその婦女の着衣に付着した髪で燻す。これを拭ってあなたがその中を覗きこむと、その鏡に彼女の形相(かたち)があらわれ、つづいて突然なんの媒介もなくあなたの姿があらわれる。あるいはあなたが先で彼女が後に。この実体験はベビルのプトレマイオス(32)が伝えるところ。これはエジプトの三人のインド人の賢者たちによって見出されたもので、この鏡は月が木星(ユピテル)と合にある時につくられ、金星(ヴェヌス)と合にある時に金塗りされ磨かれねばならない、と彼らは証言している。ではここでこの鏡のつくり方、使い方、保管の仕方についてあなたに語ることとしよう。そこには人の自然本性のすべてが含まれているから。この鏡に生きた自然の血を塗りつけ、これを燻す。そしてその中に七つの星辰の名、その七つの形象、そして七天使の名と七つの風の名を記す。七つの星辰の名とは次のとおり。ゾハル、ムステリ、マレク、セムス、ゾハラ、ホタリド、アルカマル(33)。そしてその円縁に記す形象は次のとおり。

(31) Geber, 以下ゲベル（ジャービル）の書からの抄録は亞版にはない。このバビロニアのプトレマイオスに関する一節が *Flos Naturarum*（以下 F.N. と略記）付随文書に載るものであることについては、第Ⅲ書十一章註26に挙げた D. Pingree の論考において確認されている。以下 [F.N.] と略記するのはピングレー論考に掲載された *Liber Geberi qui Flos naturarum vocatur*, 1473 のテクスト。

(32) Ptolomeus de Bebil, [F.N.]:Ptholemeus Babylonensis バビロニアのプトレマイオス

(33) Zohal, Musteri, Marrech, Xemz, Zohara, Hotarid, Alchamar, [F.N.]:Zoel, Musterich, Marrich, Samps, Zoara, Hatherich, Chamar.

これを周回するように記す。そしてこの磨かれ金塗りされた円周内に七天使の名を記す。カピテル、サトクィエル、サマエル、ラファエル、アナエル、ミカエル、ガブリエルと。[34] つづいて七つの風の名を磨かれていない部分に記す。これら風の権能（ポテスタートゥム）の名は次のとおり。バルキア、ベテル・アルモダ、ハマル・ベナビス、ゾバア・マラク、フィデ・アラク、サモレス・マイモン、アクザビ。[35] つづいて鏡をサルッァ[36]の中、水の上に七日間吊るしてこれを燻す。これをキイチゴ（ルービ）の枝に吊るし、三夜にわたりよい香り――モーセの書に見つかるものの中で最良のもので燻す。この鏡の中を覗き、これを慎重に保管するなら、そこに人も風も霊も悪鬼も死者も生者もすべてが集まり来たり、すべてがあなたに服従しあなたの命にしたがうこととなる、ということを肝に銘じたまえ。またあなたがなす燻蒸の業は人の七つの特性つまり血、精液、唾液、耳垢、目の涙、糞便、尿からなっている。これらを燻し焚くことで、あなたが欲する風を吹かせることができる。これを保管し、あなたに語ったことのすべてを知解するなら、あなたの権能は風を、人を、悪鬼をも超え、欲するままになすことができる。それを拭い清めて、それらを召喚するなら、あなたにあらわれ服従することとなる。これが水を満たした水盤の上あるいは水を満たした清浄なうつわの上でなされるなら、あなたがそこにまのあた

（34） Captiel, Satquiel, Samael, Raphael, Anael, Michael, Gabriel, [F.N.]:Cophael, Saturael, Sabriel, Raphael, Anael, Mihael, Gabriel.

（35） Barchia, Bethel almoda, Hamar benabis, Zobaa marrach, Fide arrach, Samores maymon Aczabi, [F.N.]:Barchan, Bethel almoda, Hamar ben Ablin, Zobaa marach, Fide arach, Samores maymon, Acoabin.

（36） in salza ?: [F.N.]:「館の中に、三夜にわたりルービの枝（赤い枝）に吊るす」。

りに見ることが実際に起こることとなるだろう。‖

[370] 【三四】先に名を挙げた賢者（つまりゼヘリス）(37)は下記のとおり、十九の体験を述べている。まず第一は葡萄園を折々の悪(38)から護る方法。大理石あるいは木の板を用意し、これに葡萄の木と実の形象を描く——これを十月二十二日から十二月四日の間(39)（つまりこの間のいずれかの日）になす。このようになした板を葡萄園の中に置く。この像（イマジネ）は葡萄の木を折々の悪から護るものであることが証されている。

[371] 【三五】葡萄園を損なう動物を追い払う方法。黒犬の糞、狼の糞をそれぞれ集め、人の尿(40)と混ぜて‖これを七日間据え置く。その最終日にこれを汝の思う葡萄園に撒き散らす。するとそこには熊も狼も狐も蝮も、なにもかもいっさい有害動物が入り込まなくなる。これを三日つづけてなす。蛇を追い払う方法。タルターゴ(41)の板を用意し、これで蛇が集く場所を燻し焚くとたちまち逃げ出す。

【三六】同。アルモニアコ(42)とアッサ(43)の樹脂をそれぞれ一オンスづつとり、強い葡萄酢を火にかけて酢を沸騰させ、沸騰しているうちに先の樹脂を溶かし、よく混ぜる。そこに鹿の角の粉を入れ、すべてが一塊になるようによくかき混ぜる。そしてこれをとりだして錠剤となし、硝子のうつわに入れて使用す

(37) Zeherith【九】項参照。ただしこの話は亜独版ではQutami（亜英版：Kothamy）が語ったものとされている。

(38) 亜独版：「襲い来る雲と風」、亜英版：「雹」

(39) 亜独版：「一月二十二日から二月四日の間 vom 22. Kanun II (Januar) bis zum 4. Subat (Februar)」、亜英版：「二月になる四日前までの一月の二十二日間」

(40) 亜独版：「老人の尿」

(41) Tartago 亜独版：「石榴の木で燻す Rauch von Granatapfelholz」、羅伊版：catapucia menor, 亜独版ではこれはMasi aus Sura の話となっている。

(42) 先にも記したが、アルモニアコ armoniaco とアンモニアコ ammoniaco は錬金術書でもほとんど区別がつかない。ちなみに亜独版には該当語彙がみあたらない。またこの話も前を受けMasi aus Sura の話とされている。

(43) gummi de assa

るまで保存する。どこかに集いている蛇を追い払おうと思うときには、清めようとする場所をこの錠剤あるいはこれに類したもので燻し焚く。すると汝の思い通りになる。

【二七】蜥蜴や鼠を追い払う方法。辛子（セナプ）、鹿の角、イヌハッカ（アクセヌス）(44)、豹の爪を用意する。これらすべてを粉にして強い葡萄酢を加えて混ぜる。酢蜜（オクシメリス）(45)の濃度
[372] になるまで加熱し混ぜつづける。そこに‖石榴の葉の粉を加える。これで錠剤をつくり、使用するまで硝子のうつわに保管する。これを用いてそうした場所で燻し焚くなら、それらを追い払うこととなる。

【二八】鼠を殺す方法。(46) 密陀僧（リタルジリオ）(47)、鉛白（チェルーセ）(48)を等量とり、粉砕する。この一方の四分の一の分量の小麦粉と僅かばかりの油を加えてよく混ぜる。これを錠剤にして、熟成したいい香りのチーズを塗りつけ、これをよく鼠が通る場所に置く。鼠はこれをみな食べ、時日をおかずに死ぬことになる。

【二九】同上。銅のうつわに油滓をとり、ここに黒ヘレボルム(49)を混ぜる。このうつわを家の中のよく鼠が通る場所に置く。油の匂いに引き寄せられてき
[373] た鼠がこの油を僅かばかり舐めると、たちまち泥酔したように倒れる。‖

【三〇】蠍を殺す方法。ラディッシュ(50)の葉をとりこれを蠍の上に置く。すると死ぬまでこれを噛みつづける。

(44) axenus 羅伊版：nepitella、亜独版：Galbano ?.
(45) oximellis 亜独版：Sauerhonig
(46) 亜独版：Ṣardānā による。
(47) litargiri 一酸化鉛（リサージ）、亜独版：Bleiglatte
(48) ceruse 亜独版：Mennige
(49) elleborum nigrum 亜独版：schwarze Nieswurz
(50) folia ravani 亜独版：Rettich

【三一】愛を裏切り愛する女を忘れさせる方法。月が土星(サトゥルヌス)のいずれかの宿にある時にソラマメを準備し、一昼夜葡萄酒に漬けて柔らかくしてから同じ葡萄酒中で煮る。煮えたものを愛に焦がれる男に食べさせると、愛する女を忘れる。

【三二】スズメバチあるいはミツバチに刺されないようにする方法。乾燥させたアスパラガスの根を粉にし、胡麻油と混ぜる。これを汝の手と足に塗って、そうした場所に入るなら一切刺されることはない。

【三三】致命的な毒。アルメニアの地で採れる草の汁を準備する。これの葉は棕櫚の葉よりずっと薄いがこれによく似ている。これを槍傷あるいは剣のようなものでつけられた傷に塗ったり、なんらかの他の打ち傷に塗るなら、その日あるいはすくなくとも翌日には死んでしまう。‖〔374〕治療法。新しいものでも乾燥したものでもよいので人糞を用意する。新しいものの場合これを二オンス、薔薇あるいは菫あるいは一般の精油と混ぜて与える。この混ぜものを飲む以外に助かる手段はない。これを取り込んでしまったなら、これを四オンスと同量の乾燥薔薇を飲ませる。これを想い合わせるに、この草はサビナビヤクシン(アルコンディス)[51]で、この汁からは致命的な毒が採れる。これを剣に付けると、傷から激しく血が噴き出す。

(51) alcondiz 亞独版：Kundus, 羅伊版：sabina

【三四】また別の致命的な毒。トリカブト（ナペルム）(52)を一粒重量取り込むと、四時間以内に死ぬ。新しい人糞を飲料とともに燕下する以外、治療法はない。人糞は新しいものでも乾燥したものでも、一般にあらゆる毒を掃う力がある、ということを知っておくがよい。エジプトコブラ（アスピディス・スルデ）(53)だけは例外で、これは人糞だけでは治らない。この嚙み傷にはよくすり潰したラディッシュの膏薬を用いるのがよい。これによって痛みは鎮められる。‖

[375] 【三五】あらゆる毒に効くテュリアカ(54)。月桂樹の木三オンス、同じくその葉七オンス、その実二オンスを準備する。これを乾燥させて十分に粉砕し、これに人糞四オンスを加える。これらに蜂蜜と蜜蠟を加えてよく混ぜる。上述した重量以上を加えてはならない。この調合物を金もしくは銀のうつわに入れて保管する。これが解毒に万能のテュリアカであり、そのうえ白髪化をも防ぐ。不安に怯える小児のいる家に月桂樹の枝を敷き、その上に揺り籠を置くなら、怯えは去る。

【三六】家に月桂樹の木を植えると、上述したとおりそれにより怯えはとり除かれ、住人たちはこの木の特性により、陽気で善良、温厚な気質となる。

【三七】ドクムギ(55)の実穂は頭に損害を与え、視界を暗くするばかりか視覚を
[376] 失わせ、昏睡させる。‖誰か邪な者がドクムギ、サフラン（クロコ）、乳香（オリバーニ）、葡萄酒の澱

(52) napellum 亞独版：Eisenhut, 羅伊版：aconito napello トリカブト

(53) aspidis surde

(54) Tyriaca 亞独版：Theriak, 亞独版によればこの項は Māšī aus Sūrā の処方。

(55) Semen lolii 亞独版：Šailam (Lolch)

［377］

を等量とり、誰かにこれを飲ませると眠りに落ち、その舌は乾きなにも喋れなくなるばかりか、もはや起き上がることすらできなくなる。またこれに他の四つ、つまりマンドラゴラ、野生のラディッシュの種、黒ケシ、ヒヨス（イウスクィアモ）の種を加え、この調合物を誰かに与えるなら、泥酔して感覚ばかりかまったく理性をも喪失することになる。アベンヴァシア(56)はこれに関し、この調合については秘匿し、決して邪な者に明かしてはならない、と語っている。

【三八】『カルデアの農事書』には数多の驚くべき特性をもったある草のことが語られている。つまりこれを一握り盆にとって蛇たちの上に置くと、蛇たちは尾で跳ね上がるようにして真直ぐ立ち上がる。またこの草を太陽に向けて置いた鏡の傍らに置くと燃え上がる、と。‖

【三九】睡魔からの癒し。太陽が昇ると同時に、睡魔のはじまりにソラマメをできるだけ多く手にとり、こう唱える。汝、太陽よ、尊く高き主よ、吾から睡魔を追い払いたまえ。吾がからだから、胸から、その他いたるところからそれを消したまえ。こう唱えてから、あなたの背後へと先述した粒を一つ投じ、繰り返し唱えてはそれを投げ、ソラマメがなくなるまでつづける。これを月が欠ける相にある時に、七日間にわたりつづける。

【四〇】鳥を捕える方法。ソラマメとドクムギを準備し、一昼夜これらを葡

(56) Abenvasia

萄酒に漬けて湿らせる。これを取り集め、鶴や烏その他の鳥たちがこれを食べるように、これらの通る場所に置く。これを食べるとそれらは死んだかのように地に墜ちる。

【四一】ポロ(57)をとり、まずその数を算える。同じ数のヒヨコマメ（チチェラ）を準備する。月が太陽と合(58)に入る時、そのヒヨコマメ（チチェラ）を直火で熱する。このヒヨコマメ（チチェラ）を一つづつポロの上に置き、しばらくしたらこれらをとり去る。これらを捧持
[378] して黒布に収めて紐で縛る。そして高所に登り、このヒヨコマメ（チチェラ）を‖背後へと投げ、後ろを振り向くことも、ヒヨコマメ（チチェラ）を投げた方向を見ることもなしに、家へ戻る。(59)

【四二】二人をお互いに引き離す方法。セベスタン(60)と呼ばれる木の実には、‖
[379] この業によって二人をお互いに別れさせ、二人の間に不和と敵意を据えてみせる降霊術（ネグロマンツィア）の実修に欠かせないさまざまな特性がある。これには、まさに友情を解消し、他人を傷つけたいという欲求を起こさせるという特性がある。この木は月桂樹の木に似ている。以上、賢者ゼヘリス(61)が語るところ。

【四三】アベンヴァシアが言うところによれば、カルデア人はみな大人も子供も男も女も、三月の最初の夜(62)、寝台の枕の下にチーズ一切れ、ナツメヤシ（ダクティロス）四粒、ズィビッボ干葡萄（パッスラルム）七粒、それに塩少々を適当な布に包んで置く、とい

(57) porros 亜独版：Kichererbse ヒヨコマメ、亜英版：chickpeas

(58) 亜独版：「合から離れる時 nach der Konjunktion lost」、亜英版：「衝に入る時」

(59) なんのための処方か分からない。どうやら亜独版では疣（いぼ） Körner を取る方法らしい。疣と同じ数だけの豆で実修する。

(60) sebestan 亜独版：ナツメの類 Brust-beere (sabastān), 羅伊版：giuggiola ナツメ

(61) Zeherith 亜独版ではこの項のはじめに次項同様ワッシーヤ Ibn Waḥšīja の処方と記されている。

(62) 亜独版：「ニサン月のある夜」eine Nacht des Nisan (April)

う。そしてヴェヌスを崇める老女がその夜に皆の寝台を探り、その腹を叩き、頭の下を詮索した、と。その腹が空で頭の下になにも（つまり上述したチーズ一切れ、ナツメヤシ、干葡萄が）置かれていないとたちまち、この者が一年中病み、この時以降翌年まで仕事がうまくいかなくなるように、ヴェヌスに祈りをささげるのだった。それゆえバビロニアの人々は誰もこの実修を欠かさなかった、と。

〔380〕【四四】また、土星（サトゥルヌス）と火星（マルス）(63)の潜在力はバテカ(64)と呼ばれるメロンのような果実の中に集まるという。これは算術の実修に役立つものである。また、このバテカの種子を人の頭蓋骨に入れて埋め、土でしっかりと覆い、ここに水をかけるとキュウリ（チトルッリ）(65)が生じる、ともいう。そしてこの＝キュウリ（チトルッリ）を食べると、精力、記憶、知性が増強される、と。またこの種子を驢馬の頭蓋骨に入れて埋め、上から水をかけてもキュウリ（チトルッリ）が生じるが、これを食べると鈍感で愚直となり、その精力、勇気、知性を喪失する、と。この書にはまた、カルデア人たちがこの草の根をある業に、葉を別の業に、茎をこれとは別の業に、種子をまた別の業に用い、あるいはすべてを一緒にしてまた別の業に用いるが、それには降霊術（ネグロマンツィア）において驚異的ですばらしい効力がある、と記されている。これはまさにそのうちに置かれた事物が獲得する牽引力およびその自然本性

(63) 亜独版：「月と火星」Mond und Mars
(64) batecas
(65) citrulli

的受容性にかかわっている。これに人の脳を混ぜ、食べた者は驚異をなすこととなる。またこの書に記されているところによれば、その種子をいずれかの動物の頭か腹に入れておく、あるいはそれを土中に埋めると、そこからキュウリ（チトルッリ）が生え、これが驚異的な効果をもたらす。これは上述したように種子を頭もしくは腹に入れた動物の諸能力に似たものだという。これを食べると、その自然本性が混合され、燕下した者の体軀のなかで驚異が起こる、と。

【四五】また同書には次のようにある。ある者がマンドラゴラを用意し、バ
[381] テカが埋まっていた場所に一緒に埋めるなら、‖数々の驚異が起こる。これを語ると長くなるのでここでは略すが、その書には豊富に例示されている。

【四六】哲学を先取りした古のある賢者が十二の驚異の業を語っている。以下これについて述べることにしよう。その第一は、種子を播く場所に人の頭蓋骨を置き、ここにバテカの種子を播いて土で覆い、播いた種子を土中に埋める。これに毎日、人の血と温い水を混ぜて注ぐうち、ここにキュウリ（チトルッリ）が生じる。これを食べる者は恐怖に打ち震え、また数多の驚異を目にすることになる。

【四七】またそこに言う。チェセルボラ(66)の蔓を手に、夜のはじめ、昇る月を
[382] 見ながら月に向かって立ち、すでに本書で述べた月への祈りと‖次のような

（66）ceserbole 亞独版：Endivie, キクチシャ、エンダイブ、羅伊版：cipolla タマネギ？

祈禱詞を唱える。汝、月よ、わたしの歯の痛みと病をとり去りたまえ、もう決してチェセルボラを食べないから、と。そして手にもつチェセルボラを熱して、これを食べる。[67] 月が上述の位置にある時に毎月これをなす者は、いかなる歯の疾患からも守られる。‖

[381] 【四八】あなたに雄鶏をつき随わせる方法。チェセルボラ・オルテンシス[68]の葉をとり、これを二枚重ねる。そしてこれをあなたの欲する雄鶏に三日間餌としてやりつづける——つまり毎日三ボーロ[69]づつ与える。これは水星（メルクリウス）の日からはじめなければならない。そうすれば雄鶏はあなたに懐き、従うようになる。‖

[383] 【四九】硬いもの（コルプス）を柔らかくする方法。アルカリ塩[70]、楓子香（ガルバノ）[71]をそれぞれ十リッブラとり、これらを合わせた量の三倍の純水とともにうつわに投じ、七日間放置し、最後に布で水を漉す。そして熱湯を準備し、ここに先のアルカリと楓子香（ガルバノ）を投じる。そしてこれをあと七日間据え置き、最後に先のように漉す。あらためて熱湯を準備し、この湯水十リッブラあたり半リッブラの調和塩[72]、アトラメント[73]二オンスを入れる。これらすべてを弱火にかけるか、十分暑い太陽にさらしたまま十日間放置し、その後丸一日強熱する。これを漉し
[384] て完成。この中に骨あるいは角、石あるいは‖なんらか硬い金属物体（コルプス）を入れ、

(67) 亜独版：「エンダイブを避け、決してこれを食べない」

(68) ceserbole ortensis 庭のタマネギ、亜独版：Gartenendivie

(69) bolos 一口分の咀嚼量

(70) salis alkali カーリ草の塩、亜独版：Kali

(71) 亜独版：「生石灰」lebendigen Kalk

(72) salis armoniaci, ammoniaci 亜独版：Salmiak アンモニア塩

(73) atramenti ヴェトリオロ、亜独版：蝙蝠の糞 Fledermausdreck

これに鉛の薄板で蓋をして太陽の熱にさらすと、柔らかい練り物となる。同上。シードルの果汁を用意し、これに酸っぱい赤葡萄酒を入れ、全体がよく混ざるまでかき混ぜる。これ一リッブラあたり調和塩と海泡石(74)を粉にして三オンスづつ加え、よく混ぜる。これを毎日混ぜつつ、三日間太陽にさらす。このように調合したものの中になんでも硬い物体(コルプス)を入れるなら、これにより柔らかく扱いやすくなる。同上。上述した賢者が言うところによれば、硫黄(スルフォ)は金属物体(コルプス)を柔らかくする。これのはたらきはどのような石にも金属に対しても驚異的なものである、と。

【五〇】大笑いさせる方法。汝がそう欲する者にサフラン(クロコ)の粉十オンスを飲ませる。すると大笑いをはじめ、ついには死に到る。‖〔385〕

【五一】獅子草(ヘルバ・レオーニス)(75)はその周囲の木や草を損ない、この獅子草が生えるところには他の木や草はいっさい育たない。それを駆除するには抜き取るだけでは無駄で、次のようにせねばならない。処女の娘の手に鶏冠の割れた白雄鶏をもたせて、これに近づかせる。そして雄鶏を羽ばたかせながら、娘にこの草が生える場所の周囲を巡らせる。するとこの羽ばたきによってこの草は枯れる。

【五二】水仙の花穂(76)があるところに猫が近づきこの花穂の香を嗅ぐと、その

(74) spume maris 亞独版：Meerschaum

(75) herba leonis, denti leonis 亞独版：Sommerwurz ハマウツボ

(76) spica nardi

場を離れず大きな鳴き声をだしながらそれと戯れる——これまた草とそれの生える土地にかかわる不思議の一つである。

【五三】土地というものはそれぞれ異なった特性をもっている。つまり他では見つからず、その土地に帰属される特殊な木や動物がある。たとえばエジプトでしか見つからないバルサム、ファク島にしか生育しない黒檀（エバヌス）。これは黒い土地にしか育たない黒い木のこと。また乳香（オリヴァヌス）を産する木はハメンの野にしか生じない。ムーセ(77)の木は東方の土地にしか見られない。その他にもある土地に見られ、他では育たないもの、つまりその土地に適したものが数多くある。こうした土と場所の特性というものはその水と気によるものであるが、
[386] その第一の原因は‖その場所の上を通過する諸天の描線およびそこに留まる諸星辰の活力(78)にある。これら諸星辰の描線にある活力と自然本性により、他の土地では生じない動物や木が生まれることになる。

【五四】東方の海の中にカディス(79)と呼ばれる島がある。ここには春になるとある草が生え、この島の家畜はこの草を食む。その家畜の乳を飲むと、あたかも葡萄酒のように酔うので、その乳は葡萄酒のように慶ばれる。‖
[387] 【五五】フランクには、その下に半時間いるだけで死んでしまう木がある。またこれに触れたり刈ったりするとたちまち死んでしまう。

(77) muse 亞独版：die Banane und die Kaktusfeige バナナとサボテン（どちら？）、羅伊版：banano バナナ

(78) prima causa omnium istorum est in linea celi super ipsa loca transeunte et ex vigore stellarum ibidem manencium 「軌道」のことかそれとも「星座形象」のことか。亞独版では「その地の廻りにある地平線、つまり惑星と土地の並行関係」。

(79) Cadiz 亞独版：Cadix アンダルシアのカディス

【五六】またフランクの南方には、その大きさがキャベツ（カウリス）の茎ほどの小さな木があり、その葉はヘンルーダ（ルーテ）に似ている。この木の根を茎や葉ごと抜き取り、これを一時間冷水に漬けておくと、この水は火にかけたかのように熱くなる。これを引き上げると、水は元どおり冷たくなる。

【五七】インドのある地方には、決して火によって燃えない木があるという。そこには、その枝を一本とって地面に置くと蛇のように蠢くというまた別の木もある。

[388]

【五八】またその地には、‖春と秋になると人の声によく似た音を出す木もある。こうした音を発する木の根は人の姿をしている。

【五九】ベクィエン(80)の地には、夜になると燈火のように光る木がある。

【六〇】上掲書によれば、インドのある地方でみつかるミルラ（コストゥム）(81)は他のどこのものより薫り高いという。これは彼らの家で神々の像（イマジネ）への燻香に使われている。カルデア人たちは、他の何をもってするよりもこれがヴェヌスの像（イマジネ）への供犠と燻香には最良であると言い、彼らの神像群のためにこれを焚く。この木は賢者ゼヘリス(82)が発見した、と『カルデアの農事書』にある。またカルデアのある地では、この草をナツメグ（ムスカート）、カシ（イリチェ）、乾湿いずれかの安息香（ストラクス）、薔

[389]

薇の花、キンバイカ（ミルト）、乳香（トゥス）(83)と混ぜ、これらすべてをサフラン（クロコ）と合わせる。‖こ

(80) Bequien 亜独版：Bākījān

(81) costus と mirra は同じもの？ 後続【六一】に mirra 出る。

(82) Zeherith 亜独版：「Dagrit はこれを「御利益をもたらすもの」と呼んで詳しく説いている。」以下これが詳細に記されているが羅版では略されている。

(83) thus

の燻す香りがあらゆる病患を排し、損ないを追い払ってくれるように、蘇りの祝いの日々、これで着衣、神像群（イマジネス）と顔を燻すのだという。‖

〔392〕【六一】また没薬（ミルラ）の木あるいはその枝で燻蒸すると疫病が防がれるという。この木をもって燻蒸をなす場合には、その樹脂に抹香、ナツメグ（ムスカートゥム）、カシ（イリチェ）、安息香（ストラクス）を混ぜ合わせ、この燻香がヴェヌスにこころよく迎え入れられますように、と唱えながらおこなわれる。ヴェヌスへの供犠とともにこの燻香が焚かれ〔祈禱と請願がなされ〕るにあたり、先に本書で述べたように書物と神像を前に、楽器を奏でて上述した祈禱詞を唱えてから、ヴェヌスに欲するところを祈る。この実修がヴェヌスに受け入れられるなら、祈願は成就する。これは金星（ヴェヌス）が諸他の惑星に束縛されておらず、その潜在力と力能が諸他の惑星に、それも特に水星（メルクリウス）の相（アスペクト）とこれとの合に阻まれていないときでなければ成就されない。金星（ヴェヌス）を阻害するもののなかでも水星（メルクリウス）との合つまりその位置における相（アスペクト）こそが最大のものであるから。賢者ゼヘリスは、上述した薫香にサフラン（クロコ）とミルラ（コスティ）を加えるとその潜在力が増強され、業は容易に成就されるようになる、と言う。‖

〔395〕【六二】本書で驚異の木について語ってきたのは、植物というものが生成と壊敗にしたがう下位なる諸元素世界の一部分をなしているからである。生成

と壊敗は三つの部分、つまり動物、植物および鉱物に区分される。植物は動物と鉱物の中間であり、植物は生き、育ち、生むことにおいて動物と共通し、物体であり感覚がないことにおいて共通している。とはいうものの、人の生にとって植物は動物や鉱物以上に役に立つものである。実際、植物の種子、根、茎、皮、葉、花、実は人の生と健康に欠かせない。もちろん塩、明礬（アルーメン）、石、金属がそこからとりだされる鉱物も人の生に役立つし、肉、脂質、骨、血その他の動物のからだをなす諸部分も役に立つ。いずれにせよ植物が鉱物よりも人に近いものであることは明らかである。ここからしても、木は諸他のものよりも、その香りや特性あるいは有益性において他のものよりも優れている。鉱物においては貴石が諸他より貴重であり、金属においては黄金がより〔396〕貴重であるように。いずれ壊敗するものどもの中でもっとも高貴で＝貴重なのは、理拠的動物(84)つまり人である。その感覚と才知はついには一つの目的に向かいすべてを従属させる。この元素世界はまさに諸元素からなっており、諸元素とは自然本性であり、自然本性は霊（スピリトゥス）であり、霊（スピリトゥス）は知性であり、知性はまさに神であり、全天と自然本性はこれに依存している。限りなきこの世に祝福がありますように。かくあれかし（アーメン）。

（84）animal racionale 理性魂

第八章　いくつかの事物の自然本性からする（固有の）力能について

【一】この章では、植物、動物ばかりか鉱物にいたるまで単純な事物の驚異的な特性を述べる(1)。‖

[397] 【二】まずエメラルド（スマラグド）。これをイタチ(2)のような頭をした蝮（ビヴィオリス）(3)に見せると、たちまち目を逸らす(4)。そればかりか、目を患った蛇の目をウイキョウ（フェニクルム）へ導くなら、直ちに治る。鷲は雛たちを蛇から守るために、雛たちが生まれる場所に金剛石（アダマンティス）を運ぶ。また熊が鼠の眼を見ると、たちまちそれから逃げ出す。

【三】ヤツガシラ（ウプパ）の骨を熱湯(5)に投じると、あるものは沈み、他のものは水面に浮かび上がる。

【四】ミミズク（ブボーネ）が死ぬと(6)、その一方の眼は開いたままで、他方は閉じる。こ

（1）亞独版では以下が「クレオパトラの時代にサラニドゥス Saranidus の聖域で発見された書に見つかったもの」と記されている。亞独版はこれに註して、「『クラテスの書 *Buch des Krates*』(ed. O. Houdas, in M. Berthelot, *La Chimie au Moyen Age*, III, 1893, pp. 44-76) の類か、また聖域はセラピス神殿 Serapeum か」と示唆している。本章【三六】項、第九章参照。また本書巻末に「補遺Ⅲ」として『クラテスの書』全訳を併録した。こちらも参看されたい。

（2）mustelle イタチ、毒蛇を嚙み殺すマングースを想起したものか。

（3）bivoris 亞独版：「樫の実のような頭をした毒蛇（コブラのことか）」、羅伊版：vipere 蝮

（4）oculos subito amittunt「視力を失う」とも。

（5）亞英版：「川の流れに」

（6）亞英版：「眠る時には」……「閉じて

[398]

の閉じた方を誰かに乗せるとこの者は眠り、それを載せているあいだは決して眠りから覚めない。開いた方を誰かに乗せると、それを取り去るまで決して眠らない。関節炎の上にハゲタカの脚[7]を乗せると、痛風が癒される——それには次のようになす。右半身に痛風がでたならハゲタカの右足を乗せ、左に出たなら左足を乗せる。

【五】ホラゼン[8]の地からはアッシッフェ[9]と名づけられた白い石が採れるが、これには鑢がかからない。この石を誰かの胃の上に乗せると、いかなる種類の胃病でも治る。

【六】アルジェリアの川[10]には白、豹紋、黒またこれらの混じた石が生じる。これを擦り合わせるとこの川に雨が降り、これを擦り合わせているあいだ決してやまない。それゆえ‖誰も夜にこの川に入ったりその砂利を踏んだりすることはできない。先述したとおりその軋み音によって雨が降るから。なにしろ夜にはそうした石を見分けることができないから。

【七】鷲石（アクィリヌス）[11]というものは、まさにそのうちに別の石が入っているかのような響きをあげる。しかしこれを砕いてみてもなにも出てこず、かえってその破片の一々が先述した響きをあげる。この石はカブロス[12]の土のように赤い色をしている。これは出産に驚くべき力能があり、妊産婦がこれを手にすれば、

いる方が眠りつづける間も、開いた方は周囲に注意を払いつづける。」

(7) 亜英版：「鉤爪」……「右爪と左爪を縛ることで」

(8) Horazen 亜独版：ḫurāsānischer, 亜英版：Kharasany

(9) assiffe 亜独版：Bimsstein 軽石、亜英版：Nasif, 羅伊版：basalto（玄武岩?.）

(10) in fluvio Algeriche 亜独版：Wādī al-Ḫarlub, 亜英版：「Khazlaj の渓谷」

(11) lapis aquilinus 亜独版：Adlerstein 鷲の石、晶洞石

なんの危険もなくたいして痛みを感じることもなく出産できる。

【八】狐くらいの大きさで、猫のような形姿と外観の動物がいる[13]。この獣は自らの冷性により火を消し、それで傷を負ったり燃やされたりすることは決してない。ダチョウ(ストゥルッツォ)の嘴[14]も火に燃やされることはないし、灼熱した鉄がその胃に入っても無事である。それどころか、鉄はその胃で消化されてしまいなんら損傷を与えないばかりか、この鳥はそれを滋養とする。どの鳥でも構わないのでその羽[15]をすべてとり、これを一塊にしてこれを布もしくは手と擦り合わせるなら、それは適当な重量の物体を自らに引き寄せ、地面からもちあげる。

【九】ベヘト[16]という名の石があり、これの色は白鉄鉱(マルカサイト)に似ており、たいへん美しく光を反射する。もしも誰かこれを見るなら、死ぬまで笑いつづける。笑いを止めるにはなんらかの薬を飲まなければならない。それに適したアルフェルシト[17]と呼ばれる鳥がいる。これはスズメほどの大きさで黒く、その首と脛は赤い。この鳥が上述した石に乗ると、これは力能を失う。その後誰かその石を見ても、これによって損なわれることはない。

【一〇】ファビーネ[18]の木は太い幹をしており、これを砕くとたいへん堅くなる。この幹を悪魔憑きに乗せると悪鬼から解放され[19]、この幹の匂いにより悪

(13) 羅版では名指されていないが、亞独版：「サラマンドラ Salamander」

(14) 亞独版では「その駝鳥の嘴ように白い皮膚」とサラマンドラと駝鳥が火に耐える特性をこの色に求めるような記述になっている。

(15) 亞独版では火と気の近接した力能を説くように「いかなる鳥でもその羽は物を大地から浮遊させる力能があるので」と揚起、飛翔力の原因説明となっている。

(16) behet 亞独版：Bāhit「赤金色に輝く石」

(17) alphersit 亞独版：Firfir「フィルフィルという黒い鳥」

(18) favine 亞独版：Paeonie「ペオニアはアビシニア（エチオピア）の樹木で、これをどんなに砕いても十字のかたちになる。……癲癇を癒すのに用いられる」、亞英版：Fawina「ファウィナはHabashi 白檀で」

(19) super demoniacum posueris, liberabitur a demone 西欧中世、癲癇が悪魔憑きと称されていたのは周知の事実だが、一応本書の性格を踏まえてママとした。

(20) 亞独版：Hirschhorn 鹿の角、亞英版

〔399〕

鬼は逃散する。‖

【一一】蛇の前で鹿の角(20)を燃やすと、蛇はその匂いで死ぬ。クミンの匂いによって蟻は死ぬ。サフラン（クロコ）の香りに蠍(21)は逃げ出す。たとえいつもそれが常住する場所であっても。石灰(22)の匂いは蚤を追い払う。熱い塩(23)を家の中においてもそれは逃げ去る。ポリカリア(24)を燻蒸すると虱を駆除できる。

【一二】いろいろな湾の水中から火に燃えない海藻が採れる。これは緑色の草に似ているが、それではなく、沼のヒラマメ（レンティクラ・スターニ）(25)と呼ばれる。またナツメ（イニウベ）(26)の茎は燃えるとき、光も炎も発さない。

【一三】禿鷹は雛のいる場所を害獣(27)から守るためにアレクシンス(28)の葉を運びこむ。

【一四】アタラク石(29)は割ることも砕くこともできず、それには大小もない。またアメジスト（アルゲミスト）(30)石の砕片（オボロス）を葡萄酒のうつわに入れ、このうつわから飲んでも決して酔わないし、その葡萄酒が害することもない。またうつわにアタムバリ(31)と呼ばれる石の砕片（オボロス）を入れ、何かを注いでこれを飲むと、それが何であろうと泥酔して感覚も知性も失い、沈鬱な思いに苛まれる。また磁石（マグネティス）は鉄を引き寄せる。しかしこれをニンニクで濡らすとその力能を失い、これを牡羊の血に浸すとその力能を回復する。(32)‖

では「駱駝の角?」になっている。
(21) 亞独版：Geckoeidechsen ヤモリ、亞英版：ヤモリ
(22) 亞独版：Kalk, 亞英版：「その（サフランの）蕾」
(23) 亞独版：Sumpfsalz 塩泥、亞英版：salt marsh ウスベニタチアオイの粉
(24) policaria 亞独版：Gamander ニガクサ、亞英版：黒檀
(25) lenticula stagni
(26) iniube 亞独版：Brustbeerholz ナツメ、亞英版：jujube ナツメ
(27) 亞独版：雛を蝙蝠 Fledermäuse から守るため、亞英版：「卵を蝙蝠から守るため」
(28) alexinz 亞独版：Platanenblätter エジプトイチジク、亞英版：buttonwood leaves スズカケ（ボタン）
(29) atarac 亞独版：Tiraz
(30) algemest 亞独版：Ǧamaststein, 亞英版：Jimset「細かく砕いてアルコールとともに飲むと解毒効果がある」
(31) atambari 亞独版：'Anbarīstein, 亞英版：Tabary
(32) Quod si ipsum cum allio unxeris, amittet virtutem; post quod si eum posueris in sanguine arietis, virtutem recuperabit. 中近世の自然学者がよく引く迷信。

[400]

【一五】ケリク川[33]にはある種の蛇がいる。誰かそれを見る者があると、その人は死ぬ。この蛇が自分を見るなら[34]、同じように死ぬ。

【一六】豚を驢馬に乗せ、たまたま驢馬が放尿すると、たちまち豚は死ぬ。

【一七】雹が降る時に誰か生理中の女が全裸で地に身を投げ出し、雲に向かってその脛を挙げるなら、その周囲の耕地あるいは収穫地には雹は降らない。

【一八】犬が山か高い所に登り、そこをアッダブム[35]と呼ばれる動物が通るときに、両者の影が重なると、犬はそこから転落してこの動物に殺される。

【一九】四日熱に罹ったなら、狼の皮の上に座ると治癒する。

【二〇】妊産婦の上に十五の形象[36]を置くと、出産が軽くなり危険がなくなる。

四日熱の患者にナツメグ（ヌーチェ・ムスカート）[37]を置くと、四日熱から癒される。

【二一】なんらかの木に象の糞を乗せると、糞が乗っているかぎりこの木には実が生らない。この糞を婦女に乗せておくなら、けっして妊娠しない。‖

[401]

【二二】水腫患者[38]からとり出される黄色（クロコ）の石は自ずから凝集し、その石の力能を失い、自ら砕ける。

【二三】リジア石[39]は生銀[40]とともに凝固して単一の物体（コルプス）となる。

【二四】蜘蛛の巣を四日熱患者に乗せておくとそれは治る。この蜘蛛の巣にハンミョウ（カンタリデス）[41]を混ぜるなら患者は完治する。

(33) Cerich 亞独版：Karak, Wādī al-Ḫarlub, 亞英版：Khazraj 渓谷

(34) 亞独版：「この蛇たちがお互いを見合うと死ぬ。その目の輝きは十リーグ離れたところにまで届く。」

(35) addabum 亞独版：Hyäne, 亞英版：ハイエナ

(36) 15 figuras 亞独版：「三つの欄の数を加えると十五になる魔方陣」。またその註に下図をあげている。▼補註32参照。

4	9	2
3	5	7
8	1	6

(37) 亞英版：「ダマスク薔薇」

(38) ydropico ちなみに亞英版「この黄色の石は胃病に効く」とその由来が不明。

(39) ligia 亞英版：Allaiyah, 現在ではかえってレーガ（合金）一般をさす語となっている。ちなみに亞独版では「タカトウダイ Wolfsmilch を水銀と混ぜると甘い砂糖菓子のようになる」となっており、この異文不明。

(40) argentum vivum

(41) cantarides 亞独版：Fenchel ウイキョウ、亞英版：松脂

(42) Strucii 亞独版：Eule 梟

(43) 亞独版から復元すると、「イスフィダルーヤ Isfīdarūja と呼ばれる金属（白銅）を銀と混ぜると……」

【二五】蛇や蝮は駝鳥（ストルッツォ）(42)の声を聴くと、その場から逃げだす。

【二六】［……］と銅から抽出し精製した銀を混ぜ(43)、これで鳥のいる場所を撃つと、鳥たちは身動きできなくなり、容易に捕獲できる。

【二七】アメフラシ（レポリス・マリーニ）(44)が人のからだに触れると、すり潰したかのような微細な砕片（オボロス）に変じる。鼠の糞を黄金に乗せると、鉛にそうした場合と同様に燃える(45)。この燃え残りの粉になったものを猫(46)の糞の中に入れると元に戻り融け固まる。これに白鉄鉱（マルカサイト）(47)となんであれ黄金と混ざる力能あるものを混ぜると劣化する。硫黄を加えて融かすなら、黄金は浄化され精製される。‖

【二八】デヘネク(48)は黄金を軟化する。これをそれとともに溶かし、燃え残りからそれをとり出す。これに硼砂（アッティンカル）(49)を加えるなら、よりよい効果が得られる。ロス・クィポスの葉(50)の汁に黄金を浸し、これにいろいろ難しい処方をほどこすと、はじめの欠陥がなくなる。塩（サル）はそれの赤さを増す。銀を硫黄の煙に晒すと黒くなる。これを塩（サル）の中に入れるなら、この黒さは消え、白くなる。

【二九】アノクシアティル(51)にはあらゆる物体（コルプス）からその内外のすべて澱をとり

(44) leproris marini 亜独版：Seehasen アメフラシ（ウミウサギ）、この一節意味不明。亜独版では「水銀は人に癲癇を起こさせる。これの端が人に触れると、それは sawīq のように粉々になる。黄金の焼結は鉛と鼠の糞とともになす。これに猫の糞を加えると、黄金はもとに戻る。黄金は何かと混ざるとその性質を壊敗するが、マルカサイトと硫黄とともに溶融すると本来の性質に戻る」。なにか錬金術的精製法の処方の一節か。亜英版ではただの「兎」としている。

(45) comburitur 亜英版：「酸に侵されたようになる」

(46) 亜英版では「鳥の糞」

(47) marchasita

(48) dehenec[h] 亜独版：Malachit 孔雀石（これの前に「Schwefel 硫黄を加えると黄金は柔らかくなる」という一節がある）、亜英版：Dahnaj，羅伊版：mala-chite 孔雀石（これだと chrysocollo ということになる）。

(49) attincar 亜独版：Borax, 羅伊版：borace 硼砂

(50) foliorum de los quipos 亜独版：Hennawasser, 亜英版：ヘンナの汁、羅伊版：foglie annodate come cordicelle

(51) Anoxiatir 亜独版：Salmiaks 塩化アンモニウム、亜英版：「アンモニア」、羅伊版：sale ammoniaco

去る特性がある。ニトルム(52)はあらゆる物体からその澱を洗い清め、その表面を輝かせる。黄金に青金石（ラピスラズリ）を混ぜると、黄金の美しさと輝きが増す。これを火にかけると、青金石（ラピスラズリ）は炎の中で変じ離れ、目の具合を悪くする。(53)白鉄鉱（マルカサイト）を硫黄とともに燃やすところにこそ、大いなる業への入口があり、ここから業の実修のための質料素材が得られる。(54)マグネシア（アルマグニシエス）(55)という物体中には鉛(56)が混じており、これなしには硝子をつくることはできない。トゥツィア(57)は黄金を赤く染めるが、これはまた目の汚れをとり去り、あらゆる疾患の湿気を追い払う。その中でも最良のものは白トゥツィアである。水晶(58)の粉で歯や歯茎を磨くと、歯は堅くなり、歯茎の損壊から守られる。

【三〇】海蟹(59)を燃やした灰は目の痛みをとり去り、視覚を増強する。駱駝の脾臓を犬が食べるとたちまち死ぬ。喉の膿瘍に、骨を食べた犬の糞を粉にしてつけると膿瘍は消え、たちまち治癒する。雌亀の甲羅(60)を鍋の上に置くと、鍋はけっして沸騰しない。||

[403] 【三一】ゲボレ(61)の木には二種つまり雄と雌がある。いずれかの婦女にこの雌を五オンス飲ませると男と寝たいという激しい欲望を起こさせる。男に雄を同量飲ませるか食べさせるなら同じことが起こり、たいへん興奮する。骨灰（スポディオ）(62)を二オンス飲ませない限り、この興奮は鎮まらない。誰かにこの木の花(63)を

(52) nitrum 亞独版：Natron, 亞英版：Al-Natroon ナトロン、羅伊版：carconato di sodio
(53) 亞独版では「黒玉（ジェット）Gagat は目に効果がある」、亞英版では「セピイ Sepj は目を癒す」。
(54) Cum marchasita in sulfure comburitur, in opere maiori subintrat; et fit ex ea materia operis. 亞独版：「マルカサイトの中の硫黄を燃やし、石灰のように白い粉となったものがこの業の質料素材である。」
(55) almagnicies 亞独版：Magnesia, 亞英版：「磁石」?・羅伊版：manganese マンガン鉱?・艶出し
(56) plumbi 亞独版：al-Andarādīmūs, 亞英版：Andrademos
(57) tucia 亞独版：Tūtijā (Zinkoxyd), 亞英版：Tutya, 羅伊版：ossido di zinco 酸化亜鉛
(58) pulvere cristalli 亞独版 Koralle, 亞英版：Coral 珊瑚
(59) cinis cancrorum marinorum 亞独版：Seecrebses, 亞英版：大海老
(60) scutum testudinis femine 亞独版：Schale der weiblichen Schildkrote
(61) gebole 亞独版：al-Ḥārāj, 羅伊版：Haray, from Kharasan

飲ませると、これが胃に残っているあいだずっと放屁しつづける。また誰かに雌花を葡萄酒に混ぜて飲ませると、まったく起きることなく三日間眠りつづける。この者を起こしたければ、湯水にオリーヴ油を加えて飲ませる。この葉をすり潰して硫黄水で展ばし、これを傷[64]につけると傷は一日で癒える。

【三二】この木[65]の皮を蛇や蠍に結わえつけるとたちまち死ぬ。

【三三】塩（サル）は蠍、スズメバチ、蛇の刺傷に効力がある。スベリヒユ（ポルトゥラカ）[66]を二日に一度食べると出血が止まる[67]。またこれを生のままあるいは煮て噛むなら、噛み傷はたちまち癒される。

【三四】雄羊が獅子を見るとたちまち、自然死のようにその場で死ぬ。‖

【三五】タラントゥラは蠍を見ると死に、蛇はミミズク（ブボーネ）[68]を見ると死ぬ。

【三六】青金石（アザリ）あるいはアラクェク[69]石の指輪に二十六の形象を記し、これを人差指に嵌めて、王あるいは誰か貴顕にまみえるなら歓待されるばかりか、彼らへの請願も望みのままにかなえられる。この形象をなすにあたり、決して誤らないよう十分な注意を要する。もしもなにか過つなら、どんな成果ももたらされない。これがこの業の驚異の一つである。その形象は次のとおり[70]。

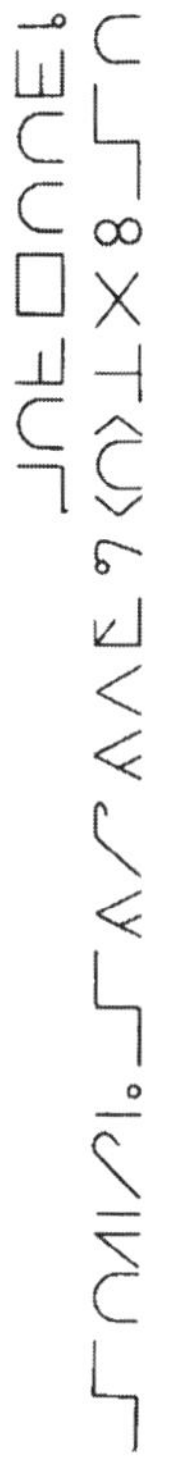

(62) spodii, spodium 骨灰、酸化鉛、亜独版：Tabasur
(63) 亜独版：Samen dieses Baumes, 亜英版：種子
(64) 亜独版：Lepra, 亜英版：癩病
(65) 前項のゲボレ？ 亜独版：Weihrauchbaumen 乳香（カンラン科植物樹脂）、亜英版：Kandar tree
(66) Portulaca 亜独版：Portulak, 亜英版：Bakla Al-Hamkaa
(67) sanguinem restringit, 血が収斂する
(68) bubone 本章【四】参照。亜独版：Eule 梟
(69) azari aut lapidis de alaquech 亜独版：aus chinesischem Eisen oder Karneol oder Weicheisen 中国製の鉄あるいは瑪瑙（コルニオラ）あるいは軟鉄、亜英版：agate 瑪瑙
(70) 亜独版に載るこの「形象」については▼**補註**33参照。また口絵［30］も参照。

[405]

この形象は王妃フォロペドラの書に由来するものである。(71)

【三七】この指輪をタラントゥラの刺傷につけ、(72)その後、人の用に供するこのエピティマ(73)とともに入浴すると、傷はたちまち癒される。イエムブト(74)と呼ばれる草の葉をタラントゥラの刺傷に何度か擦りつけると、たちまち傷が癒える。タール（カトラメ）(75)と塩の混合物は、蛇による噛み傷をたちまち癒す。男が枝杖(76)（男根）にタールを塗って婦女と寝るなら、婦女は孕まない。アヴェラナを食べるなら、タラントゥラの刺傷は治る。誰かアヴェラナを身につけているなら、タラントゥラに刺されることはない。もしも恐水病の犬に噛まれたなら、苦扁桃（アミグダラム・アマラム）(77)を噛んで傷の上に置き、また食べると、その噛み傷は癒える。サザンウッド（アブロータヌム）(78)と呼ばれる草を蝮の噛み傷に置くとたちまち傷は癒える。またこの汁を家にまき散らすと、蚤は狂奔し、この汁の中に墜ちると死ぬ。

【三八】タラントゥラを燃やし、この灰をパンと混ぜて結石を患う者に与えると、石は砕け、この人は癒される。カラスノエンドウ（ヴェチア）と呼ばれる草の種子の粉を牛乳に混ぜて、恐水病の犬の噛み傷につけるとその傷は治る。

(71) He autem figure invente sunt in libro Folopedre regine. つまり王女クレオパトラ、亞独版：Königen Kleopatra
(72) Et si hunc posueris annulum super percussionem tarantule 亞独版ではここで話は変わっており、先の指輪とは関係ない。つまり「蠍の刺傷にはコロシントウリの根を噛んで、その唾液をつけ、またこの枝をからだにつけておく」となっている。ちなみにこの項の「タラントゥラ」は亞独版ではすべて「蠍」。
(73) epithima 羅伊版：medicamento 薬
(74) yembut 亞独版：Stinkstrauch（Anagyris), 亞英版：Yanboot 羅伊版：Anagyris
(75) catran, Catrame 亞独版：Pech
(76) Avellane Avella 亞独版：Haselnuß, 亞英版：hazelnuts ハシバミの実
(77) amigdalam amaram アーモンド、亞独版：bittere Mandel
(78) abrotanum 亞独版：Distel アザミの類

第九章　コルドヴァ（コルディヴ）の教会で発見されたある書物および王妃フォロペドラの書物に載せられた奇瑞をなす力能ある図像（イマジネ）について余すことなく述べる

【一】王妃フォロペドラ(1)の居室に見つかった書物に、その諸特性と力能によって驚くべき効果をもたらし驚異的なはたらきをなす図像（イマジネ）の組み合わせが載せられている。本書でもこの知識について一切省略することなくこれを挙げることにしたい。爬虫類による噛み傷を癒す方法。鳶（ミルヴィ）の胆嚢を陰干しにし、これにウイキョウ（フェニクリ）の汁を僅かに加え、硝子のうつわに入れる。この粉は目によく、タラントゥラ、蝮、スズメバチ、蛇その他の爬虫類の噛み傷を治癒する。噛み傷が右半身にある場合にはこれを左半身に塗り、傷が左の場合には右に塗る。これを使うときには、これに僅かばかりの水を加え、上述したと

(1) Folopedre regine クレオパトラ、前章註71、また▼**補註**33参照。

[406] ころを三度繰り返す。‖

【二】蛇を棲家の穴から這い出させる方法。硝子の砕片と黄銅の削り屑をあつめる。これを坩堝で融かし、ここに赤アゼルネク(2)と赤マグネシア（マグニシエム・ルベアム）(3)を加える。これを火から降ろして細片となす。つづいて鳶（ミルヴィ）(4)の頭と骨を用意し（鳶はエジプトの地のものを）、黒樹脂（ガルバヌム）と混ぜる。先のものをあらためて火にかけ、そこに二番目の媒介薬を混ぜ、火から降ろす。これをもってスカタネルム(5)を一つつくる。これはわれわれのことばで鈴（ソナリウム）(6)と称すところのもの。その中にエジプト産の金剛石（アダマンテ）を嵌めこむ(7)。このようにつくりなしたものを蝮、蛇その他の爬虫類の巣穴で鳴らす。このようにつくりなした鈴の音を聴きつけると、蛇たちは鈴を鳴らす者に危害を加えることもなく、たちまちその巣穴から這い出す。蝮がその声を聴きつけるとその穴を這い出し、その声によって殺されるというのは、まさに先述した鳥（つまり上述の鳶）の特性である。

【三】鼠を一か所に集める方法。白葡萄の葉、スクィッラの汁(8)、硼砂（アッティンカル）、ヒヨス（イウスクィアモ）、インド産赤トゥツィア(9)を準備する。硼砂（アッティンカル）とトゥツィアを粉砕し、上述した汁を混ぜる。これをヒヨコマメ（チチェルム）くらいの大きさの錠剤にして陰干しする。鼠を一纏めにしたいときには、この錠剤一粒を炭火の上に載せる。鼠がこの煙を感じると、みなこれに寄ってくるので、あとは思いのままになせば

(2) azernec rubeum 亞独版：rotes Auripigment
(3) magniciem rubeam 亞独版：rote Magnesia
(4) milvi 亞独版：Käuzchen 小梟
(5) scatanellum 亞独版によれば磁石の小片で造られたもの。
(6) sonalium 亞独版：Schelle 鈴
(7) 亞独版にはこの一節なし
(8) succum squille 蝦蛄の汁？ 亞独版：Saft einer Zaunrube ウリ科の蔦、亞英版：玉葱の汁
(9) tucia 前註参照。亞独版：Indische Heilbohne インド豆、亞英版：Indian red cowpea

［407］

よい。‖

【四】魚を望みの場所に集める方法。黍(パニクム)(10)を用意し、これを腐らせる。これが腐ったなら、これに脂(セブム)(11)、ソラマメの粉を牡牛の血とともに混ぜ、均一になるまでよく混ぜる。これを葦に詰めて麻紐で縛る。この葦を魚がいる場所に投じると魚たちはこの葦の周囲に群がるので、汝の思いのままに網で漁することができる。

【五】木で眠る鳥を捕える方法。陸亀の脂(セブム)(12)、リリウム(13)の粒、オポパナチス(14)、コンディスム(15)を等量準備する。これらすべてを破砕し、一緒によくすり潰す。ここに驢馬の尿を混ぜて塊となし、ヒヨコマメ(チチェルム)位の大きさの錠剤にして陰干しする。これを用いるにあたって土壺に炭火を満たし、ここにその錠剤を一つ投じ、鳥がいる場所を燻す。これにあたりあなたの鼻に蚕繭(ボンビチェ)を詰めて煙が入らないようにする。この煙を嗅いだ鳥はみな死んだように地に落ちてくるので、汝の思いのままに捕ることができる。これらを元に戻すには、その脚を熱湯で洗うと元気になる。

【六】同上。マンドラゴラ(16)と調和塩(アルモニアクム)(17)を調え、これに生のドクニンジン(チクーテ・ヴィリディス)(18)の汁を加える。これで錠剤をつくり、乾燥させて、これを鳥がいる木の下で燻し焚く。風のない時に。この煙を嗅いだ鳥はみな死んだように地に落ちてくる。

（10） panicum 亞独版：Qidarusbaum
（11） sepum, 羅伊版：grasso 脂質、亞独版ではFuchsbaum（狐の木?）und Hasenblut（兎の血）
（12） 亞独版：Meerschildkrotenfett 海亀の脂、亞英版：海亀
（13） lirium 亞独版：Ipomena hederacaea, 亞英版：ナイル産小麦
（14） opopanacis oppium（アヘン）入りのpanacea（万能薬）? 亞独版：Opoponax, 亞英版：胡桃の緑の殻
（15） condisi 亞独版：Castor (? kundus), 亞英版：horsetail ウマノオ、トクサ、羅伊版：alcondiz
（16） mandragoram
（17） armoniacum
（18） cicute viridis 亞独版：wilden Petersilie (qamāšīr) 野生のパセリ

【七】視力を鋭くする方法。カトラムと呼ばれる木の枝で冠をつくる。これはゴボラム[19]のこと。これをあなたの頭を覆うように載せる。すると遠くからでも小さいものが見えるほどあなたの視力は強められる。これを頭から取り去ると、あなたの視力は元に戻る。この木の葉の汁に葡萄酢を混ぜて塗ると、たちまち眠気が去る。‖

[408]

【八】酒に酔わない方法。泥(ラートナ)[20]で可能な限り薄いうつわをつくる。そして蒸留用の丸底壺(アレムビクム)[21]に葡萄酢、キャベツ(カウリウム)の汁、ケパー(チペリ)の汁を等量とり、すべてをよく混ぜる。上述したうつわをこの混合物に何度も浸してこれを一リッブラ染み込ませ、そのうつわをとりあげる。飲酒にあたりこのうつわに苦扁桃(アミグダラルム・アマラルム)の油を塗って飲むなら、どれだけ飲んでも酒酔いしない。

【九】蝿を食卓に近寄せない方法。新鮮なコンディスム[22]、黄アウリピグメント[23]、乾燥したコファノス[24]の土を準備し、すべてをよくすり潰して粉にしてスクィッラ[25]の汁を加える。これを油に浸し、この油を汝の手に塗る。先の混合物で蝿のかたちをした像(イマジネ)をつくり、食卓に置く。食卓にそれがあるかぎり決して蝿はとまらない。

【一〇】蛇や蜥蜴を追い払う方法。豹[26]の皮を牛革のようによく鞣して柔らかくし、前述のようになす[27]。するとどんな毒獣もそこに留まることはできない。

(19) catlam quam goboram 亞独版：Qatla, 亞英版：Latla, 羅伊版：sorbo ナナカマド
(20) latone 亞独版：Ṭaliqūnkupfer 銅のような金属、亞英版：厚い銅
(21) alembicum
(22) condisum 【五】項参照
(23) auri pigmentum croceum 亞独版：gelbes Auripigment, 亞英版：yellow arsenic 黄砒素
(24) cofanos? 亞独版：trockne Trüffel, 亞英版：乾燥トリュフ
(25) squille 【三】項註参照。亞英版では「葡萄の汁」
(26) pellem leopardi 亞英版：「馬の皮革」、ちなみに亞版のこの項は「蛆」を追い払う方法になっている。
(27) ex ea facias strapuntam「これに刺繡をほどこす」とすると誤訳に誤訳を重ねることになるが、いずれにしてもこの項は亞独版では「虱退治の処方で、よく日焼けした驢馬の皮を使うもの」になっており、「この皮はメッカで売っている」とある。

【一一】蛇を追い払う方法。丸葉カンアオイ（アリストロギアム・ロトゥンダム）[28]にラカヌム[29]つまり緑大蜥蜴の肉を混ぜる。これを一緒にすり潰し、獅子の胆汁を加え、これを錠剤にする。これを使うときには、アノクシアティル水[30]にこの錠剤を一粒溶かし、これで紙あるいは羊皮紙に汝の願いを書き、これを布に結びつける。‖〔409〕この布をもち運ぶ者はあらゆる蛇を追い払い、蛇がこの布に触れようものならたちまち死ぬことになる。

【一二】炎のように蒸気を立たせる方法。コトロプ[31]と呼ばれる草の根を用意する。この草は夜、蠟燭の火のように光る。この根に鹿の脳と牡牛の胆汁を加え、よくすり潰してから錠剤にする。これ一粒を牛糞の火に投じると驚くほど煙が出て全天が赤く染まり、立ち昇る蒸気はあたかも火炎のようである。これをまのあたりにする者はみな恐怖にうち震えるだろう。これをなすのは霧深い時でなければならない。

【一三】この光をあなたの前に置くなら何も見えず、あなたの後ろに置くなら家中のすべてが見える。イルカ[32]の脂を〔砒素（アゼルネク）と〕アジニアル[33]とともにすり潰し、火口布（リチニウム）[34]に塗る。そして脂を銅製の坩堝に入れ、この坩堝に先の火口布（リチニウム）を入れる。これに火をつけると光を発するが、これを手にもつ者には何も見えず、この光を自らの背後にするなら家の中のものすべてが見える。

（28）aristologiam rotundam 亞独版：Aristolochia, 亞英版：birthwort
（29）racani, lacerta magna viridis 亞独版：Landfrosch, 亞英版：蛙
（30）aqua de anoxiatir 亞独版：Salmiakwasser, 亞英版：アンモニア水、羅伊版：aqua di sale ammonico
（31）cotrop 亞独版：sirāǧ al-quṭrub, 亞英版：Kotrop lit grass 羅伊版：lucciola 螢
（32）pinguedinem delfini 亞独版：Dubbas, 亞英版：Dokhs, dolphin
（33）aziniar 羅伊版：verderame 緑青、亞独版にはこれにあたる記載なし。
（34）licinium 羅伊版：benda 包帯、帯布＝火口

【一四】婦女を妊娠させない方法。銅で猿の像をつくり、その背中に穴をあ
[410] け、‖そこにヒルガオ（スカモネア）[35]を満たす。婦女と寝る時、この像を汝の脛[36]に結ぶなら、この婦女は妊娠しない。

【一五】犬があなたに吠えないようにする方法。マンドラゴラの根を用意し、これを雌犬の乳とともによくすり潰す。これで犬の像（イマジネ）をつくり、あなたの身につける。すると犬はあなたに向かって吠えることなく、みなあなたの前から逃げ去る。

【一六】鉄を液体にする方法。カメシール[37]と呼ばれる草、スクィッラ[38]、緑石榴の皮を等量用意する。すべてをよくすり潰して葡萄酢を混ぜ、丸底瓶（アランビク）で蒸留する。この酢に何度も鉄を浸すうち、それは液体になる。これを一時間半放置した後、酢を蒸発させる。すると一纏まりになって光り輝く鉄があらわれる。

【一七】火もないのに燃える布。金白鉄鉱（マルカサイト・アウレア）[39]を丹念に潰し、これに強い葡萄酢を混ぜる。これを硝子の丸底瓶（アレムビクム）に入れて蒸留する。その後、これを牛糞の中に入れて十四日放置する。これをとり出し、麩糠（フルフレ）[40]の中に同じ日数だけ放置
[411] する。‖そしてこれをとり出し、これを布に塗る。するとこの布は火がついたように燃え上がる。

（35） scammonea 亞独版：Skammonia, 亞英版：セコイア sequoia
（36） 羅英版：「鼠脛部を覆う」
（37） Camesir 亞独版：wilder Petersilie 野生のパセリ、亞英版：砂糖黍、羅伊版：Athmanta Macedonia
（38） squille 亞独版：Meerzwiebel 海葱、亞英版：葡萄
（39） marchasitam auream 亞独版：Gold-markasit
（40） furfure

[412]

【一八】すべてを赤に染めて燃え上がる水。キプロス産の石灰(カルカントゥム)(41)を熱い竈炉に入れて一晩焼きつづける。翌朝これをとり出すと完全に赤くなっている。もしもそうなっていない場合、赤くなるまでこれをもう一晩放置し、赤くなったらとり出す。これをよくすり潰し、そこに蒸留した葡萄酢を、石灰(カルカントゥム)の五倍量投入する。そしてこれを硝子のうつわに入れ、一日に三回かき混ぜて三日間放置する。これを沸騰させ、泡立たせる。するうち水は紅玉(イアルゴンザ)(42)の緋色を発するようになる。この水を坩堝に入れ、これに火口布(リチニウム)を漬けて火を点じるとこの水は燃え、その光は家中を赤く(つまり緋(イアルゴンザ)色に)染め、家中が緋(イアルゴンザ)色に輝く。

【一九】刺されると致命的な緑タラントゥラ(43)をつくりなす方法。これをつくろうとするにあたっては、まず一昼夜断食する。そして夜、野生のバジル(バジリコン・シルヴェストリス)草をよく噛んで、十分噛んだものを硝子の筒に入れ、これを密封する。これを太陽もその他いかなる光も射し込まない暗い家の中に置き、四十日間放置する。そしてこれをとり出すと、その中に緑タラントゥラが生じている。これに刺された人は死んでしまう。このタラントゥラには以下のような特性がある。これをオリーヴ油の中に入れて二十一日間、あるいはその油の中でそれが死んで溶けさるまで太陽に晒す。タラントゥラの刺傷に＝この油を塗る

(41) calcantum Cypri 亞独版：cyprischen Kalkant, 亞英版：キプロス産キャベツ

(42) iargonza 亞独版：Purpur, 亞英版：紫色、羅伊版：rubini 紅玉

(43) ここも「タラントゥラ」は亞独版ではすべて「蠍」。

と傷は治癒する。またこの油を一滴タラントゥラに垂らすとたちまちのうちに死ぬ。

【二〇】赤蛇をつくりなす方法。大きな蜘蛛の巣を硝子の筒に容れた驢馬の乳の中に入れ、三日間この中に漬けこむ。これが溶け込んだものをとり出し、亀の脂を加え、細かい粉にする。これを羊毛の赤布にとり、堆肥の中に七日間埋める。するとそこに赤蛇が生じる。これを赤蛙（ラナールム・ルテラールム）(44)のいる場所に放つと、蛇は龍と化す(45)。エジプトでは赤蛙（ルテッラ）は龍の宿敵で、それを見ると龍はたちまち噛みつき、死ぬまで噛み裂きつづける。

【二一】虱（チミチェ）を追い払う方法。未通雌馬(46)の首の毛を準備する。この毛は雌馬がはじめて雄馬と交尾するまさにその時にとる。この毛で可能なだけの虱（チミチェ）の像をつくり、これを葡萄の房のように配列する。この房を黄銅(47)のうつわに容れ、しっかりと封をして家の中に埋める。これがある間この家に虱（チミチェ）が近寄ることはない。‖

[413]

【二二】いかなる木材からでも光を発させる方法。サメの脂(48)を用意し、これに月桂樹の油、石鹸、それに僅かばかりの硫黄をよく混ぜあわせる。これをいかなる木材に塗っても、火をつけると蠟燭の火のように明るい光を放ち、その木材がなくなるまで決して消えない。これはアンチオキア(49)で実修されて

(44) ranarum rutellarum 亞独版：Taranteln, 逆にここはタラントゥラになっている。
(45) 亞独版：Drache (ṯaʻbān)
(46) eque virginis 亞英版：トナカイ reindeer
(47) vase ereo croceo「金塗りの青銅製のうつわ」
(48) canis marini 亞英版：イルカ dolphine
(49) Antiochie 亞英版：Antakya

いるもの。

【二三】狼その他の害獣を追い払う方法。この業は特別製の鼓をもっておこなう。それは以下のようにしてつくる。エリチウム・マリーヌム(50)を集め、その首を刎ねて骨をとり去る。その皮を剥き、他の皮を鞣すときと同じようにこれを鞣す。そしてこの皮を十分に展ばして鼓あるいは銅製のカスタネット(ナカラム)(51)に張り、使う時まで保管する。先述したような動物たちを追い払いたい時には、夜にこの鼓あるいはカスタネット(ナカラム)を打つと、この音を聴いた害獣はすべて逃げ去り、これを聴いた爬虫類(52)は死ぬ。

【二四】蛙を池から追い払う方法。鰐(アティムザク)(53)の脂を用意し、これに蜜蠟を混ぜる。これに火口布(リチニウム)を付して蠟燭をつくる。‖望みの場所でこの蠟燭に火をともすと、蛙の鳴き声は完全に消える。

【二五】タラントゥラ(54)を捕獲する方法。セイヨウニンジンボク(アグヌム・カストゥム)(55)、白アザミ(カルデルム)(56)を用意し、一緒に微塵切りにする。これに赤楓子香(ガルバヌム)(57)とベザハル石(58)を十分粉砕したものを加え、これらすべてにサルツァ(59)の汁を混ぜ合わせる。この塊からタラントゥラの像(イマジネ)をつくり、その残りを錠剤にして陰干しにする。この像(イマジネ)をあなたの前に据え、錠剤を火に投じて燻し焚く。するとその場所にいるタラントゥラがすべてこの像(イマジネ)に集まってくる。いずれ燻蒸の力能が像(イマジネ)に大いな

(50) ericium marinum 通常は海胆だが、ここでは首を刎ね等々、また鼓に張るほど大きなもの。亞独版：Duldul, das ist der Seeigel, 亞英版：porcupine ヤマアラシ
(51) nacaram eream 亞独版：Trommel aus Isfīdarūja
(52) 亞英版：「蛆」
(53) atimzach 亞英版：「クロコダイル」羅伊版：coccodrillo
(54) ここも「タラントゥラ」は亞独版ではすべて「蠍」。
(55) agnum castum 亞独版：Kraut Bargānātā, 亞英版：Burghnatha grass
(56) cardellum album 亞独版：Kraut Akanthus, 亞英版：Shikaay grass
(57) galbanum rubeum 亞独版：rotes Galbanum, 亞英版：「赤ヘンナ red henna」
(58) bezahar 亞独版：Bezoarstein, 亞英版：「解毒石の粉」▼補註8参照。
(59) sarza 亞独版：Brombeerwasser, 亞英版：bramble water キイチゴの汁

る効力をもたらすものであることについては先述したとおり。

【二六】以上、像(イマジネ)と調剤のすべては『カルデアの農事書』に拠ったものであり、ここに引いたのは本書をより完璧なものとしたかったからに他ならない。本書を読むあなたはできる限りこれを秘し、この業にふさわしく準備ができている者より他にこれを明かしてはならない。そうした者は僅かであるから、あなたの秘鑰はあなた自身のうちに秘しておいた方がよいだろう。

【二七】これまた賢者ズクラト(60)がその生の終わりに弟子たちに訓戒し教えを説いているところ。その第一。汝らの自然本性の準備を調え秩序づけたまえ、自らの知性をこの業の実修に完全に傾注できるよう、作業にあたり最大の援けを得られるように。第二。汝らこの秘鑰と汝らの純粋さを汝らのこころにのみとどめおきたまえ、たしかな時が訪れぬ限りは。実際、時にそれは汝にとって悪しく紛糾し、時に善く真直であり、時の変転こそが変わりやすい汝
[415] らの周りの状況を定めるのであるから。第三。‖汝らが受けとり増やし昇るための準備に必要なものを蔑することなく、それを軽んずることのないように。第四。汝の友に不平を言わず、子供のように善意をもって交わり、汝の愛と善意をたちまちあらわにすることのないように。なぜといって汝に対する想いがたちまち満たされるならその友情は長つづきせず、早々に敵意を抱かせ

(60) Zucrat 亞独版：Sokrates（ソクラテス）, cfr., *Symbola aureae mensae duodecim nationum*, Francoforti, 1617, p.523 と挙げられているだけだが……

ることになるだろうから。第五。高貴を損ない、善を貶めることになるような陰湿さ卑劣さを極力避けるように。第六。汝の友を愛するように。たとえ汝の判断がまったく正しいとしても論うことなしに。これに留意すれば友情は長つづきする。第七。汝の友のなすことについて責めつづけたりしないように。汝とてそうしたおこないをしないとは限らないのだから。第八。汝になにごとかを問う者に不躾な返答をしてはならない。それは神の善性が恩恵をもって汝に授けたものである善意が汝に欠乏していることの明らかなしるしとなるから。かえって益体もない願いをそれなりにしっかりと聞いてやることで十分満足が得られるものだから。そうすることで汝がずっとそのようにしつづけることができるようにと、神の慈愛は不断に注ぐこととなる。その意図が正しく営むべきもので神のご加護を祈念できるようなものである限り。第九。汝の善性を識るためにこそ事物の善性と自然本性を識り、これを愛するように。そうすることで汝もまたそれらに愛されるようになるだろうから。これが賢者ズクラトがその臨終にあたり弟子たちに与えた教えであり、ここに魔術活用にあたっての基礎[61]がある。

【二八】またここでピタゴラスの七つの教えを証示しておくことにしよう。第一。同じ比率で秤量し、正しく配置せよ。[62]第二。汝の友情と愛に導かれ、

(61) sunt enim radices magice utiles「たいへん有益な基本教説」
(62) pondera proporcionaliter equatis, et ea in recta disposicione conservetis「重さの比が同じなら、直線配列が保たれる。」

先述したとおりの健常にこころがけよ。[63] 第三。剣をもって刈るべき緑の場所に火をかけるな。[64] 第四。汝の意志と嗜好に導かれることにより、正しく重さを測ることができる。[65] これにより汝のからだはそれにふさわしい健康を保ち得る。第五。正義と公正を慣習とするなら、汝に対する人々の愛も友情も増すだろう。[66] 第六。時宜を待ち、君公や司法官の言うところにしたがって行為せよ。この世で生きていくのに必要なものを勘案しながら。[67] 第七。汝の霊（スピリトゥス）とからだを敵視することなく穢すことのないように。かえって必要な時にはいつも行動に移せるよう、それにふさわしい節度を守りたまえ。[68][69]

【二九】以下、プリニオーネス[70]による月の二十八宿。[71] 第一は破壊し荒廃させるもので、この宿はアルナト[72]と名づけられている。月がこの宿を通過する時に黒人の像（イマジネ）をつくる。粗末な（キリキア織りの）布を髪に巻き絡げ、直立して、戦いに臨むかのように右手に投げ矢をもった姿に。この像（イマジネ）を鉄製の指輪に刻み、液体の安息香（ストラクス）で燻し焚く。そしてこれを黒蜜蠟に捺しつつ、次のように唱える。汝、ゲリツ[73]よ、某女の息子の某を早く、近日中に殺し、破滅させたまえ、と。これを厳修するならば望みどおりになることだろう。ゲリツがこの宿の主（ドミヌス）の名である。

(63) amicicias et amores vestros dirigite, et tamquam salutem predicta agite「親和と愛情の導きにより所期の恒常（こころの平静）が保たれる。」

(64) non accendatis ignem in loco viridi quod gladio amputatur「一歩づつ切り開くべきところを一気に片付けようとするべきではない。」

(65) voluntates et appetitus vestros dirigite, et eos recto pondere mensuretis in effectu「意志と嗜好を制御することで結果を正しく推測することができる。」

(66) recta et equali semper assuefacite; hoc autem amorem et amicicias gencium augebit in vobis

(67) tempora observetis et exercitetis secundum quod domini et iudices dicunt, observando quod hoc requiritur in mundo quantum ad vitam tuendam

(68) non impugnetis neque contaminetis spiritus et corpora vestra; imo observetis in debita temperancia ut ipsa semper necessitatis tempore operari possitis.

(69) 亞版ピカトリクスはここで了。亞独版結語：「ここに本書了―賜（恩恵）を賦与される神を讃えつつ―その光によってつねにわれわれに知性を啓きたまうものよ―ことばに尽くし難い感謝

【三〇】第二の宿はアルボタイン(74)で、怒りを鎮めるためのもの。月がこの宿を通過する時に、白蜜蠟と乳香(マスティク)を火にかざしながら一塊にする。この塊を火から降ろし、これで冠を被った王の姿をつくる。そしてこれをアロエ樹で燻しながら、こう唱える。汝、エネディル(75)よ、某の怒りを吾より遠ざけたまえ。吾に対するその態度を変えさせ、吾の思いを遂げさせたまえ、と。そしてこの像(イマジネ)を身に着けるなら、願いは成就する。エネディルがこの宿の主(ドミヌス)の名であり、これがその像である。

【三一】第三の宿はアゾライエ(76)（つまりプレアデス）で、あらゆる善財を得るためのもの。月がこの宿にある時に、頭上の布地を右手で押さえた婦女の座像をつくり、ナツメグ、樟脳、乳香、香爪(ウングラ・アロマティカ)で燻しながら、こう唱える。汝、アヌンチア(77)よ、あれこれをなしたまえ、と、なんなりとあなたの欲する善財を祈願する。この像を銀製の四角い指輪に刻み、あなたの人差指につける。そして上述したようになすなら、あなたの祈りは聞き届けられ願いはかなえられるだろう。アヌンチアがこの宿の主(ドミヌス)の名であり、これがその像である。

【三二】第四の宿はアルデバラン(78)で、敵意を掻き立てるもの。月がこの宿を通過する時、赤蜜蠟で右手に蛇をもった兵士の騎馬像(イマジネ)(79)をつくる。これを赤没薬(ミルラ)と安息香(ストラクス)で燻しつつ、こう唱える。汝、アッサレスよ、吾のためにあれ

を捧げる。神が、讃えられてありますように。またわれわれの主マホメットおよびその一族近衆に祝福が到来しますように。」

(70) Pliniones, Plinius プリニウス、以下偽アリストテレス『月について *De Luna secundum Aristotilem*』および『驚異の書 *Kitab al-bulhan*』参照。Cfr. Ch. Burnett, Arabic, Greek, and Latin Works on Astrological Magic attributed to Aristotle, *Warburg Institute Survey and Texts 11, Pseudo-Aristotle in the Middle Ages*, London 1987, pp.84-96. また▼**補註**5「月齢」参照。

(71) viginti octo mansiones「二十八の月齢」

(72) Alnath [ps.Arist.]: sartan

(73) Geriz

(74) Albotayn [ps.Arist.]: albotaim

(75) Enedil

(76) Azolaye id est Pliades [ps.Arist.] には名の記載なし

(77) Annuncia

(78) Aldebaran [ps.Arist.]: beltubran

(79) Assarez

これをなし、吾の願いをかなえたまえ、と、敵意、別離、悪意にかかわることを祈願する。アッサレスがこの宿の主(ドミヌス)の名である。

【三三】第五の宿はアルミゼン(80)で、王や貴顕に歓迎され重用されるためのもの。月がこの宿を通過する時、銀で印章をつくり、からだのない男の頭像を刻む。そしてその頭の上にこの宿の主(ドミヌス)の名を記すとともに、この印章になんなりとあなたの祈願するところを書く。そして白檀(サンダロ)でこれを燻しつつ、こう唱える。汝、カビル(81)よ、吾にあれこれをなし、吾の願いをかなえたまえ——つまり、王や総督にこころよく迎え入れられますように、と。こうしてこの印章を身に着けているうち、あなたの願いは成就されるだろう。また夢で誰かに会いたい時には、夜この印章をあなたの頭の下に据えて、あなたの思うところを念じつつ眠る。そうすればあなたの望みに応じた返答が得られるだろう。カビルがこの宿の主(ドミヌス)の名である。

【三四】第六の宿はアカヤ(82)で、二人の間に愛を据えるもの。月がこの宿にある時、白蜜蠟で抱擁し合う二人の像(イマジネ)をつくり、白絹布に包む。これをアロエ樹と龍涎香(アンブラ)で燻しつつ、こう唱える。汝、ネデユラヘ(83)よ、某と某を結びつけ、その間に友情と愛を据えたまえ、と。こうすればそのとおりになる。ネデユラヘがこの宿の主(ドミヌス)の名である。

(80) Almizen [ps. Arist.]: belcata

(81) Cabil

(82) Achaya [ps. Arist.]:belcamina

(83) Nedeyrahe

【三五】第七の宿はアルディラ[84]で、あらゆる善財を獲得するためのもの。月がこの宿を通過する時、銀で印章をつくり、これに自らの着物をその手で天に向かってもちあげて祈り嘆願する男の像（イマジネ）を刻み、その胸にこの宿の主（ドミヌス）の名を書く。これをよい香りのするもので燻し、こう唱える。汝、シエリィ[85]よ、あれこれをなし、わが願いを聞き届けよ、と。そして望む善財を祈願し、この印章を身に着けていれば、願ったことがかなえられるだろう。セレヘ[86]がこの宿の主（ドミヌス）の名である。

【三六】第八の宿はアンナトラ[87]で、勝利を獲得するためのもの。月がこの宿を通過する時、錫で人の顔をもつ鷲の像（イマジネ）をつくり、その胸にこの宿の主（ドミヌス）の名を書く。これを硫黄で燻し、こう唱える。汝、アンネディエス[88]よ、吾にあれこれをなし、吾の願いをかなえたまえ、と。こうした後、この像（イマジネ）を軍隊の前に置くなら勝利を得られるであろう。アンネディエスがこの宿の主（ドミヌス）の名である。

【三七】第九の宿はアタルファ[89]で、病苦をもたらすものである。月がこの宿を通過する時、鉛で杖ももたずに両手で眼を塞ぐ人のかたちをつくり、その首にこの宿の主（ドミヌス）の名を書く。これを松脂で燻し、こう唱える。汝、ラウベル[90]よ、某の娘某を患わせよ、あるいは血を流させよ、と。上述したとおりに

(84) Aldira [ps. Arist.]: alchiraon

(85) Siely

(86) Selehe　ここだけ祈禱文中の名と最後の宿の名が違っている。

(87) Annathra [ps.Arist.]: besulle

(88) Annediex

(89) Atarfa [ps. Arist.]: baltarfa

(90) Raubel

なし、この二つのうちの一方を祈願するなら、願いは遂げられるだろう。ラウベルがこの宿の主(ドミヌス)の名である。

【三八】第十の宿はアルジェバ(91)で、病を癒し婦女の出産を軽くするもの。月がこの宿を通過する時、黄金あるいは石(ラートナ)で獅子の頭をつくり、その上にこの宿の主(ドミヌス)の名を書く。これを龍涎香(アンブラ)で燻し、こう唱える。汝、アレダフィル(92)よ、吾あるいは誰であれこの印章を濯いだ液体を飲食するもののからだから痛み、衰弱、病患をとり去りたまえ、と。いつでもこれを燻して、この印章を病人にもたせるか、これを何か液体で濯ぎその洗浄液を病人あるいは妊産婦に飲ませる。アレダフィルがこの宿の主(ドミヌス)の名である。

【三九】第十一の宿はアゾブラ(93)で、怖れられ尊重されるようにするためのもの。月がこの宿にある時、黄金の板に右手には矢をもち、左手は獅子の耳を摑んで獅子に乗った人の姿を刻む。この図の表にはこの宿の主(ドミヌス)の名を書き、こう唱える。汝、ネコル(94)よ、人々に恐れられるよう吾に栄光を与えよ。また吾を見る者が誰も吾を恐れるように、そして王、君公、貴臣たちがそのこころを宥め、吾を受け入れ誉め讃えてくれるように、と。この板を身に着けていれば、あなたの願いはかなえられる。ネコルがこの宿の主(ドミヌス)の名である。

【四〇】第十二の宿はアザルファ(95)で、お互い愛し合う二人を別れさせるもの。

(91) Algebha [ps. Arist.]: belabe

(92) Aredafir

(93) Azobra [ps. Arist.]: beldebra

(94) Necol

(95) Azarfa [ps. Arist.]: belsarf

月がこの宿を通過する時、黒鉛に男と戦う龍の姿を刻み、この図の裏にこの宿の主（ドミヌス）の名を書く。獅子のたてがみとオオウイキョウ（アッサ・フェティダ）を混ぜたもので燻し、こう唱える。汝、アブディズ[96]よ、某を某から遠ざけ、別れさせよ、と。そしてこの像（イマジネ）を思いのままに埋めよ。するとあなたの望みはかなえられるだろう。アブディズがこの宿の主（ドミヌス）の名である。

【四一】第十三の宿はアラフエ[97]で、婦女と交わることのできない男を癒し、男と女の間に愛をもたらすもの。月がこの宿を通過する時、赤蜜蠟で興奮した男（つまり性器を勃起させた者）の像（イマジネ）をつくる。まさに婦女との愛を欲する男たちのように。つづいて白蜜蠟で婦女の像（イマジネ）をつくり、二つの像（イマジネ）を抱擁させ、アロエ樹と龍涎香（アンブラ）で燻す。薔薇水で白絹布を濡らして、これで像を包み、一方の像（イマジネ）にあなたの思うところの名を書く。これを婦女が身につけると、像（イマジネ）に名を書いた男が、ひと目彼女を見ると激しく愛することになる。婦女と交わることのできない男にこの像（イマジネ）を結わえて身につけさせ、これを解くと婦女と性交できるようになる。アゼルト[98]がこの宿の主（ドミヌス）の名である。

【四二】第十四の宿はアジメク[99]で、男を婦女から別れさせるもの。月がこの宿を通過する時、赤胴に自らの尾を銜える犬の像（イマジネ）を刻む。そしてこれを犬の毛と猫の毛で燻し、こう唱える。汝、エルデゲル[100]よ、敵意と悪意をもって

(96) Abdizu
(97) Alahue [ps. Arist.]: belugua
(98) Azerut
(99) Azimech [ps. Arist.]: belscemel
(100) Erdegel

某を某婦女から引き離したまえ、と、思うところの者の名を挙げながら、思いのままの場所に埋める。エルデゲルがこの宿の主（ドミヌス）の名である。

【四三】第十五の宿はアルガフラ[101]で、友情と善意を獲得するためのもの。月がこの宿にある時、ヘンクエ[102]（青銅の一種）で印章をつくり、これに坐した男が紙片を片手にしてこれを読んでいる様子に刻む。これをトゥレ[103]とナツメグ（ヌーチェ・ムスカータ）で燻し、こう唱える。汝、アカリク[104]よ、吾にあれこれをなし、そのわが願いを聞き届けよ」と。友情と愛の結びつきばかりか善意をも祈願し、この像（イマジネ）を肌身離さず携えたまえ。アカリクがこの宿の主（ドミヌス）の名である。

【四四】第十六の宿はアゼベーネ[105]で、富と商売（つまり売買）に利するもの。月がこの宿を通過する時、銀の板に聖座に坐して両手に天秤をもった人の姿を彫る。そして芳香種で燻しつつ、七夜にわたり毎夜諸星辰に向かって顕示して、こう唱える。汝、アゼルク[106]よ、吾にあれこれをなし、そのわが願いをかなえよ、と、商品の売買にかかわることを願いたまえ。アゼルクがこの宿の主（ドミヌス）である。

【四五】第十七の宿はアリキイル[107]で、盗人が家からなにも盗むことのないようにするもの。月がこの宿にある時、鉄の印章に手を肩の上にあげた猿の姿を刻む。これを猿の毛と雌鼠の毛で燻してから猿の毛で包む。そしてこれを

（101）Algafra
（102）enque 羅伊版：henc (che e' un tipo di bronzo)
（103）Thule 羅伊版：incenso
（104）Achalich
（105）Azebene
（106）Azeruch
（107）Alichil

あなたの家に埋め、こう唱える。汝、アドリエプ[108]よ、決して盗人が入らぬように、吾のものと吾の家にあるものすべてを守りたまえ、と。アドリエプがこの宿の主（ドミヌス）の名である。

【四六】第十八の宿はアルカプ[109]で、熱と腹痛を追い払うもの。月がこの宿を通過する時、銅板に尾を頭上に咥える蛇の像（イマジネ）を刻み、鹿の角を燻しつつ、こう唱える。汝、エグリベル[110]よ、わが家に蛇その他の害獣が入り込まないように護りたまえ、と。そしてこの像（イマジネ）をうつわに容れて、あなたの家に埋める。その像（イマジネ）がそこにある間は、蛇も他の害獣も決して入ってこないだろう。また熱や腹痛を鎮めたい時には、この像を肌身離さぬようにするとたちまち癒える。エグリベルがこの宿の主（ドミヌス）の名である。

【四七】第十九の宿はアサウラ[111]で、婦女の血の巡りを良くするもの。月がこの宿を通過する時、ヘンクェ（青銅の一種）で印章をつくり、ここに手を顔にあてた婦女の姿を刻む。これを安息香（ストラクス）で燻し、こう唱える。汝、アンヌセル[112]よ、婦女某の血を巡らせよ、と婦女を名指して。そうすれば願いはかなう。婦女がこの像（イマジネ）を腰に結ぶなら、出産の危険が軽減される。アンヌセルがこの宿の主（ドミヌス）の名である。

【四八】第二十の宿はアルナユム[113]で、野辺の狩りのためのもの。月がこの宿

(108) Adrieb
(109) Alcab
(110) Egribel
(111) Axaula
(112) Annucel
(113) Alnaym

にある時、錫板に頭と手が人で、からだは四足と尾のある馬、その両手に弓を番えている像を刻む。これを狼の毛で燻し、こう唱える。汝、クェユク[114]よ、吾に地の獲物のすべてを授けたまえ、すぐさま吾に届けたまえ、と。クェユクがこの宿の主(ドミヌス)の名である。

【四九】第二十一の宿はアルベルダ[115]で、破壊するもの。月がこの宿を通過する時、双頭の男の像(イマジネ)を刻む。つまり一方は前向きに、他方は後ろ向きに。これを硫黄とカラベ[116]で燻し、こう唱える。汝、ベクトゥエ[117]よ、あれこれの土地から人を追い払い、破壊したまえ、と。この像(イマジネ)を銅製の箱に、硫黄、カラベとその毛とともに入れ、そうしたく思う場所に埋める。するとそのようになるだろう。ベクトゥエがこの宿の主(ドミヌス)の名である。

【五〇】第二十二の宿は［……］（欠損）

【五一】第二十三の宿はザアデボラ[118]で、破壊と荒廃をもたらすもの。月がこの宿にある時、鉄の印章をつくり、犬の顔をした猫の像(イマジネ)を刻む。これを犬の毛で燻し、こう唱える。汝、ゼクェビン[119]よ、あれこれの土地から人を追い払い、そこを破壊し荒廃させたまえ、と。この宿が昇機(アシェンダント)にある時にこの印章を諸星辰に顕示し、次の夜この印章を荒廃させたく思う土地に埋める。するとそのようになるだろう。ゼクェビンがこの宿の主(ドミヌス)の名である。

(114) Queyhuc
(115) Albelda
(116) carabe, carabus 蟹？
(117) Bectue
(118) Zaadebola
(119) Zequebin

【五二】第二十三の宿はカアダゾト(120)で、家畜を繁殖させるもの。月がここにある時、去勢雄羊の角をとり、洗い清めてよく磨く。これで乳を与えるように腕に息子を抱く婦女の像をつくる。その角からとった汚れでこれを燻し、こう唱える。汝、アブリーネ(121)よ、あれこれの畜群を御し導きたまえ、と。こう唱えて、その像(イマジネ)を群れの一頭の雄羊の首に結ぶ。これを乳牛の群れになす場合には牡牛の角を用い、これを一頭の牡牛の首に結ぶ。するとこの畜群は増え、命を落とすものもなくなるだろう。アブリーネがこの宿の主(ドミヌス)の名である。

【五三】第二十五の宿はザアダラビア(122)で、樹木と収穫を災厄から守るもの。月がここにある時、無花果の木で印章をつくり、ここにプランタンティス(123)の木に似た人の姿を刻む。これをこの木の花で燻し、こう唱える。汝、アジエル(124)よ、吾が収穫と木を損害から守り、災厄が降りかかりませんように、と。そしてこの像(イマジネ)を汝が守りを得たい場所の木に据える。この像(イマジネ)がそこに据えられている間は、ここに損害が起こることはない。アジエルがこの宿の主(ドミヌス)の名である。

【五四】第二十六の宿は先なるアルファルク(125)で、愛を生起させるもの。月がここにある時、白蜜蠟と乳香(マスティク)を一緒に溶かし、これで髪を結おうとして髪を

(120) Caadazod
(121) Abrine
(122) Zaadalahbia
(123) plantantis, plantaris 接木、arbores plantantis は arbores planetaris「この惑星の木」の誤写だろう。
(124) Aziel
(125) Alfarg primus

ほどいたまま水盤（うつわ）を前にする婦女の像（イマジネ）を刻む。そして香りあるものでこれを燻し、こう唱える。汝、タグリエル[126]よ、吾に某婦女の愛と友情を引きよせたまえ、と。そしてこの像（イマジネ）を香り高いものと一緒に箱に入れて、肌身離さないなら願いはかなうであろう。タグリエルがこの宿の主（ドミヌス）の名である。

【五五】第二十七の宿は後なるアルファルク[127]で、沐浴場を損なうもの。月がここにある時、赤土で翼ある男の像（イマジネ）をつくる。空で穴のあいたうつわを手に、これを口までもち上げる。そしてこれらすべてを火に入れて焼き、このうつわにオオウイキョウ（アッサ・フェティダ）と安息香液（ストラクス）を入れて、こう唱える。汝、アブリエメル[128]よ、某のあれこれの浴槽を害したまえ、と思うところの者を名指しつつ。そしてこの像（イマジネ）をその沐浴場に埋める。するとその沐浴場は損なわれ、誰もそこに沐浴に行かなくなるだろう。アブリエメルがその宿の主（ドミヌス）の名である。

【五六】第二十八の宿はアレクセ[129]で、魚たちを一か所に集めるもの。月がこの宿にある時、ヘンクエ（青銅の一種）で印章をつくり、ここに色のついた針骨のある魚の像（イマジネ）を刻む。そしてその傍らにこの宿の主（ドミヌス）の名を記す。これを海魚の煮凝り（コリオ）[130]で燻してから、これに紐を結びつけて水に——つまり魚たちを集めたいと思う場所に投じる。すると周囲にいる魚はすべてこれに集まってくるので、思いのままに漁ができる。アヌクシ[131]がこの宿の主（ドミヌス）の名である。

(126) Tagriel

(127) Alfarg

(128) Abliemel

(129) Arrexe

(130) corio piscis marini（伊訳）pelle 皮

(131) Anuxi

【五七】上述したいずれの像にもその宿の主の名を記して、これにあなたの祈願をなさねばならない。集め、結びつけ、友情や愛を生ませるためには、それを像の胸（表）に書かねばならず、離れ、別れ、敵意や悪意を生ませるためには背後（つまり像の裏）に書かねばならない。また栄光、名誉、高位を得るためには、それを像の頭の上に書かねばならない。そうすればかなえられるであろう。

【五八】土星への祈り。クェルミエス、トス、ヘルス、クェミス、ディウス、タミネス、タヒュトス、マカデル、クェヒネン。サトゥルヌスよ、汝の霊とともに速やかに来たれ(132)。

【五九】木星への祈り。ベトニエフス、ダルメシム、マチエム、マクサル、デリス、タヒス、タユロス、デヘユデス、メブグエデス。ユピテル、バルギスよ、汝の霊とともに速やかに来たれ(133)。

【六〇】火星への祈り。グエプデミス、ヘニェイディス、グエユデヌス、マグラス、ヘルデフス、ヘプデガブディス、メヒュラス、デヒュデメス。赤きマルス、バハラムよ、汝の霊とともに速やかに来たれ(134)。

【六一】太陽への祈り。ベユデルス、デメユメス、アドゥレス、メトネガユン、アトメフェス、ナクィルス、ガディス。太陽よ、汝の霊とともに速

(132) Oracio Saturni. Quermiex, Tos, Herus, Quemis, Dius, Tamines, Tahytos, Macader, Quehinen; Saturne! Veni cito cum tuis spiritibus.

(133) Oracio Iovis. Bethniehus, Darmexim, Maciem, Maxar, Derix, Tahix, Tayros, Deheydex, Mebguedex; Iupiter, Bargis! Veni cito cum tuis spiritibus.

(134) Oracio Martis. Guebdemis, Hegneydiz, Gueydenuz, Magras, Herdehus, Hebdegabdis, Mehyras, Dehydemes; Mars rubeus, Baharam! Veni cito cum tuis spiritibus.

やかに来たれ[135]。

【六二】金星（ヴェヌス）への祈り。デユデス、グエュルス、メユルス、デメリス、、アルビメス、セントゥス、アンガラス、デヘタリス。ヴェヌス、ネユルガトよ、汝の霊（スピリトゥス）とともに速やかに来たれ[136]。

【六三】水星（メルクリウス）への祈り。バルユェス、エミレス、ハメリス、セヒス、デリュス、メユエル、デヘリス、バイス、ファウリス。スクリバ、メルクリウスよ、汝の霊（スピリトゥス）とともに速やかに来たれ[137]。

【六四】月（ルナ）への祈り。グェルヌス、ヘドゥス、マラヌス、ミルタス、タユメス、ラニス、メヒュエルス、デガユス。ルナよ、汝の霊（スピリトゥス）とともに速やかに来たれ[138]。

【六五】レユェクィン、レユェルガネ、レユェクイル、レユェクエリク、レユェリク、レユェルス、レユェセリス。これらの名を片袖に書いて燃やす間、これらの名を読みあげる。そうすれば愛と友情が掻き立てられる[139]。

占断（マテマティチ）の叡知の書ピカトリチス了。

(135) Oracio Solis. Beydeluz, Demeymes, Adulex, Metnegayn, Atmefex, Naquirus, Gadix; Sol! Veni cito cum tuis spiritibus.

(136) Oracio Veneris. Deydex, Gueylus, Meylus, Demerix, Albimex, Centus, Angaras, Dehetarix; Venus, Neyrgat! Veni cito cum tuis spiritibus.

(137) Oracio Mercurii. Barhuyex, Emirex, Hamerix, Sehix, Deryx, Meyer, Deherix, Baix, Faurix; scriba, Mercurius! Veni cito cum tuis spiritibus.

(138) Oracio Lune. Guernus, Hedus, Maranus, Miltas, Taymex, Ranix, Mehyelus, Degayus; Luna! Veni cito cum tuis spiri-tibus.

(139) Leyequin., Leyelgane., Leyequir, Leyequerich, Leyeric, Leyerus, Leyexeris. Hec nomina scribe in manica, quam comburas; et dum comburitur legas nomina supradicta. Et ex hoc amor et amicicia movebuntur.

補註

第I書

1 **亞独版『賢者の目的』巻頭**（▼一章註22）

【一】 吾が兄弟よ――神がこころ照らしたまうように――愛知（哲学）は獲得すべきもっとも高貴にして卓越した努め（業）である。それは現実に存在する事物のさまざまな遠隔因、事物の礎をなすさまざまな近接因の知識からなっており、これを知ることは確実な知識の克服であり、在るということ（存在）およびどのようにあるか（性質）を知ることは、諸事物の原因である実在への上昇階梯の確かさにもかかわらず、その間には大いなる隔たりがあるばかりか、第一の真実（真の第一存在）であるそれ（知識）は諸他の事物の存在の礎である訳ではない。それはかえって自己充足しており、他からそこに到ることは不可能である。実際それを他から克服することは先見的に（あらかじめ）不可能である。なぜといって、それがある物体として存する、あるいはある物体の中に存するということが先見的に不可能であるのと同じことであるから。それの存在は存在であることとは別様であり、それは実在するすべての事物から区別され、これら諸事物とは一切共通したところをもたない。共通したところを求めるとしてもそれはただ名辞であり、名辞そのものを沈思してみてもなにも理解されない（この名辞からこころ（精神作用）が観念される訳のものでもない）。唯一真実であるもの（存在）が、一々の事物が在ると言い得る礎としての一性をすべての実在物に与える、と言えるかもしれない。これが第一の真実であり、諸他のすべてにリアリティーを与え、一からリアリティーを克服するべく変じる必要もなくリアリティーそのものを充足させる。なにもそれは数一が数として存するものの中で最初の大きさであると考えることではなく、それは非存在であってもその完璧さに変わりなく、そのリアリティーを超えるリアリティーはなく、その一性を超える一性はない。

そのうえ、諸他の事物はそれ（一性）によって実在しリアリティーを与えられ、その一々は一とどのような比率にあるのか、またそれはいかにすべての原因の原因性であるのか、が（哲学により）明かされる。実在する事物のすべてが段階的に知られるとは、端緒原理（はじめ）、中間（媒介）、終局目的（おわり）があるということである。後なるものは原因ではあるが（目的因）、これは諸他の事物の原因ではない。中間（媒介）はそれがそうなる原因をもつとともに、諸事物間の原因性でもある。先（第一）なるものこそまさにそれに下属するものの原因であるが、それ自体を原因するものではない。それにまた後なるものからあれこれ通り過ぎつつ第一を見出すことは、（実在する諸事物）を誘導する存在を第一なるものから拡がり後なるものにまで伝えられる線とみなすことである。

これが愛知（哲学）の本質である。若者よ、いったいこの途をどのように勘案すべきであろうか。哲学は——神が汝らに報いたまうように——広大にして偉大であり、これを探求することは尊い務めである。なぜといって、知性と魂を永遠の美の光で照らし出すことを求め（に向かい）、そこに留まるなら、意味といのちの礎を獲得する（生の悟達にいたる）ことができるであろうから。この儚い世を棄て欲望を制して上位なる世の高みに昇り、それら（意味といのち）が生まれ、それらの永劫の住まいである淵源へと帰還する。これにより神は慰めを得、この世の原因をまた原因されて生じたところのものを知らしめる。つまり原因こそが原因されたものを生じさせる——つまり両者の相互性について——そして神こそこの世を生じさせた原因であり、それは神の存在を認めそれを告白させることによって人を跪かせるためである。これは神のことばに言われるとおり。「霊たちまた人々が創造されたのはただ吾を崇めるため」（『コーラン』五一：五六）、つまり吾（神）を識るため。それらを嬌し供与し、それらが感謝し讃えるように。神は望みのままに呪詛しまた望みのままに祝福し、神とともにあることを喜びとする者には終わりがない。愛知（哲学）には三つの本質的な特徴がある。それは増大するばかりで衰弱することはない。それが灯されると晦まされることなく露わとなり、それへ向けられた視線はもはやそれを逸れることもできない。それには三つの訓育力がある。（悪によって）脅かし、矯正し、忌むべきものから逃れる。

【二】本書で論じようとしている業は、哲学的「帰結 natīǧa」と呼ばれる愛知（哲学）に準拠するのでなければ真ではない。「帰結」とは論理学において完結した（閉じられた）過程であり、その内容の精髄である。これら二つの業（技芸）が推奨されるのは熱心な知識の修得のため、哲学の段階諸領域のすべてを自らのものとする哲学者たちの境位に到達するためにほかならない。つまりこれら（二つの業（技芸））の連結過程においてその「帰結」に符合することが哲学の目的である。これを十分理解されたい。なぜといって、吾はこうして驚くべき玄義を語ったのだから。「帰結」は二つの前提の連結の結果であり、その提示（証明）の終わり（完了）である、と知らねばならない。また、「合一 ǧamiʿa」とはギリシャ語でシロギズモス〔第Ⅰ書二章【五】参照〕と称するところ。前提は（論理的な）主辞と賓辞（述語）によって構成される。主辞は文法学者の言う端緒であり、賓辞（述語）は指示（説明）のようなものであり、この指示（説明）は誤りであることもあり得る。主辞と賓辞はお互いに包摂しあう angelehnten [musnad] と同時に触発されてある（霊感を受けてある woran es sich anlehnt [musnad ilaihi] ところ。これは一般的な述定について言っているのであって、厳密な定義や記述を指してのことではない——あらゆることばは定義あるいは述定されていないものと、定義規定されたものに分けられるから。この論議を証して、ある者が真偽の判断のためにはそこに用いられていない論理的判断を援用すべきではないかと質している。そのためにはわれわれの主題から逸れるより長い論考が必要となる。より知ることを欲する者たちはそうしたことに関して重要な著作の数々を編んでいる。ここで言う帰結とは魔術のようなものである。

＊H・リッターとM・プレスナーによる独訳、偽マジュリーティ『賢者の目的（ピカトリクス）』（一九六二年）と本訳書の底本としたピングレーによる羅語版（一九八六年）の出版経緯については「解題」に譲るが、羅語版の蛇行と亞文の逍遥学派的な簡潔さを瞥見していただければ幸いと思い、蛇足ながら亞独版巻頭節を付した。ただし、

W・ハルトナーが論じているように、亞独版の明晰さは亞語の錯雑を解いてみせた独訳者たちの尽力によるところが大きいのだろう。Cfr. Willy Hartner, Notes on picatrix, *Isis* Vol. 56, No. 4 (Winter, 1965), pp. 438-451。また「シロギスムス」という語については補註3も参照

2 テルサム（タリスマン）telsam とアムレト amuletum（▼二章註8）

この語は「護符」一般と解されるが、ギリシャ語 telesma が、アラビア語で tilasm（複数形）、ペルシャ語で tilisman（複 tilism）と音綴されたものと考えられる。ギリシャ語の「テレスマ」はかなり広義に宗教儀礼、聖化された（telete）ものを指していた。ラテン語ではより狭い意味で amuletum あるいは amolitum という語が用いられるようになる。これらの語源は不詳だが、amolior（遠ざける、追い払う）、あるいは mollio（柔らかくする、鎮める）[i] に由来するものだろう（この点については次註9参照）。この語はギリシャ語の phylakterion（防御、保護、フィラクテリオは現在では「切手蒐集」の意でもある）に対応するものとされ、「伏魔」つまり敵対的魔術を遠ざけ無化し、幸運を導くものを含意して用いられ、邪悪を行う所謂「呪い derizziones」のためのものと区別される。

指輪に嵌めこんだ貴石によって虫や獣ばかりか悪鬼や亡霊を追い払うにあたり、これらをそこに刻まれた神に屈服させる行為（儀礼）をギリシャ語で sphragizo、つまり sigillo（封印、捺印）と称する。

十六世紀、カルターリが編んだ『古代の神々の像について』（拙訳『西欧古代神話図像大鑑』八坂書房、二〇一二年、続編二〇一四年）の図版に十七世紀版刊行者ロレンツォ・ピニョリアが加えたさまざまなメダルや護符の図像を参照。西欧におけるメダル考古学あるいはキリスト教的考古学の黎明については邦訳続編解題参照。

(i) cfr. Varrone, *Antiquitates rerum divinarum*, 13 : amuletum ... sive a molliendo, id est infringendo vim mali, sive ab aemulatione.

Cfr. C. Bonner, *Studies in Magical Amulets chiefly Graeco-Egyptian*, Ann Arbor-London, 1950 ; A. Mastrocinque, *Sylloge Gemmarum Gnosticarum*, Zecca dello stato 2003, pp.54-58

3 ユエテレゲフス yetelegehuz（▼二章註34）

この語の出自は不詳だが、当該個所を亞独版にみてみる（本項後掲訳参照）と、ここに同時に Nirendish というもう一つ音綴と思われる不可解な語が出ている。こちらから尋ねてみるに、アリストテレスがアレクサンドロスにヘルメスの教えを伝えるという偽文書『アル・イスタマティス *Kitab al-Ustuwwatas*』（第Ⅲ書七章参照）の別訳とされる『ヘルメスによる諸霊の書 *kitab Hurmus fi'r-ruhaniyat*』にこの音綴が見つかる（Ch. Burnett, 2007 論考）。これはフナイン・イブン・イシャーク（八〇八―八七三）によってギリシャ語からアラビア語に訳されたものとされる書で、インド王サフナドゥーラ Safnadula の夢にあらわれた土星の霊の話が載せられている。王は七十二人の長老たちを招集し、土星（サトゥルヌス）の像の前で生贄を捧げ祈禱を唱えると土星の霊があらわれ、長老たちにそれぞれ七十二の霊の一つづつが授けられた云々。本書の中心主題はナイランジャート nayrangat のつくり方で、二十八の月齢に相当する護符が詳述されているという（cfr. MS Paris BNF, *kitab al-Ustuwwatas*, ff.24a-34a）。この部分はヘルメスの『宝の書 *al-kitab al-mahzun*』から採られたものとされる。これを論じて Ch・バーネットは、ナイランジャートを希臘語のティルサム tilsam つまり「護符」に相当する語としている。

一方、問題のユェテレゲフスに近い語を探してみると、タービット・イブン・クッラの『図像の書』の羅訳異文とされるバースのアデラルドゥスの『魔術図像の書 *liber pr[a]estigiorum*』あるいは *Astronomicorum pr[a]estigiorum*』（*LP*, ▼補註6を参照）に、«1.15. Primo itaque elkalib in quo atalecim in hoc libro descriota evacuabuntur hoc modo aperiendum est.»（図像の鋳型 al-qalib;

sigillum のつくり方概説）「本書で詳述される図像 atalecim がしるされる捺印（鋳型）elkalib は以下の通り」という一節がある。このアタレチムはユェテレゲフスと同じ語を音綴したものだろう。

ちなみに三章【五】項冒頭、各版の異同は以下の通り。

● ［亞版 **ed. Ritter 1933**］ et hanc nominabant scientiam imaginum yetelechuria quod interpretatur attractio spirituum.「図像（イマジネ）の知識をユエテレクリアと名指し、霊の誘引と解説する」

● ［亞独版 **ed. Ritter 1962**］ Die alten Griechen aber bezeichneten das Nirendsch und die Verwandlung konkreter Dinge (ʻain) mit dem Ausdruck ʻtargihʼ (wörtl. "Übergewicht verleihen"), den Talisman aber mit dem Worte Syllogismus, d.i. das Herabziehen der Kräfte der oberen Geister; das Ganze aber bezeichneten sie mit dem Worte Zauber.「古のギリシャ人たちは Nirendsch と Verwandlung（変移）について、targih（重さを加える）という表現で具体的に説明し、タリスマンをシロギスムスということばで上位なる諸霊から力能を引き出すことと説いている。いずれすべて魔術的なことばである。」

● ［羅版 **ed. Pingree 1986**（本訳書底本）］ Et antiqui sapientes Grecorum operabantur subtilitatibus ad visum alterandum et ad faciendum apparere ea que non sunt. Et hoc nominabant scienciam ymaginum yetelegehuz, quod interpretatur attractio spirituum celestium; et hoc nomen imponunt omnibus partibus nigromancie.

● ［羅西版 **ed. M. Villegas 1978**］ Los antiguos griegos se dedicaban a los filtros, a la forma de juego de azar denominada probabilidad y al talisman denominado silyimus que es la captacion de las fuerzas de los espiritus superiores, y a todos daban el nombre de magia.「古のギリシャ人たちは、蓋然性という名の賭けと、上位なる諸霊の力を引き寄せるシリュイムスと呼ばれる護符（タリスマン）による妖術に熱中し、これらすべてを魔術と呼んだ。」

● ［亞英版 **ed. W. Kiesel 2002**］ The ancient Greeks specialized in the nayranjat, flipping the eye ʻTarjih [preponderance]ʼ, and talismans, which they called ʻsyllogismusʼ, which means bringing down the high spirits. They call the totality of the above magic.「古のギリシャ人たちは目を叩いて（弾いて）Tarjih（視覚を鋭敏（鈍重?）にしたり）、高い霊（スピリトゥス）たちを降らせることを意味するシロギスムス（唱え詞、演繹法?）と呼ばれるタリスマンを用いてなされる nayranjat に卓れていた。」

Cfr. Ch. Burnett, Tabit ibn Qurra the Harranian on Talismans and the spirits of the Planets, *La Coronica* 36.1（2007）, pp13-40.

4　「アイテール」および大地の偏心性について（▶三章註11）

三章【一】のこの一節を亞独版に見てみると：

「この点が中央である。これらの線とは諸星辰の光線の世界の中心への光跡であり、ただタリスマンの効力影響にのみ依拠している。これは、定義あるいは規定としては承認されている。天は世界を包摂する天球である。天の向こうには空虚も豊穣もない（つまり空間はない）。アイテールは静止した形相としてあり、ここで指し示されているのはこれ（アイテール）のことである。恒星天はそのうちに在るが、その中心は偏心している。その中心は、非対称性として説明されるように、大地を越えたところにある。天の自然本性は均一である。物体性（コルプス）を賦与されているものすべての運動は天の運動に従い、その熱は天の運動を偶性として、この世における生成を刺激するものとして生じる。天の度数は三六〇度であり、これの上に判断の内的本質が据えられており、判断は諸星座に準じてなされる。

しかしある者は言う。否、天には意味はなく、重要なのは上位世界から発出（流出）するアイテールつまり諸星辰と熱であり、それぞれの序列秩序に認められる像の数々であり、これらは諸星辰を組み合わせることによってつくられる星座の像の数々である、と。」

ここで光線が降るところ（方位）を変じ、偏心させるのはタリスマンの効力である、とも読めるが、興味深いのは羅版には反映されていない「アイテール」という語が卒然とあらわれるところ。独訳註（リッター-プレスナーによる）には、この典拠をジャービルにみる解説が施されている（「アイテールの不動性（不変性）という理説についてはジャービル『探求の書 *Baht*』（Paul Kraus, *Jabir ibn Hayyan*, Cairo 1943, II. 327）を参照。「眠る形相」という表現については亞語本文一四七頁以下の偽プラトン文書『法律』参照」）。この独訳に関してウィリー・ハルトナー（Willy Hartner, Notes on picatrix, *Isis* 56, 4 (1965)）は哲学的、天文学的知見を読み込んでみせる。その評言を引いておくと、

［13.11ss.］……「静止した形相としてのアイテール」、この非正統的な規定はもちろんたいへん興味深いもの。ここでアイテールと言われているものは、アリストテレスの謂う円運動を賦与された第五元素を意味してはいない（*De caelo*, I.2, 269a3-7）。独訳編者がジャービルの『探求の書 *K. al-bahth*』から引いている一節は、アイテールの規定にかかわるさまざまな矛盾に関する論議で、これに永遠運動を帰属することの「過誤」をガレノスに帰している（実際にはアリストテレスその人にまで遡って跡づけることができるもの）。「これは現実態 in actu としての無限（現勢無限）の存在を認めることであり、これは承服しがたい矛盾である。」

同書の別の一節からもうすこし詳しく知ることもできる（亞独版137）。「わたしに言わせればまた、この世界内にある自然本性は、魂や知性同様、高み（の諸端緒原理）から発出したもの（shu'a'at）に他ならない。この（地上の）自然本性は天球の本質（つまり惑星諸天球と恒星天球）から降り注ぐ。……また魂はアイテールの本質の諸部分である（それら）諸星辰からだけ（降り注ぐ）が、これらは逆に言えば知性および魂そのものの本質である。そして知性はアイテールの本質から……」

明らかに、この全-包摂つまり静穏なる（静止した）知性 'aql という特定が、アリストテレスの第五元素（第五精髄）の一般呼称にほかならぬアイテールをもって再説されることで、著者はこのアイテールを万有宇宙の最高圏――神の宮居――に据え、これを sura sakina（静穏なる（静止）形相）、と呼ぶことになっている。ここで「形相」という語が適用可能かどうかには疑問が残る。なぜといって「形相」は運動によってのみつくられるから（階層秩序は、知性から魂へ、自然本性へ、運動へ、そして形相にいたる。これについては Kraus, p.136 参照）。しかしこの観念を規定するにあたりこれより不偏な語をみつけることは、じつのところ困難である。この数行後（14.1）、また本書の諸他の箇所で著者はこの形容矛盾について無自覚のまま、アイテールを星辰の数々や熱と同置している。ここからはこの著作の編纂にあたり、いかにつじつまの合わないさまざまな典拠が用いられたかが窺われる。

いずれ昼夜平分点の前進（赤道の歳差運動）を説明づけるために「第一動者 primum mobile の天球」が特別な球（第九天球）としてかどうか、限界のない天球として導入される（Kraus, pp.139ss.）。これは第八である恒星天の次の（に隣接する）ものであり、静穏なる（静止した）アイテールをひとつと算えるかこれに含めるかによって、第十となったり第九となったりするのだが、旧来の用法によれば、歳差運動についてはなにも勘案することなしに、それ自体「第一動者の天」と呼ばれてきたもの。しかしこの文書の次の一節で論じられているのは、期待に反してこれのことではない。ここは著者の無知のせいで、たいへんな混乱が起こっている。wa-falak al-kawakib fi batinihi という語句は恒星天に言及しようとするもののようにみえ

るが、'ala inhirafin min markazihi が付加されることにより、偏心性が示唆されることでこれは惑星天を指す以外のなにものでもなくなっている。しかしそうであるとすると、著者がなぜ恒星天を省略し、惑星天を単数形で語っているのか、了解不能となる。それにとどまらず、著者は inhiraf を用いているが、これは随円（導天球）あるいは周天円（周転天球）の緯度方向の逸脱（偏差）、傾斜をあらわす特殊用語であって、たとえば、khurudj のように偏心性をあらわす語ではない。著者はここでついに自らの過ちに行き詰って、inhiraf という語の内容に関連して、「傾斜 mayl について先述したところに従うなら」と言っているが、この mayl という語についてこれ以上本文中で言及されることもない。たとえ inhiraf min al-markaz（中心からの逸脱（偏心））という著者の語句を、khurudj 'an al-markaz（kharidj al-markaz という形容句からの流用として）と、正しいにせよ、用例の見当たらない自由な言い換えをしてみても、いずれここでの傾斜への言及は過ちのままに残されてしまう。

5

月齢 mansio（▼四章註6）

新城新蔵『東洋天文学史研究』（一九四三年、二一五—二二四頁）所収「印度、アラビヤ、及其他に於ける二十八宿」によれば、インド古代、二十八宿に関する記事を載せた文書に、『摩登伽経』、『舎頭諫太子二十八宿経』、『大集経』月蔵文第十二星宿攝受品第十八、『宿曜経』があり、古暦書としては『ヴァラハ・ミヒラ *Varaha Mihira*』暦法大成 Panchasiddhantika がある。

『摩登伽経』と『舎頭諫太子二十八宿経』は本来同一経文だが、時代を異とし（前者は呉、後者は西晋）、伝来を異として中国に訳伝されたもの。おそらく原本は二世紀に遡る。『大集経』は二十八宿の名が列挙されているだけ。『宿曜経』の原本はおそらく七、八世紀のもので、西洋起源の要素が数多嵌入しており、古代インド固有のものではない。『ヴァラハ・ミヒラ』は五世紀頃流布していた五種の暦法を集めている。この集で興味深いのはナクシャトラ（宿）の数が二十七となっており、黄道を等分したものを用いていること。

一方、ウェーバーによる『ヴェーダ』の天文事項研究論考（Weber, *Vedische Nachrichten von den Naxatra*, 1860）は、彼に先立つビオーの二十八宿中国起源説を論駁し、インドの二十八宿が「昴」からはじまることから、これの理由を昴が春分点にあった時代に求め、中国の二十八宿は「角」が秋分点にあった時代のものとし、これを推論してインドの方が中国より一千年も古いものであると論じている。

七曜の順序を日月熒惑辰星太白鎮星とするのは西洋伝来のものだが、十九年七閏の法は西方起源か東方起源か分からない。『摩登伽経』の数値はおおむね北緯四十三度での計測に相当し、これは月氏国ソグドのサマルカンドあたりにあたるか。つまり本経はインドでの観測数値を用いていない。

ペルシャおよびアラビアの二十八宿は、インドの二十八宿に比して、二宿だけ数え方が進んでいる。

バビロンでは十二宮およびその南北にそれを二倍、三倍して、二十四、三十六の星を列記したものはたびたび発見されてきたが、二十七あるいは二十八宿区分法はいまだ発見されていない。

以上新城論考からここで関心のある点を摘出してみたが、いずれ西欧占星術では月宿は副次的なものであり、獣帯十二星座と諸惑星を星図に描くことが主流となっていく。そしてどうやら『誕生星図占い（ゲンティオロギア）』の文脈の中に埋もれるのだが、『宿曜経』の本邦への東漸は、西伝としての『ピカトリクス』の記述と面妖な対照をなしている。『宿曜経』の二十七あるいは二十八宿の経緯については、善波周「宿曜経の研究」（佛教大學大學院研究紀要〇一、一九六八年、一—二七頁）参照。新城論考で一

中国「宿」	インド（梵）「ナクシャトラ」	アラビア（亞）「マンジル」
1 角	12 チトラー chitra （青龍の角、彩画宿）	14 as-simak アジメク Azimech（*Al Simaķ*）
2 亢	13 スワーチー svati （火珠、善元宿）	15 al-ghafr アルガフラ Algarf（*Al Ghafr*）
3 氐	14 ヴキシヤーカー visakha （牛角、善格宿）	16 az-zubanay アゼベーネ Azebone（*Al Jubana*）
4 房	15 アヌラーダー anuradha （長布、悦可宿）	17 al-iklil アリキイル Alidil（*Iķlil al Jabhah*）
5 心	16 ジュエーシユター jyeshtha （青龍の心臓、尊長宿）	18 al-kalb アルカブ Alcalb（*Al Kalb*）
6 尾	17 ムーラ mulam（根元宿）	19 as-shaula アサウラ Yenla（*Al Shaula*）
7 箕	18 プールブーシャーダー purva-shadhas（前魚宿）	20 an-na'ajim アルナユム Alimain（*Al Najim*）
8 斗	19 ウッタラシャーダー uttara-shadhas（北魚宿）	21 al-baldah アルベルダ Albeda（*Al Baldah*）
9 牛	20 アブシット abhijit （織女、無容宿）	22 sa'd ad-dabih（欠） Sahaddadebe（*Al Sad al Dhabih*）
10 女	21 シュラワナ sravana （犂、麦、耳聴宿）	23 sa'd bula ツァアデボラ Zadebolal（*Al Sad al Bula*）
11 虚	22 ダニシュター Dhanistha（古形） sravishtha（貪財宿）	24 sa'd as-su'ud カアタゾト Zaadescod（*Al Sad al Suud*）
12 危	23 シャタビシャーイ satabhishaj （百毒宿）	25 sa'd al-ahbija ザアダラビア Sadalabbia（*Al Sadal Ahbiyah*）
13 室	24 プールワバードラバダー purva-bhadrapadas （車のながえ、前賢跡宿）	26 al-fargh al-awwal 先なるアルファルク Fargalmocaden（*Al Fargh al Muķdim*）
14 壁	25 ウッタラバードラバダー uttara-bhadrapadas （立棹、北賢跡宿）	27 al-fargh-altani 後なるアルファルク Alfargamahar（*Al Fargh al Thani*）
15 奎	26 レーワチー revati（流灌宿）	28 batn al-hut アレクセ Bathnealoth（*Al Batn al Hut*）
16 婁	27 アシユウイニー asvini （馬師宿、古形 Asvayujan 馬を繋ぐもの）	1 as-saratani アルナト Ilnath（*Al Sharatain*）
17 胃	28 バラニー bharani （長息宿、梵名 bhaga は女陰）	2 al-butain アルボタイン Albethain（*Al Butain*）
18 昴	1 クリチカー krittika（名称宿）	3 at-turaija アゾライエ Athoraie（*Al Thurayya*）
19 畢	2 ローヒニー rohini （長育宿あるいは生育宿）	4 al-dabaran アルデバラン Addauennam（*Al Dabaran*）
20 觜	3 ムリガシールシャ mrigasiras （鹿頭宿）	5 al-hak'a アルミゼン Alhathaya（*Al Haķayah*）
21 参	4 アールドラー ardra （生養宿、白虎の胸）	6 al-han'a アカヤ Alhana/Atabuen（*Al Hanah*）
22 井	5 プナルワス punarvasu （朱雀の頭、増財宿）	7 al-dira'u アルディラ Addirach（*Al Dhira*）
23 鬼	6 プシュヤ pushya （瓶、熾盛宿）	8 an-natra アンナトラ Aluayra（*Al Nathra*）
24 柳	7 アーシュレーシャー aslesha （絡みつくもの、不観宿）	9 at-tarf アタルファ Attraaif（*Al Tarf*）
25 星	8 ナマガー magha （朱雀の喉、土地宿）	10 al-gabha アルジェバ Algebhe（*Al Jabhah*）
26 張	9 プールブバールグニー purva-phalguni （前徳宿）	11 az-zubra アゾブラ Azobrach（*Al Zubrah*）
27 翼	10 ウッタラバールグニー uttara-phalguni （北徳宿）	12 as-sarfa アザルファ Azarfa（*Al Sarfah*）
28 軫	11 ハスタ hasta（象宿）	13 al'awwa アラフエ Aloce（*Al Awwa*）

二十八宿対照表

年の起点を秋分点の「角」としたところに対する評言として、春分を起点としつつもそこに明るい星がなくなり、新月でなく満月（つまり逆位の「角」）を取るようになった、とする善波論考の指摘は慧眼と思われる。なお中国、インド、アラビアの二十八宿を対照した表を前頁に掲げておいたので参照されたい。

表中、並列したそれぞれの月齢は必ずしも正確に同じ星あるいは星群（星座）に当たる訳ではない（同じ星群を用いたものはおおよそ全体の三分の一と指摘されている）。

梵読下しについては若原経敬『宿曜占真伝』（明治四十一年）に、亞読下しには本書第Ⅳ書九章【二九】以下のプリニオーネによる羅表記読下しおよびイブン・リジャルの表記（Ibn abi Rijal: Albonazen Haly Filii Abenragel *libri de iudiciis astrorum, summa cura ... latinitati donati*, per Antonium Stupam, Basilea 1551, pp.342-346, ed. lat. princeps Venetii 1503）を併記してみた。

Cfr. Philip Yampolsky, The Origin of the Twenty-Eight Lunar Mansions, *Osiris*, Vol. 9（1950）, pp. 62-83（これは飯島忠夫『支那暦法起源考』一九三〇年、五九五—五九九頁の英訳）; 矢野道雄『密教占星術』（増補改訂版、二〇一三年）; A. K. Bag, Early System of Naksatras, Calendar and Antiquity of Vedic & Harappan Traditions, *Indian Journal of History of Science*, 50 (1), 2015, pp.1-25.

6 タービット・イブン・クッラと『図像の書』（▼五章註1）

タービット・イブン・クッラはカリフ・アル－ムタディド（在位八九二—九〇二）の時代の人。

彼のアラビア語による『図像の書』はいまだ発見されていない。西欧中世にはこれが二つの異文として伝えられたもののようで、一方が *Astronomicorum prestigiorum [liber] / Liber prestigiorum*（*Mercurii Colotidis*）、プレスティジオルムというと現在では大道芸あるいは奇術の意になってしまっているが、これは『図像の書』をバースのアデラルドゥスが訳したものの通称。『魔術図像の書』くらいの意味。バースのアデラルドゥスは「魔術」を指してこの語を用いている。（神の）瑞証、吉兆……at-tilasmat の訳語として。他方が *De imaginibus*、これは『図像の書』をセヴィリアとリミアのヨハンネスが訳したものの通称。『図像の書』。

Cfr. Ch. Burnett, 2007（補註3参照）.

後者の概要を前者と対照してみるなら：

[1] 請願のための魔術的彫像のつくり方指輪、封印、呪文を含む。

序（1—3）

唯一の実例（14—17）フェリクス Felix あるいはファディクス Fadix によってなされたもの。類似の事例（プトレマイオス）ではベレフェリクス Belefelix。

[2] 蠍（蛇）を追い払う方法（5—9）[*Lib. Prestigiorum* 2.66-76]

町の破壊（14—17）[*LP* 2.51-55, 57]

遺失物の発見（18—29）[*LP* 2.14-17, 21-23]

事業の成功（30—35）[*LP* 2.24-28, 30]

町の征服（36—51）[cfr. *LP* 2.58-65]

（ひとがたの彫像（42—45）[*LP* 1.15-33]）身体と星辰の照応

〔Cfr. *kitab al-Ustuwwatas*:「神は霊がそのうちに入れるようにと、人の頭の扉板に二つの眼、二つの耳、二つの鼻孔、そして一つの口を開けた。ヘルメスは言う。右眼は太陽、左眼は月、右耳は土星、左耳は木星、右鼻孔は水星、左鼻孔は金星、口は火星のためのもの、と。」〕

王への効力（王の寵愛）（52—61）[*LP* 1.65-70]

二人の愛情あるいは憎悪（62—73）[*LP* 1.43-48, 62, 64, 73 / 2.1-2, 10]

付録（74—75）捺印（鋳型）のつくり方。

Cfr. Graziella Federici Vescovini, *Medioevo magico*, Torino 2008, pp.18-20『諸惑星の図像の書』

7 友愛数（▼五章註21／第Ⅲ書八章【三】、十一章【一二五】も参照）

友とは何かと問われたピタゴラスは「他なるエゴ heteros ego」であると答え、ニコマコス以来中世まで、友愛数は220と284の一対が挙げられるのみだった。その後一七一〇年、フランスの数学者オザナムがこれにつづく友愛数として17290と18410を発見。

本書『ピカトリクス』では、羅版のここに「友愛数」が出るが、亞独版では見つからない。先走りになるが、第Ⅲ書十一章【一二五】でふたたび友愛数があらわれ、亞独版p.286は旧アラビア数字表記を採っている（同章註66の図参照）。また羅版では反映されていないが、第Ⅲ書八章の三文字（同章註8参照、亞独版p.243）もヘブル語数表記だとすると284と読めなくはない。

タービット・イブン・クッラの『友愛数の導出法』については、F. Woepcke, Notice sur une theorie ajoutee par Thabit ben Korrah a l'arithmetique speculative des Grecs, *Journal Asiatique*, serie 4, 20（1852）, 420-429によるアラビア語写本のフランス語要約があるが、その算術記載の内容についてはなかなか判読し難い。

タービットはこの小論『友愛数の導出法 *Traite compose par Aboul Hacan Thabit Ben Korrah sur La Maniere de trouver des nombres Amicables d'apres une Methode facile*』で、たいへん特徴的な数の対を幾つか構成してみせる厳密な理論を提起している。これらは過剰数と過小数の一対で、過小数の約数の総和が過剰数に等しくなり、過剰数の約数の総和が過小数に等しくなるようなもの。ここで要約されている写本ではこの数は「相愛数」と呼ばれている。一方、イクファン・アルサファあるいは算術教程の五十写本ではこうした数の対は「同類数」と呼ばれている。現在では「友愛数」として名高いもの。

その緒言をだけ見ておくなら：

「アボウル・ハサン・タービット・ベン・クッラは言う。ピタゴラスおよびその一派の古賢たちは、彼らの偏愛する数の解説において哲学というものの理説の基礎を据えようとしている。これはギリシャの学芸を学ぶ者にとっては困難な試みとしてよく知られたものであった。これらの哲学者たちが用いた数の中には、探求すべき枢要なものが二類ある。そのひとつは周知の「完全数」と呼ばれるもの。もうひとつは「友愛数」という語をもって名指される数。これらの数について彼らは算定し引証している。「完全数」とは、約数の総和が数そのものと同であるようなもの。「完全数」に対して二種の数、過剰数と過小数（不足数）がある。過剰数とは、その約数の総和が元の数を越えるもの。過小数（不足数）とはその約数の総和が元の数に不足するもの。数そのものとその約数の総和の差を［それが数より多い場合には］過剰と呼び、足りない場合には過小数（不足数）と称する。「友愛数」とは、二つの数の一方の約数の総和が他方の数に等しく、約数の総和によって結びついたもののことである。

これら二類のうち「完全数」についてはニコマコスがそれを探す手法を述べているが、確証（証明）を与えている訳ではない(i)。エウクリデスもまたこれを見出す手法を述べており、その論考『原論』ではこれを論証（証明）すべく努めている(ii)。これはあたかもその到達点であるかのようにその考求の末尾に据えられており、この理説こそ彼のこの高名なる著作のもっとも高みに置かれた目的であった、とみなす者もある。「友愛数」に関しては誰もこれについて論じた者がないようであり、誰も注意を払っていないように見える。ところで「友愛数」の理説について勘案するうち、わたしはこれについて論証（証明）を見出した。いずれこの数については上述したようにすでに言及されており、わたしはこれを厳密に定義してみようというより他を意図している訳ではない。その論証は後にして、まず幾つか必要な命題（前提条件）を挙げることとしよう」云々。

(i)ゲラシアのニコマコスの『算術論二書』Nicomachi Gerasini *Arithmeticae libri duo*, Parisiis, 1538, p.22, l.28 その他各所参照。全般的議論は p.20, l.17 以降。過剰数、過小数、完全数に関する定義はそれぞれ p.21, l.3; p.21, l.17 et p.22, l.7. にある。

(ii)エウクリデス『原論』liv.VII, def.22; liv.IX, prop.36.

8 ベゾアル bezoar（▼五章註58）

Bezoar.

ペルシャの野生の羊から採れる石。Bazhar（亞語）、Badzahr（ペルシャ語）つまり「毒消し」に由来する語。

Cfr. Paola Carusi, Alchimia Islamica e religione : La legittimazione difficile di una scienza della natura, *Oriente Moderno* 2000, p. 480 ; Ch. Burnett, 2007（補註3参照）, p.26 ; 本書第II書第1章【11】参照。

バースのアデラルドゥス *Liber prestigiorum* [*LP*] 2.77: ベゾアル bezoar の上に刻まれる蠍の図像。これはアデラルドゥスによればプトレマイオスに帰される。

これについてプトレマイオスはこう言っている。「蠍の図像をベザハルに刻む。月の時間の支配のもと、月が天蠍宮にあり、天蠍宮が星図の堅牢なるところにある時、金の指輪の宝石に香膏を捺し、この香膏を人に飲ませる。月が天蠍宮にある時に。すると蠍の刺毒はたちまち消散する。」

Ahmad ibn Yusuf の『百言集註解（チェンティロキウム）』9 でも *LP* 1.4-6 を採っている。つまり [MS Uppsala 203/MS Milan C.86]:

乳香の匂いをつけた護符（封印、tawabi）」を包んだ布をとりだし、この護符（封印）を彼に与え、これを粉砕してすべて飲ませる。これを飲むとたちまち彼は癒された。彼は黄金の印章指輪をわたしにみせた。そこに嵌め込まれた石は蠍のかたちをした（蠍を刻んだ？）ベゾアルで、……彼はこれを東からの枢要角 cardines の一つにある天蠍宮に月がある時に彫り、月が天蠍宮にある時に僅かばかりの乳香を嚙んでこれに捺印した。

十三―十四世紀にホノリウス四世に献呈された『毒について *De venenis*』。これはアバーノのペトルス（ピエトロ・ダバノ）の著作とされる（*Tractatu de venenis*. A magistro Petro de Abbano editus, ccxlvi, Qui viverit salamandriam. lxxix. Cfr. *Conciliator*, Venetiis mdlxv, p.267rb, cap.lxxvii; Pietro D'Abano, *Il trattato "De Venenis" commentato ed illustrato* dal Prof. Alberico Benedicenti, Firenze 1949, pp.85-86）。

ここでサラマンドラについては簡潔に次の二行が記されているのみだが、そこにベゾアルの名が出ている。

サラマンドラについて。サラマンドラ（の毒）を飲むとカンタリス（の毒）のような症状を起こすが、ベゾアルを用いるならこれが癒される。（De Salamandra: Ille qui biberit salamandram patietur accidentia cantharidarum et cura ejus et bezoar est una.）

これに関するベネディチェンティの注解。

ここではサラマンドラの毒を飲んだ場合について意図されているのであって、その動物の全体を（食した場合を意図しているの）ではないと思われる。肉を挽いた場合も可。サラマンドラの毒はまた別の蛙、わたしがわが弟子ポレドロとともに研究した Spelerpes fuscus のものに類したもの。サラマンドラの毒からファウストは、サラマンドリーナおよびサラマンドリディナというアルカロイド性の二物質を分離している。一方フィサリスは三種のアルカロイドを抽出している。これらの毒は格別呼吸器に働くものであり、一切カンタリディの毒と似たところはない。それについてはアヴィセンナがこの毒に関連して、腸や腎臓に障害は認められないし、血尿も出ないとしつつ、かえって痙攣、知覚麻痺、言語障害等の神経障害を記しているところからも明らかである。

ちなみにピエトロが記している「ベゾアル」とは何か、この『毒について』の最後に以下のような記述あり。

ベゾアルティカの特性について：ベゾアルとはある種の石の別称であり、それがこう称されるのは、致命的な毒の処置に慣れた医師の助けなしに、これが一瞬にしてそれを解毒するからである。つまりそれが石であれ、穀粒であれ、液汁であれ、何らか複合した薬であれ、病患や毒から人を死から救う薬剤ならば何でもこう呼ばれるようになった。この石をもつ者は、これをすり潰して一服飲ませることにより、あらゆる毒を防ぐことができる。これについては、アングリア（イングランド）王がアーロンの町で数多の兵士たちに毒剣で刺された時、その聖堂院長がこの石で治療したという。わたしはこれに類するものを見た。それは赤く軽く腐った海綿のようなもので、石膏のように崩れやすかった。鉱物性であれ、動物性であれ、植物性であれ、一々の致命的な毒にはこれを解毒する力能をもつものが個々に存する。一方、ベゾアルはこうした薬とは違い、あらゆる毒を癒す基本薬（根源的な薬）である。このベゾアルによるあらゆる解毒の論述を以て、本書了。

ベゾアルというのがどうやら万能解毒薬の代称であること以上には分からない。この一節に関するベネディチェンティの注解。

ベゾアルという名は往昔、卓越した解毒剤を謂ったものである。十六世紀、モナルデスは、「数ある解毒薬のうちでもベゾアルディカと称されるものは格別である Omnia medicamenta venenis resistentia bezoardica per excellentiam nuncupantur」と記している。またガルシア・ダ・オルタも「解毒薬としてはベゾアルディカと称されるものが卓越している as mezinhas que livram da peconha lhe chamamos bezoaridicas por excellentia」と。ベゾアル石とは反芻動物の腸内に見出される結石で、ガルシアはそれをヤマアラシその他の動物の腸内にできる「豚の胆嚢の石 pedra do fel do porco」に較べ、それを「玉葱のような積層を織りなしている se vae tecendo e fazendo casca como de cebola」と、こうした結石の同心円構造を示唆している。

こうしたところからするとどうやらベゾアルとは胆石のことらしい。とするとその解毒作用も説明できそうである。なぜならこうした同心円状の結石は部分的にコレステロールからなっており、バクテリア性の毒の中和剤、コブラ蛇の噛み傷による溶血の抑制剤となることが証されているから。

ベゾアル（bezoar, bezaar, bazar）という名の由来についてはさまざまに論じられてきた。ペルシャ語の pazar に由来するという者もあれば、テセイラの最近の論考にあるように、解毒剤を意味するアラビア語の pezahar に由来するという者もある。

往昔、ベゾアルは大変珍重された。モナルデスは、ベジャール公爵夫人やカターノのある貴族の娘がこの薬によって深刻な疾患から救われたこと、ルイス・クェヴァがうっかりと毒に気づかず瀕死の状態におちいったものの生き返ったこと、をものがたっている。

最後に在スペイン・ウルビーノ公の大使ベルナルド・マスキオがリスボン（当時ポルトガルはスペインに属していた）から、ベゾアルを含む何種かの薬を添えてフランチェスコ・マリア・デッラ・ローヴェレに送ったいくつかの書簡について付記しておこう。そうした書簡の一通で、マスキオはそれが大枚をはたいて買い取られたものであること、盗まれたり、通関で見つかって膨大な課税をされることのないように他の生薬類の間にひそませた、と記している。

当時なにに代えがたい薬とされたベゾアルは、テリアカ、ミトリダテスその他の薬とともに、いまではすべて忘れ去られてしまった。

蛇足になるがロジャー・ベイコンが序を付している『秘中の秘』の原本亞版写本（英訳）の一つにこれまた奇妙な一節を見つけたので付記しておく。

ベザアル（ベゾアル）石。これはペルシャ名で、「災厄を避ける」という意味、また「風を止める」という意味だという者もある。これには二色あり、樹脂の塊のような黄色のものと、オリーヴ緑色に緑色の縞が入り、革のような黄土色にみえるものがある。こちらが最良のもので、中国で掘り出される。また蛇毒の中にも見つかると言われる。その特性は、動物、植物、鉱物いずれの毒にもたいへんよく効く解毒剤で、虫刺されにも効果覿面である。これを穀粒十二粒分飲む者は死を免れ、毒も発汗によって解毒される。これを指輪に籠めて手に嵌める者は民からも廷臣たちからも敬われる。これを粉に挽き、蛇の嚙み傷に塗布するなら、毒が排出され、治癒する前に傷が膿む。あるいは大麦二粒重をすり潰して溶かし、蛇の口に注ぐと、蛇は窒息して死ぬだろう。これを子供の首に吊るしておけば、癲癇その他の病を予防し、悪しき出来事を避けることになる。

(*Opera hactenus inedita Rogeri Baconi, fasc.V, Secretum Secretorum cum Glossis et notulis*, ed. Robert Steele, Oxonii 1920, p.253.)

9 アルムタス（支配惑星）Almutaz（▼五章註67）

ビールーニー『占星術教程の書』（山本啓二・矢野道雄訳、「イスラーム世界研究」第三巻二号二〇一〇年、第五巻一―二号二〇一二年、第六巻二〇一三年）、第六巻五二五頁：「501（495）ムブタッズ（mubtazz）とは何か。ムブタッズとは征服するものであり、それには絶対的なものと限定的なものとがある。絶対的なものは、惑星のうちその時に最も力（尊厳）のある惑星であり、天球、地平線、他の惑星との位置関係においてシャハーダ（尊厳）が最も多いものである。限定的なものは、状態において最も強くて良いものであり、十二の家（宿）に割り当てられ関係づけられた状態においてシャハーダ（尊厳）が最も多いものである。」（「尊厳」については第II書十二章【一】および補註13参照。

アルカビトゥス『占星術入門』（Ch. Burnett – Keiji Yamamoto – Michio Yano, Al-Qabisi (Alcabitus) *The Introduction to Astrology*. Warburg inst. 2004, pp.323-326）：「[IV, 7] 誕生を支配（主宰）する主星（アルムタズ）は、ヒュレグとココデウにつづいて誕生を指し示す。これは東（昇機）において、光球の位置において、幸運の部分の場所において、また誕生に先立つ合あるいは逆立の場所において権威をもつ（動因となる）諸惑星のことである。ある惑星が二、三、四あるいはそれ以上の場所で卓越してあるなら、これはそこで主星（アルムタズ）となり、ヒュレグとココデウにつづく能作者にして指示するものとなる。これをココデウの代わりに生命付与者となす（者もある）。」

10 『図像の書』の imago について（▼五章註85）

セビリアのヨハンネスは imago というラテン語彙を「タリスマン（護符）」として用い、中世「護符」をあらわすのに常用されることばとなる。一方、ヘルメス文書『アスクレピウス』では「彫像」の意味で使われている。バースのアデラルドゥスも ymago という語を用いているが、たとえば *Liber prestigiorum* など、prestigium の方を好んで使う（*LP* 1.43 etc.）。Cfr. Ch. Burnett, 2007（補註3参照）, p.21.

また、本文次註（五章註87）に引いた『図像の書 *De Imaginibus*』の引用原文は以下のとおり：Dixit Thebit Bencorah: Dixit Aristoteles: Qui Philosophiam et geometriam omnemque scientiam legerit et ab astronomia vacuus fuerit, erit occupatus et vacuus, quia dignior geometria et altior philosophia est imaginum scientia. Et iam dixit Philosophus in secundo tractatu sui libri quia sicut non est motus corpori anima carenti nec vita animato corpori nisi per cibum quo diriguntur et aptantur eius nature, ita non est lumen sapientie cum astronomia evacuata fuerit. ...

Cfr. F. Carmody, *The Astronomical Works of Thabit b. Qurra*, Berkeley 1960, 180. ちなみに写本で『図像の書』（補註6参照）とよく併載される文書が五本（おそらく同時期にアラビア語から翻訳されたもの）ある。

Dixit Balenus qui Apollo dicitur: Imago prima fit in prima hora diei ... [F. Carmody, *Arabic Astronomical and Astrological Science in Latin Translation, A Critical Bibliography*, Berkeley, 1955; 73]

Dixit Belemith [Hermes] qui vocatus est Apollo: Congregavi effectum ..., [*AAAL* 61]

Dixit Alburabeth Benefeliz quod omnes orientales ... [*AAAL* 20]

Lustravi plures libros ... [*AAAL* 61-62] → Liber imaginum lune [attr. Hermes], 惑星の時間、書字 Cum volueris scribere ad odium alicui, aspice solem die eius; uem si inveneris in Ariete ... つまりここでイマジネは記号か抽象図形であって立体像ではない

Probavi universos libros ... [AAAL 64] attr. Hermes ただし本文中ではティアナのアポロニウスが引かれている。 Dixit Belenus Apollo ... 。

一方、プトレマイオスに帰される *Liber Imaginum* では三十六のファキエス（デカン）に対し四十六の処方が挙げられているが、天文学的知見は限られている。ここではイマジネは像というより描画にみえる。寓意表象はアルブマセル Abu Ma'shar [*AAAL* 88] に近い。Cfr. Thorndike, *Traditional Medieval Tracts Concerning Engraved Astrological Images*, 1947, pp.256-259.

第II書

11 月のある場所（▼三章註18・19）

第II書三章【六】に相当する亞英版個所から：「本題に戻ろう。あらゆる作用（はたらき）にとって月の位置を探ることが肝要であると述べたのだった。その生成と壊敗の世界になにが起ころうとしているのか知るためには、その外観、真の知見、最良の指標こそもっとも有用な知識である。この業の実修においてそれは他のなによりも専門化（細分化）されている。災厄星（an-nuhus）から解放され、炎熱道から離れた位置にあるときこそ、欲するところのはたらきが成就するべく、これに着手する時である。この作用（はたらき）の持続はその運動の速度と諸指標が何であるかによる。しかしこれが災厄星と連携し、南に傾斜している時、あるいは諸星座の末尾かその最初に懸っている時には作用が阻害される。そればかりか、それ（月）の宿の主（支配星）の下にあったり、それを欠いたり、あるいは極にあったり（極から落ちたり dropping from the pole）、龍尾と共にあったりしてはならない。こうした時に作業をはじめると、その惑星から月が離れ去り、あるいは月とともにある惑星が一極にあるか、次のものが極に来るか、そこから落ちる dropping まで、成果は保証されない。なぜなら、月がそこから落ちると、ただそれ（月）が上昇点（アシェンデンテ）から第三位（三つ目の宿？ 三角相？ third position）にあり、その宿の主（支配星）がそこから落ちた時以外は、善くないしるしであるから。もしも月の宿の主（支配星）が上昇点にあるか、天頂にある時、あるいは Al-Hadi Ashar（第十一

宿）か Al-Khamis（第五宿）にある時、そしてそれが真直ぐ東へ向かって進んでいるなら、これはあなたの実修に好意的にはたらく。」

12 「真直ぐ昇る星座」について（▼三章註76）

ドロテウス『占星術詩 *Carmen Astrologicum*』V：

「［V-1.］なんなりと汝の望むことを始めるにあたりそれの善悪（吉凶）を判ずるに、真直ぐ昇る星座が東に昇るか、あるいは歪んで昇る星座、回帰線の星座、対になった星座が東に昇るかを眺め、またなにか行動を起こすにあたり、東に昇る星座を眺めるがいい。そのためにはまず真直ぐ昇る星座と歪んで昇る星座の自然本性について知らねばならない。ではここで真直ぐ昇る星座と歪んで昇る星座について解明しておこう。真直ぐ昇る星座[i]とは、巨蟹宮、獅子宮、処女宮、天秤宮、天蠍宮および人馬宮である。なぜならこれら六つの星座はそれぞれ昼と夜が等しい昼夜平分点での時間つまりヌュクテメロン nychthemeron 時の二時間半のうちに昇るから。この一時間の長さは（等分）五度に相当する。歪んで昇る星座[i]とは、磨羯宮、宝瓶宮、双魚宮、白羊宮、金牛宮および双子宮である。なぜならこれら六つの星座はそれぞれ昼夜等分時間で二時間以内に昇るから。

真直ぐ昇る星座と歪んで昇る星座に準じた占断

［V-2.］なにごとかに着手するにあたり（一々のはじまりにおいて）、その時間に東に昇る星座が真直ぐ昇る星座の一つであるか歪んで昇る星座の一つであるかを眺める。それが真直ぐ昇る星座の一つの場合には、悲惨と不運と難題がもたらされるので、ここで着手される（はじめられる）ことは困難で遅々として進まないだろう。つづいて七（惑星）の配置を眺める。歪んで昇る星座が東に昇る時に誰かが何かに着手するにあたり、幸運惑星（吉星）[ii]がそこにあるか、その一つが東（アセンダント）と相（アスペクト）をなすなら、それは重荷を取り去り、そこで着手されたことが神の望みたまうところにかなうならうまくいくよう援けてくれることとなるから。真直ぐ昇る星座の一つが東（アセンダント）にあり、そこに災厄惑星（凶星）があるか、これが東（アセンダント）と相をなしているなら、着手されることは困難と苦痛を伴い遅滞する。もしも幸運惑星（吉星）と災厄惑星（凶星）がともに東（アセンダント）にあるか、これと相（アスペクト）をなしているなら、着手されることは善悪（吉凶）を交えて中庸に進むだろう。」

(a)(i)「真直ぐ昇る星座」と「歪んで昇る星座」について

ビールーニー『占星術教程の書』（前掲邦訳書）第五部第一章「宮」：

381(378)「天球の上昇半球（nisf al-falak as-sāʿid）と下降半球（nisf al-falak al-hābiṭ）とは何か」：

「この両者は二支点（夏至点と冬至点）が二つに分けるものである。上昇する半分の宮はやぎ宮、みずがめ宮、うお宮、おひつじ宮、おうし宮、ふたご宮であり、下降する半分の宮は、それらの反対の六つである。インド人はこの二つの半分のそれぞれをアヤナ（ayana）と呼ぶ。上昇する半分はウッタラ・アヤナ（uttarayāṇa）、すなわち北の半分である。なぜなら、太陽の南の半分に傾いていても、北の終点に向かって上昇しているからである。下降する半分について言えば、彼らは、すでに述べたことから、それをダクシナ・アヤナ（dakṣiṇāyana）、すなわち南の半分と呼ぶ。

上昇する半分の宮は、直立球における宮の上昇時間よりもその土地の上昇時間の方が短いために、「斜めに上昇する宮」（muʿwaǧǧa at-ṭulūʿ）とも言われる。また、下降する半分の宮は、直立球における宮の上昇時間よりもその土地の上昇時間の方が長いために、「直立して上昇する宮」（mustaqīma at-ṭulūʿ）とも言われる。道において対応するという考えから、斜行する宮は「従う宮」（muṭīʿa）、また直立する宮は「命じる宮」（āmira）と呼ばれる。なぜなら、二つの宮ごとが同一の日周円で回転し、そのうち下降する半分にあるものが、第一の運動（西から東への運動）において上昇する半分にあるものに先行すると考えると、前者が後者に命令し、招き、後者が前者の後に続いて従い、進むかのようだからである」。

(b) プトレマイオス『四書 *Tetrabiblos*』I.15:「主導星座（命じる宮）と従属星座（従う宮）」「主導星座と従属星座は昼夜平分線の星座（のどちらか）から等距離離れた二つの星座として規定される。なぜなら両者は同緯度にあり、一方の上昇および下降時間はもう一方と等しくなるから。主導星座（命じる宮）群は夏の半円の星座である。ここを太陽が通過するとき、昼の方が夜よりも長くなるから。従属星座（従う宮）群は冬の半球の星座で、そこでは逆が起こる（昼が夜より短くなる）。」

(c) プトレマイオス『四書』I.12.3:「昼夜平分線の星座は二つ、春分につづく白羊宮と秋分につづく天秤宮。昼夜平分線の星座という名称もまたこれら二つの星座の初度を太陽が通過するときにはどこでも昼夜の長さは等しくなる、という現象に照応したもの。」

(ii)「幸運惑星」と「災厄惑星」について

プトレマイオス『四書』I.5:「四性つまり湿、熱、乾、冷のうち、最初の二つは多産で能動的である。なぜといってこれらによってすべては凝集し成長するから。他の二つは壊敗性で受動的である。なぜといってこれらは離散させすべてを砕くから。それゆえ古人たちは、その均衡のとれた運動とその熱湿の優勢な構成（なりたち）から、木星、金星および月を幸運（惑星）として類別した。また土星の厳しい冷、火星の過剰な乾からこれらを災厄（惑星）とみなした。そして太陽と水星はこれらどちらの力能をもち、これらに近づく惑星の力能を増強するものと考えた。」

13 天の摂動について（▼四章註3）

上掲亞独版によれば（Hashem Atallah 英訳は意味が解し辛い）、以下かなり詳細に語られている。「これを修得するためには、君は皇帝アウグストゥスの史譚を探る必要がある。皇帝アウグストゥスの時代を一二八年遡って。この時が八度の逆行が終わる時にあたり、この時以降、新たに順行がはじまる。ここにアウグストゥスの統治のはじまりからディオクレティアヌスの統治のはじまりまでの三一三年を加え、また彼が皇帝として統治した年数を加える。そしてその八十分の一を採る。それらは八十年毎に一度動くから。八十年を繰り返してそれ（八度）と等しくするには八倍を要する。これが太陽および五つの惑星がそれらの軸を周回する計算に加えられねばならない。これによって君はこの業から君の望むところを定めることができるだろう。それゆえ、惑星の順行と逆行を看過してはならない。なんといってもこれこそが図像（護符、タリスマン）をつくるための要諦であるから。これこそ彼らが秘した大いなる秘鑰であると知りたまえ。この八度の順行と逆行の運動には六百四十年を要する。君にこれを説いたのは、それらが順行運動を完了する（留となる）ときに、これの順行と逆行を見定めることができるから。この知識は望みの諸効力を生むための基本である。順行と逆行は獣帯球の極が東から西にあるいは西から東に動くことに起因する。他の相は役に立たない。順行がはじまる時、これはこの世に起こるできごとの兆表であり、逆行相がはじまる時もまたこれら順行逆行によって起こる他のできごとの兆表である。これら二つの運動は獣帯球に起こるものであって、直立球に固有のものではない。」

この亞独版の一節については、Willy Hartner, Notes on picatrix, *Isis* Vol. 56, No. 4 (Winter, 1965), pp. 438-451 の詳細な註を参照。

また上掲亞英訳には以下の一文がつづいている。

「王アウグストゥスはアレクサンドロス大帝の二百年後に王となった

が、これは前者の統治がアレクサンドロス大帝の統治の二百六十年後に終わったことを意味している。アウグストゥスとディオクレティアヌスの統治の時期の間が三百十年とされているのは、アウグストゥスが別の王から権力を奪い取った時のことであり、これはキリスト誕生の十二年前にあたる。そこで、これにこの世のはじまりからの年数四千九百八十八を加える。この総年数をアレクサンドロスの年記と符合させるために十二を引く。するとディオクレティアヌスの年三百一に上述した百二十八年を加え、ディオクレティアヌスの年は四百二十九年となる。」

亞独版p.83はこれを引かず（年数にも揺れがあるが）、同頁註⑵で「写本K（=Istanbul. Hamidiye 852）に付された註釈を正当化することは不可能」としている。「そこに特定の数が与えられているにせよ、十二年前という理由も、摂動のはじまりつまりディオクレティアヌスの年が三百十三+百二十八=四百四十一年でなく、四百二十九年であるという理由も理解不能。またアレクサンドロス大帝の時代というのもまったくその道理が分からない。註釈者の言う世界のはじまりもまた、摂動のはじまりから百六十年でなければならない、とテオンに拠りつつ提起している意味が分からない。Casanova, *JA* XI 19（1922）, p.134以下に、問題の箇所が載せられているヘジュラ暦五〇〇年頃のイスマイル派天文学便覧の著者のことが記されているが、これは、ヤズドジルト Jezdegerd年七九二（西暦六三二）年以降のものだろう」と一蹴している。

●『擬アリストテレスの十二星座の護符形象の書』（断簡）

Libro de las imagines de los doce signos, in MS. Reginense latino 1283, ff.25v ss.

Cfr. *Astromagia*, a cura di Alfonso D Agostino, Napoli 1992

このレジネンセ写本はアルフォンソ宮廷でつくられたスペイン語写本で、『ピカトリクス』羅訳のために準備された訳稿を蒐めたような体裁になっている。図版がたいへん美麗であり、ヴァチカン図書館サイトで公開されている。

その序文に不可解な記述があるので訳出しておく。

「序　ここに十二星座の図像（イマジネ、護符）についてアリストテレスが編んだ書はじまる。

賢者アリストテレスは言っている。わたしは古の自然学者たちの図像に関する諸著を丹念に読み、これらの護符のいくつかはそこに記されてあるすべての効果（影響）をもつものではないことを確かめた。この理由を知ろうと長く不眠の夜を観想に費やし、天には八度の振幅運動（摂動）があることについて皆が合意していることに気づいた。また諸惑星の運動の専門家である占星術師プトレマイオスは、この振動（摂動）は図像を用いる他の者たちが信じるのとは違うものであると考え、以下のように述べている。

プトレマイオスは、複合世界のうちにある諸形象は天の諸形象に従う（下属する）、と言う。「複合した世界の中にある諸形象は」という表現で彼は月天の下にある諸個物、生成壊敗するものを意図しており、この下界の獅子の形象は天にある獅子（座）に従い、またこの下界の蠍の形象は天にある蠍の形象に従う、他のすべても同様である、と言っているかのようであり、振動（摂動）運動についてはなにも言っていない。ここからして、古の学者たちは、プトレマイオスの振動運動についての見解を反駁することを恐れた、ということが分かる。

アリストテレスは言っている。百年に一度進む恒星の数々の観察に発し、わたしが定めた図像の数々を記した。わたしは本書を十二の星座からなる天の十二の形象を礎として十二の章に分けた。こうすることでそれらを探しやすくするために。また書物を章だてするわたしの慣習に則って。第一章では白羊宮の形象である図像の数々およびその自然本性について論じる。第二章では金牛宮の形象である図像の数々を等々、最後の双魚宮まで。」ただし残念ながら、本写本ではこの論考は二つ目の金牛宮の途中で途絶している。

14 **南(白昼)の悪鬼**(▼五章註8)

フィチーノ『生について』の該当箇所。Marsilii Ficini, *De Vita coelitus compranda, libri tres*, in Opera Omnia. Basileae ex off. Henricpetrina, 1576, pp.565 [iii, 22]:「おそらくアラビアの占星術師たちはこれによって、赤道の南にその自然本性がたいへん精妙な悪鬼たちが棲んでおり、それらは生まれたり死んだりすることもなく、その地は土星と龍尾が支配している、と言いたかったのだろう」«Quod forsan Astrologos Arabes voluisse puto, ubi aiunt ultra lineam aequinotialem ad Meridiem esse subtilissimos habitatores quosdam daemonas, qui nec oriori videantur, neque mori, ibique potestatem habere Saturnum Caudamque Draconis.» (Cfr. Vittoria Perrone Compagni, La magia cerimoniale del "Picatrix" nel Rinascimento, in *Atti dell'Accademia di Scienze Morali e Politiche*, 88 (1977), pp.279-330.)

また連想からするだけだが、十三世紀のスコラ学の発展の中で、詩篇九〇(九一):六の「真昼に荒らす滅び daemonio meridiano」が「怠惰」と解されるにいたる経緯、あるいはゲルベルトゥス伝説創出過程でメリディアンが妖女と化し、アリストテレスに馬乗りになる女と化す説話が想起される。前者についてはジョルジョ・アガンベン『スタンツェ』所収「白昼のダイモン」(岡田温司訳ありな書房、一九九八年、一七―三五頁)、後者についてはM. Oldoni, *Gerberto e il suo fantasma*, Napoli 2008, pp.265-284 また藤代幸一『アリストテレスの笑い』(創造社、一九七二年)参照。

15 **ピカトリクス - ヒポクラテス問題**(▼十章註40)

十章【一〇】にいう『霊と図像の書(スピリトゥム・エト・イマジヌム)』、亞独版解説が「ブクラテス(ピカトリクス)訳による某クリトン Kriton 霊的護符に関する論考」としてあげるところは、亞英版:The Interpretation of Spiritual Talismans, [by Quraytun], translated by Picatrix とあって、つまり Thabit ibn Qurra, *De imaginibus* をさす。Cfr. Frank Kaassen, *The Transformations of Magic: Illicit Learned Magic in the Later Middle Ages*, Penn State Press 2013, pp.35ss.; Ch. Burnett, Tabit ibn Qurra the Harranian on Talismans and the spirits of the Planets, *La Coronica* 36.1 (2007), pp.13-40. 第I書五章註1、補註6参照。

なお亞独版註では、このブクラテスが羅訳においてピカトリクスと化しているが、亞版ではヒポクラテスの音綴としており、本書表題になる名にかかわる問題提起をしている。Cfr. J. Thomann, The Name Picatrix, Transcription or Reanslation?, *Journal of the Warburg and Courtauld Institutes*, 1990, pp.289-296.

16 **占星術における「尊厳 dignitas」について**(▼十二章註2)

諸惑星は獣帯の各星座の中で、通常 potestates あるいは dignitates essentiales と呼ばれる特定の権能を享け、つまりその力能を補強される。これら権能(ディグニタス)は諸惑星にそれぞれの本質と自然本性の力能(徳)を授けるとともに、時のうちに持続しつづけ決して変じることのないものであるから、本質的諸権能とよばれる。しかしこのラテン語に相当するギリシャ語は見当たらず、本質的諸権能はギリシャ語ではロゴス logos つまり算術的な含意をもつ「比、あるいは関係」と称されているに過ぎない。ギリシャ語占星術書にあって、獣帯諸星座の諸ロゴスとははじめから五つが名指されている。

	ギリシャ語	ラテン語	アラビア語
宿	oikos	domus	bayt
昂揚	hyphoma	altitudo	sharaf
三分相	trigonon	triplicitas	mutallata
境界	orion	terminus	hadd
相(デカン)	dekanos, prosopon	decanus, vultus	wajh, sura

プトレマイオスによれば、諸惑星の宿の序列は諸惑星そのものの自然本性と関連づけられている。ヘレニスム期にはこの関係は「世界のはじまり thema mundi」にあたり諸惑星があった場所（星座）がその「宿」であることを示すものとして承認された。

アレクサンドリアのパウルスの『占星術序論』写本の幾つかには「世界のはじまり」という章が立てられているが、監修者 Boer はこれがアラビア語翻訳において嵌込されたものであろうと推論している。とはいえ、ギリシャ語の占星術書にも「世界のはじめ」という主題は存する。マクロビウス（『スキピオの夢註解』1.21.23*ss.*）によれば、一世紀にトラシッロがこれについて触れており、フィルミクスもこれについて彼らしい修辞をもって記している(i)。

そこには、白羊宮がこの世の首（はじまり、頭）であり、巨蟹宮が東、摩羯宮が西にある時、金牛宮は請願をかなえる場所である云々、と諸説がヴァレンテ、マネソ、レトリウス、エフェスティオンの名とともに記されている。パウルスに記される文書とは異なり、フィルミクスはすべての惑星をそれぞれの宿をなす星座の十五度に配している。

擬パウルスの文書に見つかる度数の論議はアブ・マシャルが伝えるもので、それぞれの宿への帰属はヘルメスによるものとして示されている。いずれにしてもこの擬パウルス文書がアラビアで著されたものであることは窺われる。諸惑星の宿を基とした「世界という主題 thema mundi」の伝統とは別に、諸惑星は原初それぞれの昂揚位から動きはじめたという伝統がある。この伝統もまた擬パウルス文書にあらわれるもので、これによれば諸惑星は（世界のはじめ）それぞれ各星座の十五度にあった訳ではなく、それぞれ太陽からの離角を異としていたという(ii)。この秩序配置は、諸惑星は紐（弦）をもって太陽と（アブ・マシャルを読む限り、また月とも）繋がれている、という東方の教義に基づいている。これによって諸惑星は紐（弦）が余っているうちは真直ぐ運動し、それが止まり、逆行がはじまる。

世界のはじまりにかかわるこれら二つの伝統からすると、宿を基とするものと、昂揚を基とするものという二つの占星術的体系が共存していたことになる。この想定はフィルミクスの一節から承認されるように思われるが、『占星術大全 *corpus astrologicum*』の一つの体系秩序の内部で明言されている訳ではない。昂揚の理拠についてはフィルミクスは口を噤んでいるが、プトレマイオスの文書で説明されており、これがアブ・マシャルによって再論されている。

諸惑星の本質的諸権能（ディグニタス）はいずれ与件として承認されている。アル-ビールーニーは言う。「諸権能はある種の先行秩序（与件）として与えられている。最も重要なのが宿の支配（主星）であり、以下、昂揚、境界、三角相、最後が相(ファキエス)である。これらのそれぞれに数価が与えられる。宿に五、昂揚に四、境界に三、三角相に二、相(ファキエス)に一。諸惑星の諸権能はこれらの加算としてそれぞれの惑星に定められる」（『占星術教程の書』前掲訳書）。ギリシャの占星術に認められるこの力能の序列秩序は、すくなくともアル-キンディーの時代のアラビア世界に一般的なものだった(iii)。十世紀のイランの算術家アル-カビーシーの『占星術序論(イサゴゲー)』は中世ラテン世界に大きな影響を与えることとなったものだが、その一節は明晰な語彙をもって各々の権能を語っている。

(i)プトレマイオス『四書(テトラビブロス)』I-20:「昂揚について　いわゆる諸惑星の昂揚位とは以下の通り。太陽が白羊宮に到達すると北半球の最も高い場所を経過し、天秤宮では南半球の最も低い場所を経過する。ここから太陽の昂揚が白羊宮に置かれた。そこで日の長さは(夜より)長くなりはじめ、太陽の自然本性である熱の力能が増しはじめるから。天秤宮に失墜が置かれるのはこれと逆となるから。逆に土星は太陽と逆の場所を採り、天秤宮で昂揚し、白羊宮で失墜する。その理由は、熱が増すところで冷は減じ、熱が減じるところで冷は増すから。月は白羊宮の太陽（太陽の昂揚位）で合した後、その姿をあらわし、金牛宮で三日月（の三度？ 三角相 trigonou）となり、だんだんと光を増していく。つまり金牛宮が月の昂揚位とされる。これの逆位の星座である天蠍宮が失墜位である。次に豊饒多産な北風を生む木星は、巨蟹宮で最高位に到り、最高諸点（？）に触れるまでその力能を増す。ここから巨蟹宮は木星の昂揚位とみなされ、磨羯宮が失墜位とみなされる。激しく燃える自然本性をもつ火星は、磨羯宮でその燃焼性の最大に到達する。これはそれの最南位にあたる。つまり木星と逆に磨羯宮が火星の昂揚位となり、巨蟹宮が失墜位となる。金星は湿の自然本性をもつ惑星であり、特に春に湿を与えることとなる双魚宮において、そのはたらきを増す。それゆえ金星の昂揚位は双魚宮にあり、失墜位は処女宮にある。逆に、水星は最も乾であり、秋に乾をもたらす処女宮で昂揚し、双魚宮で失墜する。」

フィルミクス（Giulio Firmico Materno, *Matheseos libri VIII*, ed. Kroll-Skutsch, Lipsiae 1897-1913, II.3, t.I, pp.43-44）はこれに度数を加えている。

「バビロニア人たちは、諸惑星が昂揚する星座をそれら諸惑星の宿とみなした。われわれはこれを基として、諸惑星が昂揚の宿にあるばかりでなく、まさにその昂揚位にある時を知らねばならない。太陽は白羊宮二十二度で昂揚し、天秤宮十九度で失墜する。月は金牛宮の三度で昂揚し、天蠍宮の三度で失墜する。土星は天秤宮二十一度で昂揚し、白羊宮二十一度で失墜する。木星は巨蟹宮の十五度で昂揚し、磨羯宮の十五度で失墜する。火星は磨羯宮二十八度で昂揚し、巨蟹宮の二十八度で失墜する。金星は双魚宮二十七度で昂揚し、処女宮二十七度で失墜する。水星は処女宮十五度で昂揚し、双魚宮十五度で失墜する。ここからバビロニア人たちは、個々の惑星が昂揚する星座を宿とみなし、土星の宿は天秤宮、木星の宿は巨蟹宮、火星の宿は磨羯宮、太陽の宿は白羊宮、月の宿は金牛宮、金星の宿は双魚宮、水星の宮は処女宮とされた。」

これと同じ数値を挙げるビールーニー『占星術教程の書』（前掲訳書、四九七頁）をも参照。

(ii) Albumasar, *Introductorium*, 5.7: «ex ipsis gradibus inceperunt [Planete] moveri initio sue motionis. Et ibat unusquisque planeta in una die secundum quantitatem sui medii cursus et remanserunt ita prolixo tempore euntes super hoc esse deinde ligati sunt luminaribus et ipsa erunt in Leone et in Cancro. Et fuit longitudo ligationis eorum secundum quantitatem gradus quos diximus...»

(iii) Cfr. O. Loth, Al-Kindi als Astrolog, *Morgenlaendische Forschungen*, Leipzig 1875, pp.290-291.

Cfr. Giuseppe Bezza, *Arcana Mundi*, I, pp.283-286

17 断食実修（▼十二章註38）

十二章【五三】に対応する亜独版は以下の通り：「[137] ある者たちが言うところによれば、精妙な（非質料的な）事物である彼らのブラフマンの数々は創造者が創造にあたりその場所を宛てられたもので、それらによって警告となし、それらの間に慈悲の範を据えたまうた。そしてそれらは有限な尺度（？ mutanahija）でこれを閉じ、その観念の真なる意味と目的を正確に規定する。しかし偉大な為政者たち王たち、また聖人と呼ばれる位階に到達した者たちも、それより高い位階に到達しようと、罪と不純を清めるべくこれを用いた。日曜日の最初の時間つまり太陽の日の第一時（最初の時間）に聖化（実修）をはじめる。そして四十日間、肉食を断ち、土の産物である植物、蔬菜、穀物を食べることで満足する。つまりいかなる動物の殺生をも拒否するために。そして毎日太陽の時間と月の時間に身を清め洗う。しかし、諸惑星の登場時間（東に出る時間？）に注目しつつ、その時に洗浄をはじめ、日に七時間の沐浴をなす者もある。通常この実修は諸惑星が好意的な関係（よい相）にある時にゆっくりと行う。彼らが聖化を増すと言う、太陽と月が好意的で、災厄惑星を免れている日に沐浴洗浄がおこなわれるに越したことはない。[138] 毎日、最後の日まで、最初の日の四十分の一づつ食物を減らしていく。この期間が終わるまで、彼らはその実修において認められるままに食物を減らしつつ、飲物は必要最小限とする。これが終了すると、彼らは自らの純粋（真率）さを証したものと観じ、思惟の寓意を自ら保持し了解するものとなる。彼らの知性は増強され、彼らのこころは鋭敏となり、土性がたいへん減じられて、重さは消失し、容易に上昇できるようになる。どうやらこれは光の世界へと上昇する欲求のことであり、魂はすべての色欲および肉欲を棄却するということのようである。この状態において、彼らは天上の諸力能を引き寄せることができるという驚くべきことがらについて語っているのであり、彼らはここにその目的（地）に到達し、上天の円輪を識り、そこに捲き込まれつつ、すでに彼らを通過したものとするとともにそこにありつづける（内在しつづける）訳で、これは光の基礎そのものである。」

亞独版でこの一節につづく不可思議な人身生贄儀礼は羅版では省略されている（▼補註18参照）。

また「ブラーフマン」に付された独訳者註には、インド人たちの慣習にかかわる以下の原文は難解でしばしば著者の意図は解しかねる、如何様にも訳し得るが、おそらくここでインド人たちのものとされている儀礼はすべてサバ人たちのものとみなし得る、とある。

18 『仏陀の書』と「人身御供」（生首の話）（▼十二章註42）

羅訳版では明記されない「ブッダ」の名が示されている亞英版の当該個所は以下の通り：「[138.14] ここに受けとられたしるし（啓明、悟り）は予測されたところであり、『仏陀の書』の巻頭にみられるもの。これはそのもっとも深甚なる秘鑰であるとともに、誰もが一瞥で洞察できるもの。ところでこの書は、高みにある軽い魂の数々を守る役割の（はたらきをする）光からなる天球の諸形象の運動にかかわる図像にはじまっている。そのさまざまな秩序（rusum）、つまり四つの個体（mufradat）の運動は天球がこの世の自然本性と結びつくところにまで、重さを失うことなく到達する。これにより、仏陀は彼らのもとに遣わされた（神性であった）……それらの光の光輝（諸光線）をもって……（月）下の力能と結びあわせ、これに万有をもたらす別の高き光（？）を加えて、道を照らし、混合物を欲する通りのあらゆる形に変じ、あらゆる魔術の業（nawamis）をなし、諸惑星それぞれの霊を服従させた。彼らはこの書に、諸事物の真の自然本性を知るための他の秘鑰の数々をも載せている。彼らは（彼に）創造者を認め、彼こそ高き原因であることを得心して、[139] 彼に到達するため、またその光と合一するために中空に階梯をつくりなす。われわれはそれら（彼ら）の諸原理を把握し、それらのはたらきおよび諸物の卓越を知る者として彼らの直系（弟子）という称を保持し、注意を喚起するために啓示する。——これがこの人の宣言文である。」

そして亞版では羅版で完全に省略される、本書でもっとも残酷と評されてきた「人身御供」のはなしがつづく。これを亞独版から引いておくなら、「[139.6] そこには[i]幾つか驚くべきことどもが載せられている。それらのすべてを引くなら、本書はずっと長大なものとなるだろう。占者たち（祭司？ Kuhhan）によればこれらは彼ら一族の長（頭）をなすものであり、龍の頭[ii]の上にこれに抗するように据えられる。そのためにはまず、金髪で濃い青眼、眉が分かれず豊かな髪の男を選びとる。この者を聖域に連れ込むために、まず彼の好むさまざまなことをもって驚かせる。男を引き連れ、胡麻油を満たした水盤に首まで漬ける。そして男の頭だけが出るようにこれの上から蓋をする。頭だけを外に、からだは油に漬かったまま、蓋覆いを釘付けにして鉛で塞ぐ。そして毎日、男に胡麻油に浸した一定量の乾燥無花果を食べさせ、その鼻と顔の近くで驚愕の燻香(iii)と呼ばれる燻香を焚き、呪言を唱える。これを中断なしに四十日続ける。ただし飲み水は必要に応じて与え、油に浸しつづける。するうち腱が柔らかくなり（脚を引きずるようになり）、関節が柔らかくなり、血管は液体で満たされ、蜜蠟のように柔らかくなる。そして定めの日、皆参集して呪言を唱え、燻香を焚き、その頭をもって脊髄から引きずり出す。頭は神経(iv)が垂れ下がったまま、付随するものすべてを一緒に取り出し(v)、からだは油の中に残す。つづいて、トネリコの木の灰をよく揮ったものに僅かばかり残りのからだを燃やした灰を混ぜてつくった穴にこれを納め、刺繡した木綿の布で包む。そこである種の燻香をもって焼香すると、この頭は王統の転換その他この世に起こることがらの時と吉兆とを汝に答えて語り、その眼は眺めつづけて已まないが、もはやその眼に光はない。[140] 惑星崇拝を看過したとしても、これをなせば十分である。男は止めるべきことを忠告し、顧客たちに起こるであろうことを告げる。知識や業について問うなら、それに答える。――加えて、水盤から残りのからだを取り出し、その肝臓を刻む。するとそこに彼らの事業に関する兆しがあらわれるだろう。また肩甲骨や関節のいくつかにも彼らの事業の行方がしるされている。彼の名においてより他、髪を切ることも飲食することもならない。アル-ムクタディルスの時（カリフ在位ヘジュラ暦二九五―三二〇／西暦九〇八―九三二）、彼らの聖域の捜索命令が出され、事態は発覚した。聖域から皆が放逐された後、そこで彼の頭が見つかり、埋葬するよう命じられた。」

(i) 以下 p.147. 22 までは Dozy-De Goeje, *Nouveaux documents pour l'etude de la religion des Harraniens* (Actes du 6me Congres Intern. des Orientalistes, 2me partie, 1885), 339ss. に公刊されているもの。その翻訳は p.365 以下。「彼ら」とはもはや「インド人たち」（cfr. p.144 n.1）ではなく、ハランのサバ人たちであることは結語から明らか。また他に、サバ人と言明されている異文がいろいろ伝えられている。上掲書 p.289 参照。この譚のサバ人-ローマ人の折衷主義的伝承、クァルマテ派 Quarmate に関しては、L. Massignon, *Esquisse d'une bibliographie Qarmate* (A Volume of Oriental Studies presented to E.G. Browne, 1922) 参照。

(ii) Dozy-De Goeje はこれを「（試練を受ける）少年と差し向かいで vis-à-vis de celle du garcon (qui subit l'epreuve)」と訳している。これは三写本C1、C2、Lで tinnin「龍」という語彙が banin とも読めるところからの不用意である。この点に関しては Chwolsohn, *Die Ssabier*, II, p.337 ; 370 参照。本訳書では少年は恐慌に陥れられるのではなく、これが秘儀参入儀礼となっている。また三写本K、V、Sともこの語は明瞭に「龍」。ただしこれがなにを意味しているのかについては、著者が蒐集した典拠が分からぬ限り決めようがない。いずれにせよ、天文学的な蠍（天蠍宮）ではない。

(iii) Dozy-De Goeje はCに準じて「占星術的燻香（抹香）」としている。

(iv) 字義通りには「血管」だが、体内の細管のすべて。

(v) 字義通りには「それらから伸びるもの」。

またこの項に関連して本書第III書十一章【五四】も参照。

＊

ハラン（サバ人）の儀礼を跡づけるため、少々長くなるが(i)の M. J. De Goeje による解説から関連する部分を抄出しておこう。

「ハランの民の最大の祭儀であるカルカカンディ Calcachandi*は、太陽が白羊宮に入る日つまり春分の日に催されたことが分かっている。断片群によれば、この祭日に祝われる神性は火星であったという。これは最大の災厄をもたらす力能をもつもので、その好意をかちとろうとしたものである。これはその怒りをなりふり構わずにぶちまけるもので、盲目の神（Rabb al-Umyan）と呼ばれる。この一節の精確さは『フィリスト』の al-Umyan という語からも証される。クウォルソン（II, 188）はこれを「炎熱道」の誤写と見做しているが、これはかえって誤りだろう。断片群にはシリア語名 Moro Samyo** が保存されている。この神性の召喚にあたり燻蒸される焼香は、『ガーヤ（亞版ピカトリクス）』によると、唯一、人の血を用いるものとされている。『ガーヤ』の著者の言明を信じるなら、当時、つまりアル-マムーンの時代、まだその祭儀における召喚でこれが実修されていたことになるが、クウォルソンも言うように初期イスラム時代に今だ人身御供が行われていたと信じることは難しい。この一節の著者は火星の燻香に人の血が必要であるという記載の典拠を明かしていない。ただ、幾つかの儀式において厳粛に幼児を生贄にする、と語っている。

口をきく人の頭の恐ろしくも不可思議なはなしもまたこの断片中で詳細に語られているが、その概括は『フィリスト』や、ディマクル Dimackl のものと符合している。ヤコブ派総主教ディオニシウス一世は、七六五年に人身御供に遭う筈であったある男が、彼に先立って血を流すこととなった者の頭をまのあたりに、自分を襲った危難からなんとか逃げ出し、その祭司たちをメソポタミアのハラン総督であったアッバスに告発した。この人はカリフ・アル-マンスールの兄弟で、この件を厳重に処罰した。マムーンはハランの民の代表者八三〇人の前で言った。「汝らこそ吾が父ラシュドを巻きこんだ（口をきく）頭の民であろう」と。また、『ガーヤ』によれば、カリフ・アル-ムクタディルの時代、ある寺に入ると、不意に頭が見つかり、これを埋めた、という。これら三つのものがたりは同じ事件を語ったものであるのか、三つの別の事件であったのか。わたしには後者であるように思われる。総主教が語るところは、この年代記が七七五年までを扱ったものであるところからしても、それ以降のことではない。マムーンは彼の父の時代に起こったことと、それより以前アル-マンスールの時代に起こったことの二つを混同している、というクウォルソンの所見（II. 132）は受け入れがたい。ラシュドの時代の大きな災厄の帰結を受けて、このカリフの時代にハランの民は災難のための備蓄をはじめた。ムクタディルの時代に起こったことについて断片群の著者が語ることの真正性を疑う理由はない。買収はどこにもあり、まず皆金品を求めるものだった。ハランの民は、公にはサバ人への寛容を享受したことになっているが、サバ人の祭儀が啓示宗教群（一神教群）の諸原理と相容れるものではなかったことも確かである。彼らが迫害を蒙らぬためには金品を捻出せねばならなかった。災難のための備蓄とは総督たちの歓心を買うための方策であった。

ムスリム教徒の役人たちによる寺での頭の発見はなにも本物の人の頭であった訳ではなく、マソンディがその構造について述べている音声あるいは言葉を発するように設えた模造品であったのだろう。クウォルソンもまたこれの蓋然性を論じており、「頭の準備調整」という表現はすでに錬金術師の特殊用語となっていたことも分かっている。実際、人の供犠が行われた痕跡が発見されるようなことがあったなら、ハランの民は大枚を払うくらいでは済まなかっただろう。

クウォルソンが公刊した文書によれば、ハランの民は息子たちを寺の地下に連れて行き、祭司たちがさまざまな方策を講じて恐怖で慄かせ、そのこころを支配して服従を誓わせたという。以下の断片群の著者もまたこれについて述べているようにみえる。そして、ハラン（の外から連れてこられた）子供たちもまたこの特別な試練を受けたことを付言している。子供たちはギョリュウ（タマリス）の燻香の上に運ばれる。炎が子供たちを前から後から舐めると、そこ（燻香）から降ろされ、聖域に入ることは許されない。そうならなかった者たちは入信儀礼を済ませ、儀式に与る者として他の子供たちとともに、寺へ導かれる。儀式に与る者たちは親指と人差し指に、あるしるし（形象）と羽根（ヤツガシラ？）を刻んだ指輪を受ける。『フィリスト』にはこの指輪のことも記されている。」

＊ Dayr Kadhi での祭儀か。cfr. Tamara M. Green, *The city of the Moon God,*

Leiden 1992, p.155.

** Mara-Samya, in T. M. Green p.155.

そしてドージー仏語訳文書から問題の「生首のはなし」を引いておこう。

M. Dozy, *Nouveaux documents pour l'etude de la religion des Harraniens*, Leide 1884. pp.61-86 所収仏語訳から。

「サバ人たちは今もこうした祈禱を諸星辰に向かってなしつづけており、彼らの崇拝儀式には醜悪なところがある。たとえば、幼児供儀はこれが天球に五度昇るか、五度沈んだ時に行われた。これはヘルメス・トリスメギストスつまり三倍の賢者——なぜといって彼は王、預言者にして哲学者であったから——と呼ばれた者によって定められたことであるという。

神殿での儀礼にあたって、彼らは白黒の斑になった雄羊を生贄にすることはなかった。それは黒でも盲目でもなく、骨あるいは角が折れていてもならなかった。彼らは生贄の肝臓を精査し、刃傷が見つかると供物を捧げた者に災厄が降りかかると告げた。つづいてこの肝臓を煮て、神殿での儀礼に参集した者たちにその小片を分け与えた。

彼らは火星（マルス）をマラ-サムヤ Mara-Samya と呼んだ。これは「盲目の神」の意で、その矯激な暴力性は怒りを見境なしに発露させるところから盲目と称されたものだという。これは、右手に剣を、左手に松明をもつ姿であらわされ、時として人を切り裂き、時に火を放つことをあらわしている。その暴力を怖れ、彼らはこれを深く崇拝し、太陽がベリエル Belier（白羊宮）に入る時（春分）にこれに生贄を捧げた。これがそれの星座であるから。また天蠍宮に入る時にもこれを行った。

彼らのもとには少年のための試練という慣行もあった。ハランとは別の地に住む同信の者の男の子供は町（ハラン）に入ると密かに彼らの館へ導かれた。

彼らは男児を香木とギョリュウを焚く暖炉あるいは香炉の上に据え、そこで炎に向かって魔術的な言葉を唱えた。その炎煙が右から燃え上がる場合にはなんらかの病のしるしで、この男児は聖域に入ることを許されなかった。炎煙が正面から舐めてもなんの苦痛も感じない場合には、性倒錯者か放蕩者になる恐れがあるとされた（?）。

この試練を乗りこえ、身体に欠損がないことを証した男児は、暗い別の神殿へと導きいれられる。その目には目隠しがされる。祭司は彼の前に立ち、男児の頭に赤い柳の枝の冠をかぶせる。また履物はそのために生贄に捧げた獣の皮、ラバの皮（女物?）でできたものを履かせる。男児の右足の傍らに炎をあげる甕を、左足の傍らには水を満たした甕を置く。男児の母親は雄鶏を抱えて神殿の扉の前に坐す。そこで祭司は男児を驚かせる光る銅製の器具を手に取り、宣誓をさせてから、一年にわたり密かな祈禱（太陽にだけ向けられる）を挙げて信仰にかかわる勤めのすべてを果たすなら、勤めから解放されることになる、と告げられる。そこで男児の母親は雄鶏を奉納すると、祭司は男児のためにこれを生贄に捧げ、その目隠しをとる。男児はこの瞬間、鳥を目にするが、目が眩んでその場に倒れる。その震える身体に母親が覆い布を投じる。

サバ人たちの信仰を棄てて別の信仰に就いた者も、決して彼らの秘密を明かさない。なぜなら彼らの祭司はそれを発くようなことがあれば即刻死が訪れると説いていたから。

男児が神殿の外に出ると、人差し指と親指に猿と鶏冠のかたちを刻んだ指輪を受ける。

サバ人たちは、土星への生贄には欠損なく成長した牡牛がよいと言う。その頭の上に角が隠れるくらいの冠をかぶせ、四足獣の中で最も美しいもの、生贄にふさわしいもの、と唱える。この豪華な生贄はヘルメスの教えによってはじまったもので、これは若い娘たちが日の出に刈り集めた草で育てられる。これを育てる場所は秘密にされ、娘たちはそのため別々の道を辿ってやってくる。牡牛には一本でも白毛があってはならない。これの角に渡すように黄金の鎖がかけられており、生贄に捧げるにあたり抵抗することができず、フィジャル（？）つまり綱を結ぶ必要がない。牡牛の前で燻香を焚き、ギリシャ語で祈禱を唱える。獣が祭儀の場所に近づいたなら、その角をミクカン（Michkan はおそらくアラム語の言葉で、なんらかの特殊用語。Dimachk のことか）の端の小さな円環に繋ぐ。祭司は小刀の一突きでこれを殺し、決して二度突かない。そしてこれの頭を切りとり、アラタ（祭壇）に載せ、その舌、耳、唇、眼のうごきで占う。サバ人たちはここから彼らの幸となる吉兆を引き出す。土星の宿（サトゥルナリア）は幸運（吉）であり、土星の吉兆がこれ（生贄の牡牛）に遣わされる時、つまりこの生贄祭は太陽が金牛宮に入る時に行われる。

この牡牛はトーラーに出るものであろうか。つまり生贄にされぬようエノンの息子のもとから逃げ出した牡牛。

サバ人たちはまた生贄の顔に葡萄酒と塩を振りまき、目覚めさせ震えさせることでその血が全身を駆け巡るように。

彼らはまた蛇の館（天上の部屋）をももっていた。これは神殿の類で、誰も入ることを許されてはおらず、誰も入れなかった。そこには井戸が入念に穿たれ、念入りに清められていた。太陽が獅子宮に入る時、頭の調製のところで述べたようなキプロスの金髪の若者を連れてくる。彼を美しく着飾らせてそこに入らせる。そして樹木、花、草のある心地よい場所へ連れて行き、葡萄酒を注いで飲ませる。夜になってこの神殿の井戸まで連れて行き、胡麻油に浸らせる。そして乾した赤薔薇の葉を七種の素材つまりカラシ、レンズマメ、ヒヨコマメ、コメ、エンドウマメ、ウチワマメ、小麦のスープに入れて食べさせる。そしてイヤル月（五月）の二十八日に盲目となった若者に失神させる粉末を与える。夜闇に人通りのない小道へと連れ出し、その頭を体軀から切断し、体軀を埋める。その頭をカディの神殿へ運び、これを円柱の上に据え置くと、大声を発する。これはサバ人の増減を、幸不幸を予言する。これはブラフマン・ブラフマという名の賢者が彼らに教えたもので、この人はその地の一部の民にブラフマネス（ブラフマンの民）という名を与えることにもなった。

サバ人たちはこれ以外にもいろいろ特有の慣習をもっていた。しかしこれについて一々論じていると本書は膨大なものとなり、われわれの主題から離れることとなろう。

このブラフマンの民は奇妙な儀礼を行っていた。この民について述べるとこれまた長くなるので、ここでは人の頭についてだけ触れておく。これは星辰崇拝の諸邦で実修されたもので、若者（試練を蒙ることとなる）の頭を供えた。この頭を得るために、彼らは金髪で濃い青に赤の混ざった眼をもち、眉毛が繋がり、豊かな髪の若者を捕えた。あらゆる美食を与えて神殿の一室に導きいれ、着衣を脱がせ、胡麻油で満たした大桶に首まで漬け、体軀は油に浸ったまま頭だけが出るように、この盥の首回りを蓋して融かした鉛で封をした。この生贄に四十日間にわたり一定量の干し無花果を胡麻油に浸したものを与え、その鼻の近くで占星術の燻香と称する香を焚き、魔術定式を唱える。その間、一滴たりとも水を与えてはならない。糞尿は油に混ざり、これをつづけるうちに生贄の体軀の諸関節は緩み、血管は膨張して、体軀は蜜蠟のように柔らかくなる。体軀が蜜蠟のようになったと祭司たちが判ずると、儀礼実修の準備が十分に整ったものとして、祭司たちは集まり、祈禱を唱え、燻香を焚く。そしてその頭を摑んで引くと、頭は脊椎とともに引きずり出され、体軀は油の中に残る。そして体軀を燃やした灰を少々混ぜたオリーヴの灰を敷いた壁龕（櫃）にこの頭を据える。そして選りすぐった綿花を詰め飾る。つづいて頭の近くで燻香を焚くと、（頭は）民の繁栄、商益等々将来の出来事を予言する。その眼はもう光を宿していないが、いまだ視つづけている。民が星辰崇拝の儀礼を疎かにしているなら、その復興を勧告する。それはさまざまなことがらを守護し、また彼らの内心に注がれる（伝えられる）。それればかりか知識や技術に関する問いにも応えてみせる。体軀の方は盥から引き出して、肝臓を取り出し、これを刻むことでそこにあらわれるしるしを占う。また生贄の手の骨その他の部分でも同様に占う。彼らは髪を刈り（切りとった頭の？・自分たちの？）、この頭の名にかけて飲食断食する。カリフ・アル＝ムクタディルの時代、ある官吏が彼らの所業を知り、祭司たちを同道して神殿に入ると頭を発見、これを埋葬した。」

＊この「蛇」にいわくがありそうな点については、John C. Reeves, A Manichaean 'Blood-Lebel'?, in *Aram*, 16, (2004) ; Id., Talking Heads and Teraphim: A Postbiblical Current in interpreting Gen 31:19 (unpublished) 参照。

第III書

19 業の助手（娘）を呼び寄せる手法（▼五章註40）

五章【三】に相当する亞独版個所から：

「……彼（インドの人）はアストロラーベを手にし、諸恒星の高度を測って星図をつくり、こう言った。「東に昇る星座（アセンダント）は白羊宮で、その主は火星。第七宿は天秤宮で、その主は金星。すばらしい[Bakh Bakh]」。わたし（商人）は彼に「どういうことです？」と聞いた。彼は「東に昇る星座（アセンダント）と第七宿はまさにあなたの望みの通り。なぜといって火星と金星は結婚と歓楽の惑星だから」とわたしに答えた。そして彼は、火星をわたし（商人）に、金星を若者に準え、天におけるそれらの配置を眺めつつ、それが三角相に入るまでの時間を算定し、この時からまだ四十日あることを導きだし、わたし（商人）に言った。「四十日のうちに若者はあなたのもとにやってきて、あなたのもとに留まるだろう」、と。そして磁石の小片を採り粉になるまで微細に砕くと、調和樹脂（アンモニア・ゴム[Quassia]）を混ぜて一塊にし、これでわたしの似像をつくった。そして乾燥大蒜＊を潰して蜜蠟と混ぜ、若者の像となし、これに彼に似せた衣装を纏わせた。ここで彼は陶製の水差しを用意し、そこに木枝七片を入れた。ミルト Myrthe の枝、柳 Weide の枝、石榴 Granatapfels の枝、マルメロ Quitte の枝、桑 Maulbeere の枝、月桂樹 Lorbeers の枝、プラタナス Platane の枝をうつわの中央に、四本を下に三本を上に十字に。＊＊彼はこの水差しに、まずわたしの像を入れ、つづいて若者の像を背中合わせに入れた。彼はこれを幸運を呼び込むために、金星（ヴェヌス）が（火星と）逆位にあるうちにおこなった。そして毎日、欠かすことなく同じ時間に重ねた像を見つめ、毎日若者の像とわたしの像の配置を変じつつ、三角相になる日にわたしの像の顔を若者の顔に向き合わせた。彼はわたしの像を若者の像と離すと、うつわを封印してこれを炭火が小々残る竈の下に埋めるようにと命じた。その後、サンダラック一片を焚き、祈りを唱えた。わたし（商人）はインドのことばでそれを復唱した。彼は唱え終わると、「投じるものを手にとりたまえ Hol den Krug」と言った。それをわたしが取り出してみると、若者の像はあらためてわたしの像の方を向いていた。まるで誰かが敢えてそうしたかのように。そこで二つの像を取り出そうとしていると、まだそれを終える前に、扉が開き、われわれのもとに若者があらわれた。十日間、われわれは離れなかったが、彼の家族が彼を探しはじめた。しかし彼の像は竈の下に隠してあった。それを知ったインド人は「あなたに約束したことはかなえられたのだから、彼を解放してやろうではないか」と言った。そして彼はセイヨウニンジンボク Keuschlamm の種子***を蜜蠟と混ぜ、これに火口をつけて竈の火をつけた。そして像を取り出し、二つを分けた。それだけで彼はいささか驚くべき業をなしてみせた。つづいて別の唱えごとをすると、たちまち若者は泥酔者が騒音に目覚めた時のように、眼を開くと「もう行ってもいいですか」と問うた。われわれがそれを肯うと、彼は立ち去った。いずれにせよ、時日とともに民は噂をしはじめ、そのせいでわれわれはその地を離れた。これがその地で見聞された最も素晴らしいものがたりである。――これが上掲書でアル・ルドバリスが語っているところ。ここからこの業の実修法を正確に学ぶことができるよう、またこの知識について民が語るところと一致していることをみるためにこれを語ってみた。」

＊大蒜を磁石につけると磁力を失うという古伝を想起させる。

＊＊つまりアントニウス十字（crux commissa）のT型にした上に像を横たえる。

＊＊＊媚薬の効果を消す効能をもつ。

20 「完全な自然本性」の召喚（▼六章註14）

六章【一】に相当する亞独版個所から：

「ヘルメスがものがたるところ。創造とその秘鑰の知識を得ようと思い立った時、吾は真っ暗でその内がなにも見えず、激しい風が吹く地下室にいた。その闇のせいで吾にはなにも見えず、あまりの風に灯すらかき消された。夢に誰だか美しい相貌の者があらわれ、吾に言った。「風から守るように灯りを硝子の蔽いの中に入れ、もう一度それを点してみるといい。そしてあらためて地下室に入り、その中央を掘り、そこに埋められている護符像をとりだしたまえ。汝がこの彫像をとりだすと、地下室の風は已み、それは明るく照らすだろう。そこで四隅を掘れば、創造の秘密、自然本性の原因、諸事物の端緒が見出されるだろう」、と。そこで吾（ヘルメス）が彼（夢のあらわれ）に「いったいあなたは誰か」、と問うと、彼は吾に答えた。「わたしは汝の完全な自然本性である。汝がわたしに会いたいときには、わたしの名を呼ぶがよい」と。吾は問うた。「吾が汝を呼ぶ名とは何のことか」と。彼は言った。「タマージス Tamagis、バグディサワード Bagdisawad、ワグダース Wagdas、ヌーファーナーガディース Nufanagadis」、と。そこで吾は彼に問うた。「汝を呼ぶにあたってはどのような準備をすればよいか」と。彼は言った。「月が白羊宮の端緒に入る時ならば、昼でも夜でも構わない。清浄な家に入り、この家の東側の床より高くなった段上に卓を置く。そしてそれぞれ一リトル ritl の容量の四つのうつわを準備する。そしてこれらのうつわを四つの異なった油、アーモンド油、バター、胡桃油、葡萄酢油 Essigoel を満たす。つづいて同じ大きさの別の四つのうつわを準備し、これらを葡萄酒 Wein で満たす。また、胡桃油、バター、蜂蜜と砂糖で糖菓をつくる。ここで八つのうつわとガラス器一つを卓に配す。まずガラス器を卓の中央に置き、〔その上に蠟燭を立てる〕。次に葡萄酒を満たした四つのうつわをこれの周りに、主方位に向けて置く。まず東から、西、南、北の順に。つづいて油のうつわ。まずアーモンド油のうつわを葡萄酒のうつわ同様、東に、つづいて胡桃油を西に、バターを北に、そして最後に葡萄酢油を南に配す」。――わたし（?:どちら、語り手ヘルメスでなく本書の著者）はこの配置を『イスタマティスの書 *al-Istamatis*』にも見出した――「そこで蠟燭を取り出し、火をつけて卓の中央に立てる。また二つの香炉に炭火を満たし、その一方で安息香 Storax と抹香 Weihrauch を、もう一方で香木 Agallocheholz を燃やす。そして東を向いて立ち、タマージス、バグディサワード、ワグダース、ヌーファーナーガディースと七度繰り返す。つづいてこう唱える。「いと高くして力溢れる諸霊の霊よ、叡智の中の叡智よ、すべての知性の中の知性よ、この世の知識の中の知識よ汝を召喚する。吾に応え、吾に来たれ。そして吾を汝の知識に近づけたまえ。汝のように賢く力強くなしたまえ。吾の知らぬことを知らしめ、吾に見えぬものを見せ、吾を無知から、忘却から、残酷さから守り、知性、叡智、思慮、分別、内心の理解に直接届くようになし、吾のうちに宿り、決して離れたまうな」。――『イスタマティス』には「汝がこれをなすなら、吾を目のあたりにするだろう」と記されている――彼（つまりアリストテレス）は「賢者たちは完全な自然本性を畏れて、これを一年に一度か二度行なった」と述べているが、これはヘルメスが彼らに伝授したものであった。彼らは仲間たちとともにこれらの食物を饗食し、この伝承を守ったものだった。」

21 **擬アリストテレスによる「完全な自然本性」について**（▼六章註16）

羅版では六章【二】のあとに省略されている、アリストテレスのアレクサンドロス宛書簡からの長い一節。亞独版から：

「[191] ……こうした諸霊について――彼（アリストテレス）はアレクサンドロスにこう語っている。指導者たる王よ、吾はそれらの名を汝に伝授し、汝はその秘鑰を知った。吾がそれを証し伝えることがなければ彼（汝?）はかくも卓越した権力をもつ王たり得なかったであろう。折々、この祈禱詞をはじめから繰り返しこの霊の名を呼びたまえ。それは敵をうち負かし、汝を勝利に悦ばせ、困難を克服させてくれようから。そうは言っても、霊を呼ぶにあたり諸星辰のことを忘れてはならない。諸星辰はこの世の旋転の頭（主）であり、小世界をも大世界をもなすものであるから。それゆえ、完全な自然本性である汝の星辰の四霊を援けとして召喚したまえ。汝に伝授した四つの名こそ秘中の秘である。それが四つであるのは自然本性〔人の気質性向〕が四つであるから。それらが離れる時にはいつもそれらを召喚したまえ。それらとともに汝の難事の原因を尋ね、これを解消したまえ。汝の崇高なる信心（高き星たちへの崇拝）を鑑みる（星図を読む）に、汝はペルシャを征服し、その王を抹殺することとなろう。早々に汝は郷里からペルシャへと進軍し、大きな困難に遭遇するだろう。事態は深刻で、汝は艱難辛苦を味わうだろう。その時こそ、汝の星辰に繫がる汝の完全な自然本性の霊を召喚したまえ。きっとそれはあらわれる。それとともに解決策を探りたまえ。それは汝の星辰と協働して（汝の星辰が善い配置になると）、その光線はその力能に補助力能を増し、ペルシャ王の廷臣や指揮官たちの情を汝への親愛へと向け、あなたに臣従することで彼らの王に殺意を抱くこととなろう。彼らは平静を装いつつ、密談し画策し、彼らの王を殺害する決意を固め、汝に忠誠を誓い汝のために働くに到るだろう。諸国の王たちはこれを見て、汝を畏れ、汝に和平の調停を申し出ることになるだろう。吾には視える。王を殺害しその財と民の愛を獲得し、その国を統治した後、堅牢な（鉄の）大地で黄金の空のもと汝が死を迎えるところが。これが汝の星辰の力能、汝の支配、完全なる自然本性たる汝の霊について吾に視えるところ」。以上が上掲書でアリストテレスが語っているところである。／[192] わたしはここに引いておくべき知見を『ペルシャ事情』に見つけた。それは、「アレクサンドロスがペルシャ王に対して戦いを挑んだ時――ただし、王は夥しい数の兵士たちに守られており――ペルシャ王の兵士たちの数はアレクサンドロスの兵士たちをはるかに凌駕していた。ペルシャ王はさほど遠からぬ自らの運命について（自ら起こすべき行動について）廷臣たちに問うてみた。すると廷臣たちは信頼のおける誰かを使者に遣わすべきだと忠言した。その時ペルシャ王はこう言った。「どうやら上天はこの男に援けの手を差し伸べているようだ。彼に敵対する者はまた上天に敵する者ということになる。とはいえ、上天と戦う者は必ず敗北する定め」と。これはまさにアリストテレスがアレクサンドロスに告げたところと同じである。」

22 錬金術師アルテフィウス（▼六章註20）

六章【三】の「アメヌス Amenus」からの転嫁を想定、連想させる「アルテフィウス」について。この名は神の添え名「制作者 artefice」との連想から賢者の名として羅文中世錬金術では重要な役割を果たす。本文後註22の一二六〇がいったいどのように表記されていたものか実に気になるところ。ロジャー・ベイコンが読んだ謎の書の記載一〇二五（『秘中の秘註解』中の記載）とともにアルテフィオの出自を見極めるためにも。ちなみに『賢者の目的ピカトリクス』と同じ著者の作に擬される『賢者の鑰 Clavis sapientiae』はアルテフィオの著作ともされる。

Cfr. Paola Carusi, L'alchimia secondo Picatrix, *Accademia Nazionale delle Scienze detta del XL*, 1997, pp.41-59; id., Filosofia alchemica e rappresentazione: il diagramma delle nature e la ruota della fortuna, ibid., 1993, pp.121-135. etc.

23 アルベルトゥス・マグヌス『ディオニシウス・アレオパギタの神名論註解』から（▼六章註28）

Albertus Magnus *Super Mysticam Theologiam Dyonisii* : [474] ⋯ Si tamen volumus ipsum salvare, tunc dicendum, quod phantasia dicitur ab eo quod est videre, sicut dicit Philosophus, et tunc phantasia primo modo sumpta erit visus exterior et secundo modo sumpta ponetur pro virtutibus sensitivis interioribus, sicut sensus communis et imaginatio; et tunc planum est, quod dicit. / Neque oponionem, quae est acceptio per signa et ideo cum formidine contrarii [cfr. Aristotele, Analytica posteriora 1, 89a1-10], aut rationem, quae resolvit signa exteriora in principia intrinseca essentialia, aut intellectum, qui stat in ipsa quiditate rei et principiis primis tamquam terminis rationis, neque est aliquid eorum, neque dicibile est neque intelligibile quid vel quia determinate, sed confuse tantum; neque numerus est neque ordo, qui consequitur numerum, in quo primo [475] est prius et posterius, neque magnitudo, scilicet spiritualis; et similiter intelligendum est de omnibus quae sequuntur, sicut determinatum est de eis in libro De Divinis Nominibus.... 「これ（註解者アヴェロエス）を救おうとしてみるなら、まず、哲学者が言うように〔アリストテレス『デ・アニマ』3. 429a2-4〕、「想像力」は「視覚」に由来するものである、と明言できる。ところで「想像力」とは第一に外に見えるものとみなされ、第二に感覚性という内的能力によって存するものという意味になろう〔つまり共通感覚（センスス・コムーニス）にして想像力（イマジナツィオ）〕。（註解者が）言うところは明白である。／ここには、受容を「しるし」を基にして上掲したところとは逆に捉えてみせる〔アリストテレス『分析論後書』1. 89a1-10〕ような見解はなく、外在する「しるし」を事物の何性や第一諸原理を理性的語彙をもって規定し本質的な端緒原理に据えている訳でもなく、なにか口にすることもできず、「なぜそうあるのか」あるいは「どのようにしてそうあるのか」を規定して知解することもできぬ混沌として措いている訳でもなく、数としてでも、数から帰結する前後のような序列秩序としてでもなく、大きさ（量）つまり霊的なものあるいは『神名論』（9. 909B-917A）で規定されているようなこれにつづくすべての知性的なもの

たちとしているのでもない云々。」

Cfr. Giuseppe Allegro e Guglielmo Russino, *Albertus Magnus, commento alla Teologia Mistica di Dionigi l'Aleopagita*, Palermo 2007.

24 アル-タバリー参照文献（▼七章註1）

Complete Dictionary of Scientific Biography, 2008, al-Tabari 項（D. Pingree).

「アブー・ハフス・ウマール（七六二―八一二）はカスピ海の南、イランのタバリスターン生まれ。古ペルシャ名ファルクハーンを添える。古ペルシャ語（パーラヴィ語）の文書をアラビア語に翻訳したことで有名な初期アッバス朝宮廷のペルシャ学派の学者の一人。彼は最初、ナウバクート、マーシャアッラー、アル-ファザーリといった占星術師たちの一人としてこの舞台に姿を見せる。その一団にはアル-マンスールがバグダッド創建にあたり、吉時を選ぶよう命じ、七六二年七月三十日を選定したナウバクート、マーシャアッラー、アル-ファザーリもいた。彼に関する最後の記録はヘジュラ暦一九六年のシャッワール月つまり西暦八一二年六月十五日から七月十三日で、この時、彼はプトレマイオスの『アル-アルバアの書 *Kitāb al-arbaʿa*（テトラビブロス）』の訳註書を完成したとある。この日付けからすると、アブ・マシャルの弟子シャダンが『ムドハカラル』で師の言として伝え、これをサーイド・アル-アンダルーシとイブン・クイフテイが繰り返しているところ、つまりウマールは宰相アルーファドル・イブン・サール（八一八年没）にバクダッドに招聘され、アル-マムーンと接見した、は誤っていることになる。アブ・マシャルの別の言及、つまり彼はヤヒヤー・イブン・ハリド・イブン・バルマク（八〇七年没）に仕えた、という記述はおそらく正しい。

ウマールの私生活については、息子が一人いたこと以外にはなにも分かっていない。息子のアバー・バクル・ムハンマドも占星術や天文学についてさまざまな述作をなしている。イブン・アル-ナディームは残念ながら彼の一覧でしばしばこの父子の著作を混同している。ウマールの諸著に関する以下の表題は、より信頼のおける典拠から知られる現存する文書群のものである。

1. プトレマイオス『テトラビブロス』註解（タフシール）は八一二年六月十五日から七月十三日の間に完成している。これの写本はウプサラ大学図書館に蔵されている。Uppsala, Universitetsbibliotheket MS Arab. 203. その序によれば、ウマールは自身でおそらく古ペルシャ語文書から訳出したもの。イブン・アル-ナディームは、彼はアブー・ヤヒヤー・アル-バトリクがおそらくギリシャ語原典から訳した翻訳を用いた、と言っている。どうやら彼はアル-バトリクの要請によって古ペルシャ語版をもとにこのパラフレーズ集を編んだものでもあろう。

2. シドンのドロテウスの占星術的著作註解（タフシール）は五世紀初頭の編纂になる古ペルシャ語に拠ったもの。これについてはYeni Cami 784 および Berlin or. oct. 2603. 二写本が残されている。

3. マサイル・アル-クァイサラニ要約（ムクタサール）（カエサル（?）星図診断要約）全一三八章。この著作の写本は数多現存する。わたしが実見したのはBerlin Ar. 5878 and 5879, Escorial Ar. 938, and Beirut, Univ. St. Joseph Ar. 215. クァイサラニという称の由来は不詳。九世紀後半のジュルジャーンやアシュタラバードの宮廷で活躍したアブー・ユースフ・ヤクブ・イブン・ハリ・アル-クァスラニの『大全』とは関係がない。どうやらこの要約（ムクタサール）はアレクサンドリアに写本 Alexandria, MS Hurū 12がある『アル-イクティヤラルの書 *Kitāb al-ikhtiyārāt*』（『選択の書』）と同一のようである。

4.『フィル-マワリードの書 *Kitāb fi'l-mawālīd*』（『誕生星図占いの書』）は誕生日占いの小論でアラビア語版の一写本（Nuru Osmaniye 2951, ff. 162v-172）が見つかっているだけである。おそらくこれはヨハンネス・ヒスパレンシスが羅訳した三巻本 *De nativitatibus secundum Omar* と同一であろう（これは一二一七年、あらためてヘブル人アバウメットの息子の援けを借りてサロモンが訳しているものか?.）。F. J. Carmody, *Arabic Astronomical and Astrological Sciences in Latin Translation* (Berkeley-Los Angeies, 1956), 38-39（Carmody 版の *De iudiciis astrorum* は明らかにアル - ファルガー *al-Farghānī* の著作であり、*Laurentius Beham de ascensione termini Haomardoes* も必ずしもウマール・イブン・アル - ファルクハーンと関連はない）。わたしは Nicolaus Prückner, *Iulii Firmici Materni . . . Libri VIII* (Basel, 1551), pt. 2, pp. 118-141. を参照した。ウマールの典拠はプトレマイオス、ドロテウス、マーシャアッラーといったところか。

5.『アル - イラルの書 *Kitāb al-'ilal*』。この著作はアル - ビールーニーの太陽均分法（方程式）に関する書（*Rasā'nī al-Bīrūnī* [Hyderabad, 1948], pt. I, p. 132）の中の引用によってのみ知られるもの。ここで彼は太陽均分法における正弦をもちいた近似法（E. S. Kennedy and A. Muruwwa, "Bīrūnī on the Solar Equation," in *Journal of Near Eastern Studies*, 17 (1958), 112-121, esp. 118-119.）を提示している。どうやらアル - ビールーニーは、ここでウマールの天文学の過誤について論じようとしているようにみえる。彼の文献一覧（D. J. Boilot, "L'oeuvre d'al-Beruni: essai bibliographique," in *Mélanges de l'Institut Dominicain d'Etudes Orientales*, 2 [1995], 161-256）の六二項 *Fi'l-fahs 'an nawā abī Hafs 'Umar ibn al-Farrukhān*『アブー・ハフス・ウマール・イブン・アル - ファルクハンの不可解な諸論について』は二四〇葉にのぼる大冊だったという。」

25 惑星の序列と週日の序列について（▼七章註86）

in medio planetarum existis 諸惑星の「中心」ではなく「中間」。月水金―日（太陽）―火木土（水金の順序は不明ながら）七つの惑星の中央という意味だろう。円天を七分し、いずれかを月と定めて、近似的に（疑似三分相（アスペクト）として月の天から三つ目（360×2/7）に水星を、またここから三つ目（360×4/7）に金星を、さらに三つ目（360×6/7）に太陽（日）を、さらに三つ目（360×8/7）に火星を、さらに三つ目（360×10/7）に木星を、さらに三つ目（360×12/7）に土星を配すると、月から一巡する序列が月火水木金土日となること（七曜）については別に考えてみたい。

26 「隠者の燻香」の成分（▼七章註162）

亞英版 : 5 ounces of each of walnut, asparagus, licorices, mastic, myrtle, 2 ounces of elecampane, myrrh, herbaceous plant, jujube, spikenard, chestnut, bush-grass, saffron, 50 pumpkin seeds, 4 ounces of henna root, 3 ounces of iris root, roman spikenard, Indian cedar, peeled pine, 6 ounces of Persian rockrose, dried apple skin, rose blossoms, 2 pounds of thickened fruit juice, 2 pound of seedless raisins, 5 pounds dates, 5 pounds honey, and add cooked basil when you mix them all …

27 「カヌイス産の赤い牡羊」あるいは「キプロス出身の少年」（▼七章註175）

七章【四〇】に相当する亞独版個所から :「また彼らのもとには広壮な宝の館があった。これは聖域で俗人が入ることはできず、誰もその中を覗くことができなかった。これはまさに貯蔵庫として造られたもので、家具は一切なかった。太陽が獅子宮に入ると、彼らは赤銅色のキプロス出身の若者を引き連れ、前記したようになし、美しく着飾らせてそこへ運び、その木や花で愉しませた。そして彼に望みのままに泥酔するまで飲ませ、夜、この聖域の貯水槽に入れて、胡麻油に浸す。またこのために摘んだ乾燥薔薇を加え、彼にカラシ Senf, レンティッキア Linsen, チェーチ Kichererbsen, 米 Reis, カラスノエンドウ Wicken, ウチワマメ Lupinen, 小麦 Weizen の七食材でできた汁（スープ）を飲ませる。そしてアジャ Ajjar 月（シリア暦五月）の二十八日、彼が息をつけるような何かを与え、目隠しをしてくしゃみをさせる。そして夜闇の中人影のない路に連れ出して、そのからだから頭を切断する。からだは埋めて、その頭をカディ Kadi の修道院に運ぶ。これを神像の前に供えると、恐ろしい叫び（呻き声）をあげる。その叫びの数からサバ人の多寡、治世の長短を占う。彼らのもとにこの儀礼を導入したのはバルティムという名のブラフマン Bartim der Brahmane［あるいは Barnim, Barham(Brahma)］の賢者だった。彼はインドで亡くなり、そこからその地はブラーフマンの地 Brahmanen と呼ばれるようになった。その他その書には数多のことが録されているが、ここでの主題から逸れるので略す。」

*

このKadi に関して van Bladel, *The Arabic Hermes*, p.102 n.167 に示唆されて、二つの論考を見ておく。

◉Tamara Green, *The City of the Moon God: Religious Traditions of Harran*, Leiden 1992, pp.178-179.

「錬金術およびヘルメス主義伝統の町ハランに関するムスリムによる釈義典拠が二つある。どちらも理論と実践に渡り、たいへん古い惑星諸神崇拝をも含んでいる。イブン・アル-ナディームの「頭」(al-Ra's) の解説は意味のずれに戯れるもの。キリスト教徒アブ・ユスフ・イシャ・アル-クァティイによれば、アル-マムーンはハランを訪問した折、その住民たちの「頭の崇拝」を告発した。この頭というのは彼の父ハルン・アル-ラシド（西暦七八六―八〇九）の時代に生きた人（のもの）だった。この史譚につづいて、イブン・アル-ナディームはこの「頭」の意味を解説してみせる。それは「彼らがこの惑星の形相と信じていたところに符合して」、ウタリド（メルクリウス）にそっくりな人の頭首だった。この男は捕らえられ、そのからだの諸関節が緩むまで油と硼砂の液中に漬けられた。そして、「彼の頭を引っ張るなら、引きちぎるまでもなくとり上げることができるほどになっており……彼らはこれを毎年、水星がその高みに到った時におこなう慣いだった。彼はウタリド（によく似ていたので）、これ（水星）の魂が彼の頭に到来した、と彼らは信じた。なにが起こるかと問われると、これはその舌で答えを告げた。彼らはこれ（預言）を、これの自然本性が他の何物にもましてウタリドの自然本性に符合相似したからに他ならない、と信じた。なぜといって、弁舌、認識等々はなによりそれ（水星）にかかわることであるから。(i)」

ディマシュキは「予言する頭」についてこれと類同なものがたりをしている。ただしそこでは男の身体特徴は惑星火星と関連づけられているが。(ii) またジャービルの著作群から編まれた十一世紀のアラビアの天界魔術便覧『賢者の目的』にも、予言に用いられた斬首された頭について二箇所で述べられているが、これは『フィリスト』にみられる「頭」のはなしとたいへんよく似ている。前者はインドの占星術譚の中に見つかるもので（Goeje と Plessner はこの文書がサバ人たちのものと論じてはいるが）、後者はサバ人たちについて論じた章に認められるもの(iii)。前者では、頭は「龍の頭の逆（位置）」に置かれるが、これはインドの占星術教義に関連した象徴表現である。もちろん自らの尾を噛む錬金術的な龍、ウロボロスをも想起させる。業の実修においてその体軀が下へと降るところは、『フィリスト』に記されているところとたいへんよく似ている(iv)。後者は随分短く、不幸な犠牲者は目隠しされており、ディマシュキが語るもののように火星と結びつくもののように見える。『賢者の目的』の逸名著者はこの儀礼次第について「インドで亡くなったブラフマンのブラフマという名で知られた賢者」によるものと記している。(v)」

(i) Flugel, 321; Dodge, *Fihrist*, 753-54.:「前記した人〔キリスト教著作家アブ・ユセフ・イシャ・アル-クアウイ Abu Yusuf 'Is'a al-Qau'i〕はまた、この頭はその相貌が水星に似た男、つまり彼らの信じるこの惑星の姿をもつ男のものであったという。その男が見つかると――つまり彼らが水星の相貌に似た姿をそこに認めた者――彼はぺてんと裏切りによって捕えられ、彼にさまざまなものが贈られ、彼はその関節が柔らかくなるまで油と硼砂の中に長い間漬けられる。彼の頭を引っ張るだけで、もとの形を崩すことなく引きちぎれるようになるまで。まさに古の言い伝えに、緊張を強いられることを「彼は油漬け」という通りに。

彼らはこれを毎年、水星が高みに昇る時期に行った。彼らは、この男の(?)魂が水星の影響のもとでこの頭に降る、と信じていた。それ(魂)はその〔頭の〕舌をもって語り、将来の出来事を算え挙げ、問う者に答えた。彼らは、人の自然本性というものは諸他の生き物たちとよりも水星の自然本性のあらわれと強く結びついており、人の自然本性は弁舌、識別その他それ(水星)がもつと彼らが信じていた力能により近い、と考えていた。これこそ彼らが頭を讃仰し、その謀事(べてん)に用いる理由だった。

それを体軀からとり去るために彼らがなす下準備、また頭を引き抜いてからその体軀をどうしたかについては、『アル-ハティフィの書 *Kitab al-Hatifi*』に詳細に語られている。そこには豚、驢馬、鳥等々の獣のさまざまな身体部位を用いた様々な獣蠱惑、呪詛、結び目、形象、首飾りなど、また燻香、石にそうした獣の刻印をほどこした指輪の驚くべき効果がいろいろ挙げられており、さまざまな目的に効果を発揮すると記されている。わたしもまた石にこうした刻印をほどこした指輪を数多見た……(?)それについて彼らに問うと、彼らは高祖たちの墓の中に見つけたものだと言い、いまもその恩恵を蒙っていると語った。」

(ii) Chwolsohn, *Die Ssabier und der Ssabismus*, bd.II, St.Petersburg 1856, p.388
(iii) 羅語訳ピカトリクス(すでに観たように羅版ではこの逸話は略されている) W. Hartner, Notes on the Picatrix, 448.
(iv) Willy Hartner, 448
(v) de Goeje, *Nouveaux Documents*, 364.

*

この註に引かれているハルトナーの「ピカトリクス・ノート」は先にも引いた通り、羅版公刊前に亞独版について、特にその天文学的占星術的記述をめぐってなされた詳註。あらためて当該個所だけ見ておく。

● Willy Hartner, Notes on the Picatrix, *ISIS* 56/4 (1965), pp.438-451.

「亞独版 146.6ss.: 人の頭にかかわるこの身の毛もよだつようなものがたり、生きたままに準備され、からだから分断され、予言のために龍の頭(ra's al-tinnin)に面して据えられる人頭のはなしは、占星術的な龍頭 Caput Draconis との直接関係を明かすものである。拙論「ヒンドゥ圏およびイスラム圏の図像に見る月の軌道の偽惑星としての交点」(i)をご覧になれば、これに関する十分な証拠を見出せるでしょう。人の斬首という主題は悪鬼ラーフ Rahu (*Brhatsamhita*, 5.1ss.) の懲罰の象徴的反復に他なりません。飲料アムルタ amrta を飲んで不死となり、頭とからだ(尾)とが別々に生きつづけるうち、目に見えぬ惑星となったもの(羅睺、ラーフ Rahu = ra's al-tinnin = 昇交点、計都、ケトゥ Ketu = dhanab al-tinnin = 降交点)が、宿敵である太陽と月をそれらの蝕にあたり破壊し脅かすことの。インドのナヴァグラハ navagraha の浮き彫り(ii)の数々では、これらは他の七惑星とともにその右端に彫られており、ラーフは巨大な人頭、ケトゥは人魚の尾をした痩せた男の姿であらわされています。予言する頭はこうした浮彫の前に据えられたのです。」

(i) Willy Hartner, Pseudo-planetary Nodes of the Moon's Orbit in Hindu and Islamic Iconographies, in *Ars Islamica* V (1938), pp.113-154.
(ii) 上掲論考 fig.6-9.

第Ⅳ書

28 亞独版「エンペドクレス」（▼一章註31・74）

第Ⅲ書十二章から第Ⅳ書一章にかけての「エンペドクレス」言及箇所について、亞独版から対応箇所を抄出しておく。

●第Ⅲ書十二章【二】＝亞独版［285］：「……エンペドクレスは自然本性を単純実体と呼んだ。その一々は唯一の形相をもつ、つまり諸形相のうちの一つだけを採る、つまりある形相が消失した後に別の形相を採るのであって、決して複数を一度に受け入れない。また、彼は言っている。自然本性のうちには生命力というものがある。つまりこれが生命の形相である。少年は可能的にあらゆる活動をなすことができるが、そのあるものを実践しはじめ、これを修得することでその活動は現勢する（現実態にもたらされる）ことになる。こうした恩恵（賜）をわれわれは十分考慮したことがない。なぜといってあなた方はあなた方の知識を燃え上がらせる理拠というものが、自分のこころのうちにあるものと思い込んでいるから。

［……］またエンペドクレスは言う。実体の諸原因は四つある、と。そのうちの一つの原因は潜在（可能）的にもいまだあらわれておらず、別の二つの原因のうちの一方は潜在（可能）的にすでにはたらいており、他方の賦与されたものは潜在的に存し、もう一つの原因は更新されてはたらきはじめる。これら、つまり（ka-qulinā）意志、知性、魂、自然本性、元素（要素）が実体の諸原因である。* 意志は潜在的に（可能態として）神のうちにあり、現勢（現実態）としては知性である。知性は潜在的に（可能態として）意志に、現勢（現実態）としては魂である。魂は潜在的に（可能態として）知性のうちにあり、現勢（現実態として）自然本性のうちにあり、自然本性は潜在的に（可能態として）魂のうちにあり、元素は常在する。このように各々の実体はそれぞれ潜在的に（可能態として）それの上位のものに原因され、その下位のものとして現勢（現実態）する。そしてこの現勢（現実態）がこれの下位のものを潜在的に（可能態として）導きだし、下位なるものに諸力能を注ぎ込む。下位なるものはこの発出の受容から発出し、受容を受容させることとなる。また（実体）は他に四つの原因をもっている。これらは偶性存在と実体存在の間にあり、諸偶性を原因する。つまり探求、蠱惑、愛およびその本質をはたらかせるもの（外部からのその本質の感得）である。探求とは霊的なことがらの一つであり、それが自然本性のあらわれと化すかどうかはどちらでもよい。蠱惑とは技巧（人為）的なはたらきによって喚起されることがらの一つであり、これは自然本性的なあらわれおよび外部からの感得の両者からなっている。とはいえすべては愛に遡るものである。全能の神こそが、はじめからおわりまですべての事物を完璧に発出させるものである。神こそ誉め讃えられますように。さて、ここに到り、本書の最終書に入ることとしよう。」

＊五つの実体が何であるかに関する混乱［p.297参照］についてはKraus, *Jabir*, II, p.137 n.1 参照。意志についてはJulius Guttmann, *Die Philosophie des Judentums*, 1933, pp.116ss.（ガビロール Gabirol）参照。

●第Ⅳ書一章【三】＝亞独版［289］：「賢者エンペドクレスは言った。「体軀の五感によって明かされる実体（スブスタンティア）はすべて複合した儚い死滅すべき物体的実体である。なぜといってそれは空間に閉じ込められ、これに限界づけられているから。体軀の五感によってではなく、五つの内なる霊的感覚によって感得される実体は純粋に単純なものであり、神の栄光の光に繋がれた霊的にして永劫な実体であり、これは決して壊敗することはない。なぜといってそれは空間に閉じられておらず、これに限界づけられてもいないから。部分的に外部感覚に覆われている物体の本質は霊的なものとの物体（コルプス）的な相互関係（比）をもつ物体（コルプス）である。一方、物理的な物体は物体的な諸物と結びついており、それらと相互運動し、色をもつ。光のように霊的なものは霊的なる上位の者と結びつき、これと合して恒久的に持続する」。それゆえ本書の読者よ、あなたの魂を浄福なるものとなし、霊的なものへともたらすため、あなたの潜在力を霊的なものへと向け、知性の力能によって自らを諸他のすべての動物から区別しなくてはならない。」

●第Ⅳ書一章【一一】＝亞独版［293］：「エンペドクレスはこう言っている。知性は単純なものゆえに定義（限定）できない。それは単純実体であり、分割できず、類も種も差異もないから。要するに定義（限定）とは類、種、差異によるものである。ところで知性（のはたらき）には二様あり、一方は「普遍」で、これは可能的に過ぎ去ることなくまた痛みを感じたりせぬ（受動されるのではない）すべてのものごとに対応している（対処する準備ができている）。これはすべての事物の自然本性（を規定するもの）であり、先なる（あらかじめ存する）淵源（地平線）である。その上、一瞥では判じ難いにせよそれはこれと同じである（事物とは自然本性のことである）という。

これとは別に「獲得」（muktasab = epiktetos）知性がある。これは痛みを感じ（受動され）、経過（経時 = 生成壊敗）および痛みを痛みとして感受することによって（受動感得されることによって）ただ人のからだの中にだけ見出される（証される）ものである。これこそ普遍知性の光の光。また魂というものも定義（限定）できない。なぜといってこれは単純実体（スブスタンチア）であり、どの単純実体も不可分であって、不可分なものは類をもたないから。類をもたないものは種ももたず、種のないところに差異もない。定義（限定）は類、種、差異に基づくものではないとはいえ。いずれにせよ類をもたぬところには定義（限定）はない。とはいえ、魂を定義（限定）できない訳ではない。これは単純実体であるにせよ、からだ（ittaḥadat）と知性の光（ta'allafat）が合一したものであるから。また、魂とは諸事物をもっとも深い水準で感得する力能であり、魂とは組み合わさった（集合）実体である、と教えている。

しかしアリストテレスはプラトンを前に、こう抗弁した。「すべて組み合わさったもの（集合 mu'allaf）はあらためて解くことができる。解くことができるものは過ぎ去る（生成壊敗する）ものです。いったい先に単純と言われたものが、どうして複合したもの（murakkab）でありえるのでしょう」と。しかしエンペドクレスは最初の定義（限定）をもって語ったのであって、後者は解説である。合一というのも知性の光と結びついているという意味であって、それ自体が集合したものであるといっている訳ではない。いずれにせよプラトンもサリトゥス Saritus[*]もエンペドクレスの説の正しさを認めている。

また、「魂はあらゆる事物のうちに潜在しそれを実現している［元］像（ṣuwar, イデア？）の数々、形相や色の数々を採る（を写す）単純実体である」とも言われる[**]。また、「魂はからだ（コルプス）（ğism）と合一してあるのであり、その（からだの）自然本性としてあるのではない。一方、その（からだの）中の自然本性は（からだと）合一しているものではない。しかし［なんらかの事物の中には］自然本性があり、すべて［なんらかの事物と］合一しているが、それは結合しているところのものから分離され得るものである。なんらかの自然本性をもつものはどれも受動的（maf'ūl）に捺印を受けとるが、これを捺印されたことを知りつつ合一することで現勢する（能作的となる）。すべては受苦され（受容され）経時（生成壊敗）する。それは食物が消化され、消化されぬものが残るようなもの。それ（魂）はそれがその内に留まっているからだ（コルプス）（ğasad）を強要し、更新し、賦活して、より安定したうごき（活動）のうちに実在するものであり、天の（卓越した）神の霊（息吹き）によって創造された霊および知性は、どちらも中間媒介なしにこのからだ（ağsām）の中に移植され（埋め込まれ）ており、その内に見出される。それらは太陽の光が太陽に属するものであるように、からだ（ağsām）に合し（属し）ており、それらは光線のようにからだ（badan）へと注ぐ。この序列秩序により自然本性は感覚感受、想像、記憶、思索等々（からだの）さまざまなはたらきを司っている。

＊Saritus：フナイン・イブン・イシャク *Ādāb al-falāsifa*, I.19.14 に Sawitus とある名と同じであろうが、レーヴェンタール Loewenthal がこれをスヴェトニウス Suetonius としているのには根拠がない（Honein ibn Ishâk, *Sinnsprüche der Philosophen*, 1896, p.81）。

＊＊この言明はジャービル Ğābir, *k. al-hudūd* (ed. P. Kraus, *Jābir, Textes choisis*, 1935, p.109）にみられるもの。その巻頭の翻訳は Kraus, Studien zu Jābir ibn Hayyān, *Isis*, XV, 1931, pp.15-30 に公にされている。

29 「月の山」のものがたり

（▼三章註10）

三章【一】のあと、亞英版では「月の山」での僭主アウナ Awna の事績の長いものがたりがある。以下同版から補綴：「ヌバー Nubah の王アル‐ワレード・アル‐アムレーキイ Alwaleed Al-Amleeky は周辺の諸王国を制圧するため大勢の兵卒を率い、手当たり次第に征服していくうち、王女を戴くエジプトの民の魔術や護符の知識について耳にし、民を支配するためにその僭主が本当にこの業を使っているのかどうか見聞させるため、自らの廷臣の一人アウナ Awna を遣わすこととした。アウナはエジプトへと遠征し、その地を征服して、彼らの宝に手をつけた。王もまたアウナの援軍にエジプトへと駆けつけ、エジプトの宰相たちを殺害し、彼を牽制しようとしたナイル川沿いのすべての国を圧服した。三年の支配の後、王はアウナが新たに征服しつづける諸国の管轄を彼に任せることとした。長年月をスーダン王国での戦闘に費やした後、王はその地を取り囲む密林からその名を採られた黄金郷アル‐バティハ Al-Batiha に到った。ナイル川が流れ込むその地を歩みつつ、王は太陽神殿に到り、そこで霊たちが王に語ったものがたりは、『アマリカ *Amalika*』および『アル‐カバト *Al-Kabat*』と称される文書群に遍く載せられている。また王は月の山へと到る。これはたいへん大きな山で、これが月の山と呼ばれる理由は、決して月がこの山を越えてあらわれることがないからだった。なぜといってこの山頂は赤道（昼夜平分線）から十五度の高みにあり、その高さは山の一七三三マイル手前からみて一〇〇〇マイルにも及ぶから〔正三角形を二分した直角三角形になっており、これだと仰角は30°になるが……いずれ黄道の赤道に対する傾斜が約8°であることを勘案すると、この山を南にしては月が見えないことになる。つまり月が描く弧を覆う山を月の山と呼んでいることになる〕。王は山を眺め、ナイル川がそこから流れ下って湖をなし、そこから赤道を通過してインドの火山の周りに溢れ、ふたたび月の山の麓に流れ戻っているのを見た。そして王は城を見つける。これはヘルメスがアル‐ノディシェール Al-Nodisheer の時代に造った銅像群で飾られていた。その八五の銅像は水路を兼ねており、砂地や耕地に溢れることなく、民が共同で使えるように貯められていた。さもなければ辺り一帯は水没していただろう。

ある民の言うところによれば、四つの川の水源はみな同じで、黒海の後背地にある黄金郷に淵源しており、その四川とはセユハン Seyhan、ジェユハン Jeyhan、アル‐フラト Al-Frat、そしてナイル Nile である。また彼らによれば、この川水が黒海に注ぐ前は蜂蜜よりも甘く、樟脳(カンフォラ)よりも香り高いという。

アル‐ワレード王は堂々たる高山である月の山をまのあたりにして、これに登攀して下界を眺めたいものだといろいろ試みた末、ついに登頂に成功した。しかし彼は悪臭漂う黒海を見て、その匂いを嗅いだ。この匂いを嗅いだせいで多くの者がいのちを落としてきたが、王は悪臭が肺を襲う前に下山することを得た。彼は太陽も月も見ることができなかったが、夕焼けのような赤い光を見ることはできた。

王がまた戦争に出かけているうちに、アウナは自らエジプト王を僭称し、民に君臨する僭主となった。彼は魔術をもって民を支配するとともに、以前にもまして魔術師たちを重用することとなり、神殿や神官たちも彼を頼るようになった。国中の娘たちは結婚するまで国を出ることを許されず、金銭に執着しすべて彼自身のものとなした。ある夜、彼の夢にアル‐ワレード王があらわれた。そして王は、いったい誰がお前に王位に就く権利を与えたのか、いったい誰から他の王の娘たちと結婚する権利を、民の金銭を無理やり巻き上げる権利を授かったのか、とアウナに問うと、王は王を擬装した者を断罪した。そして王は夢の中で、煮えたぎった油が入った樽を運ばせ、彼の衣装を脱がせて油の中に落とそうとした。そこに鷲のような鳥が飛んできて、アウナを警吏たちの手から奪い、彼を連れて空の高みに昇ると、山の頂に舞い降りた。アウナは山頂から谷間の腐臭のする泥濘の中へと転げ落ちた。彼は恐ろしさに震えつつ目覚めた。彼は王の気質と無慈悲な処罰については重々知っていた。王がエジプトへ戻るとの報を受けると、アウナはエジプトから逃亡することを決意した。しかしその前に彼は信頼する幾人かの魔術師たちに夢のことを告げ、彼はたいへん怖れ、エジプトを去りたいと思うと相談した。彼らはアウナを救うことができると請け合ったが、そのためには彼らが言う通りにしなくてはならないとの条件を提示した。彼らの言うことはなんでもするとアウナが誓うと、彼らは、夢の中であなたを救った鷲こそあなたに同じようにすることを望む霊である、と答えた。なるほど鷲は夢の中でわたしにこの好意を忘れるなと告げた、とアウナは言った。すると魔術師たちは、彼がなすべきことは黄金の鷲を造り、その眼に二つの宝石を象眼し、その像のすべてをさまざまな石で飾ることである、と言った。そこで彼は神殿を建て、その中央に鷲を安置し、絹布で覆った。彼はそれに平伏し、燻香を焚き、生贄を捧げた。そして霊が彼に語りかけてくれるようにと、彼は鷲を崇め、民にもこれを崇めさせた。すると鷲はアウナに自らを讃えるための町を創建するようにと命じた。それは城砦ともなり彼の避難所ともなるであろう、と。そこで彼は建築家たちにエジプトの西方、快適な風の吹く土地に、峻厳な山の間を塞ぐように町を造営するよう命じた。アウナは魔術師たち、重臣たち、建築家たちとともに、大勢を引き連れ、食糧を荷車に積み込んで出立した。その轍の跡は今日まで残されている。彼らは二リーグ四方の土地に町を建造することとした。彼らは井戸（穴）を掘り、そこに豚の銅像を納めることとなった。豚の顔を東に向け、土星（サトゥルヌス）がこれと一直線をなすようにすることで、土星（サトゥルヌス）がある間はあらゆる損壊を免れることとなるだろう。そこで彼らは豚を生贄を捧げ、アウナの顔にその血を塗って、彼の髪を香で燻した。豚の毛、骨、血、肉、胆嚢を取り出し、豚の銅像の中に納め、胆嚢を像の耳に入れた。そして豚の残りの部分を焼き、その灰を豚の銅像の両前脚の間に据えた銅のうつわに容れると、土星（サトゥルヌス）の霊を召喚した。また彼らは銅製の円蓋のある扉を造り、その円蓋の周りに槍を手に握る騎士たちの銅像を据えた。そして黒大理石に赤と黄の大理石を積んで町の基礎とし、町の一番高いところに数多の扉がある大きな城を建てた。その扉の一々はさまざまな石を象眼した巨大な鷲の像で飾られ、槍をもった騎士の像が町の外を警備するように立てられた。また水は町の東側に引かれた。アウナは最初に造ったのと同数の雄鷲を造り、これらに血を塗った。また十分な樹木や草花を植え、農地を耕させた。松の木や檸檬のような木を十分に十年間植えつづけた。彼が造営したこの町はマナフ Manaf の町から三日の行程で、毎年、鷲が彼の上を翔ける時には四日の休暇を取った。ひとたびこれを成し遂げると、アウナは寛いでこころ安んじた。アル‐ヌバーの地から、食糧とその他の必需品を送るようにと命じる王アル‐ワレードの書簡を受けとるまでは。アウナはそのすべてを船に積んで王のもとへと送った。王の到着が間近に迫ったかのように、彼は息子たち妻たちを集めて彼が造営した町に身を隠し、王の出迎えはエジプトにいる後継者に任せた。エジプトの民は王を歓迎し、アウナの所業を王に訴えた。そこで王はアウナの居所を尋ねた。彼は王の怒りを怖れて王から逃げ出した、と民は言う。すると王は本当に怒り、彼を捕らえるための大軍を仕立てるよう命じた。しかし民は王に告げる。彼が建てた城砦は堅牢で陥落させることなど不可能、なぜといってそれは魔術と護符で護られており、どんな軍隊もそれまのあたりにすることもできぬまま敗北を喫するから、と。アウナが用いる妖術はあまりに強力で、敵する兵士たちは立ったまま死ぬか、眠っているうちに殺されてしまう、と。そこで王はアウナに、戻ってくるように、さもなければ王の手が彼に触れた瞬間真っ二つに切り裂いてみせよう、と書簡を送った。これに対するアウナの返答は次のようなものだった。王の要請にお答えしていつでも必需品および軍備を提供しましょう。またわたしは民が悔告するように逃亡した訳でもなく、彼らは嘘をついているのです。この城砦を造ったのも王の護りのため、町を他国の攻撃から守るため。わたしはいまでも王の忠実なる臣下でありつづけております。ただ敵の攻撃がはじまるかもしれないこの持ち場を離れ、王のもとへと伺候いたしますなら、王をお守りすることすらかなわなくなりかねません。アウナは数多の宝石貴石それに財貨を添えて王に送った。王はこの宝ものに心躍らせ、民に嘘をつくなと言って彼らを処罰し、彼らの財産をとり上げ、一二〇年にわたって彼らを支配することとなった。その後、王は騎乗中に突然馬から落ちて亡くなった。読者よ、ここに王とアウナのものがたりを掲げたのは、彼らがどれほどこの分野の知識に長けていたか、いかに彼らがこの知識を日用のすべてに用いていたかの例証とするために他ならない。」

30 **魔術を学ぼうとする「キリスト教徒の少年」**（▼三章註17）

三章【二】のあとに亞英版では、ムスリムの長老とキリスト教徒の少年の対話、アレクサンドロス王のさまざまな事績が列挙される。以下同版から拾っておく：「この学者はまた、バビロニアからムスリムの長老(シェイク)のもとにやって来たクルドの異邦人の魔術にかかわる別のものがたりをも載せている。彼が、魔術について学びたいのですが、と言うと、長老は、あなたはなにを信仰しておられるか、と問う。彼が、いまのところわたしはキリスト教に従うものです、と答えると、長老は、ではキリストがなしたように死者を蘇らせてみたまえ、と言った。少年が、わたしはどうすればいいのか知りません、と言うと、長老は、そんなことでどうやって魔術を学ぼうなどというのかな、と応じた。少年が、キリストがなしたことは魔術だったのですか、と問うと、長老は、彼が自覚していたかどうかは知らぬがそのとおり、と答えた。少年は長老に、それについて教授していただきたい、と頼んだ。長老は少年に筆をとって長老が彼に語ることを自らの手に書くようにと言った。言われるままに少年が書きとめると、長老は少年に、自分の手と書きとめたことを見るようにと言った。自分の両手を見るとたちまち少年は意識を失い、長時間魔術の眩暈に陥った。彼が意識を取り戻すと、具合が悪いのかな、いったいどうしたのかな、と長老は尋ねた。分かりません、と少年が応じると、長老は、あなたになにが起こっており、わたしがあなたの手に書かせたことの意味も分からぬなら、あなたにはこの知識を学ぶ力がないのだ、と言った。少年は長老の魔術の業に驚愕しつつ自らの両手を見ると、ふたたび意識を失った。しばらくして彼が意識を取り戻した時、長老は、具合が悪いのかな、いったいどうしたのかな、とあらためて問うと少年は、もう充分です、わたしを放っておいてください、と言った。これを聞いた長老は、あなたはあなた自身を知らないのだから、勝手になさい。あなたには魔術は向いていない、と言った。少年は、もう両手に書かれていることを見ずにそれを洗った。長老は、知識を得るということは知解することである、と告げ、その自然本性を理解し得ない知識など捨てたまえ、と少年に勧告したのだった。

この知識を得た民の格言についてはすでに述べたところだが、彼らの智恵について観念するために、また別の格言を挙げておきたい。その古伝のひとつ。自ら身につけた不思議なしるしを刻んだ指輪をアレクサンドロス帝にみせた男のはなし。魔術の知識に精通したアレクサンドロスは男を引見するにあたり、澄んだ鏡を手にしていた。それゆえ、帝はさし出された指輪の力能について、すべてこの鏡に映し出されるままに知悉していたという。男はアレクサンドロスの護符図像(魔術)に関する知識に大層驚かされたのだった。

また別伝に、アレクサンドロスは雌牛をもうち負かす蛇のことを耳にした。そこでアレクサンドロスは彼の魔術師たちに蛇をうち負かす雌牛をつくるようにと命じると、彼らは帝の望みの護符図像(魔術)を雌牛につけた。これは大変強力で、蛇の護符図像(魔術)(?)を一掃したという。

また他に、王アル－ハバシ Al-Habashi に関する言い伝えもある。この王が敵対者に駱駝を遣わすと、この駱駝は敵対者を捕らえ、王のもとへ囚人として引きたてた、という。

また、弓射手が敵に向かって弓を引いたのだったが、敵ではなく彼自身を射当て、死んでしまった、と。

また、二つの類同(相似)なかたちが(磁石のように)引き合うことについて。

また、雛のために餌を集める鳥について。

また、うごきを止めるよりも、止まったものをうごかす方が容易であり、静止したものをうごかすことはうごいているものを静止させることとは真逆である、といった哲学的な言辞もある。

あるいは、女は男にとって磁石のような(男を引き寄せる)ものであり、男は女にとって磁石のような(女を引き寄せる)ものである。

あるいは、湿は乾に逆し、節度(中庸)は切望に逆し、理拠あるこころは愚劣に逆し、光は闇に逆する。

あるいは、下位なる形相(かたち)は上位なる形相(かたち)に従属する。

あるいは、水が静止を受け入れるならそれは土となり、土が運動を受け入れるならそれは水となる。

あるいは、風は手も首もなしに運び、火は口も歯もなしに貪る。

あるいは、円周とその中心をむすぶ軸は短くても、それは数限りなく存する。

あるいは、指輪こそがソロモン王の力能であった。彼がそれを身につけるとすべての精霊、人、風、鳥は彼に従ったが、それを外した時には彼はただの人に過ぎなかった。

あるいは、棒杖は折れ、紐は切れる。

あるいは、実践がおわるところ思索(観想)がはじまる。

あるいは、一々の人にとって友とは彼が知っている者のことであり、敵とは彼が知らぬ者のことである。等々さまざまな格言があるが、本書の意図するところとは別に万般にわたるそれらすべてを挙げる訳にもいかない。」

31 イブン・ワッシーヤ『ナバテアの農事書』魂論(▼七章註1)

いまだ霊(スピリトゥス)(精気)と名指されない基体(スブスタンチア)としてのあるもの(非コルプス的ななにものか)、葡萄酒(アルコール)について(『ナバテアの農事書 *Filaha*』918(1)–931(19))。

「以下の長い論議においてはわれわれの魂を力づけ快活になすべくわれわれは象徴的に語ってみることにする。われわれが植物、事物、流れる水、美しい花、緑の地、快適な草地を見るとき、しばしわれわれの魂はこれらを愉しみ、魂を襲い覆いつくす悲しみを和らげ紛らわす。それはちょうど葡萄酒を飲むとき、人は悲しみを忘れるのにも似ている。

とすると、先にみたように土から生え出る椰子の木を伝い登る葡萄はより高い世界を眺めるものの謂いであり、これは世界魂がわれわれのうちにある個々の魂にはたらくのにも似てわれわれの魂にはたらく。すでに述べたように、われわれはここでわれわれの魂についてのみ論じているのではあるが、これらから排除できない関係性をもつものもある。それゆえ、われわれの魂だけをとりあげて論じるにせよ、魂に関係をもつものをも含めて語らざるを得ない。

われわれの中にある個別の魂の運動は全世界の魂――つまり世界魂あるいは太陽――の運動に準じるものであるので、個々の魂のさまざまな運動は世界魂に結びついている。個々の魂は世界魂に由来するものどもであるが、分割分離可能であり、この世界魂はこれらの分離した個別の魂を包摂するとともに、これらに（運動を）供給する。それゆえ個別の魂を歓ばせ力づけるには、これが世界魂になんらか類同であり、これの世界の内に場所を占めるのでなければならない。そしてすべての植物その他の事物に卓越する葡萄について、ここに銘記しておこう。

誰か言うかもしれない。個別の魂が世界魂に由来するとすると、これら個々の魂はお互いに相似類同でなければならない。それゆえわれわれにとってこれらは異なったものに見えるにせよ、これらはすべて一であり同である。しかしこれらの相違は、そのあるものは木星から、あるものは月から、あるものは太陽から、と異なった諸原因（遠因）に由来するものである。汝はこれらがただ太陽のみに由来すると主張するが、そこにある判断の誤りは、単純なものの部分はこれが属するところのものすべてに類同であるという汝の論議にある、と。われわれはこれに答えて言おう。個々の魂が相違しているのはこれらに到来するところのなにものか、これらが分離し分散した後にこれらと合するものどもによる。これらに到来し、これらをどこか変ずるものどもとは、そこに魂が据えられる体軀（物体性）al-ajsām であり、これらの相違はその住処の相違によるものである。体軀（物体性）――魂の住処としての――はその量的成長と減衰をもたらす滋養として摂取するものの質料の相違によって異なる。一方、個々の魂はその基体（実体、ウシア）jawhar に一切の変化を受容しない。とすると、個々の魂はそれぞれが住処とする体躯に従って変じ、体軀は成長と減衰を受けとる質料的基体（実体）に従って変じることになる。

四つの自然本性つまり熱、冷、湿、乾もまた、継続的に体軀を変じる。体軀は変化を二様に受け取る。体軀は変化と変質の継続状態にあり、生長と減衰を起こす。魂はこれら（体軀）の中にあり、これらに隣接して体軀の変化に応じて変化するが、魂の本質 dhāt あるいは基体（実体）において（変化するの）ではなく、常に消滅変移状態にある可滅的な諸偶性の変化による。しかし魂は体軀に隣接しており、五感から諸感覚を受けとるからといって、魂にはこうした諸変化は起こらない。これら五感は魂に入り込むとともに常にこれになにものかをもたらし、魂は変化を蒙る。それゆえ魂は様々な事由から変化を蒙るのではあるが、それは基体的あるいは本質的な変化ではない。個々の魂は他の体軀へと移る――これらは常にその体軀を替える――ゆえに、どの体軀から来たものか永遠に忘れることとなる。この忘却は魂が体軀から受けとる変化によるものであり、さらにこれらが分離してきた世界魂をすら忘れることとなる。

個々の魂の状態はしばしば相互に明確に相違している。これは高い世界から降下して個々の体軀に据えられる魂の数々が、体軀から体軀へと移る個々の魂とは違うからである。高い世界から降下してきた魂は変化を蒙るのではなく、その知識と叡知においても高く、諸事物の把持（知解）においてもそれらのリアリティーに準じてこれを得る一方、体軀から体軀へと移る魂にはこうした特性はない。体軀から体軀へと繰り返し移り住む個々の魂は、必然的になんらかの重さ（濃密さ）thiqal ma を得ることになる。それはその基体（実体）においてではなく、ただその運動においてのことではあるが。魂の中の変化はこれが体躯の中に長く住み過ぎた結果である。

アダマ Adama は言っている。個々の魂がその重さを投げ捨てる時、忘却は去る。魂から忘却が去る時、その重さは去り、本来これが存した世界が呼び覚まされ、そこに帰還したいと欲するようになり、太陽光線に付着して（を向いて）この下なる世界から逃れようとする。しかし魂にはその必要もなく、穢れた体軀の汚れに悩まされることもないので、これが上昇するべき場所へと上昇するために太陽光線に助けを求める必要もない、と。

これが個々の魂の変化の理由であり、そこには変化をもたらす様々な理由がある。ここで、葡萄酒を飲むことにより魂に起こる変化について検討してみることにしよう。これは魂に起こる諸他の変化と類同なものであるのか、それとも何か違ったものであるのかについて。他の諸物によって起こるのと同じ変化であるとするなら、葡萄酒はそれらのものと同じであり、葡萄酒も他の諸物も世界魂にとっては類同なものとなる。しかし葡萄酒を飲むことによって魂に起こる変化が他の諸物がもたらす変化とは逆のものであるなら、この葡萄酒というものは太陽のはたらきにより太陽が葡萄に賦与した基体（実体）である、ということをわれわれは知ることとなる。また、金星（ヴェヌス）は葡萄酒と格別の関係にある、とわれわれが言う時、これは太陽が金星に賦与した悦びと愉しみを言っているのであり、この悦びと愉しみは特に葡萄酒に委ねられている。

しかしこうした証言だけではわれわれは満足できない。われわれとしては、葡萄酒を飲むことによってもたらされる歓びと愉しみについて、より強力な証拠が欲しいところである。そこでこう考えてみることにしよう。誰か適量の――少なすぎもせず多すぎもせず――葡萄酒を飲む時、悦び愉しむ。これとともに魂には勇気と大胆さももたらされる。もしも彼が十分に飲まないで、誰かが何かを考えるならこの思惟が彼にもたらされ、彼の魂にこれが感得されることになる。悦びと愉しみはさて、これら二つよりも大きな利益がある他の二つの利益と変化が、葡萄酒によって魂に加えられる。

とするると、葡萄酒は他のもののはたらきとは違うはたらきを魂に及ぼす、ということが分かる。葡萄酒は魂と僅かばかりの相貌を共有し、別の相貌においては異なっている。適量の葡萄酒を飲むとしばしば歓びや愉しみとは違う、先に述べたものが魂にもたらされる。他のものともども葡萄酒も歓びと愉しみをもたらすが、葡萄酒はこれらよりも大きな他のはたらきをも引き起こす。葡萄酒がもたらすことがらを列挙するなら、きっと長くなることだろう。

こうした特殊性およびあらゆる他のもののはたらきとの相違の由来（原因）は太陽にあり、太陽が他のものには賦与しない賜を葡萄に与えるからに他ならない。葡萄酒が魂に与えるすべてのことがらにもかかわらず、賢者たちはこれと同じように魂にはたらく別の諸物を探し出した。しかしこれらの物はすべて、それらの物体（コルプス性）を分与することによって魂に到来する。こうした変化は魂の中だけで起こる――物体（コルプス性）の分与（参加）なしに――歓びや愉しみである。魂はこれらの物を、これらの物を分与している物体（コルプス性）なしに受けとる。民にとっては、歓びや愉しみ以上に魂に伝えられる（分与される）にふさわしいものはこの世に見つからない。しかし、魂と物体（コルプス性）とを一緒にもつこれらの物のうちに識別されるのは、魂に生起するそうした変化の特質がどこか物体（コルプス性）から、物体（コルプス性）とともに魂が受けとるなにものかであるということ。そしてこうした変化のすべては魂のうちに物体（コルプス性）が参与することによって生起する。上述したところ――歓びと愉しみだけが体軀（物体？）の参与なしに魂のうちに生起するものであるが——以外に、葡萄酒が魂に及ぼすのと同じことがら、同じ効果をもたらす他のものが見つかる。

この主題の探求は、歓びと愉しみは魂の状態である、という結論にわれわれを導く。つまり魂が受けとるのはこれに物体（コルプス性）が参与することのないところのものであり、魂におけるこの状態は魂に固有の基体（実体）に由来する。物体（コルプス性）あるいはその他の基体（実体）は一切それに参与する方途がない。われわれのうちにある個別の魂は永遠、恒久にして、永劫に先在する（永遠にして終わりなく始めもない）太陽の基体（実体）からなっていることについてはすでに見たとおりであり、ここから、それ（魂）に基体（実体）において類同なるなにものか（太陽）からそれ（魂）に伝えられるものは、同じ基体（実体）からなっていることが分かる。ここでこれを魂に伝えるものが葡萄の汁であり、これの基体（実体）は魂に似ておりこれを映すものであるから魂の基体（実体）に類同である。つまり歓びと愉しみは魂の状態であり、これは魂が高い世界から受けとるもの、葡萄酒が伝える（分有している）ところである。それは葡萄酒が魂とその基体（実体）において類同であり、魂が太陽の基体（実体）からなっているからである。

こうしてわれわれは、太陽の中に感得するものおよび太陽を分与するところの大部分を、ただ常在性と永劫性を除いて、葡萄酒の中にも感得しこれを分与することになる。ここに（太陽の）諸特性の多くを葡萄酒がもつことが分かる。葡萄酒は葡萄の果実から得られる汁からなるが、ここから葡萄は太陽の摂理（太陽から供給されるもの）を格別享受しているものと考えられる。太陽は葡萄の汁に、なんらか自らの状態を映す状態を賦与するのであり、ここから葡萄酒はあらゆる植物の汁の中でももっとも高貴なものとされる。他のいかなる植物も他のいかなるものも、葡萄酒の自然本性に類同な自然本性をもつものではない。

サグリート Saghrith は言う。葡萄酒について語りつつ、なにもわたしはその境界を踏み越えているつもりはない。わたしはその基体（実体）と能作（はたらき）を太陽と同じ水準に挙げ、これが魂のうちに引き起こす歓びと愉しみを魂の質料素材と類同なものとみなすだけのことである。これこそが二つの世界の、またわれわれのうちにある個別の魂にとっての世界魂である。わたしは葡萄酒を個別の魂と同水準にまで挙げるつもりはない。わたしはそれを世界魂と同じ水準に挙げようとするだけである。なぜそんなことが可能なのだろうか。葡萄酒の誉れはこれが魂にもたらす歓びと愉しみにある、と考え、それが魂にとっての卓越した効用であり、これが魂にもたらす歓びの誉れである、と考えるに止めることなしに。どうかわたしが葡萄酒を個別の魂と同じ水準に挙げようとしているのではないことを理解したまえ——それは世界魂とだけ（同じ水準）にある。わたしが葡萄酒を讃える時に意図しているのはこれだけであり、これ（葡萄酒）を個別の魂と同等に論じているなどということは一切ない。

いずれにせよ葡萄酒を称賛するのはなにもわたしがはじめではなく、往古のカスダニアン al-kasdaniyyin、カナニアン al-kan aniyin、ナーリアン al-nahriyyin、スーラニアン al-suraniyyin の賢者たち、そしてまた他のナバテア族 al-nabat の賢者たちに従っただけである。葡萄酒を褒め讃える点で彼らは一致しており、その卓越した価値を認める点で一致している。彼らはみなこの主題についてこうした意味合いで語っており、お互いの言辞に矛盾したところが窺えるにせよ、これを褒め讃え、葡萄酒に誉れを帰していることに変わりはない。にもかかわらず、彼らは個別の魂とこれの由来、これの生起の源泉およびその諸要素（元素）という主題については不一致を見せている。万物は太陽に属する（由来する）という点について彼らは一致しているにもかかわらず。いずれにせよ、ここでのわたしの眼目は彼らの魂にかかわる言辞にではなく、彼らが葡萄酒を他のいかなる植物にもまして讃えている点にある。ただ、彼らの言辞のすべてが魂と結びつくものであり、これと一緒に語られているものであってみれば、葡萄酒を語るにあたり彼らが魂について語るところについても触れない訳にはいかない。

彼らは個別の魂について解説するにあたり大きく相違しているが、世界魂は太陽である、という点では一致している。世界魂という主題にかかわる合意につづき、しかしながら個別の魂に関しては相違をみせ、また僅かの者たちがとりあげているだけではあるが、何ものかを太陽と結びつけて考えることができるかどうかに関して相違している。カナンの賢者サルダーヤ Sardaya は、タムタラー Tamthara と同じく天文学者であったが、彼らこそ魂について論じた最初の者たちだった。彼らの前に、ナーリアンのカマース Kamas、バビロニアのアダマ Adama がいたが、彼はこれを月の使者とみなしている（彼は月の使者であった）。往昔、魂について著した者たちの中で、またこれに関しての異説のなかで、彼らは際立った者たちだが、彼らが世界と呼ぶ全一性から魂の数々が分離することでこれらが離散したとする点では一致している。ここでわたしはこの分離分割について彼らが言ったことに注目してみたい。なぜといってこれこそが人の諸他の特徴を論ずるための基礎となるものであるから。

この点に関する彼らの合意はその確かさの証であると言い得るだろうが、ここで彼らの一致した論議にある者たちが論じる観点を加えておくならより説得的となるだろう。あるものを二つの観点から論じることは、唯一の観点から論じるものよりも強い確証となるだろうから。魂の分離分割について彼らの論議のすべてを追わねばならないにしても、まず彼らが言う分離分割が魂の本質に生起するところ、それの基体（実体）にかかわるものであるのか、偶性にかかわるものであるのか、について観ておかねばならない。そしてもしもそれが偶性にかかわるものであるなら、それは持続（継続）的な偶性であるのかそれとも一過性、変移性の偶性であるのかについて。

サルダーヤは魂が分離分割されたことについて論じ、魂に生起したその第一状態が分離と分割である、と言っていることについてはすでに見た。しかし魂の分離分割はいずれ一過性の偶性であって持続的な偶性ではない。つまり、魂はその本質および基体（実体）が分離分割を受けるのではなく、これは魂に到来する分離性の偶性から受けとられるものである。彼は言う。もし誰か魂の分離分割はその本質において起こり、これは欲望する魂 nafs shahwaniyya、憤怒する魂 nafs ghadabiyya、および思惟する理拠的魂 nafs mufakkira ʻaqliya への分割である、と言う者があったなら、われわれはなるほど汝の言うとおりだが、それは魂の分離分割ではなく、魂の諸能力の区分に過ぎない、と言う。それら（諸能力）は体軀（コルプス性）と結びつき、体軀のそれぞれ相当する器官を介してはたらく能力である。これら諸能力のなかでもっとも高位の器官に起因するものが、この器官を用いてはたらく認識および思惟である。中位の器官の中にある諸機能が mulk（支配主宰能力）であり、この能力を介して勇気（剛胆）や憤怒が起こる。下位の器官の中にある諸機能により、嗜好（食欲）、欲望、自育が起こる。これらが魂の三つの能力であり、これらによって魂が一なる魂から三つの魂へと分割される訳ではない。

とすると、われわれの個々の魂は（世界）魂からなっており、その分離分割はその基体（実体）や本質に起こるのではなく、これらにとっては偶性である（偶性において起こる）。魂の中に、また魂からあらわれるこれら諸能力は、魂が体軀に結びついている時にあらわれる。しかし魂が体軀を離れると、これら三つの偶性のいずれも魂のうちに残らず、魂は魂だけが所有するところをだけ所有するにとどまる（魂は魂にのみ憑依する）。つまり魂が体軀の中に据えられると、体軀の区分分割に準じて分割区分される。これは魂と体軀の合一から魂が去る時に終わる一過性の合一である。

これが魂の分割に関するカナンのサルダーヤの論議である。タムタラーもこの見解に一致し、アダマもナーリアンのカマースもこれら両者に同意している。にもかかわらず彼らは、魂には体躯の場所におけるそれぞれの能力のはたらきは必要なく、それぞれの能力はそれぞれ存続するもの、と考えている。これらの存続はそれぞれの場所に配剤（分配）されてある。アダマとアヌーハ Anuha［聖書のノア］は、体軀こそが魂の場所である、と考えているが、上掲した諸他の者たちは、魂には場所はない、と論じている。先に魂の諸能力を帰属した諸器官は魂のこれらの諸能力を現象させる（あらわす）場所である。これは魂が各々の帰還をその活動にふさわしく調えつくりなすからである。つまりまさに諸感覚が調えられることにより、各々の器官の各々の感覚が規定される――これは他の器官に及ぶことはない。またこれは魂の能力の一つをもたらすその形相に準じて諸器官の一つをかたちづくり調える。

　ではここで古賢たちの言につづき、歓びと愉しみは諸器官にあらわれる魂の諸能力と類同であるのかどうか、五つの外部感覚の八つの能力の類に属するものであるのかどうか、考えてみよう。それがこれらに属するものであり、お互いに類同であるとするなら、それらは類同な様式ではたらき、魂のうちにある八つの能力のようなものであることになる。しかしそれらがこれらの諸能力およびそのはたらきに属さず、それらの間に類同な様式がなく、いずれこれらの諸能力と関連づけられないならば、歓びと愉しみは体軀と結んではたらく魂の能力ではなく、魂そのものおよびその基体（実体）に起因するものである、と知られることとなる。するとこれらは魂のあらゆる能力の中でも最も高貴で至高なるものであることとなる。まさに魂が世界に占めるのと同じ境位において。歓びと愉しみも原因と結果として、魂が原因となり歓びと愉しみが結果となるように、魂から来たるものではない。かえって歓びは魂であり、魂は歓びである。これらの本質が一にして同であることは、追々明らかとなる。これこそわれわれが論証しようとするところである。

　魂の内なる歓びが魂の諸他の五つの感覚あるいは三つ（八つ？）の能力とは似たものでないことの論証は、歓びと愉しみは魂の本質であり、魂の内なる基体（実体）であるということを証示することから明らかとなる。しかしそのためには以下のように言うことによって別の確証を付加しておかねばならない。

　脳は高位なる器官であり、思惟し識別する理拠的能力が生起する場所である。心臓は中位の器官であり、保護し防御し撥ねつける勇気と憤怒の場所である。肝臓は下位の器官であり、魂の嗜好（食欲）と生育力が起こる場所である。このようにそれぞれがその自然本性に属している。視覚は目に位置しており、色、像、形が魂に生起する場所であり、魂はこれらをこの感覚によって感受する。聴覚は耳に位置しており、音をある種の鼓動として魂にもたらす場所である。嗅覚は鼻に位置しており、匂いを魂にもたらす場所であり、これを介して魂は香りを感受する。味覚は口と舌に位置しており、味を魂にもたらす場所であり、魂はこれらを介してこれを感受する。触覚は全身に位置しており、これを介して魂が諸物の触覚を得る場所である。魂はこれらを介して感受するのだが、われわれは歓びと愉しみを魂が感得する場所を、あるいはこれら八つの感覚にみたように、魂から（へと？）これらが出来する場所を見出せない。

　しかし、心臓は歓びと愉しみに逆する、悲しみと不安の場所である、という者もあるかもしれない。一般に、「あなたはわたしの心臓に歓びをもたらした」とか、「あなたはわたしの心臓を悲しみで包んだ」とは、よく言われるところである。また「わたしの心臓はこれこれのせいで歓びに満たされた」とか、「わたしの心臓はこれこれのせいで不安に満たされた」と。それにとどまらず、「あなたはこれこれでわたしの心臓に苦痛をもたらした」とか、「あなたはこれこれでわたしの心臓を苦しめた（病にした）」とも。それに「某は勇猛な心臓をもつ」とか「頑健なる心臓」とか、「彼の心臓は怒りに乱れた」とも。このように多くの民は歓びと愉しみあるいは悲しみや勇敢さ大胆さ、臆病さ脆弱さの場所を心臓とみなしている。もしもこれが本当であるならば、勇敢さ大胆さや臆病さ無慈悲さ同様に、心臓こそが歓びと愉しみの場所となる。

もしもこれが本当であるならば、歓びと愉しみは体軀と結ぶ魂の諸状態の一つとなり、その場所は心臓ということになる。すると歓びと愉しみは、体軀とともに起こる魂のはたらきに類したものであって、魂の本質や基体(実体)に由来する魂の状態ではなく、魂が体軀と結ぶことで出来する魂のさまざまなはたらきに逆するものではない、ということになる。もしもこれが本当であるならば、歓びと愉しみは魂の中の本質であり基体(実体)であるという主張は偽となる。われわれはこれにこう答えることとしよう。あなたの果敢な反駁ではあるが、われわれに対するあなたの論議は、真であると証することのできない民の語る寓話に基づいており、実証できないものである。民衆はしばしば絶対に真でない多くのことがらを信じ込んでいるものだが、それらは彼らの想像に発する彼らのありよう(自然本性)である。果敢なる尋問者としての汝ではあるが、われわれの論述を拒絶する汝の方途は、われわれの知性によりふさわしい明証あるいは実証をもってなされねばならない。汝のように民衆の言や彼らの信憑に信を置き、確証もなしにあれこれ見解を変えるなら、汝がわれわれに強いるにせよ、そうした論議をわれわれは受け入れがたい、と。

民衆の信心には真でなく根拠のないことがらが他にも多くある。イシュター Ishitha(聖書のセツ)に追随する者たちまた彼が実践した信条を追う民は、この下なる世界にはジン jinn(精霊)と呼ばれる被造物がいると信じている。またこうしたジンのうちのある者はシャイアティン shayatin(ダイモーン)とも呼ばれている。また彼らは、砂漠や乾燥地にはゴウル ghul(人食い悪鬼)と呼ばれる被造物がいる、と信じている。これは上半身が女の姿で、下半身がロバの姿をしており、つまり脚の先にはロバのような蹄をもつ。また二十歳に満たないものがこれを見ると、体軀が麻痺して動けなくなり、これに捉えられて喉を裂かれ、血を吸われる、と。また洋上の島々にはアンクァ anqa(グリフォン)と呼ばれる被造物がおり、その上半身は鳥つまり頭には嘴があり、翼をもつ一方で、下半身は男の腿と脚。この被造物は東から西へと、また西から東へと一日で翔ける(毎日行き来する?)という。また彼らはインドの言葉を喋る海蛇がいるとか、中国には夜になるとお互いに囁き交わす話す樹木があるとやら言う。こうした愚かな嘘が数多あり、多感な民はこれを道理づけてさえみせるのだが、そのようなものがあり得ないことは理拠をもって証することができる。

彼らはしばしば嘘やら荒唐無稽な寓話を語るが、預言者の名においても聴くに堪えない大いなる嘘やら醜い偽りが報じられている。そのようなことを語る民やよく彼らの口を突いて出る言葉をもって、汝はわれわれに反駁し、これを義とするのだろうか。彼らから学ぶことなど何もなく、そうした言に権威などなく、そうした妄想についてはなにも論じるべきことはない。望みとあれば、こうした嘘や荒唐無稽な話について彼らが信じるところについて、彼らが疑うことのできない真実と現実をもって論じることもできる。それにもかかわらず、彼らのうちには自分が正しいと神にかけて誓ってみせる者もあるだろう。特に預言者たちの言は——これに反する者たちを不信者たちと呼び、自らの真実を疑わない者たち——純然たる嘘偽であり、疑いもなく荒唐無稽なものがたりである。彼らは預言者の血筋を疑う者たちを殺してしまうばかりか、こうした者たちを蔑し、こうした者たちの理拠づけを嘲笑してみせるが、嘲られるべきは彼らの方であり、脆弱なのは実在不能な荒唐無稽さを受け入れる彼らの理拠づけの方である。彼らこそ、時を経ても決して学ぶことない獣であり、決して目覚めることのない睡眠者たちである。そのような民の信条には真実はなく、従う師の言辞や見解に従うだけの彼らの言辞には論議する価値もない。理拠ある人はこうしたことをしてはならず、僅かにでも賢慮と判断力をもつ者は彼らに倣うようなことがあってはならない。

「あなたはわたしの心臓に歓びをもたらした」、「あなたはわたしの心臓を悲しみで覆った」、「わたしの心臓に歓びが起こった」、「わたしの心臓に悲しみが起こった」と彼らが言うところについても同じである。彼らがこう言うのは、彼らの想像において心臓が歓びや愉しみまた不安や苦しみの場所と想定されているからに他ならない。しかしこうした信憑は正確ではなく、彼らの想像は真ではない。であるなら、彼らが「あなたはわたしの心臓に歓びをもたらした」、「あなたはわたしの心臓に愉しみをもたらした」、「あなたはわたしの心臓を悲しみで覆った」と言われるところには何の正当性もない。そうでないとすると、彼らが信じるところは正確ではなく、彼らの想像は真ではない。

一般の民が受け入れているところ、預言者たちが説き教えたことと言われるもののすべてについて論じようとするなら議論は長大となるだろうし、こうした明らかな嘘と荒唐無稽を枚挙することは、理拠ある者や僅かながらでも賢慮をもつ者にとっては受け入れがたいことだろう。しかしそうしたことどもが民に受け入れられ、権威として語られてきたのである。理拠あり、賢慮ある者はそれが単なる嘘であり、価値ない虚偽であることを疑わないが、こうしたことを信じまた語る者たちに変わることなく遭遇することとなるのには啞然とする他ない。理拠ある者なら誰も信じないであろうことを信じる者たちの知性の脆弱さにもまた。そうした者たちは自ら言うことに疑義を感じたこともないのだろう。

こうして、心臓は歓びの場所ではなく、歓びも愉しみも体躯と結びあって魂の中に到来するものではないことが示された。であるなら、歓びと愉しみは魂のうちにあってその本質にして基体（実体）であり、いずれこれらと体軀と結びつくものではないことになる。もしも誰か、魂のうちで歓びと愉しみがあらわれる場所はどこか、と問う者があるなら、われわれは、諸器官の中にそれらがあらわれることになるような場所はない、と答えよう。いずれそれらがあらわれる時には、魂が体軀と結ぶことはないから。それらがあらわれる時、体軀が魂と結びついていないとするなら、それらは体軀の諸器官のいずれかから到来するのではなく、それらは魂の本質にして基体（実体）のうちにあることとなる。民が愉しむ時、彼らはこれを諸器官のいずれかに到来する魂のはたらきの指標としてみる慣いとなっている。魂はそれをある器官からあらわれ出させる原因であるとして。とすると魂のこのはたらきは体軀と結びついて起こることになる。しかし魂はこれらのはたらきを具体的にいずれかの器官からあらわれさせることはない。それが魂の本質と基体（実体）——体軀と結びあっていない——のうちに魂のはたらきとしてあらわれる歓びと愉しみである。

これが明らかとなると、葡萄酒が魂のうちに歓びと愉しみをもたらすこともまた、葡萄酒の基体（実体）が精妙なるもの latif を含んでいることが明らかとなる。この精妙なるものとは、精妙なる基体（実体）の精妙さに類同なものである。魂は精妙な基体（実体）であって、体軀ではない。それは高度に精妙なるものであり、精妙と言われるもののすべての中でも最も精妙なものである。であるなら、葡萄酒はこの精妙さを映した（にも似た）精妙さを含みもつ。これによって葡萄酒は魂のうちに歓びと愉しみを原因し、これにはたらきつつこれの中に変化をもたらす。これは葡萄酒より他の何も魂にもたらすことのない変化である。葡萄酒によって引き起こされるこうしたはたらきは、これ（葡萄酒）と魂の間にある類似（映像）によっている。これがこの論の端緒から証示したいと思っていたことである。

誰かわれわれに以下のように言うとしよう。詩篇を弾奏するのを聞いてはならない、キタラ、ハープ、リュート、レベク等々の楽器は魂に歓びと愉しみを起こすから。そこで彼は言う。実際、これらの楽器は魂と関連し、魂とその精妙さを共有しているので、魂に歓びと愉しみを引き起こす。これらの楽器と魂とは、汝が先に葡萄酒と魂の間に据えたのと同じ関係をもつので、これらの楽器と葡萄酒は同じ水準に置くことができ、これらは葡萄酒がなすのと同じはたらきを魂になす。古賢たち預言者たちが祝祭日に偶像神たちの前でこれらの楽器を奏でるようにと指示していることを、汝も知っているだろう。彼らは言う――そして彼らは真実を語っている――これ（奏楽）は神々を悦ばせ、神々はこれをなした者たちにすばらしい報いをもたらす、と。神々はこのはたらき（奏楽）に対してさまざまな約束をなしたが、その中には長寿、病患の平癒、疾病の除去、大地の豊穣、果実の成熟にかかわる約束もあった。これらは葡萄酒がもたらす諸条件を超えたより上位なる条件である。彼らがナイnay、バルガー ba'lgha、ダブサー dabusa（それぞれ吹奏楽器名）について、これらを誰かが吹く時に魂に到来する歓び、愉しみ、激情、強度、変化について語るところを、汝も学んだはずである。これらは葡萄酒と同様、魂の中に何ごとかをもたらすものである。

われわれとしてはこの人にこう答えよう。汝は二つの似て非なるものを類同なものとなし、お互いに等しくない二つの知見を等置している。葡萄酒の愉しみが魂に届きこれによって葡萄酒が魂に歓びをもたらすその通路は、楽器が手で弾かれる時に引き起こされる歓びと愉しみと同じ通路ではない。こうした楽器の音が聴こえ、耳と呼ばれる聴覚を通して魂に届くことで、魂は幸福にされる。これは目を通して視覚が魂に届くのと似ている。視覚もまた魂に伝えられ、これが捉えた物の中の何かが魂に歓びと愉しみを引き起こす。嗅覚もまた匂いの感覚を通して何ものかを魂に伝え、これに歓びと愉しみを引き起こす。これらは体軀の諸器官であり、これらを通して魂に到り、体軀と結ぶ魂を通して魂が歓びと愉しみを享けることとなる。先にみたように、魂は体軀と結ぶことで情動をもつ場合と、体軀と分離した情動をもつ場合とがある。器官の一つを介して魂にもたらされたもの、あるいはある器官を介して魂に届くものは、魂と結ぶ体軀の情動である。しかし器官から到来するのではないものはそれ（魂）の本質であり基体（実体）である。歓びと愉しみは、歌、旋律、楽器の演奏を聴く時にあらわれるが、これは体軀と結んだ魂に降るものである。これらが魂に到来するのは、人が器官つまり耳を介して音楽を聴く間のことである。

これと葡萄酒が引き起こす情動の間には明白な相違がある。葡萄酒の歓びと愉しみはいずれかの器官を介して魂に到来するものではないし、それが魂にあらわれる前にいずれかの器官にあらわれるものでもない。かえって誰か葡萄酒を飲み、これが胃に到り、湿気が混じ、その蒸気がある場所に流れ昇ると、魂と蒸気の近接性（類似）により、あるいはわれわれの見知らぬなんらかの理由により、歓びと愉しみが魂に到来する。古人たちはこのなにものかについて説明を試みている。われわれはこの主題についてそれより幾分深く知っているが、これについては先哲たちが公言しなかったところであるから、われわれもここでは緘黙せねばならない。

葡萄酒によって魂に到達し、そこに歓びと愉しみを引き起こすものどもは、諸感覚の一つからあるいは諸器官の一つから到来する。旋律や楽器の音を聴くことによってもたらされる魂の歓びと愉しみもまた、体軀と結んだ魂のうちに起こる。なぜならこれは聴覚という一感覚から魂に到来するものだから。葡萄酒もまたその内に一感覚をもつ器官、つまり口と喉を介して魂に到達するのであるから、葡萄酒も楽器の音や旋律を聴くことも類同の経路を通じて魂に届く、と言う者があるかもしれない。であるならば、それもまた体軀と結んで魂に到達するということになり、魂における旋律や奏楽の歓びは、葡萄酒の歓びと同じであって、両者の間には相違はないこととなる。

われわれはこれにはこう答えよう。葡萄酒が魂にもたらす歓びと愉しみは、旋律や奏楽を耳で聴く場合のように、唇、口蓋、喉から直接もたらされるのではない。旋律や奏楽は聴覚に入り、この聴覚は魂を歓び愉しませる情動をもたらす。しかし葡萄酒の効果はこれとは似ていない。これが魂に効果を及ぼすのは、しばらく時が経過してこれが腹に入り、これの僅かの量であれ魂に浸透した後のことである。葡萄酒によって起こる情動が諸他のものによって起こる情動と似ていないのはこの点にある。諸他のものによって魂に引き起こされる情動は体軀が魂と、また魂が体軀と結んでいることを示しているが、葡萄酒によって起こる魂の情動は体軀と結んでいない。これについては上述した幾つかの例で十分である。つまり、旋律や奏楽を聴く愉しみや歓びは体軀と結んだ魂に起こるが、葡萄酒のはたらきを受ける魂はこれをその（魂の）本質と基体（実体）に受ける。

　われわれが示したかったのはこのことである。葡萄酒が魂にもたらすはたらき（能作）はその本質と基体（実体）において起こる（に替わる——本質においては異なるも、基体（実体）においては同一？）。そしてその効果（帰結、現勢）が歓びと愉しみである。一方、旋律や奏楽を聴く時の効果は、体軀と結んで起こる。ここで明らかとなるのは葡萄酒の成分は魂に浸透するほど精妙な成分であり、これ（魂）を変じ、その内にそれまでは保持されていなかったなにものかを創造する、ということ。しかし音楽や旋律によって魂に引き起こされる情動は、体軀と結んで起こる。これら二つのことがらの間には大きな差異懸隔がある。これをより明らかにするために次のように言ってもよい。葡萄酒によって魂に浸透する歓びは、音楽によって魂にもたらされる歓びの情動とは違う。葡萄酒によって魂に起こる歓びは、人が求めてやまない普遍的諸物から魂に注がれるさまざまな賜（利益）によってもたらされる歓びのように留まり持続する歓び——なにか基体（実体）的に魂に浸透する——を引き起こすものである。音楽によってもたらされる愉しみは、歓び——旋律あるいは奏楽による——が起こるとともに過ぎ去るなにものかである。つまりこちらは偶性的であり非持続であるが、葡萄酒によってもたらされる歓びは持続的継続的で必然的（？）なもので、前者は後者とは似て非なるものである。ここに、葡萄酒から魂に注がれる歓びが音楽によって注がれる歓びと似たものではないことが証される。それらの淵源は同じ（？）であるにもかかわらず、その帰結は同じではなく、これが両者の相違である。これは明白であり真である。

　ここまでの論議をもって、われわれは葡萄酒が個別の魂と類同であると言おうとしているのではなく、それがもたらす効果のゆえに他の何にもまして葡萄酒を褒め讃えたいのである。また葡萄酒を讃えるとともに、すべての植物の中で特に葡萄を褒め讃えたい。植物に優先順位があるとするなら、それはその利益の豊富さおよび一般（普遍）性によるもので、人はこれをもって、これに準じてそれを決めるべきであろう。それらの間の優先順位はそれらの諸効果の高貴さのうちにある。それらが僅小であるにせよ、そうした高貴さに準じて定められるべきである。われわれはこの第二の方途に準じて葡萄を讃える。われわれが挙げた特性——それが僅小であるにせよそのはたらきの高貴さ——は葡萄にあり、これに属するものである。

Cfr. Janne Mattila, Ibn Wahshiya on the Soul. Neoplatonic Soul Doctrine and the Treatise on the Soul contained in the Nabatean Agriculture, *Studia Orientalia* 101 (2007), pp.103-155.

32 **魔方陣**（▼八章註36）

八章【二〇】にいう妊婦の出産を軽くする「十五の形象」について亞独版は、「三つの欄を加えると十五になる魔方陣」として下図二点をあげている（いずれも写本の欄

2	9	4
7	5	3
6	1	8

4	9	2
3	5	7
8	1	6

外註に遺されたものという)。

いわゆる魔方陣を七惑星すべてと結びつけてみせた事例として有名なのは、かなり後のコルネリウス・アグリッパ『隠秘(オカルト)哲学 *De Occulta Philosophia*』(一五三一年)第二巻第二十二章で、そこでは遅く遠い惑星つまり土星から順に縦横三欄からなる魔方陣が土星に、それぞれ四欄からなるものが木星に、五欄が火星に、六欄が太陽に、七欄が金星に、八欄が水星に、九欄が月に宛てられている。これは著者不詳のヘブル語文書『アシュ・メザレフ *Asch Mezareph*』を参照したものとされているが、問題の三欄九項からなる魔方陣の出自は遥かに遡るものだろう。

ちなみにこの縦横三欄からなるものについて触れた者は、イブン・エズラ(十二世紀)からイブン・クッラ(九世紀)、そしてスミルナのテオン(二世紀)にまで遡るだけでなく、考古学的知見からヘリオポリスのエンネアデス(九つ組)にかかわる解釈も存する。また中国の『河図洛書』の九数図も不可思議にもこれに連なる魔方陣として説かれている。

33 クレオパトラの護符形象(▼八章註80)

八章【三六】に掲げられる「二十六の形象」として、亞独版では次のような図が示されている。

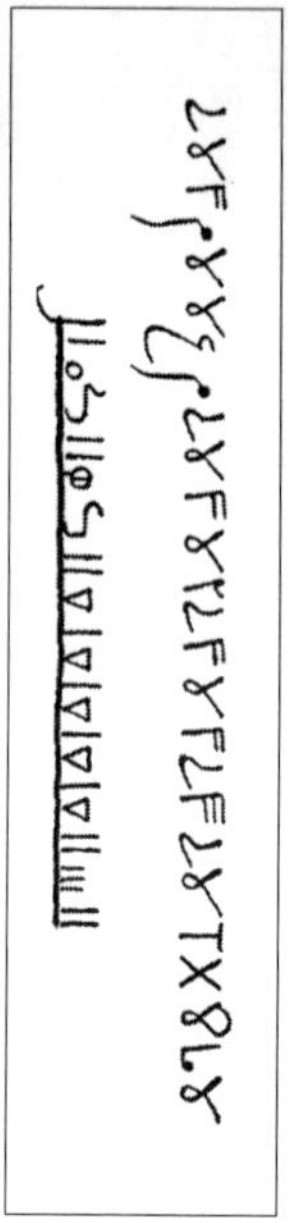

第II書九章から十章の不可解な図像形象は星辰群あるいは惑星と星座の形象をかたどったものであろうと思われるが、このクレオパトラの護符形象はどうやらそれらとは別様のものにみえる。クレオパトラとはつまり「父の栄光」の意であり、ここでフォロペドラと記されたのがその異名であるのか、「父 pater に親炙するもの」というその意は本書の文脈で容易に「石 petra に親炙するもの」に変じる。さらに使徒ペテロに就くキリスト教徒にとっては、隅石ペテロは新たな息吹を吹き込まれる。
亞独版註に「本文に二十六文字とあるのは、おそらく一行目のみを数えるのだろう。ミュンヘン写本(バイエルン国立図書館蔵)には二十五文字しかなく、下線つきの二行目も欠けている、云々」とあり、またパリ国立図書館写本 BNF lat.17871 では三行に分けて記されている(口絵[30]参照。これはより原形をとどめていないもののようにみえる)。
亞独版の図像形象は、アラビア語として解読できないものとして図示されている訳だが(ピングレーは「アラビア語表記の魔術的アルファベートの混入」としているが)、第二行の末尾あるいは頭か、つまり左側半分くらいは、たとえばペトルス・アバヌスに擬される不可解な書『ヘプタメロン』の月の天使ガブリエルにも似ている(左下図)。これはいわゆる「オリンピカ魔術」、あるいは『驚異の書』の類に写され、西欧ルネサンス以降の魔術書にも類似の図像が散見されることとなるもの。

しかしそれがアラビア語ではない、とするとヘブル文字なのか。それとも本訳書でインドと訳したヒンドゥー文化圏でのサンスクリット語表記の変形ナーガリー文字による表記を写したものであったのかもしれない。たとえば、チャンドラ・マントラ。本邦でも密教的伝統において真言が梵字でそのまま写されることとなった経緯については本書の境域を遥かに越え、東洋諸学に造詣の深い諸賢に委ねたい。

ॐ ऐं क्लीं सोमाय नमः ॥
(Om Aing Kling Somay Namah ॥)

付録　『ピカトリクス』を読むために

『ピカトリクス』大要

M・プレスナーによる亞版梗概(1)

以下はこのしばしば無秩序な書の道案内を企ててみた〔亞版〕梗概である。本文一覧を一瞥すればその章立ての散漫さに気づかされ、またこれを精読してみるなら個々の章が目的とするところが思いのほか深い拡がりをもっていることが分かる。本書を通じて、哲学的理説（著者に従うなら、これが護符（図像）の業の礎ということになる）、魔術、天文学、占星術の理論また自然学の知識、この業の実践にかかわる多岐にわたる論議、これを実践する者たちのものがたりが区別なしに寄せ集められている。そこになんらかの体系的記述を探すとするなら、それは占星術的天文学的記述ということになるだろうが、これすら自立した秩序に則った記述とは言い難い。これらに関する主題群もばらばらに（たとえば地理的事例について挙げるなら〔171〕以下および〔394〕以下〔数字は亞版頁付け、本訳書上部欄外［ ］に相当〕）散漫にとり上げられており、長い間隙をおいて（たとえば、〔78〕および〔343〕）思いもかけない場所で再見することになる。そのせいで読者はいよいよ困難に晒されるという訳である。

こうした書式もかなり意図的なもので、魔術的な記述に嫌疑がかからぬようにとこれを理論的記述に編み込んだり、ある種の教説の奇異さを減じるためにすこしずつ混ぜ込んでみたり、魔術と哲学（自然学）の有効性を同等に論じたり、これら三つの理由が混ぜ合わせられたりしている。いずれにせよ、純潔兄弟団（Ihwān al-Ṣafā'）の百科全書である『賢者の目的』も類同な書式で編まれている。

以下に本書を総覧し、その出典を可能な限り素描してみる。これは本書の無秩序さを合理的に秩序づけようとしたものではない。

第Ｉ書

序。幾つかの自伝的要素を記した後、著者は本書著作にあたっての企図を、古の哲学者（自然学者）たちが秘匿しつづけた秘鑰（ひやく）である魔術の自然本性に光をあてることにある、と述べている。そして本書全四書の内容を要約している［1-3］。これは幾つかの写本にあっては章別の内容詳細目録に替えられている。[2]

第一章［4-6］では哲学が神的、自然本性的、倫理的なことがらの理解のためにばかりか、最終結論（コンクルーシオ）としての魔術の前提としても重要であることが論じられる。最初の諸節にはアル－ファラビーの『諸知識の区分について *Iḥṣā' al-'Ulūm*』および偽エンペドクレスの新プラトン主義的教説の語彙の余韻が認められる。この章は最終結論（コンクルーシオ）という語に示唆される幾つかの論理的概念にかかわる定義に話が脱線する。

第二章では「純潔兄弟団」に準じた魔術の定義およびジャービル・イブン・ハイヤーンによる護符（タリスマン）の規定が与えられる。そして護符（タリスマン）が錬金術師たちのエリクシールと較べられる［7-9］。魔術は理論と実践の二つの部門に分けられる。前者は天上の知識と境を接しており（魔術の種類に関する議論を挟みつつ）、後者は動物、植物、鉱物といった自然本性の王国を活用することからなっている［9-10］。この原理は著作の全体の配列にわたって保たれる。そして幾つかの天文学および占星術的主題をもって本章は閉じられる。

第三章では、天上の存在が球形である理由、それらのうちに昇る度数、図像（星座）について論じ、それらと諸惑星の度数における力能とが較べられる［12-14］。その句節の幾つかはジャービルの『驚異の書 *Kitāb al-Baḥt*』との関連が認められるが、この書は後の『賢者の目的』に大きく援用されることになる。

第四章。護符がうまくはたらくためには、それらが正しい星座配置との合において用いられるかどうかが肝要である。本章では後者が論じられる。著者は月の二十八宿を「インド式」に列挙し、各々に相当する護符を指定してみせる。これらは「インド式」に準じた句節およびシドンのドロテウスの理説（どちらもイブン・アビ・ル－リジャルによる）およびヘルメスに帰される表（純潔兄弟団による）に依拠している［14-23］。章のはじめで、著者は魔術師にとって心内で必要な準備に努めるべきことを勧めている。これによってさまざまな自然物に魔術的注入（影響）を吸収させる内的準備が調和的にもたらされることになる。加えて、ある企図に対する月の好意的（吉兆）な配置が示唆される［24-26］。章末では本書の本題に戻り、慣用される祈禱詞（定式）が挙げられる。

第五章では、月の宿についての詳細な論議が、護符をつくるにあたり好意的（吉兆）なさまざまな星座との三十一の事例をもって展開される。幾つかの護符に関しては記述があるものの、それらをはたらかせる手法は指示されていない。これは本書の後段で大きな部分を占めることになる［24–34］。この議論の途中でさまざまな相（アスペクト）の異なった効果についての論議が挿入されている［31］。つづいて護符の天上の諸物体への依存性について、魔術師の力能を企図へ集中することについて再び「純潔兄弟団」の余韻を響かせながら註記される。そこには「プラトン」やタービット・イブン・クッラの警句の数々やら、アリストテレスに帰される論考からの引用二箇所もあり、後者については第Ⅳ書第四章で全文引用される［36–38］。そして護符「魔術」の効果を挙げるための事例の数々。これらの祈禱詞は「純潔兄弟団」の文書にも見られるもので、そちらではヘルメスに帰されている。以上の補完により、第Ⅰ書の実践的教えが完了する。つづいて後書きとして、魔術と錬金術の再評価がなされる［40–42］。

第Ⅰ書の最後の二章はすべて哲学に捧げられている。**第六章**は人の自然本性について。人は小宇宙（ミクロコスモス）であるという前提に発し、著者は人を諸他の被造物に卓越するものとする諸特徴を列挙してみせる［40–41］。そして人のからだの部分と大宇宙の諸部分との照応関係が挙げられる。ここは一瞥、純潔兄弟団を想起させるだけでなく、その全体がその文書と同一で、これにGoldziherが公刊した『魂の本質について *Kitāb ma'ānī al-nafs*』の一部を組み込んだものとなっている［44–47］。地上に現実に存在するものとしての人はその観念によって普遍的な人となる。この依存性がヒュポスタシスの連鎖として説明される［47–50］。そこには新プラトン主義的、擬エンペドクレス的命題の数々の余韻が認められるが、全体としてみるといまだ十分に解明されてはいない。著者はこの第六章が脱線ではないと明言しているが、ここでは魔術の本質について論じつつも、魔術の業以前にヒュポスタシスの連鎖が上なる世界と下なる世界を連接していると明言されている。古人たちがこの定式に包み隠した晦渋さについて著者が述べるところは、知識および修練法についてその表面的および本質的自然本性のどちらの考察をも与えることとなっている［50–51］。

第七章では、あらためて存在の大いなる連鎖という主題がとり上げられるが、そこで開陳される諸観念はいまだ新プラトン主義史における位置づけが与えられていないものである。つづいて著者は質料（ヒューレー）の観念を詳細に語り、連鎖におけるその位置を定め、こうした理論的主題の論議によってそれが「理解を正しく、把握を鋭く」することを証してみせる［51–53］。

第II書

第一章。第I書末尾で語られた地上の被造物とその天上の原型の間の照応からこの章ははじまる。これは偽プトレマイオスの『百言集（チェンティロクイウム）』の九番目の格言の主題である。つづいて魔術的治癒のものがたり。これはイブン・アル‐ダジャによるこの格言への註解から採られたもので、著者が若い頃にイブン・アル‐ダジャの治療に関する規定を確かめつつ、どのようにして魔術を学ぶにいたったかがものがたられる［56‐57］。つづいて、可感的感受について脱線し、純潔兄弟団の文書からの引用をも含め、さまざまな認識様式について語られる［56‐57］。最後に、二つの世界の間の照応の理解に関する様々な知識分野に関して考察が加えられる［57］。

第二章では、天上の星座（図像）とその意味が主題となる。つまりギリシャ人たちに知られる四十八の星座および三十六のデカンのパラナテロンタ（一緒に昇る獣帯の外の星座）。「インド式」の白羊宮の三つのデカンがアブ・マシャルの三十六のデカンの全パラナテロンタの説明から選び出される［59‐62］。つづいてイブン・ワッシーヤの同じ三つ組解釈法が説かれる。一方、インドの賢者トゥムトゥムその他の者たちは度数を用いる［62］、と。度数を昇っていく図像が例示され、その意味が現存しないジャービルの書物に準拠して解説される［62‐68］。最後に、著者はここの度数における惑星の合の可能な数を、「ヘルネス（ハラン）の人々」の著作に則って算定し、ジャービルの『驚異の書 *Kitāb al-Baḥṯ*』を拡張解釈してみせる［61‐63］。

第三章はたいへん長大で、主として月の諸効力について、まずその諸相（月齢）が語られる。そして月のはたらきは太陽のはたらきに依拠するものである、と強調される［63‐65］。つづいて月の相（月齢）と人の歳、一年の季節の類比等々が論じられる。そこに、複合物は諸星辰の運動から、その具体（種）的な形を変ずることなしに永劫の変化を蒙るものである、という短い嵌入がある［65‐67］。つづいて、蝕の自然本性［66‐67］。ここまでの記述はほぼイブン・ワッシーヤの『ナバテアの農事書』によっている。著者はここで月の話題に戻り、純潔兄弟団の著作から多くを引いている。これは蝕を月の周期と他の諸惑星との合および諸惑星がある「宿」の大きな影響に結びつける点で、イブン・ワッシーヤのものとは異なっている［67‐72］。この章の残りの部分は、月が重要な役割を果たす「昂揚」理論に捧げられている。そしてシドンのドロテウスに遡る理説、月のよくない（不吉な）位置における「月の阻害（インペディメンタ・ルナエ）」について論じられる。ここで東に昇る星辰（アセンダント）を幸運（吉兆）に変ずる業が縷々述べられる。この一節はほぼイブン・アビ・ル-リジャルの所説に照応しているが、一部サール・ベン・ビシール説をも取り入れている［73-78］。そして相（アスペクト）に関する数学的規定が注され［75］、この章はアレクサンドロスへのアリストテレスの占星術実践にかかわる勧告とイスラム圏でのこの業の禁止を対照して終わる。

第四章は短く、恒星天の摂動の理説を論じる。天文表を制作するにあたってこれを勘案すべきこと。これはアレクサンドリアのテオンから逐字的に採られており、付言は明らかに編者によるもの［78-79］。

第五章は本書『賢者の目的』の主題に関する特徴的で興味深い記述例となっている。まず「古の賢者」は魔術の業の総体を護符（タリスマン）、惑星崇拝、蠱惑術の三つに区分していたことが語られる。これらのそれぞれが民ごとに固有の発達を遂げ、たとえば「インド人」たちは蠱惑術に卓れていた。そこで「インド人」たちのさまざまな業と教義が列挙され、特に諸星辰とある種の魔術的形象の組み合わせについて強調される［80-82］。夢の自然本性に関する「インド式」理説に関連して著者独自の諸観念が述べられているが、これはアル-ファラビー説に則ったもので、その「理想状態」に関する所説が引用されている。つづいて予言と預言の理説。これまたアル-ファラビー説に近いものだが、彼の無関係な錬金術論考からの引用がみられる章末までその名は挙げられていない［83-85］。著者はふたたび「インド式」教説に戻り、「昂揚」に勝る「護符（タリスマン）」の効能を説く。護符（タリスマン）はこれに充溢する（これを支配する）星座の力能によって効能を発揮するばかりでなく、それがつくられている物体固有の性質から力能を受けとるものである、と［85-86］。

第六章は、星辰の効果が人のはたらきかけとは独立した自然本性の過程（プロセス）であるとはいえ、これを賦活する力能の重要性が論じられる。人は特段の注意を払うことなく自然本性に手を加えることで護符（タリスマン）をつくる。布を染め、獣を飼い、薬草を混ぜ、自然の産物を調理し、糸を紡ぎ、日用に供するのと同じように。しかし護符（タリスマン）の制作にあたっては、薬をつくる場合同様に、望みの効果をもたらしてくれるような単純あるいは複合した物質を意図的に探し出さねばならない［86-89］。制作されるものはその取扱い方によってさまざまな影響を蒙るものであり、星辰の影響もまたその位置による。しかしこの類比もたちまち棄てられ、著者はこれとは関係のない星辰の効果の理説へと向かう。この章のはじめの部分はすべてジャービルの『驚異の書 *Kitab al-Baht*』に依拠したもので、後半は現在に伝わらない著作からの引用で占められている。その理説の幾つかは理解し解釈するのがたいへん難しいもの、と著者自身認めている。その困難の中心は、それがアイテールと恒星天に関する議論であり、その運動と効果にかかわるものだから［89–93］。この章はこの理説を概観して終わるが、ここもジャービルの現在に伝わる書と同じ内容を伝えたものとなっている［94–95］。

第七章。星辰の効能の説明にあたって類同および相違の観念が重要であることは第六章にも述べられていたが、著者は第七章でこの類同という関係性の論理範疇を護符(タリスマン)の業にも援用する。つづけて線、面、時間、場所、詞、数といった量の範疇に関しても、護符(タリスマン)に関連する限りにおいて詳論される。最後に位置と性質についての簡略な註［96–100］。すべてジャービルの『驚異の書』からの要約。

第八章もジャービルから採られている。ここには熱、冷、湿、乾という単純な諸性質およびこれらの組み合わせからかたちづくられるさまざまな段階的生成物が表示される。これに先立って古い伝承（アテネのアンティオクス）にかかわる詳細な論議がなされている。つづいてジャービルに準じて諸性質の組み合わせ系列の道理が説かれる［101–103］。末尾で、その全体を理解することは難しいがたいへん重要であることを語るものとして、著者は「わたしがあらゆる知識からこのような奇跡的で混乱したことがらを引きだしてきたのも、ただあなたがこうした驚くべき業を熱心に探求することで浄化され、古賢たちが到達した高みに到達することができるように、と思ってのことに過ぎない」という語を引いている。

第九章ではふたたび諸星辰を魔術的形象と組み合わせるための知見がとりあげられ（第五章参照）、そのような形象を刻んだ六種の護符(タリスマン)のつくり方が教授される［104–105］。

第十章は、諸惑星に帰属される石や金属に刻まれる護符の諸形象について語られる。それは三部に分けられ、まず最初に、それぞれの惑星に帰属される諸鉱物が枚挙される。『賢者の目的』のアラビア語写本群には羅訳版とは違って、通常の類別とは異なった著しい偏向が認められる。つまり羅訳者たちは翻訳にあたり訂正をほどこしたものだろう。いずれにせよ、そうした逸脱の幾つか（たとえば土星に鉛でなく鉄を配し、火星に鉄でなく銅を配している）が第Ⅲ書第七章のサバ人の惑星祈禱の章にも認められることには留意しておくべきだろう。前半はそうした諸形象の描写でおわる。その幾つかは惑星の印形記号として今も残るもの［106–107］。中盤はそれぞれの惑星神の図像の記述。著者は典拠を三つ挙げているが、じつのところ他にも参照していることは、本訳書の註にみられる通り。言及のある三つの典拠はウタリドの『石譜』、表題の欠けるアポロニウスの書、そしてブクラテス（ピカトリクス）訳による某クリトンの霊的護符に関する論考［107–112］。後半はこれらその他の図像を刻むにあたっての指示。その幾つかは種々の石の上に刻まれる魔術的なしるしで、それぞれの効果についても記されている。ここでアリストテレスのアレクサンドロス宛の書（明らかに『秘中の秘』）およびヘルメス（アル－ハディトゥス）の著作について言及があり典拠が増えている。しかしこれら指示の多くに関して典拠は明記されておらず、引かれている典拠群と同じものによっているのかどうか見極められない。指示の明快さの程度はさまざまで、著者が手当たり次第に素材を蒐集している様が窺われる［112–123］。最後に、惑星があるデカンにある時につくられるべき種々の護符（タリスマン）の簡潔な一覧。しかしその効果については記されていない［124］。この一覧はデカンを詳細に論じる第II書末の二つの章に繋がっている。

第十一章は知識のない者にはこの教説を秘すようにという警告からはじまる。叡知の欠如は占星術師の尊厳を妨げるだけだから。そしてアル－ファラビーに帰される格言集成にある定式によって理解と賢明さが規定される。しかしこれは一部ミスカワイーに、またアリストテレスに帰されるものでもある［124–126］。つづいて三十六のデカン（wuğūh, facies と称される）、そのそれぞれとともに昇る星座について詳述され、それぞれと関連する惑星の名が挙げられる。白羊宮と火星、太陽、金星にはじまり、双魚宮と土星、木星、火星にいたるまで。この一覧の序として、デカンの効力がそれぞれの支配惑星の自然本性（フュセイス）に合致することが述べられ、それに付言して、惑星のさまざまな位置、占星術的配置、それぞれの自然本性が語られる［126–132］。イブン・アビ・ル－リジャルにこれと同一の記述が見られる。ただし彼の記述では処女宮以降の図像については省略されており、惑星の数々についてはなにも記されていない。短い結語で、著者はこの作業を効果的にするためには、図像はそれぞれの惑星に照応する物体の上に刻まねばならない、と記している。

第十二章にはデカンの二つ目の一覧が示されている。これは「インド式」を基としたもので、そこでデカンはヒンドゥー語で darīğān と呼ばれている。ここではデカンの最初の部分が獣帯の星座の支配惑星に宛てられている（たとえば火星は白羊宮の第一デカンに）。残り二つづつのデカンにはそれらと三角相（百二十度）をなす星座の支配惑星が宛てられる。たとえば白羊宮の場合にはそれぞれ太陽（獅子宮）と木星（人馬宮）といった具合。そしてその効力だけが述べられ、図像には触れられていない［133–137］。つづいてバラモン（ブラーフマン）の禁欲実修について。これは占星術的に定められた時に実修されるもので、実修者を非物質的な状態に到達させ、天上の力能を支配することができるようにする。彼らが導きとする『仏陀の書』からの引用［137–139］。つづいて、諸他の文書に頻繁に見出される生きた体軀からの頭の切断について。これは預言的な方途のためになされるものだが、著者はここでこれが「インド式」でなくサバ人たちのものであることについてはなにも触れていない［139–140］。つづいて諸惑星とデカン（ここでも wuǧūh, facies と呼ばれている）の色の一覧。ただしその意味するところについての記述はない。この一覧を信じるなら、惑星は本来獣帯の星座と関連づけられるものだが、ここでは各々の惑星が三つのデカンを支配し、それぞれのデカンに一つの色と二つの護符が帰属される。この章及び第Ⅱ書の結語として、具体的な目的のための護符をつくるのに好ましい星座について述べた自然学者アル－ラージの護符に関する著作からの引用。また著者は幾つか書名を挙げているが、その中には頻繁に引用されるジャービルの弟子たちが師のことばとして編んだ『驚異の書』もある。そしてプラトンに帰される魔術書『法の書』の内容をジャービルの書の手法と較べてみせる。

第Ⅲ書

第Ⅱ書で諸惑星と獣帯の星座群の理説が、護符をつくる目的にとって星座がその諸要素をなすものであることが説かれたところで、著者は第Ⅲ書ではそれらを個別に詳細に論じることになる。諸惑星は実質的に嘆願されたり崇拝されたりするまでに擬人化される。

第一章。護符を有効とする占星術的な時間について述べる難解な短い序［156–157］につづき、七惑星の主宰に関する詳細な記述がつづく。それとともに自然本性の全区分、言語、宗教、知識等文明の諸様相が語られる。末尾に月の軌道の両交点の力能に関する簡潔な註記［157–164］。

第二章。獣帯の十二の星座の支配惑星に関する同じようなより短い一覧［157–160］。

第三章は総論。まず諸惑星を描くインクをつくるための物質の一覧。第Ⅲ書の最初からここまで、いまだ典拠は不明。そしてここでこれまた不詳の偽アリストテレス文書『光明と表象の書』(3)からの引用。著者はまずこの著作にある擬人化された惑星の図像群を列挙しているが、これは第Ⅱ書第十章の補足となっている。そしてふたたび『光明と表象の書』から、諸惑星崇拝にあたり纏うべき衣装の色や素材について、そして諸惑星に向かって焚かれる燻香について引かれている［160–162］。また他の不詳の典拠から三十六のデカンのためのインクの処方を挙げ、一貫して惑星に帰されるものだけを用いることの重要性について付言している。これの典拠として彼は繰り返し第Ⅳ書第四章でもウタリドのこの格言を別のものとともに用いている［162–165］。つづいて地上の地理的諸地域に及ぼす惑星の諸効果について解説される。そこで異邦の産物その他の特徴が真実に奇想を混ぜつつ特定される。この章の中盤には著者の郷里であるスペインの産物一覧が挙げられ、著者の占星術的造詣に反するようなヒポクラテスの『気圏と水圏について *De Aeribus aquis locis*』からの引用をもって結語とされる。この章は太陽と月およびその他の五つの惑星が人に及ぼす全般的諸効果の一覧でおわる［165–169］。

第四章は、イスラム圏における占星術について語られる本書中唯一の章で、完全に独立した章となっている。『コーラン』の読解を超えて、「スーラ」の巻頭の個々の文字あるいはその組み合わせからなる数値によってアラビアの王国がつづく期間を求める方法が説かれる。『コーラン』のすべての句が順に七惑星に準えられる。これらの文字あるいは文字群は、各々の「スーラ」の始めと終わりの句がアラビア人たちの守護星である金星に準えられるように選ばれる(4)。

著者はまず典拠の短い解説からはじめる。これまた現在に伝わらないバスラのジャファールの著作［169］。「しるし（シンボル）」という表現が用いられることで、著者は明かされた意味と秘された意味、そしてこの区別と認識における魂論へと脱線する。神を知るためのさまざまな方途が例として挙げられるが、その一部はアル-ガザーリーの小著に拠ったもの。イスラム文芸によくある神の非知性と光の耐え難い輝きの対比がその解釈法として援用される［170–171］。つづいてアラビアのアルファベートの二十八文字が組み合わされることによって、霊と質料の複合からなる全てがかたちづくられることの理拠が思索される。霊を代示するその半分だけが「スーラ」のはじめにあらわれること、なぜこれらの文字のうちの五つだけしかあらわれないのか、そして『コーラン』にあらわれる最初の文字が alif であり末尾が nūn であるのか、について説かれる。

『福音』および『ハディス』の秘鑰はそれを享けるにふさわしい者たちにだけ授けられるべきであるが、そうした者たちには腹蔵なく引用してかまわない、という勧告［179–181］。つづいてすべての「スーラ」が列挙され、その句数およびそのおのおのの初めと終わりに準えられる惑星が挙げられる［171–175］。著者はアラビアの王国が六百九十年間つづくであろうことの証拠を探っているが、これは著者が公然と引くアル-キンディーの現存する著作で述べられる二つの別の方法によって得られた数値と同じである［176］。最後に霊の自然本性についての解説。なぜなら霊（スピリトゥス）は既述のとおり、「スーラ」のいくつかのはじめの文字であらわされるものであるから。この解説はストア派の「精気（生命の霊）」の定義をもってはじまる。これはアラビア文書にはしばしばみられる規定である。これに諸他の規定がつづくが、その典拠はそのうちの幾つか以外不明［176–177］。

ここで銘記しておくべきは、この「イスラム」的な章が本書の黒魔術をあつかう部分の直前に置かれていること。この部分の序としてこれを読解する必要がある。

第五章は「本題に戻ろう」という著者のことばではじまる。つまり第Ⅲ書巻頭で述べられた、諸惑星をも含む三つの自然本性の圏域の被造物たちの区分について。ただし著者はたちまちすべての生きものに対する人の卓越へと脱線する。これまたすでに第Ⅰ書第六章にしるされているところ。彼はさまざまな動物の特徴を挙げ、それらのすべての要素(元素)が人のうちに分有されてあるという事実から、人の卓越が言明される。この逸脱の繰り返しは意図的なもので、著者はこれによって精霊《ジン》、悪鬼、天使の議論の導入としている[177–179]。ここで彼はあらためて本書の主題をとり上げると告げ、魔術の業によって高名な民について、またどのように彼らが「気息《プネウマータ》(霊)的なもの」を操縦(使役)することができる立場を獲得したかが語られる[179–180]。そこに挙げられる事例を載せた典拠は現存せず、本書にだけ残されているもの。それは魔術の手順の詳細な記述であり、豊かで美しい若い男を彼が愛する者のいる場所に招き寄せる手法、またその蠱惑を解く手法が述べられる[180–182]。この手法の重要性とこれがもたらす痛苦について注意深く指摘した後、著者は本題に戻ると三度目の口説をして、支配惑星の知識を援用することで惑星の霊を引き寄せるための指示を余すところなく提示する。惑星の蠱惑術における燻香の煙が中空の十字の中を通るようにすることについて、その理由が明かされる。本章は諸惑星と地上の魂の数々との関係性に関する未詳の典拠からの一般的引用をもって終わる[182–186]。

第六章では、「完全な自然本性」と称される賢者の霊的本質について論じられる。この「完全な自然本性」にとって蠱惑とは何であるかが、擬アリストテレス‐ヘルメス的な二論考『イスタマティ(アスティメヘク)の書 *al-Istamātīs*』と『イスタマヒスの書 *al-Istamāhīs*』[5]に準じて詳述される[187–199]。後者は完本として現存しているが、前者は断片が残されているだけである。これに預言者たちについて『イスタマヒスの書』からの引用がつづく。これはアレクサンドロスのペルシャ人たちに対する勝利にかかわるもので、アレクサンドロスに彼の「完全なる自然本性」の「精気《プネウマータ》(霊)」を召喚するよう勧めたもの。著者はこの文書を引くにあたり、これがペルシャに由来するものであることを述べつつ、ペルシャの王がいかにアレクサンドロスが打ち負かし難いものであるかを学んだか、について語っている[190–192]。これにつづき、この「精気(霊)」への配慮を欠かさなかった最古の賢者たちに関する「歴史的」註が付され、護符《タリスマン》やら魂にたいする霊の力能に関する知見が述べられる。これらはどちらも『イスタマヒスの書』から採られている[192–194]。そして同書から、ソクラテスとヘルメスは完璧な自然本性の本質の体現者であったと語られ、本章は終わる[194]。

第七章。ここに到り、読者は魔術の実修に入るに十分な理論的準備ができたものとみなされる。著者はいまだ特定されていない天文学者アル＝タバリーの書からの引用として、サバ人たちの慣用に従った諸惑星の崇拝に関するさまざまな教えを挙げる。そこに語られていることに関連した祈禱詞は引かれていないが、その平伏の儀礼まで示されている。章頭には諸惑星の一覧とともに、民の類別および欲する賜によって個々の惑星のいずれが召喚されるべきかが挙げられる[196–198]。つづいて二つ目の一覧。これは個々の惑星の特徴とそれぞれの意味を説いたもので、しばしば第Ⅲ書の第一章で挙げられた一覧との類似が認められる[198–202]。つづいて各々の惑星に捧げられる儀礼と祈禱詞が、それを唱えるべき正確な時間と占星術的配置とともに詳細に述べられる。それぞれの惑星によって一人から四人まで祈禱者の数および燻香の数を変えるべきこと。ここで火星への祈禱が大熊座への祈禱につづいてなされるところはかなり興味深い。これらの祈禱の多くは『イスタマティ（アズティメヘク）の書』写本断片にみられるものと類似している。燻香用の香炉の素材となる金属は、すべてが第Ⅱ書第十章で挙げられた伝統的な惑星＝金属に照応している訳ではない[202–225]。つづいて、サバ人の別の儀礼、子供の生贄、儀礼殺人による火星の崇拝、若い男の入信儀礼、土星への献納、また第Ⅱ書第十二章でとり上げられた生きた男の頭の切断等々さまざまな話題がとり上げられる[225–228]。

第八章にはナバテア人たちの土星と太陽への祈禱詞が挙げられている。これは『ナバテアの農事書』から採られたもの。章末で、著者はイスラム的に見た偶像崇拝とは何かを註し、ここから知識の基礎を導き出すとともに、イスラムの卓越を説く[229–233]。

第九章は、あらためて『イスタマティ（アズティメヘク）の書』に拠りつつ、七惑星の「精気（霊）」の名称〔土星 Barīmās、木星 Damāhūs、火星 Dagdijūs、太陽 Bandalūs、金星 Dīdās、水星 Barhūjās、月 Garnūs〕とそれらの六「方位」、つまり「精気（霊）」が運動するにあたり、とり得る空間の三つの次元それぞれの往還の二つのうごきについて語られる。つづいて各々の惑星に向けたそれぞれの儀礼が、供犠の饗食をも含めて詳述される[233–242]。

第十章も偽アリストテレスの二著作からの引用がつづく。まず『イスタマヒスの書』から、アリストテレスがアレクサンドロスのためにつくったという四つの護符[242–246]。つづいて魔術的媚薬の毒に抗するための護符、精気（霊）の魔術師に対する邪悪な効力に抗うための薬について[246–248]。つづいてさまざまな器物による蠱惑術 nirenjs [nirangs]、「霊媒」キーナースが案出した、たとえば愛を、王の寵愛をかち得る護符の数々。この人物については他の文献にもその名が認められる。それぞれの目的に合わせて、護符、食物、燻蒸、芳香物質といった媒介物が列挙されている。こうした媒介物質の多くの魔術的な名あるいは魔術的なことばもその蠱惑術とともに挙げられている[248-264]。これらの記述の典拠は不詳だが、その幾つかは『イスタマティ(アズティメヘク)の書』その他から公然と引かれている。

第十一章でも前章に類似した諸定式が挙げられているが、最初に明記されているように、これらはキーナースに拠ったものではない。その実修法は稀に記されているだけで、護符の成分と処方(祈禱詞)だけが挙げられる。そのすべてが魔術的な自然本性をもつものではない。また時にそれは純然たる毒の調合へと向かう。その幾つかは『イスタマティ(アズティメヘク)の書』写本にも類同の記述が見つかるもの。処方の記述は使用される毒に対する予防策にも及んでいる。これは「インド人」カンカーの発案になるもので、彼の名は他の文書群にも認められる[265-277]。これに直接古代エジプトの魔術の業の事例の数々がつづく。これは先史時代のエジプトの伝説的な諸説で、アル-マクリージーその他の著者たちも録すことになるもの。これらの例示は二二〇と二八四という「友愛数」の論議によって中絶する。これもすべて「彼」つまりカンカーに帰されているが、じつのところこの章はさまざまな典拠群から編まれた雑纂となっている。エジプトの伝説的な王たちの名に関しては、エジプトの歴史が語られない限り出てこない(第Ⅳ書第三章参照)。ここでエジプトに関連して語られるのは、敵の接近を知らせたり、飲料水を貯蔵したりするための護符や器具および病患に抗し、放蕩を暴く護符彫像についてだけ[278-280]。あらためて「インド式」実修として、生きものの人為的発生(人造生物)に関する事例がつづく[280-282]。ここで、第Ⅲ書の最終章から第Ⅳ書の巻頭に渡る哲学的議論に戻る。これがなぜ二つの章に分けられているのかはなかなか理解し難いが、どうやら特に第Ⅲ書後半の法外な異説に対する譴責を免れるための算段のようにもみえる。

第十二章は、これを実践に移すためには業を修得することが欠かせないと強調される。魔術の実践が人を欺計にかけるために発明されたものとして、アノシャワンとマズダク(6)の有名なものがたりが挙げられているところは啓明的である。そして神への愛の勧め。これが諸他の愛とは著しく異なったものであることが述べられる。つづいてアリストテレスの『形而上学』の一節が引かれるが、「自然本性」のさまざまな意味の論議のためにかなり歪曲された訳出となっている。これに関しては多くの類縁文書が見つかるが、その規定の一つはイシャーク・イスラエルに拠ったもの。第Ⅲ書はエンペドクレスに帰される諸実体の第一原因に関する説をもってかなり唐突に終わる［282-285］。

第Ⅳ書

第一章の巻頭は第Ⅲ書第十二章で述べられたエンペドクレス説のつづきであって、ここで別巻とされている理由は不明。創造の歴史および自然本性の論議のはじめとして五つの実体の理説が説かれる［286-287］。つづいて実体の観念［288-289］、知性［289-292］、魂［292-294］の観念に関する詳細な分析。知性の説の典拠は挙げられていないが、類同文書はいろいろ指摘できそうである。一方、魂の説には引用がみられ、そのうちの幾つかは古代の哲学者たちの純正説に遡るもの。魂と知性について論じたことの理由を述べて本章は終わるが、そこに語られる読者の知性と万有宇宙の知性の間に質料が存することによってつくられる影という説は影の自然本性に関する脱線話として興味深い。

第二章。あらためて著者は「本書の主題に戻り」、哲学について論じる。本章では獣帯の十二の星座それぞれの中にある月への祈禱が語られる。これはそれぞれの星座のもとでなにが達成されるかについて語る「クルドおよびアビシニアの学者たちの一派」の著作によるものであり、幾つかそれがもたらす効果について語られる［295-306］。そのうちでも最も注意を引くのが、紅海の水面上を歩く二人の男のはなし。つづく月への祈禱は「インド式」の七惑星への儀礼。そのそれぞれの儀礼は七日に渡るもので、カラクテールと呼ばれる魔術的なしるしが用いられる［306-309］。これについてはヘルメス的写本群にみられるものでもある。

第三章ではあらためて先史時代のエジプトの伝説がかなり広範にとり上げられる。これはすでに第Ⅲ書第十一章で着手されていたところ。鷲の町のものがたり。所謂月の山およびナイルの源流への遠征から戻った王アル-ワリドの復讐を逃れて叛逆者アウンが創建した町の委細［309-315］（羅訳の脚注には Ps. Ma'sudi's *Aḫbār al-zamān*, al-Maqrīzī and al-Nuwairī が典拠として挙げられている）。ここで突然、人から身を隠す（見えなくなる）手法、理解不足から放逐されたクルドの妖術使いの徒弟のはなしとなる［316-317］。そして幾つか格言が引かれ、本章は終わる。そのうちの一つは偽プトレマイオスの『百言集（チエンティロキウム）』に拠ったものだが、どうしてここに引かれているのか十分その意味は解し難い［317-319］。

第四章はふたたび雑纂。まず、バビロニアのウタリド（ヘルメス）による占星術的魔術的性格の四十五の格言。このウタリドはおそらく第Ⅱ書第十章の石に刻まれる惑星形象の典拠の一つ[319–323]。これに『百言集（チェンティロキウム）』から引かれた十の格言がつづき[323–325]、プラトン、ヒッパルコス、アリストテレスに帰される占星術的性格の言辞が引かれる[325–326]。そしてこれまたアリストテレスの文書とされる護符論考の全文が引かれる。これは第Ⅰ書第五章にすでに部分的に引かれていたもの。そしてこれまた偽アリストテレス文書に見つかる度数の知見に関する論議[327–329]。これに著者がジャービルに拠ったという護符の一般的所見がつづく。これがどの文書に拠ったものか特定できない[329–331]。この章の末尾は「プラトン」からの二つの引用で締めくくられる。一方は霊的消滅（拡張？）のためにからだの死を勧めるもの。他方は魂に対する音楽の効果をめぐる基礎論。後者は明らかに訛伝語訳によって意味不明になっているが、ギリシャ語で現存するエンペドクレスの断片の抄録を含んでいる。最後に睡眠時も覚醒時も魂の修練に努めるようにとの勧告[331–333]。

第五章は、錬金術および魔術を修得するための準備として十の知識が列挙される。この一覧はいろいろな観点からみて百科全書的な書式の影響を受けている一方、かなり独特な表現を纏っている。幾つかの知識に関してはアリストテレスの文書に依拠していることが認められる[333–335]。ここで、人は哲学を通して神的なものに近づかねばならない、と語られる。つづいて著者は愛の理説に話を転じる。これは第Ⅲ書第十二章で扱った話題の展開となっている[336–337]。この文脈で「邪眼」の力能が考察されるが、「邪眼」は先祖伝来のもの（遺伝形質）とみなされるところから、アル－ファラビーの誕生と既得的性質の理説が説かれているが、その名は挙げられていない。そして未詳の典拠から両性性（性的二分と同性愛）の意味が説かれる[339–341]（羅版では略）。

第六章では、仏陀による七惑星への燻香の処方と儀礼が広範に説かれる。そして神からモーゼに伝えられた香料の数々に関する『出エジプト記』の句節が引かれる[341–346]。そして「インド式」魔術に関する記述がつづく[346–350]。

第七章はたいへん長く、その大部分は『ナバテアの農事書』からの逐字的抄出となっている。月桂樹が庭師の夢にあらわれてなにを語ったか、ウスベニタチアオイとマンドラゴラの間の優劣に関する論争、オリーヴの木の自画自賛、眠る王がこの木から知らされた、王の命を無視しておいてその慈悲を請う彼の廷臣と王女の命請いのはなし。その他、特にある種の草の魔術的特性やさまざまな民族の習慣について、『ナバテアの農事書』に語られるところとしていろいろ引かれている[350–395]。ただし、すべてが『ナバテアの農事書』からの引用という訳ではなく、イブン・ワッシーヤの他の著作をも利用したもののようである。アルメニア人たちが矢に塗る毒として用いるもの［372以下］の異文は『毒の書』に見つかるもの。またその他の題材に関しては、たとえばアル－ハラージに帰される著作からの引用［381以下］のように著者自身によってつけ加えられたとみられるものもある。ある土地の特産品に関する部分［383–388］は第Ⅲ書第三章で取り上げられたものの要約であり、イブン・ワッシーヤが語るところをずっと越えて論述が展開されている。要約するなら、著者は三つの自然の王国――動物、植物、鉱物――および人間界をその創造者にまでたち返って結びつけている［395–396］。

最後の二つの章に関して、編纂者はこれをクレオパトラの時代に発見された神殿の書から採録されたものと言っている。**第八章**はかなり順序に混乱がみられるが、自然本性的な諸物のさまざまな力能（美徳）が数多挙げられている［396–405］。その多くはジャービルの著作群に見られるものと類同で、またプリニウスのような古典期の著作家たちから採られたものも含まれている。

第九章はすべて護符の実修にかかわるもので、それぞれの力能（美徳）が説かれる。ただし占星術的なことがらには触れられていない。護符の使用目的は様々で、薬として、また獣たちの誘引あるいは放逐、色彩効果等々について論じられている［405–413］。

結語として、著者はソクラテスの遺言およびピタゴラスの七つの警告を挙げる。どちらも他の文書に認められるもので、そうしたものとして古典期のものを挙げることもできる［414–416］。

（1）Martin Plessner, Summary, in *Picatrix. Das Ziel des Weisen von Pseudo-Maǧrīṭī*, London 1962, pp. lix-lxxv.

（2）これについては前掲書 pp. lxxvi-lxxviii を参照。

（3）Cfr. De Lunari Significatione in Singulis Signis [De lunari effectu atque potentia secundum se iuxta naturalem signorum ordinem], in Ch. B. Schmitt-D. Knox, *Pseudo-Aristoteles Latinus. A guide to Latin Works Falsely Attributed to Aristotele Before 1500*, The Warburg Institute, London 1985.

（4）この章は羅版ではほぼ完全に略されている。

（5）*Libro Aztimehec*, 本書第Ⅰ書第五章、第Ⅲ書第八章参照。カリンツィアのヘルマンヌスによれば、*Aristotiles data neiringet*。*Liber Antimaquis* の記述からすると『諸霊性の諸原因について』。

（6）ペルシャ王アノシャワン Anoshawan を欺こうとするマズダク Mazdak のものがたり。

『ピカトリクス』典拠一覧

＊「Ⅱ-10」は「第Ⅱ書十章」の略

アポロニウス　Ⅱ-10
アリストテレス『秘中の秘』　Ⅱ-10
アリストテレス『光明と表象の書』　Ⅲ-1
アリストテレス『形而上学』　Ⅲ-11
アル-ガザーリー　Ⅲ-4
アル-キンディー　Ⅲ-4
アル-タバリー　Ⅲ-7
アル-ラージ　Ⅱ-12　Ⅳ-7
アル-ファラビー『諸知識の区分について』　Ⅰ-1　Ⅱ-5　Ⅱ-11（ル-リジャール）　Ⅳ-5
アンティオクス（アテネの）　Ⅱ-8
『イスタマヒスの書』　Ⅲ-6　Ⅲ-7　Ⅲ-10　Ⅲ-11
イブン・クッラ『図像の書』　Ⅰ-5
イブン・ワッシーヤ『ナバテアの農事書』　Ⅱ-2　Ⅱ-3（ル-リジャルおよびサール・ベン・ビシールによる）　Ⅲ-8　Ⅲ-9　Ⅳ-7
ウタリド（ヘルメス）『石譜』　Ⅱ-10　Ⅲ-3　Ⅳ-4
エンペドクレス　Ⅲ-12　Ⅳ-1　Ⅳ-4
ジャービル『驚異の書』　Ⅰ-2　Ⅰ-3　Ⅱ-2　Ⅱ-6　Ⅱ-7　Ⅱ-12　Ⅳ-8
ジャファール（バスラの）　Ⅲ-4
純潔兄弟団　Ⅰ-6（『魂の本質について』）
テオン　Ⅱ-4
ドロテウス（ル-リジャルによる）　Ⅰ-4
ピカトリクス（ブクラテス）　Ⅱ-10
ピタゴラス　Ⅳ-9
ヒポクラテス『気圏と水圏について』　Ⅲ-3
偽プトレマイオス『百言集（チェンティロクイウム）』（イブン・アル-ダジャ註解）　Ⅱ-1　Ⅳ-3　Ⅳ-4
仏陀の書　Ⅱ-12　Ⅳ-6
プラトン　Ⅰ-5　Ⅱ-12（『律法の書』）　Ⅳ-4
プリニウス　Ⅳ-8
ヘルメス（アル-ハデイトゥス）　Ⅱ-10
マスウーディ　Ⅳ-3

■——解題——

中世星辰魔術『ピカトリクス』再発見の途——二十世紀諸賢による所見の紹介

毎日人々は知らず知らずのうちに護符（タリスマン）をつくっている

——*Picatrix*, II, 6, [89] 異解[1]

二十世紀、わたしたちは科学的合理主義を信条に時代を生きているつもりでした。しかしあたりまえのことを言う者は、おもいのほか、人々のこころを引きつけず、奇天烈な言辞が愉しまれる、あるいは奇天烈な解釈を愉しむようになるにそれほど時間はかかりませんでした。二十一世紀、またたく間に詭弁と韜晦の時代と化す日々を眺めつつ、整合的論理というものが人にさほど好まれるものでなくなったことに唖然としつつ、あらためて魔術を眺めなおしてみたくなりました。半世紀前の子供にとって、科学は不思議、でした。いったい何時から、科学に付されていた不思議という形容は消え去ったのでしょう。事実（ファクト）とは擬制であり、人為的虚構（フィクション）が世界観を与える、という現実の前に現実のリアルさは変容していきます。整合性そのものが類比（アナロジー）の一変種でしかない、という事態。これを、シュールな日常、ということは簡単ですが……。

さて、本書『ピカトリクス』は西欧中世を代表する魔術書として、その表題は今ではかなり有名なものとなっています。ここに全訳を試みたのは、そのうち羅訳版として知られるもの。ただしその全容が明らかになったのは二十世紀のことであり、十五世紀以来の活版印刷文化のなかでも決して公刊されることなく、写本として秘匿されてきたものでした。

この書の羅訳版が公刊される以前、リーン・ソーンダイクが三十年を費やして著した浩瀚な『魔術と実験科学の歴史』。そこに語られる『ピカトリクス』。

■ソーンダイクによる『ピカトリクス』概説(2)

「知識は……獲得されつづけ、決して減じることがない。高みに登りつづけ、劣化することがない。秘されたものであっても、明らかなものとしつづける。(3)」

中世のまた別の高名な魔術書として、通常『ピカトリクス』という名で呼ばれるものがある。しかしこの名は著作中に一度引かれているだけ(4)で、これの著作者、翻訳者、編纂者たちのひとりあるいは典拠文書のひとつの名に過ぎないように見える。にもかかわらず、彼は諸写本(5)の表題、起語 Incipit、結語 Explicit において、この書の著者と記されており、「たいへんな賢者」、「哲学者(自然学者)」、「算術(予言)にもっとも熟達した者」、「降霊術(ネグロマンツィア)に造詣深い者」と呼ばれている。この書物は十二世紀にアラビアのノルバル Norbar によって編述されたもの、とも論じられている(6)。羅文写本群には、これが賢王アルフォンソの命により一二五六年にアラビア語からスペイン語に翻訳されたと表明されているが、いつこれがラテン語に訳されたかは記されていない。現存する羅語写本で十五世紀以前に遡るものはどうやら見当たらず、十三世紀のラテン語著作家でこの著作に関する知見を伝えている者は誰もない。サンフォリアン・シャンピエの一五一四年の論述(7)によるなら、ペトルス・アバヌスは『ピカトリクス』から借用しているとされるが、シャンピエはこれを具体的に明示している訳ではなく、わたしはペトルスの著作中に間違いない証拠を見出すことができない。いずれにせよ一五一四年には羅語『ピカトリクス』はよく知られていた。ラブレー（一四九五―一五五三）は、トレドの「悪魔学の講師、高名なる父ディアブル・ピカトリス」を語っている。[8] また一四七七年頃、ケンブリッジの博士某〔Johannis Argentin〕は「ピカトリクスの魔術書第三巻に」と。[9] この著作は一度も印行されたことはなく、J・ウッド・ブラウンはこれが現代語に訳されることがないように、と願っている。[10]

このような著作が賢王、学者王と呼ばれたアルフォンソ十世の庇護のもとで訳されたというのは首肯されることである。彼の天文表は高名であり、占星術や魔術に対する彼の好意的な態度は七部法典[11]に載せられるこれらに関わる法規にも窺われるところ。そこで諸星辰からする未来予言については天文学専門家の場合に限って承認されているが、諸他の占い（予言）は禁じられている。邪悪な諸霊に請願する者、同輩を害する目的で蜜蠟や金属で像をつくる者は死罪とされているものの、よい意図により、よい結果をもたらすような召喚をなす者には罰よりも報償を与えるべきであるとされている。つまり邪悪な意図から結果をもたらすようなもの以外、ここには魔術実修に対する拒絶はない。

『ピカトリクス』は四巻に分けられ、諸写本には内容一覧（目次）も添えられている。しかしこれも期待するほど役立たない。じつのところこの著作は無計画に編まれており、四分冊あるいは章立て区分もじつに恣意的である。[12] 約めて言えば、この著作はさまざまな隠秘的著作群から抄録を重ねた混沌とした編纂書であり、夥しい魔術的占星術的処方群の寄せ集めである。著者は、過去の賢者たちが謎の語のうちに封印してきたことがらを「平明なことばで」明かすべく、「古賢たち」の二百二十四巻に登る書物を六年がかりで読破し、「この書を編纂した」と言っている。[13]

ソーンダイクの要を得た解説は、この一節以降、この大著『魔術と実験科学の歴史』に纏められるずっと前の論考「中世の魔術観念の幾つかについて」[14]（一九一五年）で論じられていたところを再掲しています。

『ピカトリクス』は隠秘的文書群からの混沌とした抄録雑纂で、数多の魔術的、占星術的処方の寄せ集めである。著者は「古賢たちが謎のことばのうちに秘めたことがらを簡明な言辞で」明らめるために「古賢たちの二百二十四冊にのぼる著作を六年がかりで読みこんでこの書を編纂した」[15]と述べている。先住諸民族の風習や魔術的慣習についての知見を編む現代の学者たちにとって新所見が枯渇しても、まだこの魔術書の豊かな鉱脈が残されている。

『ピカトリクス』は公然たる魔術書である。全四巻からなる本書の第一巻末尾には、この書には「魔術の業の諸根源」および「それらなくしてはこの業に精通することはできない」内容が盛られている、と記されている。[16]全四巻を通じて「魔術の実修」、「魔術の諸効果」、「魔術の知識」、「魔術をはたらくもの」について述べられ、アブラレム Abrarem（アブラハム?）、ゲベル、プラトンの魔術書が引用されている。[17]頻繁に降霊術（ネグロマンツィア）という語が用いられ、またこれの定義に捧げられた章もあり、[18]占星術的諸形象やダイモーンの召喚が主題的にとり上げられている。アリストテレスに擬される典拠から、このような諸形象をもって実修し、諸霊を顕現させた最初の人こそ魔術の業の創始者カラフレビム Caraphrebim であった、とされている。[19]また諸星辰の知識こそが魔術の根幹であり、諸惑星の描く形あるいは天文学的諸形象は「魔術の実修において力能を発揮し、驚くべき効果をもたらす」と言明されている。「魔術の業に関する古賢たちの秘密の数々」を列挙するつもりであると告げた後、土星の影響は月の影響を凌駕する、ということを著者は真っ先に論じてみせる。[20]

一方、『ピカトリクス』においては魔術が明確に定義されることはないが、これは本書の内容を概括する語彙として、天文学的諸形象とダイモーンたちの召喚を二つの主要特徴とする魔術という意味で援用されていると言えるだろう。『ピカトリクス』は魔術を知識、修得されるべき最上位のものとし、これに卓越するためにはまず諸他の学問知識を修得せねばならない、という。そして著者は、プラトンやアリストテレスのような古の哲学者たちは魔術に関する著作を著したと確信している。

『ピカトリクス』のさまざまな処方のなかには自然の器物素材が数々用いられる。簡潔にその一例を挙げる。預言者アダムは、月桂樹の実十四粒を十分に乾燥させて粉砕し、この粉を清浄なうつわの中で酢と混ぜ、無花果の枝でよく打ったものを誰かに飲ませるなら、その者を悪魔憑きにすることができる、と言う[21]。また「ある物質のもつ固有な自然本性からつくりだされる力能」について詳論する章もあり、著者は「この章では樹木、獣、鉱物ばかりか薬草（単純なもの）の驚くべき特性についても述べることになる」と解説している[22]。しかし実際には、通常使用における組み合わせとして十四匹の死んだ蝙蝠と二十四匹の鼠による比較的簡単な例が挙げられているだけである[23]。

これまたアリストテレスがアレクサンドロス宛に書いたと擬されるものから、大きな効能をもつ四つの「石」の造り方が詳述されているが、これはおおむね錬金術的手法による入念な組み合わせとなっている[24]。そこにはすべての複合物の「調合 confectio」が列挙され、さまざまな奇瑞をもたらすために、それらを焼き、供物に捧げ、飲食し、匂いを嗅ぎ、からだに塗る処方が記されている。そこで用いられる素材には、さまざまな油、薬草、バター、蜂蜜、葡萄酒、砂糖、香料、アロエ、胡椒、マンドラゴラ、枝、アダマント（金剛石あるいは鋼鉄）、鉛、硫黄、金、兎の脳、狼の血、驢馬の尿、豹の糞、それに蜂、猫、熊、豚などの獣の肢体の一部などがある。

降霊術（ネグロマンツィア）が人のからだにもたらすさまざまな奇瑞を論じるにあたってはヘルメスが引かれる[25]。これの実修にはからだのさまざまな部分が用いられる。たとえば魔術的な鏡をつくるためには、人のからだから出る七つのもの、つまり涙、汗、耳垢、唾、精液、糞、尿を焼香に用いるよう指定されている[26]。どうやら本書の中では、魔術の実修には卑しく恥ずべきものが数多援用されている。実修に用いられる素材ばかりか、うつわや道具類をつくるための素材、皿、壺、水甕、十字管、蠟燭、冠等々も列挙される。『ピカトリクス』は『さまざまな驚異について *De Mirabilibus*』同様、熱を魔術における重要な力能と考えており、根源熱（元素熱）と自然本性熱のいずれをも論じている。前者は生贄、焼香また魔術的複合物の調合のために用いられる元素―火の使用を謂ったものであり、後者は処方されたものの効果を得るためにそれを食べる必要がある場合の消化熱を謂ったもの[27]。

また魔術師そのものについても、彼が用いるさまざまな素材同様にいろいろ語られている。魔術師は自ら行うところに信頼するべきこと、自ら受け入れるべく待機状態にあるべきこと、実修に熱心に専念すべきこと[28]。

また時に貞潔が、断食や節食が要請され、纏うべき着衣が指示されている場合もある。[29] 降霊術《ネグロマンツィア》を試みる前に、彼が修得すべき諸他の知識が縷々列挙されている。しかしひとたび魔術の実修に就くにあたっては、諸他の知識研鑽を棄て、これに専念せねばならない。[30] 降霊術《ネグロマンツィア》に関する知識の欠如はたいへん危険であり、無知なままこれに手を出す者は憤激した悪鬼《ダイモーン》たちに暴力的に殺されてもしかたがない。[31] また、これはおおく魔術師の個人的資質に依存するものである。自身の自然本性が諸星辰によってそれ（自然本性的適合）へと向けられない限り、図像（護符）の知識に到達することはできない。人の中にもより精妙で霊的にして、他の者よりも粗雑と物体（身体）性を免れている者があり、こうした者は魔術を成就しやすい。[32] 古人たちは魔術において少年を使役しようとする場合には、少年の身体に欠陥がないかどうかを確かめるだけでなく、火によって彼の適性を調べたものだった。[33]

　実修処方そのものがたいへん重視され、これに関連する個人あるいは事物《もの》の図像がさまざまに援用される。魚を捕えるためには魚の図像がつくられねばならず、娘を誘惑するためには蠟で彼女の図像（蠟人形）をつくり、彼女が纏うような衣装を纏わせなくてはならない。それにどちらの場合にも、付加的な儀礼が実修されなくてはならない。まず最初に魚の頭がつくられなくてはならず、その図像（魚形）を銀の棹の先に据えて、水で満たしたうつわの中に立てる。これを蜜蠟で密封して、魚を漁りたい場所の流れの中に沈める。[34] 娘を誘惑することは、某男のもとへ彼女を来させるための実修法として語られる。そのためには、粉にした石を樹脂と混ぜて男の像をつくり、ある樹木の七本の枝を交差させて（十字にして）入れたうつわのなかに、これら二つの像を対面させて納める。そしてこのうつわを中火の竈と氷のかけらの下に埋める。氷が溶けたところで、そのうつわを掘り出すと、たちまち娘が家に近づいてくるのが見えるだろう。これを逆順に実修することで彼女は呪言から解放される。竈（家）に蠟燭を立て、二つの像を取り出して荒々しく引き離すなら、妖術は消散する。[35]

　枯渇しかけている泉を湧きださせるためには、幼く可愛い処女娘に鼓を打たせて三時間その前を行き来させ、もう一人の美しく小さな娘にタンバリンを打たせて、これをさらに六時間つづける。雹が降るのを防ぐためには、人を集めて野に出て、半数の者たちに絹布を空に向かって投げあげさせ、半数の者たちに拍手させ、鳥を追い払う時のように粗野に叫びを挙げさせる。[36] 他に、七つの結び目のそれぞれに呪言を唱えるという別の儀礼処方も『ピカトリクス』には載せられている。

儀礼もまた、霊たちを召喚するための重要な役割を果たす。誰か、「完璧な自然本性」と呼ばれる霊を召喚しようと思うものがあるなら、月が白羊宮の初度に入る時、彼は新調した部屋に入らなければならない。さまざまなうつわにそれぞれの食糧を盛り、卓上で所定の燻香を焚かねばならない。そして彼は東に向かい霊をその四つの名をもって七度召喚し、知識および道徳的な力を増すために所定の祈禱文を反復する。[37] 月の力能を引き寄せるため、占星術的に好意的な時間に冠を被り、流れのほとりの緑の地へと赴く。そこで鶏冠の分かれた雄鶏を骨で——決して鉄を使ってはならない——撃ち殺す。燃えさかる炭を満たした二つの火鉢の間に立ち、そこに徐々に燻香の粒を投じて煙を立たせる。そして月を眺めつつ、「おお、月よ、明るく尊く美しいものよ、汝の光によって闇を破るものよ、東に昇り、汝の光と美で全地平を満たすものよ、わたしは慎ましく汝の賜を享けようとここに来た」と唱える。望むところを祈願してから、月に向かったまま十歩後ずさり、上の定式を繰り返し唱える。燻香を増し、生贄を捧げ、生贄の灰に僅かにサフランを混ぜたもので葉（紙？）の上に呪文（符号）をしるす。そしてこの葉（紙？）を燃やし、その煙が立ち昇っていくと、身なりの良い男の姿があらわれ、汝の願いをかなえてくれる。[38]

『ピカトリクス』の全体を通じ、諸惑星と諸霊とは緊密に連携している。諸惑星のそれぞれへの祈禱法と、それらがまさに悪鬼（ダイモーン）であるかのようにその援けを得てなされる魔術の業（はたらき）について多くの教えが示されている。諸霊が自然本性（自然界）の諸力能とされ、諸星辰が神々と見做されているのかどうかは見極め難い。天文学を知らぬ降霊術師には望みはない。一々の惑星には、これそのものと結びつくばかりかその諸部分また位置と関連した呼称の数々が挙げられている。[39] また各々の惑星に祈禱することで得られる賜、またそれぞれの惑星および獣帯の星座（しるし）に帰属される石、金属、獣、樹木、色、染剤、香り、場所、燻香、生贄についても、そうした祈願をなすにあたり質料素材を用い、正しい食物を食べ、正しい衣装を纏うことができるように、総覧されている。[40] また魔術師の自然本性的制約が彼の誕生星図占いから識られる、ということも忘れてはならない。

『ピカトリクス』は天文学的図像群に多くの頁を割いている。[41] 星座配置が特に好意的な時の天の相(アスペクト)に準じて貴石に刻まれるこうした図像群は、天界の注入（影響）を最大に享け、それが用いられる時までこれを保つものと見做されている。それらが「諸惑星の諸力」を受けとり、悪鬼(ダイモーン)たちを召喚したり、その他驚くべきはたらきをなすことは「自然本性から（自然界において）また体験から証される」とピカトリクスは言明している。彼は諸恒星からなる四十八の図像、月の二十八の月齢の図像、獣帯の星座および諸惑星の図像を挙げる。たとえば、土星の図像は「龍の上に立ち、右手に鎌、左手に槍をもち、黒い衣装と豹の毛皮（斑模様の黒い衣装）を纏っている」。[42] 線と幾何学的形象をもって描かれる護符形象（記号）の数々もまた諸星座に由来するものであり、驚くべき効能をもつものと見做される。

こうした図像や形象の効能として、鼠の駆除、町への軍隊の投入、建物の安寧あるいはその建築阻止、自身あるいは友人の富の獲得、二人の愛の成就、使用人を主人に忠実にさせまた誰かに対して王を怒らせること、蠍の刺傷の治癒、水上歩行、獣の姿への変身、乾季の降雨および湿季の降雨の抑止、また星を墜とし（星を降らせ）、太陽や月を幾つにも分けて気中に昇らせまた墜ちる星となしてみせ、死者と会話し、町や敵を破壊し、一瞬のうちに長距離を移動することなどが挙げられる。これらはすでに述べた妖術、召喚の処方の事例によく似ている。また、邪ごとを言う口を封じ、不和や敵意を生み（八種）、性的不能を治す食物（六種）、死んだように眠らせるもの（七種）、決して覚めることのない眠りに誘うもの（十種）の「調合法」が挙げられる。[43] その他にも、犬が吠えるのを防ぐもの、緑毒蜘蛛(タランチュラ)や赤蛇のつくりかた、沼から煩わしい蛙を追い払うもの、水を燃えさせ赤くするもの、遠くの小さなものをも見えるようにするもの、望みのままに風を吹かせ嵐を起こさせるもの、記憶や感覚を失わせ、口を利けなく、目が見えず、耳が聞こえなくするもの等々万事に渡っている。そこには善をなすことも悪をなすこともあらゆることが含まれており、アルベルトゥス・マグヌスに擬された二著作では悪鬼(ダイモーン)の活用についてはほとんど見ることができないものの、その目的はたいへんよく似ている。

＊

ソーンダイクのこの論考から百年が経過し、J・ウッド・ブラウンの願いも虚しく、『ピカトリクス』はさまざまな現代欧語に訳され、巷に流布するにいたっています。そこに邦訳本書を積み重ねることは罪を重ねることであるのかもしれませんが、二〇〇五年に物故した羅版公刊者D・ピングレーの積年の研究は、暦法つまり考古天文学という広大な沃野へと啓けていき、わたしたち東方の果てに棲む者にとって思いもかけず近しく、仏事や神事にとりいれられた年季法要や祭礼にそのヴァリエーションを見ることすら可能としてくれます。なるほど月齢についての論議はすでに平安時代、空海によって『宿曜経』として本邦にも移植されていたのです。お守りやお札（ふだ）が好きなわたしたちには、ひょっとするとこの『ピカトリクス』という書物に蒐められた儀礼の数々は西欧人たちにとってよりも、ずっと日常生活に寄り添ったものであるのかもしれません。神威を封じ込めた印章、なにが入っているのか分からない玉手箱、それは中近世西欧の錬金術師たちが変成の業のために調えた竈炉のなかの硝子器（アランビク）であり、ひょっとすると現代ではブランド品のお財布でもあります。つつむ、という文化。商品そのものとしての財布は、有名なお店の紙袋に入れられることによって一層大切さが増す訳です。紙袋の中に入れられたバッグや財布。お札（ふだ）をお札（さつ）と解するのが現代人の流儀のようです。その容れものを所有者の人生の比喩とみるなら、なんにも入っていない虚しさでもあり、またなんでも入る豊かさでもあるのでしょう[44]。

ワールブルク研究所からヘルムート・リッター監修により亞版『ガーヤット・アル-ハキム（賢者の目的）』が公刊されたのは一九三三年のこと。上掲したソーンダイクの論考は、亞版公刊以前に書かれ、これの公刊後に大著に編み込まれたものという訳です。リッターとマルティン・プレスナーによる独語訳付き改訂増補版が世に出るのは一九六二年のこと。まだ羅訳は写本に辿るよりなかった時代、そして魔術を語ることがいまだ似非科学を騙ることであるという時代思潮のなか、エウジェニオ・ガレンは意を尽くして『ピカトリクス』を論じています。

■エウジェニオ・ガレン「魔術便覧（マニュアル）ピカトリクス」[45]

一

ワールブルク・インスティトゥートの紀要第一号（一九二三年）の重要な論考でヘルムート・リッターは洋の東西を問わず広く知られたアラビア語の魔術書テクストの構成、由来、内容について概説した。このテクストはヘブル語、スペイン語、ラテン語に訳され、十五世紀にはピコ・デッラ・ミランドラにも知られ、おそらくマルシリオ・フィチーノも用いたが、ヨーロッパに伝わった当初からそれは秘匿されて回覧されたものだった。[46]ピエトロ・ダバーノ（ペトルス・アバヌス）からコルネリオ・アグリッパまで、ルドヴィコ・ラッザレッリからサンフォリアン・シャンピエまで、自然魔術の境界領域をめぐる者たちはそれを知っていたに違いない。イブン・ハルドゥーンが彼の文明史に関する大著で、それを咎めるべき魔術書の代表として取り上げているのも理由のないことではなかった。[47]フランソワ・ラブレーの目には『ピカトリクス』はほとんど悪魔的な知識のシンボルと映じた。「崇敬すべき父なる悪魔ピカトリクス、悪魔的な力の指南書」と。魔術を生業とする者たちの実践のため、抄録（ハンド）梗概書（ブック）もつくられた。その書名はジャコモ・カサノヴァの蔵書の中にも認められることとなる。

ついに一九三三年、これもまたワールブルク・インスティトゥートの肝いりでリッターがアラビア語版テクストを公にした（研究叢書第十二巻）。そして一九六二年、マルティン・プレスナーの協力を得て亜版のドイツ語訳が公にされ、いまだ未公刊だが現存する数々のラテン語写本との対照にも有益である。[48]この著作に関してワールブルク・インスティトゥートが尽力してみせるのには理由がある。すでに一九一二年以前、まさにアビ・ワールブルクがあるラテン語テクストに衝撃を受け、一九一二年にはフリッツ・ザクスルが『ピカトリクス』に含まれる諸惑星への祈りとハランのサベイ人（シバ人）たちが星辰の神性に捧げる祈りとの間に符合を指摘している。しかしこの時代、二人の学者にはこのラテン語編纂書のアラビア語原本が知られることもなかった。

『ピカトリクス』がアラビア語のよく知られた魔術書『賢者の目的』のおおむね忠実な翻訳（じつのところ翻訳としては十分忠実であるが、省略が多い）である、と指摘してみせたのはウィルヘルム・プリンツだった。これは誤って数学者マスラマ・アル＝マジュリーティに帰属されてきたものだが、リッターによればすくなくとも彼の死よりも半世紀は後のもので、十一世紀後半よりさかのぼるものではない(49)。

アビ・ワールブルクとフリッツ・ザクスルの探求およびワールブルク・インスティトゥートの研究者たちとはまったく独立に、一九二三年リーン・ソーンダイクは『ピカトリクス』のラテン語テクストを分析してみせた。彼の記念碑的大著『魔術と実験科学の歴史』第二巻の一章すべてがそれに充てられている。彼はマリアベキアーニ二写本（XX.20およびXX.21）を用い、十七世紀のスローン写本（1305）をも簡潔に対照して最初の写本調査を試みている。ただし詳細な分析に着手するには到っていないが(50)。そしてようやく一九六四年、フランセス・A・イエイツがその『ブルーノとヘルメス主義的伝統』に関する著作で『ピカトリクス』のヘルメス主義についてしるすことになる。なぜといって、「ルネサンスの著作家たちは」そして彼ら以前中世の人々も「アラビア語のオリジナルとは部分的に異なったラテン語異文（ヴァージョン）をもちいた」ので、イエイツ女史はリッターとプレスナーの研究成果をも採り入れ、道理をもってラテン語版に向かっている(51)。

ここまでに挙げた研究でこのテーマに関する豊かとは言いかねる文献はほぼ尽きる(52)。しかし十三世紀以降、西欧の学者たちが見出した遺産、魔術と占星術がそのもっとも精妙な主題群とともに綜合されたこの著作、その格別な重要さを垣間見ることもできるだろう。それは新プラトン主義的思弁であるだけでなく、アリストテレスの伝統をひく幾つかの観点をも受け継いでいる。おおむねプロティノス説の輪郭のうちで、カルデア人たちの〈諸知識〉と〈サベイ人（シバの）〉たちの信仰実修が出会い、プラトンの、アリストテレスの、アル＝ファラビーの、アヴィセンナの真正著作が、東西のあらゆる偽書の数々と交錯する。ソクラテスのことばがヘルメスのことばと合わさり、イエスが呼び起こされ、仏陀が引用される。その一方で、『ピカトリクス』を読みつつ、ロジャー・ベイコンばかりか、ピコやカンパネッラを思い起こさない訳にはいかない。彼らのよく分からない態度の幾つかはまさにこうした類の典拠に由来するものではないのか、と想像してみたくなる。奇妙な著作、しかしそれが包みこんでいる雰囲気、現実をその根底から支配する隠された可能性への誘い。なぜなら魔術とは知の頂点であり、思弁の完成であるにとどまらず、それは卓越した力なのだから。『ピカトリクス』の中にはじつに格別のテクストが含まれており、そのラテン語は十分アラビア語に忠実で、そこではプラトンに帰される魔術書が引用される。諸天に関する適切な知から導かれる卓越した力について。

……天の形象のはたらきを語るものであった。ここに語られる大なる驚異、水の上を行くこと、あるいはいかなる動物にも姿を変え、この世にいまだ見たこともない姿をつくりなし、決して雨など降ってはならぬ時に雨を降らせ、雨の多い時期に雨を降らせず、時ならず星辰を駆けさせ天の光を降らせ、敵の町を燃えあがらせるばかりか、遠く海上の船をさえ燃やし、天中に昇りては白昼に星をあらわれさせ、天から墜ちるがごとくに見せ、また死人と話し、到るところに太陽や月をあらわれさせ、縄や皮紐を蛇に見せ、龍にすべてを貪らせ、一瞬のうちに遠く近くへと姿を移して……(53)

このテクストに寄せ集められた知見について標しておこう。アルキメデスの燃やす鏡（集光レンズ）の想起、光学的な技と匠（これはデカルトの時代になってもまだ「奇跡の数々についての知識」と称された）、幻覚の暗示手段（蛇に見える縄）、驚くべき奇跡的な技術の発明（飛翔、水上歩行）、そしてまさに降霊術（ネクロマンツィア）そのもの（死者との語り）。またこれらとは別にいろいろな実験プランや特殊な装置のプロジェクト（ロジャー・ベイコンからレオナルドにいたる）、その祖型が遠く魔術に淵源していたことが窺える。それはしばしば修辞的〈常套句〉と化したものだった。そしてまた、ルネサンス期にふたたび見出されることになる主題として、イェイツが注意を喚起した『ピカトリクス』第Ⅳ書に載る〈ヘルメス〉の町のイメージがある。これまたその全体を観ておくにふさわしいテクストで、そこに示唆される〈太陽〉やら占星術的な調子はカンパネッラを思い出させずにはいないものである。『ピカトリクス』の編者は、ヘルメスについてカルデア人たちの言うところとして語っている。

ヘルメスはじめて神像（イマジネ）を造り、月に従うナイルの増減を予知した。また太陽の館を造り、誰も彼の姿を見るに値せずとしてその内に隠れた。エジプトの東に町を造営したのも彼だった。それは長さ十二マイルにもわたる町で、その内に四方に四つの門のある城を築き、東門には鷲のかたちした像を置き、西門には牡牛の像を、南門には獅子の像を、北門には犬の像を置いた。そこにはただ霊的なことがらにかかわる人々のみが、声を投げかけつつ入ることを許された。他の者は彼らの使いのしるしなしには入ることもできなかった。そこに植えられた樹木のうち、その中央のものはじつに大きく、あらゆる種類の果実をつけていた。この城の頂上には高さ二十キュービットにもなる塔が聳え、その戴きを丸い玉（林檎）が飾り、それは七日の間毎日色を変えた。そして七日を過ぎると最初の色に戻るのだった。またこの町自体、毎日その色に染められ、毎日定まった色に輝いた。塔の周辺には水が溢れ、そこにはいろいろな類の魚が泳いでいた。町の周囲は神々の像その他で飾られ、住民たちに高徳は行き渡り、破廉恥な邪ごとなどなにも起こらなかった。この町をエルデテンティムと称す。彼らはまた古の知識を受け継ぎ、自然の秘密に深く通じるばかりか、天文学の知識にも通暁している。[54]

この理想の町の名はいろいろに表記される（写本 Magl. XX. 20 ではアディンセイン、スローン写本 1305 ではアドセンティン、イエイツは後者を採っている）。アラビア語オリジナルでは、アル－アシュムーナイン。魔術と占星術に強く特色づけられたヘルメス的無何有郷（ユートピア）。その住民もまた――『太陽の都』の住民同様――占星術の専門家である。

二

アラビア語原本の編者の名およびその編纂の時期について、正確な知見はなにも伝えられていない。著者はスペインを「われらが大地」と呼んでおり、錬金術的著作およびアラビア哲学史の著者であると言っている。[55]この錬金術文書の著作年代は一〇四七―一〇五一年とみられるので、本書を一〇〇五―一〇〇八年に没しているマスラマ・アル＝マジュリーティに帰属することはできないだろう。またこの著者はこれが他人の諸著からの編纂物に他ならず、内容を検めて精華集を編んだに過ぎないと何度も述べている。そうした典拠のうち特に際立っているのは、たとえば純潔兄弟団の百科全書、ジャービル・イブン・ハイヤーンの諸著、そしてまたアリストテレスの著作に擬された錬金術書の数々であろうか(56)。

だとすると、ラテン語のピカトリクスということばは何に由来しているのだろう。原本ではブクラーティース（あるいはビクラーティース）。この名は或る錬金術文書『クリトン』（霊的タリスマン（護符）群解説）の訳者としてあらわれ、リッターはヒポクラテスのアラビア語転訛であろうと想像したのだったが(57)。ラテン語異文(ヴァージョン)の最初には次のような詳細な注記がある。

> いと高き全能なる神の栄光を讃えて。その権能はあらかじめ定められた者たちに秘密の知識として啓示された。古の賢者たちの著作群をもたぬラテン人の文筆家や学者たちのため、スペインおよび全アンダルシアの王アルフォンソは神佑を得て、ピカトリスと呼ばれる本書を精細な注意のもとアラビア語からスペイン語へと翻訳させた。翻訳は主の年一二五六年、アレクサンドロスの一五六八年、カエサルの一二九五年、アラビアの六五五年に完了した。本書は二百巻にのぼる哲学愛知の書から編纂されたもの。神の名において。かくあれかし。叡智溢れる賢者ピカトリスの降霊術(ニグロマンツィア)の業について数々の書冊より編纂された書ここにはじまる(58)。

つまり、スペインの翻訳者（ラテン人）にとって、この著作の実質的な表題『賢者の目的』は編者の名そのもの、あるいはピカトリクスに他ならなかった。その最も優れたところは、本来の意味での哲学ばかりか魔術、占星術、錬金術に到るあらゆる種類の大量の素材から編集されたところにあったに違いない。ラテン語異文(ヴァージョン)はスペイン語から重訳されたものだが、微妙にオリジナルと異なっており、しばしば省略や中間削除、章のまるごとの削除が認められる。中世およびルネサンスの文筆家たちはこうした異文(ヴァージョン)をもちいたのであり、こうしたものを通してヘレニズム期の思潮にさかのぼる主張や理説を学んだのだった。それはギリシャの遺産がアラビアばかりか東方の広い文化領域の主題群と様々に組み合わされたものだった。通常『ピカトリクス』は思想史家たちから見過ごされてきた著作であるとはいえ、中世末からルネサンス初期にわたる諸観念の運動を識るためにはじつに貴重な資料である。興味は図像解釈学（イコノロジー）的研究に尽きるものではなく、新プラトン主義的形而上学の歴史から天文学的討議まで、知性の理論から錬金術という問題まで、〈異教〉的典礼から護符（タリスマン）や魔除け（アムレト）まで、『ピカトリクス』は文化史の多様な局面とかかわりをみせる。

　この特殊な著作にとり組むにあたり、元版（オリジナル）を傍らに、ラテン語異文（ヴァージョン）〔スペイン語―ラテン語〕を検討してみると、なにもその理解を深めるばかりではなく、文化圏の違いによる配慮の施し方の相違にも気づかされることになる。当然ながら満足のいく検証は微細で広範なものとならざるを得ないだろう。ここではただ幾つかの輪郭を描いてみようというばかりである。

　平明なドイツ語版の賞賛に値する著者であるマルティン・プレスナーは、この書物の無秩序について強調している。同じ主題が置かれ、途絶し、ふたたび始められ、あらゆる種類の脱線の紛糾となる。この著作の非論理性の中には一切論理的な秩序が見出されない。その一方でプレスナーは、それがすくなくとも部分的には意図的な方便である、という仮説をたててみせる。「技術的な論述の持続のうちに魔術的な部分を挿入して疑惑を軽減し、また小出しにしてみせることである種の教説の奇妙さを軽減し、ついには魔術的題材と哲学的素材が同様に有効であることを証してみせるために」。つまりプレスナーは、こうした論述法が純潔兄弟団の百科全書にも認められるものである、と言うのである。それは『ピカトリクス』の重要な典拠のひとつだった。ひょっとしてそれ以上に推論することもできるかもしれない。新プラトン主義的形而上学の幹への魔術的論述の広範な接木は、方便などではない、と。それどころか、それはこうした観念群の運動により深い霊感を与える完璧な一貫性であるのだ、と。新プラトン主義に由来する立場と、魔術、占星術、錬金術といった空想的な諸主題との組み合せ、そしてまた時として星辰の神性崇拝、神懸りの譫妄、神秘的礼讃、それに古い信仰の残滓の結合において、『ピカトリクス』はまさに新プラトン主義に特徴的な主題を言明している。一方でその主題を掘り下げるとともに、もう一方でアラビア文化による入念な仕上げを施すことによって。

実際、それは逸脱や脱線ではない。論述の無秩序とは別に、諸部分の連接はじつに緊密である。魔術と占星術は新プラトン主義的思弁の枠組の中に埋めこまれて、正当化の弁明とその基礎を見出すことになる。全一、知性、世界魂（アニマ・ムンディ）、諸星辰の魂、あらゆる霊的存在（スピリトゥス）は、注入の理論によって理論的に基礎づけられることとなり、注入という影響の織りなす経緯が宇宙を結び合わせる。宇宙普遍の生命の一性。それが到るところに注ぎ、すべてを息づかせるとともに、思弁的に宇宙普遍の親和が承認され、宇宙の縮約された似姿（イメージ）である人はその様々なはたらきを成し遂げる。そしてまた形而上学的洞察の対象である全一性と、いかにも恣意的で空想的なものとしてあらわれる魔術がはたらくものやことの多様性の間の結びつきは、こうした形而上学的ヴィジョンの論理的帰結に他ならない（神学がそれらを合一させるばかりでなく）。便法を遥かに超えて、新プラトン主義的形而上学と魔術の実修の関係は、正確な対照をなしている。蠱惑の魔術はプラトン神学の〈知識〉そのものである。それを分かつのは、全一のヴィジョンとそれに連なるものと主張される各種のはたらきの間にある相違である。前者が宇宙の〈詩的〉ヴィジョンに準えられるとするならば、後者はすべてに広がる〈諸霊〉を説得するための〈修辞的〉技法という性格を引き受けるかのようである。総体的な親和の中に繋がり協働する一つの息づく宇宙のうちにあって、星辰と、植物と、石と語り合い、個別の圏域に力能ある諸霊への祈りや口誦により、その仲介を祈願し、命じ、強いる。[59] ヘレニズム思潮の盛期、シンプリキウスは『天界論』註解でアナクサゴラスの〈ヌース・クラテイ〉[60]を借用しつつ「じつに知解（グノーシス）とは、知解されるものを限定し規定（有限化）すること」[61]と書いたのだった。しかしそれは〈グノーシス〉同様〈同類（スイ・ゲネリス）〉を識ることであり、この〈ヌース〉が知的理拠とはまったく別物であるのは、世界の圏域の支配がアルキメデスの知的探求からではなく、偽プトレマイオスの『百言集（チェンティロキウム）』から採られたのと類同であった。それは数学的形式にではなく、魔術的定式に帰着する。その技法と道具は蠱惑、護符、魔除けであって器具装置ではない。ことば、〈ヴェルブム〉、口誦呪文。これこそ『ピカトリクス』で頻繁に論じられるところである。これはまさに諸星辰へと、星辰の神性へと昇り行くことば、あるいは諸事物の〈霊〉たちへと届くことばであった。「ことばとはそれ自体降霊の力能をもつものゆえ」[62]、そしてまたアラビア語テクストが言うように、「魔術理論のもっとも美しい種（スペキエス）は口誦である」。[63]

三

すでに言った通り、『ピカトリクス』は編纂物である。著者は繰り返しそれを言っている。賢者たち哲学者たちは文書を著すにあたって、なんともとらえがたいヴェールの下に〈知識〉を隠した。その晦渋なことばと図形表現（フィグラリテール）はただ秘儀伝授された者だけに了解可能なものだった。それを見出し、あるいはそれを明かされた者たちは、それを知るにふさわしい者より他に明かしてはならなかった。この〈知識〉を数多くの者がもつことになればこの世界は危急に瀕することとなるだろう。この編纂者は賢者たちの書物を探したばかりでなく、こうして隠したままに与えられた鍵をもそのままに用いている。『ピカトリクス』は、碩学のための、諸玄義への案内である。

哲学者たちの知識を理解しその秘密を洞察しようと欲する汝、彼らの書物のうちにある大いなる驚異や業の数々を探索するに[64]……まず第一に知るべきは、賢者たちがこうした知識を隠し人々に知らせようとしないということである。彼らはじつにそれを人々から秘すように、不可解なことばのうちに、記号や符牒をもって語り、まるで別の知識について語るように見せかける。彼らがこのようになすのは謙遜と善意からである。この知識が人々に明かされたなら世界の混乱のもととなろうというもの。まさにそれゆえ、彼らは形象をもちいて語り、そこに説かれている知識が他の者たちにはなんの役にも立たぬもののごとくにみせかける。このように彼らが秘匿した方途や規範のうちから、賢者たちは彼らが密かに語ってみせたすべてを掬いとるのである。それゆえわたしはこの書を編纂し、これらの知識の行く先また諸困難を説くとともに、賢者たちが語る知識について意釈を加え、見知らぬことばに隠されたところを平易に解き明かそうと考えたのである。それゆえ至高なる創造者に嘆願しよう。この書がただ賢者たちの手にのみ渡り、善用されるように。善のため神のためにこの書が用いられるように。[65]

この著作が広く引く理想の師はゲベル（アブ・ムーサー・ジャービル・イブン・ハイヤーン・アル－スーフィー）と名指される。アラビアにおける知の歴史にこの人物が果たした重要さについては、三十年前P・クラウスが明らかにしたところである。『ピカトリクス』は魔術から天文学まで、彼の著作を列挙するとともに概括し、しばしばその一節を引いてもいる。

この賢者は、以上挙げたところのすべてを著し、太陽の運動とその注入（影響）を算術計算によって明らかにした。当然この叡智はわたしの業においてもその多くを流用させて頂いた。時は離れているとはいえ、彼の弟子としてわたしは振舞っている。彼に永遠の生が授けられ、聖なる魂たちとともに彼が高みに挙げられますよう、神に祈る[66]。

魔術の操作（はたらき）あるいは〈知識〉の活動こそが賢者の目的であるとしても、現実存在（リアリティー）とその諸原理の完璧な知解に到らぬかぎり、これには到達し得ない（「汝の魂はいかに徐々に還元され、浄福なる霊的知解となるか」[67]）。換言するなら、小宇宙たる人は自ら自身および世界のうちなるその立場について十全なる意識をもたねばならないのであり、世界の構造（なりたち）あるいは諸存在の階層秩序、諸存在の連鎖について（「この世界のすべてはその秩序に整えられてあり……それを介して結果を導くように知識をはたらかせねばならない」）知識の百科全書の総体として持たねばならない。そのためには形而上学や神学ばかりでなく、すべてを結ぶ神秘な照応によってすべての秘密のリズムに親しまねばならない。そして完璧な賢者とならねばならない。「この知識には完璧な賢者ならずしては到達し得ない」[68]。その一方で、〈完璧な愛知（哲学）〉への上昇とは、倫理的知性的な上昇によって人が到達し得る知の頂点にいたる浄化の運動である（「よき習慣（意志）と高徳の業は善より生じる」[69]）。

そしてこれがこの世の事物を、その性質を認識する方法であり、性質とは異なったものの結合およびそれ自体への区分である。これは哲学〔預言〕と称されるものの一部であり、その序列は感覚的事物から徐々に進んで数学にいたり、ここに人の力能は完成され、思弁的知識が成就される。これが人の尋ねる善であり……〔ここに註69の一句がある〕……そしてここから喜び愉しみが汲み上げられ、永劫に終わりなく獲得された叡智はつづく。(70)

『ピカトリクス』の弛まぬ努力はここにある。存在の円環のうちへの判断挿入という〈知識〉の活動、人は協同的に自覚的にこれを成し遂げる。この著作の〈哲学的〉な最大の関心事は、魔術の実践をもっとも親密に知られた現実の根へともたらそうという試みにある。

ここで魔術師がみずからのものとすべき〈知識〉という観念の深化と、〈百科全書〉の規定は際立ったものとなっている。この著書がこの主題にはじまり、ある意味でこの主題で閉じるのも偶然のことではない。第I書の典拠はプロティノスからアル-ファラビーにまで到るが、ここは書物全体のある種の序論となっている。知の意味と価値が神の至高なる賜として繰り返し語られる一方で、現実〔実存〕(リアリティー)の構成あるいは神の一性、すべてが神に由来するものであることが執拗に説かれる。もちろんこの二つの主題は常に交錯している。「神がこの世で人に授けたまうた最大にして高貴なる賜は知るということであり……熱心に学ぶということは神に仕えることである。……そしてこれが第一の真実であり、他に真実があるのではない。どんな事物も自ら真実をもち、真実を受け取るものであるから」(71)。新プラトン主義的な一者および一者からの発出というヴィジョンは、一者への帰還の手段としての〈知識〉(スキエンティア)説の背景を成している。

知るということには三つの特性があることに留意せねばならない。その第一は、それが常に増大し決して減少することがないということ。第二は、常に上昇するものであって下降することがないということ。第三は、常に明快にしてなにも秘し隠すところがないということ。そこにはまた三つの剛毅(ちから)がある。その第一は、この世の事物を解き明かすこと。第二は、謙遜な習慣を獲得させること。第三は、理拠と意志の力に貫かれて欲し好むところより他を教えぬこと。つまりわれわれが本書で明かそうと欲する秘密とは、あらかじめ知に到達したものでなければ知ることができない。知を獲得したいと欲する者は諸知識を学び、その序列を詳細に知らねばならない。実際、この秘密はその序列にしたがった知識の賢明な学び手でなければ獲得することができない(72)。

第Ⅱ書もまた、そのはじめに地上の事物の数々が諸天に依存するものであることを再論した後、魔術の業に不可欠な占星術の完璧な知識に到達するためには、あらかじめあらゆる知識が必要であると言明される。算術、幾何学は諸天の運動を算定するために、音楽は比率と音律（リズム）を、そしてまた「天の諸物がその愛において地上に親和し、憎しみにおいて反撥する諸様態」を知るために。自然学の知識は「生成と消滅そしてその諸原因」を知るために。そして形而上学、これなくしては「地上のいずこに諸天体の力能が注入されるか知ることは不可能であろう(73)」。

第Ⅳ書の終わりにあたり、おおよそ著作の結論ででもあるかのように、叡智にとって必要な研究過程がじつに分析的に反復叙述されている。それは単純な指示にとどまらず、各種の〈技芸（業）〉が十に類別され、そのうちの幾つかについては学ぶべき文書までが指示されている。ここにその分類を取り上げておくべきだろう。第一に、農法、航海術、民衆の統治。第二に、「兵站術、軍隊の統率術、戦闘術、動物や鳥の声真似および罠」。つづいて、文法学、言語学、語彙学、法律学等々を含む「文化（市民として）の業」。そして算術、幾何学の理論と実践（土地の計測、重量物の懸垂、機械装置の建造、水流の調整、集光レンズの造り方）。天文学、音楽、弁証法（「八巻に分かれるアリストテレスの書により学ぶことができる」）。医学の理論と実践、自然学の知識（ここにアリストテレスの『自然学』諸著が列挙される）。そして最後に形而上学（ここでは『アリストテレスの十三巻の書』が薦められている(74)）。

知の百科全書の総体、倫理的完成は魔術の実践、〈降霊術（ネグロマンツィア）〉には不可欠な前提である（「個体（からだ）を凌駕し変じ、他のからだへと変じ、……ある個体（からだ）をより優れたからだへと転ずる人の業のすべてをニグロマンティアと称す(75)」）。

四

諸知識の「形而上学」にまで到る段階的克服は魔術実践の前提である上昇過程において、神の一性から現実存在（リアリティー）の秩序へと降る諸段階に相当する。第一原理に関して『ピカトリクス』はかなり厳密正確な立場をとるにもかかわらず、諸存在の階層秩序については揺れが認められる。そしてまた十分に窮められるべき〈知性（インテレクトゥス）〉、〈霊（スピリトゥス）〉、〈質料（ヒューレー）〉といった諸段階については、ひどく錯雑混乱している。ただし、神の一性については明瞭である。

> 彼こそがこの世に存在する事物すべてのまた壊敗する事物すべての根源であり原因である。彼自身、新旧のすべてを知り、そこにはなんの欠如も欠陥もない。彼自身が自らおよび他の諸事物の原因であり、他からなんらかを受容するということはない。彼は個体的（コルプス）なものではなく個体的（コルプス）なものの複合したものでもない。……その総体が彼自身なのであり……唯一にして、唯一の真実であり、唯一の総体（一）であり、その一性からあらゆる事物はその総体的一性を得る……[76]

一性から〈秩序にしたがって（ペル・オルディネム）〉段階的に現実存在（リアリティー）が降り、ついに人のうちに、人の〈霊（スピリトゥス）〉のうちに帰還への欲求をあらわすにいたる（「別の世界に降った人の霊は、本来あった場所へと戻ろうと欲するにいたる」）。存在の序列と段階（「この世のすべての事物はその序列にしたがって整えられてある」）については、『ピカトリクス』第Ⅰ書においても第Ⅳ書においても厳密を期されている。最初の文書では、神に「感覚あるいは知性」あるいは「ヌース」つまりは「霊（スピリトゥス）」が従い、それに「質料（マテリア）」が（絶対不動の原理のごとくに）つづく。そして「第一起動者によって動かされた天の本性」にはじまる天球から、恒星天、その他の諸天球そして月へと到る。その後に〈共通〉な質料あるいは〈第一質料〉が置かれ、「そのうちに世界の事物すべての序列があり、それが質料であるが事物としてはいまだあらわれていない」。質料に〈諸元素（エレメンタ）〉がつづく。そして、鉱物、植物、動物、「そして最後に理性的動物」。ここへきて『ピカトリクス』は言う。ヒュポスタシス（実体）と諸天の序列は下降的であるのに、月下界の現実存在（リアリティー）の分類は高貴さに劣る第一質料にはじまり、もっとも尊い存在である人に到るものである。つまり、世界について別の上昇的な序列も可能である。

そして……この世界の……別の序列を知らねばならない。……その秩序とは、第一に原理、つづいて高き質料、そして元素、つづいて質料、そして形相、そして自然本性、つづいて個別的なからだ、つづいて成長増殖、そして動物、つづいて人、そして男、つづいて個別の名をもつ人。(77)

その一方で基本的諸観念、特に質料、第一質料、自然本性等々の観念は、偽エンペドクレスからプラトンの『ティマイオス』まで、アリストテレス主義的な各種著作まで、多様な主題が合するところで繰り返し論じられる。秩序だってもおらず明快な論述でもないが、引用や参照の言及に溢れた『ピカトリクス』のこうした頁のすべてを注意深く検討することはたいへん興味あることに違いない。かなり錯雑しているとはいえ、第Ⅳ書の最初の章で諸存在の序列という問題が再論されるところは、重要である。オリジナル版では（ラテン語ヴァージョンはこの部分を割愛している）それに先立つ書は、五つの原因と五つの実体の叙述でおわっていた。エンペドクレスの説として、意志、知性、魂、元素をそれに帰属して語りつつ。(78) 第Ⅳ書はふたたびこの主題にはじまる。

古の賢者たちは、神が五つの事物を配し、高貴なるものあるいはすべての源泉である第一質料と第一形相を頂上に置き、第二に感覚あるいは知性を、第三に霊を、第四に天の自然本性を、第五に諸元素を段階的に調えた、という見解で一致していた。(79)

一々の実体はそれぞれの圏域（球体）にあって下降的発出の一段階を成している。上位段階は量においても質においても下属段階を超えており、下位段階は先なるものに劣る（「あるものは他のものに量においても質においても優り、第一なるものはそれ自体完璧で純粋、あらゆる粗大（濃密）から浄化されている。第二のものは自らのうちになんらかの粗大（濃密）さあるいは質料をもつとはいえ、第三のものよりはそれも少なく、その段階は……」）。ここで霊の位置について新たな特徴づけが加えられているにしても、すべてが明瞭である訳ではない。だがそれは魔術実践において、霊に帰される諸々のはたらきの理論的前提として重要である。

その後、神は天を造りかたち（形相）を成し、四つの天の中間に天の霊を配した。上の二つは透明に光り輝き、そこには第一の本質と知性がある。下なる二つは暗く闇深く、ここには自然本性と諸元素がある。この天の霊に知識が従属し、それは適宜上位なるものから受容することによって高貴と成され、また下位なるものにそれを授ける。まさにこのようにして、霊は上位の二天に照らされ、そこから光を受け取る。この場所を天国と称す。二つ（の天）にうちまかされた下位なる霊は闇の憐れで不幸な霊であり、下層へと降りそこに捕われてこころ休まることもない。じつに地獄と称されるところ。これが動物や植物の霊であり、固いからだ（のうち）に造られる。(80)

オリジナル版のテクストがラテン語版と部分的に異なっているにしても、〈霊(スピリトゥス)〉は五つの実体の媒介機能を果たすもの、あるいは宇宙の平衡のうちにあるものである。樹木を例に象徴化され、地に張った根は不透明な諸気質（体液）を示唆し、天に向かってさし広げられた葉や枝は光を享けて土性の多いものはより根を張り、気性の多いものはより濃密に葉や枝を繁らせる。そればかりか、テクストはイメージを人に移しつつ、土性の人、天上の人へと続く。アラビア語オリジナルはどうやら二元論的結論に至るようである。「悪は常にからだから来たり、善は霊より来たる」（これはラテン語版では「質料は個体的事物（からだ）から、善は霊から発出する」と緩和されている）。一々の実体にそれぞれの媒介機能があるということには疑いの余地はない。それは一方で高みへと向かい、他方で下方へと降らしめられる。つまり一々の実体は二重の意味を引きうけることとなる。その外観、様相、運動の契機によって。質料そのものもまた、そうした序列のうちにあって二重となる。それを〈上(ムン)

位世界（ドゥス・アルトゥス）〉あるいは限定の原理、個体性（からだ）の原理として考えることによって。いずれにしても、五つの圏域（球体）の中間にある〈霊（スピリトゥス）〉は卓越した媒介者である。「そして宇宙霊は宇宙の覚知（普遍知性）である。それゆえすべての実体は天の諸個体（天体）の運動において個体性（からだ）を成就する」[81]。〈霊（スピリトゥス）〉は地上、宇宙の懐で相互了解、相互運動を成すような出会いを果たすことになる。

五

宇宙の序列において、人には固有の位置が与えられる。その媒介者としての機能について、何度も『ピカトリクス』は立ち戻ることになる。そのうちでも二度、第Ⅰ書第六章と第Ⅲ書第五章ではとりわけ詳細に論じられている。より厳密な議論がなされるのは前者で、その表題は「いかなる段階において小世界と大世界は類比されるか」という。人の条件は〈知識〉の序列において特権的なものとなっている。これはこの論考の重要な前提を成しているのだが、人の内実たる知識は現実存在（リアリティー）に符合し、知識は現実存在（リアリティー）のように段階的なものとしてある。知識は現実存在を反映し（省察し）、協働するものである。まさにここに人の特殊な状況があり、それは諸個別存在のうちの一個別存在であるという以上に、すべての存在段階に対して開かれた可能性なのである。諸段階を包摂し変じるような。

この章は次のようにはじまる。

> 知識というものは高貴にして偉大なものであり、それのうちにそれに対してはたらきかけることは高貴と偉大を受容することである。知識とは段階的なものであり、そのうちにひとつ確たる安定した状態があり、それこそが知識の最終段階としてある完璧で、この段階を知識は尊重し愛する。そこからギリシャではそれを愛知（フィロソフィア）と称し、ラテンではそれを知識愛（スキエンティアエ・アマトーレス）と説く。ここに知識は欠陥なく衰弱することもなく、そこからして人とはもはや人の名でも形相（かたち）でも形象でもない[82]。

そして人―小宇宙の主題、それが世界のすべての相貌（アスペクト）および個々の諸存在と照応することがみごとに説かれる。そこでは物理自然的な分析が常に〈知識〉の段階として、物理的現実存在（リアリティー）からの〈分離〉が〈霊的〉世界との合一として強調される並行論が際立っている。実際、人は知ることにおいて自らを実現し、知ることを介してそのはたらきは現実のものとされる（知ははたらくことにおいて知を実現する）。

こうして知識の認識に関する探求から人とはなにかが知られ、人とは大宇宙の似姿たる小宇宙であることが分かる。そしてからだは理性的な霊とともに動物性と理性とを完成し……そして理性は知ったところを声に響かせ……丸い頭をもち、判断し、知識と文字を受容し、偉大なものとなる。……泣き、笑い、悲しい声で哀願する。そしてそのうちなる神の徳能と知識により民を統率し……喜ばしきことと害あることとを知り……そして卓れた精妙を知るとともにこの精妙さによって奇跡をなし、驚異の似姿（像）を成す。知識はかたちを得て、他の感覚的な動物のすべてから離れ、神により（へと）自らをつくりあげその知識と叡智を案出する。その性質を説き、この世のすべての事物を受容して、その預言者の霊はすべての事物の知性の叡智にして宝となり……かくして人はすべての知性体とこの世の事物の成分（なりたち）の意味を理解し、それを理解せぬものを自らに供し、自らは他に仕えない。そして気ままにある動物の声を真似てみせる。そしてまた手づから自らに似たもの（似像）を造りなし、その本性とはたらきを列挙してみせる（数をもって説く）……鶏、犬、獅子は自らの声を変じることができぬが、人は自らの自然本性的な声によって他のすべての獣の声を響かせることができ、そのかたちを変ずることができ……望みのままに死すべきものを善へと導き、また他の動物たちを明るみへと導く。また濃密なるからだと精妙なる霊をもつ。まさに精妙な部分と粗大な部分をもつ者として。この精妙なる部分が生命であり、粗大が死であり……人の総体的なかたち（形相）は霊一般を容れる櫃であり、霊一般は感覚一般の櫃であり、感覚一般はそこから感覚が引き出される光の櫃である。まさに光（からだ）こそが感覚一般の素材（質料）であり、下なるすべての上にあるものであり……そして……人は……他の個物のすべてを用い、それらに他の自然本性を結びつける。ここに知る欲望は成就されるが、それは善へと向かい、美へと向かい、卑しき個物（からだ）から解き放たれた単純なものでなければならない。そして一々の知解とは人がそこに感覚（意味）を刻み、目で見、事物を証することのできるもの……。(83)

この問題のテクストに展開される数々の主題を完全に再現分析してみることはできない。ただ人―小宇宙というヘルメス的イメージはすでに『アスクレピウス』の有名な一頁にしるされたものであり、それが魔術的な作用の数々を基礎づけるものとして豊かに潤色されている。その一方で、『ピカトリクス』のラテン語ヴァージョンとオリジナルの綿密な対照の作業も重要である。おそらくオリジナル版では人の自己規定はより根底的（ラジカル）で、その能力は他の諸存在の声を真似るにとどまらず、それらの自然本性的素地の改変にまで及んでいるもののようであるから。(84)

もうひとつ、人に関する議論で重要な第Ⅲ書の箇所はより図式的である。諸存在の連鎖が強調され、そこでは一々の形相が媒介である（「魚は鳥と獣の媒介（中間）であり、水棲の貝は感覚と無感覚の媒介である……」）が、人は格別で、天と地の媒介、「天の分離霊と獣の間の」媒介である。あらゆる現実存在（リアリティー）、あらゆる可能性、悪魔や天使は人のうちにある。「人は世界と呼ばれるのであり、大世界はその本性からして小世界のうちに含まれてあるとも言えるので、それを大世界と較べることができる。それゆえ、悪魔たちが大世界にあるように、実際、小世界にも見出されるのである」。あるいは火や激しやすい元素によって人は悪魔に変容する（「悪魔はあらゆるものの中にはたらく」）が、また逆に「人の意志が十分な均衡を得てある時、理拠に基づき統御されてある時、そこには天使が現勢している」。(85)

こうした特別の立場に置かれた人はまさに、個別的身体（からだ）の世界と〈霊〉の世界を結びつける特別の可能性をもっている。夢と予言という主題とむすびつけられた〈預言〉の扱いは、この点特徴的である。からだがあらゆる悪気質（悪い体液）から離れて純粋で、体質が調和的平衡状態にあり、霊が「浄化され完璧で」ある時、〈共通感覚（センスス・コムーニス）〉（神から直接触発されたもの）あるいは宇宙普遍の〈ヌース〉を介して、人の知性は個別諸存在そのものがかたちづくる諸力と結びつく力（可能態）をもち、それは自ら（知性）鏡のうちに見るごとくにそれを反映する

（「この共通感覚から人の感覚的あるいは知的な力能と潜在力があらわれる。そしてこの力能と結びついた感覚から存在物がかたちづくられる……人はここに準備が調い、高く偉大なものとして完成される（至高偉大な成就への素地ができあがる）」）[86]。

そしてそれにとどまらず、ここにじつに晦渋な観念が干渉して来る。それは第Ⅲ書のひとつの章をまるごと捧げて論じられる〈完全な自然本性〉の観念。どうやらこれは天の配置が個別の自然本性に収束する運勢のようなものを意図している。これがすべて与えられると、人は〈知識〉の頂点に到達する（「惑星の力能と配置がまさにその自然本性へと傾斜することなくしては、この知識が成就されることはありえない」）。『ピカトリクス』はこの点に関して擬アリストテレス文書『アル-イスタマティス』を引証する。「愛知（哲学）に護られ、知性と叡智によって強化されることで完全な自然本性となり（自然本性は補完され）、すべてのうちでそのはたらきは潤滑に成就される」と。そのうえ、これの説明のため、長々とヘルメスの証言が引かれる。ヘルメスは〈この世のはたらき（業）の秘密（セクレタ・オペリス・ムンディ）〉を知り引き出そうとして、「猛烈な風が吹き出す深くて暗い井戸の上に身を置くが、暗すぎてなにも見えず、風のせいで灯火をかざすこともできなかった。そうこうするうち、夢の中に美丈夫で威厳のある男があらわれて、彼に硝子のランタンの中に蠟燭を一本灯すように、と言った」。そうすることによって、風を鎮めるある像（イメージ）を起こすことに成功し、井戸の内に灯火を燈すことを得て、さまざまな儀礼によって「この世の秘密の数々、完全な自然本性、すべての事物の性質とその生成について引き出すことを得た」。謎のごとくに夢にあらわれた威厳ある男の姿。ヘルメスに問われて、まさに彼は完全な自然本性である、と告げてみせる[87]。

ここに引かれるヘルメスのものがたりのはじめは、慣用されるイメージ群の総動員となっている。暗い井戸、風、幻視、玄義を説く尊い賢者の姿。〈完全な自然本性〉、星辰から注入される影響という主題とともに、〈愛知（哲学）〉は魔術的〈知識〉とその秘密の数々へと移行する。

六

〈知識〉の最初の部分は明らかにされ、残りの部分は深く隠される。いずれにしても第一の知識の後にでなければ第二の知識に到達することはできない。このことは『ピカトリクス』ではいろいろ暗示的に示唆されている。「明らかなる証を隠されたところに向け、あるいは似たものを繋ぎ合せるように枝を根に戻し、あるいは覚知（意味）の組み合せや知解を信頼のおける聖なる人の言に合わせ……」[88]。実のところ〈知識〉とは卓れて、奇跡的とも見える異様なはたらきを成すこともできるような、諸事物のなりたち（構造）のより深い認識である（「人の慣いならぬほとんど奇跡の類のはたらき」）。その顕われた部分はギリシャ人たちが意図したような〈哲学（愛知）〉と同一視される。隠れた部分は哲学者たちによって定められた〈思弁的理論（神感）〉として前提される。これは人のうちに見出されるとともにそこに絡まり縺れている〈霊的〉諸力をもって意のままに用いられるもの（そうした〈霊的〉諸力によってより深く知られるもの）である（「霊的な運動は一々の個物（からだ）を動かし、この運動が驚異の効果を成し遂げる」）。この点興味深いのは、諸天体の注入（影響）を熱の変移（ヴァリエーション）に還元し尽くすことはできない、という説を否定する天文学者たちの議論である。彼らはそれを頭から撥ねつける。「そのようにまったく隠された驚異などというものを認めるわけにはいかない」と。あるいは天の〈諸形象〉によって差異化する原型（アルケティプス）や範型（モデル）の数々の深く多様な力とその地上諸存在との関係「範型そのものあるいはこの世の諸形象」[89]というようなもの（を認めるわけにはいかない、と）。

こうして魔術知識の基礎、あるいは占星術の基礎に到る（「占星術的知識は魔術的知識すべての根底である」）。ここで言う諸天とは、『ピカトリクス』がすべての神性を住まわせ、あらゆる神話を配そうとする場所である。〈知識〉とは、一々の〈霊〉をはたらかせるために必要な祈禱や儀礼の数々であるが、それは〈霊〉の権限を知ることに他ならない。この儀礼は呪文定式、挙措、身振りが織り合わさった実に複雑なものである（「燻香、呪文、まさに事物に移されることば。ことばを結びつける霊的知識ばかりか、それを切り離す知識」）。

こうした措置のすべてであるいは業の目的は単純である。〈諸個物（からだ）〉をうち負かし、それらを他の諸本質へと変容あるいは還元すること（「からだをうち負かしそれを他の大いなる赤裸のからだに変じ戻す」）。〈諸個物（からだ）〉を他のより高貴なる本性へと転じること（「からだのある本性を他のより高貴なるものに転じる」）。諸存在を愛の絆によって結び、繋ぎ、合わせること（「すべてのはたらきとその思わしい効果において事物は互いに尊重しあう（愛し合う）」）。

とすれば、地上のできごとのすべては諸天体（天のからだ）と結びつき、それに依存し、その複雑きわまる配置に照応している。『ピカトリクス』第Ⅱ書は『百言集(チェンティロクイウム)』の九番目の格言(アフォリズム)〈この世のすべては天の形象に服する〉を喚起するところからはじまり、それが詳細に論じられている。「賢者たちはこの点、皆一致している。諸惑星はすべてが生成するこの世に流入（影響）する力をもっており、惑星が星宿を変えるところにこそ、変化の原因が認められる。魔術の光とは惑星の運動である故に」[90]

そのうえ、諸惑星の運動はそれらの〈像(イメージ)〉や〈形象〉と結びついた諸星辰の影響を分配されることによって変移する（魔除けや護符の力を受ける）。『ピカトリクス』劈頭で〈降霊術(ニグロマンツィア)〉とは理論と実践に区別される、と言われていた。ここで理論とは恒星の数々の〈場所〉に関する知識のことに他ならない。それらは天上に〈形象〉を描き、運動する諸惑星にその光を投影することによって影響を及ぼす。

降霊術(ニグロマンツィア)には二つの部分がある。つまり理論と実践と。理論とは恒星の場所に関する知識である。それは天の諸形象を成すところ、天の諸形相であり、その光が動く諸惑星に投影される。天の諸形象の知識はそれを意図しつつ請願する時、古の賢者たちが言ったように想像力のはたらきにとって選択の時となり、完全に把持（理解感得）される。（天の諸形象の降下は、それに向かって祈願が成される時、古賢者たちの謂うように護符の業による誘引の好機（護符を高く持ち上げかざすべき時）となり、そこに完全に（力能が）とり込まれる。）

実のところこれは力や光の放射というよりも、一連の像(イメージ)、類比の戯れである。あるいは正確を期すなら、それは形象、像、配置組み合せ（魔除けや護符や魔方陣）であり、つまりそれによって影響（天の注入）を蓄えまた放出するもののことである。特に第Ⅱ書で語られるところは、ほとんど護符(タリスマン)論の序言のようである。エジプトで蠍に刺された者があった。そこに居合わせたある若者が香を焚き染めた印章(シジッロ)をとりだし、ある飲物にそれを浸した。それを苦痛に悶える者が飲むや否や、痛みは消えて癒された。それは「ベゾアル石を嵌めた金の指輪で、その石には蠍の姿が刻まれていた。それは月が蠍座から第二のアスペクトにある時に刻まれたものだった」。[91]

マルシリオ・フィチーノは『生について』第三巻、「天上の生との比較」において、〈霊(スピリトゥス)〉をもとにして造られた護符(タリスマン)について解明しようと努めている。これは格別『ピカトリクス』に近い議論である。彼は言う。「これらの事物はすべてわれわれの〈霊(スピリトゥス)〉にかかわるものであり、自然を介して適切に調えられ清められたもので、適宜集められた諸星辰の光を介して可能な限り生命の〈霊(スピリトゥス)〉そのものを収めたものである。じつに生命とはこの世のすべての事物のうちにあり、からだにあって皮膚や髪にまで及ぶように、草や木にまでも広がっている。それはまた、歯や骨に染みこんでいるように、石や金属にも浸透している。貝殻のうちからも迸り、地や岩にも根を張る。こうした存在物は皆それ自体生きるばかりでなく、すべてに共通の生命としてあり、そのうえ地を超えてより精妙なからだの数々（諸天体）、より魂(アニマ)に近いものによって賦活される。こうした内的な生命力によって、水、気、火は生命あるもののうちにはたらく。じつにこの生命は永劫の運動により、水や土をよりも気や火を熱する。そして天のからだの数々（諸天体）をまるで世界の頭、心臓、目のように最大限に生気づける。こうして、目のごとき諸星辰を介して、目に見えるものにばかりか目に見えぬものにまでも、あらゆるところへと光を広げるのである」。[92] 自らを宇宙普遍の運動と調和させることのできる者は、宇宙普遍の生命の泉から汲むことができる（「宇宙の生命の動きは静止してあるものにも自らに似た運動を引き起こす」）。からだと魂の媒介たる〈霊(スピリトゥス)〉は、宇宙の照射を、その生命を賦活する力をとらえることができる。所定の様式で造られた護符(タリスマン)はなんらかの手段でこうした照射を捉え凝縮する。ふたたびフィチーノの言を借りよう。「こうして造りなされた指輪がある種高みの力能をもつというのは、なにもそれが魂やからだの質料性にかかわるものであるというのではなく、かえってそれは霊(スピリトゥス)にかかわるものである、ということ。この霊は徐々に指輪を温め、いろいろな影響を及ぼす。より緻密になったりより輝きを増したり（厳密にしたり明晰にしたり）、激昂させたり鎮静させたり、厳格にしたり寛容にしたりする」。[93]

いずれにしても、フィチーノにあってすら最終的に重要なのは、照射の物理的な力(エネルギー)との関係にあるのではない。そこで〈霊(スピリトゥス)〉の複雑な作用の総体は、生命を付与する宇宙の息吹きのごとくに解される。〈霊(スピリトゥス)〉

も光の照射も、ただ天の形象、像の数々あるいは非人格的な諸星辰の神性とそれを表現する道具にすぎない。そうした表象こそが、祈りや儀礼、厚意によって補強された類似性によって、それ（霊）を引き寄せる地上の手段なのである。時にフィチーノは、諸天の注入影響の自然本性について言い募りつつ、自然学的‐数学的な語彙を錯雑した神話のことばに翻案しようと努めてみせる（「形象の造形（護符の作成）とは質料に星辰が合するところでなされるのでなければなんの効果もない」）。しかしすでにそこには、古代東方の神性の優越した姿が認められる。「それらは目に見える著しい諸形象であり、その多くは絵のごとくに描かれてある。白羊宮、金牛宮等々の獣帯の諸形象また獣帯外の諸形象に観るごとく。こうした数々の形象なしには、インドやエジプトまたカルデアの人々が見分けたごとくにしるしの相貌（天の主の容貌）を観ることも想像することもできない……。かくしてエジプト人たちは星辰や惑星を符号（呪符、カラクテール）をもって描いたのであった。そうした像をもってすべてを刻もうと欲して」[94]。ふたたび『ピカトリクス』から。「また同様に天には美しくすばらしい形象の数々があり、他所には美しさが欠けるとは、恒星の配置と形象のしからしめるところを言ったものである」[95]。

神的な形相、原型、範型の数々。これはアラビア語オリジナルではまさに〈イデア〉を意味したものであったのかもしれない[96]。現実の諸段階、諸階梯の関係にあって、決定的なのはつねに類似である。なぜなら似たものが力と照射を凝集し引き寄せて似たものにはたらくのであるから。「想像の作用（護符のはたらき）は諸星辰の効果と諸金属の働きとの類比を渇望する……類比とは像（護符）の効力のうちに繋がれ留まるところに発する」[97]。諸星辰の神性、デカノ、〈容貌〉に注意を引かせるものこそ類似である。こうした指針として『ピカトリクス』はじつに貴重な鉱脈である。テクストには、ヘレニズム期ギリシャ、東方、さまざまな出自の記事が集められ、古代の残存物に新しい発案が混ざっている。それにサベイ人（シバ人）の祈禱、いろいろな惑星の神性に対する賛歌、また魔術定式、迷信、あらゆる種類の信心が加わる。当然ながらこれらの検討には、予言占星術から魔術、錬金術まで、そして異教信仰からその典礼の残存まで、別の分野からの分析が必要となる。

いずれにしても、『ピカトリクス』のような複雑な構成をもつテクストは、後期中世からルネサンスにかけてのすくなからざる著作と対照されねばならないだろう。それは一種歴史的な実験としての典拠探求に資するためばかりでなく、西欧文化の歴史において魔術-占星術的な主題がプラトン的思惟に挿入接合されるにいたる過程を探ることにもなるだろう。そしてそれにはいろいろな方向が考えられる。公式にその優位を確立することになるアリストテレスの形而上学からはかけ離れたある形而上学へ向かって。あるいは、夢、神話、迷信をも包摂するある実践〈知識〉、つまり一種の奇跡の業(技術)に向かって。そして、いかなる正統信仰にも属さない信仰形態、特にキリスト教から遠く隔たったものへ向かって。ある種の観点からすると、『ピカトリクス』のような著作は、後期中世の文化の地下で発酵していた主題をめぐる百科全書と観ることもできる。それはロジャー・ベイコンにみられる不安と焦燥であったが、ひきつづきフィチーノ、ピコ、アグリッパのうちに開花する定めの蕾、奇妙で混沌としているが刺激的な混交物である。特に中世そしてルネサンスの〈プラトン主義〉の歴史においてこれを見逃すことは、その複雑な相貌を理解し得ないものとしかねない(98)。

＊

瓦斯灯(ガス)や電灯が発明されてから、人はあまり星空を眺めなくなりました。十九世紀に占星術の簡約版として発明された十二星座占いにはいまも根強い人気があるようですが。万病に効く薬と、ある病に特化した特効薬とがあるように、お守りといっても運気一般を守ってくれるものと、特別な事例(たとえば厄年とか受験とか縁結びとか)にかかわるものとがあります。『ピカトリクス』ではタリスマン(Talisman)という語が頻出しますが、これは特定の幸運(運気)を呼び込むためのもので、後者に当たりそうです。もう一方の全般的な運気を守るものとしてはアムレト(amulet)という語を宛てることができそうです。ただし、西欧語としてのアムレトは「刻印をほどこして祈りを込めた超自然的な力をもつ石で、お守りとして封印をしたり身に着けたりするもの」、タリスマンは「金属(あるいは蜜蠟や泥土)を円盤にして星座(図像)の刻印をほどこしたもので、燻香をともなう儀礼によってそこに霊的な力を集め、またこれを発揮させせようとするもの」(99)。

護符(タリスマン)に注がれる諸天の霊を集める業を総称してギリシャ人は「図像(イマジネ)の知識ユェテレゲフス」(100)と呼んだ、と『ピカトリクス』(I, 2,【5】) に説かれています。これの語義について語られているところは晦渋で、わたしにはこれに註する能力がありませんが、アラビア語版独訳で卒然とあらわれるシロギスムスということばは「ヘラクレイトスに遡る syllapsis (絆、連結)」[101]を連想させるものかもしれません。

十三世紀、アラビアから流入したアリストテレス式哲学の影響のもと、西欧ではスコラ学と錬金術が隆盛となります。二十世紀後半の中世再興あるいは再考はカトリック圏でのネオ・トミスムの潮流とワールブルク(ウォーバーグ)研究所に集まった学者たちの研究にはじまり、新しい時代を拓くこととなりました。トマス・アクィナスによる批判から照明説を先鋭化した「アヴィセンナ化されたアウグスティヌス主義」を抽出してみせたエチエンヌ・ジルソン[102]、ダンテの魂論を中世スコラ学の文脈で読み込んでみせたブルーノ・ナルディ[103]。占星術図像への偏愛からイメージの世界に沈潜したフリッツ・ザクスル[104]、ゴンブリッチの慫慂を受けて羅版『ピカトリクス』を校訂したピングレー。

これは不思議議にも、ヘレニスム的、新プラトン主義的な世界魂(アニマ・ムンディ)が十二世紀に教会によって断罪され(シャルトル派による学問論としての『ティマイオス』の註解や『メルクリウスとフィロロギアの結婚』註解、そしてコンシュのギョームによる世界魂という語の使用とその途絶)、十三世紀アラビア経由アリストテレス哲学によって能動知性(インテレクトゥス・アジェンス)(ギリシャ哲学のヌース・ポイエティコス)のはたらきに話題が転轍され、これがあらためて断罪され(アラビア語から羅訳された所謂『アリストテレス神学』がプロティノスの新プラトン主義であることを喝破したのはトマス・アクィナスでした)、フィレンツェ・ルネサンスにおいてもう一度、マルシリオ・フィチーノが世界魂を蘇らせる、そんな途絶と継起の狭間のものがたりでもあることに気づかされます。『ピカトリクス』ではこれが魔術的な覚知(センスス・アジェンス)のはたらきと訳されているわけです[105]。わたしたちは霊感を受けると言いますが、この神的な触発(インスパイア)が先鋭化されると、それは言説主体が神と同置されることであるとして預言者とされる一方、それが虚妄としてキリスト教会から断罪されるという歴史の循環をも垣間見させてくれることになるのです。

ガレンの論考で「降霊術(ニグロマンツィア)」や「預言」ということばが異様にみえるほど慎重に使われていたことに留意しておきましょう。翻って、巷説される魔術はいまも「忌わしさ」という直観とこれを巡る蟠りのなかにあります。

ピングレー監修『ピカトリクス』羅版が公刊される前、一九七五年にV・ペッローネ・コンパーニが羅版の哲学的抄録とでも呼べるような「ピカトリクス・ラティヌス」[106]を編んでいます。この抄録に付された女史の論考は、それまでたいへん理性的な思弁として観念されるようになっていたプロティノスに代表される新プラトン主義が、いったいなぜポルフュリオスやイアンブリコスの魔術的観念論へと移行したのかを探る道を拓いたと言ってもよいかもしれません。つまり逆説的ではあるのですが、新プラトン主義という哲学的なヴェールを纏うことで、『ピカトリクス』は「学問」として受け入れられる地歩を築いた、という訳です。「魔術師とは完璧な賢者（哲学者）であるにすぎない。まず統一的に観念された知の（哲学的）顕れを見通し、隠された部分を構成する魔術のその隠された意味を探り、哲学によって詳述された宇宙の限りない結合を体系的に再現する。叡知の頂点である魔術は、論証（シロギスム）[107]がその前提に依拠したものであるように、多様で深みある文化的百科全書に依拠するものである」[108]と。そして以降はかえって『ピカトリクス』に言及されることもなく、アリストテレスの想像力（ファンタシア）論というかたちで認識論的に『デ・アニマ』を読み直す作業が、また自然学としての理論と実践の業である錬金術を再発見する作業が、陸続とあらわれることになります。

古来この往還を魂の旅、いやアニマ（運動）と称し、発話者が主語に置き換えられるところで口籠るものが神だった、としましょう。「わたしは（エゴ・スム）、……」と吃るものを神と呼ぶ、と。それをわたしが在ることと肯定するのか、なにも言表し得ないものとして否定するのか、いずれにしてもそこで肯否の判定が意味作用をもたらします。親和と反撥を宙づりにし係留する期待と忘却のうちに発せられる吐息を祈りと呼んでみましょう。

明るい日中にはからだを動かすうちに紛れている判断の断片群が、夜闇のなかで蠢きだすのです。判断から知りえたことがらが浮き彫りにされ、組み立てられ、ここに世界（観）が識られる、あるいは造りだされます。吐息の繰り返しと判断の堂々巡りとしての思惟にとって、不眠の夜を経て眺める日の出はどこか超越的です。世界を明らめる円光。思惟を緩め、あるいは切断し、行動に駆り立てる熱。一方で、かたちを変えつつ満ちるとつねに太陽とは逆の位置にある満月。観念を凍らし、あるいは凝集させ、思惟に沈潜させる冷。まとまらぬ思惟が眠りを誘い、夢のなかで繰り広げられる闘争劇がわたしになにかしら奇抜なものがたりを語りかけます。サバトからヴァルプルギュスにいたる夜の宴。緩慢に熱しつづけられる錬金術師のうつわ。徐々に発酵していく哲学者の糧(パン)。魔女たちが煮たて掻き混ぜつづける霊薬。デルポイの神託「汝自身を知れ」は現在、ホラー小説の「あなたはだあれ」という問いに変じつつ、その堂々巡りをつづけている、という訳です。探偵小説の犯人は錬金術論考の賢者の石(もの)であり、前者の真実は後者の自然本性を別様に語っているに過ぎないのかもしれません。恋愛小説の愛憎が万有宇宙の親和と反撥のミクロコスモスであるように。

ただ、探偵小説のように解決をみることなく、妙な焦燥感と違和感が残りつづけるのが、どうやら世界の探求、自然本性の探求の宿命のようでもあるのです。世界の歪み、捩れ。『夢と想起』や『生成消滅論』の著者としてのアリストテレスではなく、『秘中の秘』の著者に擬された「哲学者」というこの人の名について。科学的という信憑のもとに原典主義が成し遂げた成果はそれとして、著作というものはつねにすでに書かれた時代あるいは書いた人の意志とは別に読まれつづけるのです。本書『ピカトリクス』に引かれるアリストテレスはアリストテレスではない、と言ってみてもしかたありません。その淵源するところがハランという土地に移されたプラトン・アカデミーがみせた異貌であったらしいこと、文化という形態を纏った農事の様相を明らめさせてくれるものであることへと。わたしたちはそれを因習とか迷信とか呼ぶように訓育されてきましたが、古人たちがそこでなにを想っていたのか、自然本性への畏怖と薫陶を人はどのように了解してきたのか、それを思惟の歪み、捩れとして排するのでなく、自然本性の歪み、捩れとして解読してみたいものです。そう、現代科学の論理にすらなにかいかがわしいところがある、という疑惑とともに。

■——補遺——I

哲学としての魔術——ペッローネ・コンパーニ

魔術書『ピカトリクス』を哲学的な文脈で抽出し、学知として論ずる術を開拓してみせたのがペッローネ・コンパーニの論考「ピカトリクス・ラティヌス」でした。これはピングレー羅版公刊より前に発表されたものだったことに留意しておきましょう。新プラトン主義あるいは中期プラトン主義を逆光で照らしだす論考であるとともに、ある意味、魔術をあまりに哲学的に観念する理知的に過ぎる論考でもありましたが、その卓越した視点は以降の『ピカトリクス』ブームに確実な足場を与えることになりました。

■ペッローネ・コンパーニ「ピカトリクス・ラティヌス」抄(1)

『ピカトリクス』という名でよく知られる広範な魔術—占星術便覧は、その錯雑した構成にもかかわらず、隠秘(オカルト)知識にかかわる格別な論考の一つで、さまざまな観点から読まれ、使われ、解説され、十五世紀以降は決して見逃しにされることはなくなった。十八世紀にいたるまで、著名な愛書家、文筆家たちがこれを所持していたところからは、トリテミウスやコルネリウス・アグリッパ以前からすでに文化のさまざまな領野にわたりこの書が掻き立てた深甚な影響の程を垣間見ることができる。「ピカトリクスは……魔術について書いたスペインの香具師」とグイ・パタンは明言し、同じ侮蔑的な調子でプロスペル・マルシャンも十八世紀後半の『歴史事典』にこう記している。

> ピカトリクス。奇妙で犯罪的な迷信集成の著者。ある者はこれを単に自然魔術論考とみなし、他の者はこれを真の魔術書とみなす。皆スペイン人だと言うが、これは誤りでアラビア人……かなり後代、十三世紀中頃に生き、カスティリア王アルフォンソ十世の時代……この書はアラビア語からスペイン語に訳された。さまざまな文筆家がこれを語っている。ある者は真面目に、他の者は茶化して。しかしそこに語られることはここに録したところを出でず、じつに僅かにしか知られない。(2)

アビ・ワールブルクによってラテン語写本が発見され、この著作がアラビア語原本『賢者の目的（ガーヤット・アル＝ハキム）』に遡るものであることがW・プリンツにより明かされた。著作年代もその背景も曖昧なこの浩瀚な編纂書はイスラム圏の歴史＝文献伝承にもとづき、マスラマ・イブン・アハマド・アル＝マジュリーティに遡るものとされた。この人物は十一世紀のスペイン・アラビアの最重要な数学者＝天文学者で、ヘジュラ年三九五―三九八年（西暦一〇〇四―一〇〇七）に没している。

マスラマへの帰属がさまざまに行われてきたにもかかわらず、『ガーヤ』の著者は緘黙したまま。その名はどこにも名指されることなく、特定要素も提供されないまま。ただスペインを「われらが土地」と暗示しているのと、自らの著作として先行二著を録しているだけである。それも一方は散逸したアラビアの哲学史、もう一方は錬金術文書『賢者の段階（ルトバト・アル＝ハキム）』。こちらは六写本が残されている。こうした入念な緘黙はこの著書が意図的に自らを匿名となしたもので、後に誤って「スペインのアラビア人たちには格別よく知られた名」であったマスラマに帰属されたものと想像させるに足る。それにまたこの帰属は議論に付され、写本の数々にあるさまざまな証拠にもかかわらず、現代の学者たちからは概括的な知見や文書内の矛盾から、マスラマよりも後の著者（おそらく半世紀ほど後の）のものとされるにいたっている。

西欧の伝統においては、この書物はピカトリクスの作として知られ、後に著作の表題を名指すものとされた。H・リッターは、アラビア語原本ではブクラティス（あるいはビクラティス）、クリトンの霊的護符（タリスマン）の書の翻訳者でこの編著の内に惑星の諸形象に関連して典拠[3]として引かれているこの名の特定困難について語っている。ブクラテスとはヒポクラテスのアラビア語転綴であるかもしれないという推測を述べた後、プレスナーは『ガーヤ』の別の箇所にはブクラットという音写もあることを認めている[4]。最近では、『ガーヤ』本文中に引かれる著者と翻訳者としてのクリトンとブクラティスという二つの名を、『キラニス』の編者ハルポクラティオンという唯一の典拠のヴァリエーションと特定する仮説[5]も出されている。

アラビア語からの翻訳が、賢王アルフォンソの慫慂によりなされたことは確かである。彼の天文学および魔術‐占星術の知識に対する態度は『パルティダス』にはっきりと規定されており、彼の宮廷でつくられた知的遺産の大部分は「ラテン世界の学識者に古の哲学的著作の欠如を埋め」古代文化を吸収同化する目的からなされた。

まずアラビア語文書がスペイン語に訳された。写本群の書きだし（インチピット）には、「この著作は主の一二五六年に完成した」と記されており、この年代はオリジナル著作ばかりかかなりの量に昇るアラビア語著作の翻訳がおこなわれたアルフォンソの宮廷の翻訳者たちの活躍の一最盛期に符合している[6]。カスティリア語の初稿の散逸により、アルフォンソから誰が翻訳を委嘱されたか分からず、なによりこれとつづくラテン語訳の関連を見究めることもできない。ラテン語訳がカスティリア語訳をもとにしたものであることに疑いはないが、この点については諸写本に王の慫慂によると明記されているようには特記されていない。

〔……〕

アルフォンソの周辺を別にすると、中世の著述家の誰も具体的に『ピカトリクス』の名を挙げている者はいない、ということに留意したい。たとえば、ジョヴァン・フランチェスコ・ピコ[7]やサンフォリアン・シャンピエがその著作の難儀な議論にあたりこの「虚しい偶像崇拝の書」を長々と援用してみせたようには、ペトルス・アポネンシスの『和解（コンチリアトール）』にそれを跡づけることはできない。

十三世紀末から十五世紀中頃にいたる時期の『ピカトリクス』をとりまく完全な緘黙は、それが原本を指示することなしに一部抄録のかたちで出回ったからという説明も可能だが、実のところこれが再発見されるにはルネサンス期をまたねばならなかった。この時、世界と人のそしてその相互連関に対する新たな観念が、アラビア経由で西欧にもたらされたヘレニスム的な知識学的魔術文書を前面に押し出すこととなる。[8]『ピカトリクス』のような便覧が、新プラトン主義的な宇宙論や人間学の主題群を魔術や占星術の知識と緊密に結びつけることにより新たな選択肢として提起される。こうした背景のもと、図像（イマジネ）の入念な記述や処方の一覧は、護符図像の歴史や古代の異教の再興といった文化[9]を介してばかりでなく、まさにその当時の哲学体系が想定する「科学的‐操作性」にかかわる技術として、豊かな意味を獲得する。まさに魔術にかかわる諸章としばしば異なった方向へと深められる理論的論議の交錯により、操作性（実修）とその基礎となる一般概念（理論）を定めようとする試みが浮き彫りとなり、そこに「魔術実修をより深く知るためのリアルな根拠」[10]がもたらされる。

ここにラテン『ピカトリクス』の「哲学的」諸章——いまだ未公刊の——を公表するにあたり、すでにワールブルク、ガレン、プレスナーその他によって検討され特定された魔術的諸主題に加え、その編纂の特徴や伝統的な哲学的諸主題に固執してみたい。そうすることで、ルネサンス期の追随者たちがほとんど注目してこなかったこの便覧の複雑な観念を認めることができるようになるだろう。もちろんそれはこの書に独特のものではないが、特徴的であることに変わりはない。

本書で魔術的主題に対する疑惑の目をかわすために用いられている新プラトン主義の形而上学は、単にこうした慎重な配慮によってもちだされている訳ではない。「それどころか、これは諸観念を連動させるより深い霊感と完璧に符合するものである」[11]。完成へと向けての存在諸段階の区分（走査）。その一々の段階はそれに先立つ段階によって規定され、後続するものを規定する。万有宇宙のいたるところを駆け巡るいのち、諸物を牽引関係において合する親和（力）という端緒原理、これらこそ魔術師——彼もまた世界の一部である——の思弁的活動（実修）がその諸部分の関係を集め諸現象に介入することで達成できるもの、と是認されることになる。[12]

こうした新プラトン主義的な刻印をとどめる宇宙論観念のうちには、グノーシス主義的ヘルメス主義的神秘主義の霊感がはたらいている。ここにかたちを得る魔術的観念は知識と信仰と法悦を綯い交ぜにしつつ、二つの祖形をあらわす。そこでは理拠に基づくギリシャ哲学がその理論的諸前提とされるが、これを超えて神との直接関係が探索される。この上位なる啓示と照明は人に一気に万有宇宙の秘鑰を解き明かす。これら二つの主題——リアリティーの省察としての、この世の必然的な諸比率と諸関係を再構築するための前提となる知識の必要性(必然性)および人を神との関係性において完全なものとする超自然的な啓示の必要性(必然性)——が『ピカトリクス』の理論をめぐる諸章の論議の主題である。これらによって、ギリシャの哲学的伝統と東方起源の信仰と神秘主義の形式の独創的(オリジナル)な関係構築が試みられる。これらの邂逅と融合の場所として観られた魔術観念の内部において、知性の完成は倫理的浄化の運動と調和する。この符合により、魔術は諸物の力能を知り用いることを許すばかりか、この世との交渉、特に神との交渉を通じて、理拠と霊との諸要請が実現されるという終末論的な解決を表象することとなる。知性的知解の頂点はまた神の賜でもあり、宗教的な含意を帯びた啓示のうちに、質料からの解放の手段と、われわれの本源の場所への帰還が観じられねばならない。こうして知識に保障された対象的(客観的)再構築の価値が、ヘルメス主義に由来する直接啓示による救済論の意味を最終的に超越するものとなる。もちろん議論の多くは一般的な新プラトン主義およびアリストテレス主義の主題を広く扱い、『ピカトリクス』はまずもって、魔術の目的が理拠(理性)的な力をともなう知識の獲得にあること、を強調しているようにみえるのではあるけれども。

［……］

魔術とは知の第五精髄である。これが諸物の構造にはたらきかけることを目指しつつ、哲学的諸理論の前提からもたらされることとなる認識論的「結論」である。そのためには、人を世界と親和させ、この書の中に詳述される理説を理解しその成果を得るための真率な知識の準備が必要である。魔術師とは完璧な賢者(哲学者)であるにすぎない。まず統一的に観念された知の(哲学的)顕れを見通し、隠された部分を構成する魔術のその隠された意味を探り、哲学によって詳述された宇宙の限りない結合を体系的に再現する。叡知の頂点である魔術は、論証(シロギスム)がその前提に依拠したものであるように、多様で深みある文化的百科全書に依拠するものである。

［……］

それゆえ賢者の文化教養の形成に大きな注意がはらわれることになる。その教育は農業経営にはじまり、法学と哲学に分かれ、形而上学にいたる。[13] 形而上学は諸原理を明確にし、存在について構成してみせるものであるから、知識を完全に実現するものである。こうした万有宇宙の連携には形而上学によって到達される。人-魔術師はまさにこの目的(帰結)を利用し活用する方途を探るものである。

『ピカトリクス』は何度も存在問題にたちどまり、存在の完成への諸段階を自然本性への下降区分としてあらわしている。形而上学と宇宙論の論議は本質的に新プラトン主義的観念によって結びつけられる。もちろんその総体は魔術的-実修的な意味へと拡張されることにより、体系的一貫性をかたちづくるには至らない。諸概念の揺らぎは、たとえば存在の階層秩序に関する二つの章(第I書七章と第IV書一章)に認めることができる。これはおおむねこの書が編纂著作であることに起因している。この書は「多岐にわたる多数の典拠」の梗概であり(研究と考察に六年を要した哲学および魔術の二百二十四の書物)、「独自に観念された明快で一貫した魔術理論」[14] を提示してはいない。つまり『ピカトリクス』は調和的な体系をもたらすことに成功しておらず、新プラトン主義の理説が時にアリストテレス的自然主義の論議により彩られるとともに、アラビアの著作家たちもまた擬書群から採られた一連の主題が挿入されている。

ギリシャおよび東方の天文、医術、民俗的著作ばかりでなく、そこにはプラトン哲学の本質諸問題に対する解釈が目を引く。こうしたものとして引かれるのが、『ティマイオス』、そして「第一の賢者」としてのアリストテレスの『デ・アニマ』。しかし『ピカトリクス』のアリストテレス的な諸概念は、純潔兄弟団の百科全書[15] のような中間媒介を通して得られており、こうしたものから『ピカトリクス』のヴィジョンの基本主題が採られている。この著作の特徴となる理説の総体はこうした哲学的集合観念と宗教的社会観念のあいだを揺れ動き、アリストテレスの権威とその自然哲学の影響を深く蒙ったものとなっている。いずれにせよ、その理説の中核となる観念的枠組みは、プロティノスの発出論的理説に着想を得て、これにゾロアスター教やヒンドゥー教に由来する示唆を加えたものとなっている。純潔兄弟団の五十一論考[16] の主要典拠は、『アリストテレス神学』(実は『エンネアデス』第四書から第六書の抄出)のような高名な擬書で、アラビア圏への新プラトン主義の伝承により純正アリストテレス主義的解釈の展望が大幅に変更された。

また『ピカトリクス』は一連のヘルメス主義的論考をアリストテレスに帰しており、そこでは認識論的ヴィジョンが直観洞察―浄化論と組み合わされることとなっている。『ピカトリクス』の諸典拠を探ると、そこにある諸観念の複合は「人々の真の師」アリストテレスへの讃美にもかかわらず、プロティノス哲学に追随するものとなっている。

諸物の端緒原理にして礎は神、「真実、唯一の一性」であり、自己原因であるとともに生成消滅するすべての実在する事物の原因、絶対的完成にして絶対存在である。プロティノスの「一者」[17]としての、万有のすべてに対するその普遍性と単純性において第一現実にして最終抽象である神は、神にとってのまた神から由来する現実諸存在の実在と思惟可能性を条件づけるものである。この著作『ピカトリクス』自体、存在の構築が時の内に一度にすべてが規定されることとなったペルソナ的な意志からする創造行為による、と具体的に特定している訳ではないし、「発出」という語彙がはっきりと神的行為を名指すために用いられている訳でもない。かえってこの語は「産生」、「外へと引き出すこと」として解説されている[18]。ここでプロティノスに密接した意味での深化が欠けているのは、おそらくイスラム的伝統が原因しているのだろう。それに、創造論と発出論の間の対立には著者の関心はなく、ここでは神‐一者が諸原因の第一根拠であり諸物の実在にとって不可欠の要件である、と繰り返すことで彼には足りた。存在論の階層秩序という主題がさまざまな方向へと深化される第Ⅳ書一章を検討してみるなら、こうした態度は確認される。

ここで神は諸存在またすべての基体となる諸ヒュポスタシス（実体、ペルソナ）を超えたところに据えられ、その本質は言及不可能にして未規定なものにとどまりつづける。一方、「第一の原因されたもの prima causatio（被造物）」にして「万物の第一の鉱脈 prima minera omnium」は霊的な第一質料（マテリア・プリマ）――プロティノスの思惟には関係のない観念――であるが、これが一連の諸ヒュポスタシスにおける実体として据えられることはない。この質料概念は神の第一の発出としてとらえられ、諸存在に共通のものつまり現実のリアルな（現勢している）実体である。これは擬エンペドクレス[19]の理説に触発されたもので、『ピカトリクス』の著者はこれを熟知しており、第一質料の規定およびこれの可感的世界の質料（物体性（コルプス）あるいは第二質料）との区別に関連して何度も引用している。

ところで、質料は二つの部分つまり霊的な部分と物体的な部分に分けられる。霊的なのは第一質料つまり高き世界であり、第一形相つまり霊的な第一元素……一方、物体的質料とは、動物、樹木等々のように、諸元素の組み合わせによって存するもの。

(IV, 1,【3】)

一方、神が諸存在の段階の第一であるという第I書七章で『ピカトリクス』は、質料を形而上学の下位に据えつつも、これを永遠の諸ヒュポスタシスの最後の場所に、実体 substantia として観念している。これは純潔兄弟団のプロティノス図式に拠ったもの[20]。

『ピカトリクス』の観念には体系的に自覚的に省察された理説を提起することなく、異種の理説が混淆したままに開陳されているにせよ、どちらの章でも著者は神的一性をそこから存在が湧きだし、そこにリアリティーの系列が還元される本源的第一原理に据え、「第一の原理として『ピカトリクス』は十分厳密な立場を採っている」[21]と言える (ille est radix et principium omnium huius mundi rerum)[22]。

神(あるいは第一質料)に由来する第一ヒュポスタシスは「覚知」、知性、ヌースであり、ここにすべての事物の観念、範型、原型がある。これにつづくのが「諸霊」、新プラトン主義的な「世界魂」で、これは神の圏域(天球)に据えられ、永遠の諸観念を観照し、その力能により純粋な諸観念を操作性(作用の可能態)へと変容させる。このはたらき(機能)が『ガーヤ』では擬エンペドクレスの言をもって説かれている(ラテン語版では欠落)。

魂は単純実体であり、すべての事物の本源的諸図像(諸イデア?)を、諸形象を、また諸色彩を迎え入れる(受けとる)。これらはそれ(魂)の中では潜在力(可能態)として見出され、それ(魂)がこれらを能作させる(現実態へともたらす)[23]。

(Plessner, [306])

ひとたび三つの基礎ヒュポスタシスの定義が済むと、『ピカトリクス』はこの宇宙論の主要諸観念について長々と論議する（第Ⅳ書一章のほぼすべて）。そこからは、所謂諸存在の連鎖といった流布した主題の反復の背後に、本書『ピカトリクス』とその直接間接典拠との厳密な関係を見究めることができる。その解釈には混乱が見られるものの、この章はたいへん興味深い。そこでは『ピカトリクス』における全般的諸観念が説かれるとともに、知性論に関するアリストテレス主義の跡が際立っている。つまりそこで存在論図式への魔術-占星術の接木が鮮明にされている。

知性概念と魂概念は三つの定義によって区分される。「一般的覚知 sensus generalis」と「一般霊 spiritus generalis」（プレスナーの翻訳中［302, 304］では普遍知性 der universelle [Begriff] Intellekt と世界魂 der universelle [Begriff] Seele）。そして「万有宇宙の覚知 sensus universi」と「万有宇宙の霊 spiritus universi あるいは universalis」に関する二重の定義。この意味は「普遍＝万有宇宙 universo」という語彙の受けとり方の相違によるもの。

一般的知性とは、これによって数的に区別される個物の知性認識の総体を名指すことが可能となる一般概念、を意図している。この概念は質料から、かたちある具体的存在から抽象されたもの。たとえば、人－普遍概念は、人々を動物性から区別する「すべての個人のうちに感得される人の概念、つまり知性のうちに存するすべての個人に適した個別の観念（イデア）」のことである。[24]

「普遍的覚知 sensus universalis」、ここで万有宇宙（普遍）によってこの世の外に存する物体（コルプス）つまり第九天を意図するものとするなら、万有宇宙の知性とも言い得るが、これは「その諸部分すべて質料から離れて考量された（重量を測られた）実体」のことである。ここにあって存在とは最初に第一原理から発出してくるもの。プロティノス的に言うなら、第一ヒュポスタシスである真のヌース。「最初に神によって創造されたのは覚知（センスス）で、神の息吹によって駆動する」[25]とは、こうした意味に解される。

普遍知性はまた厳密な意味で（つまり普遍（ウニヴェルソ）によってこの世の総体（万有宇宙）を意図するなら）、それらの力能と諸関係において質料から分離された諸本質（エッセンチア）の総体に相当するものとなる。それは「それらの本質によってうごくのでも、偶性を介してうごくのでもなく、絶対的に「息吹き」を介してうごく」。ここで「息吹き」とは、第一実体が由来するところのもの（そこに起源をもつところ）である。[26] つまり諸天球を宰領する諸分離知性をあらわすものとしての非物体的（非コルプス的）実体の総体のことである。これら諸実体はその本質の力能においてうごくのではない（その本質が可動性にあるというのではない）。なぜといってそれらは地上の諸物体のように「偶性によって」存するのではなく、永劫に完全であるから（つねにすでに現実態を所有しているから）。ただそれらはその存在を神から享け、それらの原因としてそれを吸い込んで（息をして＝望んで）いる（息吹きを享けている）。この実体の階層秩序の最終段階――おそらくその範型はアル＝ファラビー[27]に認められる――は能動知性からなっている。「人の諸霊および上位なる諸知識に遣わされる能作する（はたらく）覚知（センスス・アジェンス）」。この簡潔な但し書きから『ピカトリクス』の知性論に関するヴィジョンの二つの要点を見究めることができる。まず、能動知性は、人が知性的知解のはたらきを実現することを許す端緒原理として、アリストテレス式に観念されている。そして、『ピカトリクス』においては、この能動知性というアリストテレスの概念がアラビアの思索における解釈の文脈で、つまりアレクサンドリア経由（アレクサンデル風に？）でプラトン化された意味で採りいれられ、この端緒原理が「分離した霊的実体」、月下界を超越し、人の魂とは別の上位なるものとなされている[28]。

『ピカトリクス』が知解の仕組み（メカニスム）をしるすところに、これら二点を確認できる[29]。魂は諸感覚を介して認められる諸物（コルプス）の像（イマジネ）を結合・対照・想起するそれ（能動知性）の能力によって修得するのであって、自ら（魂）の力能だけで可知的なものの数々を直接知解することはできない。つまり知解には、その潜在力により魂を照明する（可能態を照射する）能動知性の介入が不可欠である。これにより可知的なものが直観され、諸感覚から切り離されて知解される（知解に現勢する）[30]。

能動知性は質料から分離された実体である、という観念は預言の理説の基礎でもあり、『ピカトリクス』はアル＝ファラビー的アリストテレス主義の文脈に、宗教的な意味を込めた現象として、イスラム教の教えに則り神に由来するものであることを遵守しつつこれを説いている[31]。

魂の中には「こうした力 quaedam vis」がある。つまり想像力。これは可感的諸物、物体としてあるものども、魂の諸現象を新たに模倣して像（イマジネ）のなかに新たにこれをかたちづくり、像として存在させるはたらき。たとえば、均衡（体液気質）が過剰に湿であると、人は水流や川を夢見る。一方、黒胆汁（憂鬱）がまさっていると苦しい夢をみる等々。しかしこうした夢は実質的になんの意味ももたない。ただ想像力が――その力能において完璧で(現勢しており)、情動からも知性の能力からも阻害されていないものとして――能動知性と合する時、これは予言の源泉である一般的諸観念あるいは個別の諸観念の知識を受けとる。

この可知的な世界との直接交渉は、夢の中であっても、目覚めている時でも実現し、分離知性と上位の諸存在を「見ること」を得させるものだが、これは預言者にだけ可能であり、能動知性を介した神(から)の発出の一つである。(32)

『ピカトリクス』の諸観念にあってこれまた明快でないのが、人の魂とこれの体軀との関係性である。これは伝統的に、唯一同一のリアリティーが顕れにおいて分離される異なった三つの力(「動物性、自然本性、理拠(理性)」)に下位区分されるものだが、『ピカトリクス』ではこれ(魂)は霊的実体であり、ここで自然本性的体軀の現実態という特性づけはその諸機能の一つを名指しているに過ぎない――たとえ魂と体軀との合一が、魂と絶対的に単純な実体としての知性との相違を規定することになるにしても。どうやら、『ガーヤ』に列挙された魂の一連の定義(羅版『ピカトリクス』では省略されている)からは、こうした結論がもたらされるもののようである。それはアリストテレスの思索(「魂は可能態において生きる自然本性の有機的な体軀のエンテレケイアである」)をプラトンの思索(「魂は調和的に規定された量に準じて自ずからうごく知性的実体である」)およびエンペドクレスの思索に近づけたものである。エンペドクレスに帰される定義は次のとおり。

> 魂は自存する力能で、これはこれがそのうちにある体軀を秩序だて保持し、いのちを更新する均衡のとれた生命活動であり、至高なる神が創造された霊の霊にして、媒介なしの知性であり、「どちらも」それらがそのうちにある体軀のうちに据えられている。(Plessner, [307])

個別の魂のすべてはすでにして知性であり、その総体を名指す唯一の概念(「一般(共通)霊 spiritus generalis」)のもとに類別され得る。と同時に、「天の諸圏をなしている(完成している)非物体的実体の総体」つまり諸天界に合一した魂たちをあらわす「万有宇宙（普遍）の霊 spiritus universi」も存するだろう。これは自然本性的、永劫、円環運動のエンテレケイアと隣接原因をなし、それが発出したところである知性に類同化しようとするそれらの意志によって規定される。これを『ガーヤ』は「知性のはたらきによる自由な解決」の結果と記している。(33)

そして魂の三つ目の定義。「万有宇宙の霊 spiritus universi」（ここで万有宇宙とは第九天を意図している）は、自然本性的な諸体軀(コルプス)の存在（inventio）の隣接原理であり、その存在が発出する万有宇宙の知性の段階に直接下属する充溢段階の存在をもたらす原理である。(34) つまりこれはプロティノス的な意味での「世界魂(アニマ・ムンディ)」であり、月天にまで至るアリストテレスの言う「第一駆動者 primum mobile motivum」である諸天圏にあって格別の至高天圏のエンテレケイアであり、自然本性はここから湧出する。

『ピカトリクス』のヴィジョンにおける自然本性(ナトゥーラ)とは、諸物体（コルプス的な諸存在）の生成因であり保存因である（corpus completum ad faciendum entia）。それ（自然本性）は世界魂に由来し、諸天体(コルプス・ケレスティス)を介して月下界にまで拡散する。それは「単なる神の顕現ではなく、生成し諸事物となる（ことを司る）力能である」。(35) 可感的世界における自然本性とは、要するに可知的な世界における「覚知(センスス)」であり、可感的諸物体(コルプス)に先立つ端緒原理をなしている。『ピカトリクス』は自立した自然本性を観念し、これにリアルな原因性を帰属する。つまりこれは、可感的リアリティーの自然学研究に向けられたプラトン主義であり、ひょっとするとこれが西欧におけるアリストテレスの自然学導入を準備したものであったかもしれない。

自然本性はその作用(はたらき)を質料に捺す。これをアリストテレス式に定義するなら、「形相を受けとることによって（受容するために）秩序づけられた要素の塊（元素の集合体）coadunatio elementorum ordinata ad recipiendum formas」となる。しかしここで質料はより一般化され非規定的なもの、絶対的無規定として想定され、限りない潜在力をとどめる基底とみなされることになる。何の規定も受けていない、ただ存するもの、として。ここに四つの性質が作用(はたらく)する。

> 質料は一般共通要素である。というのも質料は複合なしにあり、また要素（元素）は複合なしにはあり得な

い。要素は諸他の質料に共通である。要素は単純物体であり、性質を受けとり、質料は形相を受けとることによって（受容するために）秩序づけられた要素の塊であるから。質料は共通形相である。何故ならそれは形相を受けとる前には単純であり、形相を受けとることが質料と形相である。[36]

それゆえ可感的世界における諸存在の序列秩序は、最大の非規定性に発し、諸要素（元素）とその諸複合を介して、物体（コルプス）世界においてより完璧な存在である人にまで推移進捗する。

また別の存在論的公理（威厳）は、質料の非規定性という唯一の観念を課すもので、これを諸存在の階梯の最上位に「純粋、霊、光輝、持続」する質料として据えるか、同じ階層秩序の最下位に最大の非限定として据える。これはすべての実体に有効な発出論の理説という特殊な一般則をおく場合に限られる。リアリティーの系列体系において、一々の存在はそれぞれ諸他のものとの関係（比）において量的・質的に規定されたある固有の圏域にあり（一々の事物を神はそれにふさわしい量として据え置いた）、この構造のうちに存在論的な内的必然を保障する媒介者の機能を引き受ける。

それゆえ第一本質はそれ自体最大の輝きを発するのであり、純粋さに欠ける諸他のものはそれぞれにふさわしい目的へと駆け、種（スペキエス）をなす。つまり下位類の一々はもっとも一般的な類（類の類）から上位の高貴さを受けとるとともに、下位なるものへと力能を分配していく。[37]

一々の存在は上位から下位へと原因される経緯を、神へと上昇する逆行程を実現するのに不可欠であるにせよ、『ピカトリクス』第Ⅳ書に詳述されるような存在の階梯（第一質料、覚知（センスス）、霊、自然本性、要素（元素））は、世界魂に万有宇宙の格別の平衡（調和）をもたらす「中間媒介」の役割を保証することになる。

その後、諸天界および諸形相を造りたまい、霊（スピリトゥス）の天を四つの天の中間[38]に据えた。それの上に存する二天は透明に輝いているが、それらは第一本質と知性。一方、下なる二天は自然本性と諸元素であるから闇深く暗い。(39) 知識と高貴さの類に下属するこの霊(スピリトゥス)の天は上なる諸天から自ずと受けとり、下なる諸天に分配する。

つまり「霊」は自らのうちに存在論的に競合する二つの可能性をもっている。それは下位諸圏域(諸天球)に向かい、地上の自然本性を獲得することもできる。一方、上位に向けてその霊性を称揚することもできる。樹木が根と枝を同時に展ばしながら、おおむねその栄養を土と気から摂るように。(40) まさに一と多のあいだの中間(媒介)的な立場こそ、「霊」の端緒原理をなすもので、これにより万有宇宙の調和的一性を実現し、世界を生きた器官組織として観念する(孕む)。

人にもまた、食物摂取によって規定される自然本性とは別に、或る自然本性を獲得する可能性が開かれている。『ピカトリクス』ではここに、魔術実修の重要さが見出される。つまり、人がその作用(はたらき)を呼び覚ましたいと欲する星辰の自然本性を模す(に類同化する)こと。これはマルシリオ・フィチーノの『生について』第三巻「天界と較べられるいのちについて」で再論されることになる占星術的養生法の基礎である。(41)

[……]

羅版『ピカトリクス』に概観される観念は伝統的なもっとも「使い古された」小宇宙の理説で、人の存在のうちに大宇宙を構成するすべての要素(元素)が含まれている、というものである。一方、『ガーヤ』ではこの照応は、人は万有宇宙の鏡、としてより構造的に──その構成ばかりか、大宇宙を支配する諸原理の文脈も秩序も含め──観念されている。それに『ガーヤ』では、人の自己規定の可能性をより根本的に論じている。(42) この主題はピコの小宇宙観念において中心化される。つまり人が自らの自然本性を変ずることができるかどうかについて。

[……]

万有宇宙の一部としての人は「理拠」と「知識」によって地上世界を超越し、「存在のすべての階梯を了解し変容する開かれた可能性となる」。[43] 被造物の「合一」および「完結（閉鎖）」としての人―小宇宙という主題は、人のうちにある諸要素（元素）の総体として自然本性的に解釈されるだけでなく、産生の隠秘な仕組みとして把握された諸事物に対する能動的介入としても解明されることになる。

そこで『ピカトリクス』は存在論的諸階梯および小宇宙としての人の理説に、その機能（はたらき）を強調しつつ大きな紙幅を割くこととなる。じつのところどちらの理説も魔術の業の理論的基礎を据えるものであり、「著者は業の実修そのものとともに、こうした観念の解説に関心を寄せている」。[44]

以上述べてきたところは本書の意図するところを逸脱しているが、それおよびその意味（知ることおよびそこに知られることども）は本書の基底をなすことがらの礎であり、諸事物の知識知解に努めその一々の意味を研鑽する魔術的知識もここに由来する。そしてついに降霊術（ネグロマンツィア）および魔術とは何であるか理解し知ることができるところまで来た。[45]

魔術というものは基本的に隠秘（オカルト）な知からなっているとはいえ、『ピカトリクス』はこれをまったく自然本性的な諸作用として、その諸作用の様相（処方）を説明する。それは決してこの世の一般法則を侵犯するものではない。それどころか魔術師は、隠秘な諸力能を解説することにおいて、これをリアリティーの一般構造のうちに組み込む。プラトンの魔術的諸著作を参照しつつ、『ピカトリクス』は最も不可思議な諸作用（業）の自然本性性を強調している。

［……］

「霊」の存在によってうごかされてある（魂を付与された）万有宇宙は、そのおかげを蒙り、諸部分は感得可能な関係（比）に従って、可感的また可知的「協和」において照応（符合）する。諸星辰の形象に日常の事物への効果影響を当て嵌めてみせる占星術的格言も、万有宇宙の共感共鳴の特殊な事例にすぎない。「物体的実体（コルプス）は霊的実体同様、唯一同一の実体であるから」。

［……］

上位世界から月下界への注入（影響）の伝達において――こうした諸流入がプラトンのイデア、地上の諸物の範型と特定されることになろうと、霊（気）的な力あるいはまさに神々をあらわすものであろうと[46]――諸天体（天のコルプス）はこの経路において、地に向かう不可欠の連鎖（輪）であるとともに、差別的な諸力をなす。なぜといってその一々はその個別性をもち、それぞれ格別の効果影響をおよぼす能作の天球であるから。[47] 発出論と一連の占星術理説が相互依存的宇宙の観念と合わさり「すべての魔術的知識の礎である知識」としての占星術を基礎づけることとなる。ここで天文学的計算とは、像（イマジネ）の相互関係（比率）、親和と共感の解明と同義となる。

こうした一般的文脈に、霊的なはたらきをなす力能を標榜する魔術も含まれる。しかし魔術実践は散らばった諸惑星の自然本性とその諸性質を礎としたものであり、「霊の霊への」はたらきを描出するものである一方、魔術理論は天の諸物体（コルプス）とそれらの発出に依拠しつつ、タリスマン（像）を介して「体軀の中の霊」をはたらかせることで個別の（特殊な）影響を引き寄せようとする。[48] 魔術理論の効力（有効性）は諸恒星の場所の知識、つまりさまざまな星座配置を、地上のさまざまな恒星と関連をみちびく「像」[49]の関係性として規定することに依拠することとなる。

［……］

要するに魔術師が援用する処方は、日常的な自然現象の産物の様相および人による或る産物の操作に準じるものである。自然現象においても、或る新しい形相は、先のものの「壊敗」から生じる。[50]［……］布染めや羊毛紡ぎのように職人が自然現象に由来する諸産物からさまざまな物をつくる場合も同じである。天の形相を地の質料に実現させることもまた、職人の通常の作業と同じ様相でもたらされるのだとすると、地上の一々の産物はある意味でタリスマンである。魔術師が職人と違っているのは、諸事物の結びつきの深い知解においてであり（「毎日人々は知らず知らずのうちにタリスマンをつくっている」）、[51] 諸星辰との関係はその業（魔術師の実修）をこの原初の無自覚な行為の圏域から高みに揚げる。

［……］

ヘルメスによって東エジプトに創建された町もまた、巨大なタリスマンだったのだろう。ここでは町の城壁に刻まれたさまざまな像のうちに賢慮をもって割り当てられた（振り向かされた）諸星辰の唯一の潜在力によって、幸福、平安、道義が保証されていた。賢者‐哲学者によって統率されたプラトンの理想の共和国がこのヘルメス的ユートピアにも蘇る。その町の名はエルデテンテュム Erdetentym[52]。しかしそこは哲学者‐魔術師が占星術魔術によって統治するところ、すくなからず変容を蒙っている。このヘルメスの理想都市の喚起力ある一節はカルデアの文献群から採られたものだと『ピカトリクス』は語る。カルデアとはここに説かれる人の利便と諸星辰との関連を示唆したものだろうが、これはルネサンス期に直接参照を見出すことになる。フィチーノの『生について』第三巻第十九章に記された世界像だけでなく、カンパネッラの『太陽の都』の祖形でもある[53]。

ルネサンス期にはこうした占星術的諸像の自然本性的特徴が強調されることとなるが、『ピカトリクス』ではこれはおおむね霊的諸本質そのものを引き寄せる手段をあらわすことに終始する。祈禱や生贄によって奇瑞をあらわし利便をなす諸星辰の神々はわれわれの請願を聞きつけ、われわれの待望を実現することでこれを成就させる。とするとここで重要性を帯びるのが行われるべき儀式であり、そこで厳修されねばならない外面的形式、祈禱の内容、神の支配に属することがらの諸境界を知ることとなる。こうした実修に精通していたのはサバ人たちで、七惑星の神性の崇拝において彼らの宗教に固有のメソポタミア的要素が保存された。『ピカトリクス』に詳論されるサバ人たちの儀礼は内的符合関係を実現する試みであり、完璧なる模倣とはもはや星辰を目すものではなくなり、神のうちなる「目に見える神殿」であって、彼らの崇拝においては天使論が関連してくる。H・コルバンの研究によれば、惑星の天使とは人の魂の本源であるとともに帰還すべき場所を指し示しており、タリスマンの実修とサバ人の哲学の間には本質的な差異が見出されることとなる[54]。

この天使論は『ピカトリクス』のもっとも「ヘルメス主義的」な章の主題と繋がっている。つまりアリストテレス、ソクラテス、ヘルメスの論考をとり上げた完全な自然本性のヴィジョンの登場。

この章（第Ⅲ書六章）は魔術師の姿を著しく変じるものであるばかりか、知識の力そのものを基礎づけ、理論的理拠の研鑽をこの世に応用することで奇瑞をはたらくものとするところがある。じつのところ、これは『ピカトリクス』の扱う問題の曖昧さをギリシャ文化とは異なった諸文化領域へと著しく拡大するもので、魔術をイスラム観念の最も興味深いところ、ヘルメス的『ポイマンドレース』、ハランのサバ人から『ピカトリクス』を経て、後代のスフラワルディーに繋がるイラン起源の救済論と終末論と結びつける。

　魔術師の完成成就（自己実現）のためには、予備的条件として個人的傾向性、誕生時日の天の配置に由来する「完全な自然本性」と呼ばれるある種の「力能」が要請される。人とその主星の関係は、最初は観相学（フィジオノミア）と結びついた帰属特性だが、語りが進むにつれて哲学で謂う「息吹き（プネウマ）」をあらわす霊的な力との絆と化す。その霊的本質は彼に知識のあゆみを授け教え導く惑星とつながっている。ソクラテスの「ダイモーン」を範型とし、新プラトン主義者たちも援用する個人を守護する霊（ダイモーン）というギリシャに由来する観念は、『ピカトリクス』にいたり、ヘルメス主義の衣装をまとった東方起源の諸要素と習合することで幅を増す。

　実際、ヘルメスはこの世の諸玄義や創造の様相を知りたいと念じ、ある日、暗く風の強く吹く井戸の前にたちどまる。すると突然、夢の中に、たいへん美しく尊大な男が顕れ、彼に井戸へ入る方策について忠言する。その中央を掘ると「業の諸規範に従って調えられた」風をとめることのできるタリスマンの像が見つかるだろう。またその四方からは、「創造の秘密、自然本性のさまざまな原因、諸事物の由来と様相に関する知識」を引き出すことができるだろう。ヘルメスの問いに、顕現したものは自らを彼（ヘルメス）の「完全な自然本性」と名告る(55)。

　このものがたりにはヘルメス譚のさまざまなヴィジョンに特徴的な諸点が認められる。啓示を通しての知識の伝達（伝授）にかかわる記述の類似(56)。こうした類形は『ポイマンドレース』の序、マズダ教、ゾロアスター教の文書にも共通するものである(57)。認識論以前に、この哲学における霊的存在の宗教的意味が、顕現（像）そのものの教えとして典礼の中に具象化される。そこでこの霊はヘルメス的悟達の人の守護霊、地にある者に対置される守護天使である「アガトスーダイモーン」の観念と結びついている。この主題はまたグノーシス的な天上の「吾」の形成、つまり天使の失墜の後に霊（人の魂）が分かれ、本来の一性から離れた地上の「吾」の宿命と分かちがたく結ばれたもの、に近接する(58)。

［……］

『ピカトリクス』が「完全な自然本性」に帰すさまざまなはたらき（illa est quae aperit clausuras scientiae, ... ex qua naturae opiniones procedunt et directe tam in somnis quam in vegliando）は、能動知性との連結を想定させるものである。これは諸他の知性同様、イスラムの伝統においては階層秩序最下の一天使をもって表象される人性にとっての天使である。こうした天使論は、ゾロアスター教と結びついたものであるにせよ、プラトンおよび新プラトン主義の形而上学の諸概念を担ったものであることは明らかである。[59] 人性にとっての天使は人の原型である普遍的人間の通信係である（人間性の普遍にふさわしい）。なにもそれは範型としてでなく、「実在がまさに固有の本質である」[60]ような霊的ヒュポスタシスとして。この普遍形而上学は個別の規定のすべて、つまり種（形相）と一々の個の関係を排除する。これは一方で、諸要素（元素）の混合が動物、植物、鉱物の圏域を結び合わせるように規定（限定）された、この可知的なものの像（イマジネ）でもある。［……］

人の全般（共通）の形相（かたち）は諸霊（スピリトゥス）全般の櫃（アルカ）であり、諸霊（スピリトゥス）全般は一般的覚知（意味全般）の櫃であり、一般的覚知（意味全般）はそこから覚知（意味）が発する光の櫃である。[61]

［……］人を質料から解放することと、諸事物の知解の深化による完全な倫理的浄化。こうした意味において『ピカトリクス』の魔術は、さまざまな処方や蠱惑術として詳述される降霊術（ネグロマンツィア）実修を超えて、諸原因のうちに知解される宇宙の知の自覚的解明と化す。これは神性との接触に入る方策を教えつつ知性的な探求と神秘的な歩みを実現し、ついには宗教的意味を担うこととなる。

この論考に交錯する主題の多様性は近代の閾にいたるまで『ピカトリクス』の活力を保証し、さまざまな方面に影響を与えてきた。異端的で異形の宗教性の諸形態へと向けて、知解と変容の符合のうちでの人と世界の観念の更新に向けて、果ては「自然魔術師」による要素（元素）的諸過程の理解とこの世に内在する意味（価値）の発見を認める実践知（科学的活動）へと。［……］（以下後記略）

■――補遺――II

像の遡及と典拠の探索――羅版刊行者ピングレー

羅版『ピカトリクス』を刊行したピングレーはサンスクリット語学者で、一時、バビロニア楔形文字の専門家オットー・ノイゲバウアー[1]のもとで研究を進め、古代天文暦法への関心を深めていきます。この考古学的天文学は、漆黒の天空に龍あるいは翼の生えた蛇のイメージを投影してみせてくれました。あるいは白日を貪る蝕の霊を。龍の頭(caput draconis)と尾(cauda)、つまりウロボロスの幻像は、太陽と月の軌道のずれの謂いであったことを教えられると[2]、わたしたちは漠然としたイメージの象徴機能の世界から名辞そのものの指示性の無底へと墜ちていくルシフェルの歪んだ相貌をまのあたりにするかのようです。そしてそれが暗闇という鏡に映る思惟そのものの幻像であることに思いいたるとき、わたしたちは西欧の思索家たちのことばを借りて新プラトン主義を、ヘルメス学をもちだすのですが、それは「上なるものは下なるもののごとく、下なるものは上なるもののごとし」というエメラルド板の万物照応、あるいは逆性の一致でもあり、ひょっとすると「色即是空」に極まる述定、その論理機序ですらあるのかもしれません。

ピングレーは羅版公刊と前後して『ピカトリクス』の典拠を探った小論を二本[3]、公にしています。そして「最も忌わしい」人身御供のはなしの探求についてはついに生前に公表されることはありませんでした[4]。

＊

■ピングレー「『ガーヤット・アル‐ハキム』の典拠の幾つか」抄[5]

これは『ラテン・ピカトリクス』公刊にあたり、いくつか準備した論考の最初のものである。ここでは、アラビア語の原本を編纂した逸名学者たちのさまざまな魔術的伝承の概要を描出してみたい。これら秘教的文書資料に関してはワールブルク・インスティトゥートと結びついたドイツの卓越した東方研究者たち（オリエンタリスト）――ユリウス・ルスカ、ヘルムート・リッター、パウル・クラウス、マルティン・プレスナー――に多くを負っている。彼らは天界魔術にかかわる四大天使であり、わたしはここで彼らの霊を召喚しておきたい。

中世における魔術的実修が古代にさかのぼるものであることは明らかで、彼らはある種の自然物質つまりヘルメス的な文書『キラニデス *Cyranides*』に詳述されているような石、植物、動物の中に保たれている本性的力能を恃む。あるいはダイモーンたちの力能を利する。それは死者のいまだ解放されていない魂であったり、マニ教的な遣い（能作者）であったり、ユダヤ教あるいはキリスト教的悪魔（デヴィル）に関連するもの――われわれの住む月下界の四元素に充満するダイモーンたち。本論考ではこうした出自をではなく、全般により錯雑した魔術諸定式――古いものであるかそうでないかは別に――の由来を訊ねてみることにしたい。中世に解釈を施されたこうした魔術定式の最重要文書の一つが、『ガーヤット・アル‐ハキム』と表題されたアラビア語の論考で、『賢者の目的』という含意である。

『ガーヤ』はムスリムの思索家たちによってまさしく、アラビアにおける天界魔術の総括的な叙述、と理解されていた。イブン・ハルドゥーン[6]もまたこうした見解を表明したムスリムの知識人のひとりで、『ガーヤ』をマスラマ・イブン・アハマド・アル‐マジュリーティ[7]の著作に帰属した。この人物はアンダルシアの高名な数学者天文学者で、一〇〇五年から一〇〇八年のあいだに没している。『ガーヤ』の著者をスペインに住んだ人としたところ、イブン・ハルドゥーンは確かに正しかったが、いくつかの理由からこれの著者はアル‐マジュリーティではあり得ない。彼が『ガーヤ』を著し、また十一世紀中頃の錬金術的著作『ルトバト・アル‐ハキム』つまり『賢者の段階』とも関連を指摘されるにしても、それはアル‐マジュリーティ没後四、五十年を経過した後のことである。[8] 編纂にあたり用いられた文献群——彼は二百二十四書を参照したと誇っている[9]——は、どうやらヘルメス主義的文書、サビアニスム、イスマイリスム、[10] 占星術、錬金術、魔術文書、どれも近東で九世紀から十世紀に著されたものであったようにみえる。そこに利用されているようにみえる文献のうちで最新の著作はアリストテレスに擬された『秘中の秘(シール・アル・アスラル)』[11]の縮小版、そして純潔兄弟団(イフワーン・アル・サファ)の『書簡集(ラサイル)』[12]だが、これらと『ガーヤ』はそれぞれ独立に旧文献群に拠ったものであったかもしれない。どちらも十世紀末に著されたものである。純潔兄弟団の『書簡集』がしばしばマスラマ・アル‐マジュリーティ自身によって著されたものと主張されてきたことは興味深いが、どちらも彼の弟子アル‐キルマーニー[13]によってスペインにもたらされたものであることは確かである。それにまた、『ガーヤ』はジャービル・イブン・ハイヤーンに帰される錬金術書群——特に『キターブ・アル‐バフス』[14]あるいは『精査の書』と『キターブ・アル‐カムシン』[15]あるいは『五十書』というおそらく十世紀中頃に編まれた最新二著作——に多くを負っている。このように『ガーヤ』の逸名編者は、十一世紀中頃のスペインにあってシリアやメソポタミアで著された秘教的知識に関するアラビア文献の多くを活用できたということになるが、いずれも西紀一千年より前に書かれたものではない。

［……］

『ガーヤ』の著者は悪魔的な力を使役するという汚名を受けることなく魔術的な実修をおこない得るようにと、新プラトン主義のヒュポスタシスの理論を枠組みに用いているが、これは主としてジャービルから採用されている。『ガーヤ』の一節で挙げられる第一ヒュポスタシス——神、知性、魂、質料(ヒューレー)、自然本性の球体（第一駆動者(プリムム・モービレ)）、七つの惑星それぞれの球圏、質料(マテリア)、諸元素(エレメンタ)[16]——はジャービルの『キターブ・アル‐カムシン』に準じるものとなっている。こちらではその連鎖は、神、知性、自然本性、運動、熱、諸元素。[17] ただしこの関係はかえって、純潔兄弟団(イフワーン・アル・サファ)の『書簡集(ラサイル)』の方に近いものが見つかる。[18] この連鎖の最下位に、『ガーヤ』は以下の系列を仮定している。単純な自然本性つまり四性（熱、冷、湿、乾）、自然本性の第一複合物つまり唯一の性質からなる質料《もの》（熱いもの、冷たいもの、湿ったもの、乾いたもの）、自然本性の第二複合物つまりこれら四つの混合物、自然本性の第三複合物つまり四元素、自然本性の第四混合物つまり四季、自然本性の第五複合物つまり四つの体液気質、自然本性の第六複合物つまり四つの植物性産物（インク、油、根、種子）。[19] この連鎖と正確に一致しているのがジャービルの『キターブ・アル－バフス』。ただ自然本性の第六複合物の中の根と種子が水と土になっており、自然本性の第七複合物――薬草、食物等々に含まれる自然本性――が付加されている以外は。[20] 実のところこの理論は魔術によりも、薬種学や錬金術により適合したもので、『ガーヤ』の中では実践的応用がなされていない。ここで興味深いのは単純な複合物の数々がアリストテレスの諸元素――つまり唯一の性質からなる質料複合物《もの》――よりも数多く存しているところ。この観念はストア派に由来するもの[21]で、ネメシウスその他の新プラトン派典拠に証されるところ[22]だが、クラウスはエデッサのヨブによって九世紀初頭にシリア語で著された『宝の書』やテュアナのアポロニウスに帰される『シール・アル－ハリクァ』つまり『創造の秘密』にも見つかると註している。[23] またクラウスによれば、その原型はサイユース[24]という名の祭司によって編まれたものだという。この人は五世紀あるいは六世紀、パレスチナのネアポリスでネメシウスから強い影響をうけた人物だった。[25] アルトマンはこれに類した理論がアリストテレスに擬された新プラトン主義的論考の一つに表明されているのを認めた。これは十世紀初頭の哲学者イサアク・イスラエルとアブラハム・イブン・ハスダイの両者も依拠した文書だった。[26] アルトマンはまた、『ガーヤ』の「プラトン主義的」な魂《アニマ》の規定、[27]「自然本性《ナトゥーラ》」という名辞の四つの意味づけ[28]がイサアクの『定義の書』に依拠したものではないかと示唆している。『ガーヤ』に説かれる宇宙論、自然学、魂論にもまた、九世紀から十世紀の近東の著作家たちが説いた後期新プラトン主義に由来する事例がいろいろ鏤められている。

　しかし『ガーヤ』の著者が提示する精巧な諸理論のうちにあって、その核心はあらゆる魔術的実修の要請が、いかにその業がおぞましく、どのような目的をもつものであるにしても、神の権能が月下界の上の天界の諸圏域に宿る天使たちまた霊たちを介してはたらくこと、を是認しその効果を認めるところにある。これら天使たち霊たちは人が到達し得る最高存在であり（これは特にハランのサバ人新プラトン主義者たちと『ガーヤ』の著者が共有する見解である）、また地上にはたらきかけることのできるものたちである。[29] この天上の浄化力にこそ、古典的魔術と『ガーヤ』のそれとの主要な概念的差異がある。天界魔術の一方の公然たる目的は、これら天界の霊たちを地上に降ろし、質料物体《タリスマン》の中に導き入れ、これを所定の魔術的力能をもつものとなすことにある。こうした降霊儀礼は土性（地上）の諸物を用いておこなわれる。鉱物、植物、動物あるいは自然諸本性の複合物を諸霊の天上の諸コルプス（諸星辰）に適合させる（準える）ことによって、また天上の諸コルプス（諸星辰）や業をかける対象の図像《イマジネ》を、天上のコルプス（星辰）に適合させられた（準えられた）詞を特殊なインクで記したり唱えたりすることで、また異邦の香料を混合した抹香をもちいて、時に個別の動物を生贄に捧げて。通常、儀礼は占星術的に特定された時間におこなわれる。そのもっとも先鋭な定式においては、その時にだけ天上のコルプスの光線がタリスマンを直接貫き、その中に霊的な力能を伝えることができる、とされる。また魔術師は儀礼的禁欲をもって自らを浄めなければならない。天上魔術の他方の目的は、入念な典礼をもって、魔術師の請願を果たすため惑星の神性に彼らの天使たちを遣わすようにと祈願（誘導、帰納）することにある。この祈願（誘導、帰納）は、魔術師が惑星の神性に同化（準化）することにある（これは魔術パピルスや『カルデアの巫言』に記されるダイモーンたちとの結合《シスタンス》とは異なる）。これは適切な食物の摂取、適切な衣装の着用、個別の抹香の燻香、所定の動物の供犠、請願者の平伏を伴う祈禱をもっておこなわれる。これらタリスマンと儀礼の両者、特に魔術的な力能を伝える光線理論については、アル=キンディの著とされる九世紀の『光線論《デ・ラディイス》』[30]にかなり詳細に記されている。またサバ人たちの伝承《サビアニスム》およびタリスマンについてのサバ人たちの諸著から学んだタービット・イブン・クッラ[31]。この人はハランの伝統に則っている。正確に対照される訳ではないが、両者とも後期古典古代のある種の実修とかかわりがあることについては後述する。

このように了解するにせよ、『ガーヤ』は天界魔術の覆いのもと、新プラトン主義的純潔を強調しているとはいえ、タリスマンや諸惑星の影響よりも、より残虐で忌わしい知見や実修を載せることになっている。『ガーヤ』のこうした部分にはギリシャ、イラン、インドの魔術の残滓がある。『ガーヤ』の末尾にあらわれる蒐集は、クレオパトラの時代にエジプトの神殿——どうやらセラペウムらしい——で発見された書物からの採録とされている。[32] ここには異邦の石、植物、動物のもつ魔術的特性および、主として動物を操るため（たとえば悪疫を祓い、鳥や魚を捕るため）のかなりの数にのぼる護符について詳述されている。どちらもジャービルの書ばかりかギリシャ、ラテンの諸書に採録されているものであり、またアッカド朝にもこの類のものや護符がみられることについては、すでにクラウス[33]やプレスナーが論じている。この書の魔術に対する態度も用いられるものも古伝に遡ることに疑いはないものの、クレオパトラに帰されるアラビア語表記の魔術的アルファベートの混入は、これがこの王女の統治中に発見されたという言の信憑を覆すに足りる。これはおそらくいろいろなものの中でもクレオパトラによりあるいは王女のために調合されたとされる毒の致死的な性質によるものだろう。これについては十世紀初頭にイブン・ワッシーヤの名で編まれた『キターブ・アルースムーム』[34]つまり『毒の書』にも引かれている。

古の魔術のより錯雑した定式においても、特別に選ばれたある種の石、植物、動物が、七つの惑星、十二の獣帯の星座と特殊な関係に置かれる。これら天上の力能を引き寄せようと試みる魔術師は、こうしたもので護符をつくり、抹香やインクを調合し、食物や衣装を準備し、生贄を調える。こうした一覧で現存する最古のものはセレウコス朝ウルクの楔文字で刻まれた板で、そこには獣帯の星座それぞれに、神殿または町、一本か二本の樹木、一、二の植物、一、二の石が配されている。[35] この文書はこうした符合が古代メソポタミアに淵源するものであることを証している。こうした符合の長く複雑な伝承を解明することはここでは不可能だろう。しかしヘルメス、[36] アレクサンドロス、[37] テッサロス[38]に擬されるさまざまな文書群が、ある植物と獣帯の一つの星座と惑星を結びつけて医術や魔術に用いていることを論じておけば、ここでは十分だろう。地上のものと惑星のあいだの符合はヘルメス的な『キラニデス』にも、古の『石譜』[39]類や魔術的パピルス[40]等々それに関連する文書にも見つかる。またより理解しやすい一覧の断片がいくつかの古天文文書にも残されている――その中でも（惑星に関して）注目すべきは、ヴェッティウス・ヴァレンスの『類集』[41]に載せられるもの。とはいえ、『ガーヤ』にみられるものが一番広範にこの符合を扱っている――惑星の石の一覧、[42] 魂へのはたらき、活動、言語、体軀の内外諸部分、律則（法）や宗教、色、職業、味覚、場所、石、金属、樹木、草、薬味、動物、鳥、昆虫とそれぞれの惑星との対応関係[43]。このような一覧はまずインドに、スフジダヴァーヤの『ヤヴァナジャータカ』[44]にあらわれる。これは二世紀にギリシャ語から訳されたものを三世紀に詩に調えたもの[45]。サンスクリット語の著作者はヒンディー語文書――特に薬事書や錬金術書――から抽出された天上の諸物と月下界の質料素材（もの）のより単純な付会を混合して用いている[46]。このインド（ヒンディー語）の伝承が最初に西欧の天文著作にあらわれるのが、エデッサのテオフィルス[47]による八世紀のシリア語著作、そしてバルクのアブ・マシャル[48]による九世紀のイラクの著作で、どちらもサンスクリット語からパフラヴィー語への翻訳を介してシリア語およびアラビア語に伝承されたもののようである。またシリア語への翻訳はどうやら七世紀のアラビア人による征服以前に遡る。

　エジプトのデカン（黄道を十度づつに等分した三十六の円弧）にかかわる知識の伝承経緯もこれとさほど違ったものではなかったろう。それぞれのデカンを司る三十六のダイモーンたちの図像（イマジネ）は、古代にはそれぞれ特定の惑星と結びつけられた特定の石でつくられた護符（アムレト）に刻まれ、さまざまな病気に抗するお守りとして身につけられた。こうしたデカン護符（アムレト）の数々はヘルメス的な文書『ヒエラ・ビブロス』[49]や『ヘルメスの書』[50]に記されており、またネケプソやペトシリス[51]に帰される論考、西暦七十五年頃パンフィリウス[52]によって著された論考があった。デカンのダイモーンたちの描画は時間のダイモーンたちと一緒にギリシャの天文学写本に描かれ、これが西暦百五十年頃サンスクリット語に訳されて『ヤヴァナジャータカ』の基となった。この翻訳にあたり、ヘレニスム・エジプトの諸形象はヒンドゥー（インド）のシヴァとパルヴァティーの図像をあらわす語彙に訳された[53]。これらのダイモーンたちのサンスクリット語での記述は、六世紀にヴァラーハミヒラ[54]によって改定され、パフラヴィー語に翻案され、これが『キターブ・アル-マドカル・アル-カビル』つまりアブ・マシャルの『大序論』[55]の礎となった。『ガーヤ』の著者はこのアブ・マシャルの著作からこれを採っている[56]。ただこれにとどまらず、『ガーヤ』の著者はそれぞれの記述にデカンのダイモーンの図像（イマジネ）を刻んだデカン護符（アムレト）のつくり方を加えている。こうしたデカン護符（アムレト）の目的については、『キターブ・アル-バーリ』つまり『巧緻の書』にも録されている。これはテュニスの同時代人ハリ・イブン・アビ・アル-リジャル[57]の著作で、おそらく『ガーヤ』の著者もハリ・イブン・アビ・アル-リジャルも同じ近東の魔術師の創案を援用したものと見える。

こうした護符(アムレト)を是認して『ガーヤ』が説く理論は天界魔術というよりもいまだ共感魔術の類である。つまり、護符(アムレト)上に刻まれた図像群とその素材物質とがデカンのダイモーンたちやデカンの主である惑星との共感関係によってはたらき、それぞれのデカンが宰領する所定の目的を果たす(58)。この理論は『ガーヤ』で特別な素材にそれぞれの図像や惑星符号を刻んでつくられる護符(アムレト)の処方に通底するもので、ただこれらの印刻に占星術的に定められた特定の時間が援用されるところだけが例外である。実修法としてはこれはヘレニスムの知識における浄化占星術の一部門である。これは一般的な占星術の決定論を否み、この世である行いをはじめるのにふさわしい時間(吉兆)を選ぶための規範を提供する試みと言える。諸星辰には力能があるが、地上の出来事につねに同じ影響注入をなすものではない。賢い浄化占星術師はこうした影響注入をよりよく利することができる。魔術に用いられるものとしては決定論的占星術であるよりも、浄化的占星術でなければならない。たとえばギリシャの魔術パピルスやアポロニウスに帰されるテレスマタのように。

『ガーヤ』の惑星図像およびその護符(アムレト)の記述の典拠群は、ティアナのアポロニウス、ヒポクラテス、ウタリドあるいはヘルメス、プトレマイオスに擬される論考群である(59)。通常仮想の著者の著作に擬される中世のラテン語やアラビア語著作群には、護符(アムレト)に刻むべき類同な図像(イマジネ)の記述がある。これについてはこれらの文書に記された図像群にはなんらかの相互関係があるのだろうとしか言い得ない。さまざまなアラビア文書の惑星の神性にかかわる図像(イマジネ)はハランの神殿群に据えられた像、サンスクリット語文書群の惑星の神性記述に準じている(60)。後者はスフジダヴァーヤの『ヤヴァナジャータカ』にまで遡るものであり、これはまたそれぞれの惑星の影響のもとに生まれた(と称する)諸部族の縁起に由来する。こうした惑星護符(アムレト)に関する諸書のいくつかは疑問の余地なくハランの影響のもとに近東で編まれたもので(61)、惑星図像群や惑星への祈禱もまたハラン人たちがインド人の伝承の影響を受けて編んだもののように思われる。

『ガーヤ』が護符(アムレト)に援用するマナジル・アルｰクァマル(つまり月の宿(月齢)、サンスクリット語でナクシャトラーニ)の浄化占星術もインドの影響を受けたものである(62)。ただし、大英博物館蔵の三世紀のギリシャの魔術パピルスの祈禱には朔望月の一々の夜にかかわる二十八の符号名が見られるが、ここには古代の月齢に関する参照言及がなされていない。いずれにせよ、このナクシャトラーニはインドの予言（予測）において、すくなくとも紀元前五百年から紀元六世紀にわたり重要な役割を果たしたもので、インドの浄化占星術ムフールタサーストラにおいて決定的な要因となったものだった。そこではそれぞれのナクシャトラにある月が、その時に着手されるおこないの一々に関し体軀に善いあるいは悪いものと観じられる。ただしこうした指標も他の惑星との相（アスペクト）関係によって変るものとされる。『ブンダヒシュン』を繙くと、これらナクシャトラーニはササン朝のイラン人学派にはよく知られたものであったことがわかる。ある文書ではそれぞれのナクシャトラにおいて始めるべきおこないがインド、ペルシャそれにシドンのドロテウス（彼のギリシャ語の占星術的な詩のパフラヴィー語訳第五巻からのかなり恣意的な精華集[63]）に準じて列挙されている。このササン朝の文書はアラビア語ばかりかビザンチン期ギリシャ語や中世ラテン語としても保存されており、『ガーヤ』の著者も利用している。彼はインドの一々のマンジルに準じて、月がその宿にある時に護符（アムレト）はつくられねばならないと述べている。

こうした魔術手法は自然本性と共感によって様式化されてきたもので、これがそれぞれ浄化占星術と組み合わされることとなったものである。はなしを『ガーヤ』が主題とする天界魔術に転じる前に、ギリシャのパピルスやビザンチン写本群にかなり改竄されて残されている断片を考察してみよう。これらはすべて実践処方の便覧で、その正当化の理拠には現状では十分理解の届かないものだが、後者の写本群から得られる知見に関しては、魔術的というよりもより哲学的なものとして考察する必要がある。

わたしが考察してみたいビザンチン写本に残る初期の魔術論考二本は、ギリシャ語のいくつかの写本[64]にその断片が見出される『ビブロス・ソフィアス』あるいは『叡知の書』。その最初期のものは十五世紀後半の書写本で、より完全に近いアラビア語異文『キターブ・アル‐タラシム・アル‐アクバル』つまり『護符大鑑』についてはクラウスが要約を試みている[65]。これはティアナのアポロニウスがその弟子ストゥムス・タラッス[66]に宛てたものに擬されている。これは六世紀に著されたと考えられる『ストマタラッサの理説と十二の遺産（タリスマン）』[67]と関連がある。『叡知の書』のアラビア語異文には、アポロニウスが近東のさまざまな町でつくった護符のものがたりが含まれている。これは五世紀以降さまざまなギリシャ語著作に挙げられてきたもの（特にジョン・マララス[68]の著作）に類同である。『叡知の書』のギリシャ語原本はおそらくこの時期か次の世紀に著されたものだろう。そこにはセム語系の天使たちの名――二十四時間、週日、季節とともに、また時間とは独立な数多の天使たちの名とともに――が列挙されている。週日の四天使は大天使ミカエル、ウリエル、ガブリエル、ラファエル。これらの名から『叡知の書』が間接的にであるにせよユダヤ・カバラ・サークルと関係していることが分かる。またそこには季節、太陽、月、天、地、海、四方の秘密の名も録されており、そのそれぞれが四つの季節それぞれで別の名をもっている。祈禱者はこれら天使たちに宛てて祈り、その力能を得て魔術師は護符（タリスマン）をつくる。しかしこれ以上の詳細はギリシャ語写本では欠けている。［……］

*

■ピングレー「『ガーヤ』と『ピカトリクス』の間I：スペイン語異文」抄[69]

『ガーヤット・アル－ハキム』の羅語訳が誤ってアル－マジュリーティ[70]に帰されてきた経緯については、まず翻訳者の序をみてみないわけにはいかない[71]。

知識の秘鑰を約束された者たちへの啓示である至高なる万能の神の栄光を讃えつつ、ここに古の賢者たちが公にした書物をもたぬラテン人識者たちにその教説を説くこととしよう。ヒスパニアおよびアンダルシアの尊い王であるアルフォンソ殿は、精魂こめて入念にこの書をアラビア語からヒスパニア語に訳すよう命じたまうた。その書名がピカトリクスである。この著作は主の一二五六年、アレクサンドロスより一五六八年、カエサルより一二九五年、アラビア暦六五五年に完成した[72]。賢者にして哲学者、高貴にして尊いピカトリクス、二百巻を越える哲学書[73]から本書を編纂した人の名を冠して、この書の表題とする。

この一節が『ガーヤ』がアラビア語からスペイン語へ翻訳された（ただ翻訳が完成したとしか語られていない）時期について言及したものかどうか明快ではない。アレクサンドロスの一五六八年は一二五七年十月一日にはじまり、一二五八年九月三十日におわる。カエサルの一二九五年は一二五八年に相当する。アラビアの六五五年は一二五七年一月十九日にはじまり、一二五八年一月七日におわる。これらの年代のうち最後のもの以外は、主の一二五六年が一月一日にはじまるか三月二十五日にはじまるか、どちらにしても重ならない。この問題を解消するには、これらの数の少なくとも二つを修正する必要がある（あるいは一二五七年一月十九日―三月二十四日の期間まで拡張するか、一二五八年の最初の七日にまで拡張するなら一つ）。あるいは照合修正して、いずれかの記述が正しく、他は間違っているという解釈を加えるか、元の対照計算に誤りがあるとみなすか。また次のようにそれとは別の解釈を加えるか。つまりこうした不正確さを単純に受け入れ、『ガーヤ』のスペイン語訳は一二五六年から一二五八年のあいだになされた[74]、と。

それにまたスペイン語からのラテン語訳がその後いつなされたのかも分かっていない。しかし、ハリ・イブン・アビ・アル-リジャルの『キターブ・アル-バーリ』のスペイン語訳の場合、イェフダ・ベン・モーシェ[75]により一二五四年三月十九日にアルフォンソの慫慂により着手され、これがすでに一二五六年[76]にはアルフォンソの名のもとにペトルス・デ・レギオの助けを受けてパルマのアエギディウス・デ・テバルディスによって帝室文書局 aulae imperialis notarius でラテン語訳されている。イェフダは（さまざまな助手とともに）一二三一年、アル-ザルクァリの『アザフェア』[77]のラテン語版を監修、一二五〇年には高名なアルフォンソの『石譜』[78]を、一二五六年には『恒星天の書』[79]を、そしてこれの改訂版を一二七六年に、一二五九年には『アルコラの書』[80]、また一二五九年に『クルスの書』[81]を、一二七二年には『アルフォンソ表』[82]を監修している[83]。こうした活動および『石譜』第三部の著者（あるいはアラビア語原本）が『ガーヤ』にみられる内容と近しいところからして、イェフダが『ガーヤ』のスペイン語版の訳者第一候補に挙げられる。しかしG・ボッソン[84]が着手した言語的研究は将来これらの問いに答えを出してくれるだろう。それにまた、アエギディウス・デ・テバルディスがラテン語訳することになるハリ・イブン・リドワンの註解つきプトレマイオスの『四書(クァドリパルティトゥム)』のスペイン語訳に関して、イェフダが果たした役割についても。(85) スペイン語版『ピカトリクス』もまたイェフダによって一二五六年に完成し、アエギディウス(あるいは他の誰か)が一二五八年にラテン語訳を完成したのだったかもしれない。いずれ確証のない仮説ではあるが。

『ピカトリクス』とヴァチカン・レジネンシス・ラティヌス1283写本巻頭に合本されているアルフォンソの宮廷で写された写本の三十六葉に残る天界魔術文書の断片のあいだにソラリンデが関連を指摘してみせたのはかなり前のことになる。(86) これの校本をG・O・S・ダービィDarbyが準備中とハーヴァード論叢(一九三二)にあるが、未公刊におわった。またこの写本はV・P・コンパーニ(87)によって再検討され、そこに『ピカトリクス』的な素材がいくつか含まれていることを確認しているが、網羅されているというわけではない。最近A・ダゴスティーノがこの写本をとり上げ、三一、五九、六〇、二一パラグラフを公刊している。(88) ここでわたしはスペイン語写本と符合するラテン語異文を対照し、その依存関係について検討してみたい。

ヴァチカン・レジネンシス・ラティヌス1283の一—三六葉は大判で図版装飾の豊富な写本で、各頁二列、それぞれ四五行(図版で中断されていない場合)からなっている。これらの紙葉は元写本の五つの章から採られており、最初の八葉は獣帯星座にかかわるもの、つづく二葉はデカン、それにつづく十四葉は月にかかわるも

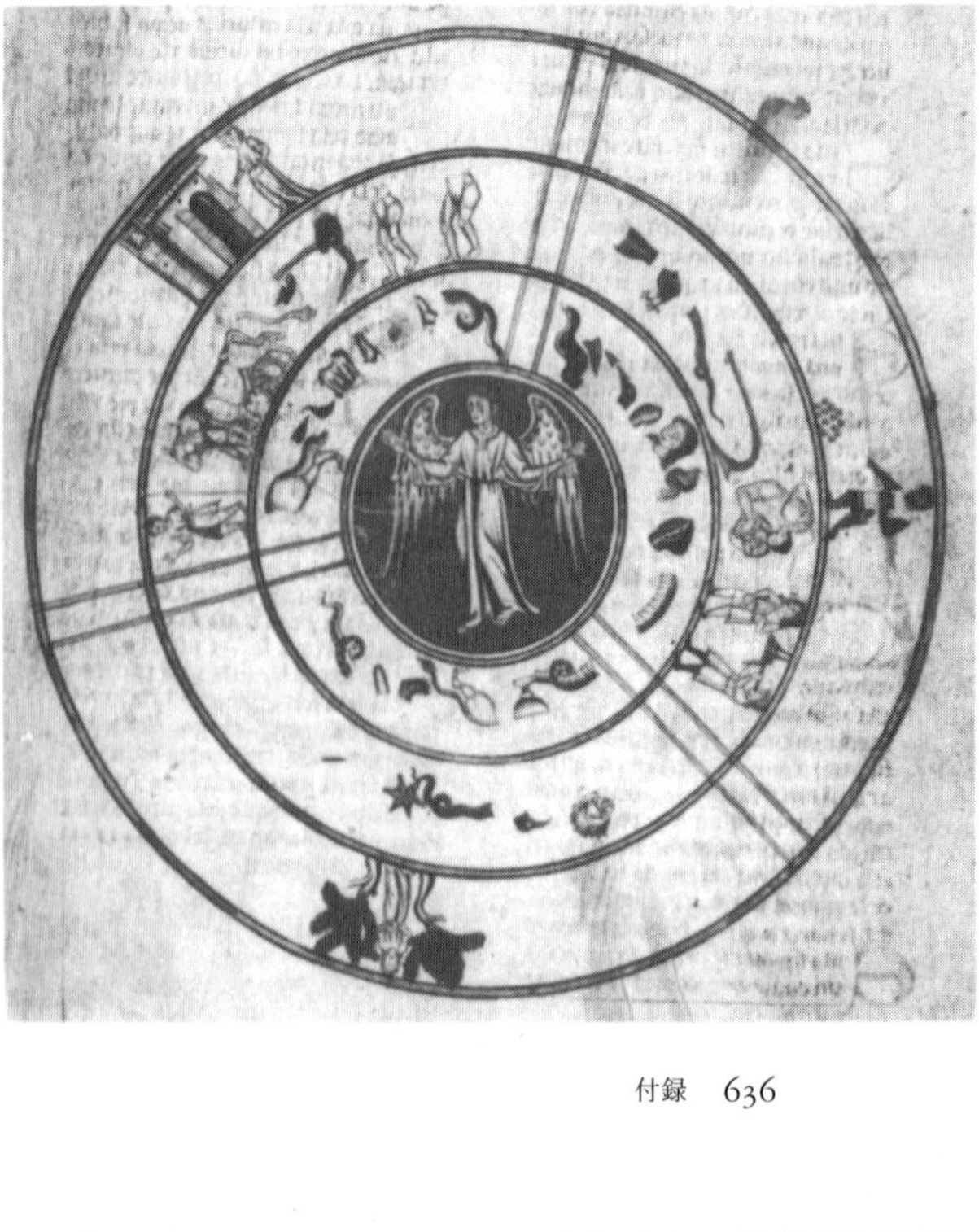

処女宮のデカン
ヴァチカン写本
MS Reg. lat. 1283, f.9v
(684頁も参照)

の、そして二葉がふたたび獣帯にかかわるもの、つづく四葉が火星（マルス）にかかわるもの、最後の六葉が水星にかかわるもの。［……］

しかしレジネンシス写本はスペイン語版『ピカトリクス』の本来のかたちをとどめておらず、これはアルフォンソの宮廷でさまざまな典拠から、占星術のいくつかの主題――それぞれの惑星、獣帯の星座、デカン――によって編纂されたものである。その典拠の一つがスペイン語版『ピカトリクス』で、六一葉、六二葉に Picatriz という名で言及されている。ラテン語版がスペイン語版からの翻訳であることは、以下に示すスペイン語のアラビア語との関係――スペイン語文書における付加、省略、誤読がすべてラテン語版に移されているところ――にかかわる議論から明らかとなるだろう。

ただ一つ、これを逸脱する箇所がある。アラビア語版 p.111, 18 には火星の図像（イマジネ）について、その衣装は鉄（'hadid'）と 'afrand' と語られている。リッターとプレスナーはこの後者のことばを「絹」と解するよう示唆している。ラテン語版（II, 10, 【21】）では 'eius vestes sunt ex loricis et ferro' で、この lorica が afrand に相当するもののようにみえる。しかしスペイン語版（60）では 'sus vestidos nuevos' となっている。これはアラビア語 'hadid' を 'jadid' つまり「新」と誤読した――アラビア文字、音綴 ha の付点付加による過誤――ことをあらわしている。スペイン語訳者はアラビア語写本を見つつあちこちで混乱をきたして、この一節を訳すにあたり二つの可能性を示し、レジネンセ写本の編者はその一方を、ラテン語訳者は他方を採ったのであったようにわたしには思われる。わたしのラテン語校本にみられるように、写本Eは他のどれよりもアラビア語版に近い解釈をみせている。ラテン語元版の訳者はスペイン語訳者から提供された異文解釈を自らの写本に採用したのであったのではないか、というのがわたしの見解である。

スペイン語訳者はアラビア語文書を理解するにあたりおおきな困惑をみせている――それはイェフダ・ベン・モーシェがハリ・イブン・アビ・アル-リジャルを理解するのに苦慮しているところと同様である[89]。レジネンシス写本に載せられている『ガーヤ』の部分はことばが簡単なところばかりである。もちろんスペイン語訳は省略（軽率な過誤、原本の欠損あるいは理解不足による）、付加（語彙を明確にするための同義語）、換言（おおむね正確）

その他の完全な過誤をも散見させるにせよ。翻訳の最後の一節（63）はアラビア語原本ではより複雑だが、より深刻な過誤に溢れている。こうした性格は『ピカトリクス』の総体にわたり、各所で『ガーヤ』とは別の書物となっている。

［……］

これらスペイン語版『ピカトリクス』の断片群は、『ガーヤ』に忠実入念な訳ではないこと、拡張解釈に満ちており、省略や誤解にも欠けないことを証している。それればかりか、おそらく口述で訳した元の翻訳者がさまざまな言い換えを提供したものであったらしいことも分かる。ラテン語版『ピカトリクス』をアラビア語版と詳細に比較してみると、こうしたさまざまな特徴が浮き彫りになる。数々の単語が同義語の重複あるいは拡張解釈句をもって翻訳されている。また短い章句の省略が目につくとともに、言語的に難解なところ（こうした範疇には哲学的な句節も含まれる）や耳障りな（忌わしい）ところは長文にわたり省略されている。多くの場合、アラビア語版はラテン訳よりもずっと単純な表記となっている。ただしラテン語訳者が十分スペイン語の蘊蓄を解さないことによる誤訳がないわけではない。それにもまして、レジネンシス写本に「プリニウス」の章があることは、ラテン語訳者がこれと同じヴァージョンを用いたことを示唆するものとなっており、すでにスペイン語訳『ピカトリクス』において、ラテン語版に含まれる付加がおこなわれていたものと考えられる。わたしはゲベルの『自然学精華集 *Flos naturarum*』からの嵌入についても同様ではないかと思っている。この点については続く論考で論じてみたい。

これまでにもスペイン語訳者はイェフダ・ベン・モーシェ Yehuda ben Moshe であったのではないかと論じられてきている——これについてはいまだ証拠を集める必要があるが。この仮説が受け入れられるとすると、キリスト教的な具体的な嵌入はラテン語訳者によるものということとなる。またラテン語訳者はアエギディウス・デ・テバルディス Aegidius de Tebaldis ではないかと提起されたこともある。この仮説は翻訳者の内容に関する無理解と矛盾するものではない。すくなくともアエギディウスはスペインの同輩の一人であるリスボンのアルフォンスス・ディオニュシウスからスペイン語の素養について論難されているから。彼は一三四〇—五五年ごろ、アエギディウスが訳したプトレマイオスの『四書』をスペイン語異文写本をもとに訂正している。これについては別に詳論しなくてはならないだろう。

以下に掲げるスペイン語文書は写本を可能な限り忠実に移す試みである。

[……]（以下略）

*

■ピングレー「『ガーヤ』と『ピカトリクス』の間II：ジャービルに帰される『自然学精華集(フロス・ナトゥラールム)』」抄[90]

アラビア語版『賢者の目的(ガーヤット・アル・ハキム)』のスペイン語版からの羅訳版である『ピカトリクス』[91]にはかなりの付加部分がある。先の論考ではそうしたものの一つ、月の二十八の宿（月齢）に関する「プリニウス」の論考（IV, 9,【29】-【56】）がすでにスペイン語版に引かれていることを論じた[92]。一方、本稿で詳論する文書、ゲベル（Jabir ibn Hayyan）に帰される奇妙な『フロス・ナトゥラールム』は、『ピカトリクス』の羅訳が完成した後これにつけ加えられたもののようにみえる。つまりそれは独立した羅語文書の要約改訂異文であって、スペイン語からの翻訳ではない。またそのアラビア語原本写本――そのようなものがあったとして――も見つかっていない[93]。

これの羅語原文には二つの異文が存する。一方は十五世紀の写本 Montpellier, Bibliothèque de la Faculté de Médicine MS H 277。この六一葉表―六三葉裏には以下に公刊する写本異文が載せられている。この写本は複数の書写者による羊皮紙と紙本とが混じたもので、その全体あるいは少なくともその一部は一四一一年から一四三一年の間、ヴェネチアの自然学者の手元にあったもの。この未詳の学者は上流階級の成員たちを顧客としていたことが分かるが、一六一葉にこの間に生まれた子供たちの誕生日、誕生地、名付け親を列挙している。この写本異文の最初の七八句節――人のからだの諸部分の医薬的効用を論じた部分――だけが、『フロス・ナトゥラールム』原文をなすものであるようにみえる。これは簡略化されて『ピカトリクス』III, 11,【58】-【112】

に組みこまれているもの。またバビロニアのプトレマイオスの魔術的な鏡について述べた七九番目の句節は、『ピカトリクス』IV, 7,【23】にゲベルの著作からの抄録として載せられている。わたしはこれを『フロス』原本への初期加筆部分であると考える。八〇—九三句節の錬金術に関する部分は、おそらくこれより後に付加されたものだろう。実際、八九、九〇、九三句節の典拠としてゲベルの名が挙げられており、本書のこの部分はジャービルの真正文書のいずれかから採られたものであったのかもしれない。八五句節で触れられるパウリヌスとマルクスについてはいまだわたしは特定しかねている。

一方、『フロス・ナトゥラールム』は一四七三年八月五日づけの初期揺籃本としても公刊されている。以下これを印行本と呼ぶ。奥付には印刷者名も地名も表記がない。揺籃本専門家たちによれば、ヴェネチアのBoninus de Boninisあるいはこれまたヴェネチアの Philippus Petri によるものではないかという。この異文の監修者はおそらく七八句節に'ego F. Rugerius'とある未詳の人物で、より広範な写本異文を再配置しつつ、自らの処方を幾つか付している。

それにまた、『ピカトリクス』の一写本——十八世紀の写本H、現ハンブルク国立図書館 Hamburg Staats- und Universitätsbibliothek MS Mag. f.188 ——にはピカトリクス本文に上掲印行本の解釈が加えられている。Hの奥付にはリエージュ近郊サン・トロンド St Trond で一三八六年に写されたもの（から書写）と記されているが、この書写生は一四七三年印行版をも参照しており、この稀覯本記載箇所特定を企てているばかりか、十四世紀の原型の転写に当たってのいい加減さをも指摘している。

『フロス』が羅訳された時と場所は『ピカトリクス』に算入されることになった時期を示唆するものではあるが、不詳。いずれにせよ写本異文はすくなくとも十四世紀に遡るものであることを示している。これは一三一〇年頃カンタベリーのサント・オーガスタン St Augustine 大修道院長を勤めたトマス・スプロット Thomas Sprot 蔵十四世紀写本三〇葉にも、十六世紀後半のジョン・ディーの写本（Corpus Christi College MS 125, 現 Bodleian Library, Oxford）にも載せられているもの。

［……］（以下略）

■——補遺——III

ピカトリクス分光

そしておそらく『ピカトリクス』という雑纂書はふたたびばらばらにされ、中世以降、さまざまな実用魔術書あるいは解毒薬処方書と化していったのでしょう。「書物は書物を啓く」ということば通り二百二十四冊の書冊を開き、一書にまとめたという『ピカトリクス』ですが、ピングレーによる羅版公刊以降は、これを結節とするかのようにかえってその前後つまりこれが典拠としたとされる諸書の探求、あるいはルネサンス以降の魔術思潮の逍遥へと主題は拡散し、それぞれに個別問題が樹てられることとなっています。そのうち、魔術通史の体裁をとったグラツィエッラ・フェデリチ・ヴェスコヴィーニ『魔術的中世』(1)はスコラ学的な特殊形相と分離実体という観念によって魔術的思索を跡づけてみせてくれ、オルネッラ・ポンペオ・ファラコヴィーニ『諸星辰にしるされていること』(2)は星辰魔術の淵源と秘奥に接近させてくれる論考でした。一方、アラビア世界の中のハランの人々の立ち位置についてはタマラ・M・グリーン『月神の町―ハランの宗教伝承』(3)、アラビアのヘルメス伝承についてはケヴィン・ファン・ブラーデル『アラビアのヘルメス』(4)、そしてイブン・ワッシーヤについてはイアコ・ハメーン・アンティラ『イラクの最後の異教徒たち』(5)と興味の尽きない論考が公にされています。他方、ルネサンスとそれ以降の魔術に関して著されたものはパオラ・ザンベッリ『魔術の曖昧な本性』(6)をはじめとして枚挙にいとまありません。

　そして本書羅版刊行者ピングレーの跡を追ううち、中東を越えて卒然と日本に逢着することとなります。つまり訳註にも記したところですが、空海がもたらした『宿曜経』(7)。羅版『ピカトリクス』は第IV巻末に新たに付されたプリニウスの月齢をもって第I巻の月齢にかかわる説を繰り返し、ふたたび巻頭に戻る循環構造になっています。月の巡り。後の西欧占星術では七惑星と獣帯十二宮に隠されてしまう月齢。インドに由来するという二十七宿は『宿曜経』下巻の「三九の秘宿」に明らかなように、三倍のエンネアデス（九つ組）、一方、二十八宿は四七で現行の週の巡りに近いものとなります。はたしてこれが三角相を幸運（吉）とし、四角相を災厄（凶）とする占星術観念とどのように交錯したものか、あるいは三と四を和解させる十二を観念するものであったのか詳らかではありませんが、暦法あるいは曜日の順を考える時、つねに円周がアプリオリにあるいは幾何学的に十二の二倍の時間（あるいは三倍のデカン）に分けられることに対する微かな違和を感じつつ。

それぞれの惑星に付された記号が数字と化し、月宿あるいは獣帯区分をしるす符合（しるし）がアルファベートに化して……わたしたちにも書写が準備されました。しかしそこに覚知されるべき意味の重層、つまりその名についてはいまだ解読されてはいないのです。

この点に示唆を与える文書として古錬金術書に類別される『クラテスの書』を補遺の補遺として収めておきましょう。賢者の祖形としてのヘルメス、あるいはそのヘルメスと語る霊の姿を垣間見るために。

■『クラテスの書』(8)

[44] 慈悲深く寛大なる神の名にかけて。

主よ、われわれを正しき道に導きたまいますように。われわれに恵みをもたらしたまう神の讃えられてありますように。われわれの主である預言者ムハンマドとその一族に救いがありますように。

ミシルのフォサタル(9)こそアミール（ムハンマドを継ぐ者）の称を最初に享けた者。

（著者曰く）このアミールについてくりかえし言い伝えられてきたこと、その事績（業）についてわたしは熟考を重ね、この題材（質料）について、現時誰も纏めていないさまざまなことどもを蒐集してきた。わたしはそれらに、このアミールが哲学に精通した人であり、哲学者たちの諸著を綜合してその理説を実践した者であったとつけ加えておきたい。

　このアミールは、先にわたしが別の人に献呈したもののような何か役にたつ選集を編むようにと言われた。彼の地位からすれば、じつのところそれはわたしに対する命令であり、わたしは彼の要請にこたえるため全力を尽くすこととなった。哲学者の幾人かはこうした要請を受けて、弟子でない者にその知識を広めてはならないと勧告するとともに、これを貪欲な者に明かしてはならないとも言っている。

　哲学に関してはわたしの諸著を参照していただきたい。古人たちがこれを読むことができたとするなら、その内容を公言することはなかっただろう。哲学者たちの誰もこのような論考を著すことはなかった。彼らが自らの哲学的理説をより完全に仕上げていたとしても、彼らはそれを秘匿し、[45]決して公にはしなかっただろう。ひょっとすると後継者たちの多くにすら明かさなかったことだろう。最初期のカリフたちの時代からそうであったし、これはキリスト教が完全に排斥される時までつづくだろう。

　さて、本書について。これは神々の聖域に蔵されてきた『宝の宝』[10]と表題される哲学者たちの精華蒐集の一部である。この神々しき者たちの首たる者はアレクサンドリアの出身で［……］（解読不能）と呼ばれる者。アレクサンドリアにリソーレス[11]という名の若者がいた。彼の家系には哲学を学ぶ者もあった。この若者は明敏な風貌で痩身[12]、完璧な知性に恵まれ、セラピス神殿の祭司（マギ）たちの師の侍従たちの一人に寵愛された。この神殿はアティネフ、エフェステリオス[13]の神々の首の名で呼ばれていた。リソーレスは侍女に愛され、これを妻とした。妻は彼にあらゆる書物を閲覧させ、哲学者たちの諸玄義のすべてに精通させた。ある時、ローマのコンスタンティヌス大帝のことを伝え聞き、彼女はセラピスの諸書を盗み出し――それがここにわたしがあなたに送る書である――夫とともに逃走した。この時以降、シリアとエジプトではキリスト教が衰滅する。これが本書の閲した経緯である。シリアとエジプトの諸領をアラビア王家が統治するようになって以降、王たちはみなこれを精読した。

　そうこうするうち、この書がわたしの手元に届いた。どうか一言一句変じることのないように。わたしはこれを翻訳しようと考え、ギリシャ語とアラビア語の相違を十分勘案しつつ訳出を試みたが、この企図は放棄された。聖霊の援けを祈りつつ、あなたがこれを伝承してくれるよう、ここにあなたに送ることとする。

[46]この書は以下のようにはじまる。

寛大にして慈悲深き神の名にかけて。

わたしは諸星辰、大地（土）の領域（表層）、その位置その他の秘鑰の探求を完遂した。創造者より他なる神は存しないと公言しつつセラピス神殿に到着した時には、わたしは法則（律）および論理の諸形相（形式）にかかわる知識の研鑽を完了していた。わたしは王の書庫で、神が賢慮をもつ者の知解へと宛てたまうた至高なる業について、一切晦渋な表現なしに説いた明晰な書物を見つけた。……わたし（が書く）以前にこれほど驚嘆すべき明快な書はなかったし、これからもあり得ないだろう。このわたしの書をわたしはセラピス神殿にもち来たり、その聖域に隠す。神が赦したまうことがあれば、いずれ誰かこれを手に取る者もあろう。

わたしから人のこころに巣食う蛇を遠ざけ、どうかわたしの著作を完成させたまえ、と創造者に祈るうち、突然わたしは気中に運び去られ、太陽と月の軌道を追っていた。わたしは一枚の羊皮紙に『モジブ・エドードルマ・オ・モナウィル・エドードォウ（闇を払い明るい光輝をもたらす者）』[14]という表題を見た。その羊皮紙には図像があり、そこには二つの大きく輝く星辰と軌道を逆行する五つの遊星からなる七天が描かれ、その一々の天には星辰とともに註記が付されていた。

また人々の中で最も美しい老人が椅子に坐しているところが見えた。その人は白い衣装を纏い、その手に椅子の（?）板を握り、その上に一冊の書物が載せられていた。この人の前には見たこともないようなすばらしいうつわが幾つか置かれていた。老人に誰か（これは何か）と問うと、彼は言った。「ヘルメス・トリスメギストゥス、その前にある書物は人々には隠された秘密を説いたものの一つ。汝が見たことのすべて読んだことあるいは聞いたことのすべてを記憶にとどめ、汝の後に来る者たちのために録したまえ。しかし説明にあたり、汝に命じられたところを越えてはならない。ただ彼らの興味を喚起しつつ懇切に証示するがよい」。

まず最初に、円環の数々の図。その周りにはこう記されていた。（写本の欄外には以下の句節が書き込まれていた。別写本では図の周囲を文字がとりまいていた。この銘記を欄外に記しておく。七つの円環は第一、第二、第三から順に第七に到る天圏に相当している。一々の輪の下に句読点なしに書かれていたものを以下に再掲しておく。）

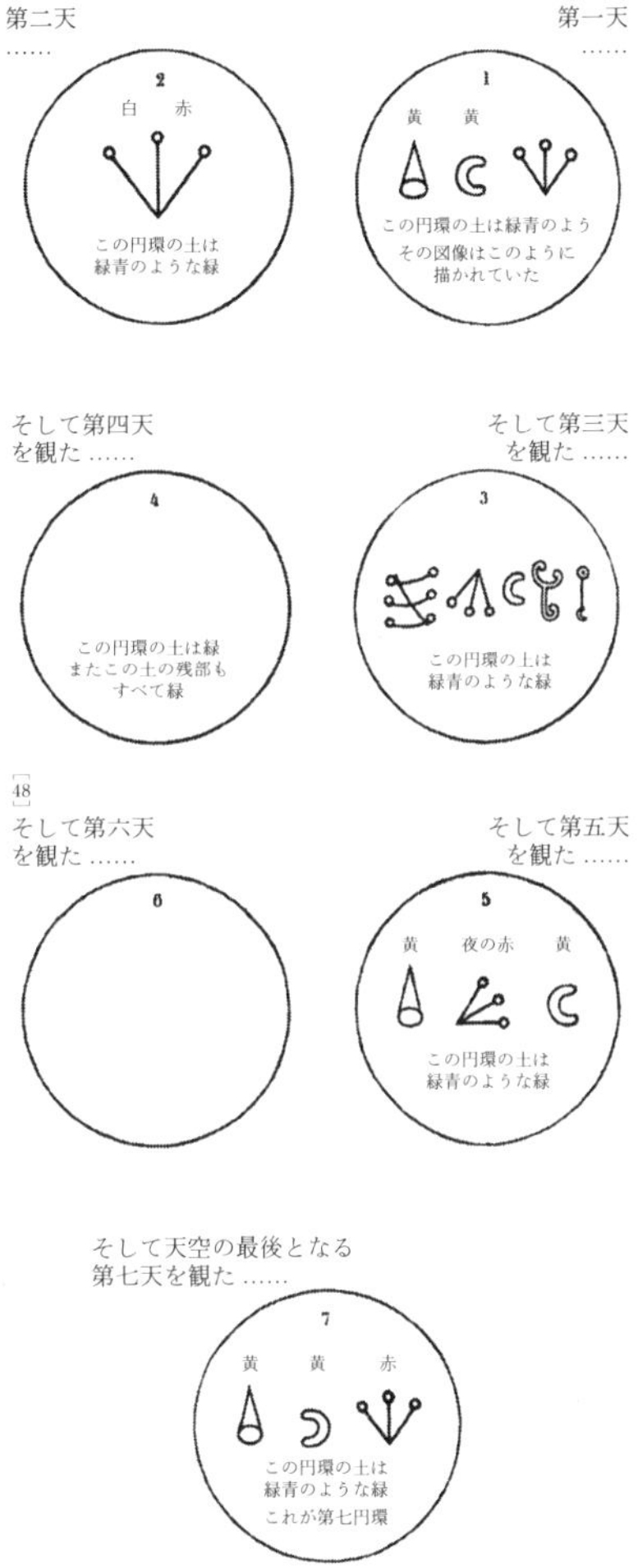

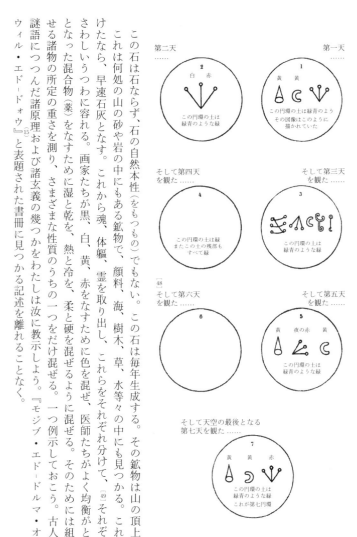

この石は石ならず、石の自然本性（をもつもの）でもない。この石は毎年生成する。その鉱物は山の頂上にある。これは何処の山の砂や岩の中にもある鉱物で、顔料、海、樹木、草、水等々の中にも見つかる。これを見つけたなら、早速石灰となす。これから魂、体軀、霊を取り出し、これらをそれぞれ分けて、[49]それぞれにふさわしいうつわに容れる。画家たちが黒、白、黄、赤をなすために色を混ぜ、医師たちがよく均衡がとれ一体となった混合物（薬）をなすために湿と乾を、熱と冷を、柔と硬を混ぜるように混ぜる。そのためには組み合わせる諸物の所定の重さを測り、さまざまな性質のうちの一つをだけ混ぜる。一つ例示しておこう。古人たちが謎語につつんだ諸原理および諸玄義の幾つかをわたしは汝に教示しよう。『モジブ・エド-ドルマ・オ・モナウィル・エド-ドォウ』(15)と表題された書冊に見つかる記述を離れることなく。

（その写本の縁に沿って以下の図が描かれていた。）

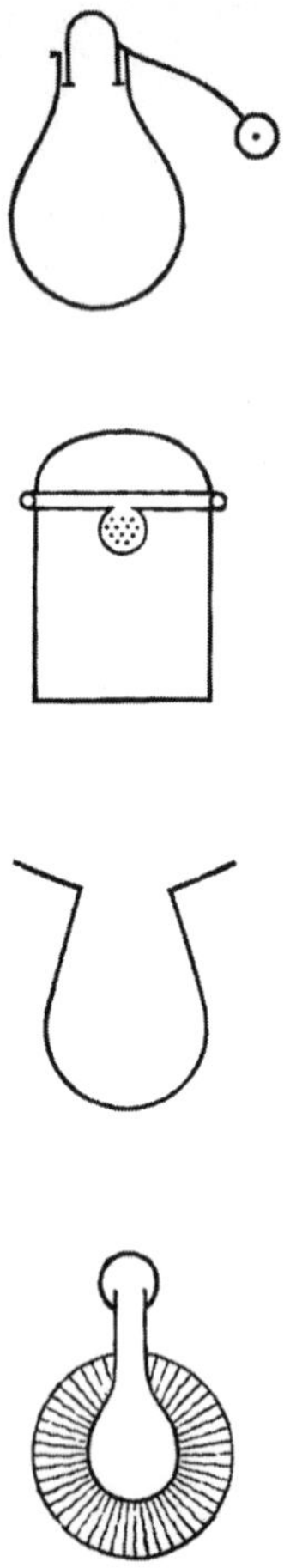

[50]これらの図を精査することでわたしはそこに秘された諸特徴を把握できた。ヘルメスが手にしていた書冊を読み耽るうち、二人の記述を見出した。一方は地上の富（財）とその歓びに関する思弁を語り、他方は啓示された信仰の諸原理に準じて徳（力能）、賢慮、平安、善（財）について考察を加えていた。両者とも人の道を信じていた。一方はエル‐ホクマ・タタア（賢者たちを敬う者）[16]と呼ばれる霊的で高徳な人、他方は自らの名をも知らぬ者。彼らはある問題をめぐって議論した。霊的な人はもう一人に言った。「あなたは完璧にあなたの魂を知っていると言えますか。あなたがまさにそれを知っており、それをよりよくするものを知っているなら、あなたはそれの真の名ばかりか、賢者たちがそれに与えた名を識別することができる筈」。この言葉を書冊に読んだ時、わたしは手を打ち快哉を叫んだ。「疑わしき名が真の名のように響き、人々に過誤と不安を惹起してきたのだ」と。するとわたしに天使が答えたように思われた。「あなたの言う通り。賢者たちの努めとはそうしたもので、彼らの書物に述べられているところ。その一はマグネシア[17]と呼ばれている。また別に大いなるエレクトルム[18]と呼ばれるものがある。三つ目が大いなるアンドロダマス[19]。四つ目がハルクカル[20]、五つ目が鉄の水の石、六つ目がもっとも高貴なる黄金の水（という石の名）。いずれにせよ哲学者の誰も、先行者たちが業を指し示すために用いた名辞を受け入れることはなかった。おそらくその物質（素材）は同一、処方も同一であったが、名辞だけが異なっていた。この知識の高みに到達した者たちはそれぞれ、通有の名辞とは異なった名辞を案出し、これによっていよいよ混乱が増すこととなった。その作用、色、重さについても同じことが起こる。

彼らは後進の者たちを混乱させ、懐疑へと陥れた。[51]そしてついに大方の者たちがこれを現実に存する物とは見做さなくなったのだった」。

　そこでわたしは問うてみた。いったいなぜこの人物（?）は民を惑わし、過誤に陥らせたのかと。彼は答えた。「ここに一冊の書物がある。これを読むならわたしの教えのすべてが見出されるだろう」と。そこでわたしはこの硫黄の水〔神的な水〕に関する論考を読んだ。わたしは読んだところの意味を疑問の余地なく解した。「ここに書かれていることはすべて真実だとあなたは思われるか。神はわれわれを過誤から守りたまう。ここに記されていることはすべて真実であり、真実より他のことは記されていない、とある。にもかかわらず、真なる物質（主体）を混乱に陥れるようなさまざまな名辞が使われている。それはそうした名辞を超えてあるところの物に配慮することもなく、その味（嗜好）に、性質（性格）に、有用性によって名指されている。おお、クラテス・エス‐セマオウイ(21)（諸天）よ、ここには真実を証示しようと努める哲学者は一人もいない。無知なる者たちにこの物質(もの)を証示することの困難を冗長に述べるばかり。また、なすべきこととなしてはならぬことが語られている。無知なる者たちは手にしたこれらの書を玩ぶばかり、真実の知解を嘲弄し、これを忌まわしく嫌悪し哀れむべきものとして峻拒することになる」。「これらの書物、これらの書冊を読んでみると、そこに使われている語彙が違っているだけで、みな同じことを言っているように見える。そこにいかなる意味を解するべきか混乱させられるばかり。なんらかの解説が必要だろう」。「汝に説くこととしよう、わが息子よ、何処からこうした過誤が、宿命的な過ちが出来するのか、とそれは言う。人はみないずれ二つの範疇の一つに入る。一方は、賢慮、知識の探求、自然の諸法則の教授、その親和性、その有利性と不利性とにのみこころを配る者のすべて。[52]この範疇に入る者は書物を得ること、そこに盛られた諸理念の探求に心血（その理拠、魂、体軀）を注ぐ。そしてなにごとか明快で厳密なことがらを見出すと、神に感謝を捧げる。曖昧晦渋な点に遭遇するなら、全力を尽してそれを厳密に確定しようと努め、目的を果たし（対象を画然とし）、次へと進んでいく。

　二つ目の範疇に入るのは、現世にも来世にも拘泥することなく胆力（気分）だけで判断する者。こうした者にとっては書物もその無知と盲目を増すばかり。そして必然的にますますそのこころ（理拠）は鈍重となっていく」。

「なるほどあなたの言う通り」とわたしはつづけた。「お望みとあらば、この驚くべき知識をもってわたしが何をなそうとしているかお話しよう。わたしの後に来たる者たちのために」。「話してみたまえ」、と彼は言った。わたしがわたしの諸観念を説くと、彼は微笑しつつ言った。「あなたの意図は卓越している。だがあなたの魂は、諸見解の相違および自尊の禍から決して真実を明かすことができないだろう」、と。「わたしになすべき規定（処方）を与えたまえ」、とわたしは即座に問うた。

彼はわたしに言った。「書きとめておくといい。何の調整も受けていない生のままの銅および銅のようにみえる質料《もの》を二メン[22]重秤り取る。また同量の水銀と水銀のようにみえるものを秤りとる。これら二つの白い質料も何の調整も受けていない生のままのものとする。あなたの後に来る者たちは誰も、あなたがこれらに名辞を与えないなら、これらが諸霊（精気）であることを知ることとはならぬだろう。これを読むであろう賢慮に欠ける者は、火に耐えることのできない脆弱な霊（精気）を選びとり、それは作業中に火によって貪り去られることとなり、彼は何をも得ることなくしてその盲目の焦燥を増すばかりとなるだろう。ここでは諸物体《コルプス》を非物体となす（精気となす、揮発させる）、という古人たちの処方に従う。銅[23]には人と同じように魂、霊（精気）、物体《からだ》がある、ということを知らねばならない。あなたの書物には乾硫黄もアルセニコもこれに類したものについても語られてはいない。こうした物質《スブスタンチア》には一切善がないから。[53]また貪る火（強熱）および燃焼についても、そこからはなにも利益を得られないということを知らねばならない。あなたの書物に書かれているわれわれの硫黄は燃えず、火に貪られることもないが、火の作用によって揮発するものである。それゆえ古人たちは、揮発性の霊（精気）の染剤を煙とともに含む物質《スブスタンチア》を案出したのだった。同様に完璧な条件の水もこれに似た（先のような）混合からなっている。これはすべて文字通り書物に載ることばである。

こうした染剤の諸霊（精気）は、物体《コルプス》が白化されると、火の激しい熱の作用によって揮発させられ得る。物体《コルプス》から導出された染剤の諸霊には、揮発物から抽出された（諸霊）を加えるとよい。この産物は、神が赦したまうならば、物体《からだ／コルプス》を賦活させ、完璧な状態をこれに与えるべく改善するだろう」。

これを聞いて驚嘆しているわたしに、彼はこのことばを繰り返して言った。「わたしの言ったことをあなたの書物に記したまえ。わたしはあなたとともにあり、神が望みたまうなら、交渉が成就されない限り決してあなたを離さないだろう。また物体（からだ／コルプス）の組み合わせ（結合）が起こるのは、お互いの物質（からだ）の色や味の間にある種の親和がある場合であると知っておきたまえ。これらを一緒に、均質な液体となるよう溶解する。これが純粋な硫黄の水（液体）と称されてきたものであり、ここには誤った端緒（原理）は一切含まれていない。

ここに玄義が明かされた。乾硫黄からなるこの物質を、賢者たちは黄金の錆あるいは発酵物、試金、珊瑚の黄金（文字どおりには紫金）と呼んだ。ただしこれはただ諸物体（コルプス）の混合物が均一な物質（スブスタンチア）となる場合にだけ生じる。これを卓越したものと称し、さまざまな名をもって呼ばれる。モリブドカルケ(24)を得る手法としてこれを記しておくといい。[54]これのうちには秘された力能のすべてがある。いずれにせよ、あなたの後に来たる者たちのために、これの多様な組み合わせ（結合）を一書に纏めて記したまえ。すべての作業はモリブドカルケのうちにあるのだから」。

これらすべてをわたしに理解させると彼は消え去り、わたしは我に返った。まるで重い頭を抱え夢に混乱して目覚めた男のようだった。二つのことが殊のほか深くこころに残った。一つ目はわたしが観念していた書物からその企図が逸脱したこと。二つ目は彼が消え去る前に、そのはなしが完結してはいなかったこと。

そこでわたしは永遠なる主に、この天使を遣わしたまえ、諸物の自然本性について彼が明かしはじめたことを完遂してくれるよう説得できるように、と祈り、断食、祈禱、観照に入った。するとついに天使が（あらためて）あらわれ、言った。

「貨幣(25)、オウアラク(26)といわれる時にはこれはわれわれの金や銀のことである。この物質（スブスタンチア）が泥と混ざり白化されるとわれわれはこれを銀と呼ぶ。これが赤となるなら黄金と称する。硫黄を加えて調整されるなら、これを黄金発酵物等々と呼ぶ。

記しておくといい。鉱物を正確に秤り、水銀と混ぜて産物が火の毒と化すまで作業を続ける。そしてわれわれがモリブドカルケと呼ぶものを得る。諸物体（コルプス）が燃やされて固着すると、この産物を乾硫黄と呼ぶ。これから純金および金染めの銀が産生される（これは卑俗の銀ではなく賢者の銀で、これにのみ銀（オウアラク）の名が与えられる）。[55]これに毒つまり黄金染剤を加えるなら、黄金はもはや卑俗なものではなくなり、赤染剤の組み合わせ（結合）が起こり、われわれはこれを黄金と呼ぶこととする。これの秤量については後述する。物体性として観るなら、すべてが色調（濃淡）をもち、黒い物質をもっており、これはこうしたものをもつあらゆる金属の表面に見つかる。水銀もまた、諸他のすべての物体同様に蔭であり（暗く）、黒い物質である。諸他の物体から抽出されるのと同様に、この蔭（暗さ）を、この黒い物質を抽出しなくてはならない」。

「水銀の蔭（暗さ）を抽出するにはどうすればいいのか」、とのわたしの問いに彼が答えた。「諸他の物体との混合により、これは白化される」。わたしは問うた。「それはどのようにだろう。哲学者たちは水銀だけが銅を白化することができると言っているのだが」。彼は答えた。「繰り返しになるが言っておく。水銀は白である。火に耐える物体は解体せず、ここで水銀だけが火の作用によって解体し揮発する。これが火の中で抽出されることにより揮発する一方、他の物体は火に耐える。諸物体が炎の中に置かれるとたちまち（水銀は）これらと一つとなり（混合して）唯一の物体（塊、コルプス）となる。諸霊（精気）は激しい火の作用によって、これらの物体から溢出し、霊は揮発し、霊なくしてこれらの物体は死ぬ。またこれら物体に霊（精気）が戻れば（与えられるなら）生をとり戻す。これを古人たちは、銅は一つの物体と一つの魂をもつ、と言ったのだった。とはいえ、ある者はその霊（精気、スピリトゥス）を探しつつ、染色をなし火にも耐える剛健な物体となすべく銅に作業をほどこした（はたらきかけた）。こうした人々は……〔物体なしの銅〕に誘われることで、物体なしに、霊（精気）を物体に変じようと試みた。じつのところ誰も、魂を物体に固着したものとしてより外に見た者はなく、魂なしに存する物体もない。魂なしの物体は動くことも、生じることも、結合を確かなものとする（縮合する）こともできない。

ここで知っておくべきは、いかなる物体も不純を含んでおり、揮発混合物について勘案するに、殊に三つの物体〔鉛、錫、銅〕の不純をとり除くことはできない、ということ。[56] 火はその熱によって黒い部分をとり除き、物体を清める。火だけが清め、改善し、精錬し、物体を赤や白と化すものである。それはさて、ここではまずもって水銀に物体を取り戻させなければならない」。「どうかそれについて語りたまえ。わたしが記すことができるように」。彼は答えた。「古人たちが言うには、鉛と硫黄の焼結こそ焼結の第一の形相をなしている。

水銀を加えた焼結が第二。不純物を押し出させるため、これに金属片を加える。これが第三の作業。水銀を溶融させる、これが第四。蜂蜜と眼薬[27]を加えてすり潰す、これが第五。リサージを蜂蜜とともに加えてすり潰す、これが第六。黄金のオッツァ[28]を牡牛の尿と混ぜる、これが第七」。彼はつづけて言った。「わたしが観るところでは、物体（コルプス）を溶解するところに重要性がある。この作業を進めれば進めるほどいよいよ美と染力が獲得されるので、可能な限りこれを改善していく。わたしがここに明かしたことは知性、賢慮、知識のみによって理解されるものではない、ということには配慮が必要であろう。

　古人たちが与えたさまざまな名辞について。たとえば銅、銀、肉体、モリブドカルケ、黄金、金の華、金珊瑚、これらこそエリクシルをあらわすために造られた名辞であった。彼らはエリクシルが取る（あらわす）一々の色を指示しようとして、それらがあらわれる順序を追ったのだった。混合物の流動性（液体性）が増すたびに、そこに新たな色彩が特定される（見出される）。一々の色彩変化に相当するように混合物に名辞が与えられ、その染力が増す（ものとされた）。

　哲学者たちの秘密の諸著でもまた、それはまず鉛と呼ばれている。それが加熱され、その黒さが抽出されると、それは銀と呼ばれる。そしてこれが銅と化す。これに湿が注がれると錆が生じる。そして錆の部分から黒い質料が排除されると、黄があらわれるのが認められ、これに黄金という名辞が与えられた。この第四の作業の後、第五あるいは試験においてあらわれるものを黄金の発酵物と呼ぶ。第六の後には[57]金珊瑚（紫金）。最後に、第七の作業の後、業（作業）は完全となり、浸透染剤と称される。

　これらの名辞のすべてはただ火の影響を蒙ることでだけ獲得されたものであり、これ（火）のおかげで、諸作業によりこうした性質が生じることになる。染剤をもってしては、幻覚でなく、これほど強く染色を進めることはできない。もしも人々がよりよい性質をつくりだすに必要な力能について知りたいと思うなら、古人たちが唯一の質料を名づけた十の産物の名を学ぶとよい」。

　わたしは言った。「その十の産物を生じる唯一の質料とは何か、を教授したまえ」。彼は答えた。「十の名辞をもって名指される十とはデモクリトスによって定められたものであり、その一々は一々の作業を謂ったものである。これら十のうちでも最も効能のある（十から帰結する）唯一の質料について、哲学者たちはこれに固有名を与えることを拒み、ただ一（あるもの）と呼んでいるばかり。そこにはこの質料が複合したものであるのか単純なものであるのかも示されておらず、いわく言い難いものである。この質料の特性を利するためには、これが複合したものであり、その複合にもかかわらずこれが一なるものと呼ばれることを明らかにしなくてはならない。それは乳が、物体（からだ、コルプス）と霊（精気、スピリトゥス）の存在を保証する四つの自然本性を含んでいるにもかかわらず、唯一の名をもって、唯一の自然本性であるかのように唯一の名で呼ばれるようなもの。哲学者たちは、それらの内容物を混合し、均一な産物となるよう結合して、それに唯一の名辞を与えてきた。彼らがこのようになしたのは、彼ら以外の者たちにこの物が何であるかを知らせないためであったに違いない」。わたしは言った。「もしも彼らがこれを明かさぬように誓ったのだとしたら、彼らに民を責め、真にこの知識を見出せないでいるその知性の欠如を責めることができるだろうか」。

　彼はわたしの問いに答えた。「わたしは言わなかったろうか。デモクリトスの師は質料の結合について彼に教えることはなかったし、これについては曖昧なままに残した、と。デモクリトスは正道に就くまでにさまざまな書物を読み、探求をつづけ、体験を積み、知見を重ねたのだった。[58]その後、彼は質料の結合を実現し、親密（内的）な混合をなすことがいかに困難なのかを知ることとなったのだった」。わたしは言った。「些事に拘泥したまうな。簡潔に要点を述べたまえ。冗長な議論は不要」。彼は言った。「銅の外からの白化は内をも白化する。外の錆が内をも錆させるように。そしてついには外をも内をも輝かせる」。「いったい何時、内も外も輝くようになるのか」。わたしは彼に明快な説明を求めた。この会話がわたしの思う方向へと進むよう、この機会を利することができるようにと。彼は言った。「わたしはここではただ、白化した物質（スブスタンチア）と錆について、また揮発についてあなたに教えているだけである。もちろん、その主要な目的は錆を得ることにある、ということを知るべきであろう。これが得られたなら、準備調整つまり変移する（つかの間の儚い）色がはじまる。

　いかなる結合も合一するにふさわしい二つの成分からなる。たとえば、男の要素（元素）と女の要素（元素）は、お互いに出会い伴連れとなる（組み合わせられる）こうした成分である。神はこの両者に牽引力を据え、これによって神は彼らに赤子を授ける。これは両者にとって必然であり、出会いの歓びの結果である。これがあるもの（一）の知識でありその証示である」。

――「なるほど」。わたしはこれを銘記しておくことにしよう。「あなたは唯一の質料（唯一のもの）についてわたしに明快に説き示した。要するに、唯一の質料とはさまざまな質料からなっており（さまざまな質料の形相であり）、結合である、と。これに作業する(はたらきかける)と、ある色から別の色へと変じる」。彼は答えた。「鉛の活力はリサージのそれと同じではなく、同じ効果をもたらすものでもない。またリサージは白鉛[29]と同じ純粋さをもつ訳ではなく、鉛丹[30]と同じ作用(はたらき)をする訳でもない。これら四つの物は唯一の質料つまり鉛であるが、[59]その各々は火の影響によって生じた個別の特性、活力、性質をもっている。精妙な機知と洞察力ある知性の持ち主ならわたしが言ったことを理解できるだろう。無知な者たちはここで論じたことに知解がおよばず、わたしを詐欺師呼ばわりすることだろう。つまり彼らは真実を否み、蛆が蛇になることも蛇が龍になることもない、と言い張ることになる。しかし哲学者たちが作業をほどこす（象徴的）動物はある確かな物（一なるもの）であって、これは蛆から蛇となり、蛇から龍と化す。実際、その作業の端緒には、その物体(からだ／コルプス)は銀のように輝き、金のように不変である（硬い）。そして時に鉛丹のように赤く、時に闇のように黒い。これをすべて寓話（つくり話）と見做し、あなたのために本書に記したことが古人たちの晦渋な謎言に欺かれこれを模した結末だと考えるような人には、上記したことがすべて真実であるなら、これを語る者が、鉛、リサージ、白鉛、鉛丹を用いて作業する者を探しに行かぬことが不思議でたまらないだろう。これらの者たちはいったいなぜ唯一の質料からさまざまな産物をつくりだし、同じ物からできているものにそれぞれに異なった名辞を与えるのか、と。上に説明したのはまさにこのことである。なにかを加えるごとに新たな色彩が得られるので、われわれはこれら一連の混合物に名辞が尽きるまで名を与えつづけてきたのだった。当初、物体(からだ／コルプス)はモリブドカルケ、マグネシアの物体(コルプス)と名づけられ、つづいて鉛、あるいは黒鉛、白鉛と名づけられた。この唯一のものつまり鉛こそ、古人たちが十のうちで最上のものと言ったものであり、われわれが鉛と呼ぶ唯一の端緒原理の組み合わせ（結合）から生じたものである」。

わたしは言った。「高徳なる魂よ、鉛から抽出されるものとは、〔60〕色彩あるいは（染める）質料のことだろうか」。彼は言った。「抽出されるものとは染める質料であり、古人たちがその質料に与えたさまざまな色彩名である。われわれが辰砂（チナブロ）と言う時、それは真の辰砂のことではない。先述した十の名辞とその主たる唯一の質料もまた同じこと。これらの物質（スブスタンチア）は名辞として十ある（十の名辞をもつ）。これら十の物質（スブスタンチア）の一つが色を変じるたびに、別の名が与えられる。その端緒原理は同じ、つまり先にその自然本性を説いたように鉛であるにしても。これはさまざまな物質（スブスタンチア）からなっており、いろいろなものが合わさり混ざりしっかりと合一して、全体としては均一なものとなっている。その性質の一々はこれが見つかる物質（スブスタンチア）にある。これが一時的で儚いもの（気体）ではなく固体全体に擬せられ（固体そのものと見做され）、これがいよいよ堅固な考えとなっていく。これが先述した唯一の質料であり、賢者たちはこれをさまざまな作業やさまざまな色によって区分してみせたが、これが物質（スブスタンチア）に関して、色に関して、作用に関して、合意された共通見解になることはなかった。そしてこれにさまざまな固体名や液体名が与えられることとなった。わたしはあなたにこの論議を理解してもらえるように、これをとりまく晦渋さをとり払うべくすべてを解説した。神のおかげを蒙って、本書の実践に向け、すべての玄義を暴いた。哲学者たちが積み上げた諸玄義とは具体的に知解可能な語彙をもって証示することを妨げるものであるから」。

わたしは言った。「では、この唯一の質料、あなたが鉛と呼ぶものについて、そして水つまり形相としての水について、解説していただきたい。なぜ唯一の質料という名辞が組み合わせられた（結合した）物に与えられるのか。どうかわたしとわたしが信頼する者たちのために懇切に説明していただきたい。〔……〕そうなれば、まさにこれによって賢者の群れ、また神から全幅の信頼を得ることとなり、賞賛をかちえることだろう。ともあれ明晰に」。

彼はわたしに答えて言った。「ここで謂う鉛にはこの世に見つかる自然本性に類した四つの自然本性があり、〔61〕人の死の原因の秘密として探求された。これら四つの自然本性は色を異としている。一つは白、もう一つは赤、また別に黒、〔四つ目が黄〕。そのうちのあるものは混合によって均一なものをかたちづくるにあたり破壊され黒くなり、白は物質《スブスタンチア》のうちに閉じ込められ、黒に覆われ包み込まれる。これは白鉛や黒硝子と名づけられる物の場合に当てはまる。

すでに確かな知識となっていること、つまり古人たちは太陽《ソル》という名辞を（黄金に）用いることはなく、さまざまな結合（連結語）が用いられたということは肯定的に捉えておくべきだろう。実のところ、本質的物質（染剤として）つまりヴェヌス（銅）は染められる前に染めることはない。これを染めても直接黄金を産することにはならず、別の組み合わせ（結合）に入る。これが保持され、緊密になり、緩和されることで、その色彩が別の色彩に染められることとなる。組み合わせ（結合）がはじまることを書写するもの(31)（インク）(32)と呼んだ。書写するものとはあらゆるものとみなされ、物体《コルプス》に生命を賦与し、さまざまな色をあらわにする。わたしとしては、親しい友たち、後継者たち、兄弟たち、弟子たちにこの書写するものを勧める。周知のように、古人たちはこれについてなにも説いてはいないから」。

伴連れと語りつつ、本書を書くための具体的諸観念についてさらに解明を加えるうち、わたしは突然意識を失った。太陽が沈んだ後、わたしは夢に天の高みに、新たな天空へと運ばれた。わたしは聖域プタ(33)へと導かれたのだった。そこは炎の色をしていた。東の扉から聖域に入るとき、わたしは天に数多の黄金のうつわを見た。この聖域に祀られるヴェヌスの偶像にばかりか、それら（黄金のうつわ）に向かって平伏する人々をも見た。「これらのうつわは誰が造ったものですか」とわたしは問うた。偶像は答えた。「これらは賢者のモリブドカルケで造られている。クラテスよ、数多の望みをもつ者よ、これらのうつわを造った賢者テムニス(34)の鉛のことを汝に教えたとしても、われにとりこれが罪となることはなかろう。だが密かに」。そして彼は付言した。「これについては黙秘するように。哲学者はみな最大の配慮を凝らしてきたのだから。いずれにせよ、なにごとかを明らかにしよう。これはたいへん冷たく、物体《からだ》は火の作用《はたらき》に耐えることができるようこれに生命を求める。これのおかげで物体《からだ》は堅牢となり鋳型（塊）をかたちづくる」。

わたしは金星《ヴェヌス》の天圏に向かい、それに言った。「あなたの創造者に恵みを願う。この唯一の自然本性が物体《からだ》を賦活させ、火と戦うことができるようにして、樹脂としたまわぬように」。それは答えた。「そう、樹脂といえど卑俗の樹脂ではなく、清められた不滅の樹脂」。わたしは金星（ヴェヌス）に応じて言った。「秘密に疎いわたしにその物質（スブスタンチア）についてはっきり教えてほしい。それは鉛と同じようなものであるのか、それともあらゆる書冊に書かれているように揮発性の霊（精気）が変じたものであるのか」。「ではあなたにはデモクリトスのことばが分からなかったのか。「彼は望むところを得ようと欲した」という句節が。さもなければ、彼は「鉛を混ぜ、湧きたつほどに融かせ。それについて偽りを語るな」と言ったことだろう」。

加えてヴェヌスは言った。「お望みとあらば、もっとお話ししよう。あなたがやって来た南門から出て、わたしの館に入ろう」。わたしが南門から出ると、数多の婦女に出会った。そのうちのある者たちは金星（ヴェヌス）の館に入り、他の者たちは買い物に出かけ、また他の者たちは何かをつくっていた。どうやら人の溢れる市場に出たようだった。わたしはそこで売買される宝石の量に驚かされた。その大部分は腕輪で、さまざまな緋（紫）色の混ざったものだった。それにはさまざまな石が嵌めこまれていた。これに見惚れているうち、これまた金や貴石でできたさまざまな色の婦人用の手箱の数々、また貴石や真珠を飾った指輪の数々をみつけた。それから金星（ヴェヌス）の館へと歩みを進め、その中へ入った。その居間の様子は筆舌に尽くし難い。[63]ヴェヌスは聖域の中央にいた。その美しさもまた筆舌に尽くし難かった。これまでにわたしが見たこともないほどたくさんの宝石をつけていた。その頭の上には白い真珠の冠。その手には[……]のうつわをもち、その孔からは絶えず銀の水（水銀）が流れ出ていた。わたしは眼が眩み、まのあたりにする光景の驚異に撃たれていた。

ヴェヌスの右にはインドの神像があり、これの耳に密かに何か告げた。わたしも小声で囁くように、ヴェヌスが密かに話をしているのはいったい誰か、と尋ねた。それは彼女と結ばれたいと思っている彼女の宰相、との答え。[……]わたしはヴェヌスに密かに何を語っているのか知ろうと、それに近づいた。すると彼女はわたしに向かって眉を顰め、厳しい表情をした。そしてわたしに聖域にある器物のすべてを詳録するように指示した。

これをしようとしたところ、インド人たちがみな弓を番えて、わたしを矢で射ろうとしているのを見て、気が殺がれた。その一人がわたしに近づくと、わたしを突き飛ばし、聖域から追い出そうとした。「いけない、ヴェヌスよ、この聖域で目にしたことを記録させてはならない。此奴はわれわれの秘密を暴くつもりなのだから」。

彼はわたしを摑むと激しく殴りかかってきた。あまりの痛さにわたしは目が覚め、わたしは行く先の運命に驚愕し、沈鬱な思いにこころが痛んだ。不安に苛まれつつわたしは眼を閉じると、ふたたび眠りに落ちた。すると逃げだしたかった場面にまた逢着した。

そうこうするうち、なんだか今まで嗅いだことのないようなよい香りに包まれ、そこに突然、嬌声をあげそうに陽気な婦女があらわれた。それはヴェヌスのように美しく、この神性から名を借りて呼ばれていたが、それは本当の名ではなく、いったいこれにヴェヌスがこれほどの愛情を抱くのはなぜかと問うてみた。われわれがヴェヌスの名で呼んだものは、神をも悦ばせ、幸福をもたらす自然な身震いをしてみせ、こう言った。「ヴェヌスにかけて、クラテスよ、この香りがいったいどこから来るのか誰にも言ってはならない」。わたしは答えた。「この衝撃的な香りについては秘密にしておくことを誓う」。するとそれはたちまち腰の黄金の帯をほどき、〔64〕白と赤の二つの石をとりだすと、これら二つの石の上を本物の硫黄ではない二片の硫黄で擦るようにして言った。「この帯を受けとるがいい。そしてこれが生気を帯びてその自然本性を変じ、いま嗅いだ香りを発するまで、液体をまき散らしたまえ」。

わたしが目のあたりにしたこれらの宝石から抽出される物質（スブスタンチア）は〔……〕〔五語不詳〕で、この物質は湿と乾の作用を確かめ〔……〕〔三語不詳〕。

知性ある者なら理解できるだろう。

ここでわたしは目覚め、天に昇る前の元の場所にいた。わたしを腐心させるその題材（質料）について完全に明かすまでわたしを離れないと約束した天使があらわれ、言った。「あなたの専念することに戻り、古人たちの奇妙な論議の意味するところを解読する書物の草稿を完了したまえ。わたしは願うように言った。「どうか語りたまえ」。彼は答えた。「白の組成はマグネシアの物体（コルプス）。これはすべて均一に唯一の組成のうちに結びあわされ、固着した物からなっており、唯一の名で名指されるもので、古人たちはモリブドカルケとも呼んだ。

マグネシアの物体への作業においてあらわれるさまざまな色から、実修においてはこれに十の名辞が与えられる。この作業の間、水銀は四つの物体にはたらく。ここではたらきを蒙る物体は、水銀、輝土、四つの物体からなる土、セレニテ[35]（あるいはアフロセリノン）[36]。これらすべてを一緒に融かすことでマグネシアの物体に輝きが与えられ、黒鉛に変じる。そして十の色があらわれる。いずれにしてもここで与えられるすべての名辞のうち、ここでは唯一[65]モリブドカルケをだけ挙げておこう。これは結びつくすべての物体を染める能作をもつ（試薬である）。いずれどのような結びつきも、湿と乾の二つの成分からなっている。これを加熱すると一緒になって融け合わさるが、これを卓越したものと称し、さまざまな名がある。この産物が赤色の時にはこれを黄金の華、黄金の発酵物、あるいは鉛丹、赤硫黄、赤アルセニコと呼ばれる。しかしわれわれはこれをもモリブドカルケ、金属塊、金属片[37]と呼ぶ。これが焼結前後の名辞の数々であり、わたしがあなたに教授できる区別のすべてである。

つづいて火の多様さについて、これを継続すべき日数について、火の種類について、その強さのすべての段階に準じて述べることとしよう。これを修得し、この大いなる業によってでなければ免れがたい惨禍に陥らないようにするためには特別な習熟を要する。火の種類はさまざまである。小さな火、灰中の火、炭火、弱火、中火、強火。これらの種類を知るにはただ体験を重ねるしかない。われわれの作業において最重要なモリブドカルケの日数は一日あるいは一日未満。毒およびエリクシールを完成するために必要な日数については、後に適切な箇所で述べることとする。

純粋な黄金が良好な組み合わせのうちにあるならば染色は純粋な赤色をとり、白黄金の場合にはそれは輝く白色をとる、ということを知らなければならない。これに関する表現を哲学者たちの宝の中に探るなら、組み合わせにもたらされた卓越した黄金、輝く黄金となる。これらの自然本性のすべてが混合し、モリブドカルケと化したなら、原初の諸自然本性は唯一の自然本性のうちに結合して唯一の種をかたちづくることになる。質料がこの状態となったなら、これを硝子のうつわに注ぎ、この結合物が液体と化していることを観つつ、[66]これが完全な赤色を得てエリクシールとなるまで、さまざまな段階でそれぞれの色があらわれるのを確かめる。

哲学者たちがさまざまな作業処方を書きとめている能作（試薬）に関しては、これを一回用いるだけでは不十分である。これについて真の（正しい）手法で行うためには、デモクリトス[38]が「下なるものを上に」にはじまり、これを「上なるものを下に」と逆転してみせる一節で言うところを勘案すれば十分である。彼はこれに「鉄と鉛をとる。鉛は銅の原因であり、銅は銀の原因である。つづいて銀と銅と鉛と鉄をとる」と付言し、最後に「一度行うだけでは足らない」と明言している」。

「黄金が鉛と銅とともに変成することは確かである。これを哲学者たちが周知の組成からなる酢の中で溶解すると、錆に変じる。これが哲学者たちが謂う錆である。ここに黄金を加えると軟化する。より黄金を加えると、これは黄金珊瑚となる（これらの名はすべて実際の物体を名づけるもの。哲学者たちがそれぞれ固有の名辞によって曖昧に示している知見の数々はさまざまな固体と液体を指示するためのものであり、いずれ唯一の質料と名づけられるべきものである）。酢を加えるのは、これが色を発するからである。錆を得るためには、一度の作業では足らない。錆があらわれたなら、さらに酢を加える。これにより上述したようなさまざまな色があらわれる。これを一日放置すると、液体は蒸発する。この質料が乾燥し、固まったなら、うつわに容れて、有益なものが得られるまで火にかけつづける。その第一段階は黄色の泥のようなものである。第二段階でこの泥は赤くなる。そして最後の第三段階では乾燥して粉末にしたサフランのようなものとなる。ここで卑俗の銀を投影する[39]。すると湿と乾が相互に浸透[40]して霊（精気）が得られる。

諸物体は相互に浸透（結合）することで染色される（色を発する）。[67]この染色（発色）は火の気性の毒で、これが物体の中に捕えられたものであり、毒だけが物体に浸透し拡散することができる。物体とは厚みのある量塊であり、これは他の物体に入り込んだり拡散したりすることはできない。これが染剤によって物体の重量が増さない理由である。染色するのは霊（精気）であって、これには重量がないのだから。

銀に毒を注ぐにあたり、これを一時間でなす者、二時間でなす者、あるいは三時間また四時間をかける者がある。それぞれ毒が銀に浸透し、染め、銀がこれを吸収する強さにかかわる知識に応じてこれを作用させる。この自然本性をオゥイラーダ[41]（生起）[42]、生命（糧）にして染色と名づける。この名辞の由来は、泥（作業に先行してある）と結びついている染色性の霊（精気）と毒が合し、これがあらためて霊（精気）と化して物体の中に合一するところに由来している。この物質が生銀に浸透すると、これがあらためてそれを賦活する。これが色の発現として眼に映じることとなる。

　こうして諸著の中に七つの文字が配される。そのうちの五つは適宜それぞれの場所に配されている（音階をなしている）。物体の中に入るや否や、この物質はそれを賦活し、これ自体が生き、これ（スブスタンチア）がそれ（コルプス）を染める。染剤によってさまざまに美しい色があらわれるが、これは作業の完成成就にいたる加熱時間、加熱方法、あるいは洗浄の回数に準じるものである。

　ここまで本書では毒に関する知識を明らかにしてきた。それがいかに作用するか、どのように染めるか、どのように結びつくものであるかについて。知的な人は自らこれを確かめることができるだろう。また哲学者たちが卑俗の者たちを惑わすように示した固有名の幾つかについても明らかにした」。

　また、わたしの書物が諸他のすべての著作を網羅するものとなるようにと、わたしは哲学者たちが記した驚くべきことどもについて説明しようと考えた。わたしのもとには多くのことがらを説く鍵、彼らの数多の論証が蒐集されていたから。わたしは哲学者たちが言う、物体による物体の染色について知りたい、と願った。すると彼は答えた。「錆はただ硫黄にのみ由来する。実際、あらゆる結合は湿小片[43]と乾小片の間に起こるものである。ここで乾小片というのは銅と銅の混合物、水銀と諸物体の混合物からなっている。

[68] 乾小片は、うつわでの加熱によって得られる。完全に乾くまで湿を追い払うと、白は赤となる。これが哲学者たちが水銀と硫黄と称するところ」。

　「どうして染色が固着し、火にも耐えるようになる、などと言えるのか。これについて哲学者たちは、それは儚く揮発性のものである、と言っているにもかかわらず」。彼は言った。「固着した物体（固体）は、揮発性の部分によって溶解可能となるので、物体と儚い（逃散性の）部分の間に交換が起こると揮発性の質料へと変じることになる」。

　「哲学者たちは、結合をなぜオトシオス[44]と呼ぶのか」。「それはオトシオス石が毎年生じること、これがさまざまな色で毎月その自然本性を変じることによる。ここから結合をオトシオス石に準えたもので、それは作用(はたらき)の段階によってあれこれ色を変じるから」。

「どうして哲学者たちは結合の諸変化を白化あるいは赤化と呼ばなかったのだろう」。「結合に入ることで染色は変じるから。もちろん、最初の加熱でそれは白くなり、第二の加熱で赤くなる。しかし白化、赤化という概括的な名を彼らが用いようとしなかったのは、前者の二つの結合、つまり黄と赤の二つだけが染色として固着するものだから」。

「残りの二つの硫黄とはどのような作用をするものか」。「残り二つの硫黄はただ名のみ。あたかも実際に残り二つがあるようにみえるが、これらは物体(コルプス)との混合を謂ったものではない。これらは硫黄ではないにせよ、二つの硫黄と名指されているに過ぎない」。

「なぜ哲学者たちは、自然本性は自然本性を歓ぶ(45)、と言ったのか」。「これまた、名のみの硫黄である二つの硫黄について言われるところ」。

「なぜ哲学者たちは、固着した物体(コルプス)は囚われたものであり、その自然本性は敵対(反撥)的である、と言ったのか」。「これは名のみの硫黄である二つの硫黄について言われるところ」。

[69]「火にも耐えるようになし、結合によって混合することになる染剤というものは、なぜこれが卑俗の銀に投影されるまで肉眼に見えないのか。そして作業の完了とはいったいどの時点のことを謂うものか」。「それは母胎に落ちる小さな種子のようなものであって、目には見えない。母胎は精液と血の一滴を享けると、精液が物体(コルプス)の形相(かたち)と色をとるにいたるまで胃の炎で加熱される。これはわれわれが見たり知ったりすることのできないうちにすべて母胎のなかで起こる。そして魂の創造者がこれを外界に出したまま時に、われわれはこれを見ることができるようになる。あなたの問いはまったくこれと同じこと」。

「なぜ哲学者たちは、結合を錆、硫黄と樹脂の水などと名づけ、黄金の種子、銅の錆、銅の水、蜂蜜毒、美味しい毒などと称したのだろう。それにとどまらず、彼らは男と女などという名辞をまでもちだした。男でも女でもないものを名指すのに、いったいどうしてだろう」。「これらすべての事物の組み合わせ(成分)だから。

銅の水という名辞は銅が水（液体）と化すから。黄金の種子という名辞はそこに黄金が種として播かれてあるから。他の語彙について。死んだ樹脂、これは物体（コルプス）が焼却され難業（屈辱）を蒙ることで、結合が溶解性となり、染剤の霊（精気）と化すから。また男と女それに中性という名辞にも道理がある。なぜならこれらの事物には男女があり、これらが混合され、たとえば塊とか小片とか呼ばれる時には、もはや男でも女でもなくなるから」。

「なぜ石灰(46)は結合した物体（コルプス）と称されるのか」。「石灰は本来乾・冷の石であるが、加熱されると（生石灰に変じ）、これに内なる生命が与えられ火の霊（精気）をあらわすから」。

「燃焼、変成、暗さ（蔭）の消失、可燃性の結合（複合物）の生成とはどういうことか」。「これらの名辞はみな結合（複合物）が白化する時に与えられるもの」。

[70]「これら哲学者たちにあって、もっとも効果的な業とは何だろう」。「哲学者たちにとって、あらゆる作業（業）は唯一つに還元され得る。つまり最良のものとは、硫黄を保持し、赤化すること。それはさて、なによりもまず重さについて知らなくてはならない。これを介してのみ、われわれはこの唯一の業を宰領することができるようになるのだから。哲学者たちはこれを完璧に正しくなすように指示しているが、重さとその配分については秘匿している。ある者はこれに漠然とした晦渋な名辞を与え、他の者はこれに触れてもいない。まるでこれについては秘密にしておく方がよいと考えているかのように」。

「徳高き霊よ、われわれの後に来る者たちはこの重さについて知ることとなるだろうか」。「これに関して観ておくべきことは、質料を等量用いる場合にはわれわれは重さについて指示しない、ということ」。「重さを秤るべき物質（スブスタンチア）は何であり、秤らなくてもよいものとは何のことか」。「モリブドカルケを諸他のものと等量、硫黄は全量に等しい分だけ用いるということ」。

「なぜ賢者デモクリトスは混合に腐心し、「自然諸本性の混合と、その結合のための組み合わせほど難しいことはない」と言ったのだろう」。「デモクリトスには道理があった。業の総体を知らずしては、一々個別の条件を知ることはできない。総体が知られたときにのみ、完全な実修を保証する適切な重さに則って混合をすすめる方策を知ることができるのだから。そのためには哲学者はまず作業に着手する前に、それが何であるかないか、それらから何ができるのか、これが何であるのか、知っていなければならない(47)。

「なぜ哲学者たちは、不燃性の結合をなせ、と言ったのだろう。ここではすべて灰となるように燃やせと指示されているのに」。「哲学者たちがそう言い、そう指示したのには道理がある。エリクシールは燃えて灰と化し、液体と混ぜられると蜂蜜のようになる。これを乾燥するまで加熱したなら、これに液体を加えて、〔71〕焼結が完了し、燃えたものより他のものが結合のうちに残らぬようになるまで、混合と加熱を何度も繰り返す。結合物がもはや燃えることなく、灰と化すまで。炭火は灰になるまで燃えつづける。しかしこの灰は、ひとたび火を離れると、もはやなにをも燃やさない。また、この結合は人の発熱とも較べられる。これはその体軀(コルプス)の過剰のすべてを燃やしつくすまで、けっして已むことはない（離れない）。過剰こそがこの発熱の原因である。過剰のすべてが燃やしつくされると、人の発熱は已む（熱は離れる）。そこで哲学者たちは、ついに燃えなくなるまで結合物を燃やすように指示したのである」。

「なぜ哲学者たちは、均質なものをつくるために、黄金の小片に水銀をアマルガムにするように、と言ったのか。アマルガムにするとは何のことか。染色師たちは武具を金色にするために、黄金を水銀とアマルガムにする。これが見た目にはまず白くなり、これを完全に加熱すると赤くなるのはなぜか」。「（われわれの作業において）水銀はまず黄金の小片を制し鎮めて、赤を取り去り白くする。しかしつづいて水銀の方が制され鎮められて、もはや見た目に白くは見えず、赤を呈することになる」。

「被造物をつくりなすにあたり、四つの自然本性はお互いにどのように牽制しあっているのか」。「以下のことを理解しておくべきだろう。四つの自然本性が凝集した（緊密な、濃密な）質料(48)では、それらは単純に混合している。ただし、混合によって合一し、相互に浸透するのは精妙な（希薄な）質料だけ。ここでは精妙な質料が精妙な質料にはたらくのであって、凝集したものが凝集したものにはたらくのではない。つまり、土と水は凝集した元素（要素）であり、気と火が精妙な元素（要素）である。〔72〕この二つの精妙な元素（要素）は二つの凝集した元素（要素）を脆弱にし、精妙な質料へと変じる。神はすべての被造物を加熱と気の吸収によって造りたまうた。われわれはここに凝集した元素（要素）二つと精妙な元素（要素）二つを得た。二つの精妙な元素（要素）は二つの緊密な元素（要素）に浸透し、これらを精妙にする。

一年に四つの季節があるのも同様で、その各々が個別の性質（気質）をもっている。第一は冷の冬、第二は夏（春）、第三は盛夏、第四は秋。冬の寒冷は種子を包みこんだ土を縛り（凝集し）、これの発芽を待つ。二つ目の季節である夏（春）には、種子は目を出し繁茂し、成熟する。盛夏には燃えるような太陽にこれらの植物は（早々に）枯れ萎れる。つまり、春にはその中庸な温度によって植物は成長力を獲得するが、盛夏になると植物は果実を稔らせ、これに形と大きさを与える。激しい熱がはたらきつづけるなら、植物をもその果実をも燃やし枯らしてしまうだろう。そこに中庸な気温の第四の季節である秋が訪れ、果実はいよいよ熟して色づき、美味しく成熟して、人々に食されることとなる。

われわれの結合の業も、哲学者たちが対照してみせるこれらの季節のような、さまざまな段階度数の火をもってなされねばならない。哲学者たちの諸著の一言一句に注意を凝らすように、そこには真実より他のことは記されてはいないのだから」。

この時わたしは頭がいっぱいになり、意に反して眠りこんだ。どうやらわたしはナイル川に面した岩の上にいた。すると突然、若者があらわれ、わたしの目の前で龍と戦いはじめた。若者が龍に立ち向かうと、龍は頭をもちあげ、彼に激しく息を吹きかけ、しゅうしゅうと擦過音をたてた。若者はわたしに援けを求め、川を渡って来るようにと合図した。わたしは急ぎ駆けつけ、たちまち彼の傍らにいた。[73]わたしは鉄の槍を手にとると、龍に向かって投げつけた。すると龍はわたしに向かって激しい息を吹きかけてきて、わたしは後方へ吹き飛ばされたが、意識を失うことはなかった。わたしは体勢を整え、鉄の槍を手にあらためて龍に向かった。若者が叫んだ。「止まれ、クラテス。龍を殺すにはそれでは足りない」と。わたしは歩みを止めて言った。「では、君が殺したまえ」。すると若者は龍に向かって水を投じた。龍は頭を下げると、横倒しになって死んだ。若者は龍に向かって言った。「さて汝の報償を出だせ」と。彼がその臍を力いっぱいに押すと鰐（クロコダイル）の卵があらわれた。この卵はわたしにはレジン[49]の卵のように思われた。わたしは若者に言った。「レジンの卵をとってはならない。それは不正なことだ」と。彼は応じた。「これはレジンの卵ではない。鰐の卵、腐敗することのない卵、乾くことのない卵である。これは血を燃やさず、決して壊敗することもなく、かえって有用な錆と化すもの。これをゆっくりと胃の中で加熱すると、粘液、多血および二つの胆汁という精妙な四つの自然本性をあらわす。いずれにせよ、この龍が何であるか、どうやら君に教えなくてはならないようだ……」。

われわれはこうして太陽の熱に乾かされ、大きな亀裂の入ったバタルスース[50]岩を見出すこととなった。岩の亀裂には雄龍とその雌とがいた。これらはたいへん巨大で自ら動けないほどに衰弱していた。［……］龍は動かぬまま、やっと息をしているだけだった。これを見たわたしは介抱してやらねばと思い、これを見つけた場所へ駆けつけようと亀裂に入った。若者はわたしに槍をみせたが、その輝きはわたしを慄かせた。若者は言った。「見たまえ。この龍はついさっきまで衰弱していたのに、もう燃え盛り体勢を立て直している。槍で殺そう」。わたしは応じた。「老いて衰弱し、若さを取り戻す前には目に光がなくなるのはなぜだろう」。彼は答えた「雌に気づかれる前に、その眼を潰そう」。これを聞いて、わたしは彼が雄ではなく雌龍と戦おうとしているのだと気づいた。わたしは立ちどまり、不信を抱きつつ彼のなすところを見ていた。彼は龍を捕らえると、槍でばらばらに切り裂いた。これらの小片はさまざまな色を発していたが、[74]小片をすべて纏めると一つの色と化した。彼がなすことをしばらく見ているうち、これらの色がわれわれの業の色によく似ていることにわたしは気づいた。小片群の色はアダマス[51]やエレクトルム[52]の色、その他に霊（精気）を欠いた鉄を含むマルカサイトのような色、また灰カドミアや黄泥、赤辰砂のような色もあった。さまざまな色を一つに纏めおわると、彼は鰐（クロコダイル）の卵を手にして、これを割った。そして赤味と白味と湿とを分け、白と白を、赤と赤を一緒にした。

若者がこの作業にかかりきりになっているうちに、龍が活力を取り戻して躍り出てきて、われわれに激しい息を吹きかけてきた。もしもこれの頭にかける水を用意していなかったなら、きっとわれわれは破滅させられていたことだろう。

龍が襲いかかって来るのを見た若者は激しく怒り、きっと龍の粉末にしてやる、と誓った。そこで彼は龍が粉々になるまで権能に卓れた呪文を唱えつづけた。そしてあわてる様子もなく、その残分をうつわに容れた。そこから毒性の水が滲み出してくる。この水を取るたび、彼は臭いを嗅がぬように顔と鼻を背けた。

この作業を了えた若者がわたしに言った。「クラテスよ、いま見たところをよく記憶にとどめ、君の後に来る者たちのため、君の書に記すがいい。君が見た通り、わたしが龍を殺したところにこそヘルメス・トリスメギストスの秘密がある。これは卑俗の者たちに知らせることないよう、彼がその書に秘匿したもの。わたしはこれを君にも見えるように白日のもとに晒してみせた。ここで見たことを秘密にできぬような者なら、わたしは君に秘密を授ける前に君を殺していただろう。もしも君が目にしたことを書物に書きとめ、これを広めたいと思うなら、わたしが粉にした龍とそれがあらわしたさまざまな色を認めれば十分である。さもなければ君の存在は危急に瀕することとなり、君の魂は体軀(からだ)を去ることとなろう」。

[75]わたしが巻き込まれたこの試練、わたしがまのあたりにしたことの驚異、そして彼がわたしに守秘を誓わせたことにたいそう怖気づき、わたしは叫んでいた。「神よ——彼に栄光と讃仰のありますように——、古人たちの秘密の数々を明かしてはならない、そのようなことは誰にもできないことである、とわたしは言われた。本書を手にした者が魂の創造者を畏れ、神に従いつつ目的を果たすように願う。目的に到達できず、著者の意向を汲むこともない者は苦痛と悲嘆のうちに斃れることだろう」と。

本書を読んだハリド・ベン・ヤジド(53)はフォサタール(54)に、宝の書庫からクラテスの書を届けると書き送り、これは少々要約されているとはいえ哲学的なさまざまな知見と指標を盛ったものである、と付言した。

神のご加護を得て、ここに哲学者クラテスの書了。

註（解題）

（1） Cfr. V. P. Compagni, Picatrix Latinus, *Medioevo* I, (1975), p.267 : ogni giorno gli uomini fabbricano talismani senza saperlo.

（2） Lynn Thorndike, *History of Magic and Experimental Science*, 1923-1958, 8 vol., Bk.5, 1958, chap.66. pp.812-824.〔＊以下註4／6―13は本論考の原註〕

（3）〔Scientia . . . semper acquiri et numquam diminuit; semper elevat et numquam degenerat: semper apparet et numquam se abscondit. 以下のように訳すと近代主義的進歩史観にもみえてきます。「科学は……つねに新発見をつづけとどまるところを知らない。つねに啓蒙し迷妄を遠ざける。一切秘匿することなくつねに明快である。」（引用元の記載がないが、*Picatrix*, I,1., 後註72参照。〕

（4） Magliabech. XX. 20, fol.32v ; Magliabech. XX. 21, fol.14v.〔*Picatrix*, II, 10: "Haec autem figurae planetarum quemadmodum translatas invenimus in lapidario mercurii et in libro beelum（おそらく Beleni バリナス）et in libro spirituum et in ymaginibus quas transtulit sapiens picatrix."〕

（5）〔写本一覧略。Thorndike 前掲書付録I参照。〕

（6） J. Wood Brown, *An enquiry into the life and legend of Michael Scot*, Edinburg 1897, pp.183-184.〔以下当該箇所：「十三世紀のスペインでアラビア魔術と解されていたところは、『ピカトリクス』と呼ばれる奇妙な著作に十全に開陳されている。[原註一] この書は業（技芸）の基本観念が変容（変形）あるいは魔術的変化へと導く応答（反応）にあることを説くもので、この応答（反応）は存在の三つの異なった領野に認められるものだという。第一は要素（元素）的諸霊そのものの間に、第二はこれらの霊と質料の間に、第三は錬金術のように、ある質料と他の質料の間にみられるもの。このうちの第二の応答（反応）は土性の諸物の天界の諸霊に対する影響をも認めるもので、これこそ『ピカトリクス』が詳細に説いてみせる魔術の類の基礎である。しばしばそれは訓育的であるというよりもかなり奇妙なものとなっている。この書は魔術と当時の修学規則に定められた諸学との間の親密な関係を測るにあたり、格別の価値がある。そこにはしばしばアリストテレスの名が挙げられ、[原註二] 降霊術（ネグロマンツィア）と諸他の知識分野の領域が明確に規定区分されている。この解釈からすると、この業が一方で天文学および占星術と境を接しており、他方で錬金術と境を接するものであることを観るのは難しくない。また、アヴィセンナの哲学についてロジャー・ベイコンが述べるところによれば、彼の諸著作における第三の区分として、ラテン語文書群には明瞭にあらわれない自然学のもっとも秘匿された部分への耽溺があった。[原註三] 当時のこの領野の知識は隠秘（オカルト）で玄妙（ミステリアス）な教説としてその領域を守ることとなった。この領域は魔術によって満たされる。これは教会によって禁じられたものだったが、諸他の知識や技芸のなかにあって秘匿された領野として、一般にはリアルなもの（現実にかかわるもの）とされていた。降霊術（ネグロマンツィア）師たちがトレド、サラマンカまたパドヴァで魔術の業を教えたとやら謂われる伝承にも、後代のヨーロッパの学者たちの信憑が反映しているのだろう。

（原註一）この著作はアラビア人ノルバル Norbar the Arab によって十二世紀の数多の典拠から編著されたものといわれている。これは四書からなる。I天界について *De Coelo*, II天界の諸図像について *De figures Coeli*, III諸惑星の性質について *De proprietetibus Planetarum*, IV諸霊の性質について *De proprietatibus Spirituum*。これがアルフォンソ十世（一二五二―一二八四）の指示により羅訳された。これの異文を載せる二写本がフィレンツェ国立図書館に現存する。Bib. Naz. Firenze, xx. 20 / 21。アルペニウスはその書『自然の奇瑞について *De prodigiosis Naturae*』(Hamburg 1717, p.106) で、これについて僅かに付言している。これが現代語に訳出されないようにと祈る。

（原註二）『天界と地界について *De Coelo et Mundo*』の著者として。この著作は『ピカトリクス』の魔術理論とほぼ境を接する論考とみなされている。

（原註三）Roger Bacon, *Opus Majus*, p.37: ‘In quo exposuit secretiora Naturae.’〕

（7）Petrus Abanus, *Conciliator*, 1526, fol.248 に付されたSymphorien Champierのアバヌスの諸過誤批判。

（8）Rabelais, *Pantagruel*, III, 23: “le reuerend pere en Diable Picatris, recteur de la faculte diabologique”.

（9）Steinschneider, *Die europäischen Übersetzungen aus dem Arabischen bis Mitte des 17. Jahrhunderts*, 1905, p.61; Ashmole 1437.

（10）Wood Brown, *op.cit.,* p.183, n.1.〔上註6の「原註一」参照。〕

（11）*Los Codigos Espanoles concordados y anotados: Codigo de las siete partidas*, second edition, Madrid 1872, vol.IV. La setana partida: Titulo XXIII, Ley 1-3. アルフォンソ十世の天文学的著作群については、論考 A. Wegener, in *Bibl. Math.* (1905), 129-85 がある。

（12）Wood Brown, *op.cit.*, p.183 はこの書が体系的に編まれたものであるかのような誤った印象を与える。

（13）Magliabech. XX.20, fol.1v; 53r.

（14）L. Thorndike, Some Medieval Conceptions of Magic, *The Monist*, vol.25, 1915, pp.107-139; 以下訳出したのは pp.126-133。〔＊以下註15—43は本論考の原註。〕

（15）MS. XX.20, fols.1verso ; 53recto.

（16）Ibid., 15v.

（17）Ibid., 7v, 44r, 44v, 22v, 23r, 28r, 40r, 50r, 51r, 99r, ; MS. XX.21 f.78r, 79v.

（18）Liber I, Cap.2.; この章は MS. XX.21 では MS. XX.20 よりもずっと短い。

（19）MS. XX.20, f.55v.

（20）Ibid., 32v; 28r.

（21）MS. XX.21, f.79v.

（22）Lib. IV, cap.8. MS. XX.20, f.108v ; MS. XX.21, f.86r.

（23）MS. XX.20, f.70r.

（24）Lib.III, cap.10. MS. XX.20, f.73v ; MS. XX.21, f.53r.

（25）MS. XX.21, f.60v.

（26）Ibid., 22v.

（27）Lib.I, cap.2.

（28）I, 4.

（29）II, 12; III, 5, 7, 12 etc.

（30）IV, 5.

（31）MS. XX.20. f.12r ; MS. XX.21, f.75v.

（32）Lib.III,6 ; IV, 1.

（33）MS. XX.21, f.47v.

（34）MS. XX.20, f.10.

（35）Ibid., f.52.

（36）Ibid., 103v ; MS. XX.21, ff.81v.-82r

（37）III, 6, MS. XX.20, ff.54-55 ; MS. XX.21, ff.32-34.

（38）IV.2, MS. XX.21, f.68v.

（39）III.9, MS. XX.20, f.71r. MS. XX.21, f.50r.

（40）II.5 ; II.10; III.1-2.

（41）Liber III, passim: I.4-5 ; IV.9.

（42）II.10, MS. XX.20, f.32v.; MS.XX.21, f.14v.

（43）III.11, MS. XX. 20, f.78v. ; MS. XX. 21, f.58v.

（44）『ピカトリクス』第I書六章【三】「櫃（アルカ）」参照。

（45）Eugenio Garin, Un manuale di magia: Picatrix, in *L'eta nuova*, Napoli 1969.
〔＊以下註46―98は本論考の原註。〕

（46）Hellmut Ritter, *Picatrix, ein arabisches Handbuch hellenistischer Magie, Vorträge der Bibliothek Warburg* I, 1921-1922, Leipzig-Berlin, 1933, pp.94-124

（47）Ibn Khaldun, *The Muqaddinah*, trad. Franz Rosenthal, New York, 1958, vol.III, pp.156-182. イブン・ハルドゥーンによる分析はたいへん重要なものである。

（48）*Picatrix. Das Ziel des Weisen von Pseudo-Mağrīṭī*, London, 1962. (Studies of the Warburg Institute, vol.27) アラビア語版からのリッターとプレスナーによる独訳つき。ワールブルク・インスティトゥートでの『ピカトリクス』研究史を概観したガートルード・ビングの序文（XX-LVIII）に、プレスナーの分析の梗概を含むリッターの英語序文（LIX-LXXV）が続いている。ドイツ語訳には貴重な註釈が付されている。

（49）省略のなかでも重大なのは第Ⅲ書第四章の全体の削除で、これはプレスナーが著作中最も「イスラム的」と称したところ、コーランが魔術-占星術的な諸問題に関連してもちいられている（ed. Plessner, pp. LVIII-LXIX, 176-187）。

（50）Thorndike, *History of magic and experimental science*, New York, 1923, vol. II, p.812ss. ソーンダイクはマリアベキアーニ写本二つ（XX.20とXX.21）が相互に大きく異なっていること（時期、意味内容）を指摘しつつ、前者は一五三六年の写本で重要なものであると言っている。これは先の拙論（ガレン『中世とルネサンス』および『イタリア・ルネサンスの哲学文化』所収）でも用いたもの。その末尾は興味深い。「ここに占術師ピカトリチスの叡智の書擱筆。五月二十一日二十一時、ブラシケッレに今年建てられた二階建ての館にて。一五三六年、パウロ三世の第九年、神の終わりなき栄光を讃えて «Et sic finitur liber sapientis Piccatricis in Math. Die vigesimo primo mensis maij hora vigesima prima Brasichelle in domo que est in platea a duobus faciebus et iuxta pallacium communis currentibus annis a salutifera nativitate millesimo quingentesimo trigesimo sexto indictione nona anno secundo pontificatus Pauli tertii ad Dei laudem et gloriam in infinita»」。ブラシケッレはブリシゲッラのことであろうとして、ソーンダイクはこの筆写がローマでなされたものと結論している。不完全であるにしても彼の写本記述と部分的な英語訳記述は有益である。ソーンダイクはこの著作に関し十一種の写本を挙げている。そのうち二書は俗語訳。大部分はかなり後のもの（十七世紀）であるとして、シュタインシュナイダーの一九〇五年の指摘を念頭において論じている（Steinschneider, *Die europäischen Übersetzungen aus dem Arabischen bis Mitte des 17. Jahrhunderts*, « Sitzungberichte d. kaiser. Akad. D. Wiss», philos-hist. Klasse, vol.149, Wien, 1905, p.61）。ワールブルクとザクスルの引証はない。

（51）F. Yates, *Giordano Bruno and the hermetic tradition*, London, 1964, pp.49-58. イエイツも十七世紀のスローン写本1305を用いている。本論考ではパリ国立図書館写本lat.10272に準拠する（フィレンツェ国立図書館マリアベキアーノXX.20と対照した）。これは十五世紀の優美な人文主義書体（ウマニスティコ）の写本で、オリジナルからのドイツ語訳と対照してみるにわたしには、マリアベキアーノ写本より厳密ではないにしても、より忠実であるように思われた。

（52）他の文献についてはプレスナー版に付されたビングの序文（および文献一覧pp.XVI-XIX）参照。その中でも特に、Dozy-De Goeje, *Nouveaux documents pour l'étude de la religion des Harraniens*, in *Travaux de la VIe session du Congrès International des Orientalistes*, II, Leiden, 1884 ; Gundel, *Dekane und Dekansternbilder*, Glückstadt-Hamburg, 1936 ; Seznec, *La survivance des dieux antiques*, London, 1940, pp.50-74 ; Nauert, *Agrippa and the Crisis of Renaissance*

Thought, Urbana Ill., 1965, pp.119-120.（アグリッパについてはザンベッリの研究、またノートニー監修 *De occulta philosophia* 復刻版（Graz, 1967）に付された資料および解説参照。〔現時点では逆に枚挙に暇がない、という事態となった。〕

（53）*Picatrix*, II, 12, pp. 115-116 (tr. Plessner, pp.153-154)〔本訳書では**【59】**、以下の注に示される頁数は本訳書上部欄外に付した亞版写本参照頁数と一致しないので、書巻数と章数で検索されたい〕：「大いなる賢者プラトンは魔術書二書あるいは大小を著した」。オリジナル版には完全な表題が『法の大いなる書』と『法の小なる書』と記されている（プラトンの『諸法について』は魔術書としてピコには周知であった）。パリ写本には次のような欄外注がある。«nonnunquam insaniunt homines et amentes non dubito esse qui haec credunt»「不健全なる者あるいは狂人より他このようなことを疑ってかからぬ者はない」。プラトンの偽書テクスト群についてはプレスナーの註（p.153）を参照（また Klibansky, *The Continuity of the Platonic Tradition*, London, 1950, p.54 を参照）。

（54）*Picatrix*, IV, 3, pp.254-255〔本訳書では**【1】**〕(Magl. 写本とは少々異なる)；Yates, *op.cit.*, p.54.

（55）リッターの序文 (p.XXI) およびプレスナーの訳文 (pp.1-2) 参照。ラテン語訳ではこの箇所は省略されている。

（56）純潔兄弟団の百科全書の部分訳は、Dieterici, *Die Philosophie der Araber in X. Jahrhundert n. Chr.*, Leipzig, 1865-1876 (voll.8)；ジャービル（ゲベル）については、Kraus, *Jabir Ibn Hayyan, Essai sur l'histoire des idées scientifiques dans l'Islam*, I, Paris-Le Caire, 1935, (H.Corbin, *Histoire de la philosophie islamique*, I, Paris, 1964, p.184ss) を参照。〔純潔兄弟団の百科全書については、その後 Alessandro Bausani, *L'Enciclopedia dei Fratelli della Purità, Riassunto, con Introduzione e breve commento, dei 52 Trattati o Epistole degli Ikhwan as-safa*, Napoli, 1978 が刊行されている。クラウスの著作は *Collection sciences et philosophie arabes (etudes et reprises)*, Les Belles Lettres, 1986 の一冊として復刻されている。コルバン『イスラーム哲学史』黒田壽郎・柏木英彦訳、岩波書店、一九七四年、一五九―一六三頁「イフワーヌッ＝サファーの百科全書」；イフワーン・アッサファー・菊地達也訳『イフワーン・アッサファー書簡集』、中世思想原典集成11、平凡社、二〇〇〇年、一九七―二六二頁参照。〕

（57）Plessner 版、p.115, 119, 123, 125. ヒポクラテスは書中ブクラート Buqrat として引用されているというプレスナーによる指摘の後、リッターはピカトリクス-ブクラーティース Buqratis がヒポクラテスの転訛であるとする説を取り下げている。イブン・ハルドゥーンによってなされたマスラマ・アル-マジュリーティへの帰属については、リッター (pp.XXI-XXII) を参照（また Ibn Khaldun, *Muqaddimah*, vol.III, p.164 を参照）。

（58）*Picatrix*, p.1.

（59）*Picatrix*, III, p.117; III, 7.

（60）〔獲得された知性？・能動知性？〕

（61）Simplicius, *De caelo*, 608, 23 [D-K 59B7].

（62）quia verbum in se habet nigromantiae virtutem.

（63）*Picatrix*, I, 2, p.7 (tr. Plessner, p.9).

（64）〔ガレンが省略しているのは「降霊術（ネクロマンツィア）の知識の驚異を知るため」という一節。〕

（65）*Picatrix*, p.2〔著作の序文に相当〕

（66）*Picatrix*, II, 12, p.115. この章ではインド人たちの〈デカン〉が詳述され、つづいて『仏陀の書』が引かれ、サベイ人（シバ人）へと移る。そしてアル-ラージ（ラーゼス）讃仰。「上述した賢者アルライズ、……この知識において信頼に値する人。彼は賢者であるとともにこの知識の探求者であり……古の書籍を数々学んだ」。そしてジャービルの著作一覧。「ゲベル・アベファイエンこそ最大の賢者であり、数々の書物を著した。そうしたもののうちに、『大いなる秘密の書』（魔術の秘密の書 *Lib. secretorum magice* とも）、また八〇巻におよぶ大著（『大いなる書』）、それに『諸星座の高度による影響と予測の鑰の書（*Librum clavium in figuris graduum suisque effectibus et iudiciis* とも）』、また天球義に関するあらゆる見解を集成した天文学の書（『天球儀の書（*In astrolabio* とも）』）は二〇〇〇の章からなり、そこにはいままで述べられたこともないはたらきやら驚異の数々がしるされている。これは賢者たちによって隠されてきた他の驚異の数々の集成である」。ジャービルの著作に『ピカトリクス』がたいへん多くを負っていることに留意しておきたい。

（67）*Picatrix*, IV, 1, p.236, 以下のように続く：「汝のはたらきはいずれ霊的な部分によってひきつづき試みられる。これが獣とは異なる知解である」。

（68）*Picatrix*, I, 7, p.39 ; II, 1, 44.

（69）*Picatrix*, II, 5. 下註参照。

（70）*Picatrix*, II, 5, pp.64-65.［philosophiam は元の profetia（預言）の改竄。］

（71）*Picatrix*, I,1.

（72）*Picatrix*, I,1, pp.3-4.

（73）*Picatrix*, II, 1, p.44.

（74）*Picatrix*, IV, 5, p.266 (tr. Plessner, pp.350-351). アラビア語版では『形而上学』A巻とα巻は合して一冊と数えられる。

（75）*Picatrix*, I, 2, p.6.

（76）*Picatrix*, I, 1, pp.3-4.

（77）*Picatrix*, I, 7, p.39ss. ラテン語ヴァージョンではヌースはつねに sensus sive intellectus つまり「覚知」［一般には感覚だが、邦訳では覚知とした］あるいは「知性」と訳されている。

（78）この部分はプレスナーの註記（pp.296-297）による。偽エンペドクレスに関しては、Asín Palácios, *Abenmasarra y su escuela*, Madrid, 1914 を参照。

（79）*Picatrix*, IV, 1, p.232 ss.

（80）*Picatrix*, IV, 1.

（81）*Picatrix*, IV, 1, p.236; tr. Plessner, p.299.

（82）*Picatrix*, I, 6, pp.35-36.

（83）*Picatrix*, I, 6, pp.37-38.

（84）プレスナーは「人は自らその自然本性的性向（気質）を変じ得るもの «der Mensch aber kann seine Naturanlage verändern»」としている。

（85）*Picatrix*, III, 4 (5), p.135 ss. すでに触れたようにラテン語版ではアラビア語版第四章は削除割愛されている。それゆえ章立ては共通でない。

（86）*Picatrix*, II, 5, pp.64-65.

（87）*Picatrix*, III, 6, p.143 ss. (Plessner, p.198 ss.)

（88）*Picatrix*, I, 6, p.38 :「この知識は二つの部分に分かたれる。ひとつは顕われるところ、もうひとつは隠れるところ。これは深く、その深き意味は理性によって見出されるところの先なるもの（顕われる知識）によっては知ることのかなわないもの。先に言ったように、それを精査し得た者は欲するところを手に入れ、隠秘を露わにし……そのための道、小道は数多くあり……」

（89）*Picatrix*, II, 4, p.60 ; II, 5, p.61 ; II, 12, p.116.

（90）*Picatrix*, I, 2, p.7 ; I, 4, pp.10-11.（「その光が像（イマージュ）に影響する天のはたらきであり……月が作業にふさわしい位置にないときにはなにもしてはならぬ、と汝に忠告しておこう。」）

（91）*Picatrix*, II, 1, p.43 ; cfr. I, 5, p.30 :「像（イマージュ）の力能とそれのもたらす潜在力を十分知りたまえ、それは天体（天のからだ）に由来するものにほかならず……」。

（92）Ficino, *De Vita*, III, de vita coelitus comparanda, 11.

（93）Ibid., III, 8.

（94）*Picatrix*, III, 16 ; 18

（95）*Picatrix*, II, 5, p.63.

(96) Trad. Plessner, p.298.

(97) *Picatrix*, II, 7, p.75.

(98) この点については以下の諸著を参照。Badawi, *La transmission de la philosophie grecque au monde arabe*, Paris, 1968 そして Lemay によるアルブマセルのラテン語ヴァージョンに関する考察 *Colloquies. Textes des rapports. XIIe Congrès int. d'histoire des Sciences*, Paris, 1968, pp.100-123.

(99) David Pingree, The diffusion of Arabic Magical Texts in Western Europe, 1987, p.58. もちろんこの規定はピングレーが意図するものであって、ヴェスコヴィーニのように、十二星座でなく一年の十二の月 month をあらわす図像を採ることを区別して、金属性の護符であってもアムレトの語を充てる論者もある。Cfr. G. F. Vescovini, I Sigilli cosidetti arnardiani, *Traditio* 60, 2005, pp.201-242.

(100) ピコ・デッラ・ミランドラ『人間の尊厳について』一一に出る「ユンゲス」という語も想起される。

(101) とすると、「宗教」re-ligion（あらためて結ぶもの）という語彙にまで思いは馳せます。Cfr. Roberto Taioli, *Il trattato sul Picatrix e i suoi rapport con la magia*, 2009.

(102) Étienne Gilson, Porquoi saint Thomas a critique saint Augustin, *AHDLMA* I, 1926/27, pp.5-127; Id., Les sources Greco-Arabes de l'Augustinisme avicennisant, *AHDLMA* IV, 1929, pp.5-158

(103) Bruno Nardi, *Studi di filosofia medieval*, Roma 1960; Id., *Dante e la cultura medievale*, 1941.

(104) Fritz Saxl, *La fede negli astri. Dall'antichità al Rinascimento,* a cura di Salvatore Settis, Torino 1985；フリッツ・ザクスル『シンボルの遺産』松枝到訳、ちくま学芸文庫、二〇〇五年。

(105) V. P. Compagni 後出（本書補遺Ⅰ）論考参照：「そして、『ピカトリクス』においては、この能動知性というアリストテレスの概念がアラビアの思索における解釈の文脈で、つまりアレクサンドリア経由で（アフロディシアスのアレクサンドロス風に？）プラトン化された意味で採りいれられ、この端緒原理が「分離した霊的実体」、月下界を超越し、人の魂とは別の上位なるものとなされている」。

(106) Vittoria Perrone Compagni, Picatrix Latinus. Concezioni filosofico-religiose e prassi magica, *Medioevo*, I (1975), pp.237-277.

(107) 本訳書第Ⅰ書二章註34および補註3参照。

(108)「ここで明かしたいと考える業は、哲学が存しないならば存しないだろう。理拠をもって〈結論 natiga〉が規定される。なぜといって〈結論〉は論理学者にとって演繹的手法の帰結であり、諸前提の内容の第五精髄である……哲学のあらゆる部門と段階を自らのものとした哲学者以外に、誰もこれに到達することはできない。二つの業（魔術と錬金術）の立場は哲学の目的（語彙）からすると、演繹推理における〈結論〉の立場にあたる。そこには諸前提の内容の第五精髄が含まれている。」Plessner, 6; cfr. Scrimieri, Magia come scienza, 57-58 の別訳をも参照。

註（補遺Ⅰ）

（1）Vittoria Perrone Compagni, Picatrix Latinus. Concezioni filosofico-religiose e prassi magica, *Medioevo*, I (1975), pp.237-277.〔＊以下註2より註61まで本論考の原註（註16・42を除く）〕

（2）Prosper Marchand, *Dictionnaire Historique*, cfr. *Naudeana et Patiniana ou singularitez remarquables prises des conversations des Mess. Naudé et Patin*, Paris 1701, II; *Patiniana*, 51; P. Marchand, *Dictionnaire historique ou mémoires critiques et littéraires*, La Haye 1758-59, II, 142-45.

（3）*Picatrix*, II, 10, Ritter-Plessner 115.

（4）Ritter 96

（5）A. e R. Kahane-A. Pietrangeli, Picatrix and the talismans, *Romance Philology*, 19 1965/6, 574-581.

（6）この時期に *Settenario, Lapidario* また *Cantigas de S. Maria* の初稿、Siete Partidas, *Tabule alfonsies*, 編書 *Libros del saber de astronomia* がつくられている。

（7）G. F. Pico, *De rerum praenotione*, vii, 7, in *Opera Omnia*, Basileae 1572, tomo II, 660 : "Orationes puto ex Picatrice magna ex parte decerpsit Aponensis, vanissimo libro, superstitionibus pleno et velut scala ad idolatoriam facto, in quo et preces ad quemquam planetam docentur et suffimenta et conciliationes pravorum spirituum, quae ob stultitiam explodenda et ob superstitionem penitus execranda sunt." これを典拠に S. Champier は一五一四年版 *Conciliator* に Annotamenta errata et castigationes in Petri Aponensi opera (ed. Venetii 1526, p.256) と題した主要過誤一覧を付加している。ジョヴァンニ・ピコ・デッラ・ミランドラの蔵書に『ピカトリクス』写本があったこと（Vat. Lat. 3436）については P. Kibre, *The Library of Giovanni Pico*, Columbia Univ. Press, New York, 1936, p263; E. Garin, *La cultura filosofica del Rinascimento italiano*, Firenze 1961, p.159 参照。

G. F. Pico, *De rerum praen.* にはもう一か所（iv, 7, 481）ピカトリクスを「下らぬ、虚しい、迷信の書」と記した一節がある。F. Yates はジョヴァンニ・ピコによりペトルス・アポネンシスをあげつらうかたちで触れられるこうした記述をフィチーノの『生について *De Vita coelitus comparanda*』の匿名批判とみている。F. Yates, *Giordano Bruno and the Hermetic Tradition*, London 1964, tr. it. Bari 1967, p.179 n.4.

（8）Cfr. E. Garin, Noterelle di filosofia del medioevo, *G. crit. Filos. Ital.*, 29 (1950), 198-209 ; Considerazioni sulla magia, in *Medioevo e Rinascimento*, Bari 1954, 170-91 ; La cultura filosofica, 159-65, in *L'eta nuova, Ricerche di storia della cultura dal XII al XVI secolo*, Napoli 1969, 387-419.

（9）Cfr. F. Saxl, Rinascimento dell'antichità, *Repertorium für Kunstwissenschaft*, 1922, 229ss.; ibid., *Verzeichnis astrologischer und mythologischer illustrierter Handschriften des lateinischen Mittelalters*, Sitz. d. Heidelberger Akad. d. Wiss., Philos. hist. Kl., 6-7, Abh., 1916, xiii. ピカトリクスの図像（イマジネ）については、cfr. A. Warburg, *La rinascita del paganesimo antico*, Firenze 1966, 354ss.（これははじめてピカトリクスとフィチーノの親近性を説いた論考）; Gundel, *Dekane*; J. Seznec, *La survivance des dieux antiques*, London 1940, 58ss.; A. Hauber, *Planetenkinderbilder und Sternbilder*, Strassbourg 1916, 123ss. ; 護符図像に関する重要写本一覧は L. Thorndike, Traditional Medieval Texts concerning Ingraved Astrological Images, in *Melanges A. Pelzer*, Louvain 1947, 217-274.

(10) Garin, *L'età nuova*, 402.

(11) Garin, *L'età nuova*, p.398; またプレスナーがこの書の無秩序さについて「それは魔術的な諸部分を理論的な句節に挟み込んで、疑惑の目から覆い隠すようにとの意図からであったかもしれない」(Plessner, Summary, lix) というところを参照。

(12) プロティノスの魔術主題については、cfr. P. Merlan, Plotinus and the Magic, *Isis*, 44 (1953), pp.341ss.〔Porphilius, *V. P.* 10; Plotinus *Enn.* V.8.〕

(13) ラテン語版の十の知識の一覧（ただしそこでは十一項に分けられている）参照。これは『ガーヤ』の一覧と相違している。こちらの第四と第五は「一般的統率（統治）」と「倫理」になっているが、これらはラテン『ピカトリクス』には欠けている。一方、四課（算術、幾何、天文、音楽）は「マテマティカ」という一般名で一纏めにされている。Cfr. Plessner, 349-351; Picatrix Latinus [BNF ms. 10272], 267. アヴィセンナの十区分については Rusca, Die Alchemie des Avicenna, *Isis* 21 (1934), 39ss. また中世の一般的区分については J. A. Weisheipl, Classifications of the Sciences in Medieval Thought, *Med. Stud.*, 27 (1965), 54-90 を参照。

(14) Ritter, Einf., xxxiii-xxxiv.

(15) 純潔兄弟団の百科全書は十世紀後半に編まれ、その後の編纂を受けたものと考えられる。これのスペインへの移入はマスラマあるいはその弟子のアル-カルマーニによる。Cfr. Holmyard, *Maslama al-Magriti*, 295.

(16)〔第五十二論考「魔術」は?〕

(17) Cfr. Plotino, Enneadi v. ix, 5; vi, vi,13.

(18) Plessner, 297; *Picatrix*, 238〔この単純頁数表記は Paris, Bibl. Nat. MS 10272 に準じるもの。以下同〕. プレスナーの翻訳では hervorbringen という語彙が用いられている。ラテン語版では創造者（デミウルゴス）の disponere で、神から受けとられるものという含意よりも体系的連鎖として用いられる。

(19) Cfr. M. Asín Palácios, *Abenmasarra y su escuela*, Impr. Iberica, Madrid 1914, 40-66.

(20) Cfr. Dieterici, *Die Phil. der Arab.*, viii (Lehre von Weltseele), 6, 15:「創造者が最初に存在へともたらしたものは……知性であった。これから……魂が生じた（流出した）。……つづいて魂から、これよりも下に見つかる別の実体、第一質料と称されるものが生じた（流出した）」。

(21) Garin, *L'età nuova*, 405.

(22) *Picatrix*, 4.〔ただし、ille（それ）を yle（質料）と読みたい誘惑にかられもする。〕

(23) Cfr. Jabir ibn Hayyan の普遍知性の定義「知性とは単純実体であり、諸事物の形相（イデア）をその真の内実として受け入れる。それは鏡がその傍らにある諸形相諸形象を受け入れるようなもの」。ここでは諸イデアの現勢化のはたらきについては述べられていない。このはたらきは世界魂に委ねられる（cfr. P. Kraus, Studi su Jabir ibn Hayyan, *Isis*, 15 (1951), 15ss.）。万有宇宙を総合する原理としての「世界魂（アニマ・ムンディ）」については T. Gregory, *Anima Mundi, La filosofia di Guglielmo di Conches e la scuola di Chartres*, Sansoni, Firenze 1955 参照。

(24) Plessner, 303; *Picatrix*, 238; cfr. Plotinus, *Enneadi*, v, ix, 9-13.

(25) *Picatrix*, 238.

(26) Plessner, 303. この概念を厳密化するため、善を不動とするプロティノス的規定を想起しておこう。万物は善そのものを所有するに到るため、その活動（うごき）をこれに向ける（不動に向けて動く）。善そのものは万物の存在の原因であり、存在にとって必然である。Cfr. Plotino, *Enneadi*, I,vii,1:「すべてが依存するところの善とは、何にも依存しないものである。〈これをすべてが待望する（息をする）〉という表現はこの意味であり、これは必然的に不動で、万物がこれに向かうのでなければならない。……」

(27) Cfr. アル-ファラビーの知性論については、al-Farabi, *Der Musterstaat*, übertragen von F. Dieterici, Brill, Leiden 1900. またイブン・シーナーの『ア

リストテレス神学註解』を参照。Gardet-Vajda, L'importance d'un text, 337 ; 368-71.

(28) *Picatrix*, 238.

(29) 可感的な諸物の感受の仕組み(メカニスム)は『ガーヤ』第Ⅱ書（Plessner, 57；この一節は羅版『ピカトリクス』では省略されている）：外在する諸対象物との接触は体液気質の性質——つまり感覚器官の諸性質の混合の中——に変移をもたらし、この変移が一々の感覚された力から内化されて知解に変じる（自覚される）。こうして「魂の中に知解が生じる」こととしての可感的感受は実現される。

(30) *Picatrix*, IV, 1 : 239.: «Spiritus rationabilis lumine sensus discernit, quando aliquid scire desiderat et idem lumen recipit, gaudet eo et attingit intentum; et hujus lumen super omnia sensibilia procedit». 知性能力は、魂が知性の光の跡をとどめているなら、眠りの中でも保たれる。「火が消えても熱が残るように quemadmodum ex calore in igne quando extinguitur」。この知解の仕組みはアル‐ファラビーと彼の知性論の諸観念にたいへん近い。たとえば、「ここにすべてが力能（可能態）として含まれている qui omnia continet in virtute」という普遍知性の定義、および獲得知性 epikthetos (Plessner, 305；『ピカトリクス』ではこれを sensus nobilis et altus [239] と呼んでいる)。また第Ⅲ書[232]の語彙解釈（Praedicta autem non recitavi nisi ad tui intellectus luminis clarificationem ... Et sic habebis intellectum adeptum per coniunctionem intellectus possibilis cum agente）も興味深い。アル‐ファラビーとその知性論については cfr. I. Madkour, *La place d'al-Farabi dans la penseé musulmaine, Maisonneuve*, Paris 1934, 137ss.〔「第一原理—離在的諸知性—獲得知性—現実態にある知性—可能態にある知性—質料」、アル・ファラビー『知性に関する書簡』、『中世思想原典集成』〕

(31) *Picatrix*, II, 5. インドの夢理論に付随するかたちで。

(32) *Picatrix*, II, 5 : 63-65.

(33) Plessner, 304. これはアル‐ファラビーやイブン・シーナーと同じ説明である。Cfr. Madkour, *La place d'al-Farabi*, 93 ; Gardet-Vajda, *L'importance d'un text...*, 340, 351-2.

(34) 羅版でかなり混乱して記述されるところの意味はこうであろう。Cfr. Plessner, 304 – *Picatrix*, 230: «Et spiritus vel intellectus universi est principium circa inventionem corporum naturalium et eius gradus in receptione inventionis sequiter gradum sensus in omnibus et eius inventio similatur eidem».

(35) T. Gregory, *Anima mundi*, 182 : id., Idea di natura nella filosofia medievale prima dell'ingresso della fisica di Aristotele. Il secolo XII, in *La filosofia della natura nel Medioevo. Atti del IIII Congresso Internazionale di filosofia medievale*, Milano 1966, pp 26-65. グレゴリーは『ピカトリクス』とも近しい十二世紀の自然本性の新たな観念形成が魔術的‐占星術的な方向へと進んだことについて、その甚大な影響力を強調している。Cfr. id., *Platonismo medievale*, Roma 1958, 54. ここでグレゴリーはこうした自然本性の概念の過剰なプラトン化について論じている。まさに『ピカトリクス』232 がプラトンに帰しているような定義。

(36)〔この典拠未表示、I, 7,【3】異文か〕おそらく『ピカトリクス』はこの質料の下位区分の観念を純潔兄弟団から採っている（cfr. Dieterici, *Die Phil. der Arab.*, v.2-3）が、この注記にはよりアリストテレス的な記述がみられる。二つの質料の区分ばかりでなく、これら二つの規定区分をするにあたりひきつづきアリストテレス的観点が解説されている。その一方は語義からする基礎づけ、他方は規定された対象物の諸機能の記述としての自然学的観点。Cfr. *Picatrix*, 40-41; Plessner 53.: «von der Propädeutik aus als eine Kraft, die die versschiedenen Formen annehmen kann; und von der Physik aus als einen Korper der allen konkreten Dingen ihr Bestehen gibt». これらの質料規定については cfr. H. Bonitz, *Index aristo-*

telicus, Berolini 1870, 785, n.3.

（37）*Picatrix*, IV, 1, 234. それゆえ一々の存在は、それを考察する観点によって可能態であるとともに現実態である。『ガーヤ』第Ⅲ巻末尾で、諸存在の階梯という問題が提起され、これが第Ⅳ巻で論じられることになる。〔Plessner, 296:「すでに賢者エンペドクレスは、諸実体の諸原因は四つあると言っている。一つ目の原因は、可能態としても現実態としても存せず、これら両者（の規定）を超えてあるもの。（二つ目は）可能態（潜在力）としてある原因で、原因されたものが現実態となる。（三つ目は）現実態にある原因で、原因されたものは可能態にある。（四つ目は）現実態にある原因で、原因されたものも現実態にある。これらが諸実体つまり意志、知性、魂、自然本性と要素（元素）の原因である。意志は神のうちなる可能態であり、知性のうちの現実態。知性は意志のうちの可能態であり、魂のうちの現実態、魂は知性のうちの可能態であり、自然本性のうちの現実態。自然本性は魂のうちの可能態であり、諸元素のうちの現実態。これら一々の実体は、その上にあるものの可能態であり、それの下にあるものの現実態で、それの上にある現実態に原因され、それの下にあるものの可能態である。下位なる諸事物に力能を伝え広め、上位なるものから力能を受けとる。発出に次ぐ発出であり、受容に次ぐ受容。」この一節は羅版『ピカトリクス』では省略されている。〕

（38）in medio「天を媒介するように」

（39）*Picatrix*, IV. 1, 235.

（40）Id.

（41）両者の観念を比較してみるに、フィチーノは『ピカトリクス』を典拠の一つとして用いていることにはかなり蓋然性があるようにみえる。フィチーノは「アラビアの占星術師たち」と記すことで、本書を典拠としたことを隠している。両著の間には、食事にかかわる人の身体―魂の複合気質の可変性について厳密な語彙的依存関係を指摘することはできないが。

（42）〔独訳のせい？〕

（43）Garin, *L'età nuova*, 409.

（44）Plessner, 40, n.1.

（45）*Picatrix*, I, 6, 【5】, 37-8.

（46）Ritter, Einf., xxx-xxxi.

（47）この個別性は『ピカトリクス』において、諸惑星の「霊（スピリトゥス）」と呼ばれており、純潔兄弟団が大地への作用を説く「部分魂」という語に関連している。「諸星辰の一々の天体（コルプス）から、八つの天球の頂点から地上のすべての物体（コルプス）にまで進んでいく霊的な力能が注がれる。それは大地の中心にまで至る広大な玉座（?: trono）である。太陽の光が気中に、そして周辺の諸コルプスに注ぐように。この力能により実在する諸物の種の形相が質料の中に降る。これのおかげでこの世は保持され、その実在は継続する。それによって天と地の住民たちの永遠が導かれる」。cfr. F. Dieterici, *Die Phil. der Arab.*, v, 158.

（48）錬金術の作業、魔術理論、魔術実践を、それぞれ純粋に物体への作用（はたらき）、霊の物体への作用（はたらき）、霊の霊への作用（はたらき）とする規定は、『ピカトリクス』の主要な主題として言及されるものとなる。十五世紀、ルドヴィコ・ラッザレッリは錬金術的『便覧 *Vademecum*』に『ピカトリクス』の三つの魔術について引用している。Haec autem Piccatrix dicit in libro suo qui dicitur "Clavis sapientiae", sive coniunctio corporis in corpore et coniunctio spiritus in corpore et coniunctio spiritus in spiritum. Cfr. L. Lazzarelli, *Vademecum*, ediz. a cura di M. Brini, in *Testi umanistici sull'ermetismo*, a cura di E. Garin, Roma 1955, p.75.

　同様の定義が賢王アルフォンソに帰される小論考 *Clavis sapientiae* にも見える。Cfr. Zetzner, *Theatrum chemicum*, v, Argentorati 1622, f.857 : «Omnis sapientia huius mundi circa ista tria versatur, scilicet circa alligamentum animae corporalis cum anima corporali, et animae spiritualis cum corporali et spiritualis cum spirituali».〔これはアルテフィウスの著に擬されている。補註㉒参照。〕

（49）Cfr. Plotino, *Enneadi*, iv, iv. 37:「つまり諸形象は注入影響を享けている。あれこれの形象の照応（符合）からわれわれはあれこれの注入影響を享け……」。フィチーノは『生について』の新プラトン主義的魔術の文脈に『ピカトリクス』を援用することを正当化するためにこれを用いているところからしても、この一節はたいへん重要である。

（50）*Picatrix*, II, 6, 【1】.

（51）*Picatrix*, II, 6, 69.

（52）*Picatrix*, IV, 3, 255 ; in *Ghajat* : al-Asmunain; cfr. Plessner, p.323 n.5.; ms. Magliabechiano xx. 20 では Adyncecyn、ms. Sloane 1305, f.lllr では Adocentyn. Cfr. Yates, *Giordano Bruno*, p.69.〔現在アマルナと呼ばれる土地の遺跡のことではないか、という。アクナトン四世が創建した町というよりも、ネフェルティティの肖像彫刻が出土したことで有名な場所。アクナトン Akhetaten の名の音綴がアドセンティンなのかもしれない。ヘルモポリという町の名がヘルメスに由来するものであるのか、ヘリオポリス「太陽の町」なのか。いずれにしてもここで遠くカンパネッラの書名がこだましてくる。〕

（53）Ficino, *De vita coelitus*, 559. cfr. Yates, *Giordano Bruno*, ブルーノについては 89-92、カンパネッラについては 399。イエイツによればヘルメスの町についてはブルーノの *Spaccio* を参照すべきという 256。

（54）Corbin, Rituel sabéen et exégèse ismaelienne du rituel, *Eranos-Jhrb*. 19 (1950), 193, n.37.『ピカトリクス』の惑星天使論はトリテミウスの *Steganographa* の惑星天使論と密接な関係にある。またこの天使アリエルの魔術的な形象はシェークスピアの『嵐』に霊感を吹き込むこととなる。

（55）Plessner, 199. *Picatrix*, 144 : «Deinde quattuor partium angulos foveas, ex quibus extrahes mundi secreta naturamque completam et eius qualitates, necnon generationes omnium rerum».

（56）Festugière, *La Révélation d'Hermès*, 321, n.11. ; Rusca, *Tabula Smaragdina*, Heidelberg 1926, 234 ; Plessner, Neue Materialen zur Geschichte der 'Tabula Smaragdina', *Der Islam*, 16 (1927), 91. これに類するものがたり（「Tabula Smaragdina」ではアポロニウスに帰され、『ピカトリクス』ではヘルメスに帰されている）は、『クラテスの書 *Liber di Krates*』〔本書補遺Ⅲ参照〕にも見つかる。この書では顕現（像）はヘルメスと特定され、書物には「彼が人々に隠した秘密の数々の解説」が載せられている。Cfr. M. Berthelot, *La Chimie au Moyen Âge*, Amsterdam 1967 (rist. Ed. 1873), iii, 46.

（57）R. Reitzenstein-H. Schaeder, *Studien zum antiken Sinkretismus aus Iran und Griechland*, Leipzig 1936 (Studien der Bibliothek Warburg, ix), 112-14. ここでヘルメスの物語が、擬アリストテレス文書 *al-Istamatis* からの抄出としてとり上げられている（cfr. Plessner, 199, n.2）。ライツェンシュタインはここに二つの啓示類型が融合していると言う。一つは書物（文書）の発見、もう一つは幻視と口授。また『ピカトリクス』と『ポイマンドレース』はイランの共通典拠を使っていると示唆している。またコルバンは、スフラワルディー（一一九一没）の「完全な自然本性」の概念との関係をめぐり、『ピカトリクス』のこの一節の分析に紙幅を割いている。ヘルメスのヴィジョンについては、「このものがたりは……心理分析にとって著しい深みを明かすだろう。暗いプシュケの深みへの下降、燈明—意識の繊弱な明かりが蠱惑を破るに十分であること、泉での創造の秘密の発見は万有宇宙をかたちづくる魂の投影そのものであること。これらすべてが魂の意識の彼方からやってきた霊感である〈完全な自然本性〉に触発されて起こる」。Cfr. H. Corbin, Le récit d'initiation et l'hermétisme en Iran, *Eranos-Jhrb*., 17 (1949), 162. これは後に *Sohrawardi et les néoplatoniciens de Perse* (*En Islam iranien. Aspects spirituels et philosophiques*, Paris 1971, 301-2) に収められることとなる。

（58）グノーシス的な天使の意味が「完全な自然本性」へと拡張されるところは、Reizenstein - Schaeder も指摘しているとおり。また Corbin はスフラワルディーについて（いずれにせよ『ピカトリクス』の方が混乱しているとはいえ、よく似ている）、「これはなにもアラビア - ペルシャの新プラトン主義の天使論にみられる古典的展望であるばかりでなく、……このものがたりの西方への移植にあたり「神秘的結合 unio mystica」は人の魂と光の存在の間に実現する。これは神義論あるいは実践信仰の律則における絶対にして超越した神ではない。この合一は抽象的な唯一神論の伝統的輪郭を転覆するグノーシス的な神統譜の天使論の注釈である」（cfr. Corbin, *Le récit d'initiation*, 144）。

（59）たとえばスフラワルディーにあって、光のヒュポスタシスはプラトンの諸イデアと同置される。Cfr. Corbin, *Sohrawardi et les néoplatoniciens*, 104.

（60）Plessner, 48.

（61）Plessner, 49; Picatrix, I, 6,【3】, 50.

註（補遺II）

（1）Otto Neugebauer, cfr. ノイゲバウアー『古代の精密科学』矢野道雄訳、恒星社厚生閣、一九八四年。

（2）サンスクリット語のヴァラーハミヒラ *Varahamihira Brihat Sanihita*（六世紀）に出るラーフとケトゥに由来する龍頭と龍尾。蛇足に。興然『九曜秘暦』。これが十二世紀末の人興然の著作だとすると、ピカトリクスと同じころ、日本でもこの手の占星術が流行っていたことになる……。

（3）後註5・69参照。

（4）Cfr. Charles Burnett, ed., Between the Ghāya and the Picatrix, II : The Flos Naturarum ascribed to Jabir, *Journal of the Warburg and Courtauld Institutes* 72 (2009), pp.41-44.

（5）David Pingree, Some of the Sources of the Ghāyat al-Ḥakīm, *JWCI* 43 (1980), pp.1-15.〔以下註6より註68まで本論考原註。〕

（6）Ibn Khaldun, *The Muqaddimah*, trans. F. Rosenthal, 3vols., London 1958, iii, pp.157, 228-9; cfr. p.269.

（7）Maslama ibn Ahmad al-Majriti.

（8）この指摘は R. Dozy, *Nouveaux documents pour l'étude de la religion des Harraniens*, *Actes du Sixème Congrès International des Orientalistes*, ii, Leiden 1885, pp.283-366, esp. 285-9 ; cfr. E. J. Holmyard, Masalama al-Majriti and the Rutbatu 'l-Hakim, *Isis*, vi, 1924, pp.293-305.

（9）Ed. p.182 = trans.Germ. p.193 = Lat. iii, 5,4, cfr. P. Kraus, *Jabir ibn Hayyan*.

2vols., Cairo 1942-1943, ii, p.194.

（10） これらの宗教運動の連関については、H. Corbin, Rituel Sabéen et exégèse ismaélienne du rituel, *Eranos-Jahrbuch*, xix, 1950, pp.181-246 ; Y. Marquet, Sabéens et Ihwan al-safa', *Studia Islamica*, xxiv, 1966, pp.35-80, xxv, 1966, pp.77-109.

（11） Ed. p.112 = trans. p.119 ; Lat. II, 10, 【51】では参照文献名は省略されている。Cfr. M. Grignaschi, L'origine et les métamorphoses du 'Sirr-al-asrar, *AHDLMA*, xliii, 1976, pp.7-112, esp.p.62, fn.1.

（12） e.g., ed.pp.6-7 = trans.p.7 = Lat. I, 2, 【1】et.al.

（13） al-Kirmani

（14） *Kitab al-bahth*

（15） *Kitab al-khamsin*, cfr. Kraus, i, pp.142-8.

（16） Ed. p.51=trans. pp.51-2; Lat. i, 7,1.

（17） Kraus ii, pp.136-7.

（18） Cfr. *Ghaya*, trans. pp.xxiv-xxv.

（19） Ed. pp.101-2=trans. pp.107-9; Lat. II, 8, 【1】.

（20） Kraus ii, p.173.

（21） S. Sambursky, *Physics of the Stoics*, London 1959, p.3 ; Kraus ii, p.173.

（22） W. W. Jager, *Nemesios von Emesa*, Berlin 1914, pp.87-89; Kraus ii, p.174.

（23） Kraus ii, pp.174-5. この文書は最近U. Weisserによって公刊された（Aleppo 1979）。Cfr. id., *Hellenistische Offenbarungsmotive und das Buch "Geheimnis der Schoepfung"*, *Journal of the History of Arabic Science*, ii, 1978, pp.101-25.

（24） Sajiyus（？）

（25） Kraus ii, pp.270-83.

（26） A. Altmann and S. M. Stern, *Isaac Israeli*, Oxford 1958, pp.98-100.

（27） Ed. p.294 = trans. pp.307-8 ; Lat. 省略。Cfr. *Isaac Israeli*, p.45.

（28） Ed. p.284-5 = trans. pp.294-5 = Lat. III, 12, 【2】; cfr. *Isaac Israeli*, pp.51-52.

（29） これは『ガーヤ』の全体にみられる見解だが、特に第I書に顕著にあらわれる。

（30） *De radiis*, M.-T. d'Alverny – F. Hudry, Al-Kindi De radiis, *AHDLMA* xli, 1974, pp.139-260. 一方、L. V. Vaglieri – G. Celentano, Trois Epitres d'al-Kindi, *Annali dell'Istituto Orientale di Napoli*, xxxiv (N.S. xxiv), 1974, pp.523-62に公刊された三論考はアル‐キンディーのものではない。最初の書簡および三つ目でカバラ的天使メタトロンが言及されているところ、タービット・イブン・クッラによる翻訳における誤った述定について参照。

（31） Thabit ibn Qurra, *De imaginibus*. Cfr. F. J. Carmody, *Astronomical Works of Thabit b. Qurra*, Berkeley - Los Angels 1960, pp.167-97に公刊された二写本には注意を要する。Cfr. Ullmann, *Die Natur- und Geheimwissenschaften im Islam*, Leiden 1972, p.424. すくなくともMS Princeton Yahuda 673, fols.2-18vではHermetic *Kanz al-asrar wa dhakhirat al-abrar*はタービットに帰されている。Cfr. Ullmann, p.375.

（32） Ed. pp.396-414 = trans. pp.403-21 = Lat. IV, 8, 【1】- IV, 9, 【25】.

（33） Kraus ii, p.64, pp.66-67, 70, 72-76, 80, 83-86.

（34） Ibn Wahshiya, *Kitab al-sumum* ; cfr. M. Levey, *Medieval Arabic Toxicology*, Philadelphia 1966, p.22 ; Ullmann, pp.366-7.

（35） E. Weidner, *Gestirn-Darstellungen auf babylonischen Tontafeln*, Vienna 1967.

（36） *Catalogus codicum astrologorum graecorum* [*CCAG*], vii, pp.231-6, viii, 3; pp.151-9. 前者の獣帯植物、後者の惑星植物（太陽と月を除く）はテッサロスに遡るもの。前者の惑星植物はアレクサンドロスに遡る。Cfr. A.-J. Festugiere, *La revelation d'Hermes Trismegiste*, i, Paris 1944, pp.143-52.

（37） *CCAG*, iv, pp.134-6; vi, pp.83-4; ix, 2; pp.129-35.

（38） H.-V. Friedrich, *Thessalos von Tralles*, Meisenheim am Glan 1968 ; cfr. D. Pingree, *Thessalus Astrologus, Catalogus translationum et commentariorum*, iii,

Washington D.C. 1976, pp.83-86.

(39) Cfr. D. Pingree, *The Yavanajataka of Sphujidhvaja*, Cambridge, Mass. 1978, ii, pp.256-7.

(40) K. Preisendanz, *Papyri graecae magicae* [*PMG*], new edn., 2vols., Stuttgart 1973.

(41) Vettius Valens, *Anthologiae* i, I ; cfr. Pingree, *Yavanajataka*, ii, pp,253-5.

(42) Ed. pp.106-7 = trans, pp.113-14 = Lat. II, 10, 【1】-【8】. Valens の「一覧」Sphujudhvaja と符合するところが多い。

(43) Ed. pp.150-6 = trans. pp.157-63 = Lat. III, 1, 【3】, 2-10.

(44) 前註39参照。

(45) *Yavanajataka*, i, 111-2; iv, 28-34; xxii, 3-5; xxiii; xxiv; xxvii, 2-3; liii, 13-19; lxii; lxvii, 4-5;lxviii, 2-8; lxxviii, 11-17(惑星) ; I, 14-25; iv, 1-27; lviii; lxii,35-73; lxviii, 3; lxxviii,1-9(獣帯の星座).

(46) *Yavanajataka*, ii, pp.374-8.

(47) Theophilus of Edessa, *Apotelesmatika* 13-15, ed. A. Ludwich, *Maximi et Ammonis reliquiae*, Leipzig 1877, pp.119-22.

(48) Abu Ma'shar, of Balkh, *Kitab al-madkhal al-kabirm* 6 (獣帯), 7 (惑星).

(49) *Hiera biblos*, cfr. C.-E. Ruelle, Hermes Trismegiste. Le Livre sacre sur les decans, *Revue de Philologie*, xxxii, 1908, pp.247-77. 希―仏版。

(50) *Liber Hermetis* i, in W. Gundel, *Neue astrologische Texte des Hermes Trismegistos*, Munich 1936; cfr. *Yavanajataka*, ii, pp.431-3; D. Pingree, Antiochus and Rhetorius, *Classical Philology*, lxxii 1977, pp.203-23, esp.pp.219-20.

(51) Fragments 28-29 in E. Riess, Necepsonis et Petosiridis fragmenta magica, *Philologus*, Suppl. vi, 1892, pp.325-94; cfr. D. Pingree, Petosiris (and Nechepso), in *Dictionary of Scientific Biography*, x, New York 1974, pp.547-9.

(52) Galen, *peri kraseos kai dunameos ton apron parmakon*, 6 praef. In *Galeni Opera*, ed. Kuhn, xi, Leipzig 1826, p.792.

(53) *Yavanajataka*, chaps 2, 3; cfr. D. Pingree, The Indian Iconography of the Decans and Horas, *JWCI*, xxvi, 1963, pp.223-54.

(54) Varahamihira, *Brhajjataka*, xxvii.

(55) *Kitab al-madkhal al-kabir*, vi, 1, ed. K. Dyroff in F. Boll, *Sphaera*, Leipzig 1903, pp.482-539.

(56) Ed. pp.126-32 = trans. pp.133-40 = Lat. II, 11, 【3】-【38】. 白羊宮については ed. pp.58-59 = trans. p.60 = Lat. II, 2, 【2】.

(57) 'Ali ibn Abi al Rijal, *Kitab al-bari*, i, 3

(58) Ed. pp.126, 132 = trans. pp.133, 140 = Lat. II, 11, 【2】;【39】.

(59) Ed. pp.107-24 = trans. pp.115-31 = Lat. II, 10, 【11】-【87】.

(60) D. Pingree, Representation of the Planets in Indian Astrology, *Indo-Iranian Journal*, viii, 1965, pp.249-67.

(61) ヘルメス的文書のいくつかについては J. Ruska, *Griechische Planetendarstellungen in arabischen Steinbüchern*, Heidelberg 1919 に記載されている。Cfr. Ullmann, pp.418-26.

(62) Ed. pp.14-23 = trans. pp.15-21 = Lat. I, 4, 【2】-【29】.

(63) D. Pingree, *The Indian and Pseudo-Indian Passages*, pp.174-6; ed. Dorothei Sidonii *Carmen astrologicum*, Leipzig 1976.

(64) *Patrologia syriaca*, ii, Paris 1907, pp.1362-92; CCAG vii, pp.174-81.

(65) *Kitab al-talasim al-akbar*, Kraus, ii, pp.293-5; cfr. Ullmann, pp.379-80.

(66) Sustumus Thalassus

(67) G. Levi della Vida, *La Dottrina e i Dodici Legati di Stomathalassa. Uno scritto di ermetismo popolare in siriaco e in arabo*, Atti della Accademia Nazionale dei Lincei, Memorie viii, 3, 1951, pp.477-542.

(68) John Malalas

(69) D. Pingree, Between the Ghāya and Picatrix I: The Spanish Version, *Journal of the Warburg and Courtauld Institutes* 44 (1981), pp.27-56. 〔＊以下註70より註

89まで本論考原註。〕

（70）*Ghāya* ed. H. Ritter, Leipzig 1933; tr. ger. ed. H. Ritter – M. Plessner, London 1962; cfr. D. Pingree, Some of the Sources of the Ghayat al-hakim, *JWCI* 43 (1980), pp.1-15.

（71）〔羅版は一九八六年に公刊されることとなる。〕cfr. V. P. Compagni, Picatrix Latinus, *Medioevo* I, 1975, pp.237-337.; id., La magia cerimoniale del Picatrix nel Rinascimento, *Atti dell' Accademia di Scienze Morali e Politiche di Napoli*, LXXXVIII, 1977, pp.279-330.

（72）この完成年代は本書羅版の原本にあたるスペイン語版翻訳の年と考えられている。

（73）亞版 p.182. 11 には三三四冊とある。

（74）G. Hilty, El Libro Conplido en los Iudizios de las Estrellas, *Al-Andalus*, xx, 1955, pp.1-74.

（75）Yefuda ben Moshe, cfr. Hilty, *op.cit.*, n.4, pp.13-50. 彼の翻訳により現存する五書については、G. Hilty, *El Libro Conplido en los Iudizios de las Estrellas*, Madrid 1954.

（76）アエギディウスによる翻訳は E. Ratdolt により一四八五年にヴェネチアで初公刊され、十六世紀中何度か再刊されている。一五五一年のバーゼル版では Antonius Stupa によりラテン語の推敲がなされている。アエギディウスの翻訳の年として一二五六年を挙げるものに、F. J. Carmody, *Arabic Astronomical and Astrological Sciences in Latin Translation,* Berkeley- Los Angeles 1956, p.150. しかしこれには明証がある訳ではない。

（77）Al-Zarqali, Azafea の十三世紀写本については、J. M. Millas Vallicrosa, *Las traductiones orientales en los manuscritos de la Biblioteca Catedral de Toledo*, Madrid 1942, pp.180-182 参照。

（78）*Lapidario*, ed. J. Fernandez Montaña, *Lapidario del Rey D. Alfonso X*, Madrid 1881.

（79）*Libro de las Estrellas Fixas,* ed. M. Rico y Sinobas, *Libros del Saber de Astronomia*, 5vols, Madrid 1863-67, I, pp.9-145.

（80）*Libro dell Alcora*, ed. ibid., I, pp.153-208.

（81）*Libro de las Cruzes,* ed. L. A. Kasten and L. B. Kiddle, Madrid-Madison 1961.

（82）*Alphonsine Tables*, ed. Rico y Sinobas, *op. cit.*, iv, pp.111-183.

（83）H. and R. Kahane and A. Pietrangeli, Picatrix and the Talismans, *Romance Philology*, xix, 1966, pp.574-93.

（84）G. Bossong, *Los Canones de Albateni*, Tübingen 1978 ; id., *Problema der Übersetzung wissenschaftlicher Werke aus den arabischen in das altspanische zur Zeit Alfons des Weisen*, Tubingen 1979.

（85）十三世紀の断片写本については、Millas Vallicrosa, *op. cit.*, pp.158-59 参照。

（86）A. G. Solalinde, Alfonso X, astrologo, *Revista di filologia española*, xiii, 1926, pp.350-56.

（87）V. P. Compagni, Picatrix Latinus, *Medioevo*, i, 1975, pp.237-337, p.242, n.2.

（88）A. D'Agostino, *Il Libro sulla magia dei segni ed altri studi di Filologia spagnola*, Brescia 1979, pp.21-64. esp.pp.23-31, 35-37.

（89）A. R. Nykl, Libro Conplido en los Juizios de las Estellas, *Speculum* xxix, 1954, pp.85-99.

（90）Charles Burnett ed., D. Pingree, Between the Ghāya and the Picatrix, II : The Flos Naturarum ascribed to Jabir, *Journal of the Warburg and Courtauld Institutes* 72 (2009), pp.45-80.

（91）*Picatrix: The Latin Version of the Ghāyat al-Ḥakīm*, ed. D. Pingree, London 1986 (Studies of the Warburg Institute, XXXIX).

（92）D. Pingree, Between the Ghāya and the Picatrix I: The Spanish Version, 上註69参照。

（93）P. Kraus, *Jabir ibn Hayyan: contribution à l'histoire des idées scientifiques dans l'Islam*, 2 vols., Cairo 1942, II, p.69 のジャービルの著作一覧に挙げられて

いるが、羅語表題のみ。一方、F. Sezgin, *Geschichte des arabischen Schrifttums, iv, Alchimie, Chemie, Botanik. Agrikultur bis ca.430 H.*, Leiden 1971, pp.112-269 のジャービル一覧には載せられていない。

註（補遺Ⅲ）

（1）Graziella Federici Vescovini, *Medioevo magico. La magia tra religione e scienza nei secoli XIII e XIV*, Torino 2008.

（2）Ornella Pompeo Faracovini, *Scritto negli astri. L'astrologia nella cultura dell'Occidente*, Venezia 1996.

（3）Tamara M. Green, *The City of the Moon God. Religious Traditions of Harran*, Leiden-New York-Koln 1992.

（4）Kevin van Bladel, *The Arabic Hermes. From Pagan Sages to Prophet of Science*, Oxford 2009.

（5）Jaako Hameen-Antrila. *The Last Pagans of Iraq. Ibn Wahshiya and his Nabatean Agriculture*, Leiden-Boston 2006.

（6）Paola Zambelli, *L'ambigua natura della Magia*, Milano 1991.

（7）Cfr. 矢野道雄『密教占星術—宿曜道とインド占星術』増補改訂版東洋書院、二〇一三年。

（8）Le Livre de Cratès, in M. Berthelot, *La Chimie au Moyen Âge*, tome III, 1893, pp.44-75. 本訳書第Ⅳ書八章【一】註1参照。またクラテスという名はどこかリッターがピカトリクスとはブクラテスつまりヒポクラテスのことであると言った、その名（解題註57参照）を想起させるとともに、本文中に散見されるソクラテスをも思わせる。

（9）書写の母音指示に補助記号を一つ加えるだけで、この名はNosatharあるいはQosatharとも読める。この小論末尾近くにもこの名が見つかるが、そこにはアラビア語のelという音節が加わっている。この人物はハリド・ベン・ヤジド Khaled ben Yezid ben Moaouia ben Abou Sofyan と同時代人であるかもしれない。すると西暦七世紀末ごろの人となる。ひょっとするとオスタネス Ostanes が転綴されたものかもしれない。

(10) *Kenz el-konouz*

(11) Risoures, 原文には補助記号が欠けており、Retsoures, Retsoutes 等々とも読める。オシリス Osiris に同じか。

(12) Athineh

(13) Ephestelios

(14) Modzhib ed-dholma ou monawwir dhou

(15) Modzhib ed-dholma ou monawwir ed-dhou

(16) El-Hokama Thatha

(17) Magnesia

(18) Electrum

(19) Androdamas

(20) Harchqal

(21) Crates Es-Semaoui

(22) menn

(23) 『ピカトリクス』にも見られた aes と aer の交錯。

(24) molybdochalque

(25) 銀、asem, 希 asemon, 羅 nummus

(26) ouaraq

(27) collyre

(28) ozza 骨?.

(29) ceruse

(30) minium

(31) ecrivain

(32) Inchiostro, おそらく塩化鉄の一種。インク atrament に用いられたところからこの名がつけられたものか。いずれにせよ、これにつづく一節は不可解。

(33) Phta〔偽デモクリトスがオスタネスに迎え入れられた聖域とされる。〕

(34) Temnis

(35) selenite

(36) aphroselinon

(37) Kerotakis, 上でアルセニコ、硫黄、水銀を揮発させた蒸気の作用に晒され染められる板片状にした金属。

(38) これがエメラルド板の言辞であるとすると、このデモクリトスはメンデスのボロンということになる。

(39) projette, 投げ入れる

(40) penetrant, 嵌入、結合

(41) ouilada

(42) naissance

(43) molecules, 小片としたこの語が現在では「分子」となったものであることは明らかだが、その底に魔術的なモーリ草という名が隠されていることに想到する人は稀かもしれない。

(44) othsious, 鷲石、子安石の類か。

(45) ある自然本性は他の自然本性を迎える、とも。シネジウスによればオスタネスの言とされる（アリストテレス、ラーゼスその他に帰されることもある言辞）。

(46) calcaire

(47) アリストテレス論理学式に。Cfr. Avicenna, *De Anima* : Si est, quid est, quomodo est?, in *Artis Chemica princpes*, 1572, p.34.

(48) 不燃性の質料。ゾシモスのテオドラへの手紙参照。

(49) rezin

(50) batharsous
(51) adamas
(52) electrum
(53) Khaled ben Yezid
(54) Fosathar

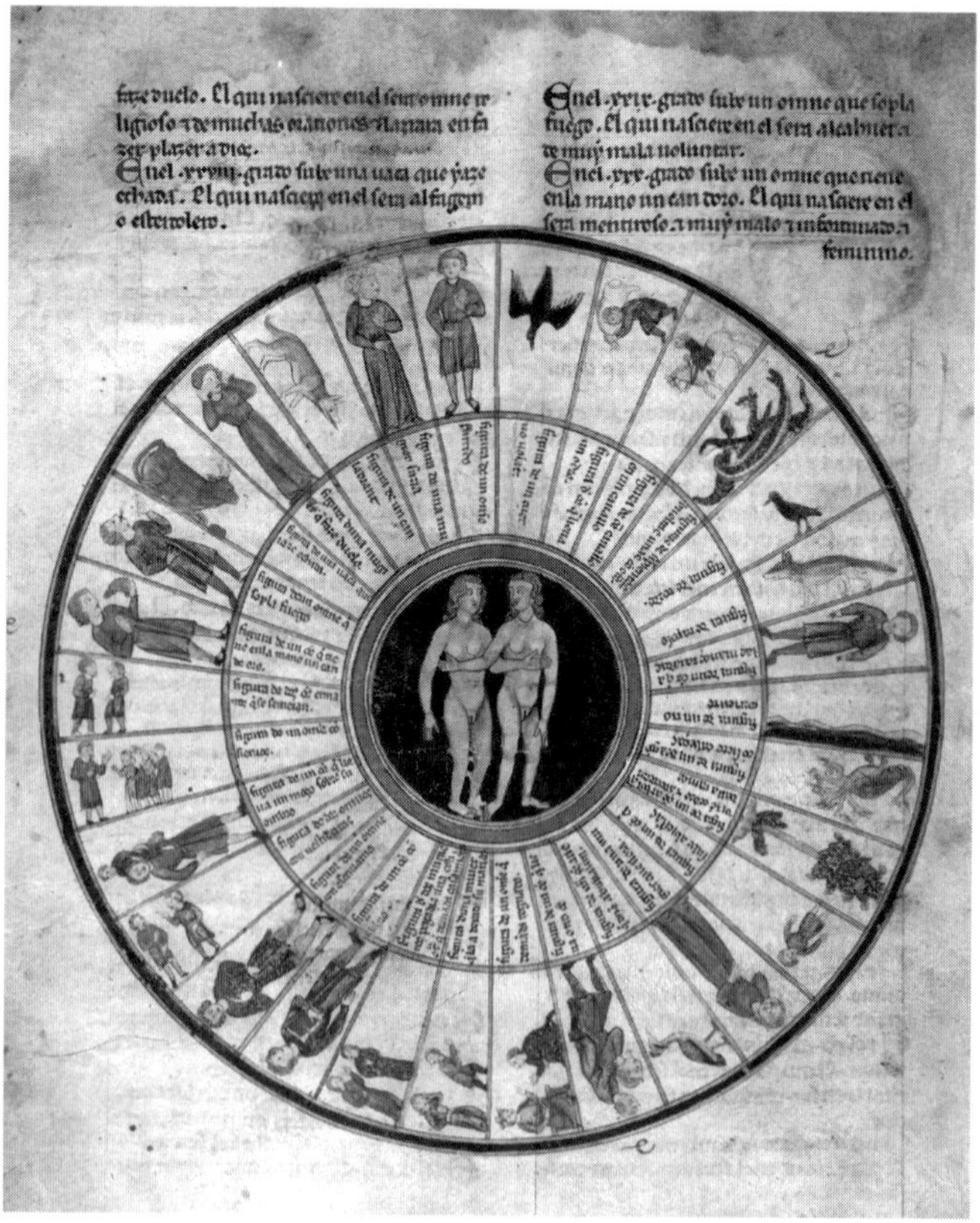

処女宮とそのパラナテロンタ
ヴァチカン写本 MS Reg. lat. 1283 , f.2v
（636 頁参照）

ピカトリクスあとがき

これが中世のイベリア半島で編まれたとされる魔術書『ピカトリクス』の全容です。はたしてそこに密封された霊たちを今、ここに召喚することができるかどうか、さまざまに記述される占星術的時間規定と祈禱詞まで解明できたとは言えません。この点については解題の諸所に示唆したとおり、西欧文化に淵源するものというより東方由来のものが深く嵌入されており、東方の言語文化に造詣深い諸賢にご教示を願うばかり、本書がその踏み台になればと待望します。

『ピカトリクス』が編まれる一世紀前、チェスターのロバート（ロベルトゥス・カストレンシス）はラテン世界にはじめて、錬金術を伝える書を訳出しました[1]。その序に、いまだラテン西欧に知られぬ知識をここに明らめる、と声高に録されているとおり、新知識は地中海を渡ってアラビア世界と境界をなすアンダルシアとシチリア島で激しい反応を起こした訳です。西欧の学者たちはなかなか触れませんが、カロリング朝時代には逐一筆記されていたラテン語の表記に数多の省略符合が用いられるようになるいわゆるゴシック筆記あるいはその書体にも[2]、アラビア語の表記法が深い影響を与えたものだったに違いありません。そして勃興するスコラ学の論議には、当時流行の「眺望論（パースペクティヴ）」つまり「光学（オプティカ）」の新語が満ちています。受容器という機構（メカニスム）への力能の注入と、受容における選択意志（インテンション）についての論議は、注入されたものが投影される運動の往環において知覚認識論的に主題を対象化するばかりか、魔術的に主題を主体化する訳です。アヴィセンナの自然学を移植するための羅訳語の新しさと、知解の努力としてのボエチウス的伝統の召喚と。アヴェロエス主義として批判を学ぶ前段階にあった言語技芸（アルス）の精緻化。そしてその断罪へと。そんなうらはらな時代。ロバートによる「最初の」ラテン語版錬金術書は『モリエヌスの証言（あるいは遺言）』と表題され、奇妙にもアラビアの王ハリドが[3]「ローマ人」の隠者モリエヌスを探し出し、秘儀を伝授されるというもの。そのモリエヌスは若い頃、ローマを出奔し、アレクサンドリアのアダファル[4]からその秘伝を授けられたものとされています。つまり、この書はエジプトからラテン人隠者に伝えられ、それがアラビアに移されたものがあらためてラテン世界に帰還する、という結構になっているのです[5]。

そしてこれを一世紀あまり遡ると、伝説では魔術師であったというゲルベルトゥスつまり教皇シルヴェステル二世の寸断された姿が浮かんできます。千年紀をまたぐこの教皇の不思議な姿もまた、その没後しばらくして、『ピカトリクス』の羅本がつくられる頃までには伝説化されていたのでした。青年期、ゲルベルトゥスはフランスの封土からスペインへと新知識を学ぶために遣わされますが、これが「アラビアの魔術書」を探し出し、手に入れる旅のおはなしとなり、青銅製の予言する首の預言のとおりに死ぬこととなったという奇譚。これは『ピカトリクス』亞阪原本『賢者の目的』が編まれる前のおはなしです。また予言する首は、のちにアルベルトゥス・マグヌスも所持しており、これをトマス・アクィナスが壊したという伝説にまで援用され、ひょっとするとケレスティヌス五世が死の直前に幽閉されたフモーネ城中で耳にした「声」[6]にもこの伝説のこだまが聞こえてきそうです。ゲルベルトゥスの学問論の特徴は道具の使用にありました。算術には「算盤（アバクス）」が、天文学のためには「天体観測儀（アストロラーベ）」が、音楽つまり調和の探求のためには「一弦琴（モノコルド）」が用いられ、彼が造ったとされるオルガンとはいったいどんな楽器だったのか、想像ばかりが膨らみます。わたしたちは分割のアポリアとして、すぐさまゼノンの矢つまりアキレスと亀のおはなしを思い浮かべますが、中世の算術家たちは無（ゼロ）と一のあいだを分割するのではなく、一と二のあいだの比率つまり隣接数比（2/1・3/2・4/3等々）に拘泥していたのであって、そこに眺められていた調和（ハルモニア）について、なかなかわたしたちはその遙けさに想到できません[7]。

『ピカトリクス』に集められたさまざまな知識、そこにはペルシャの太陽暦がインドの影響を蒙りつつムスリムの月の暦に替えられる時代が映されているのかもしれません。そこに援用される道具装置としての祈禱詞および燻香や護符の処方にも。

草木は時を違えず芽吹き、蕾をつけ、しめしあわせたかのように一斉に美しく咲き誇る。時としてそんなことにも人は感激します。それはおそらく種としての人が個我を獲得したせいで自然本性を対象化してしまい、つねにすでにそこから異化された存在に墜ちてしまったからに違いありません。それを堕罪と呼び、群れを離れた人は救済を求めてかえって遠くへと彷徨いはじめるのです。彷徨う自我の目的が救済と名指される、あるいは自我の救済が目的化される、と言ってもいいかもしれません。ふたたび自然本性を獲得するためには、原因性という理拠が要請され、それが賢者たちによって儀礼化され定式化されました。失われた自然本性をとり戻すための処方箋、それを呼び戻すための祈禱詞の数々、それらを古伝承から蒐めて編まれたのが本書『ピカトリクス』、中世星辰魔術集成でした。

ある日に生まれ、いつか死んでいく者として、人は過ぎ来し方と来たるべき時を先後として双面のヤヌスを刻み（一月）、道祖神として祀り、旅の準備を調えます。探しものは、といえばその自然本性の玄義をしるした書物に他なりません。航海に守りの女神の寵愛を得て、僻遠の地の神殿廃址の地下に待つ書物に到達した人は一人に限りません（これを古老ヘルメスがさしだしてみせる象徴図像としてあらわした「変成板（タブラ・キミカ）」[8]の図像を添えておきましょう）[9]。古の書物を繙読する、とは降霊術（ネグロマンツィア）に他ならないのでしょう。古人たちの思惟を尋ねることは、エンペドクレスが死者の霊を召喚してみせたのときっと同じこと。ただし、かならずしも彼らが語ることばの意味が解せたものかどう

かははっきりしません。その時、わたしは彼らのことばがわからない、それは秘匿されている、あるいは不条理である、などと知ったかぶりをするのですが、かえってわたしたちが彼らのことばを理解していないだけなのではないのか、とわたしの耳に囁くもの、こうした疑念を注ぐものが、おそらく霊（スピリトゥス）なのでしょう。

　生贄の羊の皮から帯を切り取る祭儀、これをフェブルス・ケデーレ februs caedere（二月）と称し、古のローマではこれによってユーノーの外套（アミクルム・イウノーニス）をつくり、供えたとされます。二月の祭ルペルカリアは狼から守る者ファウヌスの祝いで、ユーノーの外套を纏う者とはこの牧神（ファウヌス）のことでした。今ではこの日がヴァレンタイン・デーとなっています。そしてカーニヴァル（カルネヴァーレ）がやって来るのですが、本邦でも謝肉祭と訳されているように、これは肉食を忌む祭（カルネ・ヴァーレ）と解釈されてきましたが、かえって舟型の山車（カッルス・ナヴァレ）つまりイシスの航海の祝い（ナヴィグム・イシディス）（三月五日）のことであったらしいのです。ニカイア公会議（三二五年）では復活祭（パスクァ）算定にあたり新月が採られていたといいますが、テオドシウス帝時代（三九一年）に春分につづく最初の満月が準拠とされ、イシスの航海の祝い日つまりカルネヴァーレは復活祭の四十日前に移されたものなのだそうです。もうはやここで、古代暦と現在の暦のずれに「天文学的厳密さ」の幻想が崩れるところ、わたしは途方に暮れるのです。

　わたしたちの逸脱は直観を離れた思惟に主体化されます。考える considera とは星とともにある con-sidera こと、だと。わたしたちは思惟を抽象するのではなく、思惟に主題化されることになります。古人たちはこれを星に挙げられることと称し、挙げられたものを讃え、自ら挙げられるべく努めるところに剛毅という性格を据え、これを理念つまり公準としたのでした。中世ラテン世界にあって、主題化される思惟は知性（インテレクトゥス）の外在性とこれを受容獲得

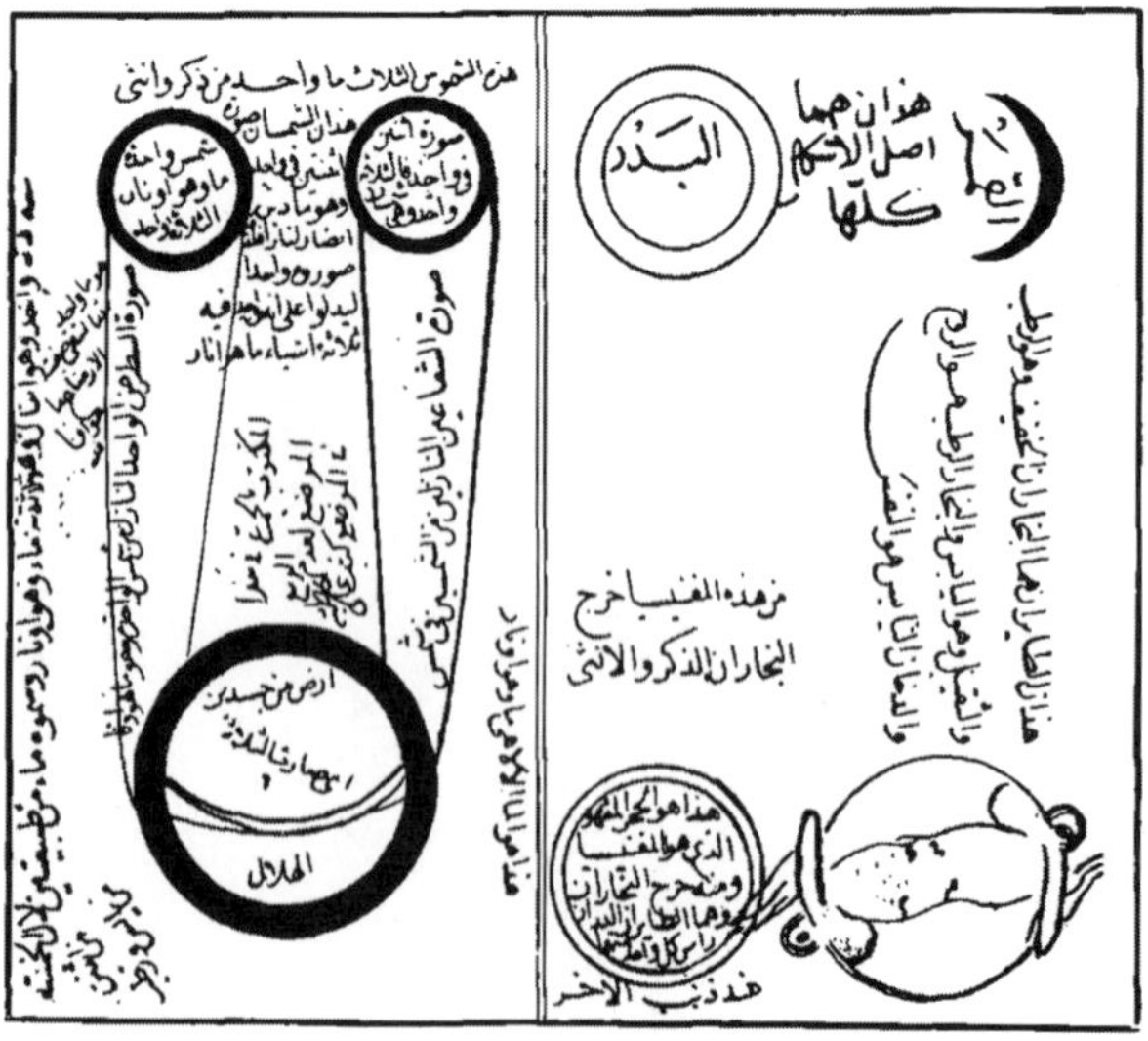

する魂(アニマ)の往還のものがたりに回収され、アラビア経由でもたらされたヘレニスム的議論、能動知性が魂を賦活する、つまり完璧な知性が魂を理性化することで人が思惟を獲得する、という知性論議となったのでした。ここに超越論として尖鋭化される知性論は、その「道義」（これは個人性格(ペルソナ)あるいは身体(コルプス)の善悪と解釈されるに到ります）を問われて断罪されるとともに神学への梯子を外され、かえって自由学芸が神学へと到る準備的階梯であった時代から、それぞれが学問として特化され、職業化していきます。医学と天文学は大学講座にとりいれられましたが、錬金術といわゆる魔術は地下に潜った、という訳です。

民衆信仰という神秘の感受のかたちを追いつつ、中世における預言の影響を眺め（しばし後代の神話図像解釈へと遊びつつ）、ここに秘匿伝承されてきた星辰魔術にまで到りました。じつにこれははるかに占星術を超え、西欧の古代・中世哲学を逆照射してみせるものであるとともに、わたしたちにとっては平安時代に大陸から伝承された宿曜道へとつなぐ、その玄妙なすがたをあらわにしてみせるのです。

不意にやってくる光景。炭灰を敷きつめたような黒く荒れた庭の草叢に蹲って遊ぶ幼児と、ほとんど感情をおもてに出すこともない着物姿の婦人。その人は無果花の木に引っ掛かった蛇の脱殻を大切そうにとりあげると、和鋏で矩形に切り取って懐紙に包み、財布に収めました。そして狐の襟巻の頭を押し顎を開けてその尾を噛ませ、首に廻らせて颯爽とお出かけになりました。その廃墟の庭が一九四五年七月の空襲の折、焼夷弾で全焼したその人の母屋という記憶の址の十数年後の景色であったことを知ったのはずっと後のこと。焼け残ったのは異様に立派な手水場と鍵鎖された倉、そして住み込みの者たちの家族が棲んでいたらしい茫洋たる平土間長屋。創立されたばかりの女学校に人力車で通ったお嬢さまにとって、この現実はなかなか覚められない悪い夢だったのかもしれません。この人が、わたしが最初の孫、長男であるということだけでわたしを偏愛してくれた祖母「ぎん」でした。その人の父が八代目の金平。その人の弟は早くに亡くなり、ここで「金」を継ぐ男系血脈は途切れた筈だったのですが、その人はその幼児のことをなぜか十代目と算えて慈しみました。商家の斜陽のなかで結婚し離別するうち、祖母はいったいどのような矜持を育んでいたものか。時というのはふと不思議な光景を思い出させてくれます。

閑話休題。いつもながら今回も八坂書房編集部八尾睦巳さんに隅から隅までお世話になりました。そして今回も美しい書物に仕上げてくださった八坂書房社主八坂立人さんにこころから感謝します。

「新たな力をふりしぼって、がんばれ若者よ、星辰の高みに届くまで」

（『アエネイス』IX, 641）[10]

大橋喜之

二〇一七年三月二〇日、月はじめから何度かエトナ山が噴火。ことのはの降る春分の夜に。大地母神キュベレとアッティスの祭日ヒラリアを待ちつつ。

（1）*Morieni Romani Quondam Eremitrate Hierosolymitani, de transfiguratione metallorum et occulto, summaque antiquorum philosophorum medicina, Libellus nusquam hactenus in lucemeditus,* その序には「一一四四年」とあります。

（2）羊皮紙が貴重であったので、節約のために略記するようになった、というまことしやかな説がありますが、余白の大きな写本群を目の前にする時、あなたもそれは違うだろうと思われることでしょう。そしてそこには後に魔術の一部門を指すノタリコンの出自に関連して、公証人（ノタリウス）という書写専門家たちによる様式化あるいは秘匿の作業があったことも忘れてはなりません。

（3）Khalid Ibn Yazid ibn Mu'awiya はウマヤド朝第四代カリフ（七〇五—七一五）。

（4）Adfar はビザンツ人ステファヌス Stephanus とされる。

（5）そしてこの書のなか、失踪したモリエヌスがハリドのもとに残した「うつわ」に記されていたという魔術的な句節がありこれがまた興味をそそるのですが、どうやらこれは古写本にはないもので、最近の研究では印行時の改竄挿入であろうと説かれ、削除されるに至っています。ちなみにその一節は、Omnes qui secum omnia habet, alieno auxilio nullatenus indigent. つまり「このうちにすべてがあり、他の援けを求める要はない」。わたしにはこれが錬金術表象のウロボロスの標語「全は一である（エン・トー・パン）」あるいは『ピカトリクス』のなかでフォロペドラの書から引かれたとされる護符の意解のように思われてくるのです。

（6）拙訳リーヴス『中世の預言とその影響―ヨアキム主義の研究』八坂書房、二〇〇六年。

（7）たとえば「ゲルベルトゥスの飛躍」と謂われる問題が何を問おうとするものであったのか。

（8）イブン・ウマイル・アル・タミーミの『銀の水と星の土』を元として羅訳解釈をほどこされた書が西欧錬金術の『セニオル・ザディスの書』や『立昇る曙（アウロラ・コンスルジェンス）』となる。

（9）図はイブン・ウマイル・アル－タミーミ『銀の水と星の土 *al-Mā' al-Waraqī*』写本から。二つ目の図は一つ目の図の老賢者が手にする書板の解説図。Cfr. E. Stapleton – M. Hidayat Husain, Three Arabic Treatises on Alchemy by Muhammad Bin Umail (10th Century A.D.), *Memoirs of the Asiatic Society of Bengal*, Vol.XII, No.1 (1933).

（10）*Aen.*, IX, 641: macte nova virtute, puer, sic itur ad astra.「おお若ものよ、初陣の、武勇の功こそめでたけれ。かくのごとくに星天の、高きにまでも汝らの、ほまれはかならずあがるべし。」（泉井久之助訳岩波文庫、一九七六年）

＊付記：本書中に引かれる文献群のうち、主要なものは拙ブログ「ヘルモゲネスを探して」に訳出してありますので、オン・ラインでご参照ください。

[訳者]

大橋喜之（おおはし・よしゆき）

1955年岐阜生まれ。1989年以降ローマ在。

訳書にC. H. フィオレ『最新ガイド・ボルゲーゼ美術館』（Gebhart s.r.l., Roma, 1998）、F. ゼーリ『イメージの裏側』（八坂書房、2000）、R. マンセッリ『西欧中世の民衆信仰』（八坂書房、2002）、『踊るサテュロス』（Leonardo International s.r.l., Roma, 2005）、M. リーヴス『中世の預言とその影響―ヨアキム主義の研究』（八坂書房、2006）、F. ゼーリ『ローマの遺産』（八坂書房、2010）、V. カルターリ『西欧古代神話図像大鑑』（八坂書房、2012）、同続篇（2014）、トマス・ノートン『錬金術式目』（『原典ルネサンス自然学』所収、名古屋大学出版会、近刊予定）など。また化学史学会編『化学史事典』（化学同人、2017）の中世錬金術関連項目を分担執筆。

錬金術書を読むBlog「ヘルモゲネスを探して」更新中。

ピカトリクス――中世星辰魔術集成

2017年4月25日　初版第1刷発行
2017年6月15日　　　第2刷発行

訳　者　大　橋　喜　之
発行者　八　坂　立　人
印刷・製本　モリモト印刷(株)

発行所　(株)八　坂　書　房
〒101-0064　東京都千代田区猿楽町1-4-11
TEL.03-3293-7975　FAX.03-3293-7977
URL.: http://www.yasakashobo.co.jp

ISBN 978-4-89694-233-0

地界索引

INDEX OF TERRESTRIAL NAMES

（人名・書名）

＊本文の項目のみ。欄外註や解題で採った語を（ ）内に付記した。
＊＊〈Ⅱ 5【1】〉は本文第Ⅱ書5章【1】項をあらわす。

ア

アザハビン人 Azahabin Ⅱ 5【1】
アサユム Acaym Ⅲ 11【127】
『アスティメクェムの書』*Astimequem* Ⅲ 6【1】（『アル-イスタマティス』）
『アズティメヘクの書』*Aztimehec* Ⅲ 6【1】
『アステメクィスの書』*Astemequis* Ⅲ 10【5】（『アル-イスタマティス』）
アタバリ Athabary Ⅲ 7【1】（アル・タバリー）
アダム Adam Ⅰ 7【4】；Ⅳ 7【2】
アドセンティン Adocentyn Ⅳ 3【1】
アブバエル・アベンヴァシエ Abubaer Abenvaxie Ⅳ 7【1】
アベノアシエ Abenoaxie Ⅱ 2【4】（イブン・ワッシーヤ）
アベンヴァシア Abenvasia Ⅳ 2【26】；7【6】【37】【43】（イブン・ワッシーヤ）
アベンテクリス Abenteclis Ⅲ 12【2】（→エンペドクレス）
アベンラシア Abenrasia Ⅲ 8【4】（イブン・ワッシーヤ）
アメヌス Amenus Ⅲ 6【3】
アユデネルス王 Aydeneruz Ⅲ 10【7】
アリストテレス Aristoteles Ⅰ 5【37】【39】；Ⅱ 3【17】；Ⅲ 4【1】-【4】；9【1】【8】【11】；10【1】【3】-【7】；11【24】；Ⅳ 1【10】；4【59】【61】；5【6】【8】【9】
アルハヴェス Alahavez Ⅲ 3【31】
アルハネミ Alhanemi Ⅰ 5【23】
『アルフィラハ』*De alfilaha* Ⅰ 2【4】【5】（『ナバテアの農事書』）
アルフォルス Alfors Ⅱ 3【2】
アルフォンソ Alfonsus 序【1】
アルブナサル・アルファラビ Albunasar Alfarabi Ⅱ 5【5】
アルラゼ Alraze Ⅱ 12【55】【58】（アル・ラージー）
アレクサンドロス Alexander 序【1】；Ⅱ 3【17】；Ⅲ 3【3】【11】；9【1】；10【1】【7】；11【127】
アーロン Aaron Ⅲ 5【6】
イサクの息子ヨハンニキウス Iohannicius filius Ysaac Ⅳ 4【61】（→ヨハンニキウス）
『エステメクィス』*Estemequis* Ⅲ 9【1】（『アル-イスタマティス』）
エノク Enoch Ⅱ 12【46】【48】【49】
エンペドクレス Empedocles Ⅳ 1【11】（→アベンテクリス）

カ

カエサル Cesar 序【1】
カユネス Caynez Ⅲ 10【7】【13】；11【1】
カラフゼビス Caraphzebiz Ⅲ 6【3】
『カルデアの農事書』*Liber agriculture Caldee* Ⅳ 7【9】（『ナバテアの農事書』）
—— *Liber agriculture Caldeorum* Ⅳ 7【60】
—— *De agricultura Caldea* Ⅳ 2【26】；7【1】
ガレノス Galienus Ⅱ 6【2】；Ⅲ 11【53】；12【2】
ギリシャのティンティンス Tintinz Grecus Ⅲ 6【4】
ケトラティス Cetratis Ⅲ 19【1】
ゲベル Geber Ⅲ 11【58】【93】【112】；Ⅳ 7【23】（ジャービル）
——・アブネハイエン Geber Abnehayen Ⅱ 12【58】【59】
——・アベンハイエン Geber Abenhayen Ⅳ 4【64】
『鉱物についての書』*Liber minerarum* Ⅳ 5【8】

サ

ザデアリス Zadealis Ⅰ 6【5】
『自然本性の諸様相』*Oydus naturalis* Ⅳ 5【8】
『植物の書』*Liber vegetabilium* Ⅳ 5【8】
『箴言集』*Liber amphorismorum* Ⅰ 5【35】（擬プラトン）
ズクラト Zucrat Ⅳ 9【27】
『生成と壊敗について』*Liber generacionis et corrupcionis* Ⅳ 5【8】
セスダリス Sesudalis Ⅳ 1【4】
ゼヘリス Zeherith Ⅳ 7【9】【24】【42】【60】【61】
ゼヘリト Zeherit Ⅲ 7【3】
ソクラテス Socrates Ⅲ 6【5】
ソロモン Salomon Ⅰ 5【27】

■タ■
『百言集』（チェンティロクィウム）*Centiloquium* Ⅰ 5【5】; Ⅱ 1【1】; Ⅳ 4【46】
月の山 Mons Lune Ⅳ 3【1】
「デ・アニマ」De anima Ⅳ 5【12】
『ディヴィジオ・スキエンティアールム』*Divisio scienciarum et panditor secretorum* Ⅲ 5【3】（→『知識の区分とその秘鑰の解明』）
『ティマイオス』*Timeus* Ⅰ 6【5】
『ティマカニン』*Timachanin* Ⅱ 2【4】（『ナバテアの農事書』）
『デ・イマジニブス』*De ymaginibus* Ⅰ 5【36】; Ⅱ 12【39】（『図像について』）
『デ・エステメクィス』*De estemequis* Ⅲ 10【1】（『アル-イスタマティス』）
テービト・ベン・コラ Thebit ben Corat Ⅰ 5【36】（→タービット・イブン・クッラ）
『デ・オルディナチオーニブス』*De ordinacionibus* Ⅰ 2【1】（『諸秩序の書』）
『デ・プロプリエタティブス』*De proprietatibus* Ⅲ 6【106】（『諸性質の書』）
テュムテュム Tymtym Ⅱ 2【4】
『天界と地界について』*Liber celi et mundi* Ⅳ 5【8】
『天にあらわれる星座の書』*Liber signorum que apparent in celo* Ⅳ 5【8】
『動物の運動について』*Liber animalium motuum* Ⅳ 5【8】
トート Thoos Ⅰ 5【40】
ドロテウス Dorothius Ⅱ 3【10】

■ナ■
ナイル川 Nilus Ⅲ 11【127】; Ⅳ 3【1】
ナバテアの Naptini Ⅱ 5【1】
ナプティニ人 Naptio Ⅱ 2【4】（ナバテア人）
ネプティヌス Neptinus Ⅲ 8【1】（→ナバテアの）
ネプテオ Nepteus Ⅲ 5【2】（ナバテア）
『農事の書』*Liber agriculture* Ⅳ 2【26】（『ナバテアの農事書』）

■ハ■
バビロニアのプトレマイオス Ptolomeus de Bebil Ⅳ 7【23】（→プトレマイオス）
バユラメニイ Bayrameny Ⅲ 7【40】
バルナク・エルバラメニイ Barnac Elbarameny Ⅲ 7【40】
バンダクリス Bandaclis Ⅳ 1【3】（→エンペドクレス）
ピカトリクス Picatrix 序【1】【2】; Ⅱ 10【10】; Ⅱ 結辞
ピカトリチス Picatricis Ⅱ 10【11】【16】【24】【27】【33】【37】; Ⅲ巻頭言 / 結辞
ピタゴラス Pitagoras Ⅱ 12【59】
—— Pithagoras Ⅳ 9【28】
『秘中の秘』*Secretum secretorum* Ⅳ 4【1】
『百言集』→チェンティロクィウム
フォロペドラ Folopedra Ⅳ 8【36】; 9【1】
プトレマイオス Ptolomeus Ⅰ 5【5】; Ⅱ i I; x 29; Ⅳ Ⅳ 46
プラトン Plato Ⅰ 2【2】; 5【35】; 6【5】; Ⅱ 12【59】; Ⅲ 12【2】; Ⅳ 4【57】【65】; 5【12】
プリニウス Plinio Ⅳ 9【29】
ベイルス Beylus Ⅱ 10【10】【12】【15】【19】【22】【26】【31】【36】
『ヘデユトス』*Hedeytoz* Ⅲ 11【52】
『（メト）ヘデユトスの書』*[Met]hedeytoz* Ⅲ 11【41】【112】
ベビル Bebil Ⅳ 7【23】（バビロニア）
ベヘンタテル王 Behentater Ⅲ 11【125】
ヘルメス Hermes Ⅱ 10【46】【47】; 12【51】; Ⅲ 3【1】; 4【1】【5】; 7【32】【35】【38】; 11【52】【54】; Ⅳ 3【1】
——・トリスメギストス Hermes Trismegistus Ⅱ 1【39】

■マ■
『マラティスの書』*Malatiz* Ⅲ 10【7】
『メタフィシカ』*Metaphisica* Ⅳ 5【9】（『形而上学』）
『（メト）ヘデュトスの書』*[Met]hedeytoz* Ⅲ 9【41】【112】
メルクリウス Mercurius Ⅱ 10【10】【13】【17】【20】【23】【28】【32】【35】; Ⅲ 3【25】; Ⅳ 4【1】
モーゼ Moysus Ⅳ 7【23】

■ヤ■
ユポクラス Ypocras Ⅲ Ⅲ 32; Ⅳ Ⅳ 58 →ヒポクラテス
ヨハンニキウス Iohannicius Ⅱ 6【2】; Ⅳ 4【61】
イサクの息子—— Iohannicius filius Ysaac Ⅳ 4【61】

■ラ■
ラーシス Rasis Ⅲ 7【20】
『ラピダリウス』*Lapidarius* Ⅱ 10【10】（→『石譜』）
『リーベル・イマジヌム』*Liber ymaginum* Ⅱ 12【45】

『リーベル・クラヴィウム』*Liber clavium* II 12【58】(『鍮の書』)
『リーベル・コンプレートゥス』*Liber completus* II 12【59】(『完全の書』)
『リーベル・コンプレートゥス・マギカエ』*Liber completus magice* II 12【58】(『魔術大全』)
『リーベル・スピリトゥム・エト・イマジヌム』*Liber spirituum et ymaginum* II 10【10】(『霊と図像の書』)
『リーベル・セクレトールム・マギカエ』*Liber secretorum magice* II 12【58】(『魔術の秘鑰の書』)
『リーベル・セプテム・プラネタールム』*Liber 7 planetarum* III 3【3】(『七惑星の書』)
『リーベル・マグヌス』*Liber magnus* II 12【58】(『大著作』)
『リーベル・マグヌス・フィグラールム』*Liber magnus figurarum* II 2【1】(『形象集成』)
『リーベル・メタフィシチェ』*Liber metaphisice* III v II 20(『形而上学』)
ルフス Rufus III 11【123】
ローズス Rozuz II 2【1】

天界索引

INDEX OF CELESTIAL NAMES AND MAGICAL WORDS

（星辰・惑星・祈禱詞）

＊〈Ⅲ 10【9】〉は本文第Ⅲ書10章【9】項をあらわす。

■ア■

アウドゥレス Audurez Ⅲ 10【9】
アウヌヒス Aunuhiz Ⅲ 10【9】
アウマウリス Aumauliz Ⅲ 10【8】
アウレユス Auleyuz Ⅲ 10【8】
アカテュエリュ acatyery Ⅰ 5【27】
アカヤ Achaya Ⅳ 9【34】
アカリク Achalich Ⅳ 9【43】
アカルファ Acarfa Ⅰ 4【13】
アギナフェス Aginafez Ⅲ 9【14】
アクザビ Aczabi Ⅳ 7【23】
アクタリエ Actarie Ⅳ 6【13】
アクデルス Acderuz Ⅲ 10【14】
アクリウス Acriuz Ⅲ 10【14】
アサウラ Axaula Ⅳ 9【47】
アザルファ Azarfa Ⅳ 9【40】
アジエル Aziel Ⅳ 9【53】
アジメク Azimech Ⅰ 4【15】；Ⅳ 9【42】
アスタマティス Astamatis Ⅲ 10【3】
アズハフェス Azuhafez Ⅲ 9【4】
アズベーネ Azubene Ⅰ 4【17】
アゼベーネ Azebene Ⅳ 9【44】
アゼルク Azeruch Ⅳ 9【44】
アゼルト Azerut Ⅳ 9【41】
アゾブラ Azobra Ⅰ 4【12】；Ⅳ 9【39】
アゾラーヤ Azoraya Ⅰ 4【4】
アゾライエ Azoraye Ⅳ 9【31】
アターヤ Athaya Ⅰ 4【7】
アタルフ Atarf Ⅰ 4【10】
アタルファ Atarfa Ⅳ 9【37】
アッサレス Assarez Ⅳ 9【32】
アッフィフス Affihuz Ⅲ 10【12】
アッフィムス Affimuz Ⅲ 10【14】
アデュエルス Adyeruz Ⅲ 10【9】
アドゥレス Adulex Ⅳ 9【61】
アドメニタ Admenita Ⅲ 7【30】
アトメフェス Atmefex Ⅳ 9【61】
アドリエブ Adrieb Ⅳ 9【45】
アナエル Anael Ⅳ 7【23】
アニヒト Anyhyt Ⅲ 7【30】
アニムレス Animurez Ⅲ 10【9】
アヌクシ Anuxi Ⅳ 9【56】
アヌンチア Annuncia Ⅳ 9【31】
アネフトヨラ Anehutyora Ⅳ 6【13】
アハテュス Ahatyz Ⅲ 7【21】
アハデュス Ahadyz Ⅲ 9【14】
アハユアラス Ahayuaraz Ⅲ 10【10】
アハリス Ahariz Ⅲ 10【10】
アハリュレス Aharyulez Ⅲ 10【10】
アビレユメス Ableymez Ⅲ 9【5】
アフィウディタ Affiudita Ⅲ 7【30】
アフェティヘ affetihe Ⅰ 5【27】
アブディズ Abdizu Ⅳ 9【40】
アフデメモラ Ahudememora Ⅳ 6【13】
アフラユス Afrayuz Ⅲ 9【12】
アブリーネ Abrine Ⅳ 9【52】
アブリエメル Abliemel Ⅳ 9【55】
アフリドゥス Afriduz Ⅲ 9【12】
アブルティム Abrutim Ⅳ 2【4】
アミレス Amirez Ⅲ 9【6】
アユラトリシュン aylatricyn Ⅰ 5【27】
アユン ayn Ⅰ 5【27】
アラス Araz Ⅲ 7【27】
アラフエ Alahue Ⅰ 4【14】；Ⅳ 9【4】
アリキイル Alichil Ⅰ 4【18】；Ⅳ 9【45】
アルカブ Alcab Ⅳ 9【46】
アルガフラ Algafra Ⅰ 4【16】；Ⅳ 9【43】
アルカマル Alchamar Ⅳ 7【23】
アルガミディルス Algamidirus Ⅱ 12【45】
アルカルブ Alcalb Ⅰ 4【19】
アルガルフ Algarf almuehar Ⅰ 4【28】
アルクィル Arquil Ⅳ 2【24】
アルクュル Arquyl Ⅲ 7【32】
アルジェバ Algebha Ⅰ 4【11】；Ⅳ 9【38】
アルズス Arzuz Ⅲ 9【5】
アルダウス Ardauz Ⅲ 7【25】；9【3】
アルダフス Ardahuz Ⅲ 9【13】
アルディラ Aldira Ⅳ 9【35】
アルディラー Aldirah Ⅰ 4【8】
アルデバラン Aldebaran Ⅰ 4【5】；Ⅱ 12【45】；Ⅳ 9【32】
アルナト Alnath Ⅰ 4【2】；Ⅳ 9【29】
アルナユム Alnaym Ⅳ 9【48】
アルビメス Albimex Ⅳ 9【62】

アルファルク Alfarg
後なる—— Alfarg posterior Ⅳ 9【55】
先なる—— Alfarg primus Ⅳ 9【54】
アルフエリス Alhueriz Ⅲ 10【10】
アルフス Arhuz Ⅲ 9【15】
アルブネ albune Ⅰ 5【27】
アルベルダ Albelda Ⅳ 9【49】
アルボタイン Albotain Ⅰ 4【3】
アルボタイン Albotayn Ⅳ 9【30】
アルミクェダム Almiquedam Ⅰ 4【27】
アルミセス Almices Ⅰ 4【6】
アルミゼン Almizen Ⅳ 9【33】
アルミネス Arminez Ⅲ 10【8】
アルムレス Armulez Ⅲ 10【12】
アルメス Armez Ⅲ 9【12】
アレクセ Arrexe Ⅳ 9【56】
アレクセエ Arrexhe Ⅰ 4【29】
アレダフィル Aredafir Ⅳ 9【38】
アンガラス Angaras Ⅳ 9【62】
アンコラ Ancora Ⅳ 6【13】
アンジル Anzil Ⅳ 2【19】
アンダラウス Andararuz Ⅲ 10【11】
アンドゥレス Andulez Ⅲ 9【14】; 10【9】
アンナトラ Annathra Ⅰ 4【9】; Ⅳ 9【36】
アンヌセル Annucel Ⅳ 9【47】
アンネディエス Annediex Ⅳ 9【36】
アンベタイル Anbetayl Ⅳ 2【23】
ウァクデス Vacdez Ⅲ 6【1】
ヴェヌス／金星 Venus Ⅰ 2【4】; 3【2】; 4【33】; 5【1】【5】【6】【8】【13】【16】【22】【33】【34】; Ⅱ 3【6】【12】【14】【15】; 6【6】【7】; 9【5】; 10【6】【9】【20】【26】-【30】【46】【55】-【67】【85】; 11【2】; 12【5】【9】【19】【20】【30】【34】【40】【46】【48】-【50】【55】【57】; Ⅲ 1【7】; 3【2】【8】【11】【33】; 5【3】; 7【4】【6】【13】【30】【31】; 9【5】【15】; 11【96】; Ⅳ 2【8】【20】【23】; 4【8】【25】【32】【38】【40】【43】【55】【56】【59】; 5【11】; 6【6】; 7【23】【43】【60】【61】; 9【62】
ヴェネフレス Venehulez Ⅲ 10【12】
ヴェメデュス Vemedeyz Ⅲ 10【9】
ヴエリュン vueryn Ⅰ 5【27】
ウメユルス Umeyruz Ⅲ 10【9】
エグリベル Egribel Ⅳ 9【46】
エザウラ Exaula Ⅰ 4【20】
エドゥス Eduz Ⅲ 9【11】
エネディル Enedil Ⅳ 9【30】
エミレス Emirex Ⅳ 9【63】
エミレス Emirez Ⅲ 9【16】
エユドゥレス Eydulez Ⅲ 9【4】
エルダス Erdaz Ⅲ 9【12】
エルデゲル Erdegel Ⅳ 9【42】
エルベルダ Elbelda Ⅰ 4【22】
カアダコホオ Caadacohot Ⅰ 4【25】

■カ■

カアダゾト Caadazod Ⅳ 9【52】
カアダルデバ Caadaldeba Ⅰ 4【23】
カアダルハキア Caadalhachia Ⅰ 4【26】
カアデボラク Caaddebolach Ⅰ 4【24】
カイムス Cayimuz Ⅲ 10【9】
火星 Mars →マルス
ガディス Gadix Ⅳ 9【61】
カトゥヘ catuhe Ⅰ 5【27】
カトルディス Catrudiz Ⅲ 10【9】
ガネイタニア ganeytania Ⅳ 2【8】
カハダブラ Cahadabula Ⅲ 9【13】
カピテル Captiel Ⅳ 7【23】
カヒュルス Cahyluz Ⅲ 9【5】
カヒル Cahil Ⅳ 2【25】
カビル Cabil Ⅳ 9【33】
カフエネ cahuene Ⅰ 5【27】
ガブリエル Gabriel Ⅳ 7【23】
カマル Camar Ⅲ 7【33】
神 Deus 序【1】【2】【4】; Ⅰ 1【2】; 2【5】; 4【33】; 5【39】; 6【1】; 7【1】【4】; Ⅱ 5【5】; 10【20】; 12【53】【58】【59】; Ⅲ 7【1】【16】-【21】【23】-【26】【28】-【33】; 8【4】; 12【1】【2】; Ⅳ 2【4】【9】; 4【61】【63】; 6【13】; 7【62】; 9【27】
カユナウレス Caynaurez Ⅲ 10【8】
カユファリュム caypharim Ⅳ 2【3】
カルエイス Carueyiz Ⅲ 7【21】
カルナドゥイス Carnaduyz Ⅲ 7【21】
巨蟹宮 Cancer Ⅰ 4【9】【11】; 5【5】【16】【34】; Ⅱ 3【9】; 10【87】; 11【12】-【14】; 12【11】【42】【55】; Ⅲ 2【5】; 3【16】; 9【15】【17】; Ⅳ 2【5】【10】【12】【16】
金牛宮 Taurus Ⅰ 4【4】-【6】; 5【5】【6】【24】【25】【30】【31】【34】; Ⅱ 9【3】【5】; 10【85】; 11【2】【6】-【8】; 12【5】【40】【41】【43】【55】; Ⅲ 2【3】; 3【14】; 7【38】; Ⅳ 2【3】【8】
金星 Venus →ヴェヌス
クイバリ quibari Ⅰ 5【27】
クェウェ queue Ⅰ 5【27】
クェヒネン Quehinen Ⅳ 9【58】
グエブデミス Guebdemis Ⅳ 9【60】
クェミス Quemis Ⅳ 9【58】
クェユク Queyhuc Ⅳ 9【48】

グエユデヌス Gueydenuz　Ⅳ 9【60】
グエュルス Gueylus　Ⅳ 9【62】
グェルヌス Guernus　Ⅳ 9【64】
クェルミス Quermiex　Ⅳ 9【58】
ケイフェン Keyhven　Ⅲ 7【17】
ケフス Cehuz　Ⅲ 9【6】
ゲブルティム gebrutim　Ⅳ 2【4】
ゲリツ Geriz　Ⅳ 9【29】
ケリュベロン Celyuberon　Ⅳ 6【13】
ケレス Celez　Ⅲ 7【33】
コチス Cociz　Ⅲ 9【16】
コレス Corez　Ⅲ 9【1】
コロネス Koronez　Ⅲ 7【17】

▩サ▩

ザアダラビア Zaadalahbia　Ⅳ 9【53】
ザアデボラ Zaadebola　Ⅳ 9【51】
ザアレ zaare　Ⅰ 5【27】
ザウケブ Zauceb　Ⅳ 6【13】
サカス Sacas　Ⅲ 7【17】
サクラ Sarca　Ⅲ 7【30】
サトゥルヌス／土星 Saturnus　Ⅰ 2【4】; 3【2】; 4【2】【6】【31】【33】; 5【8】【15】【24】【31】; Ⅱ 3【8】【14】【15】; 5【2】; 6【6】【7】; 9【6】【7】; 10【2】【9】【11】-【14】【41】【42】【81】; 12【7】【10】【18】【21】【29】【32】【39】-【41】【43】-【45】【47】-【50】【55】【56】; Ⅲ 1【3】【6】; 3【2】【4】【11】【33】; 7【2】【9】【10】【16】-【19】【23】【38】; 8【2】【3】; 9【1】【11】; Ⅳ 2【3】【19】; 4【5】【22】【39】【55】【59】; 4【2】【3】【8】【11】; 7【8】【9】【31】【44】; 9【58】
サトクィエル Satquiel　Ⅳ 7【23】
ザバハト zabahat　Ⅰ 5【27】
ザフダス Zahudaz　Ⅲ 9【16】
サマエル Samael　Ⅳ 7【23】
ザマヒュル Zamahyl　Ⅲ 7【33】
サモレス・マイモン Samores maymon　Ⅳ 7【23】
サルナクィル Salnaquil　Ⅳ 3【2】
サンダルス Sandaruz　Ⅲ 10【9】
シエリィ Siely　Ⅳ 9【35】
獅子宮 Leo　Ⅰ 4【11】-【13】; 5【16】【18】【24】【25】【32】; Ⅱ 9【2】; 10【52】【54】【84】; 9【15】-【17】; 12【14】【39】【43】-【45】; Ⅲ 2【6】; 3【17】; 7【40】; 9【14】; Ⅳ 2【6】; 6【13】
処女宮 Virgo　Ⅰ 4【6】【13】-【15】; 5【13】【28】; Ⅱ 11【18】-【20】; 12【17】【40】【45】【55】; Ⅲ 2【7】; 3【18】; Ⅳ 2【7】【17】
人馬宮 Sagittarius　Ⅰ 4【6】【20】-【22】; 5【34】; Ⅱ 10【45】【82】; 11【27】-【29】; 12【26】【48】【55】; Ⅲ 2【10】; 3【21】; 9【11】【12】; Ⅳ 2【10】
水星 Mercurius　→メルクリウス
ゼクェビン Zequebin　Ⅳ 9【51】
セヒス Sehix　Ⅳ 9【63】
セムス Xemz　Ⅳ 7【23】
セムルス Cemluz　Ⅲ 9【15】
ゼメイェル Zemeyel　Ⅳ 2【21】
セユレス Ceylez　Ⅲ 9【12】
セラフィエ Seraphie　Ⅳ 2【9】
セラン Celan　Ⅲ 7【33】
セリム Cerim　Ⅲ 7【33】
セルス Celuz　Ⅲ 9【17】
セレヘ Selehe　Ⅳ 9【35】
セントゥス Centus　Ⅳ 9【62】
センヘ cenhe　Ⅰ 5【27】
双魚宮 Pisces　Ⅱ 10【85】; 11【36】-【38】; 12【35】【41】【55】; Ⅲ 3【24】; 9【12】【15】; Ⅳ 2【17】
―― Piscis　Ⅰ 4【27】-【29】; 5【22】【23】【34】; Ⅱ 10【46】; 12【51】【55】; Ⅲ 2【13】
双子宮 Gemini　Ⅰ 4【6】-【8】; 5【28】; Ⅱ 10【71】【86】; 11【9】-【11】; 12【8】【42】【55】; Ⅲ 2【4】; Ⅲ 1【5】; Ⅳ 2【4】
ゾバア・マラク Zobaa marrach　Ⅳ 7【23】
ゾハラ Zohara　Ⅲ 7【30】; Ⅳ 7【23】
ゾハル Zohal　Ⅲ 7【17】; Ⅳ 7【23】
ソル／太陽 Sol　Ⅰ 3【2】; 4【2】【6】【31】【33】; 5【8】【16】【18】【24】【31】【32】【36】【44】; Ⅱ 3【1】-【7】【11】【12】【15】【16】; 5【3】; 6【6】; 10【5】【9】【22】-【25】【39】【51】-【54】【82】【84】; 11【1】【2】【39】; 12【3】【14】【28】【39】-【51】【53】【55】【57】-【59】; Ⅲ 1【1】【6】; 3【2】【7】【11】【33】; 5【3】; 6【4】【5】; 7【5】【12】【27】-【29】【36】-【38】【40】; 7【1】【2】; 9【4】【11】-【17】; 10【11】; 11【71】【74】【88】【92】【96】【106】【131】; Ⅳ 1【12】; 2【7】【12】【17】【22】; 3【1】【2】; 4【3】【20】【29】【37】【39】【52】【55】; 5【11】; 6【5】【13】; 7【8】【11】【13】【20】【38】【39】【41】【49】; 9【19】【61】

▩タ▩

太陽 Sol　→ソル
タウエドゥス Taueduz　Ⅲ 10【10】
タウトゥタ taututa　Ⅰ 5【27】
タグリエル Tagriel　Ⅳ 9【54】
タニュン tanyn　Ⅰ 5【27】
ダハヌス Dahanuz　Ⅲ 9【7】
ダハユダヌス Dahaydanuz　Ⅲ 9【13】
タハユトゥク Tahaytuc　Ⅲ 9【1】

ダヒェリス Dahyeliz Ⅲ 10【8】
タヒス Tahix Ⅳ 9【59】
タヒュトス Tahytos Ⅳ 9【58】
ダブラユレス Dabraylez Ⅲ 10【8】
タミス Tamiz Ⅲ 9【2】
タミネス Tamines Ⅳ 9【58】
タミュス Tamyz Ⅲ 9【12】
タメルス Tameruz Ⅲ 10【8】
ダヤデブス Dayadebuz Ⅲ 7【25】
タユス Tayuz Ⅲ 9【11】
タユドゥレス Taydurez Ⅲ 10【9】
タユハシェンデス Tayhaciedez Ⅲ 9【12】
タユメス Taymex Ⅳ 9【64】
タユロス Tayros Ⅳ 9【59】
タリュス Talyz Ⅲ 9【1】
ダルクイス Darquiz Ⅲ 7【21】
ダルス Daruz Ⅲ 9【1】
タルヒット Talhit Ⅲ 9【11】
ダルメシム Darmexim V 9【59】
月 Luna →ルナ
ディウス Dius Ⅳ 9【58】
ディヒュメス Dihymez Ⅲ 9【14】
ティフラト tifrat Ⅳ 2【12】
ティメス Timez Ⅲ 9【7】
ディルエス Diruez Ⅲ 9【5】
デガユス Degayus Ⅳ 9【64】
デカユトゥス Decaytus Ⅲ 10【13】
デネディス Denediz Ⅲ 9【17】
デネリス Deneriz Ⅲ 9【15】
デハタリュス Dehataryz Ⅲ 9【5】
デハラユス Deharayuz Ⅲ 9【3】
デヒュカユス Dehycayz Ⅲ 9【14】
デヒュデス Dehydez Ⅲ 9【2】
デヒュデメス Dehydemes Ⅳ 9【60】
デヒュデメス Dehydemez Ⅲ 9【3】【13】
デヒュメス Dehymez Ⅲ 9【4】
テブデルス Tebdeluz Ⅲ 9【14】
デヘタリス Dehetarix Ⅳ 9【62】
デヘデュス Dehedeyz Ⅲ 7【21】
デヘデュス Dehedyz Ⅲ 9【6】
デヘニス Deheniz Ⅲ 9【17】
デヘユデス Deheydex Ⅳ 9【59】
デヘユデミス Deheydemiz Ⅲ 7【25】
デヘユフェス Deheyfez Ⅲ 9【4】
デヘリス Deheriz Ⅲ 9【16】
テミス Themiz Ⅲ 7【21】
デメ Deme Ⅲ 7【21】
デメウス Demeuz Ⅲ 9【12】
デメフス Demehuz Ⅲ 9【2】
テメユス Temeyz Ⅲ 9【15】
デメユメス Demeymes Ⅳ 9【61】
デメリス Demerix Ⅳ 9【62】
デュアフォリム dyaforim Ⅳ 2【3】
デユデス Deydex Ⅳ 9【62】
デユデス Deydez Ⅲ 9【5】
デユトゥス Deytuz Ⅲ 10【8】
デユトゥス Deytyz Ⅲ 9【1】
テュメス Tymez Ⅲ 9【17】
テュル Tyr Ⅲ 7【32】
テユルス Teyluz Ⅲ 9【5】
デユルス Deyluz Ⅲ 10【9】
デュンデス Dyndez Ⅲ 9【12】
デリウス Deriuz Ⅲ 9【1】
デリス Derix Ⅳ 9【59】
デリス Deriz Ⅲ 9【2】【6】【16】
デリュエス Deryes Ⅲ 7【21】
デリユェヌス Deriyenuz Ⅲ 10【12】
デリュス Deryx Ⅳ 9【63】
デルニス Derniz Ⅲ 9【11】
デルミス Dermiz Ⅲ 7【19】
デルメス Dermez Ⅲ 9【2】
天蠍宮 Scorpio Ⅰ 4【18】-【20】【33】; 5【14】【25】; Ⅱ 1【2】; 9【4】; 10【50】【83】; 11【24】-【26】; 12【23】【41】【47】; Ⅲ 2【9】; 3【20】; 7【29】【36】【37】; Ⅳ 2【9】
天秤宮 Libra Ⅰ 4【6】【10】-【18】【33】; 5【30】; Ⅱ 3【9】; 10【56】; 11【21】-【23】; 12【20】【46】【55】; Ⅲ 2【8】; 3【19】; 5【3】; 7【16】; Ⅳ 2【8】
トウュメリュス Tuymeryz Ⅲ 9【14】
トス Tos Ⅳ 9【58】
トス Toz Ⅲ 9【1】【11】
土星 Saturnus →サトゥルヌス
土曜日（安息日）Sabbatum Ⅳ 2【19】【23】

■ナ■

ナクィルス Naquirus Ⅳ 9【61】
ナッファユス Naffayz Ⅲ 10【8】
ナニタユヌス Nanitaynuz Ⅲ 10【8】
ナハユム Nahaym Ⅰ 4【21】
ナユカフア Naycahua Ⅲ 9【11】
ニミエリ nimieri Ⅰ 5【27】
ヌフェネグェディス Nufeneguediz Ⅲ 6【1】
ヌユム nuyym Ⅰ 5【27】
ネコル Necol Ⅳ 9【39】
ネスフィス Nesfis Ⅰ 5【27】
ネデュラヘ Nedeyrahe Ⅳ 9【34】

ネファレス Nephalez Ⅲ 10【14】
ネフォルス Neforuz Ⅲ 10【12】
ネユルガト Neyrgat Ⅳ 9【62】
ノホリム nohorim Ⅰ 5【27】

▩ハ▩

バイス Baix Ⅳ 9【63】
ハウラネ haurane Ⅰ 5【27】
白羊宮 Aries Ⅰ 4【2】【3】; 5【18】; Ⅱ 2【2】; 3【8】【9】; 10【48】; 11【2】-【5】; 12【2】【3】【40】【55】; Ⅲ 2【1】【2】; 3【13】; 5【3】; 6【1】; 7【36】; 9【12】-【14】【17】; Ⅳ 2【2】【6】【8】; 4【13】
ハコロノス Hacoronoz Ⅲ 7【17】
ハデュス Hadyz Ⅲ 9【4】
ハニミディス Hanimidiz Ⅲ 10【8】
バハゼ Bahaze Ⅲ 7【24】
ハハユディス Hahaydiz Ⅲ 9【13】
バハラム Baharam Ⅲ 7【24】; Ⅳ 9【60】
ハフエス Hahuez Ⅲ 7【24】
ハフォト haphot Ⅳ 2【7】
ハマル・ベナビス Hamar benabis Ⅳ 7【23】
ハムタウエリュ hamtauery Ⅰ 5【27】
ハムレス Hamurez Ⅲ 10【9】
ハメリス Hamerix Ⅳ 9【63】
ハユス Hayz Ⅲ 9【11】
ハユダユス Haydayuz Ⅲ 9【13】
ハユティス Haytiz Ⅲ 9【16】
ハユラヌス Hayranuz Ⅲ 10【8】
バリス Bariz Ⅲ 7【24】
バルキア Barchia Ⅳ 7【23】
バルギス Bargis Ⅲ 7【19】【21】; Ⅳ 9【59】
ハルス Haruz Ⅲ 7【32】
ハルヌス Harnuz Ⅲ 9【7】
バルハオト Barhaot Ⅳ 6【13】
バルフレス Barhurez Ⅲ 9【16】
ハルミス Harmiz Ⅲ 7【21】
ハルムム harmum Ⅳ 2【10】
バルユエス Barhuyex Ⅳ 9【63】
ハンダブス Handabuz Ⅲ 7【25】
ハンタラケレト hantaraceret Ⅳ 2【16】
ハンデモトゥス Handemotuz Ⅲ 10【4】
ビウス Biuz Ⅲ 7【21】
ヒュテュス Hytyz Ⅲ 9【6】
ファウリス Faurix Ⅳ 9【63】
フアズファト Huazfat Ⅲ 7【19】
ファドゥルレス Fadrulez Ⅲ 10【9】
ファユタムレス Faytamurez Ⅲ 10【8】
ファユトリス Faytoliz Ⅲ 10【11】
ファルサリ falsari Ⅳ 2【12】
ファルダルス Fardaruz Ⅲ 10【9】
フアルユス Huaruyz Ⅲ 9【11】
フィデ・アラク Fide arrach Ⅳ 7【23】
フェゲム fegem Ⅰ 5【27】
フエトゥディス Huetudiz Ⅲ 10【10】
フェドラザ fedraza Ⅰ 5【27】
フエナドゥル Huenadul Ⅲ 9【11】
フェニス Feniz Ⅲ 10【9】
フエネヘニレス Huenehenilez Ⅲ 10【9】
フエヘユリュエス Hueheyulyez Ⅲ 10【9】
フェムレス Femurez Ⅲ 10【8】
フェユェドゥス Feyeduz Ⅲ 10【14】
フエユクィタロス Hueyquitaroz Ⅲ 10【11】
フェユス Hueyz Ⅲ 9【7】
フエユタユロス Hueytayroz Ⅲ 10【9】
フエュデス Hueydez Ⅲ 9【15】
フェユフェドゥエス Hueyfeduez Ⅲ 10【14】
フェユメリス Feymeriz Ⅲ 10【12】
フェユメルス Feymeluz Ⅲ 10【12】
フェユレウス Feyleuz Ⅲ 10【14】
フエリュレリス Hueryreliz Ⅲ 10【14】
フェルス Feruz Ⅲ 9【12】
フェンデユス Fendeyuz Ⅲ 10【14】
フォルス Foruz Ⅲ 9【2】
プレアデス Pliades Ⅳ 9【31】
ヘイェリム Heyerim Ⅳ 2【12】
ベエフィネス Beefinez Ⅲ 10【14】
ベクトゥエ Bectue Ⅳ 9【49】
ヘタユトゥス Hetaytoz Ⅲ 10【8】
ヘディス Hediz Ⅲ 9【7】
ベディメス Bedimez Ⅲ 9【11】
ヘディレス Hedilez Ⅲ 10【11】
ヘデフィウス Hedefiuz Ⅲ 10【8】
ベテル・アルモダ Bethel almoda Ⅳ 7【23】
ヘドゥス Hedus Ⅳ 9【64】
ヘドゥレス Hedurez Ⅲ 10【8】
ベトザフエク Betzahuech Ⅲ 6【1】
ベトニエフス Bethniehus Ⅳ 9【59】
ヘドュス Hedyuz Ⅲ 9【17】
ヘニェイディス Hegneydiz Ⅳ 9【60】
ヘニス Heniz Ⅲ 9【16】
ベネトナユス Benethnays Ⅲ 7【26】
ベハルテヨン Behartyon Ⅳ 6【13】
ベヒビルヨン Behibilyon Ⅳ 6【13】
ヘブデガブディス Hebdegabdis Ⅳ 9【60】
ヘヘユディス Heheydiz Ⅲ 9【3】
ベヘユドラス Beheydraz Ⅲ 10【8】

ベヘユメレス Beheymerez Ⅲ 10【8】
ヘミュルス Hemyluz Ⅲ 9【15】
ヘミルリス Hemiruliz Ⅲ 10【12】
ヘヤユデス Heyaydez Ⅲ 7【25】
ヘュエディス Heyediz Ⅲ 10【9】
ヘユェミス Heyemiz Ⅲ 10【10】
ヘユダヘユデス Heydaheydez Ⅲ 9【13】
ヘユディネス Heydinez Ⅲ 10【12】
ヘユデス Heyudez Ⅲ 10【9】
ベユデヒュディス Beydehydiz Ⅲ 7【25】
ヘユデュス Heydeyuz Ⅲ 9【3】
ベユテユル Beyteyl Ⅲ 7【30】【31】
ベユデルス Beydeluz Ⅲ 9【4】; Ⅳ 9【61】
ベユドゥリス Beyduriz Ⅲ 10【12】
ヘユドゥレヒス Heydurehiz Ⅲ 10【9】
ベュネ Beyne Ⅰ 5【27】
ヘユリル Heylil Ⅲ 7【17】
ヘユルス Heyluz Ⅲ 9【5】
ベリュエヌス Beryenuz Ⅱ 10【9】
ヘリュス Helyuz Ⅲ 9【15】
ベリュデス Beryudez Ⅲ 10【9】
ヘルス Herus Ⅳ 9【58】
ヘルデフス Herdehus Ⅳ 9【60】
ヘルデミス Heldemiz Ⅲ 10【9】
ベルフネス Berhunez Ⅲ 10【12】
ヘルメニス Hermeniz Ⅲ 10【9】
ヘレメティス Helemetiz Ⅲ 10【2】
ベロン beron Ⅳ 6【13】
ヘンデブ hendeb Ⅳ 2【6】
ヘンデリス Hendeliz Ⅲ 10【9】
宝瓶宮 Aquarius Ⅰ 4【6】【25】-【27】; 5【24】【25】; Ⅱ 10【81】; 11【33】-【35】; 12【32】【40】【45】【50】; Ⅲ 2【12】; 3【23】; 7【16】; Ⅳ 2【7】【15】
ホタリット Hotarit Ⅲ 7【32】
ホタリド Hotarid Ⅳ 7【23】
ボホリム bohorim Ⅰ 5【27】
ボラユン borayn Ⅰ 5【27】
ホンデホユス Hondehoyuz Ⅲ 9【3】

■マ■

磨羯宮 Capricornus Ⅰ 4【23】-【25】; Ⅱ 3【8】; 9【6】【7】; 11【30】-【32】; 12【29】【43】【49】; Ⅲ 2【11】; 3【22】; 7【16】; 9【11】【16】; 11【131】; Ⅳ 2【12】
マカデル Macader Ⅳ 9【58】
マクサル Maxar Ⅳ 9【59】
マグラス Magras Ⅳ 9【60】
マス Maz Ⅲ 9【2】
マチエム Maciem Ⅳ 9【59】
マティス Matiz Ⅲ 9【2】
マドゥレス Madurez Ⅲ 10【14】
マハグヌス Mahagnuz Ⅲ 9【14】
マハス Mahaz Ⅲ 9【12】
マハティ Mahaty Ⅲ 7【21】
マハベユス Mahabeyuz Ⅲ 9【4】
マハラス Maharaz Ⅲ 7【25】; 9【3】
マハラヘテュム Maharahetym Ⅲ 10【11】
マヒュデビュス Mahydebyz Ⅲ 7【25】
マフエルス Maphueluz Ⅲ 10【9】
マヘリメユス Maherimeyz Ⅲ 10【9】
マヘル Maher Ⅲ 7【27】
マユレス Maylez Ⅲ 9【6】
マラ・スミュト Mara smyt Ⅲ 7【36】
マラヌス Maranus Ⅳ 9【64】
マラユス Marayuz Ⅲ 9【7】
マルス／火星 Mars Ⅰ 3【2】; 4【2】【6】【31】【33】; 5【14】【18】【30】; Ⅱ 3【8】【11】【14】【15】; 6【7】; 10【4】【9】【19】-【21】【28】【48】-【50】【83】; 11【2】【3】; 12【2】【12】【16】【23】【27】【37】【39】-【41】【43】-【45】【48】【50】【51】【55】【56】; Ⅲ 1【5】【6】; 3【2】【6】【11】; 5【3】; 7【4】【6】【11】【16】【23】-【25】【29】【36】【37】; 9【3】【13】; Ⅳ 2【21】【25】; 4【7】【24】【32】【37】【41】-【43】【53】【55】【56】【59】; 5【11】; 6【4】【13】; 7【44】; 9【60】
マレク Marech Ⅲ 7【24】
マレク Marrech Ⅳ 7【23】
マンタユリス Mantayriz Ⅲ 10【12】
ミカエル Michael Ⅳ 7【23】
ミステーリ Misteri Ⅲ 7【19】【21】
ミヒュラス Mihyraz Ⅲ 9【13】
ミルタス Miltas Ⅳ 9【64】
ミルタス Miltaz Ⅲ 9【17】
ムステリ Mustery Ⅳ 7【23】
ムブリュナス Mubrynayz Ⅲ 9【17】
メエギウス Meegius Ⅲ 6【1】
メダ Meda Ⅲ 7【32】
メタユルス Metayruz Ⅲ 10【9】
メダリウス Medariuz Ⅲ 10【14】
メトネガユン Metnegayn Ⅳ 9【61】
メトルレス Metlurez Ⅲ 10【8】
メニュデス Menydez Ⅲ 10【9】
メネメユドュス Menemeyduz Ⅲ 10【8】
メヒュエルス Mehyelus Ⅳ 9【64】
メヒュラス Mehyras Ⅳ 9【60】
メブグエデス Mebguedex Ⅳ 9【59】
メブドゥリス Mebduliz Ⅲ 10【9】

メヘー Mehe　Ⅲ 7【33】
メヘネディス Mehenediz　Ⅲ 9【13】
メヘユェデイス Meheyediz　Ⅲ 9【3】
メヘンディス Mehendiz　Ⅲ 9【6】
メユエフレス Meyefurez　Ⅲ 10【11】
メユエル Meyer　Ⅳ 9【63】
メユタリュス Meytaryz　Ⅲ 9【15】
メユネルス Meyneluz　Ⅲ 9【7】
メユルス Meylus　Ⅳ 9【62】
メユルネユス Meyurneyz　Ⅲ 10【9】
メルクリウス／水星 Mercurius　Ⅰ 3【2】; 5【23】【28】【33】; Ⅱ 3【6】【14】【15】; 5【3】; 6【7】; 10【7】【9】【31】–【34】【68】–【73】【86】; 11【2】; 12【6】【8】【17】【22】【31】【33】【40】【44】【49】【55】; Ⅲ 1【6】【8】; 3【2】【9】【11】【33】; 7【7】【14】【32】; 9【6】【16】; Ⅳ 2【8】【10】【17】【21】【24】; 4【26】【34】-【36】【44】【55】【56】【59】; 5【11】; 6【7】【10】; 7【48】【61】; 9【63】
メルニス Merniz　Ⅲ 9【17】
メルフュエス Merhuyez　Ⅲ 9【6】
メレタス Meletaz　Ⅲ 9【7】
メンフエリス Menhueriz　Ⅲ 10【11】
木星 Iupiter　→ユピテル

■ヤ■

ヤゼミス Yazemiz　Ⅲ 7【27】
ユェタユデス Yetaydez　Ⅲ 10【10】
ユェタユロス Yetayroz　Ⅲ 10【11】
ユェビル Yebil　Ⅳ 2【22】
ユェフユァ yehuyha　Ⅰ 5【27】
ユピテル／木星 Iupiter　Ⅰ 3【2】; 4【33】; 5【1】【8】【13】【22】【27】【34】; Ⅱ 3【6】【14】【15】; 6【6】【7】; 10【3】【9】【15】–【18】【43】–【47】【58】【82】; 12【4】【13】【15】【24】【35】【40】【42】–【46】【48】【50】【51】【55】【57】; Ⅲ 1【4】; 3【2】【5】【11】【33】; 7【2】【3】【10】【18】-【22】; 9【2】【12】; 11【71】; Ⅳ 2【20】【24】; 4【5】【23】【40】【42】【44】【55】【57】–【59】; 5【11】; 6【3】; 7【1】【23】; 9【59】

■ラ■

ラアム raam　Ⅰ 5【27】
ラウカヘヒル Raucahehil　Ⅲ 7【24】
ラウカユェヒル Raucayehil　Ⅲ 7【19】
ラウス Raus　Ⅲ 7【19】
ラウベイル Raubeil　Ⅲ 7【21】
ラウベイル Raubeyl　Ⅲ 7【25】
ラウベル Raubel　Ⅳ 9【37】
ラトゥミネ latumine　Ⅰ 5【27】
ラトリユン latrityn　Ⅰ 5【27】
ラニス Ranix　Ⅳ 11【64】
ラハンニエ rahannie　Ⅰ 5【27】
ラビュス Rabyz　Ⅲ 9【17】
ラファエル Raphael　Ⅳ 7【23】
ラユェタンス Rayetanz　Ⅲ 10【1】
リブハリム ribharim　Ⅳ 2【3】
龍（の頭と尾）Draco　Ⅰ 2【5】; 5【1】【8】【9】【20】【30】【34】; Ⅱ 3【8】; 5【2】; l Ⅱ 1【10】
龍頭 Caput　Ⅰ 2【5】; 5【1】【8】【9】【30】【34】; Ⅱ 3【6】; Ⅲ 1【10】
龍尾 Cauda　Ⅰ 2【5】; 5【9】【20】; Ⅱ 3【8】; 5【2】; Ⅲ 1【10】
ルナ／月 Luna　Ⅰ 2【4】; 3【2】; 4【1】【2】【6】【18】【31】【33】; 5【1】【5】【6】【8】【9】【11】–【14】【16】–【19】【23】–【25】【29】【31】【33】【34】; 7【1】; Ⅱ 1【2】; 3【1】–【12】【14】【16】; 5【3】; 6【6】【7】; 10【8】【9】【35】–【38】【46】【52】【54】【74】-【79】【87】; 12【11】【25】【36】【39】-【41】【43】-【45】【47】【49】-【51】【55】-【57】【59】; Ⅲ 1【9】; 3【2】【10】【11】【33】; 4【1】; 7【8】【15】【32】【33】; 8【1】; 9【7】【11】-【15】【17】; 11【1】【71】【96】; Ⅳ 2【1】-【10】【12】【14】-【17】【22】【25】; 3【2】; 4【4】【21】【34】【38】【41】【52】【55】【59】【64】; 5【11】; 6【8】【13】; 7【9】【20】【23】【31】【39】【41】【47】; 9【29】-【49】【51】-【56】【64】
レタハユメリス Letahaymeriz　Ⅲ 9【4】
レディメス Redimez　Ⅲ 9【1】
レフス Lehuz　Ⅲ 7【27】
レユェクィル Leyequir　Ⅳ 9【65】
レユエクィン Leyequin　Ⅳ 9【65】
レユェクエリク Leyequerich　Ⅳ 9【65】
レユェセルス Leyexeris　Ⅳ 9【65】
レユェリク Leyeric　Ⅳ 9【65】
レユェルガネ Leyelgane　Ⅳ 9【65】
レユェルス Leyerus　Ⅳ 9【65】
ロクィエル Roquiel　Ⅳ 2【20】